Carl-Auer-Systeme

Heinz K. Stahl / Peter M. Hejl (Hrsg.)

Management und Wirklichkeit

Das Konstruieren von Unternehmen, Märkten und Zukünften

2000

Über alle Rechte der deutschen Ausgabe verfügt Carl-Auer-Systeme
www.carl-auer.de
Verlag und Verlagsbuchhandlung GmbH; Heidelberg.
Fotomechanische Wiedergabe nur mit Genehmigung des Verlages
Satz u. Grafik: Drißner-Design u. DTP, Meßstetten
Umschlaggestaltung: WSP Design, Heidelberg
Umschlagfoto: © bitterbredt, Berlin
Printed in Germany
Druck und Bindung: Freiburger Graphische Betriebe

Erste Auflage, 2000
ISBN 3-89670-138-X

Die Deutsche Bibliothek - CIP-Einheitsaufnahme

Ein Titeldatensatz für diese Publikation ist bei
Der Deutschen Bibliothek erhältlich.

INHALTSVERZEICHNIS

Vorwort 9

Peter M. Hejl/Heinz K. Stahl
Einleitung
Acht Thesen zu Unternehmen aus konstruktivistischer Sicht 13

Teil I: Systemische Grundlagen ...

Peter M. Hejl
Das Ende der Eindeutigkeit
Einladung zum erkenntnistheoretischen Konstruktivismus 33

Gerhard Roth
Radikaler Konstruktivismus, Realität und Wirklichkeit
Gehirn, Realität, Wirklichkeit und Ich 65

Michael Fallgatter/Lambert T. Koch
Ausgewählte Argumentationslinien erkenntnisrelativistischer Organisationsforschung
Bestandsaufnahme und Perspektiven 77

Peter M. Hejl/Heinz K. Stahl
Management und Selbstregelung 100

Teil 2: Konstruieren von Unternehmen ...

Sonja A. Sackmann
Unternehmenskultur – Konstruktivistische Betrachtungen und deren Implikationen für die Unternehmenspraxis 141

Annette Schlee/Alfred Kieser
Die Konstruktion von Organisationen
mithilfe von Metaphern 159

Sybille Sachs/Edwin Rühli
Die dominierende Rolle der Meme im
evolutionären strategischen Management
unter der Verhaltensannahme
begrenzter Rationalität der Manager 183

Niklas Luhmann
Rationalität von Vertrauen und Misstrauen 206

Heinz K. Stahl/Peter M. Hejl
Dynamische Unternehmensführung
Grenzen und Möglichkeiten der Handhabung
von Zeit aus einer systemtheoretischen Perspektive 218

Dirk Baecker
Mit der Hierarchie gegen die Hierarchie 235

Rudolf Wimmer
Wie lernfähig sind Organisationen?
Zur Problematik einer vorausschauenden Selbsterneuerung
sozialer Systeme 265

Teil 3: Das Konstruieren von Märkten und Zukünften ...

Siegfried J. Schmidt/Guido Zurstiege
Über die (Un-)Steuerbarkeit kognitiver Systeme
Kognitive und soziokulturelle Aspekte
der Werbewirkungsforschung 297

Wolfgang Frindte/Thomas Köhler
Computervermittelte Kommunikation
und Unternehmen –
Wirklichkeit oder Virtualität? 332

Gunther Teubner
Die vielköpfige Hydra: Netzwerke als kollektive Akteure höherer Ordnung 364

Heinz K. Stahl
Dauerhafte Kunden-Lieferanten-Beziehung und ihre Einordnung in eine systemisch-konstruktivistische Perspektive 387

Heinz K. Stahl/Hans H. Hinterhuber
Strategische Unternehmensführung: Von der „vorweggenommenen" zur „erfundenen" Zukunft 407

Reinhard Pfriem
Jenseits des Sachzwangs
Unternehmenspolitische Konstruktionen für das 21. Jahrhundert 427

Autorenverzeichnis 451

VORWORT

Dieses Buch vertritt die These, dass Unternehmen Sozialsysteme sind, die eigengesetzlich Wirklichkeiten konstruieren und ihrem Handeln zugrunde legen. Erkenntnis und Wissen werden also nicht als Entdeckungen oder gar Abbildungen einer Realität aufgefasst, sondern vielmehr als von den wahrnehmenden Systemen erzeugt. Damit gewinnen die Historizität und die Eigendynamik von Unternehmen an Bedeutung. Daraus folgt, dass auch die Umwelten von Unternehmen nur als systemrelative Wirklichkeiten zugänglich sind. Jede Kenntnis eines Unternehmens über „Markt", „Kunden", „Konkurrenten" etc. ist ein Produkt des Systems Unternehmen. Eine solche Sichtweise lenkt den Blick auf das, was für das Handeln von und in Unternehmen allein ausschlaggebend ist, nämlich das Erzeugen und Verarbeiten eigener Vorstellungen. Allerdings handelt es sich dabei keineswegs um „Erfindungen" und schon gar nicht um solche, die im Belieben des „Erfinders" stehen. Wirklichkeitskonstruktion setzt vielmehr Unternehmen mit bewährten Wirklichkeitsvorstellungen, einer kommunikativen Ordnung und einem Mindestmaß an Handlungsprogrammen voraus.

In Sozialsystemen wie Unternehmen kommt dem Führungsgremium eine zentrale Funktion zu. Durch eine konstruktivistische Perspektive werden unternehmensinterne Prozesse mit der Unternehmensumwelt funktional verknüpft. Für das Management wird es so notwendig, die Lösung von Problemen, die bisher der Umwelt zugerechnet wurden, auch im internen Handeln des Unternehmens zu suchen. Damit werden Prozesse, die als lebenswichtig, aber kaum beeinflussbar galten, nunmehr als von unternehmens*internen* Vorgängen und Entscheidungen abhängig gedacht. Erst dadurch sind sie für gestaltende Eingriffe des Managements offen. Dabei muss freilich die Eigengesetzlichkeit von Unternehmen und ihren Teilsystemen berücksichtigt werden. Sie entsteht aus ihrem Charakter als aktive Sozialsysteme, die Wirklichkeiten konstruieren. Hier liegt aus konstruktivistischer Sicht auch die besondere Verantwortung der Führungsgremien von Unternehmen.

Unternehmensführung kann in diesem Kontext am besten als die Erfüllung zweier Funktionen beschrieben werden, die einander ergänzen, oft aber als widersprüchlich beschrieben und erfahren werden: Auf der einen Seite stehen der Aufbau und Erhalt von Vielfalt, Individualität und Kreativität, von Unordnung, Unruhe und gar Unsicherheit, auf der anderen Seite das Herbeiführen von Selektionen, Konsens und Endgültigkeit, von Ordnung, Kontinuität und Sicherheit. Unternehmensführung wird so zum Balanceakt, bei dem auf beiden Seiten Fallen, Dilemmata und Paradoxien lauern, die die Unzulänglichkeit der menschlichen Natur deutlich werden lassen.

Vorwort

Aus all diesen Gründen sollten sich Unternehmen und besonders die Führungskräfte intensiv mit Erkenntnis-, Wahrnehmungs- und Kommunikationsfragen beschäftigen. Ein Wissen über solche Prozesse in und zwischen Unternehmen sollte zum Basiswissen von Managern gehören. Unter diesem Gesichtspunkt müssen die Veränderungen diskutiert werden, die die traditionellen Auffassungen von Erkenntnistheorie in den letzten Jahren erfuhren. Sie wurzeln in der Kybernetik und Hirnforschung, zu denen sich später die Sprachforschung, Psychologie und Sozialwissenschaften hinzugesellten. Die Managementwissenschaft hat sich diesen Veränderungen, langsam, aber unübersehbar, bereits geöffnet. Die Praxis wiederum, so deuten wir unsere Beobachtungen, ist dafür aufnahmebereit. Zu sehr hat sich die triviale Machbarkeitsideologie als enttäuschend unbrauchbar erwiesen.

Management und Wirklichkeit befasst sich mit den Fragen, wie „Wirklichkeit" in und durch Unternehmen „konstruiert" wird, wie sich das Verständnis des Managements verändert, wenn Unternehmen als Wirklichkeit erzeugende und teilweise selbstregelnde Systeme verstanden werden, und schließlich wie sich aus einer solchen Perspektive Phänomene und Konzepte wie Vertrauen, Zeit, Metaphern, Mneme, Unternehmenskultur, Werbewirkung, Hierarchie und vieles andere in eine konstruktivistische Perspektive einfügen. Das Buch möchte dazu anregen, Unternehmen aus einem neuen Blickwinkel zu sehen, um das Handeln in und von Unternehmen auf eine zuverlässigere Grundlage zu stellen.

In ihrer Einleitung skizzieren *Peter M. Hejl* und *Heinz K. Stahl* zunächst den Hintergrund für das Thema *Management und Wirklichkeit*, um dann auf der Grundlage des Gegensatzes zwischen Wirklichkeit und Realität acht Thesen zu Unternehmen aus konstruktivistischer Sicht zu formulieren. Diese stellen den Rahmen dar, innerhalb dessen sich die einzelnen fachspezifischen Beiträge aneinander fügen. Teil I fasst jene Beiträge zusammen, die Essenzielles zum Thema Konstruktivismus behandeln und Verbindungen mit diversen Wissenschaftsdisziplinen beleuchten. Teil II widmet sich aktuellen Phänomenen und Konzepten aus dem Management, die aus einer systemisch-konstruktivistischen Perspektive diskutiert werden. Teil III wagt einen Blick in die Zukunft, wie sich Unternehmen und Märkte, insbesondere auch gegen den Hintergrund der neuen Informations- und Kommunikationsmöglichkeiten, darstellen könnten.

Peter M. Hejl eröffnet Teil I mit einer Einladung zum erkenntnistheoretischen Konstruktivismus. Er behandelt unter anderem den Wechsel von der klassischen zur systemischen Perspektive, geht dabei besonders auf das Wesen von Wirklichkeit ein und zeigt, wie in biologischen Systemen Wirklichkeitsvorstellungen konstruiert werden.

Gerhard Roth setzt an der Kritik am Konstruktivismus an und deckt verschiedene Missverständnisse auf. Sodann beschreibt er die Entstehung von

Wirklichkeit als selbstorganisierenden Prozess und schildert die Etappen zur Entstehung des Ich, des Bewusstseins und der Sprache in Verknüpfung mit den Entwicklungsschritten des Gehirns.

Im Mittelpunkt des Beitrags von *Michael J. Fallgatter* und *Lambert T. Koch* steht die Rezeption des Radikalen Konstruktivismus in der Organisationsforschung. Die Autoren setzen sich besonders mit den Ideen der St. Galler und Münchner Schule sowie von Karl E. Weick auseinander und lassen ihre Erkenntnisse in eine Perspektive moderner Organisationsforschung einfließen.

Ausgehend von den verschiedenen Überforderungen des Managements, der Eigendynamik von Unternehmen als Sozialsysteme und der Frage „Was weiß ein Unternehmen?" schlagen *Peter M. Hejl* und *Heinz K. Stahl* das „Organisationsmanagement" als neues Aufgabenfeld für die Führungstätigkeit vor.

Teil II wird mit einem Beitrag zur Unternehmenskultur eingeleitet. Für Sonja A. *Sack*mann ist Unternehmenskultur ein dynamisches Konstrukt, das sich in zwischenmenschlichen Interaktionen und Aktionen entwickelt und das aus verschiedenen ideellen und materiellen Facetten besteht. Sie legt unter anderem dar, unter welchen Bedingungen Unternehmenskultur bewusst gestaltet werden kann.

Auch den Metaphern kommt bei der Konstruktion von Wirklichkeiten grundlegende Bedeutung zu. *Annette Schlee* und *Alfred Kieser* geben einen Überblick über die Funktionen von Metaphern und legen dar, wie in der Wissenschaft im Allgemeinen und der Organisationstheorie im Besonderen mit Metaphern Wirklichkeiten konstruiert werden.

„Meme" sind Wissenseinheiten, wie etwa Konzepte, Bewertungsschemata etc., die durch Kopieren vermehrt und weitergegeben werden und dabei kulturelle Muster hervorbringen. *Sybille R. Sachs* und *Edwin Rühli* zeigen, wie durch eine mit dem Meme-Konzept verbundene evolutionäre Sichtweise neue Einsichten betreffend die Rationalitätsgrenzen von Managern gewonnen werden können.

Die ständige Pendelbewegung zwischen Vertrauen und Misstrauen ist kennzeichnend für die Unternehmensführung in der Praxis. *Niklas Luhmann* war der Erste, der die Rationalität dieser beiden Mechanismen zur Reduktion sozialer Komplexität gegen einen systemtheoretischen Hintergrund untersucht hat. Seine Gedanken sind heute aktueller denn je. Aus diesem Grund drucken wir seinen Beitrag hier noch einmal ab.

Zu der Forderung nach einem „Besser" und „Billiger" ist längst die nach einem „Schneller" getreten. *Heinz K. Stahl* und *Peter M. Hejl* unternehmen in ihrem Beitrag den Versuch, die Handhabung von Zeit in der Unternehmensführung aus einer system- und erkenntnistheoretischen Perspektive darzustellen.

Dirk Baecker zeigt die Vielgesichtigkeit und Paradoxien des Hierarchiekonzepts auf, um dann das Zusammenspiel von „primärer" (Oben-unten-Differenz) und „sekundärer" (Außen-innen-Differenz) Hierarchisierung zu beschreiben. Dies geschieht sowohl aus einer gesellschaftstheoretischen wie aus einer netzwerktheoretischen Perspektive.

Die Frage, wie lernfähig Organisationen tatsächlich sind, ist nicht nur von akademischem Interesse. *Rudolf Wimmer* plädiert für eine vorausschauende Selbsterneuerung von Organisationen und beschreibt die Faktoren, die nötig sind, um Unternehmen mit überlebenswichtigen Irritationen zu versorgen und deren Aufnahme und Verarbeitung sicherzustellen.

Teil III beginnt mit einem Beitrag von *Siegfried J. Schmidt* und *Guido Zurstiege*, in dem sie deutlich machen, dass die empiristischen Traditionen der Werbewirkungsforschung mehr den Beschäftigungsinteressen der Forscher und ihren Institutionen dienen als der Erzielung punktgenauer Werbewirkungen. Daraus leiten sie Forderungen nach einer stärkeren theoretischen und methodischen Explizitheit der Forschung ab.

Das Medium Computer kreiert neue Wirklichkeiten, und davon sind auch Unternehmen betroffen. *Wolfgang Frindte* und *Thomas Köhler* beleuchten computervermittelte Unternehmenswirklichkeiten und stellen Facetten eines „Computer-Kommunikations-Management" genannten Konzeptes vor.

Netzwerke sind, wie das Beispiel Franchising zeigt, aus der Organisationspraxis nicht mehr wegzudenken. *Gunther Teubner* wählt für seinen Grundsatzbeitrag einen systemtheoretischen Zugang und führt aus, wie Netzwerke durch ihre Doppelorientierung zu Akteuren höherer Ordnung werden, die jenseits von „Vertrag" und „Organisation" agieren.

Im Anschluss an die aktuelle Diskussion um Kundenorientierung, Kundennähe, Kundenbindung etc. entwirft *Heinz K. Stahl* ein systemisch- konstruktivistisches Modell dauerhafter Kunden-Lieferanten-Beziehungen, wobei er besonders auf das Konzept der Synreferenzialität eingeht.

Heinz K. Stahl und *Hans H. Hinterhuber* äußern Zweifel an der herkömmlichen strategischen Vorgehensweise, die so hartnäckig an einem Abbilden der Zukunft festhält. Sie entwerfen den nötigen Perspektivenwechsel zu konstruierten Zukünften und beschreiben die Rolle von Führung, Visionen und Heuristiken.

Zum Abschluss wagt *Reinhard Pfriem* die Projektion eines neuen Unternehmertums und sieht unternehmenspolitische Visionen als Brüche mit bestehenden Wirklichkeitskonstruktionen. Seinen Abschied vom Machbarkeitsglauben unterlegt er mit Beispielen und Erfahrungen aus seinem Arbeitsgebiet.

EINLEITUNG
Acht Thesen zu Unternehmen aus konstruktivistischer Sicht

1. Der Hintergrund

Das letzte Jahrzehnt des alten Jahrtausends steht nach dem Zusammenbruch des historisch einmaligen Sozial- und Wirtschaftsexperiments der Staatswirtschaften ganz im Zeichen weltweiter marktwirtschaftlicher Beziehungen. Der Computer und die von ihm abgeleiteten Technologien prägen nahezu alle Bereiche der Marktwirtschaft. Die entstehenden Wirtschaftsbeziehungen erscheinen vielen Beobachtern mit dem Schlagwort „Globalisierung" am besten gekennzeichnet. Zwar hat es in der jüngeren Wirtschaftsgeschichte wiederholt „Globalisierungsschübe" gegeben. Diesmal scheinen die internationalen Wirtschaftsbeziehungen jedoch in eine Dimension hineinzuwachsen, die tatsächlich weltumspannend, unumkehrbar und daher nicht durch bloßes Abwarten zu bewältigen ist. Noch nie spielte die geographische Distanz eine so geringe Rolle, liefen die ökonomischen Prozesse so schnell, vielfältig und sich gegenseitig beeinflussend ab, waren die Chancen für die langfristige Behauptung einer liberalen Welthandelsordnung so groß wie heute.

Blickt man auf die politischen und gesellschaftlichen Auseinandersetzungen der letzten 150 Jahre zurück, dann hätte man nach dem „Sieg" der Marktwirtschaft einen enormen wirtschaftlichen Aufschwung und eine insgesamt dynamischer werdende Wirtschaft erwarten sollen. Sicher ist ein abschließendes Urteil noch nicht möglich. Es scheint aber, als wären die notorischen Befürchtungen berechtigt, dass die Technik Arbeitslosigkeit produziert und der Drang zur Größe zu verzerrten Wettbewerbsverhältnissen führt. Marktwirtschaften, so ließe sich räsonieren, haben so etwas wie eine selbstregelnde Tendenz, vom behaupteten Ziel größtmöglicher Leistungsfähigkeit in beharrlicher Weise abzuweichen.

Die Situation vieler Unternehmen scheint nach wie vor dadurch gekennzeichnet, dass Unternehmer, aber auch Managementwissenschaftler an einem falsch verstandenen Konservatismus festhalten. Gemeint ist ein Unternehmensverständnis, welches den Systemcharakter von Unternehmen nicht ernst nimmt und vereinfachend, auch aus kulturellen Gründen, Wirklichkeitswahrnehmung als Anpassung betrachtet. Alle Konzepte, die von einem vorfindlichen Markt und vorfindlichen Kunden ausgehen, die „be"-obachtet werden müssen, damit Unternehmen sich ihnen anpassen oder sie erfolgreich „be"-arbeiten können, fordern von Unternehmen eine nach „außen" gerichtete möglichst „realitätsgetreue" Beobachtungs-, Abbildungs- und Analyseleistung. Schon deren theoretische Berechtigung ist mehr als problematisch, und angesichts der Globalisierungstendenzen muss diese Forderung die meisten Unternehmen auch praktisch überfordern. Beides verlangt nach konzeptueller Neuorientierung.

Im Widerspruch zur Anpassungsorientierung vertritt dieses Buch die These, dass Unternehmen *Sozialsysteme* sind, die eigengesetzlich Wirklichkeiten konstruieren und ihrem Handeln zugrunde legen. Nur wenn das erkannt und in das Verständnis unternehmensinterner wie auch die Systemgrenzen überschreitender Prozesse eingebaut wird, kann die Dynamik und Innovativität erreicht werden, die besonders die europäische Wirtschaft braucht. Gleichzeitig kann nur so, dies ist unsere Überzeugung, das gerade für Europa und Nordamerika so typische Modell weiterentwickelt werden, das von einer relativen strukturellen Homogenität von Wirtschaft, Politik und Kultur ausgeht. Im Gegensatz zu manchen, besonders auch asiatischen[1] Positionen entwickelte sich dieses Modell in einem langen und schmerzhaften historischen Prozess zur abendländischen Überzeugung, dass politische und wirtschaftliche Freiheit zusammengehen.

Schon aus seinem Selbstverständnis heraus würde kaum ein Manager für sich bestreiten, dass er eigene Ideen entwickelt und verwirklicht. Auf der Systemebene des Unternehmens wird eine solche Leistung dagegen kaum als Teil ihres Funktionierens gesehen, allenfalls als „Vorschlagswesen" ausdifferenziert. Das Handeln von Unternehmen hängt, wie bei einzelnen Menschen auch, von den Wirklichkeiten ab, die sie als gegeben betrachten. In diesem Sinne sollten sich Unternehmen und besonders die Führungskräfte intensiv mit Erkenntnis-, Wahrnehmungs- und Kommunikationsfragen beschäftigen. Ein Wissen über solche Prozesse in und zwischen Unternehmen sollte zum Basiswissen von Managern gehören. Unter diesem Gesichtspunkt müssen die Veränderungen zur Kenntnis genommen werden, die traditionelle Auffassungen der Erkenntnistheorie in den letzten Jahren erfuhren.

2. Wirklichkeit und Realität

Vergleicht man die erkenntnistheoretische Situation von heute mit der von vor zwanzig Jahren, so wird deutlich, dass mit der Ausformung des Radikalen Konstruktivismus erkenntnistheoretische Fragen heute grundsätzlich anders gesehen werden (vgl. als Einführung von Foerster et al. 1997). Auch wer konstruktivistische Überlegungen in der einen oder anderen Hinsicht ablehnt oder problematisiert, wird kaum hinter die Diskussionen all dieser Jahre zurückkehren wollen. Der Anlass für diesen Wandel waren Widersprüche und Probleme zunächst in der Kybernetik und Hirnforschung. Dann, mit der *kognitiven Wende*, gesellten sich auch die Sprachforschung, Psychologie und Sozialwissenschaften hinzu. Ging man früher von „der Realität" aus und interessierte sich dafür, wie sie richtig erkannt werden könne, so fragt man nunmehr: „Wie funktioniert ‚Erkennen' als Prozess?" Bei der Suche nach einer Antwort wurde schnell deutlich, dass „Erkennen" eine von den erkennenden Systemen erbrachte Leistung ist, deren Funktionalität vom jeweilige System vorgegeben wird. Die Aufmerksamkeit verlagerte sich also von „der Realität" auf die Systeme selbst.

Damit wird die Grundposition des „Radikalen Konstruktivismus" deutlich: Erkenntnis und Wissen werden nicht als „Entdeckungen" oder gar „Abbildungen" einer Realität aufgefasst, von der man annimmt, sie sei unabhängig von den erkennenden Systemen (Menschen, Sozialsystemen, Maschinen) gegeben.[2] Erkenntnis oder Wissen werden vielmehr von den wahrnehmenden Systemen „konstruiert"[3] als Ergebnis, erstens, früherer Erfahrungen und der aus ihnen gezogenen Folgerungen und, zweitens, der Eigendynamik des wahrnehmenden Systems. Die Radikalität der Position besteht im expliziten Versuch, auf Realitätsaussagen zu verzichten, die unsere Erkenntnismöglichkeiten übersteigen.[4] Wirklichkeitskonstrukte werden nicht als endgültig „wahr" oder „falsch" aufgefasst von Glasersfeld (1987), auf den die Ausformulierung der Position des Radikalen Konstruktivismus zurückgeht, schlägt stattdessen vor, Wirklichkeitskonstrukte, die sich im Handeln bewähren, als „viabel" zu bezeichnen und damit die Bindung von Erkenntnis an handelnde Systeme in den Vordergrund zu stellen. Obwohl man das gemeinhin von der Auseinandersetzung mit theoretischen Fragen nicht erwartet, schon gar nicht, wenn sie erkenntnistheoretischer Natur sind, ergab sich damit faktisch auch eine *pragmatische Wende* der Wahrnehmungs- und Erkenntnistheorie.

Die alte Frage, „Wie kann man sicherstellen, dass ein System die Realität richtig erkennt?", war widersprüchlich und metaphysisch. *Widersprüchlich* war sie, weil „richtiges Erkennen" immer schon die Kenntnis dessen voraussetzt, was erkannt werden soll. Nur unter dieser Bedingung lässt sich feststellen, ob „richtiges Erkennen" vorliegt. Man musste also bereits wissen, was man qua Erkenntnisprozess erst erfahren wollte. Gleichzeitig ist die alte Frage aber auch *metaphysisch*. Physiko chemische Systeme, zu denen als biologisches System auch der Mensch gehört, können nur erkennen, was ihnen aufgrund der eigenen perzeptuellen und kognitiven Erkenntnismöglichkeiten im Laufe ihrer Lebensspanne zugänglich ist. Ihre Erkenntnisse und somit auch ihre Wirklichkeit können sie nur an anderen Erkenntnissen und an einer eventuell dadurch geänderten Wirklichkeit prüfen. „Die Realität" ist ein philosophisches Konzept, das alle bekannten Erkenntnismöglichkeiten überschreitet.

Mit der konstruktivistischen Frage „Welche Wirklichkeit konstruiert ein System?" verabschiedet man sich auch von der Vorstellung der *einen* Wirklichkeit als Grundbedingung menschlicher Wahrnehmung. Stattdessen sieht man sich gezwungen, zumindest von der Möglichkeit her, *verschiedene* systemrelative Wirklichkeiten zuzulassen. Systemrelative Wirklichkeiten sind jedoch immer *kontingent,* das heißt, es lässt sich fragen: „Welche Wirklichkeit würde produziert, wenn das System anders funktionierte?" Letztlich will man also auch wissen: „Wie erfolgreich ist diese spezifische Konstruktion für das System?" Wirklichkeit wird so zu einem historisch konditionierten und auf Handeln angelegten Entwurf in die Zukunft. Das lässt sich mit der Maxime ausdrücken: „Sieh anders, und die Wirklichkeit ändert sich."

3. Unternehmen in konstruktivistischer Sicht: Acht Thesen
Die Fragerichtung des Konstruktivismus hat tief greifende Konsequenzen. Die folgenden acht Thesen benennen auf allgemeinem Niveau einige der wichtigsten Auswirkungen. Sie werden in den anschließenden Kapiteln durch eine Reihe von Originalbeiträgen oder durch Wiederabdrucke wichtiger Texte fortgeführt, detailliert und auch aus unterschiedlicher Perspektive beleuchtet. Im Mittelpunkt stehen dabei Unternehmen und ihre institutionelle Führung.

3.1 Unternehmen sind Sozialsysteme, die eigene Wirklichkeiten erzeugen
Einheiten, deren Verhalten durch das Zusammenwirken von Teilen erzeugt wird, kann man als *Systeme* auffassen. Das gilt auch für soziale Einheiten, wie etwa einzelne Unternehmen, Konzerne und strategische Netzwerke oder Divisionen, Abteilungen und Kunden-Lieferanten-Beziehungen, deren Akteure als Mitglieder *verschiedener* Systeme zusammenwirken können. Mit dem Verhalten solcher zusammengesetzten Einheiten beschäftigt sich die Systemtheorie seit langem. Auf die daraus bereitgestellten Einsichten kann zurückgegriffen werden, obwohl es *die* Systemtheorie gar nicht gibt. Immerhin lassen sich systemtheoretische und konstruktivistische Überlegungen zu einer Konzeption verbinden, mit der man wichtige Prozesse modellieren kann, die in Unternehmen ablaufen.

Bei der Konstruktion der Systemwirklichkeit wirken in Sozialsystemen (wie bei Einzelindividuen) die Systemkomponenten im Rahmen der System-*organisation* zusammen. Der Begriff „Organisation" wird von uns immer als *Muster* der in einem System stattfindenden Interaktionen verstanden. Ob diese Muster als Ergebnis einer formalen Struktur, selbstregulierender Vorgänge oder einer Kombination von beiden entstehen, ist unerheblich. Wichtig ist, dass die Muster relativ stabil sind, wodurch der Eindruck von Starrheit entstehen kann, obwohl es immer um *Abläufe* im System geht. Der Bezug auf Wirklichkeitsvorstellungen, die für das Unternehmen typisch sind, erlaubt es den im Unternehmen Tätigen, erfolgreich zu kommunizieren und ihr Handeln abzustimmen. Leistungen, die man oft als gegeben unterstellt und ohne die sich kein Sozialsystem weiterentwickeln kann, werden aus dieser Perspektive auf das Funktionieren von Unternehmen selbst zurückgeführt. Die in einem Unternehmen Tätigen handeln in einer Welt, die aus anderen sozialen Systemen (einschließlich anderer Unternehmen) und aus einer Realität besteht, die nur als *konstruierte* Wirklichkeit Umwelt des betreffenden Unternehmens werden kann.

Hier wird also vorgeschlagen,

- Unternehmen als *Sozialsysteme* aufzufassen,
- deren *Handeln* auf einer für das jeweilige Unternehmen spezifischen Menge von *Vorstellungen* darüber beruht, was *relevant*, *dringlich* oder *zukunftsträchtig* ist, und
- die die dafür verwendeten *Wirklichkeitsvorstellungen* inhaltlich oder in ihrer Verknüpfung *selber* hervorbringen.

3.2 Die Umwelten von Unternehmen sind nur als systemrelative Wirklichkeiten zugänglich

„*Systemrelative* Wirklichkeiten" und „*Konstruktion* von Wirklichkeit im Unternehmen" – das klingt so, als werde hier nahe gelegt, Unternehmen sollten sich auf interne Prozesse konzentrieren und zu *Markt*, *Kunden* und *Konkurrenten* auf Distanz gehen. Tatsächlich handelt kein Unternehmen in Kenntnis „des Marktes", „der Kunden" und „der Konkurrenten". Diese zunächst überraschende Behauptung beruht nicht darauf, dass hier angenommen wird, Unternehmen könnten sich von der Außenwelt abkapseln. Es wird auch nicht unterstellt, Unternehmen besäßen eine Definitionsmacht, die ihnen erlaubte, die Umwelt wahlweise zu ignorieren. Aus konstruktivistischer Sicht folgt vielmehr, dass alles Wissen, das Systemen zugänglich ist, ihr *eigenes* Wissen ist, wie komplex seine Entstehung auch immer sein mag.

Das schließt natürlich auch Umweltwissen ein. Jede Kenntnis eines Unternehmens von „dem Markt", „den Kunden", „den Lieferanten" etc. ist ein Systemprodukt. Im Unternehmen wird aufgrund interner Prozesse und aufgrund von intern verarbeiteten Interaktionen mit der Umwelt ein mehr oder weniger konsistentes Repertoire von Vorstellungen ausgebildet, das einerseits Selbstbeschreibungen und andererseits Beschreibungen „der Umwelt" enthält. Kein System, sei es ein Organismus oder ein Unternehmen, kann sich selbst und seine Umwelt anders denn als mehr oder weniger *strukturierte Menge* mehr oder weniger *elaborierter Vorstellungen* thematisieren. Ohne solche Vorstellungen könnte ein System zwar funktionieren, hätte aber keine Möglichkeit, sich selbst oder seine Umwelt zum Gegenstand von Reflexionen zu machen.

„Bewusstsein" bezeichnet, streng genommen, keinen Zustand, sondern einen Prozess: „Beschreibungen" aktueller Erfahrungen eines Systems mit seiner Umwelt (s. u., These 5) und mit sich selbst werden auf der Basis früherer Erfahrungen und mit Blick auf systemspezifische Werte und Ziele erzeugt und bewertet. Dabei entsteht im System eine Menge von Wirklichkeitsvorstellungen über das System und über seine Umwelt. Diese Vorstellungen enthalten Annahmen darüber, wer oder was zum System bzw. zur Umwelt gehört, welche Eigenschaften (Ziele, Verhaltensweisen) diese Einheiten haben und wie sie zusammenwirken, um das zu bilden, was die Konzepte „Unternehmen", „Markt" oder „Kunde" allgemein beschreiben. Nur diese Verbindung, erstens, von system*internen* Erfahrungen mit solchen, die durch system*externe* Ereignisse maßgeblich mit beeinflusst werden und, zweitens, von früheren mit aktuellen Erfahrungen und schließlich mit Zukunftsprojektionen erlaubt es Unternehmen, in einer sich verändernden Welt Vorstellungen ihrer Umwelt zu entwickeln, mit denen sie erfolgreich handeln können. Soziale Systeme wie Unternehmen besitzen somit erhebliche strukturelle und funktionale Ähnlichkeiten mit Einzelindividuen, auch wenn die Prozesse der Wirklichkeitskonstruktion in Sozialsystemen in mancher Hinsicht anders ablaufen als in biologischen Systemen.[5]

3.3 Die Betrachtung von Unternehmen als Wirklichkeit erzeugende Systeme betont ihre Aktivität

Unterstellt man, dass Unternehmen in einer wirtschaftlichen, politischen und gesellschaftlichen Wirklichkeit agieren, die man „als solche" erkennen kann, so verlangt man gleichzeitig, dass sich Unternehmen an diese Wirklichkeit anpassen. Obwohl Unternehmen auch in dieser Sichtweise als Akteure verstanden werden, sind ihre kreativen und eigenverantwortlichen Gestaltungsmöglichkeiten bereits von der vorausgesetzten Konzeption her erheblich eingeschränkt. Anpassen und Abbilden stehen hier im Vordergrund und nicht Agieren und Konstruieren. Eine konstruktivistische und systemtheoretische Sicht des Unternehmens lenkt vielmehr den Blick auf das, was für die Handlungsregelung von und in Unternehmen allein ausschlaggebend ist, nämlich die Erzeugung und Verarbeitung eigener Vorstellungen. Unmittelbare Konsequenz der geänderten Sichtweise ist also eine grundsätzliche Neuverteilung von Aktivitätszuschreibungen.

3.4 Das adaptionistische Konzept des Unternehmenshandelns ist theoretisch nicht überzeugend und praktisch zum Scheitern verurteilt

Im Zeichen der Globalisierung wirtschaftlicher Beziehungen wird das „externalistische" Programm der Unternehmensführung immer offensichtlicher uneinlösbar. Auf der dominierenden Tradition der Erkenntnistheorie aufbauend, verlangt es, die wirtschaftlich relevante Realität *außerhalb* der Unternehmen (deshalb „externalistisch") zu erkennen und zur Handlungsgrundlage zu machen. Ein Blick auf die Evolutionstheorie ist hier nützlich, zumal die Parallele zwischen dem Markterfolg und dem *survival of the fittest* augenscheinlich ist und diese Metapher ja oft genug bemüht wird. Erkenntnistheoretische Fragen sind keineswegs nur abstrakt philosophischer Natur. Als Teil unserer alltäglichen Vorstellungswelt ist die Überzeugung, man müsse „Realität" erkennen, um erfolgreich handeln zu können, nur allzu trivial. Dementsprechend findet sich in ökonomischen wie in evolutionstheoretischen Überlegungen[6] die Überzeugung, der Anpassung komme eine zentrale Rolle zu.

Insbesondere vor Ausbreitung des populationsgenetischen *Neodarwinismus*, wegen der Verbindung von Selektionstheorie und moderner Genetik auch als *New Synthesis* bezeichnet, meinte „Anpassung" die Entwicklung physischer Merkmale oder von Verhaltensweisen, die in besonderer Weise auf gegebene Merkmale der Umwelt abgestimmt seien. Aufgrund dieser Abstimmung könne der betreffende Organismus besonders großen Nutzen aus dem Ressourcenangebot seiner Umwelt ziehen. Die Nachkommen der „besser Angepassten" oder der „Tüchtigsten" erhöhen so ihren Anteil in der Population. Insbesondere die Medien verbreiten, etwa mit populären Tierfilmen, diese sowohl wissenschaftlich als auch sozial zweifelhafte Geschichte vom Erfolg der Beschränkung von Kreativität auf Opportunismus.

Bereits in biologischer Hinsicht zeigt sich, wie Wake, Roth a. Wake (1983) gezeigt haben, dass es Fälle für sehr langes Überleben bei größter Anpassungsabstinenz gibt. (Andererseits finden sich Merkmale, deren Anpassungswert zweifelhaft ist. Ein bekanntes Beispiel ist das ausladende Geweih bei Hirschen, die ja in Wäldern leben, wo diese Knochenwucherung eher nachteilig ist.) Schließlich ist seit langem bekannt, dass der biologische Anpassungsprozess zu langsam ist, um auf schnell auftretende Umweltveränderungen reagieren zu können. Organismen, die bereits *vor* dem Eintreten von Veränderungen ein körperliches Merkmal oder eine Verhaltensmöglichkeit ausgebildet haben, das bzw. die ihnen erlaubt, mit der Umweltveränderung besser als ihre Konkurrenten umzugehen, haben dementsprechend einen evolutiven Vorteil. Er beruht aber gerade *nicht* auf einer Anpassung. Insofern gibt es unter Biologen eine lange Streittradition zwischen einer internalistischen und einer externalistischen Position (vgl. dazu die Beiträge in Roth a. Wake 1989, besonders S. 404 ff.).

Während die Externalisten die *Umwelt* als primären gestaltenden Faktor der Veränderung von Organismen sehen, betonen die Internalisten deren *interne* Dynamik und die Restriktionen, die sich aus evolutionären „Entscheidungen" für weitere Veränderungen ergeben. Alle Wirbeltiere haben beispielsweise fundamental den gleichen Bauplan. Das muss nicht heißen, dass ein anderer prinzipiell ausgeschlossen ist. Die Tatsache aber, dass eine Alternative nicht entstand, deutet auf „Kosten" in Form aller dafür notwendigen organischen und verhaltensmäßigen Veränderungen hin, die anscheinend so groß waren, dass sich eine Alternative zum Grundmuster eines Körpers mit einem Kopf und vier Extremitäten nicht durchsetzte. Handelt es sich dabei aber um Anpassung?

3.5 Umwelten verändern sich, wenn sich Unternehmen verändern

Wie kann ein Beobachter feststellen, was ein Unternehmen als seine „Umwelt" behandelt? Er könnte natürlich alle Unternehmensmitglieder nach ihrer Vorstellung der Unternehmensumwelt befragen und dann versuchen, daraus ein Gesamtbild zu erstellen. Er würde dabei nicht nur schnell an die Grenzen seiner Analysemöglichkeiten stoßen, sondern auch an der Unmöglichkeit scheitern, eine Beziehung zwischen diesen Vorstellungen und den Aktivitäten des Unternehmens herzustellen. Oder der Beobachter könnte sich darauf beschränken, das Unternehmen als ein *System* aufzufassen, das durch die Aktivitäten seiner Mitglieder mit der Umwelt interagiert.

Um die Unternehmensumwelt zu identifizieren, liegt es deshalb nahe, mit der Feststellung der Systemgrenze zu beginnen. Dafür kann man (a) auf die Unternehmenszugehörigkeit von Akteuren zurückgreifen, (b) zwischen internen und externen Prozessen der Entscheidung differenzieren oder (c) Ursprung und Ziel finanzieller Transaktionen festhalten. Wo Entscheidungen, Gewinne, soziale Kosten und Nutzen sich in ein „Innen" und „Außen" aufteilen lassen, da liegt die Unternehmensgrenze.

Es gilt zu erkennen, mit welchen externen Einheiten welche Interaktionen stattfinden. Dazu gehören alle Aktivitäten, mit denen ein Unternehmen versucht, Beziehungen zu den verschiedenen Anspruchsgruppen (*Stakeholders*), wie Kunden, Lieferanten, Kapitalgeber, Gemeinden etc., aufzubauen, zu entwickeln, zu erhalten oder auch zu beenden. Nach einiger Zeit wird der Beobachter in gewissen Grenzen eine Beschreibung der Umwelt des Unternehmens erstellt haben. Betrachtet man die mögliche Liste seiner Ergebnisse genau, so ergibt sich etwas Überraschendes. Die „Umwelt" eines Unternehmens besteht aus Einheiten außerhalb seiner Grenze, für die es im Unternehmen ein auf entsprechenden Vorstellungen beruhendes Wissen gibt, das durch Aushandlung, Konsens, Positionsmacht, Delegation etc. legitimiert und mit der Festlegung einer[7] zuständigen Einheit „operationsfähig" gemacht wurde.

Könnte man die Ergebnisse der beiden Verfahren vergleichen, mit denen ein Beobachter die Umwelt eines Unternehmens erfassen kann, dann würde sich zeigen, dass das erste Verfahren eine Menge Wissen umfasst, das *nicht* in die Umweltbestimmung nach dem zweiten Verfahren eingeht. Dieses Wissen existiert nicht für das Unternehmen als Ganzes, so wie all das nicht für das Unternehmen existiert, was ein Beobachter sonst noch als relevante Realität ansehen mag. Nicht was jemand, wie auch immer, als Realität bestimmt, ist für Unternehmen (und Organismen) relevant, sondern nur ihre Umwelt. „Umwelt" ist aber abhängig vom im System vorhandenen Wissen.

Damit Wissen jedoch im System vorhanden sein kann, muss es Teil des allgemein geteilten und zugänglichen Wissensbestandes des Systems sein.

Das setzt unterhalb der Ebene relativ allgemeinen Wissens über Unternehmensziele und über das Unternehmen selber eine für dieses Wissen zuständige aktive Einheit (ein Teilsystem) voraus. Das kann ein Individuum oder eine Abteilung, eine Projektgruppe oder eine „Außen"dienstmannschaft sein. Durch die grenzüberschreitenden Interaktionen eines solchen Teilsystems interagiert das Unternehmen mit dem betreffenden Teil seiner Umwelt. „Umwelt" bezeichnet also alle nicht im System befindlichen Ursprünge system*interner* Ereignisse. Mit dieser Menge von Ereignisursprüngen kann ein System jedoch nur so weit gezielt umgehen, als sie ihm als *bewusste* und operationsfähige Umwelt (s. o.) verfügbar sind.

Gehen wir auf die erkenntnistheoretische Ebene zurück. Die Diskussion dessen, was „Umwelt" für ein Unternehmen bedeutet, zeigt, dass wahrgenommene Existenz (= Wirklichkeit) und Systemaktivität verknüpft sind. Die Unternehmensumwelt ist ein soziales Konstrukt des Unternehmens. Die Folge ist eine Umkehrung traditioneller Relevanzen, wenn man fragt: Wie kann ein Unternehmen sein Bild von den externen Anspruchsgruppen „verbessern"? Wirklichkeitswissen heißt immer „interagieren können". Damit ein Unternehmen interagieren kann, muss es notwendigerweise das *Womit* seiner Interaktionen identifizieren und „Handlungsprogramme" für den Umgang mit potenziellen Einheiten seiner Umwelt bereitstellen.

Das wiederum bedeutet, das Unternehmen muss sich selbst (mehr oder weniger) durch den Entwurf möglicher Wirklichkeiten verändern. Dazu gehört auch, dass es Handlungsprogramme entwickelt, die den veränderten Wirklichkeitskonstrukten zugeordnet sind, und dass Wirklichkeitskonstrukte und Handlungsprogramme in aktiven Teilsystemen lokalisiert werden. Sind so auf der Ebene des Unternehmens als Sozialsystems Erwartungen möglicher Umwelten erzeugt, wird es versuchen, sich entsprechend seinen Erwartungen zu „verhalten". In dem Maße, in dem es dem Unternehmen gelingt, seine Erwartungen interaktiv zu erfüllen, hat sich auch seine Umwelt verändert. Das Unternehmen hat durch Selbstveränderung und durch entsprechendes Handeln Wirklichkeit konstruiert bzw. konstruktiv verändert.

Ein Beobachter, der den skizzierten internen Prozess vernachlässigt, kann die Identifikation z. B. neuer Kunden oder neuer Märkte als „Entdeckung" weiterer Aspekte „der Realität" auffassen und das Verhalten des Unternehmens dann als „Anpassung" an diese Realität beschreiben.[8] Diese „Beschreibung als Entdeckung und Anpassung" geht aber weder auf die komplexen unternehmensinternen Prozesse ein noch auf ihre kausale Ordnung. Will man dagegen die Wirklichkeitsveränderung des Unternehmens *erklären*, muss der Zusammenhang von Systemveränderung und Umweltveränderung hergestellt werden.

3.6 Die Veränderung von Wirklichkeitskonstrukten ist aufwendig und ihr Ergebnis unsicher

Die Skizze des Prozesses, in dem Unternehmen ihre Wirklichkeit verändern, macht deutlich, dass es sich dabei keineswegs um „Erfindungen" handelt, schon gar nicht um solche, die im Belieben des „Erfinders" stehen. Wirklichkeitskonstruktion ist kein *willkürlicher* Prozess! Sie setzt vielmehr Unternehmen mit bewährten Wirklichkeitsvorstellungen, einer kommunikativen „Ordnung" und einem Mindestmaß an Handlungsprogrammen voraus. Auch wenn diese vielleicht nicht sehr befriedigen, sie funktionieren, und ihr Ertrag ist in etwa bekannt. Jede Veränderung von Wirklichkeit ist aufwendig und ihr Ergebnis nur selten mit Sicherheit abschätzbar. Drei Aspekte müssen bei der Diskussion von Veränderungen berücksichtigt werden: Unternehmen sind *konservative* Systeme, Unternehmensveränderungen müssen unverzichtbare *funktionale Notwendigkeiten* berücksichtigen, schließlich darf die „menschliche Natur" nicht als Störfaktor ausgeblendet werden.

Unternehmen sind wie alle Sozialsysteme konservativ. Das ergibt sich bereits daraus, dass Veränderungen der unternehmensspezifischen Wirklichkeit nicht nur Verständigungs- und Koordinationsprobleme im Unternehmen entstehen lassen, sondern von den Unternehmensmitgliedern auch verlangen, ihre mühsam erworbenen persönlichen Theorien, „Drehbücher" und andere Schemata über Bord zu werfen. Trotzdem kann auf Veränderungen nicht verzichtet werden. Bei der häufig praktizierten „Strategie des Bombenwurfs" wird (meist erfolglos) versucht, den Konservatismus des Unternehmens mit „Gewalt" zu brechen und die im Geheimen ausgeheckten Wirklichkeitskonstruktionen „zu verordnen" oder, um im Bild zu bleiben, als „Bombe" in die laufende Organisation zu werfen. Die konträre „Strategie des Driftens" verlässt sich darauf, dass die Wirklichkeitskonstruktionen der einzelnen Unternehmensmitglieder im Laufe der unzähligen Episoden des Unternehmensalltags schließlich zu einer „viablen" Konstruktion konvergieren. Während der „Bombenwurf" von der überlegenen Deutungskompetenz der Führung ausgeht, baut das „Driften" auf die Überlegenheit einer polyzentrischen Deutungsstruktur. Wie man durch (zeitaufwendiges) Überzeugen, Ausprobieren, Resümieren, Abstimmen usw. zu Veränderungen im Unternehmen kommt, die sich dennoch rasch, in der gewünschten Richtung und im gewünschten Ausmaß vollziehen, stellt sicher eine der größten Herausforderungen für die Führung eines Unternehmens dar.

Eine weitere Einschränkung jeder Unternehmensentwicklung folgt daraus, dass es funktionale Notwendigkeiten gibt, von denen die Unternehmensexistenz abhängt. Dazu gehört eine vor dem Hintergrund verschiedener Maßstäbe als ausreichend eingeschätzte Rentabilität, wobei besonders die Zeitdimension berücksichtigt werden muss. Die Rentabilität bezeichnet letztlich aber nur eine ökonomischen Größe. Für Sozialsysteme ist es ebenso unverzichtbar, dass ihre Umwelt sie positiv wahrnimmt. Es geht hier also um die Wahrnehmung von Wahrnehmungen. Dafür können die Produkte, der Produktionsprozess, die Unternehmenskultur oder auch die Personalführung wichtig sein. Schließlich ist es funktional notwendig, dass Unternehmen eine Grenze besitzen, durch die „Innen" und „Außen" getrennt werden. Damit entstehen Zurechnungsmöglichkeiten, Verantwortungen und Gestaltungsräume.

Dieser funktionalen Notwendigkeit steht ein gerade in der jüngeren Zeit zu beobachtendes „Verschwimmen" der Unternehmensgrenzen gegenüber: vertikale Zulieferer-Abnehmer-Strukturen und Wertschöpfungspartnerschaften, horizontale Kooperationen, Verflechtungen und Netzwerke. Sie komplizieren die Übersichtlichkeit der genannten Zurechnungsmöglichkeiten, Verantwortungen und Gestaltungsräume, können aber aus der höheren Komplexität ihres Funktionierens eine gesteigerte Leistungsfähigkeit beziehen. In solchen „hybriden" Welten gilt weder das „Außen" des Marktes noch das „Innen" der Hierarchie allein. Sie konstituieren sich nämlich zumindest in dreifacher Hinsicht als Sonderfälle. Einmal halten sie an ihrem ureigensten Operationsprinzip fest (Franchising bleibt z. B. immer marktbezogen, und eine multidivisionale Unternehmung ist immer noch eine organisationale Einheit), haben jedoch gleichzeitig das jeweilige Gegenprinzip fest in sich verankert. Man könnte dies als die *Doppelkonstitution* von hybriden Organisationsformen bezeichnen.

Zum anderen werden Interaktionen im Allgemeinen und Entscheidungen im Besonderen sowohl dem einzelnen Netzwerkmitglied (z. B. dem Franchisee, der Division) als auch dem Netzwerk als kollektiver Einheit (verkörpert durch das wie auch immer in Erscheinung tretende *headquarter*) zugerechnet. Es liegt also eine Art *Doppelattribution* vor. Dies bedingt schließlich, dass die Handlungen, etwa in einem Netzwerk, einer zweifachen Orientierung unterliegen: nach dem individuellen Nutzen und dem Anreiz der Netzwerkmitgliedschaft. Das Handeln beruht somit auf einer *Doppelmotivation*. Der besondere Status hybrider Formen ergibt sich nun daraus, dass der geschilderte Doppelcharakter ein *Ausbrechen* aus der strikten Gegenläufigkeit zwischen marktlichen und hierarchischen Vorteilen erklärt und ermöglicht. Das Verhältnis zwischen den beiden Polen ist dann kein „Konstantsummenspiel" mehr, sondern ein *Steigerungsverhältnis*. Diese neue Qualität wird oft mit dem Begriff „Emergenz" gehandelt. Sie kann als *synergetischer* Effekt interpretiert, als Ergebnis einer *Symbiose* gewertet oder auf das Vernetzen bislang getrennter Ressourcen zurückgeführt werden. Die Emergenz solcher Eigenschaften löst zwar die „alten" Unternehmensgrenzen nicht auf, macht sie jedoch für den Beobachter unscharf.

Besonders unter dem Gesichtspunkt von Veränderungen benötigen Unternehmen ein möglichst großes (aber noch handhabbares) internes Repertoire unterschiedlicher Wirklichkeitsvorstellungen. Es ist die fundamentale Bedingung für jede innovative Wirklichkeitskonstruktion. Von diesem Repertoire hängt die Fähigkeit von Unternehmen ab, potenzielle Zukünfte für sich zu entwickeln, d. h. ihre Fortschrittsfähigkeit. Es scheint, als werde viel zu wenig Aufmerksamkeit auf die Frage verwendet, wie vielfältig und wie unterschiedlich die interne Varietät von Unternehmen sein kann und wie diese Größe zu bestimmen ist. Zu wenig unterschiedliche Konzepte oder Teilwirklichkeiten sind sicher ein Nachteil, der sich in der Regel als Überspezialisierung beschreiben lässt. Umgekehrt erbringen zu unterschiedliche oder zu viele Vorstellungen keine weiteren Kreativitätsgewinne oder Synergieeffekte, wenn ein „Punkt" überschritten wird, der nicht zuletzt durch organisatorische Faktoren und Managementleistungen bestimmt wird.

3.7 Mit der Aufgabe des adaptionistischen Programms steigt die Gestaltungsfreiheit von Unternehmen

Betrachtet man die Veränderung der Umwelt von Unternehmen als einen konstruktiven Vorgang, der mit den entsprechenden internen Veränderungen zusammengeht, so wird erkennbar, dass Unternehmen weniger von ihrer Umwelt abhängen, als dies oft angenommen wird. Das externalistische Prinzip orientiert Unternehmen auf Umweltbeobachtung und Anpassung. Die konstruktivistische Auffassung, wie sie hier vertreten wird, stellt dem nicht einfach eine „internalistische" Position entgegen. Sie würde als bloße Negation des Externalismus zwangsläufig und logischerweise dessen Einseitigkeiten durch ihnen symmetrisch entgegengesetzte Einseitigkeiten ersetzen, die das Kritisierte lediglich umkehrten. So würde aus der Anpassung an den Markt letztlich eine Anpassung des Markts an die Unternehmen. Das vernachlässigt jedoch, dass die Umwelten von Unternehmen aus anderen Unternehmen und weiteren Akteuren bestehen, wie immer die Unternehmen diese Akteure ihrer Umwelten auch im Detail konstruieren.

Demgegenüber folgt aus dem Konstruktivismus, dass unsere Umwelten Konstrukte sind, und damit auch, dass sie prinzipiell anders gedacht werden können. Um die zunächst hypothetisch konstruierten Wirklichkeiten aber als Handlungs- und Entscheidungsgrundlage verwenden zu können, um sie also als „viabel" zu betrachten, müssen sie auf vielfältige Weisen erprobt werden.[9] Obwohl also der Konstruktivismus nicht die externalistische durch eine internalistische Auffassung ersetzt, betont er doch erheblich stärker unternehmensinterne Prozesse. Diese teilweise Veränderung der Blickrichtung von „außen" nach „innen" sollte zur Erkenntnis führen, dass die Freiheit zur Innovation und zum Handeln erheblich größer ist, als die traditionelle Orientierung auf „die Realität" nahelegte.

3.8 Unternehmensführung als Balanceakt

Die Art, wie Unternehmen gesehen und geleitet werden, variiert historisch nicht unerheblich (vgl. dazu aus verschiedenen Perspektiven Fridenson

1995; Tilly 1995; Torstendahl 1991). Die auch heute noch dominierende Vorstellung vom Unternehmer oder Manager sieht ihn als eine Persönlichkeit, die ihre Interessen mehr oder weniger frei verfolgt. Das Unternehmen wird dabei als komplexes Werkzeug gesehen, als Vervielfältigung der Hände und Füße des Unternehmers, allenfalls auch als Hilfsmittel seines Denkens. Die Nähe zum Geniekult des 18. und 19. Jahrhunderts ist dabei deutlich zu erkennen und schmeichelt dem Selbstbewusstsein. Dass dies gegen das sonst so hoch gelobte Effizienzprinzip verstößt, wird meist verdrängt: Die im Unternehmen verborgenen Ressourcen an Wissen, Kreativität und Involviertheit bleiben genau das, nämlich verborgen. Dabei muss keineswegs stören, dass die Interessenlage des einzelnen Mitarbeiters nicht in allen Punkten und nicht immer mit denen des sozialen Systems Unternehmen übereinstimmt.[10]

Versteht man in dieser Tradition Unternehmen als Werkzeuge, so legt das nahe, dass ihnen eine Eigendynamik, wie sie sozialen Einheiten zukommt, nicht zugebilligt werden kann. Das Unternehmen als Werkzeug soll die Wirklichkeitsvorstellungen der Unternehmensführung umsetzen und nicht an der Wirklichkeitserzeugung beteiligt sein. Am deutlichsten kommt dies im Berufsbild des „Managers" zum Ausdruck, der eben ein *maneggiare* im Sinne des Überwindens von Widerständen und keinesfalls ein geduldiges oder gar reflektierendes Austauschen von Wirklichkeitsvorstellungen betreibt. Dass diese Konzeption zur permanenten Überforderung der Unternehmensspitze, zur Ablösung „informaler" Teileinheiten von der „formalen" Struktur und zum Rückzug der Mitarbeiter auf die rein rechtliche oder materielle Bindung mit ihren Aufgaben führt, ist zwar seit langem bekannt, wird aber trotzdem immer noch verdrängt.

Eine weitere Folge des Werkzeugkonzepts ist, dass es tendenziell zur Vernachlässigung unternehmensinterner Prozesse durch die Spitze führt. Der Unternehmer oder Topmanager, der das Unternehmen allein als Werkzeug zur Erfüllung seiner Ziele sieht, wird auf die (seine!) Umwelt des Unternehmens orientiert sein, oft überdies in der externalistischen Tradition. Damit kommen genau die Prozesse *nicht* in den Blick, die hier kürzelhaft als „Wirklichkeitskonstruktion durch Unternehmen" bezeichnet werden.

Im Gegensatz zur Werkzeugkonzeption werden Unternehmen hier als Sozialsysteme verstanden, die, je nach analytischem Interesse, aus Individuen und/oder Teilsystemen bestehen. In Sozialsystemen wie Unternehmen kommt dem Führungsgremium eine zentrale Funktion zu. Mit der konstruktivistischen Perspektive werden überdies unternehmensinterne Prozesse mit der Unternehmensumwelt funktional verknüpft. Für das Management wird es so notwendig, sich zur Lösung von Problemen, die bisher der Umwelt zugerechnet wurden, auch dem internen Handeln des Unternehmens zuzuwenden. Damit werden Prozesse, die bisher als lebenswichtig, aber als nur schwer beeinflussbar galten, nunmehr als von unternehmens*internen* Vorgängen und Entscheidungen abhängig gedacht. Erst damit sind sie auch von der Konzeption her für gestaltende Eingriffe des Managements offen! Dabei muss freilich die Eigengesetzlichkeit von Unternehmen oder von Teilsystemen berücksichtigt werden. Sie entsteht aus ihrem Charakter als aktive Sozialsysteme, die Wirklichkeiten konstruieren. Hier liegt aus konstruktivistischer Sicht auch die besondere Verantwortung des Führungsgremiums von Unternehmen.

Die Gegenüberstellung der Konzeption von Unternehmen als Werkzeugen und der hier vertretenen, die Unternehmen als aktiv handelnde und dabei notwendigerweise Wirklichkeiten erzeugende Sozialsysteme sieht, scheint die Funktion der Unternehmensführung infrage zu stellen. Aus unserer Sicht ist jedoch das Gegenteil der Fall. Erst wenn man Unternehmen als soziale Systeme begreift, in denen stets auch selbstorganisierende und selbstregelnde Prozesse stattfinden, wird deutlich, wo genau Führungsaufgaben zu lokalisieren sind und worin sie bestehen.

Unternehmensführung kann in diesem Kontext am besten als die Erfüllung von zwei Funktionen beschrieben werden, die komplementär sind, oft aber als widersprüchlich beschrieben und erfahren werden: auf der einen Seite des Aufbaus und Erhalts von Vielfalt, Individualität, Pluralität und Kreativität, von Unordnung, Unruhe und gar Unsicherheit; auf der anderen Seite des Herbeiführens von Selektionen, Entscheidungen, Konsens und Endgültigkeit, von Ordnung, Kontinuität und Sicherheit. Unternehmensführung wird so zum Balanceakt, bei dem auf beiden Seiten Fallen, Dilemmata und Paradoxien lauern, die die Unzulänglichkeit der menschlichen Natur so deutlich werden lassen.

Berücksichtigt man, dass Unternehmen konservative Systeme sind, so liegt eine zentrale Aufgabe des Managements in der Strukturierung dieser Systeme. Einerseits müssen sie Kreativität und damit die Entwicklung neuer Wirklichkeiten erlauben, also Individualität und Pluralität zulassen. Hierarchien stehen dem nicht im Wege, solange sie nicht zum Selbstzweck werden, wie dies z. B. bei der pathologischen Form der Bürokratie der Fall ist. Andererseits müssen die einzelnen Abteilungen, Funktionen, Teilprozesse etc. organisatorisch so verbunden werden, dass das Unternehmen sich weitgehend selber organisieren und regeln kann. Dabei ist ein ständiger Konflikt im Auge zu behalten. Schon aus Gründen der Entlastung der Spitze und um möglichst „sachgerechte" Entscheidungen zu fördern, ist es notwendig, im Unternehmen vorhandenes Wissen möglichst vielen zugänglich zu machen.

Eben hier aber liegt das Problem. Derartiges Wissen mag vielleicht überholt oder wenig zukunftsfähig sein. Seine Akzeptanz wirkt dann als konservierender Faktor. Die Unternehmensführung muss deshalb gleichzeitig die Arbeit an neuen Wirklichkeiten fördern, damit das Unternehmen auf der Basis seines vorhandenen Wissens über sich selbst und seine Umwelt Wirklichkeitsalternativen entwickelt, die in Form neuer Produkte, Kunden, Märkte, Zukünfte, Akzeptanzen etc. realisiert werden können, wenn sich entsprechende Möglichkeiten zu bieten scheinen. Die Friktionsfreiheit eingefahrener Routinen wird damit jedoch unterbrochen. Für die Unternehmensführung entsteht eine Situation, die Intervention verlangt. Dies bedeutet dann aber auch das Ende der kreativen Prozesse, die gerade gebraucht werden.

Pluralistisch organisierte Systeme tendieren, je nach organisatorischen Vorkehrungen in unterschiedlichem Maße, zu konsensuellen Entscheidungen oder, wo diese nicht erreicht werden können, zur Verschiebung von Entscheidungen und zu prinzipiell zeitoffenen Diskussionsrunden. Dass solche „Endlosschleifen" vermieden werden, ist die zweite zentrale Aufgabe der Unternehmensführung. Sie ist dafür verantwortlich, dass Entscheidungen getroffen werden. Sie müssen freilich die Randbedingung erfüllen, möglichst viele Optionen offen zu halten.

Es ist nicht schwer, bei gegebenen Befugnissen zu entscheiden. Entscheiden bedeutet dabei oft, aus wahrgenommenen Alternativen eine auszuwählen und damit andere gleichsam zu vernichten. Dies geht häufig mit der Aufgabe von Projekten und der Zerstörung von Wissen einher, das mit der Arbeit an diesen Projekten produziert wurde. Entscheidungen dieser Art können notwendig sein. Positiv an ihnen ist, dass sie Richtungen für weitere Entwicklungen selektieren. Außerdem mobilisieren sie, indem sie bestehende Alternativen verwerfen, zusätzliche Ressourcen für die selektierten Ergebnisse. Diese werden so besonders wirksam gefördert.

Die verworfenen Alternativen können sich freilich im Nachhinein als vorteilhafter erweisen. Die Verantwortung für dieses Risiko kann niemand der Unternehmensführung abnehmen, obwohl die Konsequenzen andere Unternehmensmitglieder existenziell viel härter treffen können. Auch wenn Entscheidungen auf eine breite Basis gestellt werden, garantiert das nicht, dass die so getroffenen Entscheidungen sich später als erfolgreich erweisen werden. Erst wenn man das Unternehmen als Netzwerk interagierender Individuen bzw. Teilsysteme auffasst, können die in diesem Netzwerk vorhandenen oder erzeugbaren Wirklichkeiten für das Unternehmen nutzbar gemacht werden. Es geht dabei nicht primär um eine *normativ* begründete Partizipation der Unternehmensmitglieder. Ziel ist vielmehr die Leistungssteigerung des Unternehmens und die Sicherung seiner Zukunft.[11]

Auch ein systematischer Versuch, alle Ressourcen von Unternehmen für diese zu mobilisieren, kann Erfolg letztlich nicht garantieren. Eine derartige Garantie kann es aber gerade angesichts von Globalisierung und der Beschränktheit unserer Wissensmöglichkeiten nicht geben. Was jedoch erreichbar ist, das ist die Konstruktion möglicher Wirklichkeiten und der Versuch, durch eigenes Handeln herauszufinden, welche Wirklichkeit viabel gemacht werden kann. Welche Bereiche dabei wichtig sind und was sich beim gegenwärtigen Stand der Diskussion dazu sagen lässt, behandeln die folgenden Beiträge.

Anmerkungen

1 Wobei in Asien natürlich auch ganz unterschiedliche Positionen vertreten werden. Aber immerhin findet sich mit China das von seiner Einwohnerzahl her größte Land der Welt im Lager derer, die meinen, wirtschaftliche und politische Entwicklung könnten voneinander abgekoppelt werden.

2 Damit wird *nicht* die Existenz einer Welt aus Gegenständen unterschiedlichster Art geleugnet. Vielmehr geht es um die Frage, wie Systeme mit stets spezifischen Wahrnehmungs- und Verarbeitungsmöglichkeiten in sich Wirklichkeitsvorstellungen ausbilden. Vgl. dazu auch die Beiträge von G. Roth und P. M. Hejl in diesem Band.

3 „Konstruieren" kommt von lat. *construere* = „zusammenschichten, erbauen, errichten".

4 Hier liegt denn auch, bei aller sonstigen Nähe, die Differenz zu Popper oder zu evolutionistischen Positionen, die trotz aller Ferne zu metaphysischen Positionen an der Vorstellung einer asymptotischen Annäherung an die Realität festhalten.

5 Bereits Herbert Spencer, einer der einflussreichsten Wegbereiter der modernen Soziologie und Anthropologie, verwies darauf, dass die Hauptdifferenz zwischen Organismen und Sozialsystemen darin besteht, dass die Individuen, die als Komponenten von Sozialsystemen fungieren, direkten Zugang zur Umwelt des Systems haben. Entsprechend dem heutigen, stärker *analytischen* Verständnis sozialer Systeme, würde man Individuen nur bezüglich ihres jeweiligen Beitrags zum System als dessen Komponente, ansonsten aber, *cum grano salis,* als zur Systemumwelt gehörend sehen.

6 Als vorzüglichen Überblick über Evolutionstheorien seit dem 18. Jahrhundert und die Diskussion bis in die Gegenwart vgl. Rieppel (1989).

7 Hier geht es nicht um *eine* Einheit, sondern darum, dass Wirklichkeitsvorstellungen, für die es im System keinen aktiven Träger gibt, auch nicht in die systeminternen Prozesse eingehen und damit für das System nicht wirksam werden, also irrelevant bleiben. Demnach ist der Verweis darauf, dass die Relevanz von Umweltkonzepten von einer systeminternen Trägerschaft abhängt, kein Widerspruch zu Forderungen nach komplexen Organisationsformen, mit denen die Beschränkungen der traditionellen funktionalen Organisationskonzepte überwunden werden, insbesondere ihre Lokalisierung von Zuständigkeiten bei möglichst einem „Funktionsträger".

8 Was natürlich voraussetzt, dass sie in *seiner* Umwelt vorhanden sind, da es Realitäten nur in Umwelten geben kann.

9 Beispielsweise sind partikulare Wirklichkeitskonzepte auch daraufhin zu untersuchen, ob sie einander widersprechen und was daraus folgt: Ist ein Konzept fehlerhaft, oder eröffnet es alternative Möglichkeiten?

10 Dass es sich dabei um einen auch biologisch universellen Konflikt handelt, zeigen Boyd a. Peterson (1980).

11 Aus dieser Sicht wird jedoch die Verkleinerung der Anzahl der Unternehmensmitglieder als Indikator für ein Scheitern gesehen.

Literatur

Boyd, R. a. P. J. Richerson (1980): Sociobiology, Culture, and Economic Theory. *Journal of Economic Behavior and Organization* 1: 97–121.

Foerster, H. von et al. (1997): Einführung in den Konstruktivismus. München/Zürich (Piper).

Fridenson, P. (1995): Herrschaft im Wirtschaftsunternehmen. Deutschland und Frankreich 1880–1914. In: J. Kocka (Hrsg.): Bürgertum im 19. Jahrhundert. Band II: Wirtschaftsbürger und Bildungsbürger. Göttingen (Vandenhoeck & Ruprecht), S. 65–91.

Glasersfeld, E. von (1987): Wissen, Sprache und Wirklichkeit. Arbeiten zum radikalen Konstruktivismus. Braunschweig/Wiesbaden (Vieweg).

Rieppel, O. C. (1989): Unterwegs zum Anfang. Geschichte und Konsequenzen der Evolutionstheorie. Zürich/München (Artemis).

Roth, G. a. D. B. Wake (eds.) (1989): Complex Organismal Functions: Integration and Evolution in Vertebrates. Report of the Dahlem Workshop on "Complex Organismal Functions: Integration and Evolution in Vertebrates", Berlin 1988, August 28– September 2. Chichester/New York/Brisbane (J. Wiley).

Tilly, R. H. (1995): Vom Zollverein zum Industriestaat. Die wirtschaftlich-soziale Entwicklung Deutschlands 1834–1914. München (dtv).

Torstendahl, R. (1991): Bureaucratisation in Northwestern Europe, 1880–1985. Domination and Governance. London (Routledge).

Wake, D. B., G. Roth a. M. H. Wake (1983): On the Problem of Stasis in Organismal Evolution. *Journal for Theoretical Biology* 101: 211–224.

Teil I: Systemische Grundlagen

DAS ENDE DER EINDEUTIGKEIT
Einladung zum erkenntnistheoretischen Konstruktivismus

1. Vorbemerkung

„Den" Konstruktivismus gibt es nicht, wenn man darunter eine geschlossene Schule versteht. Was es „gibt", das ist eine inzwischen nicht ganze kurze Reihe von Autoren aus verschiedenen Disziplinen, die ihre Arbeiten und Überlegungen mit mehr oder weniger großen Vorbehalten oder zusätzlichen Erklärungen dieser wahrnehmungs- oder erkenntnistheoretischen[1] Position zurechnen. Für die hier im Vordergrund stehende Auffassung des „Radikalen" oder „erkenntnistheoretischen" – um eine Einteilung von Knorr-Cetina (1989) aufzunehmen – Konstruktivismus lassen sich – mit durchaus unterschiedlichen Funktionen und Beiträgen – einige Autoren als „Gründergeneration" identifizieren. Es sind dies vor allem von Glasersfeld (1987, 1996) und von Foerster (1985), sowie, mit etwas anderer Bedeutung, Maturana und Varela (Maturana 1982).[2] Fragt man nach den beteiligten Disziplinen und Theorietraditionen, die für die Entstehung von Überlegungen zum konstruktiven Charakter unserer Wahrnehmung und unserer Wirklichkeit[3] wichtig waren, so wird man auf die Arbeitsgebiete der Gründerväter verwiesen, nämlich auf Systemtheorie und Kybernetik sowie auf die Biologie, vor allem die biologische Wahrnehmungsforschung.

Im weiteren Umfeld ist auf die skeptische Tradition der Philosophie seit Sextus Empiricus zu verweisen sowie auf Denkschulen, die sich unabhängig vom Radikalen Konstruktivismus und bereits vor ihm als „konstruktiv" bezeichnet haben. Zu nennen sind etwa der Konstruktivismus der Erlanger Schule[4], die von Berger und Luckmann begründete wissenssoziologische Tradition mit ihrem programmatischen Gründungsdokument *Die gesellschaftliche Konstruktion der Wirklichkeit* (1969) und schließlich die an Konsenstheorien der Wahrheit bzw. an sprachphilosophische Traditionen anschließende Bewegung des Sozialkonstruktionismus (vgl. z. B. Gergen 1997). Wenn hier also vom „radikalen" oder „erkenntnistheoretischen" Konstruktivismus die Rede ist, so ist damit eine im Rahmen der Konstruktivismen spezifische Sicht der Erkenntnisproblematik gemeint.[5]

Die folgende Einführung in konstruktivistische Grundüberlegungen zielt darauf, das Interesse an wahrnehmungs- und erkenntnistheoretischen Fragestellungen kontrastiv zu einigen Aspekten der erkenntnistheoretischen Tradition deutlich werden zu lassen. Damit soll gleichzeitig die mit der konstruktivistischen Perspektive verbundene Reorientierung erkennbar werden. Der Leser wird damit auch eingeladen, sich zu fragen, welche Folgen es für ihn und sein Handeln hätte, dächte er Wirklichkeit als „konstruiert".

2. Wahrnehmungs- und Erkenntnistheorie als Basisdisziplin

Warum sich mit wahrnehmungs- und erkenntnistheoretischen Fragen beschäftigen? Sieht man sich in den akademischen Fächern um, findet man eine meist peinlich genau durchgehaltene, aber keineswegs selbstverständliche Arbeitsteilung. Grundsatzfragen, die mit Erkennen und Wahrnehmen zu tun haben, werden in den „zuständigen" Disziplinen Philosophie bzw. Psychologie und Biologie bearbeitet. In fast allen anderen Bereichen, in denen Annahmen über Wahrnehmung und damit verbundene Aktivitäten zentral sind (Sozial- und Wirtschaftswissenschaften, Geschichts-, Rechts-, Literatur- und, mit einer Sonderrolle, Erziehungswissenschaft), geht man letztlich von traditionellen Annahmen aus, die sich kaum von naiven Welttheorien, *folk theories*, unterscheiden. In ihrem Mittelpunkt steht die Annahme, die Realität sei so, wie sie ist, zu erkennen, also in ihrem ontologischen Sein. Bemühungen, die Arbeitsteilung zwischen für Grundlagenfragen zuständigen und auf andere Gegenstände orientierten Disziplinen rückgängig zu machen, etwa durch regelmäßige Versuche zur Einführung eines Studium generale, scheinen nur wenig erfolgreich zu sein. Eingetretene Differenzierungen lassen sich kaum mithilfe von Beschlüssen, die auf Einsichten beruhen, rückgängig machen.

Trotzdem haben die Überzeugungen und Annahmen, die zu dieser Arbeitsteilung beigetragen haben, eine bis heute spürbare Fernwirkung, schlimmer noch, obwohl fragwürdig oder gar überholt, verhindern sie die Anpassung an Wissensbestände und Einsichten, die in spezifischen Disziplinen und Arbeitsbereichen entstanden sind, deren Bedeutung über den Entstehungsbereich aber weit hinausgeht. Die Wahrnehmungs- und Erkenntnisproblematik ist dafür ein Beispiel. Deutlich wird ihre tatsächlich sogar zentrale Bedeutung, wenn man – ohne Vollständigkeit zu beanspruchen – fragt, in welchen Bereichen Annahmen zu den Charakteristika von Wahrnehmung und Erkenntnis Folgen für den betreffenden Arbeitsbereich haben.

2.1 Kommunikationstheorie

Mit der wachsenden Bedeutung von Kommunikation und Medien wächst auch der Anteil von Interaktionen sowohl zwischen einzelnen Menschen als auch im Bereich der Massenkommunikation, in dem die Wahrnehmung und Verarbeitung visueller, sprachlicher, aber auch anderer akustischer Signale zentral ist. So nimmt die Bedeutung von Musik außerhalb der klassischen Bereiche Religion, Volkstraditionen, Militär und Kunstgenuss ständig zu. Ein anderes Beispiel sind natürlich statische oder bewegte Bilder in der Unterhaltung oder in der Werbung. Nicht vergessen werden darf auch der ganze Bereich der politischen Kommunikation. Im Zeichen der Globalisierung beeinflusst er nachhaltig, wohin sich die Aufmerksamkeit der Bürger richtet und wofür sie deshalb auch politisches Handeln fordern. Was nicht berichtet wird, also nicht in Kommunikationsangeboten präsent ist, das existiert für die meisten Mediennutzer nicht. Wie sollte es auch anders sein? Wir können unsere Wirklichkeitsvorstellungen nur in der Verarbeitung medialer Angebote bilden, sobald wir den engen Bereich persönlicher, direkter Erfahrungen überschreiten. Das Ergebnis sind „vergessene" Kriege und vergleichsweise kleine Probleme, die zu politischen Krisen großen Ausmaßes werden. Bilder sind überdies weder neutral noch gar unschuldige Dokumente. Sie sind vielmehr Angebote, die aufgenommen und „interpretiert" werden müssen, wie eine durchaus nicht unproblematische Metapher sagt. Wie auch immer man diesen Prozess sieht, Wahrnehmung und Erkenntnis spielen dabei eine fundamentale Rolle. Je nach den Vorstellungen von ihrem Funktionieren wird man unterschiedliche Angebote machen und die Angebote auch unterschiedlich wahrnehmen.

Schließlich ist aber auch an den ganzen Bereich der Kommunikation in sozialen Systemen zu denken, handele es sich um staatliche Verwaltungen, Verbände oder Unternehmen. Überall wird mithilfe von Sprache, Grafik, Bildern usw. direkt über das Medium des Drucks oder elektronisch (vom Telefon zum Intra- bzw. Internet) kommuniziert. Es werden also wahrzunehmende Einheiten geschaffen, von denen man hofft, dass sie zu spezifischen Handlungen bei ihren Adressaten führen, nämlich zu denen, die von ihren Produzent beabsichtigt waren. Es ist unmittelbar einsichtig, dass der Umgang zwischen Kommunikationspartnern davon beeinflusst wird, ob sie glauben, die Bedeutung einer Mitteilung liege in dem Sinne „in" der Botschaft, dass man diese nur aufzunehmen brauche, oder ob sie Wahrnehmung und Verständnis einer Mitteilung als einen Prozess auffassen, an dem der Adressat im Rahmen seiner Erfahrungen mitwirkt, und zwar ganz unabhängig von seiner Bereitschaft, erfolgreich zu kommunizieren.

2.2 Lern- und Sozialisationstheorie
Menschen durchlaufen lebenslange Prozesse des Lernens, in denen sie sowohl dingliche als auch soziale Sachverhalte gleichsam in sich aufnehmen und in Handlungs"programme" zur Lösung technisch-praktischer sowie sozialer Probleme und Notwendigkeiten umsetzen. Dabei bilden sie Einstellungen, Normen und Werte aus sowie ein Repertoire von Erwartungen an das Verhalten anderer. Schließlich entstehen auch Erwartungen zu den Verhaltenserwartungen, die ihre soziale Umwelt ihnen gegenüber hegt. Alle Lern- und Sozialisationstheorien sind fundamental Theorien des Wahrnehmens und Erkennens, auch wenn sie aus historischen Gründen anderen Disziplinen zugeordnet sind.

2.3 Entscheidungstheorie
Versteht man Entscheidungstheorie als Theorie menschlichen Handelns, so spricht man eine Situation an, die – aus der Sicht eines Beobachters – durch Akteure in Umwelten gekennzeichnet ist, die den Akteuren erlauben, ihre (wie auch immer definierte) Situation zu verändern. Dabei entstehen Kosten,

die, je nach verwendeten Kriterien, günstig oder ungünstig sind im Vergleich zur erreichbaren Verbesserung. Klarerweise befinden sich der interessierende Akteur und seine Umwelt ihrerseits in der Umwelt des Beobachters. Die erkenntnis- und entscheidungstheoretisch keineswegs triviale Frage lautet somit „Wie verhalten sich die Umwelten zueinander?" bzw. „Sind alle Merkmale der Umwelt des beobachteten Akteurs in der Umwelt des Beobachters enthalten?" oder „Kann es sein, dass sich die Umwelt des Akteurs in relevanter Weise von der des Beobachters unterscheidet?". Handelt es sich also, wie manchmal gefragt wurde, um die gleiche Rationalität, die zugrunde zu legen ist, die aber in unterschiedlichen Kontexten auch zu anderen Wirkungen führt, oder hilft gar das Konzept der Rationalität nur wenig weiter, wenn man unterstellt, dass *jeder* Akteur rational handelt,[6] es also viel eher darauf ankommt, nach der für einen Akteur relevanten Umwelt und danach zu fragen, ob es ein Kausalverhältnis zwischen Akteur und Umwelt gibt, das die Dynamiken ihrer Veränderungen koppelt?

2.4 Sozialtheorie
Bezeichnet man als Sozialtheorien (für einen bestimmten Zeitraum als erfolgreich eingestufte) Versuche, Netzwerke interagierender Akteure so zu beschreiben, dass einerseits die Besonderheit des jeweiligen Netzwerkes[7] deutlich wird,[8] andererseits aber auch die Wirkungen, die es auf seine Mitglieder ausübt[9] bzw. auf seine Umwelt,[10] dann braucht kaum weiter ausgeführt werden, dass dies nicht ohne massive Annahmen über das Funktionieren von Wahrnehmung, Kommunikation, Bewusstsein, Entscheiden etc. geht, auch wenn solche Annahmen oft unausgesprochen bleiben.

3. Probleme der traditionellen Erkenntnistheorie

Es gibt seit rund 2600 Jahren eine Auseinandersetzung mit der Erkenntnisproblematik, wenn man nur ihre Spuren in literarischen Zeugnissen zugrunde legt. Jede Auseinandersetzung mit dieser philosophischen Tradition, die beanspruchen wollte, dieser Geschichte angemessen zu sein, würde mehrbändige Werke verlangen. Dieser Anspruch wird hier also nicht erhoben. Zur annähernden Beschreibung der Auffassung, die hier als problematisch verstanden wird, vor allem auch weil sie außerhalb des Kreises philosophischer Spezialisten auf breites Verständnis rechnen kann, sei aus einem weit verbreiteten *Philosophischen Wörterbuch* zitiert:

„Bei der Erkenntnis stehen sich Subjekt und Objekt als Erkennendes und Erkanntes gegenüber. Das Subjekt erfaßt, und das Objekt ist erfaßbar. Das Erfassen geschieht dadurch, daß das Subjekt gleichsam in die Sphäre des Objekts hinübergreift und es in seine eigene hereinholt, genauer dadurch, daß die Bestimmungsstücke des Objekts an seinem im Subjekt entstehenden Abbild wiederkehren. Auch dieses Abbild ist objektiv, d. h., das Subjekt unterscheidet es, an dessen Aufbau es selbst beteiligt ist, von sich selbst als ein Gegenüberstehendes. Das Abbild ist nicht identisch mit dem Objekt, aber ihm kommt ‚Objektivität' zu. Das Objekt ist unabhängig vom Subjekt. Es ist mehr als nur ein Gegenstand der Erkenntnis, und in diesem Mehr-als-bloßes-Objektsein ist es das ‚Transobjektive'. Neben dem Gegenstandsein besitzt das Objekt Ansichsein. Wird das Objekt unabhängig von der Erkenntnisbeziehung gedacht, so wird es zum Ding. Das Subjekt aber kann auch für sich selbst Subjekt sein, d. h., es kann ein Bewußtsein für seine Fähigkeit des Erkennens haben. Es besitzt über seine Eigenschaft als eines Erkennenden hinaus noch ein Fürsichsein. Das Ansichsein des Objekts bedeutet, daß neben dem am Objekt Erkannten noch ein unerkannter Rest übrigbleibt. Die Tatsache, daß wir den Erkenntnisgegenstand nie vollständig und ohne Rest, nie in der Fülle seiner Bestimmtheit erfassen können, spiegelt sich wider in der Nichtübereinstimmung zwischen Objekt und Abbildung. Sofern das Subjekt von diesem Unterschied weiß, ergibt sich das Phänomen des *Problems*, das den weiteren Erkenntnisvorgang mit Spannung lädt und auf immer weitere Erkenntnisbemühungen drängt ..." (*Philosophisches Wörterbuch* 1974, Stichwort „Erkenntnis").

In den folgenden Abschnitten seien einige Aspekte der hier dargestellten Auffassung des Erkenntnisvorgangs kritisch, wenn auch unvermeidlicherweise knapp analysiert. So weit dabei von „traditioneller Erkenntnistheorie" die Rede ist, bezieht sich dies auf die im Zitat wiedergegebene Position.

3.1 Beziehung Objekt – Abbildung
Die traditionelle Erkenntnistheorie trennte scharf zwischen „objektiver" – „ontologischer" – Realität und ihrem „Abbild"[11] (wie dieses in der Tradition auch immer bezeichnet wurde). In dem Maße, in dem „Abbild" und „Objekt" übereinstimmen (s. o., Wiederkehren der Bestimmungsstücke des „Objekts" im „Abbild"), erlangt das „Abbild" „Objektivität" oder „Richtigkeit". Wie bereits die skeptische Tradition der Antike erkannte, ist jeder Vergleich zwischen „Objekt" und „Abbild" jedoch prinzipiell unmöglich, zumindest so, wie er hier konzipiert ist. Verglichen werden können – und müssen – „Abbilder". Kein „Objekt" ist anders denn als „Abbild" zugänglich.

3.2 Komplexität der traditionellen Erkenntnistheorie
Die traditionelle Erkenntnistheorie geht mit dem von ihr unterstellten Subjekt-Objekt-Grundmodell von sehr starken und problematischen Voraussetzungen aus. Wie der Subjekt-Objekt-Dualismus anzeigt, unterstellt dieses Grundmodell, es sei angemessen, die Erkenntnisproblematik im Rahmen der Gegenüberstellung eines für alle Erkenntnissubjekte stehenden Subjektes und eines die Realität schlechthin vertretenden Objektes zu analysieren.

Die Betrachtung nur eines Subjektes bedeutet jedoch eine folgenschwere Reduktion. Damit kann nach Intersubjektivität nämlich nur mit Blick auf „richtige Abbildung" gefragt werden, also mit Blick auf das, was in diesem Sinne logisch unzugänglich ist. Begreift man Intersubjektivität als ein zentrales Problem menschlicher Erkenntnis,[12] so setzt dies mindestens zwei Erkenntnissubjekte voraus. Will man den Subjektbegriff nicht ganz formal verwenden, so muss man Subjekte überdies als „Individuen" verstehen, d. h. als bezüglich ihrer Erkenntnisergebnisse in mindestens einer Hinsicht unterschieden, wofür sowohl biologische als auch umweltbedingte Faktoren anzusetzen sind.

Ohne diese Annahme hätte man es mit geklonten Subjekten zu tun, für die überdies Lerneffekte in verschiedenen Umwelten ausgeschlossen werden müssten. Dies schließt auch Sozialsysteme vom Typ Gesellschaft in diesem erkenntnistheoretischen Kontext aus, setzen sie doch unterschiedliche Mitglieder voraus.[13]

Dieses Komplexitätsdefizit der traditionellen Erkenntnistheorie setzt sich in auch soziologisch interessanter Weise auf der Ebene individueller Erkenntnissubjekte fort. Traditionell wird nämlich von einer Einheit des Bewusstseins ausgegangen, die nicht weiter problematisiert wird. Schon gar nicht wird sie als Ergebnis des systemischen Funktionierens unseres Bewusstseins verstanden. Wenn man zunehmend von einer Pluralität von Ich-Zentren oder Bewusstseinen spricht,[14] dann ist das singuläre Ich-Bewusstsein unserer Selbstwahrnehmung und der Erkenntnistheorie eine höchst voraussetzungsreiche Konstruktion (s. den Beitrag von Roth in diesem Band), die ohne komplexe Prozesse der Selbstregelung nicht auskommen kann. Auf die Parallele zum Funktionieren sozialer Systeme sei hier lediglich verwiesen.

3.3 Abstraktes Erkenntnissubjekt
Das Subjekt der traditionellen Erkenntnistheorie ist jedoch nicht nur ein solitäres, sondern auch ein – im Sinne des Christentums – vollkommenes Subjekt. *Es hat nämlich keine Bedürfnisse, deren Befriedigung ihm als Kriterium für erfolgreiche Wahrnehmungen dienen.* Angesichts dieser Vollkommenheit, die auch nicht die Freuden erfüllter Bedürfnisse kennt, bleibt völlig ungeklärt, warum es überhaupt Erkenntnis anstreben sollte, sind sie doch völlig zweckfrei bzw., und zwar wörtlich, sinnlos.

3.4 Probleme des Dualismus
Die duale Struktur der traditionellen Erkenntnistheorie[15] ließ sie seit der Antike schwanken zwischen Idealismus und Empirismus mit ihren jeweiligen Schwächen. Damit wurden auch im Christentum vorhandene starke manichäische Einflüsse[16] gestärkt mit einer Herabsetzung oder Geringschätzung jeweils einer Seite des Dualismus. Gleichzeitig verhinderte der Dualis-

mus jedoch Fortschritte zu koevolutiven Theorien,[17] in denen versucht wird, die gegenseitige Beeinflussung der beiden Seiten zu erfassen. Typische Resultate sind die Diskussionen um das Verhältnis von Leib/Seele bzw. Körper/Geist, mit entsprechenden Verlängerungen in die Sozialtheorie, die nach wie vor Schwierigkeiten hat mit der analogen Relation „Biologie/Kultur" bzw „angeboren/erworben". Dementsprechend finden sich sowohl negative Einschätzungen der „subjektiven" bzw. „kognitiven" oder „kulturellen" Seite bei Erkenntnis- und Denkprozessen als auch negative Wertungen der (faktisch dominierenden) Versuche, die Entstehung „geistiger Prozesse" in materiellen Systemen zu erklären.

3.5 Normcharakter der traditionellen Erkenntnisauffassung
Betrachtet man die Objekt- oder Realitätsseite des Subjekt-Objekt-Dualismus, so ist in Analogie zur Annahme nur eines prototypischen Subjektes hier die wichtigste Unterstellung, es gebe einen außerhalb aller empirischen Erkenntnissubjekte liegenden und allen gleichermaßen zugänglichen Bereich der Realität. Die Folge ist, dass die vielfältig auftretenden unterschiedlichen Wahrnehmungen *a priori* als fehlerhaft oder zumindest als unvollständig gelten. Hält man „richtige" Wahrnehmung prinzipiell für möglich, so verlangt man auch eindeutige und übereinstimmende Wirklichkeitsbeschreibungen.[18] Praktisch wird die Annahme des einen Subjekts und der singulären und allen zugänglichen Realität oft als methodisches Problem behandelt. Wahrnehmungsdifferenzen werden dann durch methodische Fehler erklärt. Wer sich im Besitz der richtigen, d. h. der einen Wahrheit glaubt, folgert nur allzu häufig, abweichende Wahrnehmungen gingen auf Unfähigkeit zurück oder auf bösen Willen. Die Annahme der einen und als solche erkennbaren Realität hat also normative Auswirkungen, die in vielen Konflikten auftreten, bei denen um die „wirkliche Wirklichkeit" gestritten wird, hängen davon doch meistens Bewertungen und Handlungsorientierungen ab.

4. Von Was- zu Wie-Fragen: Ein folgenreicher Perspektivenwechsel

In der klassischen Tradition wurde Wahrnehmung oder Erkenntnis mit einer gleichfalls wahrgenommenen Wirklichkeit verglichen. Die zentrale Frage lautete: *Was* erkennen wir von der Realität? Man stand also gewissermaßen *außerhalb* der Subjekt-Objekt-Beziehung und beobachtete, was das Subjekt mit dem machte, was man als die Realität ansah.

Die Was-Frage führte entweder zu Dogmatiken oder da, wo man ontologische Fragen einklammerte, zur Orientierung auf Methoden. Es ging stets jedoch um möglichst „richtige" Erkenntnis, verstanden als die Reproduktion von Realität im Erkenntnissubjekt. Selbst ein so kritischer Philosoph wie Karl

Popper konnte dem nicht ganz entgehen, hielt er doch an der asymptotischen Annäherung an die Realität fest.

Die Begründer der Kybernetik – zu denen als zweite Generation auch von Foerster[19] und, in einem anderen Kontext, von Glasersfeld (1996) gehört – waren an allgemeinen Prinzipien der Regelung in technischen, biologischen und sozialen Systemen interessiert. Ein wichtiges Ziel war die technische Umsetzung der erhofften Einsichten. Aus dieser Orientierung auf technische Umsetzungen ergab sich eine Fragestellung, die für erkenntnistheoretisches Denken eher ungewöhnlich war. An die Stelle der Was-Frage traten faktisch Wie-Fragen: *Wie* nimmt ein System wahr? *Wie erzeugt* ein System in sich die Vorstellung, „Wirklichkeit" wahrzunehmen? Wie regelt sich ein System?

Erkenntnistheoretisch bedeutet das eine grundlegende Veränderung der Perspektive. Statt „von außen" auf ein Subjekt und das zu blicken, was es erkennt, begibt man sich „in" die Situation des wahrnehmenden Systems selber. Mit dieser Veränderung geht eine zweite einher: der Übergang zu einer Systemperspektive. Fragt man dementsprechend, wie Systeme in sich die Vorstellung einer Wirklichkeit erzeugen, so ist man gezwungen, die Grundlagen dieser Betrachtung zu klären, also anzugeben, was als Systemkomponenten oder Teilsysteme gelten soll und wie sie bei der Wirklichkeitserzeugung zusammenwirken. Unabhängig von diesen erklärungstheoretischen Notwendigkeiten kann man dann, z. B. aus Gründen der Sprachökonomie und/oder weil diese Ebene interessiert, die so entstandenen Wirklichkeitsvorstellungen oder Wahrnehmungen dem Gesamtsystem zuschreiben.[20]

5. Wirklichkeitsvorstellungen konstruierende Systeme[21]

Was meinen wir, wenn wir von Wirklichkeit sprechen? In der Regel bezeichnen wir mit „Wirklichkeit" ein Etwas, das Gegenstand von Wahrnehmungen und Vorstellungen ist, das gleichzeitig aber *nicht identisch* ist mit den betreffenden Wahrnehmungen und Vorstellungen. Eine bewusst vereinfachte Skizze einiger Grundgegebenheiten wahrnehmender Systeme soll den Zusammenhang deutlich machen, der zwischen allgemeinen Systemmerkmalen und der Wahrnehmung von Systemen besteht.

5.1 Lebewesen als Systeme besonderer Art

Die Geschichte der modernen Wissenschaft kennt eine lange Auseinandersetzung um das, was Lebewesen kennzeichnet. Descartes sah sie als Mechanismen, wobei er sich wie seine Zeitgenossen an den auf Jahrmärkten und in Salons gezeigten und bewunderten mechanischen Apparaturen orientierte, die, mit Leder und Stoff verkleidet, wie Menschen aussahen und heute als wichtige Etappen auf dem Weg zum modernen Verständnis des Menschen einerseits und zur Technik „intelligenter Maschinen" andererseits gelten.

Demgegenüber vertraten die Gegner des Mechanismus die kategoriale Andersartigkeit von Lebewesen und besonders des Menschen. „Mechanismus" wurde dabei zu einem Schimpfwort für alle Bemühungen, auch so genannte „höhere" Leistungen von Lebewesen – lange Zeit sprach man sie sowieso nur dem Menschen zu – unter Rückgriff auf Ursachen und Wirkungen zu erklären. Freilich ist einzuräumen, dass die theoretischen Konzepte der älteren Mechanisten bei weitem hinter dem zurückblieben, was die Zeitgenossen überzeugen konnte vor dem Hintergrund sowohl der alltäglichen Erfahrung als auch der abendländischen Traditionen.

Trotzdem hörte diese Diskussion nie ganz auf. Darwins Erklärung der Entstehung der Arten durch „natürliche Zuchtwahl" bedeutete trotz aller Modifikationen seiner ursprünglichen Konzeption durch die Genetik eine nachhaltige Veränderung des Blickes auf Lebewesen und ihr Funktionieren. Darwins Beitrag erlaubte letztlich, die Entstehung und Veränderung von Arten als einen Prozess zu sehen, der ohne den Eingriff überirdischer Mächte vorgestellt werden konnte.[22] Mit der Kybernetik nahm man diese Diskussionen im Kontext der älteren und umfassenderen Überlegungen zu Merkmalen und Verhaltensregelmäßigkeiten von Systemen wieder auf (vgl. K. Müller 1996). In den letzten Jahren wurden verschiedene Systemtypen diskutiert und unterschiedliche Begrifflichkeiten vorgeschlagen. Wenn dabei auch noch keine präzise und allgemein akzeptierte Terminologie entstanden ist, so kann man nunmehr Lebewesen doch sehr klar von anderen Typen von Systemen unterscheiden und damit ihre Besonderheit, aber auch die Vergleichbarkeit mit anderen Systemtypen hervorheben.[23]

Als zentrales Merkmal von Lebewesen gilt in dieser Betrachtung ihre *Autonomie*, besser, ihre *Autonomisierung*.[24] Darunter versteht man, dass lebende Systeme eine erhöhte Unabhängigkeit von ihrer Umwelt besitzen, wenn man sie mit anderen Systemen vergleicht. So bilden Lebewesen z. B. ihre Ränder[25] selber aus, während andere Systeme, die mit ihnen den Aspekt der Selbstorganisation teilen, dazu nicht in der Lage sind.[26] Während verschiedene andere Merkmale, z. B. Selbsterzeugung oder Selbstorganisation, in gewissem Maße sich auch bei anderen Systemen finden, ist es für lebende Systeme besonders charakteristisch, dass sie *selbsterhaltend* und (worauf hier nicht einzugehen ist) *selbstregelnd* sind.

Betrachtet man zunächst den Aspekt der *Selbsterhaltung*, so wird schnell deutlich, warum hier eine erhebliche Differenz zu anderen Systemen besteht. Selbsterhaltung ist eng mit der Autonomie der Systeme verknüpft. Beide hängen sogar in dem Sinne zusammen, dass die Fähigkeit zur Selbsterhaltung das Ausmaß der jeweils vorliegenden Autonomie mitbestimmt.[27] Worum geht es? Wie die Begrifflichkeit anzeigt, meint Autonomie Unabhängigkeit. Betrachtet man etwa eine Maschine, so ist klar, dass sie von Menschen gebaut ist, um deren Zwecke zu verwirklichen. Die Regelmäßigkeiten ihres Verhaltens dienen ebenfalls den Zwecken ihrer Nutzer. In einer Terminologie, die auf die funktionalen Merkmale von Systemen abstellt, lässt sich demnach sagen: Maschinen sind fremd gemacht[28], und sie funktionieren heteronom, d. h. den ihnen vorgegebenen Regelmäßigkeiten folgend. Man kann sogar so weit gehen, Maschinen durch ihre Heteronomie zu kennzeichnen. Ihr Verhalten ist in dem Sinne „trivial", dass man es mit großer Sicherheit vorhersagen kann. Treten dagegen unerwartete Ereignisse auf, so gilt dies als sicherer Indikator für Fehlfunktionen. Maschinen sind also technisch erzeugte Sklaven. Gleichzeitig sind Maschinen nicht selbsterhaltend. Treten „Bedürfnisse" auf, muss z. B. die Energiezufuhr gesichert oder müssen abgenutzte Teile ersetzt werden, so ist deren Befriedigung Aufgabe ihrer Umwelt: Die Nutzer stellen die Energiezufuhr sicher oder rufen einen Reparaturservice. All dies leisten lebende Systeme selber – wenn auch mehr oder weniger erfolgreich.

Welche Probleme müssen gelöst werden, damit die Selbsterhaltung erfolgreich ist? Zunächst muss natürlich Nahrung identifiziert und in den Körper transportiert werden. Je nach Art des Lebewesens erfordert das einen unterschiedlichen Aufwand, wobei verschiedene Strategien auch mit unterschiedlichen Risiken einhergehen. Betrachtet man z. B. einfache Tiere, die in wässrigem Milieu leben, so kann es ausreichen, eine für die benötigten Substanzen durchlässige Membran auszubilden. Dies wäre, wie Roth (1998, S. 82) schreibt, die einfachste Art der Wahrnehmung, nämlich ein selektiver Umgang mit dem Milieu. Andere Tiere sind auf einem Untergrund fest verankert und strudeln die benötigte Nahrung einfach in sich hinein. In einer Umwelt, in der die Nahrung gleichmäßig verteilt ist, sind solche Strategien der Selbsterhaltung erfolgreich. Sie verlangen überdies weder komplexe Wahrnehmungssysteme noch aufwendige Verhaltenssteuerungen. Anders sieht es bei den Tieren aus, die sich in der Evolution so verändert haben, dass sie durch ihre sensomotorische Ausstattung auf eine Umwelt angewiesen sind, in der Nahrung zwar konzentriert, aber nur punktuell auftritt (z. B. bei Futterspezialisten, die nur Blätter einer bestimmten Art fressen), sich vielleicht sogar bewegt, wie Beutetiere es tun. Beweglichkeit bedeutet nicht nur die Ausbildung von Fortbewegungsmitteln, sondern natürlich auch die Fähigkeit, Hindernisse erkennen und vermeiden zu können. Wenn die Überlebensstrategie nicht darin besteht, gewissermaßen auf jeden aktiven Schutz zu verzichten und das Überleben der Art durch die schiere Masse des Nachwuchses zu sichern, dann müssen die betreffenden Lebewesen natürlich auch Feinde erkennen und sich so verhalten können, dass sie zumindest nicht ausgerottet werden.[29] Schließlich müssen Artgenossen erkannt und danach unterschieden werden, ob es sich um Geschlechtspartner, um Konkurrenten oder/und um Gruppenmitglieder handelt, zu denen freundschaftliche Beziehungen bestehen.[30]

Angesichts dieser Notwendigkeiten wird deutlich, dass es für Lebewesen nicht wichtig ist, all das wahrzunehmen, was sich in ihrer Umwelt befindet, geschweige denn „die Realität" wahrzunehmen. Wenn „erkennen" eine von Wahrnehmung unterschiedene Bedeutung haben soll im Sinne eines Wahrnehmens von etwas „als etwas", dann kann dieses „als etwas" allgemein mit „als relevant" bestimmt werden. „Relevant" ist zunächst aber alles, was für die Selbsterhaltung wichtig sein kann. Bei Lebewesen, die sich wie der Mensch mithilfe der Technik sehr erfolgreich erhalten, entstehen zusätzliche Freiräume dafür, Ereignisse oder gar Gedanken „relevant" zu finden, die nicht direkt oder erkennbar mit Fragen der Selbsterhaltung verbunden sind. Dabei handelt es sich aber um eine höchst spezielle – unter dem Gesichtspunkt der Selbsterhaltung gar um eine luxuriöse – Situation, die freilich eine Universalie menschlichen Verhaltens zu sein scheint.[31]

5.2 Konstruktion von Wirklichkeitsvorstellungen in biologischen Systemen
Aus den Notwendigkeiten der Selbsterhaltung lebender Systeme ergeben sich funktionale Notwendigkeiten, denen alle lebenden Systeme mit ihrer Organausstattung genügen. Um Nahrung oder Gefahrenquellen identifizieren zu können, benötigen Lebewesen *Wahrnehmungsorgane* oder *Sensoren*. Da sich aber sowohl Nahrung als auch Gefahrenquellen in der Umwelt befinden, muss einerseits auf die Umwelt eingewirkt und andererseits die Position des Organismus relativ zur Nahrung verändert werden können. Lebende Systeme benötigen deshalb einen zweiten fundamentalen Typus von Organen: *Effektororgane*. Sensoren und Effektoren wirken zusammen, und zwar sowohl bei der Wahrnehmung interner als auch bei der externer Ereignisse.

Beide Typen von Organen sind durch das Nervensystem verknüpft. Als lebende Systeme während der Evolution der Arten größer und mobiler wurden, wurden die Abstände zwischen den Systemteilen größer. Zur Überbrückung entstand ein besonderer Zelltypus, Nervenzellen. Bei weiterem Wachstum und größerem Verarbeitungsbedarf erwies es sich offenbar als evolutionär vorteilhaft, die Signale über das System und seine Umwelt räumlich relativ konzentriert zu verarbeiten. Das führte zur Ausbildung von *Zentralnervensystemen*.

Gehirne waren ursprünglich also keineswegs Systeme zur Erzeugung von Wahrnehmungen. Evolutionär betrachtet, sind sie komplexe Übertragungs- und Verarbeitungssysteme zwischen Sensoren und Effektoren. Ihre Aufgabe ist nicht die Erkenntnis der Welt oder der Realität, sondern die Koordination der Systenkomponenten des Organismus unter dem Primat der Selbsterhaltung. Beobachtung im Sinne bewusster Prozesse entstand erst, als sich mit größer werdender Komplexität der Systeme die Möglichkeit der Interaktion mit eigenen Zuständen ergab. Der funktionale Charakter des Gehirns wird auch daran deutlich, dass Gehirne als Systeme weder autonom noch selbsterhaltend sind. Für ihre Energieversorgung sind sie auf die Körper angewiesen, für die sie ihre Leistungen erbringen. Der Charakter des Gehirns als eines funktionalen Teilsystems wird zusätzlich daran erkennbar, dass es zwar mit

Bezug auf eigene Zustände operiert, dass seine funktionalen Teile aber primär den funktionalen Einheiten des Organismus zugeordnet sind, wie Karten oder Darstellungen von Homunkuli zeigen.[32] Erst mit zunehmendem Hirnwachstum in Relation zur Körpergröße erhält das Gehirn zusätzlich zu seiner funktionalen Charakteristik auch Kapazitäten, die für Bewusstsein, Sprache, Innovationen und Zukunftsplanungen genutzt werden können (T. W. Deacon 1997). Durch sie erlangt das Gehirn in der Konkurrenz mit anderen Organen des Organismus eine relative Vorherrschaft und teilweise sogar eine für den Organismus zerstörerische relative Autonomie.[33]

Fundamental geht es bei Wahrnehmung darum, Gegenstände (Ereignisse, Verhaltensweisen usw.) als zu einer Klasse von Gegenständen gehörig oder als ein bestimmtes Element einer Klasse zu identifizieren. Das kann auf zwei analytisch trennbare, faktisch aber stets mehr oder weniger kombiniert auftretende Weisen geleistet werden. Dinge können „wieder erkannt" oder als „neu" wahrgenommen werden.

Beim „Wiedererkennen" lösen an den sensorischen Komponenten des wahrnehmenden Systems auftretende Ereignisse bereits etablierte Verarbeitungsroutinen aus. Da kaum jemals Ereignisse exakt identisch sind, setzt das voraus, dass die konkret auftretenden Ereignisse zur *Klasse der Ereignisse* gehören, die die vorhandenen Routinen oder Verarbeitungsmechanismen auslösen oder aktivieren. Beim „Wahrnehmen oder Lernen von Neuem" geht es in den wohl meisten Fällen darum, dass Ereignisse auftreten, die nur marginal oder teilweise bekannt sind. Tritt dagegen vollständig Neues auf, können wir es keinem Wissen zuordnen. In diesem Fall gibt es „etwas", wir wissen aber nicht, worum es sich handelt. Lässt man diesen extremen Fall beiseite, für den man sich fragen kann, ob es sich nicht primär um einen theoretisch postulierbaren Grenzfall mit geringer praktischer Bedeutung handelt, so haben wir es bei „Neuem" mit Ereignissen zu tun, die wir dadurch in „etwas Bestimmtes" transformieren, dass wir sie in Beziehung zu bekannten Ereignissen setzen bzw. sie in Handlungen erproben.

Ein Blick z. B. auf die Schwierigkeiten, die Übersetzungsprogramme trotz der enormen Arbeitskraft, die in ihre Entwicklung investiert wurde, auch heute noch mit Mehrdeutigkeiten oder ironischen Wendungen haben, während sie Menschen kaum Schwierigkeiten bereiten, zeigt das Problem. Ironie lernt man, wenn man als Kind erfährt, dass Mitmenschen Dinge sagen, die etwas anderes ausdrücken als das, was sie wörtlich bedeuten. Man kann es dann selber ausprobieren und wird an den Reaktionen der Umwelt testen, ob man mit Ironie umgehen gelernt hat. Während das Handeln hier im sprachlichen Bereich verbleibt, gibt es viele Gegebenheiten unserer Welt, die wir in engem Zusammenwirken von Wahrnehmen und Handeln lernen, d. h. als Vorstellung konstruieren. Sicher kann man Wasser definieren und abstrakt beschreiben. Wir lernen es als Konzept jedoch, indem wir es trinken, uns damit waschen, darin schwimmen, es zum Wässern von Pflanzen verwenden etc. Alle diese Aktivitäten sind mit entsprechenden Wahrnehmungen verbunden. Damit haben wir ein Muster, mit dem wir aber auch andere „wasserähnliche" Substanzen erkennen können, etwa Blut, flüssiges Metall, Lava, Menschen- oder Geldströme etc., wobei gerade die Differenzen als Spezifika wichtig sind. Deshalb kommt auch Metaphern so große Bedeutung für unser Wahrnehmen und Denken zu (vgl. dazu den Beitrag von Annette Schlee u. Alfred Kieser in diesem Band).

Dieses Zusammenwirken von Handeln und Wahrnehmen findet sich aber schon auf einem ganz fundamentalen Niveau. Es beginnt etwa damit, dass sich unsere Pupillen ständig minimal bewegen (ein fixiertes Netzhautbild ließe den Sehpurpur ausbleichen, der betrachtete Gegenstand würde unscharf), wir Augen, Kopf und damit andere Rezeptorsysteme auf Ereignisse in unserer Umwelt orientieren und dass wir uns schließlich in dieser Umwelt mit unserem ganzen Körper bewegen. Trotzdem nehmen wir diese Bewegungsaktivitäten in der Regel nicht wahr oder eben als Bewegungen der betreffenden Körperteile bzw. unserer selbst. Normalerweise haben wir keine Schwierigkeiten, die bei all diesen Bewegungen wahrgenommenen Gegenstände als ruhend (Bäume, Steine etc.) oder als bewegt (Fisch, Vogel, andere Menschen etc.) wahrzunehmen. Bereits die Wahrnehmung eines einfachen ruhenden Gegenstandes setzt also ein komplexes Zusammenwirken unserer motorischen und sensorischen Organe voraus, das gleichzeitig aus dem Wahrnehmungsergebnis, so wie wir es erleben, wieder herausgerechnet ist.

„Wirklichkeit" entsteht dabei als *Wahrnehmung relativ konstanter Beziehungen* zwischen Aktivitäten der Effektororgane und den Ereignissen, die die Sensoren verändern. Der deutsche Terminus „Wirklichkeit" ist übrigens ein sehr guter Begriff für das, was aus Wahrnehmung als Prozess resultiert. Wirklichkeit wird erfahren als das, was die Differenz be-wirkt. Wiederholen sich spezifische Differenzen und damit die mit ihrem Auftreten verbundenen Wahrnehmungen, so spricht das dafür, dass sie berücksichtigt werden müssen. Sie sind dann relevant und in diesem Sinne auch wahr.

Wirklichkeit entsteht als eine Menge von Wahrnehmungen, die als solche nicht lokalisiert zu sein scheinen. Trotzdem erscheint das, worauf sie sich beziehen, in wichtigen Hinsichten meist ganz eindeutig lokalisiert:

- Unsere Vorstellungen von der Welt um uns lokalisieren diese *Welt* als unsere Umwelt.
- Unsere Vorstellung unseres *Körpers* lokalisiert diesen als unterschieden von der Welt außerhalb des Körpers, aber auch als unterschieden von der Körpervorstellung selber.
- Unsere *Vorstellungen selber* nehmen wir zwar als „unsere" wahr, gleichzeitig sind aber in einer nur unspezifischen Weise „in uns".

Diese *Differenzierung in Umwelt, Körper und „Mentales"* entwickelt sich *als anatomische Differenzierung des menschlichen Nervensystems* vor der Geburt und während der ersten Monate danachso Roth u. Schwegler 1992, S. 110). Diese Differenzierung erlaubt es, besser zu verstehen, wie lebende Systeme Wirklichkeitsvorstellungen entwickeln. Seit den Anfängen der Hirnforschung im 19. Jahrhundert[34] weiß man, dass Signale nur bezüglich ihrer Intensität kodiert werden, nicht aber bezüglich ihrer Art. Konkret bedeutet dies, dass alle Ereignisse in den Rezeptoren in Nervenimpulse unterschiedlicher Häufigkeit transformiert werden. Daran sind jedoch Rezeptoren unterschiedlicher Art beteiligt. D. h., die Umsetzung erfolgt durch Sensoren oder Sensorenfelder, die teilweise auf unterschiedliche Ereignisformen reagieren (Bewegung, Größe, Kanten etc.), teilweise unterschiedlichen Sinnesmodalitäten entsprechen (Sehen, Hören, Riechen, Fühlen, Schmecken). Die Sensoren haben natürlich keinerlei Weltwissen. Sie reagieren vielmehr auf spezifische Ereignisse in der ihnen jeweils möglichen Weise: nämlich durch die Produktion von Nervenimpulsen. Unsere Wahrnehmung des blauen Himmels ist nicht blau und die Wahrnehmung eines duftenden Essens duftet nicht. Beides ist vielmehr Ergebnis der Verarbeitung. Die entstehenden Nervenimpulse werden teilweise in Richtung Nachbarrezeptoren, überwiegend aber in Richtung Systeminneres weitergeleitet.

Das Gehirn selber kann als ein differenziertes System verstanden werden, in dem es funktionale, wenn auch nicht exklusive Zuständigkeiten gibt. So können die Leistungen von Gehirnteilen, die durch Krankheit oder Unfall von der betreffenden Region nicht mehr erbracht werden, in einem gewissen Maße von anderen Regionen übernommen werden. Die Lokalisation von Funktionen in spezifischen Hirnregionen führt nun dazu, dass in ihnen *ankommende Signale entsprechend der funktionalen Spezialisierung der Region interpretiert* werden. Was im visuellen Zentrum ankommt, gilt dem Hirn als visuelles Ereignis, was im Hörzentrum ankommt, wird dementsprechend als auditives Ereignis interpretiert etc. Trotzdem kommen in allen diesen Fällen voneinander nicht grundsätzlich verschiedene Erregungsmuster an. Das Gehirn folgert also aufgrund seiner *eigenen* Struktur, welche Ereignisse es als Ursache der Erregungen annimmt.

Der Ursprung von Erregungen spielt eine wichtige zusätzliche Rolle. Er erlaubt nämlich, zwischen internen und externen Ereignissen zu unterscheiden. Ereignisse ohne spezifischen Ursprung sind mentaler Natur.

Die Besonderheiten der Signalverarbeitung im Gehirn begründen auf biologischer Ebene die Rede von der Konstruktivität der Wahrnehmung. Wie bereits mehrfach betont, wäre es jedoch falsch, zu sagen, die Umwelt spiele bei Wahrnehmungsprozessen keine Rolle. Sie ist vielmehr eine unersetzliche Quelle der unter Selbsterhaltungsgesichtspunkten zu verarbeitenden Ereignisse. Schließlich ist es natürlich die Umwelt, mit der erfolgreich interagiert werden muss. *Quantitativ ist jedoch der Anteil der Systemaktivitäten für die Wahrnehmung bedeutender.* G. Roth (1987, S. 280) verweist darauf, dass beim Menschen die Verarbeitung der Signale, die von einer sensorischen Zelle eingehen und zur Aktivierung einer effektorischen Zelle führen, 100 000 Zellen benötigt. Dem entspricht, dass die primäre Verarbeitung sensorischer Ereignisse einige Millionen Zellen benötigt, die zentrale Erregungsverarbeitung jedoch von etwa 500 Milliarden Zellen geleistet wird. Hingegen beträgt die Anzahl motorischer Neuronen wiederum nur einige Millionen. Diese Zahlen illustrieren, was gemeint ist, wenn die Konstruktivität unserer Wahrnehmung und die Bedeutung der Evolution und des Gedächtnisses hervorgehoben werden.

Damit ergibt sich:
- Lebende Systeme haben keinen Zugang zu einer Realität an sich. Ereignisse in ihnen selber und außerhalb ihrer Grenzen können sie nur wahrnehmen als Veränderungen ihrer sensorischen Oberflächen.
- Aus den dabei entstehenden Erregungsmustern werden Wirklichkeitsvorstellungen konstruiert als Ergebnis der Aktivitäten des Systems selber. Dies geschieht
- in Abhängigkeit von der Systemstruktur, d. h. von dem Ort, an den Erregungen geleitet werden,
- als Ergebnis des Vergleichs mit anderen Ereignissen, schließlich
- in Beziehung zu früher gemachten Erfahrungen.
- Ob die konstruierte Wirklichkeit einer Realität an sich entspricht, ist unwichtig. Was zählt, ist etwas anderes. Wirklichkeitskonstrukte müssen *als Minimum* das Überleben des betreffenden Systems ermöglichen.

Welche „Freiheiten" bestehen bei der Konstruktion systemrelativer Wirklichkeiten? Dies ist nunmehr knapp zu diskutieren.

6. Freiräume für die Konstruktion von Wirklichkeitsvorstellungen

Versteht man Wirklichkeit als kognitives Konstrukt, so orientiert man sich selber auf den Konstruktionsprozess und die Möglichkeiten, die er eröffnet, um zu unterschiedlichen Vorstellungen unserer relevanten Umwelt zu gelangen. Das ist verschiedentlich und mit einer gewissen Euphorie als Befreiung von allerlei Traditionen und Zwängen verstanden worden.[35] Zweifellos ist es eine Folgerung dieses Beitrags, dass ein konstruktivistischer Blick größere Handlungsmöglichkeiten eröffnet. Nicht alles ist jedoch möglich. Unsere Handlungsmöglichkeiten werden vielmehr teils „kanalisiert", teils müssen sie funktionale Erfordernisse berücksichtigen. Diese „Kanalisierungen" und Erfordernisse sind unter den Überschriften „Historizität", „Viabilität", „anthropologische Invarianten" und „Kultur" knapp anzusprechen.

6.1 Historizität

Unter dem Einfluss systemtheoretischer Überlegungen entstand eine recht umfangreiche Literatur zur Selbstreferenzialität von Systemaktivitäten wie Wahrnehmung oder Verstehensprozessen in der Kommunikation. Viele Autoren konzentrieren sich dabei darauf, dass Systeme sozusagen immer in der Gegenwart funktionieren. Darunter versteht man, dass ihre jeweiligen Verhaltensweisen natürlich festgelegt sind durch ihren *augenblicklichen* Zustand und durch ihre *augenblickliche* Dynamik. Zustand und Dynamik beschreiben ein System zum betreffenden Zeitpunkt und damit, wie es auftretende Ereignisse verarbeitet. Dagegen ist auch wenig einzuwenden. Zustand und Dynamik sind jedoch Ergebnis vergangener Prozesse. In diesem Sinne sind *alle Systeme historische Systeme*. Das gilt besonders für lebende und soziale Systeme, letztlich aber auch für technische Systeme, denkt man etwa an die Abnutzung.

Damit Systeme als historische Systeme operieren, ist es *nicht* notwendig, dass sie sich der historischen Entstehung ihres Verhaltens bewusst sind. Dieses Bewusstsein setzt vielmehr eine besondere Art der Selbstbeschreibung voraus. Historisches Bewusstsein entsteht, wenn augenblickliche Verhaltensweisen oder Entscheidungen als Ergebnis früherer Entscheidungen verstanden werden. Systeme, die mit historischem Bewusstsein arbeiten, eröffnen sich so zusätzliche die Dimension der *Zukunftsperspektive*.

6.2 Viabilität

Insbesondere in der Auseinandersetzung mit einem adaptionistischen Verständnis des biologischen Evolutionsprozesses hat von Glasersfeld den Ausdruck der „Viabilität" geprägt und erläutert. Dabei geht es darum, dass es für lebende Systeme wichtig ist, Wirklichkeitsvorstellungen zu bilden, die sich durchhalten lassen, die also die Überprüfung im Handeln und in dadurch entstehenden Erfahrungen „überleben". Das in der Evolutionsbiologie verbreitete und von daher verschiedentlich übernommene Verständnis von „Anpassung" geht davon aus, dass Lebewesen sich in der Evolution „an die Umwelt" anpassen, also in ihr gegebene Merkmale als Daten verwenden, auf deren Nutzung hin sie sich dann verändern. Von Glasersfeld (1987, S. 137 ff.) argumentiert dagegen, dies sei nicht nur erkenntnistheoretisch unmöglich, sondern, in anderer Terminologie, übersehe auch die Besonderheit der Selbsterhaltungsproblematik. Gegen dieses „adaptionistische Missverständnis" ist weiterhin einzuwenden, dass der angenommene Prozesstyp für die Koevolution z. B. der Mitglieder einer gleichen Art buchstäblich sinnlos ist, besonders, wenn die Gesellschaft von Gruppenmitgliedern Art die wichtigste Umwelt ist, wie dies für Primaten angenommen wird (vgl. 6.3). Es dürfte aber auch für die Beziehung Lebewesen – Umwelt nicht gelten, vernachlässigt es doch die Beschränkungen, die sich (a) für jedes evolvierende System aus seiner aktuellen Architektur und Funktionsweise ergeben und die (b) keineswegs jede Veränderung zulassen.[36]

Außerhalb der Biologie besteht besonders in der Sozialpsychologie und den Sozialwissenschaften eine Tendenz, die Betonung des konstruktiven Charakters unserer Wahrnehmung so zu interpretieren, als werde damit einer Beliebigkeit der Wirklichkeitsvorstellungen das Wort geredet. Insgesamt sind also Abgrenzungen nach beiden Seiten nötig. Was gegen ein adaptionistisches Verständnis von Evolution spricht, ist bereits gesagt. Gegen die zweite Auffassung ist zu betonen, dass sie eine wichtige Quelle für wahrzunehmende Ereignisse *und* der Handlungsraum ist, in dem sich Wirklichkeitsvorstellungen bewähren müssen. Sicherlich kann man abstrakt oder in speziellen Bereichen, etwa in der Kunst, nahezu jede Wirklichkeitsvorstellung hervorbringen und vertreten.[37] Ein erheblicher Teil dieser Vorstellungen wird aber nicht viabel sein, d. h., er wird als Grundlage von Handeln und Kommunizieren scheitern.

6.3 Anthropologische Invarianten

Viabilität und Historizität haben beide mit der Erfüllung von Interessen und Bedürfnissen zu tun. Dabei handelt es sich zunächst um Bedürfnisse und Interessen von Menschen, aber auch um Bedürfnisse sozialer Einheiten, etwa im Sinne funktionaler Notwendigkeiten. Schließlich kann man auch ohne jede Mystifikation fragen, in welchem Sinne man von Bedürfnissen oder Absichten sozialer Systeme sprechen kann, etwa wenn von Unternehmen gesagt wird, sie „strebten nach X" oder „beabsichtigten Y" (was allerdings hier nicht Gegenstand ist).

Jede Beschäftigung mit Interessen und Bedürfnissen von Menschen steht vor dem Problem, dass sie es mit verschiedenen Zeithorizonten zu tun hat. Einerseits haben wir natürlich den Zeitraum der Gegenwart. Er umfasst *cum grano salis* wenige Jahre vor dem augenblicklichen Jetzt und einen unterschiedlich langen Zeitraum der unmittelbaren Zukunft. Eingebettet ist die Gegenwart in die Geschichte und Kultur einer Region, die unterschiedlich weit gesehen werden kann (Deutschland, Mitteleuropa, Europa, der Westen etc.). Dieser Zeitraum der umfassenden Geschichte erstreckt sich maximal über etwa 10 000 Jahre, wenn man bis zu den frühesten Zeugnissen der historischen Zeit zurückgeht. Dass dieser Zeitraum von unterschiedlichem – je weiter zurückliegend, desto geringerem – Interesse ist, wird kaum bestritten. Darüber hinaus gibt es aber noch einen weiteren Zeitraum, den der Menschheitsgeschichte. Er erstreckt sich etwa 5–6 Mio. Jahre zurück, als sich die frühen Hominiden von unseren nächsten Verwandten trennten, den Schimpansen (A. E. Friday 1994). Welche Bedeutung diesem Zeitraum zuzuordnen ist, ist zumindest in den Sozialwissenschaften im weiteren Sinne umstritten. Seit den ersten Jahrzehnten des 20. Jahrhunderts wird diese Auseinandersetzung unter der Fragestellung „Natur oder Kultur?" bzw. mit Blick auf Verhalten, Bedürfnisse und Interessen als die Alternative „Angeboren oder gelernt?" diskutiert.

Nicht zuletzt angesichts einer immer wieder begegnenden Vermischung biologisch-anthropologischer Argumente mit rassistischen Überzeugungen, aber auch mit imperialistischen, nationalistischen und natürlich auch sozialdarwinistischen oder schlicht sozialkonservativen Argumenten wurde die Bedeutung der Artgeschichte für die Ausbildung menschlicher Interessen und damit Handlungsstrukturen entweder als trivial eingestuft (das „Menschliche, Allzumenschliche") oder praktisch geleugnet.

In den entsprechenden Diskursen dominiert die Vorstellung, menschliches Wahrnehmen und Denken sei fast ausschließlich kulturell geprägt. Mehr oder weniger explizit findet sich oft die Vorstellung, das, was man früher unbefangener als die „menschliche Natur" bezeichnet hatte, bestünde vor allem aus einem allgemeinen Lernmechanismus. Mit seiner Hilfe werde die Leere des menschlichen Bewusstseins durch die Wissensbestände gefüllt, die ihm seine Umwelt und vor allem die Gesellschaft bereitstelle. Damit verknüpft ist die komplementäre Vorstellung, das menschliche Bewusstsein sei fast leer – nahezu eine Tabula rasa –, bevor dieser allgemeine Lernmechanismus sozialisierend und Kultur verbreitend wirksam werde.

Dagegen sprechen verschiedene Befunde und Überlegungen, die kurz aufgezählt seien.

– Wäre die Wirklichkeitskonstruktion ein weitgehend voraussetzungsfreier Prozess, so wäre zu erwarten, dass sich Wirklichkeitsvorstellungen finden lassen müssten, die sich radikal von allem unterscheiden, was wir kennen. Dies ist jedoch keineswegs der Fall. Untersuchungen zur interkulturellen Farbwahrnehmung zeigen z. B., dass die Differenzen zwischen der Farbwahrnehmung bei Menschen, die in extrem unterschiedlichen Umwelten leben, sich keineswegs fundamental unterscheiden. Unsere grundsätzlichen Wahrnehmungen differieren nur geringfügig. Diese relative Übereinstimmung gilt auch im sozialen Bereich. Wir können überall sehr schnell die fundamentalen Strukturen der sozialen Organisation erkennen, auch wenn uns die betreffende Kultur unbekannt ist. Dies bedeutet jedoch nun keineswegs, dass es keine Differenzen gibt. Sie scheinen jedoch eher auf einem Kontinuum angesiedelt zu sein, das von weitgehender Übereinstimmung zwischen individuellen Konstrukten bis zu erheblichen Differenzen zwischen ihnen reicht.

– Aufgrund von Analysen der lerntheoretischen Voraussetzungen von Theorien, die Spracherwerb vollständig als Lernvorgang erklären wollten, schloss Noam Chomsky schon in den 50er-Jahren, keine Lerntheorie könne die Geschwindigkeit des Spracherwerbs angesichts der Komplexität des zu Lernenden erklären. Deshalb postulierte er, es sei notwendig, angeborene Mechanismen des Spracherwerbs zu unterstellen. Nur so könne erklärt werden, dass wir in der Lage sind, sprachlich korrekte Äußerungen zu erzeugen, die etwa auch Wortkombinationen enthalten, die wir nie gelernt haben.

– Ein verwandtes Argument kommt aus den Erfahrungen mit Arbeiten zur künstlichen Intelligenz. Dort ist es bis jetzt nicht gelungen, künstliche Systeme mit einem Lernmechanismus auszustatten, der ihnen erlaubt, ihre Verhaltensmöglichkeiten in Lernprozessen aufzubauen und auszuweiten, ohne dabei in ernsthafte Schwierigkeiten zu kommen. Es hat sich stattdessen als sehr viel erfolgreicher erwiesen, solche Systeme mit spezifischen Programmteilen auszustatten, die das benötigte Wissen (welches Ereignis verlangt nach welcher Reaktion?) bereits mehr oder weniger detailliert enthalten.

– Ein weiteres Argument kommt schließlich aus der Anwendung *spieltheoretischer Überlegungen* auf Evolutionsprobleme. Unterstellte man tatsächlich allgemeine Lernmechanismen für den Aufbau des benötigten Weltwissens, z. B. nach dem Modell von *trial and error*, so wären der Zeitaufwand und die Anzahl fehlschlagender Versuche so groß, dass die benötigten Wissensbestände einschließlich der ihnen zugeordneten Verhaltensweisen nicht entstehen könnten. So funktionierende lebende Systeme würden vorher umkommen.

– Diese Überlegungen und Befunde lassen sich schließlich durch ein *kulturgeschichtliches Argument* weiter erhellen. Wir haben im Allgemeinen keine Probleme, anzunehmen, tierisches Verhalten sei instinktgesteuert. Für uns Menschen lassen wir diesen Terminus eigentlich nur für Extremfälle zu und dann als Kritik. Etwa wenn von Triebtätern gesagt wird, ihr Verhalten sei triebgesteuert. Was ist aber ein „Trieb"? Man kann darunter ein Verhalten verstehen, das in wichtigen Aspekten festgelegt ist und durch wahrgenommene Ereignisse ausgelöst wird. Eine solche Beschreibung entspricht ziemlich genau dem, was jedes Programm leistet, das bestimmte Überwachungs- oder Regelungsfunktionen erbringen muss. Nun, der Begriff des „Triebes" ist negativ besetzt. Jeder Versuch, ihm eine andere Bedeutung geben zu wollen, wäre wohl zum Scheitern verurteilt.

Wichtig ist jedoch, dass unsere Neigung, menschliches Verhalten als gelernt und tierisches Verhalten als angeboren zu sehen, letztlich aus der christlichen Tradition stammt, die eine scharfe Trennungslinie zwischen Tier und Mensch zieht. Diese Diskontinuität ist wissenschaftlich jedoch unberechtigt. Der Mensch ist ein Primat mit einer Kombination biologischer Merkmale, die seine beispiellose Karriere ermöglichten. Keines der biologischen Merkmale des Menschen findet sich nicht auch bei der einen oder anderen Tierart. Unsere Besonderheit liegt in der Kombination, wobei besonders unsere Hirnentwicklung und die Spezialisierung auf Sprache eine zwar nicht fundamentale, aber natürlich sehr weit gehende Differenz begründen.

Aus den Beispielen muss man m. E. folgern, dass das Menschenbild unzutreffend ist, das uns primär als eine Art sieht, die praktisch aus dem kognitiven Nichts mithilfe eines mächtigen Lernmechanismus ihre Wirklichkeit aufbaut, und zwar für jeden Menschen erneut. Die Annahme erscheint plausibler, dass sich im Laufe unserer Artgeschichte eine erhebliche Anzahl *kognitiver Mechanismen* ausgebildet haben.[38] Darunter kann man Wirkungszusammenhänge verstehen, die die auftretenden Ereignisse auf bestimmte Merkmale prüfen bzw. darauf, ob diese Merkmale in bestimmten Kombinationen wahrgenommen werden. Liegen die Merkmale vor, die sich in der Evolution als Indikatoren bestimmter Ereignisse bewährt haben, dann werden kognitive Programme aktiviert, deren Grundstruktur als Lösung des betreffenden Problems angeboren ist.

Die Aktivierung solcher Mechanismen kann beispielsweise dazu führen, dass manche Lernprozesse sehr schnell ablaufen, bis hin zu dem, was als *one-shot-learning* bezeichnet wird. Insgesamt kann man eine Reihe angeborener kognitiver Präferenzen und Verhaltensweisen annehmen, die in der Evolution ausgebildet wurden. Dabei spielte für die Evolution der Primatenintelligenz und damit auch der des Menschen die soziale Umwelt der eigenen Gruppe eine herausragende Rolle, wenn man den Vertretern der *social intelligence hypothesis* folgt (R. W. Byrne a. A. Whiten 1988). Obwohl die jeweiligen Inhalte und ihre Formen stets historisch und kulturell spezifiziert werden, kann man so für eine Reihe von Bereichen angeborene Gemeinsamkeiten unterstellen. Sie führen dazu, dass auch die Milliarden Menschen, die die heutige Weltbevölkerung bilden, erhebliche Teile ihrer Wirklichkeiten in weitgehender, wenn auch nicht vollständiger Übereinstimmung untereinander konstruieren. Dies darf jedoch nicht missverstanden werden. Zwar scheinen wir angeborenerweise über bestimmte sehr grundlegende Weltkenntnisse zu verfügen (E. S. Spelke 1991), etwa ein Wissen über „oben" und „unten", Angst davor, uns von einer festen Unterlage zu entfernen, oder eine Präferenz für menschliche Gesichter. Meistens handelt es sich aber darum, dass wir offenbar in der Lage sind, wichtige Vorgänge, besonders in unserer sozialen Welt, anhand von Indikatoren zu identifizieren, die in jeweils historisch und kulturell spezifischen Kontexten und „Verpackungen" auftreten. So ist es z. B. in jedem kulturellen Kontext nachteilig, wenn das Gleichgewicht zwischen Tauschpartnern (was immer auch getauscht wird!) zugunsten einer Seite verschoben ist. Nach Untersuchungen in unterschiedlichen kulturellen Umwelten[39] sind wir offenbar in der Lage, solche Situationen schnell und relativ sicher zu identifizieren, was L. Cosmides von einem angeborenen „Mogeldetektor" sprechen lässt. Der gleiche Mechanismus kann als Grundlage z. B. auch für das Rechtsempfinden angesehen werden. Menschen scheinen ebenfalls in starkem Maße statusorientiert zu handeln, ging Status artgeschichtlich doch mit besserer Ernährung und vermehrter Reproduktion einher.[40] Im Zusammenhang mit unseren Hirnkapazitäten argumentiert R. I. Dunbar (1998), dass wir nur zu Interaktionen mit einer relativ beschränkten Anzahl von Partnern in der Lage sind, was wiederum zur Entstehung sozialer Differenzierungen, von Sprache und Abstraktionen verschiedenster Art etc. beigetragen haben dürfte.

Die verbreitete Vorstellung, menschliche kognitive Systeme besäßen nur wenige angeborene Strukturen, die bei der Wirklichkeitskonstruktion eine Rolle spielen, ist wahrscheinlich unzutreffend. Im Gegenteil, es erscheint eher plausibel, anzunehmen, dass die vielen Jahre der Menschheitsentwicklung ihre Spuren in Form evolutionär ausgebildeter kognitiver Mechanismen hinterlassen haben. Sie äußern sich in Präferenzen der Wahrnehmung und der Bewertung, ebenso aber auch in komplexeren kognitiven Prozessen. Damit lassen sich einerseits Übereinstimmungen der Wirklichkeitskonstruktionen insbesondere im Umgang mit der natürlichen Umwelt, aber auch bezüglich fundamentaler sozialer Prozesse erklären.[41] Andererseits kann man vermuten, dass es ebenfalls universell vorhandene Mechanismen gibt, die Differenzierungen bewirken, was auch bei Wirklichkeitskonstruktionen deutlich werden sollte.

6.4 Kultur
Sicher die größte Differenz zwischen anderen Lebewesen und uns besteht in der Bedeutung, die Kultur für uns besitzt. Dabei wird unter Kultur hier nicht das enge Spektrum vor allem literarisch-künstlerischer Aktivitäten verstanden, das den Kern des bildungsbürgerlichen Kulturbegriffs ausmacht. Kultur bezeichnet hier vielmehr die Menge des Wissens, das durch organisierte und spontane Lehr- und Lernprozesse weitergegeben wird. Dabei ist auf eine weitere Differenz zur Biologie zu verweisen. Dort gibt es primär nur eine Möglichkeit, Wissen weiterzugeben, nämlich durch biologische Vererbung. Diese Weitergabe erfolgt vertikal, also von der Eltern- zur Kindergeneration. Wissen breitet sich somit nur langsam aus und kann auch nur sehr langsam verändert werden. Mit der Kultur haben unsere Vorfahren ein zusätzliches Vererbungssystem zunächst evolutiv ausgebildet und später zunehmend aktiv geschaffen. Im Gegensatz zur biologischen wirkt kulturelle Vererbung nicht nur vertikal, sondern auch horizontal, also innerhalb der gleichen Generation. Das Mittel ist hier nicht Vererbung im biologischen Sinne, sondern Lernen und Imitation, die beide durch vielerlei Beurteilungen und Wertungen gesteuert werden.[42]

Für die Konstruktion von Wirklichkeitsvorstellungen spielt Kultur eine doppelt wichtige Rolle. Einerseits legt sie Fragestellungen, Metaphern, beispielhafte Problemlösungen, geteilte historische Erfahrungen, aber auch Bewertungen und Handlungsweise nahe, während andere negativ bewertet werden oder gar nicht auftreten. Ein Beispiel mag verdeutlichen, was gemeint ist. Die amerikanische Agrarsoziologin Sonya Salamon (1985; 1993) hat die Wirtschaftspraktiken in ausgewählten ländlichen Gemeinschaften untersucht. Das interessante Befund ergab, dass sich die Wirtschaftsweisen und Einstellungen zur Landwirtschaft denkbar deutlich unterschieden, obwohl Faktoren wie Bodenbeschaffenheit, Infrastruktur, Nähe zu Absatzmärkten und Bildungsniveau vergleichbar waren. Als differenzierender Faktor erwies sich dagegen der jeweilige ethnische, d. h. kulturelle Hintergrund. Während die eine Gruppe von Gemeinschaften angelsächsischen Ursprungs war, entstammte die andere Südwestdeutschland. Beide lebten zum Zeitpunkt der Untersuchung seit rund 100 Jahren im Untersuchungsgebiet. Die englischstämmigen Bauern betrachteten ihre Höfe vor allem als Wirtschaftsunternehmen. Dies führte dazu, dass es bei ihnen eine deutliche Tendenz zur Monokultur gab, eine hohe Bereitschaft, Land zu kaufen und zu verkaufen in Abhängigkeit von Marktbedingungen, und dass der Hof primär als Unternehmen des Verfügungsberechtigten gesehen wurde mit dem Ergebnis, dass etwa die Unterstützung von Kindern, die ebenfalls landwirtschaftlich tätig waren, als wirtschaftliche Kooperation behandelt wurde. Demgegenüber verstanden sich die deutschstämmigen Bauern deutlich stärker als Verwalter eines Familienbesitzes, der zugleich das Heim der Familie war. Sie tendierten stärker zu gemischtem Wirtschaften statt zur Monokultur und versuchten, Land zu kaufen und für die Kinder zu behalten.

Dieses Beispiel aus der Agrarsoziologie zeigt, wie kulturelle Traditionen manche Verhaltensweisen als angemessen und richtig erscheinen lassen, andere dagegen nicht aufgenommen werden, selbst wenn sie beobachtbar sind. Das Beispiel erinnert aber auch an Berichte über die Differenzen, die in international operierenden Unternehmen auftreten, wenn sie über Kultur„grenzen" hinweg fusionieren und es anschließend zu internen Kommunikations- und Kooperationsproblemen kommt.[43] Zusammenfassend lässt sich festhalten, dass aus der konstruktivistischen Perspektive ein Mehr an Freiheit folgt, weil das Konzept der einen Realität hinfällig wird, auf dem die Vorstellung ruht, es gebe eine optimale Handlungsstrategie. Diese Freiheit darf jedoch nicht als Beliebigkeit missverstanden werden. Die Historizität unserer Wahrnehmungen und die Notwendigkeit, zu Wirklichkeitsvorstellungen zu kommen, die erfolgreiches Handeln erlauben, Stichwort „Viabilität", ermöglichen und beschränken Konstruktionen ebenso wie die Einflüsse, die sich aus der Kombination evolvierter Dispositionen mit kulturell ausgebildeten Präferenzen und Bewertungsstrukturen ergeben.

7. Wirklichkeit und Kommunikation

Das traditionelle Erkenntnismodell versprach mit seinem Postulat eines Subjekts und einer Wirklichkeit auch Eindeutigkeit. Wenn man nur richtig hinsah, würde man die Realität auch richtig erkennen. Das hat insbesondere die Bereiche stark beeinflusst, in denen Kommunikation wichtig ist. Kommunikation wurde so oft vor allem als die Übermittlung von Zeichen gesehen. Gestörte Kommunikation galt dann als fehlerhafte Zeichenübertragung. Dieses Modell stammt aus der Informationstheorie, die C.

Shannon[44] für technische Zwecke entwickelt hatte. Bereits dort hätte man aber nachlesen können, dass dieser technische Informationsbegriff nichts mit der Bedeutung von Information zu tun hat.

Was heißt aber Bedeutung? Für die Antwort erweist sich die konstruktivistische Perspektive als hilfreich. Vor ihrem Hintergrund lässt sich nämlich bestimmen: Die Bedeutung einer Wahrnehmung und damit auch eines kommunikativen Angebots besteht in dem, was der Wahrnehmende damit macht. „Bedeutung" bezeichnet also die Veränderungen, die durch ein Kommunikationsereignis ausgelöst werden. Diese Veränderungen bestehen aus den Verarbeitungsprozessen, die in einem Kommunikationsteilnehmer ablaufen. Das können unbewusste Prozesse sein oder bewusste. Dabei können angeborene Mechanismen aktiviert oder gelernte Verarbeitungsschritte durchlaufen werden. In jedem Fall greift die Verarbeitung auf Erfahrungen zurück, die in der Vergangenheit gemacht wurden. N. Luhmann (1985, S. 408) hat das einmal mit der gelungenen Metapher umschrieben, das Bewusstsein operiere mit dem Rücken zur Zukunft. *Die Bedeutung einer Mitteilung besteht also in dem, was der Empfänger aufgrund der Mitteilung denkt, fühlt und tut.*

Damit lässt sich nach den Bedingungen erfolgreicher Kommunikation fragen.

Zunächst, was heißt erfolgreiche Kommunikation? Die Antwort ist ergreifend schlicht: Kommunikation ist maximal erfolgreich, wenn der Empfänger die Bedeutung konstruiert, die der Sender beabsichtigt hatte (ablesbar etwa an vom Sender intendierten Handlungen des Adressaten). Damit das gelingen kann, muss der Sender möglichst genau das Wissen des Empfängers in dem betreffenden Bereich kennen. „Wissen" umfasst hier sowohl das, was traditionellerweise als „Sachwissen", als auch das, was als „Handlungswissen" oder „Handlungskompetenz" analytisch getrennt wird.

Bezieht man das auf soziale Systeme wie Forschergruppen, Institutionen oder auch Firmen, dann werden *geteilte Wissensbestände der Systemmitglieder* zur kritischen Bedingung erfolgreicher Kommunikation. Ich bezeichne solche geteilten Wissensbestände eines Sozialsystems als seinen *synreferenziellen Bereich*. Damit ist der Wissensbestand gemeint, der spezifisch ist für das betreffende Sozialsystem. Obwohl er nicht den Gesamtbereich des Wissens umfasst, das im System vorhanden ist, schließt er doch ein, was spezifisch ist für das betreffende Sozialsystem und für die Zugehörigkeit zu ihm. Sicher gehört dazu das, was H. H. Hinterhuber u. H. K. Stahl (1996) mit „Kernkompetenzen" von Unternehmen ansprechen. Hierher gehört aber auch Organisationswissen und auf Gegenseitigkeit beruhende Loyalität zur betreffenden sozialen Einheit. Damit Äußerungen verstanden werden können, müssen sie von den Adressaten auf ihr „Wissen" bezogen werden. Hier liegt die zentrale Funktion (1) der Historizität des Funktionierens kognitiver und sozialer Systeme, (2) der Bedeutung sozial erzeugter viabler Wirklichkeitskonstrukte, (3) des Einflusses invarianter Dispositionen für spezifische Präferenzen und Verhaltensorientierungen und natürlich (4) des Einflusses von Kultur auf den verschiedenen Ebenen der Weitergabe und Veränderung von Wissen. All diese Prozesse führen dazu, dass die für erfolgreiche Kommunikation und für erfolgreiches Handeln notwendigen gemeinsamen Wissensbestände vorhanden sind und die Kommunikationsteilnehmer sozialer Systeme wie Unternehmen über synreferenzielle Bereiche verfügen, die ihnen effiziente Kommunikation erlauben. Nur unter dieser Voraussetzung wissen sie nämlich „was gemeint ist" oder „was etwas heißt".

8. Schlussbemerkung

Hier ist nicht der Platz, auf Kritiken an der skizzierten konstruktivistischen Auffassung von Wahrnehmung und Erkenntnis einzugehen.[45] Stattdessen seien einige für die Argumentation zentrale Gedanken zusammengefasst, die auch in der Kritik eine Rolle spielen.

Zunächst ist festzuhalten, dass der hier vertretene Konstruktivismus nicht die Existenz der Welt und damit die von Erkenntnissubjekten bestreitet. Ebenso wenig wird bestritten, dass wir in der Lage sind, aus den Merkmalen unserer Wirklichkeiten rationale Aussagen über die Verursachung und Entstehung dieser Wirklichkeiten durch eine supponierte Realität zu machen, d. h. abzuleiten. Bestritten wird jedoch die Zugänglichkeit des von Philosophen und Alltagstheoretikern postulierten ontologischen Seins.

Der Konstruktivismus geht davon aus, dass Wahrnehmung in den kognitiven Systemen einzelner Individuen lokalisiert ist. Diese werden jedoch im Gegensatz zum Erkenntnissubjekt der Tradition als Lebewesen gedacht. Dementsprechend wird davon ausgegangen, dass Wahrnehmen und Denken einen Beitrag zur Befriedigung von Bedürfnissen leisten. Die Existenzsicherung als Mitglied einer sozial lebenden Art wird dabei als fundamentalstes Bedürfnis der Menschen angesetzt. Zu ihr treten weitere angeborene und sozial ausgebildete Bedürfnisse.

Erkenntnis wird verstanden als die Konstruktion „viabler" Vorstellungen über den eigenen Körper, über unsere dingliche und soziale Umwelt, über unser eigenes Bewusstsein sowie über die Beziehungen zwischen ihnen. „Viabel" bezeichnet dabei die Eigenschaft von Wirklichkeitskonstrukten, sich theoretisch oder praktisch bewährt zu haben. Ob eine Wirklichkeitsvorstellung der ontologischen Realität entspricht, ist nicht feststellbar. Wir können aber sehr wohl feststellen, ob eine Wirklichkeitsvorstellung ein Handeln ermöglicht, das wir als erfolgreich ansehen, oder ob sie übereinstimmt mit in der Wissenschaft gestellten Ansprüchen logischer Konsistenz und mit anderen Konstrukten.

Aus dieser Position ergeben sich einige Folgerungen, die abschließend anzusprechen sind. Eine Folgerung ist, dass wir in einem konstruktivistischen Kontext Abschied zu nehmen haben vom Glauben an eine durch die Realität verbürgte Eindeutigkeit. Wir können aber erklären, wie Eindeutigkeit entsteht und wo eventuell ihre Grenzen liegen. Damit können wir auch vorhersehend überlegen, wie wir mit Wirklichkeitsdifferenzen umgehen wollen, da wo wir keine Eindeutigkeit erzeugen können – oder wollen.

Betrachtet man die „Wahrnehmung von Wirklichkeit" als einen konstruktiven Prozess, dann geht man gleichzeitig davon aus, dass er auch *beeinflussbar* ist. Das gilt sowohl auf der individuellen wie auf der sozialen Ebene. Ich halte dies für eine außerordentlich wichtige Einsicht, gerade mit Blick auf soziale Systeme wie Unternehmen und in einer historischen Entwicklung, die durch Differenzierung und Individualisierung gekennzeichnet ist.

Damit ist ein dritter wichtiger Aspekt angesprochen. Unterstellt man gerade auch angesichts der oben angesprochenen kanalisierenden Einflüsse auf Wirklichkeitskonstruktionen, dass man von einer Pluralität von Erkenntnissubjekten und ihren Wirklichkeiten auszugehen hat, dann wird zweierlei deutlich. Einerseits ist vor diesem Hintergrund nunmehr auch theoretisch (nicht nur empirisch) eine erhebliche Unübersichtlichkeit zu erwarten. Andererseits bedeutet dies aber keineswegs nur Schwierigkeiten bei der Kommunikation und für koordiniertes Handeln. Es bedeutet auch eine Ressource, freilich eine, die erhebliche Anforderungen an Organisation und Management stellt.

Für die Aufgaben der Unternehmensführung bedeutet die konstruktivistische Perspektive eine Veränderung oder zumindest Ergänzung der Hauptrichtung ihrer Aufmerksamkeit. Statt sich auf „vollständige" und in diesem Sinne „richtige" Erkenntnis eines Marktes und der Faktoren zu kaprizieren, die ihn beeinflussen, scheint es in vielen Fällen wichtiger zu sein, die Aufmerksamkeit auf die Konstruktionsprozesse zu richten. Sieht man Wirklichkeit als Konstrukt, so bedeutet dies natürlich nicht, etwa im physiologischen Sinne anders zu „sehen". Das Bewusstsein des konstruktiven Charakters orientiert jedoch die Aufmerksamkeit auf den Prozess, als dessen Ergebnis die bis dahin (bezüglich ihrer Entstehung und damit ihres Charakters) anders interpretierten Wahrnehmungen der Umwelt und der eigenen Person bzw. des Sozialsystems entstanden sind, zu dem man gehört. Diese Prozessorientierung verträgt sich mit dem Blick des Analytikers und Gestalters. Mit einem konstruktivistischen Verständnis von Wirklichkeit entstehen nämlich konsequenterweise Frage wie „Können wir die Prozesse anders organisieren, die zu bestimmten Wahrnehmungen führen?", „Was bedeutet eine andere Organisation für unsere Wirklichkeitsvorstellungen?", „Welche neuen Handlungsmöglichkeiten eröffnen sich dadurch?". Es entstehen also zusätzliche Freiheitsgrade – und das in einer Zeit, in der so viel über Zwänge und Einengungen des Managements geklagt wird.

Anmerkungen

1 „Wahrnehmung" und „Erkenntnis" werden hier bezüglich der resultierenden Wirklichkeitsvorstellungen synonym verwendet. Die verbreitete Auffassung, nach der Wahrnehmung dadurch von Erkenntnis unterschieden ist, dass der Erkennende das Wahrgenommene als etwas Bestimmtes erkennt, wird hier nicht geteilt, da es sich dabei allenfalls um ein peripheres Phänomen handelt.

2 Vgl. als Einführungen überdies von Foerster et al. (1997); Schmidt (1987, 1992). Schließlich ist auf die von Rusch und Schmidt herausgegebene Zeitschrift, später Buchreihe (Suhrkamp) DELFIN zu verweisen. Maturana und Varela verstehen sich selber nicht als „Konstruktivisten", obwohl sie diese Kategorisierung als erkenntnistheoretische Folgerung aus der von ihnen entwickelten Theorie der Autopoiese akzeptieren.

3 Als Hinweis zum Sprachgebrauch sei darauf verwiesen, dass „Wirklichkeit" zur Bezeichnung der Ergebnisse von Wahrnehmungsprozessen verwendet wird, während „Realität" auf das philosophische Konzept einer „Realität an sich" verweist. „Wirklichkeitskonstruktion" meint also das Erzeugen von Vorstellungen dessen, was wahrnehmende Systeme als Gegenüber in ihren Interaktionen mit ihrer Umwelt erfahren und zum Anlass ihrer kognitiven Konstruktionen nehmen. „Wirklichkeitskonstruktion" meint also nicht die Konstruktion dieses Gegenübers. Das kann gefolgert werden und ist „an sich", wie es ist. Erfahrbar oder folgerbar ist es jedoch als Konstrukt und unterliegt als solches natürlich allen denkbaren Überprüfungsmöglichkeiten.

4 Der Hauptvertreter ist P. Janich (vgl. Hartmann u. Janich 1998).

5 Auf diese Spezifik wird hier nicht eingegangen, da dies eine eigene Diskussion erfordern würde. Vgl. dazu etwa die DELFIN-Bände und Agnese u. Wallner (i. Vorb.).

6 Was allein deshalb unterstellt werden muss, da die gegenteilige Annahme, nämlich Irrationalität, darauf hinausläuft, einem Akteur wirklich stochastisches (also nicht auf Unkenntnis seiner Dynamik beruhendes) oder gar unvorhersagbares Verhalten zu unterstellen. Das mag es natürlich geben, ob es sich dabei aber um Kernfälle wissenschaftlicher Betrachtung handelt, kann bezweifelt werden.

7 Z. B. der Wirtschaft bzw. von Unternehmen, Familien, des Wissenschaftssystems, eines Forschungslabors, eines Justizsystems, von Nationen.

8 Also etwa die Art der Abgrenzung zu seiner Umwelt, die Austauschbeziehungen mit dieser, die spezifische Dynamik des Netzwerkes usw.

9 So lässt sich etwa fragen: Welche Persönlichkeitsmerkmale werden selektiert oder verstärkt? Man denke etwa man an den bekannten Widerspruch, dass die Wirtschaft sowohl „Teamfähigkeit" als auch „Durchsetzungsfähigkeit" verlangt, wobei man sich dann fragen kann, wie es angesichts dieser Forderung mit „Vertrauen" und „Kollegialität" aussieht, d. h. mit Merkmalen, ohne die das Risiko innovativen Handelns kaum kalkulierbar ist.

10 Die Klassiker sind Beziehungen der Art Wirtschaft/Politik, Religion/Wirtschaft, Politik/Recht.

11 Die Begriffe „Abbild" und „Objekt" werden hier verwendet, weil sie im Zitat auftauchen. Sie werden jedoch in Anführungszeichen gesetzt, weil sie unvermeidlich mit dem tradierten Konzept der objektiven Erkenntnis verbunden sind.

12 Wofür etwa in ganz besonderer Weise die Sozialität spricht, die als ein Unterscheidungsmerkmal höhere Primaten bezüglich ihrer Verwandten gilt und die in besonderer Weise den Menschen kennzeichnet. Vgl. etwa Dunbar (1998).

13 Der Egalitarismus moderner Gesellschaften, wie er sich etwa in Grundrechtskatalogen oder in den Menschenrechten ausdrückt, bezieht sich gerade auf Rechte unterschiedlicher Bürger, deren Unterschiedlichkeit damit als legitim und schützenswert angesehen wird.

14 Vgl. etwa M. Minsky (1986), H. Gardner (1991) und G. Roth (1999), wobei auf die unterschiedlichen Orientierungen hier nicht eingegangen wird.

15 Vgl. zur Kritik des Dualismus in der Erkenntnistheorie J. Mitterer (1992).

16 Vgl. dazu etwa die Geschichte der Entstehung der Vorstellungen des Fegefeuers bei J. Le Goff (1981).

17 Vgl. zur Koevolution von Sprache und Gehirn T. W. Deacon (1997), von Sprache und sozialer Lebensweise R. I. M. Dunbar (1998), zur Relation biologischer und kultureller Faktoren F. J. Odling-Smee (1988) und W. H. Durham (1991) sowie mit Blick auf die systemtheoretische Diskussion in der Soziologie P. M. Hejl (1995).

18 Ein „guter" Manager wird heute noch daran gemessen, ob er/sie die Umweltsignale „richtig" wahrnimmt.

19 Er war Herausgeber (unterstützt von M. Mead und H. L. Teuber) der Berichte 6–10 (1949–1953) über die berühmten Konferenzen *Cybernetics. Circular Causal and Feedback Mechanisms in Biological and Social Systems*, die die Macy Foundation zwischen 1946 und 1953 durchführte und an der die zentralen Innovatoren für die Kybernetik teilnahmen, etwa N. Wiener, J. von Neumann, W. St. McCulloch u. a., vgl. dazu École Polytechnique (1985). Durch diese Konferenzen wurde auf Regelungsprozesse gerichtetes Denken vorangetrieben und in zahlreiche Disziplinen getragen.

20 So lässt sich argumentieren, dass soziale Selbstregelung oder auch die Bildung eines Ichs, das kontinuierlich als mit sich identisch erlebt wird, eine Pluralität von Akteuren bzw. Ich-Zentren benötigt. Vgl. dazu G. Roth (1999).

21 Vgl. zu der folgenden Skizze zusätzlich zur bereits genannten Literatur *Gehirn und Kognition* (1990); B. Kolb a. I Q. Whishaw (1990); G. Roth (1998).

22 Zur Geschichte der Evolutionstheorie siehe P. J. Bowler (1984); E. Mayr (1984); O. C. Rieppel (1989); sowie zur Rezeption des Darwinismus in Deutschland E.-M. Engels (1995).

23 Vgl. etwa U. An der Heiden, G. Roth u. H. Schwegler (1985); P. M. Hejl (1984); sowie die Beiträge in W. Krohn, G. Küppers a. H. Nowotny (1990). In Deutschland wurden diese Diskussionen in besonderem Maße durch die Rezeption von und Auseinandersetzung mit den Arbeiten H. R. Maturanas und F. J. Varelas (Maturana 1982) stimuliert.

24 Da es aus den anzusprechenden Gründen keine vollständige Autonomie geben kann.

25 Also Haut und periphere Organe, die bezüglich ihrer Produktion und Erhaltung vom System und nicht von der Umwelt abhängen, obwohl der die dafür benötigte Energie entnommen werden muss.

26 Etwa verschiedene Oszillatoren, die aus der Chemie bekannt sind, aber durchweg z. B. einen mit Gefäßen vorgegebenen Rand benötigen.

27 Die Autonomie wird deshalb nur „mitbestimmt", weil die Umwelt berücksichtigt werden muss.

28 Der Begrifflichkeit Maturanas und Varelas folgend, sind sie also nicht auto-, sondern allopoietisch.

29 Es ist zu Recht immer wieder darauf verwiesen worden, dass das Kriterium des Überlebenserfolges eigentlich trivial ist, da jede Art es notwendigerweise erfüllt, wie ihre ununterbrochene Anwesenheit zeigt.

30 De Waal (1996) verweist darauf, dass viele Biologen Konkurrenzgesichtspunkte im Vergleich zu kooperativem Verhalten überbetonen. Zumindest für höhere Primaten zeigt er

dagegen die Bedeutung auch längerfristiger freundschaftlicher Beziehungen, die nicht einfach auf eine andere Form von Konkurrenz reduziert werden können. Vgl. dazu auch R. I. M. Dunbar (1998, S. 51 ff.).

31 So gehören Kunst, Fragen nach Leben und Tod etc. zu den Merkmalen aller menschlicher Gesellschaften, wie bereits G. P. Murdock (1945) feststellte.

32 Abgedruckt z. B. in Hejl (1987, S. 311) oder, in anderer Darstellung, in B. Kolb a. I. Q. Whishaw (1990, p. 219).

33 So scheint es „typisch menschlich" zu sein, für Prinzipien zu töten oder sich aufgrund von Vorstellungen über das Leben und die Rolle des Menschen in der Welt etc. selbst Schmerzen zuzufügen oder sich gar selbst zu töten.

34 Vgl. dazu J.-P. Changeux (1984).

35 Beispielsweise werden besonders unter dem Einfluss des Sozialkonstruktionismus (s. o.) Differenzen zwischen Frauen und Männern oft zu pauschal als gesellschaftliche Konstrukte abgetan, womit die Frage nach auch unvoreingenommen zu beobachtenden Differenzen als Verteidigung eines ungerechten Status quo diffamiert wird. Vgl. als Beispiel einer soziologisch elaborierten Auseinandersetzung mit der Problematik St. Hirschauer (1994).

36 Vgl. D. J. Futuyma a. M. Slatkin (1983), W. Durham (1991) sowie die Beiträge in G. Roth a. D. B. Wake (1989).

37 Wobei ja auch gerade das, was in der Kunst gemacht wird und gefällt, erstaunlich wenig variiert. Vgl. zur Malerei etwa E. Weiss (1997).

38 Ich folge hier der Argumentation von L. Cosmides und J. Tooby, vgl. ihre und die Beiträge ihrer Koautoren in J. H. Barkow, L. Cosmides a. J. Tooby (1992).

39 Vgl. L. Cosmides a. J. Tooby (1992) sowie G. Gigerenzer a. K. Hug (1992).

40 Damit wird auch deutlich, dass es wohl eine ganze Reihe angeborener Dispositionen geben dürfte, die früher vorteilhaft waren, es unter heutigen Lebensbedingungen aber nicht mehr sind. Zu nennen wäre hier sicher die menschliche Statusorientierung, natürlich die Gewaltbereitschaft, aber auch etwa, dass wir Fett als schmackhaft wahrnehmen.

41 So veröffentlichte bereits 1945 der amerikanische Anthropologe G. P. Murdock eine lange Liste von Merkmalen, die alle bekannten Gesellschaften aufweisen (wieder abgedruckt in P. M. Hejl 1999). Diese Liste so definierter kultureller Universalien ist inzwischen durch andere Arbeiten ergänzt worden. Angesichts der Dichte der aktuellen Diskussionen und erkennbaren Erklärungsdefizite in den Sozialwissenschaften im weiteren Sinne wird es in den letzten Jahren zunehmend als wichtig angesehen, diese Arbeiten weiter zu intensivieren und zu versuchen, ein Inventar mit systematischem Anspruch zusammenzustellen. Dies geschieht zur Zeit z. B. im Rahmen des Langzeit-Forschungsprogramms *Determinanten menschlichen Verhaltens* des Hanse Wissenschaftskollegs. Vgl. zu sozialen Universalien die umfassende Arbeit von D. F. Brown (1991), zur Frage der Universalität von Emotionen und Emotionsausdrücken P. Ekman a. R. J. Davidson (1994) und zum Zusammenhang von Konstruktivismus und Universalien P. M. Hejl (i. Vorb.).

42 Vgl. dazu einerseits R. Boyd a. P. J. Richerson (1985; 1990) sowie zum neuesten Stand der Diskussion P. Weingart et al. (1997), andererseits das Konzept des Mems im Anschluß an R. Dawkins (1982) sowie den daran anknüpfenden Beitrag von R. Sachs u. E. Rühli in diesem Band.

43 So ein Bericht in *Der Spiegel* 24/1999 zu Differenzen bei DaimlerChrysler.

44 Vgl. C. E. Shannon (1949), s. zu einer konstruktivistischen Sicht auf Kommunikation und Medien K. Merten, S. J. Schmidt u. S. Weischenberg (1994).

45 Vgl. dazu R. Nüse et al. (1991) sowie, aus anderer Perspektive, den Beitrag von M. J. Fallgatter und L. T. Koch in diesem Band. Zur Einschätzung einiger kritischer Einwände vgl. M. Flämig (1996, S. 172 f.) oder P. M. Hejl (1996).

Literatur

Agnese, B. u. F. Wallner (Hrsg.) (i. Vorb.): Konstruktivismen. Wien (Braumüller).

Barkow, J. H., L. Cosmides a. J. Tooby (eds.) (1992): The Adapted Mind. Evolutionary Psychology and the Generation of Culture. New York/Oxford (Oxford University Press).

Berger, P. u. T. Luckmann (1969): Die gesellschaftliche Konstruktion der Wirklichkeit. Eine Theorie der Wissenssoziologie. Frankfurt a.M. (Fischer). [Am. Orig. (1966): The Social Construction of Reality. New York (Doubleday).]

Bowler, P. J. (1984): Evolution. The History of an Idea. Berkeley/Los Angeles/London (University of California Press).

Boyd, R. a. P. J. Richerson (1985): Culture and the Evolutionary Process. Chicago/London (University Press of Chicago).

Brown, D. F. (1991): Human universals. New York (McGraw-Hill).

Byrne, R. W. a. A. Whiten (eds.) (1988): Machiavellian Intelligence. Social Expertise and the Evolution of Intellect in Monkeys, Apes, and Humans. Oxford (Clarendon Press).

Changeux, J.-P. (1984): Der neuronale Mensch. Wie die Seele funktioniert – die Entdeckungen der neuen Gehirnforschung. Reinbek (Rowohlt).

Cosmides, L. a. J. Tooby (1992): Cognitive Adaptations for Social Exchange. In: J. Barkow, L. Cosmides a. J. Tooby (eds.): The Adapted Mind: Evolutionary Psychology and the Generation of Culture. New York (Oxford University Press), pp. 163–228.

Dawkins, R. (1982): The Extended Phenotype. The Gene as the Unit of Selection. Oxford/San Francisco (Freeman).

Deacon, T. W. (1997): The Symbolic Species. The co-evolution of language and the brain. New York/London (Norton).

Dunbar, R. I. M. (1998): Klatsch und Tratsch. Wie der Mensch zur Sprache fand. München (Bertelsmann).

Durham, W. H. (1991): Coevolution. Genes, Culture, and Human Diversity. Stanford (Stanford University Press).

École Polytechnique. Centre de Recherche Epistémologie et Autonomie (C.R.E.A.) (1985): Histoires de cybernétique. (Cahiers du C.R.E.A. Nr. 7.)

Ekman, P. a. R. J. Davidson (eds.) (1994): The Nature of Emotion. Fundamental Questions. New York (Oxford University Press).

Engels, E.-M. (Hrsg.) (1995): Die Rezeption von Evolutionstheorien im 19. Jahrhundert. Frankfurt a. M. (Suhrkamp).

Flämig, M. (1996): Naturwissenschaftliche Weltbilder in Managementtheorien. Chaostheorie, Selbstorganisation, Autopoiesis. Frankfurt a. M./New York (Campus).

Foerster, H. von (1985): Sicht und Einsicht. Versuche zu einer operativen Erkenntnistheorie. Braunschweig/Wiesbaden (Vieweg). [Neuaufl. (1999). Heidelberg (Carl-Auer-Systeme).]

Foerster, H. von et al. (1997): Einführung in den Konstruktivismus. München (Piper).

Friday, A. E. (1994): Human evolution: the evidence from DNA sequencing. In: S. Jones, R. Martin a. D. Pilbeam (eds.): The Cambridge Encyclopedia of Human Evolution. Cambridge/ New York/Oakleigh (Cambridge University Press), pp. 316–321.

Futuyma, D. J. a. M. Slatkin (eds.) (1983): Coevolution. Sunderland, MA (Sinauer).

Gardner, H. (1991): Abschied vom IQ. Die Rahmen-Theorie der vielfachen Intelligenzen. Stuttgart (Klett-Cotta).

Gergen, K. J. (1997): Realities and Relationships. Soundings in Social Construction. Cambridge, MA/London (Harvard University Press).

Gigerenzer, G. a. K. Hug (1992): Domain-Specific Reasoning: Social Contracts, Cheating, and Perpective Change. (Rep. 5/92 of the Research Group on Biological Foundations of Human Culture at the Center for Interdisciplinary Research.) Bielefeld (ZiF).

Glasersfeld, E. von (1987): Wissen, Sprache und Wirklichkeit. Arbeiten zum radikalen Konstruktivismus. Braunschweig/Wiesbaden (Vieweg).

Glasersfeld, E. von (1996): Radikaler Konstruktivismus. Ideen, Ergebnisse, Probleme. Frankfurt a. M. (Suhrkamp).

Hartmann, D. u. P. Janich (1998): Die kulturalistische Wende. Zur Orientierung des philosophischen Selbstverständnisses. Frankfurt a. M. (Suhrkamp).

Heiden, U. an der u. H. Schwegler (1985): Die Organisation der Organismen: Selbstherstellung und Selbsterhaltung. *Funkt. Biol. Med* 5 (330): 330-346.

Hejl, P. M. (1984): Towards a Theory of Social Systems: Self-Organization and Self-Maintenance, Self-Reference; and Syn-Reference. In: H. Ulrich u. G. J. B. Probst (eds.): Self-Organization and Management of Social Systems. Insights, Promises, Doubts, and Questions. Berlin/Heidelberg/New York (Springer), p. 60–78.

Hejl, P. M. (1995): Autopoiesis or Co-Evolution? Reconceptualizing the Relation between Individuals and Societies. *Paragrana. Internationale Zeitschrift für Historische Anthropologie* 4 (2): 294–314.

Hejl, P. M. (1996a): Konstruktion der sozialen Konstruktion: Grundlinien einer konstruktivistischen Sozialtheorie. In: S. J. Schmidt (Hrsg.): Der Diskurs des Radikalen Konstruktivismus. Frankfurt a. M. (Suhrkamp), S. 303–339.

Hejl, P. M. (1996b): Aufklärung oder Romantik? *Deutsche Vierteljahresschrift für Literaturwissenschaft und Geistesgeschichte* 70 (2): 298–312.

Hejl, P. M. (1999): Konstruktivismus, Beliebigkeit, Universalien. In: G. Rusch (Hrsg.): Wissen und Wirklichkeit. Beiträge zum Konstruktivismus. Heidelberg (Carl-Auer-Systeme), S. 163–197.

Hejl, P. M. (Hrsg.) (i. Vorb.): Universalien und Konstruktivismus. Zum Problem menschlicher Invarianten in den Humanwissenschaften.

Hirschauer, S. (1994): Die soziale Fortpflanzung der Zweigeschlechtlichkeit. *Kölner Zeitschrift für Soziologie und Sozialpsychologie* 46 (4): 668–692.

Hinterhuber, H. H. u. H. K. Stahl (1996): Die Unternehmung als Deutungsgemeinschaft. *technologie & management* 45 (1): 8–13.

Knorr-Cetina, K. D. (1989): Spielarten des Konstruktivismus. Einige Notizen und Anmerkungen. *Soziale Welt* 40: 86–96.

Kolb, B. a. I. Q. Whishaw (eds.) (1990): Fundamentals of Human Neuropsychology. New York (Freeman).

Krohn, W., G. Küppers a. H. Nowotny (eds.) (1990): Selforganization. Portrait of a Scientific Revolution. (Yearbook Sociology of the Sciences, Vol. 14). Dordrecht/Boston/London (Kluwer).

Le Goff, J. (1981): La Naissance du Purgatoire. Paris (Gallimard).

Luhmann, N. (1985): Die Autopoiesis des Bewußtseins. *Soziale Welt* 36 (4): 402–446.

Maturana, H. R. (Hrsg.) (1982): Erkennen: Die Organisation und Verkörperung von Wirklichkeit. Ausgewählte Arbeiten zur biologischen Epistemologie. Braunschweig/ Wiesbaden (Vieweg).

Mayr, E. (1984): Die Entwicklung der biologischen Gedankenwelt. Vielfalt, Evolution und Vererbung. Berlin (Springer).

Merten, K., S. J. Schmidt u. S. Weischenberg (Hrsg.) (1994): Die Wirklichkeit der Medien. Eine Einführung in die Kommunikationswissenschaft. Opladen (Westdeutscher Verlag).

Minsky, M. (1986): The Society of Mind. New York (Simon and Schuster).

Mitterer, J. (1992): Das Jenseits der Philosophie. Wider das dualistische Erkenntnisprinzip. Wien (Passagen).

Müller, K. (1996): Allgemeine Systemtheorie. Geschichte, Methodologie und sozialwissenschaftliche Heuristik eines Wissenschaftsprogramms. Opladen (Westdeutscher Verlag).

Murdock, G. P. (1945): The Common Denominator of Cultures. In: R. Linton (ed.): The Science of Man in the World Crisis. New York (Columbia University Press), pp. 123–142.

Nüse, R. et al. (1991): Über die Erfindung/en des Radikalen Konstruktivismus. Kritische Gegenargumente aus psychologischer Sicht. Weinheim (Deutscher Studienverlag).

Odling-Smee, F. J. (1998): Niche-Constructing Phenotypes. In: H. C. Plotkin (ed.): The Role of Behavior in Evolution. Cambridge, MA (MIT Press), pp. 73–132.

Philosophisches Wörterbuch (1974). Stuttgart (Kröner).

Rieppel, O. C. (1989): Unterwegs zum Anfang. Geschichte und Konsequenzen der Evolutionstheorie. Zürich/München (Artemis).

Roth, G. (1987): Autopoiesis und Kognition: Die Theorie H. R. Maturanas und die Notwendigkeit ihrer Weiterentwicklung. In: S. J. Schmidt (Hrsg.): Der Diskurs des radikalen Konstruktivismus. Frankfurt a. M. (Suhrkamp), S. 256–286.

Roth, G. (1998): Das Gehirn und seine Wirklichkeit. Kognitive Neurobiologie und ihre philosophischen Konsequenzen. Frankfurt a. M. (Suhrkamp).

Roth, G. (1999): Die Bildung des ICH – Konzepte der Neurobiologie und der Entwicklungspsychologie. (Bremen: Vortrag im Zentrum Philosophische Grundlagen der Wissenschaften, 26. April 1999, Typoskript.)

Roth, G. a. D. B. Wake (eds.) (1989): Complex Organismal Functions: Integration and Evolution in Vertebrates. Report of the Dahlem Workshop on "Complex Organismal Functions: Integration and Evolution in Vertebrates", Berlin 1988, August 28– September 2. Chichester/New York/Brisbane (J. Wiley).

Roth, G. u. H. Schwegler (1992): Kognitive Selbstreferenz und Selbstreferentialität des Gehirns. Ein Beitrag zur Klärung des Verhältnisses zwischen Erkenntnistheorie und Hirnforschung. In: H. J. Sandkühler (Hrsg.): Wirklichkeit und Wissen. Realismus, Antirealismus und Wirklichkeits-Konzeptionen in Philosophie und Wissenschaften. Frankfurt a. M. (P. Lang), S. 105–117.

Salamon, S. (1985): Ethnic Communities and the Structure of Agriculture. *Rural Sociology* 50 (3): 323–340.

Salamon, S. (1993): Culture and Agricultural Land Tenure. *Rural Sociology* 58 (4): 580–598.

Schmidt, S. J. (Hrsg.) (1992): Kognition und Gesellschaft. Der Diskurs des Radikalen Konstruktivismus 2. Frankfurt a. M. (Suhrkamp).

Schmidt, S. J. (Hrsg.) (1996): Der Diskurs des radikalen Konstruktivismus (7. Aufl.). Frankfurt a. M. (Suhrkamp).

Shannon, C. E. (1949): The Mathematical Theory of Communication. In: C. E. Shannon a. W. Weaver (eds.): The Mathematical Theory of Communication. Urbana/Chicago/London (University of Illinois Press), pp. 29–125.

Singer, W. (1990): Hirnentwicklung und Umwelt. Gehirn und Kognition. (Reihe Verständliche Forschung.) Heidelberg (Spektrum der Wissenschaft), S. 50–64.

Spelke, E. S. (1991): Physical Knowledge in Infancy: Reflections on Piaget's Theory. In: S. Carey a. R. Gelman (eds.): The Epigenesis of Mind. Hillsdale, NJ/London (Erlbaum Ass.).

Waal, F. de (1996): Good Natured. The Origins of Right and Wrong in Humans and Other Animals. Cambridge, MA/London (Harvard University Press).

Weingart, P. et al. (eds.) (1997): Human by Nature. Between Biology and the Social Sciences. Hillsdale, NJ (Erlbaum Ass.).

Weiss, E. (Hrsg.): Komar & Melamid. The Most Wanted – The Most Unwanted Painting. (Dokumentation zur gleichnamigen Ausstellung im Museum Ludwig, Köln, 13.9.–30.11.1997.) Köln (Cantz).

RADIKALER KONSTRUKTIVISMUS, REALITÄT UND WIRKLICHKEIT
Gehirn, Realität, Wirklichkeit und Ich[1]

1. Radikaler Konstruktivismus, Realität und Wirklichkeit

Dem Konstruktivismus ist immer wieder vorgeworfen worden, keine konsistente Beschreibung oder gar plausible Erklärung des Verhältnisses „Radikaler Konstrutivismus, Realität und Wirklichkeit" vorgelegt zu haben. Wie mir scheint, ist dieser Vorwurf zumindest zum Teil berechtigt. In einem jüngst erschienenen Aufsatz schreibt von Glasersfeld (1998), Hauptvertreter des Radikalen Konstruktivismus, zusammenfassend: „Der [Radikale] Konstruktivismus leugnet keineswegs eine ontologische Realität, doch er behauptet, dass wir sie nicht rational erfassen können." Mit anderen Worten: Von der Realität nehmen wir als relativ sicher nur an, dass sie existiert, alles andere ist uns nicht zugänglich. Diese Aussage klingt in den Ohren eines Konstruktivisten plausibel, weil er ja bei allem Konstruktivismus kein Solipsist sein will. Bei längerem Nachdenken erscheint sie jedoch als merkwürdig. Was berechtigt uns – so müssen wir fragen – angesichts eines umfassenden erkenntnistheoretischen Skeptizismus, die *Existenz* der Realität für gesichert zu halten, alles andere an ihr aber nicht? Dies würde unterstellen, dass die bloße Existenz eine besondere Eigenschaft vor allen anderen Eigenschaften wäre. Wenn man nicht mittelalterlicher Metaphysik anhängt, so wird man zugeben, dass die Existenz eines Phänomens sich aus dem Vorhandensein mindestens einer Eigenschaft ergibt; eine Existenz ohne Eigenschaften gibt es nicht. Wir müssen uns also weiter fragen, welche Eigenschaften der Realität als zwingend anzusehen sind. Unter der Voraussetzung, dass die Wirklichkeit von der Realität hervorgebracht wird (und dies glaubt sicher auch der Radikale Konstruktivismus) und damit die Wirklichkeit ein Teil der Realität ist, ist zum Beispiel die Annahme zwingend, dass die Realität vielfältig ist, dass sie veränderlich ist, dass zumindest einige Teile davon gesetzmäßig ablaufen usw.

Man kann sich die Mühe machen, die Liste solcher Argumente weiter zu verlängern, und damit zeigen, dass gerade das möglich und geboten ist, was in dem obigen Zitat bestritten wurde, nämlich die Realität *rational* zu erfassen zu suchen, d. h., vernünftige Überlegungen über ihre mögliche Beschaffenheit anzustellen. Was freilich nicht möglich ist, ist ein ontisches Erfassen, das Erfassen der Wesenheit der Realität. Es liegt im Zitat also eine Verwechslung des Begriffs „rational" mit dem „Begriff „objektiv wahr" vor. Zweifellos ist unsere Ratio ein Produkt unserer biologischen und sozialen Geschichte, und ein rationales Herangehen ist ein besonderes, z. B. auf Logik und überindividueller Erfahrung aufbauendes Verfahren und nicht die Widerspiegelung einer göttlichen, alles wissenden Vernunft. Dabei gilt selbstredend, dass wir bei Anwendung des besten rationalen Verfahrens niemals wissen werden, in welchem Maße wir dadurch die objektiven Gegebenheiten der Realität erfassen. Alles wissenschaftliche Reden über die bewusstseinsunabhängige Welt findet in den individuellen Wirklichkeiten der Wissenschaftler statt.

Auch der im Konstruktivismus häufig gebrauchte Begriff der „operationalen" oder „semantischen Abgeschlossenheit" hat zu vielen Missverständnissen geführt. Es ist richtig, dass die Bedeutung eines Umweltereignisses, das Sinnesorgane und die mit ihnen verbundenen Gehirne erregt, nicht durch das Umweltereignis selbst, sondern durch die Sinnesorgane und Gehirnzentren und durch die in den verschiedenen Gedächtnissen niedergelegte Erfahrung konstituiert wird. Je nach unterschiedlicher funktionaler Organisation der Sinnesorgane und der Gehirnzentren und je nach unterschiedlicher Vorerfahrung kann derselbe Umweltreiz eine ganz unterschiedliche Bedeutung haben. Dies geschieht allerdings nur in gewissen Grenzen, die den interpretativen und konstruktiven Möglichkeiten der Gehirne durch ihre phylogenetischen und ontogenetischen Bau- und Funktionsprinzipien gezogen werden. Keineswegs sind alle Sinnesorgane im selben Maße leistungsfähig und nicht alle Gehirne im selben Maße interpretativ und konstruktiv. Bei vielen Tieren gibt es eklatante spezifische Beschränkungen der Wahrnehmungsleistungen und der Lernfähigkeit, von Beschränkungen in den kognitiven Leistungen ganz zu schweigen (vgl. Pearce 1997). Die phylogenetisch und frühontogenetisch festgelegten Strukturen und Arbeitsweisen von Sinnesorganen und primären Sinneszentren legen fest, wie das bewusste Subjekt grundlegend die Welt sieht; sie geben sozusagen feste Konstruktions- und Interpretationsschemen vor, in die individuell hinein gelernt wird. Wenn fundamentale Fehlinterpretationen dennoch passieren, so können wir gewöhnlich von einer Störung der Normalentwicklung ausgehen. Wir werden zum Beispiel in aller Regel einen Menschen nicht für einen Baum halten und umgekehrt, aber es wird von unserer Erfahrung abhängen, ob wir den Menschen für einen Freund oder Feind halten. Ebenso wird in aller Regel ein Frosch einen Grashalm nicht für ein Insekt halten, aber es wird von seiner Erfahrung abhängen, ob er das Insekt für genießbar hält oder nicht.

Um dies zu lernen, benötigt ein Gehirn die Interaktion seines Körpers mit der Umwelt. Der Konstruktivismus hat sich auch hier nicht genügend bemüht, diesen Punkt genau zu durchdringen. Zur Konstitution von verhaltensrelevanter Bedeutung ist die Interaktion mit der Umwelt nötig. Diese kann entweder sehr detailliert sein oder sich auf das Erkennen wenigen Eckdaten beschränken, aber sie ist in jedem Fall nötig, um die große interpretative Kraft des Gehirns auf brauchbare Wahrnehmungskonstrukte und Handlungskonzepte *einzuengen*. Nervensysteme interagieren nicht im Blindflug mit der Umwelt und gleichen nur ihre inneren Sensoren ab, wie die berühmte konstruktivistische Metapher Maturanas lautet (Maturana 1982); vielmehr senden sie über die von ihnen induzierten Handlungen in nahezu jeder Sekunde Testreize in die Umwelt und interpretieren deren Konsequenzen für die eigenen Sinnesorgane und schließlich neue Handlungsweisen. Die Tatsache, dass hierbei derjenige, der die Testreize aussendet, mit demjenigen identisch ist, der beurteilt, ob die Testreize die Erwartungen erfüllt haben oder nicht, stellt die *fundamentale Selbstreferenzialität* aller kognitiven Systeme dar (Roth 1987). Das Gehirn gleicht hierbei einem Schüler, der seine Leistungen selbst beurteilen muss.

Realität und Wirklichkeit hängen zusammen. Genauer gesagt: Die Realität bringt die Wirklichkeit hervor, und damit ist die Wirklichkeit ein Teil der Realität, sie ist ihr nicht entgegengesetzt. Dies ist eine zwar theoretisch reflektierte, aber wenig ernst genommene Tatsache, und deshalb möchte ich mich im Folgenden mit ihr ausführlicher auseinander setzen. Ich gehe dabei von einer Art anthropischen Prinzips aus, welches bedeutet: Wir müssen uns ein solches Modell von der Realität, ihren Merkmalen und Gesetzmäßigkeiten machen, dass das Entstehen einer Vielzahl individueller Wirklichkeiten begreifbar wird.

2. Die Entstehung von Wirklichkeit als selbstorganisierender Prozess

Dieses *Entstehen von Wirklichkeit aus der Realität* vollzieht sich bei jeder Entwicklung des menschlichen Gehirns von der ersten Ausdifferenzierung von Nervenzellen im frühesten Embryonalstadium bis zur Entwicklung eines selbstreflexiven Ich etwa ab dem sechsten Lebensjahr. Die Entwicklungsneurobiologie hat eindrucksvoll gezeigt, dass die Ontogenese der Hirnstrukturen und der neuronalen Verbindungen zumindest bei den Wirbeltieren kein starr genetisch bestimmter, sondern ein weitgehend selbst organisierter oder „epigenetischer" Prozess ist. Genauer gesagt: Entwicklungssteuernde Gene geben in den meisten der untersuchten Fälle nur grobe Regeln vor, wie sich die unterschiedlichen Teile des Gehirns ausdifferenzieren, z. B. in die fünf Hirnteile Endhirn, Zwischenhirn, Mittelhirn, Kleinhirn und verlängertes Mark und innerhalb dieser Hirnteile in die verschiedenen Subsysteme, z. B. innerhalb des Endhirns in kortikale und subkortikale Anteile und innerhalb der Hirnrinde, des Kortex, in die verschiedenen Rindentypen. Man kennt heute eine ganze Anzahl so genannter Segmentierungsgene, die über chemische Substanzen anatomische Grenzen festlegen und Bahnen für einwachsende Faserverbindungen bestimmen, und diese Segmentierungsgene sind großenteils phylogenetisch sehr konservativ und werden verblüffenderweise z. T. nahezu identisch bei Wirbeltieren und Wirbellosen gefunden, die bekanntlich völlig andersartig aufgebaute Gehirne haben (Rubinstein u. Puelles 1993). Dies unterstreicht, dass es sich hierbei nicht um konkrete Bauvorschriften handelt, sondern um allgemeine Regeln oder Algorithmen der chemischen Interaktion von Nervengewebe. Diese Interaktionen sind sehr flexibel, und man kann die frühen Schritte der Gehirnontogenese zumindest bei den Wirbeltieren in bestimmten Grenzen stören, und trotzdem bildet sich ein mehr oder weniger normales Gehirn aus.

Eindrucksvoll ist dies bei der Zielfindung von sensorischen Nervenbahnen (vgl. Gilbert 1997). Man kann z. B. Fasern der Sehnerven bei ihrem Auswachsen vom Auge zum Mittelhirndach ablenken, und sie finden auf teilweise sehr verschlungenen Pfaden dennoch ihr Ziel. Obwohl die Frage, wie dies genau geschieht, immer noch nicht ganz geklärt ist, nimmt man an, dass die einwachsenden Fasern mehrere Mechanismen gleichzeitig oder nacheinander ausnutzen, indem sie zum einen entlang von Bahnen wachsen, die von so genannten Gliazellen vorgegeben sind; zum anderen folgen sie chemischen Lockstoffen, orientieren sich an bestimmten Markermolekülen als „Wegweisern", oder sie gehen schlicht nach Versuch und Irrtum vor. Besonders eindrucksvoll ist die selbstorganisierende Ausbildung von so genannten primären Karten, wie wir sie in den sensorischen Zentren finden, z. B. im Falle der so genannten retinotopen Karte im Mittelhirndach (Tectum opticum). Diese Karte stellt eine genaue Punkt-zu-Punkt-Abbildung der Verhältnisse auf der Netzhaut dar, die wiederum die räumlichen Verhältnisse im Gesichtsfeld widerspiegeln. Hier stellen zu Beginn der Entwicklung die einwachsenden Netzhautfasern wahllose Verknüpfungen mit den Tectumneuronen her und sortieren sich dann nach einem simplen Algorithmus aus, der etwa so lautet: Schließ dich den Fasern an, die im selben Augenblick in derselben Weise aktiv sind wie du, und meide diejenigen, die zu einer anderen Zeit bzw. in einer anderen Weise aktiv sind. In der Netzhaut sind nämlich nur diejenigen Punkte zur selben Zeit in derselben Weise aktiv, die unmittelbar benachbart sind, da sie vom selben visuellen Punktreiz erregt werden. Über eine solche *aktivitätsabhängige Synchronisation* prägt sich dann die Ordnung in der Netzhaut selbstorganisierend auf das Tectum opticum auf. Man kann diese Ordnung stören, und nach kurzer Zeit stellt sie sich wieder her. Diese spezifische, aktivitätsabhängige Ordnungsbildung liegt offenbar bei den meisten Strukturbildungen im Gehirn vor, so etwa bei der Trennung unterschiedlicher funktionaler Bahnen oder bei der Ausbildung von Säulenstrukturen im Sehsystem der Säugetiere, z. B. den so genannten Okulardominanz-Kolumnen im primären visuellen Cortex (Singer 1995).

Diese Prozesse sind typisch für die frühe Gehirnontogenese. Sie sind *Konstrukte ohne Konstrukteur*; sie folgen – so nehmen wir zumindest an – Gesetzmäßigkeiten, die ihre Wurzeln tief in der unbelebten Natur haben. Durch sie prägt sich die Realität der Wirklichkeit auf. Zweifellos müssen diejenigen Strukturen, welche die primären sensorischen und motorischen Leistungen und die primären Bewertungsleistungen des limbischen Systems bestimmen, in diesem Sinne zur *Realität* gerechnet werden.

3. Die Entstehung des Ich

Der soeben geschilderte Prozess setzt sich nahtlos in das fort, was nun im engeren Sinne die Konstruktion der Wirklichkeit darstellt. Der Entwicklungspsychologie und insbesondere der Säuglingsforschung der letzten Jahre ist es gelungen, die wesentlichen Etappen dieser Konstruktion der Wirklichkeit bis hin zum bewussten, selbstreflexiven Ich zu identifizieren (Köhler 1998). Diese Etappen lassen sich inzwischen zumindest zum Teil mit Stufen der Gehirnontogenese in Zusammenhang bringen.

Die erste Etappe – vielleicht die wichtigste – vollzieht sich im Mutterleib zumindest während der letzten Wochen vor der Geburt. Die Sinnesorgane und die primären Sinneszentren des Gehirns sind zu dieser Zeit bereits aufnahmefähig, ebenfalls hat das limbische System als zentrales Bewertungssystem des Gehirns seine Arbeit aufgenommen. Gleichzeitig stehen Körper und Gehirn des Fötus über den Blutkreislauf noch in engster Verbindung mit Körper und Gehirn der Mutter, und mütterliche neuronale Botenstoffe beeinflussen massiv das sich entwickelnde Gehirn, und hierüber gelangen auch alle Informationen über emotional-affektive Zustände der Mutter in das Gehirn des Fötus. Ob solche Informationen gerichtet oder ungerichtet auf das sich entwickelnde Gehirn einwirken, ist unklar, aber es kann keinen Zweifel daran geben, dass diese Einwirkungen nachhaltig sind. Bekannt ist auch, dass das ungeborene Kind bereits im Uterus die Stimme seiner Mutter lernt (beim Entenküken im Ei ist dies im Übrigen genauso). Was alles sonst noch gelernt wird, ist unbekannt, aber es dürfte sehr wichtig sein.

Auch die Geschehnisse bei der Geburt, insbesondere hinsichtlich des damit verbundenen Stress und der entsprechenden Hormonausschüttungen, können wir in ihrer Bedeutung für das Gehirn und seine Funktionen schwerlich überschätzen. Die Entwicklung des kognitiven und emotionalen Systems einschließlich der entsprechenden Gedächtnisfunktionen setzt unmittelbar nach der Geburt ein. Entwicklungspsychologen gehen davon aus, dass sich aufgrund der ständig sich wiederholenden Erlebnisse von Schlafen, Aufwachen, Gebadet- und Gestilltwerden während der ersten zwei nachgeburtlichen Wochen Erwartungshaltungen dem Gehirn einprägen. Der Säugling erlebt eine regelmäßige Abfolge von Wachheits- und Bewusstseinszuständen (Tiefschlaf, Traumschlaf, Dösen, verschiedene Zustände der Aktivität). Es gilt als gesichert, dass Neugeborene bereits kreuzmodal wahrnehmen, d. h., Informationen aus unterschiedlichen Sinnessystemen werden miteinander verglichen und integriert, wenn auch nicht unbedingt kortikal (z. B. über den Colliculus superior des Mittelhirns).

Zwischen dem dritten und siebten Lebensmonat entstehen offenbar erste konzeptuelle Informationen, und es bilden sich erste Erwartungshaltungen aus, bei der visuellen Wahrnehmung etwa hinsichtlich der Beschaffenheit von teilweise verdeckten Objekten. Erlebnisse werden zu einer individuellen persönlichen Einschätzung, wie sich etwas wahrscheinlich ereignen wird. Das implizite Langzeitgedächtnis arbeitet bereits, und die Vergessenskurve wird zwischen drei und sechs Monaten deutlich flacher. Der Säugling zeigt jetzt die Fähigkeit, zielgerichtetes menschliches Verhalten auf intuitive Weise zu verstehen. Innerhalb der lautlichen Kommunikation entwickelt sich die Fähigkeit zum Erfassen der Prosodie, d. h. der lautlich-stimmlichen Art des Sprechens, etwa im Zusammenhang mit der affektiven Ammensprache, und diese Prosodie entwickelt sich deutlich vor der Semantik. Hier gibt es nach Auskunft der Fachleute einen klaren Zusammenhang mit dem Ausreifen der beiden Hemisphären, indem vornehmlich rechtshemisphärisch die Prosodie, vornehmlich linkshemisphärisch die Semantik verarbeitet wird. Nach Ansicht einiger Autoren ist bis zu einem Alter von zwei Jahren die rechte Hirnhemisphäre weiterentwickelt als die linke.

Die Entwicklung zwischen dem neunten und 18. Monat ist charakterisiert durch den Beginn eines Konzepts von äußerem Verhalten und innerer Motivation oder Intention. Ein neun Monate altes Kind sieht beim Zeigen nicht mehr auf den Finger, sondern auf den durch den Finger gezeigten Gegenstand. Das Kind beginnt zu begreifen, dass hinter einem äußeren Verhalten eine innere Absicht steht. Es entwickelt erste Vorstellungen vom „Inneren", die sich dann etwa zum vierten Lebensjahr zu einer *theory of mind* entwickelt: d. h., bei einer Person nicht allein ihr Äußeres wahrzunehmen, sondern ihre inneren Absichten zu verstehen, Vorhersagen zu machen und das Verhalten zu erklären (Baron-Cohen et. al. 1985; Byrne 1995; Köhler 1998).

Die vergrößerte Gedächtnisleistung wird offenbar durch eine weitere Reifung des Stirnhirns im engeren Sinne, des präfrontalen Kortex, sowie des Hippocampus als des Organisators des deklarativen Gedächtnisses ermöglicht. Das deklarative Gedächtnis umfasst alles, was uns bewusstseinsmäßig als Wissen zugänglich ist. Ebenso verstärkt sich die Integration limbischer Stukturen, zum Beispiel des Mandelkerns (Amygdala) mit der Großhirnrinde, wodurch emotionale Erlebnisse bewusst werden können. Insbesondere gibt es erste Anzeichen des so genannten Arbeitsgedächtnisses, also der Fähigkeit, für eine Zeitspanne von Sekunden bis zu einer Minute Dinge gegenwärtig zu halten. Das Arbeitsgedächtnis siedelt man im dorsolateralen Teil des präfrontalen Kortex an.

In diesem Zeitabschnitt, d. h. vor der Ausbildung eines reflexionsfähigen Bewusstseins, formt sich im Wechselspiel zwischen limbischem System und ausreifendem Kortex offenbar das aus, was Persönlichkeit oder Charakter genannt wird, d. h. die überdauernde Weise, wie ein Mensch die Welt und sich selbst sieht. Es entscheidet sich hierbei, ober er eher tatkräftig oder zögerlich ist, eher vertrauensvoll oder zurückhaltend in die Welt blickt, eher

Zutrauen oder Misstrauen gegenüber den Mitmenschen hat, die Dinge eher von der positiven oder der negativen Seite nimmt usw. Es ist anzunehmen, dass bei der Ausbildung der Persönlichkeit genetische Einflüsse und frühe, z. T. noch im Mutterleib erworbene Erfahrungen hierbei eine unauflösliche Einheit bilden.

4. Die Ausbildung des Ich-Bewusstseins und der Sprache

Die Entwicklung vom 18. bis zum 36. Monat (also bis zum Ende des dritten Jahres) ist durch das Entstehung eines reflexionsfähigen Bewusstseins, durch Symbolbildung und Spracherwerb gekennzeichnet. In diesem Stadium erkennt sich das Kleinkind im Spiegel, packt sich bei rotem Tupfer an die eigene Nase, zeigt vor dem Spiegel Verlegenheit, Scheu, Selbstbewunderung und Scham. Es scheint sich dabei aber eher noch als dritte denn als erste Person zu erkennen; es liegt noch keine reflektierbare, subjektive Selbstrepräsentanz vor. Das sich entwickelnde Ich kann sich nicht vorstellen, dass das Innere der anderen anders ist als seines (so genannte *copy-theory of mind*). In diese Phase fällt auch der Beginn des Spracherwerbs.

Es kommt in diesem Zeitraum vom 18. zum 36. Monat zur Ausbildung von Phantasiewelten durch Sprache und symbolische Verdichtungen. Allerdings wird noch nicht genau zwischen Bezeichnetem und Bezeichnendem unterschieden (das Wort „Nadel" wird als spitz angesehen). Wichtig für die kognitiv-sprachliche Kompetenz ist der Übergang von der *Aufzählung* zur *Erzählung* nach 24 Monaten: Das Berichtete erhält einen affektgeladenen dramatischen Verlauf, ein auswertendes und emotionales Gerüst; d. h., Erlebnisse werden in Gestalt von Geschichten mitgeteilt. Diese Narrationen bilden einen wichtigen Übergang zum autobiographischen Gedächtnis.

Die Entwicklung vom vierten bis zum siebten Lebensjahr ist dadurch gekennzeichnet, dass die Genese der *theory of mind* abgeschlossen wird. Damit ist die Kindheit im engeren Sinne abgeschlossen, Es vollzieht sich der Übergang vom präoperationalen zum konkret-operationalen Denken nach Piaget. Es bildet sich ein autobiographisches Gedächtnis, ein „autonoetisches Bewusstsein" aus. Damit schwindet die „infantile Amnesie", die in der Psychotherapie und Psychoanalyse eine große Rolle spielt, d. h. die Unfähigkeit, sich an Ereignisse in früher Kindheit zu erinnern. Offenbar wird die Fähigkeit, dies zu tun, aufgrund der Beeinflussung durch Berichte der Eltern usw. weit überschätzt. Dreijährige Kinder haben in der Regel noch keine Erinnerung an Geburt eines Geschwisters, nach dem dritten Lebensjahr setzen die ersten klareren Erinnerungen ein. Dies wird von vielen Autoren nicht als Folge frühkindlicher Verdrängungsprozesse gedeutet, sondern als Konsequenz der Tatsache, dass das episodisch-deklarative Gedächtnis noch nicht voll ausgereift ist.

Ab dem vierten Lebensjahr wird die Bedeutung von Ereignissen für das Selbst erfasst, ein bedeutungsvolles Erlebnisganzes wird rekonstruiert, Vergangenheit wird mit der Gegenwart in Verbindung gebracht. Es treten Selbstreflexion, Bewertung von eigenen Aktionen und Emotionen, Selbstbeschreibung auf; Voraussetzung hierfür ist das Vermögen, die Perspektive eines anderen einnehmen zu können. Neurophysiologisch wird in diesem Zeitraum ein Reifesprung des präfrontalen Kortex beobachtet. Mit acht Jahren ist die Myelinisierung der kortikothalamischen Bahnen abgeschlossen, welche die Grundlage dafür sind, dass Erregungen zwischen spezifischen Feldern der Großhirnrinde und spezifischen Kernen des dorsalen Thalamus auf- und abschwingen und eine wesentliche Grundlage des EEG bilden. Entsprechend beobachtet man eine Stabilisierung der Alphawellen im EEG (Creutzfeldt 1983). Die Ausreifung des präfrontalen Kortex wird als Grundlage der Ausbildung des reflexiven Denkens und höherer kognitiver Leistungen gesehen.

Eine wichtige Rolle im Prozess der Entwicklung von Bewusstsein und Selbst spielt natürlich die Sprachentwicklung (Byrne 1995; Köhler 1998). Diese Entwicklung beginnt lange vor dem Beginn des Sprechens, nämlich dadurch, dass – wie erwähnt – die mütterliche Stimme bereits im Mutterleib erlernt wird. Drei Tage alte Neugeborene zeigen eine Präferenz für die mütterliche Stimme, und zwar für das Klangbild, das diese Stimme für den Fötus hat. In einem Alter von sechs Monaten zeigt der Säugling eine Bevorzugung vertrauter Sprachlaute gegenüber unvertrauten Sprachlauten. Erste Vokale werden zwischen dem vierten und sechsten Monaten produziert, wenn das Brabbeln beginnt, erste konsonantartige Laute mit neun bis zwölf Monaten. Die Lautproduktion ist für die Säuglinge offenbar sehr lustbetont. Die erste Nachahmung mütterlicher Intonationsweisen tritt im Alter von sechs Monaten auf, gelegentlich eher, erste Worte werden zwischen dem achten und 20. Monaten (Durchschnitt: im zwölften Monat) produziert. Zwischen dem 18. und 23. Monat beginnt das Kleinkind, Wörter zu kombinieren und Zwei-Wort-Sätze zu bilden. Dann fangen die Kinder ganz allmählich an, längere Sätze zu bilden, allerdings meist in einem Telegrammstil, wie er für Patienten mit einer Läsion im Broca-Areal typisch ist. Kinder formen Zwei-bis-drei-Wort-Sätze ohne Konjugation und Deklination, und sie sagen meist nur, was sie zuvor schon gehört haben. Im dritten Jahr beginnen sie, Singular und Plural zu gebrauchen, und stellen die berühmte Frage: „Was ist das?" Von da an nimmt der synaktische Charakter der Sprache schnell zu, und zwischen dem dritten und vierten Lebensjahr ist die Syntax der Sprache bereits gut ausgebildet.

Diese Entwicklungsschritte lassen sich gut mit der Ausreifung des menschlichen Gehirns in Verbindung bringen. Bei der Geburt ist die menschliche Großhirnrinde (Isokortex) hinsichtlich der Zellzahl zwar fertig entwickelt, ansonsten aber noch ziemlich unreif. Nur wenige Bahnen von subkortikalen

Zentren zum Kortex bestehen, und sehr wenige intrakortikale Verbindungen sind zu finden, die später die Hauptmasse kortikaler Fasern ausmachen (Creutzfeldt 1983). Die Reifung des Gehirns unmittelbar nach der Geburt besteht in einer explosionsartigen Zunahme der Zahl der Synapsen überall im Gehirn und einer starken Volumenvergrößerung der kortikalen Pyramidenzellen. Man kann durchaus sagen, dass anfangs die Hirnrinde stark mit den Sinnesorganen und über sie mit der Außenwelt verbunden ist und durch die massive Ausweitung der intrakortikalen Verbindungen dann mehr und mehr „mit sich selber" spricht. Dies ist deshalb möglich, weil der Kortex über Lernen und Gedächtnis die Außenwelt sozusagen in sich aufnimmt. Allerdings geschieht dies stets über die Schleife der Selbstevaluation und -interpretation.

Interessanterweise ist der gröbere kortikale Reifungsprozess bei kleinen Affen bereits mit drei Monaten abgeschlossen, beim Menschen mit zweieinhalb bis drei Jahren, wenn auch der feinere Ausreifungsprozess sich bis zu einem Alter von 20 Jahren fortsetzt (Creutzfeldt 1983). Dies betrifft insbesondere den präfrontalen Kortex (Mrzljak et al. 1990). Es ist sicher kein Zufall, dass zu ebendieser Zeit, d. h. in einem Alter von zweieinhalb bis drei Jahren, diejenige Entwicklung einsetzt, in der das menschliche Kind deutlich seine nichtmenschlichen Primatengenossen hinter sich lässt. Alle Forscher, welche die Entwicklung von Schimpansen- und Gorillakindern auf der einen Seite und Menschenkindern auf der anderen unter denselben Bedingungen verglichen haben, berichten, dass im Alter von rund zweieinhalb Jahren die menschliche Entwicklung, die bis dahin etwa derjenigen der Großaffen entspricht, „davonläuft". Große Affen können nach Auskunft dieser Forscher auch nach jahrelanger intensivster Förderung durch Menschen nicht mehr erreichen als das, was ein Menschenkind mit zweieinhalb Jahren kann. Dies betrifft natürlich insbesondere das Sprachvermögen. Das Maximum dessen, was auch der intelligenteste und trainierteste Menschenaffe an Sprachkompetenz erreichen kann, sind Zwei-bis-drei-Wort-Sätze, die man – falls man Skeptiker ist – als völlig agrammatisch ansehen kann oder die – wenn man Optimist ist – erste Anzeichen von Grammatik zeigen. Dies entspricht dem Stand eines zweieinhalbjährigen Menschenkindes (Byrne 1995).

5. Das Ich als funktionales Konstrukt des Gehirns

Ich habe versucht darzustellen, dass die Ausbildung der sinnlichen Welt, die Entstehung der Gefühle, der Kognition, des Bewusstseins und des Selbst ein sehr langsam sich vollziehender Prozess ist, der – soweit wir feststellen können – sich an bestimmten Entwicklungsschritten des Gehirns festmachen lässt. Die ersten Schritte, nämlich die Ausdifferenzierung der gröberen und feineren Hirnregionen und -zentren, der primären und sekundären sensorischen und motorischen Areale erfolgt teils genetisch, teils epigenetisch in selbstorganisierender Weise. Erst später spielt individuelle Erfahrung die entscheidende Rolle, und auch hierbei handelt es sich weitgehend um un- bzw. vorbewusste Vorgänge. Die Ausbildung der verschiedenen Stufen von Bewusstsein ist generell ein später und die Ausbildung des reflexiven, autobiographischen Bewusstseins ein sehr später ontogenetischer Prozess, der weit in das Jugendalter und sogar in das Erwachsenenalter hineinreicht.

Wir erkennen daran, dass sich in diesem Prozess Realität und Wirklichkeit, Welt und Ich keineswegs isoliert gegenüberstehen, sondern dass bestimmte Prozesse der Realität sehr langsam die von uns subjektiv erlebte Wirklichkeit, d. h. uns selbst, hervorbringen. Das subjektive Ich ist nicht der Konstrukteur der Wirklichkeit, sondern ein spätes Konstrukt in der Wirklichkeit. Es ist mit der Realität verbunden, und zwar über genetisch-phylogenetische, ontogenetisch-epigenetische und erfahrungsbedingte Prozesse und Mechanismen und schließlich über bewusste Interaktion. Das Selbst ist zugleich über viele Zwischenstufen von der Realität getrennt, nämlich dadurch, dass es sowohl ontogenetisch als auch aktualgenetisch ganz am Ende der Entwicklung steht – ontogenetisch, weil es viele Jahre dauert, bis das Selbst eine stabile Form gefunden hat, aktualgenetisch, weil es bei jeder Wahrnehmung mindestens dreihundert Millisekunden bis zu einer Sekunde dauert, bis eine primäre Sinneserregung bewusst wird (Libet 1978). In dieser Zeit haben umfangreiche, das gesamte Gehirn durchziehende und grundsätzlich unbewusst arbeitende Netzwerke entschieden, ob etwas alt oder neu, wichtig oder unwichtig ist, und ob sich die bewusstseinsfähige assoziative Hirnrinde überhaupt weiter damit beschäftigen soll. Erst dann tritt unser bewusstes Ich in Aktion. Dies bereits mag man aus traditionell philosophischer Sicht als Kränkung ansehen. Die größte Kränkung aber wird wohl die Erkenntnis sein, dass dieses Ich auch bei der Handlungsentscheidung „hintenan" kommt, um es salopp auszudrücken. Das Gefühl der Willensentscheidung tritt offenbar erst auf, nachdem das ganze Gehirn entschieden hat, was als Nächstes in welcher Weise zu tun ist (Roth 1998). Nicht das Selbst ist der autonome Akteur, es ist das Gehirn zusammen mit seinem Organismus. Dadurch wird allerdings das Selbst nicht zu einem belanglosen Epiphänomen; vielmehr zeigt sich, dass für das verhaltenssteuernde Gehirn dieses Selbst notwendig ist für die Zuschreibung der veranlassten Handlungen an sich selbst und die Einheit der Handlungsplanung. Ohne Selbst gibt es keine komplexen Handlungen, keine anschlussfähigen sozialen Interaktionen. Menschen, bei denen dieses Selbst gestört oder gar zerstört wurde, sind zu solchen Interaktionen nicht fähig. Dies zeigt sich etwa bei Menschen, die den sie umgebenden Körper nicht als den eigenen ansehen oder ihre Gedanken und Handlungen nicht sich, sondern fremden Instanzen zuschreiben („Gedanken werden mir eingegeben, ich führe fremde Handlungen aus" usw.). Bemerkenswerterweise kann ein solcher Selbstzerfall bei Patienten mit neurologischen wie mit psychischen Erkrankungen auftreten.

Es ist zu vermuten, dass die „Erfindung" einer bewussten phänomenalen Welt, in der das Ich scheinbar direkt die Welt wahrnimmt und auf sie direkt einwirkt, ohne dass es sich um die unendlich komplizierten neuronalen Prozesse kümmern muss, die dazwischengeschaltet sind, sich als außerordentlich vorteilhaft erweist für Handlungsplanung, Vorstellung, strategisches Denken und insbesondere auch Sprechen mithilfe einer komplizierten syntaktischen Sprache. Im Laufe der Evolution der Primaten bildete sich offenbar zusammen mit den erhöhten Anforderungen an Handlungsplanung, Vorstellung, strategisches Denken und komplexe soziale Interaktion eine virtuelle Welt aus, in der ein virtueller Akteur, ein *Ego*, plant, handelt und kommuniziert, ohne sich um die tatsächlichen „Ausführungsbestimmungen" kümmern zu müssen, die dann Sache des übrigen Gehirns sind. Erst die „Erfindung" dieser phänomenalen Welt und des Ich ermöglichten ein Überleben in jener komplexen, stark fluktuierenden biologischen und sozialen Welt, in der wir Menschen leben.

6. Schlussbemerkung

Der Konstruktivismus muss diese Einsichten in die große Vermitteltheit von Selbst und Bewusstheit theoretisch aufnehmen und praktisch umsetzen. Selbst und Bewusstsein sind nicht Piloten, die während eines Blindfluges auf Bildschirme starren und interne Abgleiche vornehmen. Wenn man im gleichen metaphorischen Bereich bleibt, so muss man stattdessen sagen: Bewusstsein und Selbst sind Repräsentationen, deren sich die verhaltenssteuernden Systeme des Gehirns bedienen, um neue, komplexe Wahrnehmungen und kommunikative Akte zu meistern und entsprechende Handlungen zu planen. Ich denke, solche Einsichten könnten dazu beitragen, den Konstruktivismus erkenntnistheoretisch zu entkrampfen, ohne ihm die große Sprengkraft zu nehmen, die er nach wie vor für nahezu alle Wissenschaftsbereiche und für unser praktisches tägliches Leben besitzt.

Anmerkung

1 Der Beitrag ist eine leicht veränderte Version eines auf dem Kongress *Weisen der Welterzeugung*, Heidelberg 1998, gehaltenen Vortrags.

Literatur

Baron-Cohen, S., A. M. Leslie a. U. Frith (1985): Does the autistic child have a "theory of mind"? *Cognition* 21: 37–46.

Byrne, R. (1995): The Thinking Ape. Evolutionary Origins of Intelligence. Oxford/New York/Tokyo (Oxford University Press).

Creutzfeldt, O. D. (1983): Cortex Cerebri. Leistung, strukturelle und funktionelle Organisation der Hirnrinde. Berlin/Heidelberg/New York (Springer).

Gilbert, S. F. (1997): Developmental Biology. Sunderland (Sinauer).

Glasersfeld, E. von (1998): Die Radikal-konstruktivistische Wissenstheorie. *Ethik und Sozialwissenschaften* 9 (4): 503–511.

Köhler, L. (1998): Einführung in die Entstehung des Gedächtnisses. In: M. Koukkou, M. Leuzinger, W. Bohleber u. K. Mertens (Hrsg.): Erinnerung von Wirklichkeiten. Bd. 1. Stuttgart (Verlag Internationale Psychoanalyse), S. 1131–222.

Libet, B. (1978): Neuronal vs. subjective timing for a conscious sensory experience. In: P. A. Buser a. A. Rougeul-Buser (eds.): Cerebral Correlates of Conscious Experience. Amsterdam et al. (Elsevier), p. 69–82.

Maturana, H. R. (1982): Biologie der Kognition. In: H. R. Maturana: Erkennen: Die Organisation und Verkörperung von Wirklichkeit. Braunschweig/Wiesbaden (Vieweg), S. 32–80.

Mrzljak, L., H. B. M. Uylings, C. G. van Eden a. M. Judás (1990): Neuronal development in human prefrontal cortex in prenatal and postnatal stages. In: H. B. M. Uylings, C. G. van Eden, J. P. C. de Bruin, M. A. Corner a. M. G. P. Feenstra (eds.): The Prefrontal Cortex. Its Structure, Function, and Pathology. Amsterdam/New York/Oxford (Elsevier), pp. 185–222.

Pearce, J. M. (1997): Animal Learning and Cognition. Exeter (Psychology Press).

Roth, G. (1987): Die Entwicklung kognitiver Selbstreferentialität im menschlichen Gehirn. In: D. Baecker et al. (Hrsg.): Theorie als Passion. Frankfurt a. M. (Suhrkamp), S. 394–422.

Roth, G. (1996): Das Gehirn und seine Wirklichkeit. Kognitive Neurobiologie und ihre philosophischen Konsequenzen. Frankfurt a. M. (Suhrkamp).

Roth, G. (1998): Ist Willensfreiheit eine Illusion? *Biologie in unserer Zeit* 28: 6–15.

Puelles, L. a. J. Rubenstein (1993): Expression patterns of homeobox and other putative regulatory genes in the embryonic mouse forebrain suggest a neuromeric organization. *Trends in Neurosciences* 16: 472–479.

Singer, W. (1995): Development and plasticity of cortical processing architecture. *Science* 270: 758–764.

AUSGEWÄHLTE ARGUMENTATIONSLINIEN ERKENNTNIS-RELATIVISTISCHER ORGANISATIONSFORSCHUNG
Bestandsaufnahme und Perspektiven

1. Betriebswirtschaftliche Organisationsforschung im Lichte des Erkenntnisproblems

In einem Sammelband mit dem Anliegen, die Sichtweise von „Unternehmen als Sozialsystemen in einer unspezifizierten Umwelt" zu etablieren und entsprechende Forschungsdesiderata zu formulieren, scheint es angebracht, systematisierend, vergleichend und kritisch-konstruktiv auch das zu diskutieren, was in dieser Richtung bereits geleistet wurde. Dazu gehören unter anderem die verschiedenen Spielarten einer Berücksichtigung epistemologischer Grundfragen in der betriebswirtschaftlichen Organisationsforschung. Im Folgenden ist es daher ein erstes Ziel, aktuelle Entwicklungslinien *erkenntnisrelativistisch* ausgerichteter Arbeiten zu separieren. Unter diesem letzten Aspekt trifft man – namentlich wenn man die Entwicklung im deutschsprachigen Raum betrachtet – auf Ansätze, die sich vor allem mit Implikationen der Entscheidung für eine *radikal konstruktivistische* Hinsicht auf das Phänomen „Organisation" beschäftigen.

Ein zweites Untersuchungsziel ergibt sich aus dem ersten: Es ist der Versuch, wesentliche Fragenbereiche erkenntnisrelativistischer Organisationsforschung herauszufiltern, die jenseits aller argumentativen Variationen – exemplarisch werden hier drei „Schulen" voneinander unterschieden – zu einem gemeinsamen Forschungsprogramm gehören sollten. Dabei wird unterstellt, dass die Stärke *wissenschaftlicher Theoriebildung* gegenüber der Konstruktion von „Alltagstheorien" erst dann hinreichend zum Tragen kommt, wenn ein gedankliches und begriffliches Referenzsystem vielen die Möglichkeit zur Teilnahme an einem systematischen Diskurs über den Gegenstand bietet. Fehlt diese Option oder verwehrt man sich ihr durch die Verwendung individueller Sprachspiele[1], besteht die Gefahr, dass Konstrukte nicht mehr kommuniziert werden können und so der eigentlichen Intention einer theoretischen Realwissenschaft nicht Genüge geleistet werden kann: der Etablierung erklärungskräftiger Ansätze.

Den allgemeinen Gegenstand *betriebswirtschaftlicher Organisationsforschung* bilden Unternehmen als „Organisationen" oder genauer: Phänomene ihrer Entstehung, ihrer Struktur und ihres Funktionierens.[2] Zugriffsversuche reichen dabei von der Analogiebildung hinsichtlich biologischer und technischer Systeme über den Transfer volkswirtschaftlicher Instrumente, die

Entwicklung mathematischer Modelle, die vorrangige Verwertung praktischer Erfahrungen, die Verfolgung soziologischer, sozialpsychologischer und psychologischer Perspektiven bis hin zu Ansätzen einer „neuen organisatorischen Ethik".[3] Hinter den verschiedenen Zugriffsvarianten stehen zum Teil höchst unterschiedliche erkenntnistheoretische Vorentscheidungen, deren Tragweite zumeist dann erst deutlich wird, wenn man sie in Zusammenschau mit den abzuleitenden Handlungsanweisungen analysiert.

Die Bedeutung der epistemologischen Grundausrichtung sollte vor diesem Hintergrund nicht nur in originären, sondern auch in systematisierenden Beiträgen der Organisationsforschung berücksichtigt werden - eine Forderung, der beispielsweise der reputable Klassifikationsansatz von Burrell a. Morgan nachkommt[4] und die auch unseren Untersuchungsgang leitet. Allerdings wird im Weiteren, was die epistemologische Vorstrukturierung originärer organisationstheoretischer Ansätze anbetrifft, in Abweichung von Burrell a. Morgan von einer Art Mainstream ausgegangen. Die dazu zu zählenden Arbeiten kennzeichnet ein vorsichtiges Abrücken von allzu weit reichenden Vorstellungen des Mach- und Beherrschbaren mit entsprechenden Implikationen für die Plan-, Gestalt- und Steuerbarkeit von Organisationen;[5] es sind Arbeiten, die eigendynamische Momente innerhalb der Organisationsentwicklung berücksichtigen und damit die Möglichkeit, dass „Organisationen" gewissermaßen „von selbst" entstehen, aus „eigener Kraft" fortexistieren und ihren Wissenspool endogen variieren können. Trotzdem fehlt es ihnen im Allgemeinen an einer eindeutigen erkenntnistheoretischen Ausrichtung, was aus methodologischer Sicht ein Potenzial für argumentative Inkonsistenzen schafft. Verbreitet ist im Besonderen die Strategie, sich zwar von einer allzu positivistischen Erkenntnisposition zu distanzieren, nicht jedoch die Konsequenzen alternativer epistemologischer Programme tiefer gehend auszuloten.Von dieser hier als Mainstream bezeichneten, epistemologischen Unbestimmtheit vieler organisationstheoretischer Ansätze ausgehend, lassen sich Abweichungen in zwei Richtungen ausmachen: Vor allem im angelsächsischen Raum finden sich auch heute noch vehemente Verteidiger einer eindeutig positivistischen Organisationsforschung, die besonders auf die klassischen kontingenztheoretischen Untersuchungen von Burns a. Stalker (1968), Lawrence a. Lorsch (1967) sowie Pugh et al. (1969) zurückgreifen. Diese sind von der Überzeugung geprägt, "that organizations are to be explained by scientific laws in which the shape taken by organizations is determined by material factors such as their size. These laws hold generally across organizations of all types and national cultures. The organization adopts a structure that is required by the imperatives of its situations."[6] Die positivistische Grundorientierung drückt sich mithin in der Vorstellung aus, die Möglichkeiten menschlichen Erkennens blieben prinzipiell auf Tatsachen beschränkt, die durch objektive Erfahrung gegeben und als solche auch falsifizierbar seien. Andere Erkenntnisbereiche und -methoden werden als spekulativ – da jenseits positiv gegebener Erfahrungsinhalte liegend – abgetan; als Ideal gilt die in den „exakten" Naturwissenschaften[7] geübte Praxis, Gesetzmäßigkeiten durch Experimente zu belegen, um sie dann möglichst unumstößlich in eine mathematische Form bannen zu können.

Auch wenn gegen solchermaßen positivistische Bestrebungen von Anfang an unterschiedlichste Einwände vorgebracht wurden, halten sie sich doch beharrlich. Die so genannten kontingenztheoretischen Ansätze etwa unterliegen bis heute der Vorstellung eines intendierbaren funktionalen Determinismus. Besonders den in ihrem Zusammenhang als Kontextfaktoren bezeichneten Merkmalen der Organisationsumwelt wird eine deterministische Wirkweise zugeschrieben, wonach dem „Strukturgestalter ... – zumindest über die Zeit hinweg – keine andere Wahl [bleibt], als die Organisationsstruktur an die Erfordernisse der ... Kontextfaktoren (Umwelt oder Technologie) anzupassen, wenn er die ‚Lebensfähigkeit' des Systems gewährleisten möchte. Die Form der Anpassung ist von den Kontextfaktoren eindeutig bestimmt, so daß die Beziehung zwischen Kontext und Struktur eine deterministische Ausprägung erfährt".[8] Indem Untersuchungen in Form von vergleichenden Analysen durchgeführt werden, legt man die Schlussfolgerung nahe, dass hauptsächlich die Verschiedenartigkeit von Kontextfaktoren Unterschiede in Organisationsstrukturen erklären könnte. Organisationsstrukturen werden so als unabdingbare Wirkung bestimmter Kontextfaktoren gesehen. „Die Entstehung von Organisationsstrukturen hätte man sich dann ‚sinnlos', d. h. nicht willentlich herbeigeführt, einem unabänderlichen Naturverlauf ähnlich, vorzustellen" (Schreyögg 1995, S. 160) – eine Ansicht, die zweifellos methodologische Kritik geradezu herausfordert.[9]

In hohem Maße kritikwürdig ist insbesondere die Tendenz zu einem schlichten „Abbild-Realismus" (s. Vollmer 1994, S. 35) und, von da ausgehend, zu einer Position, die in ähnlichem Zusammenhang von Hans Albert (1967, S. 113) abwertend als „instrumentalistisch-technokratisch" bezeichnet wurde. Mit ihr ist der zum Scheitern verurteilte Versuch einer grundsätzlichen analytischen Loslösung der *Möglichkeiten* des Erkennens von den *Bedingungen* des Handelns verbunden. Ein instrumentalistisch-technokratischer Ansatz suggeriert die Möglichkeit, von Beobachtungen der Umwelt in einem abbildrealistischen Sinne linear auf Qualitäten des Untersuchungsgegenstandes schließen zu können, was jeden weiteren kognitionsorientierten Diskurs obsolet machen würde. Es wäre in diesem Falle lediglich eine Frage des exakten wissenschaftlichen Vorgehens, inwieweit die tatsächliche Beschaffenheit eines Gegenstandes quasi „objektiv" hergeleitet werden könnte. Der Theoriekonstrukteur wäre in der Lage, seinen Gegenstand als Maschine – im Sinne von Foersters – von einer exogenen Warte aus zu beobachten. Alle Funktionsvorschriften dieser „Maschine" wären bereits im Zeitpunkt der Beobachtung existent; sie harrten gewissermaßen lediglich ihrer Aufdeckung, um dann zur Herleitung statischer Steuerungsregeln zweckdienlich genutzt zu werden.[10]

Der in die andere Richtung vom skizzierten Mainstream abweichenden Grundhaltung sind solche Ansätze zuzurechnen, die man als explizit *erkenntnisrelativistisch* bezeichnen könnte. Hier gewinnen – auch im Rahmen der betriebswirtschaftlichen Organisationsforschung – die Vertreter einer radikal konstruktivistischen Ausrichtung zunehmend an Reputation. Rezipiert werden erkenntnis-, wahrnehmungs- und kommunikationstheoretische Einsichten, wie sie unter anderem von Maturana, Varela, von Foerster, von Glasersfeld, Hejl, Luhmann, Roth und Schmidt reputabel gemacht wurden.[11]

Aus der Beschäftigung mit diesen Arbeiten ergibt sich die methodologische Bedenklichkeit abbildrealistischer Argumentationen der vorher skizzierten Art. Offenbar ist es nach Gesichtspunkten der Logik gar nicht denkmöglich, „wissenschaftliche Beschreibungen von ihren Erkenntnisvoraussetzungen zu befreien" (Schiepek 1990, S. 199). Demnach kann auch die Frage nach einer fruchtbaren Organisationstheorie nicht von der Entscheidung des Theoriekonstrukteurs für oder gegen ein epistemologisches „Modell" getrennt werden. Der folgende Abschnitt konzentriert sich daher ausschließlich auf solche Gedankengebäude, die in unterschiedlicher Art und Weise die Implikationen der expliziten Entscheidung für eine erkenntnisrelativistische Epistemologie auszuloten versuchen.

2. Die Rezeption des „Radikalen Konstruktivismus" in der Organisationsforschung

Auch wenn mit der Fokussierung des Erkenntnisinteresses auf radikal konstruktivistisch fundierte Organisationstheorien Gedanken aufgegriffen werden, die zum Teil bereits in anderen Beiträgen dieses Werkes erläutert werden, dürfte doch gerade die Perspektive einer *Zusammenschau* zusätzliche theoretische Impulse bieten. Als hervorstechende Realtypen erkenntnisrelativistischer oder, genauer: kognitionsorientierter Organisationsforschung werden daher zunächst Ideen der St. Galler und der Münchner „Schule" sowie anschließend der Ansatz Karl E. Weicks vergegenwärtigt.[12] Alle drei Argumentationsstränge rekurrieren mehr oder weniger explizit auf den „Radikalen Konstruktivismus", der sich als (kognitions)biologisch begründete Variante einer naturalistischen Epistemologie verstehen lässt. Zur naturwissenschaftlichen Anbindung dieser Denkrichtung haben namentlich Maturana a. Varela (etwa 1979) mit Arbeiten in den Bereichen der Neurobiologie und Hirnforschung beigetragen, die schließlich in das Konzept der *Autopoiese* mündeten.

Betont wird insbesondere, dass Erregungszustände in den Sinneszellen „unabhängig von der physikalischen oder chemischen Natur des Reizes sind und nur auf die Verschiedenheit der Reizintensität ansprechen" (von Foerster 1985a, S. 41). Menschliche Wahrnehmung ist mithin „Bedeutungszuweisung zu an sich bedeutungsfreien neuronalen Prozessen, ist Konstruktion und Interpretation" (Roth 1986, S. 170). Alle Ergebnisse von Wahrnehmungsakten sind lernbedingt, was bedeutet, dass sie von zuvor gemachten sensorischen Erfahrungen abhängen.[13] Kernaussage ist damit, dass bei der Umwandlung der Umweltreize in elektrochemische Impulse das Original, also der ursprüngliche Reiz, verloren geht, denn die eigentliche Wahrnehmung wird im kognitiv und semantisch geschlossenen Gehirn erzeugt. Diese funktionale Selbstreferenzialität des neuronalen Netzwerks bedingt demnach eine semantische Selbstreferenzialität des Gehirns.[14] Jedes menschliche Individuum würde daher allein seine eigene subjektive Wirklichkeit erleben, hätte es nicht die Möglichkeit, über Kommunikationsakte an den Wirklichkeiten anderer in mittelbarer Weise teilzuhaben. Hierdurch bilden sich *konsensuelle Bereiche*, die letztlich die sozial akzeptierte „Realität" ausmachen, in der wir leben und die viele nur höchst selten hinterfragen. Es geschieht das, was man als „Quasiobjektivierung" oder, besser: Intersubjektivierung von individuellen Vorstellungen und Erfahrungen bezeichnen könnte (vgl. Schmidt 1996b, S. 34 f.). Vor allem dieser letzte Aspekt ist es, der die nachfolgend zur Geltung kommende Vorstellung von Unternehmen als „systemrelativen Wirklichkeiten" legitimiert beziehungsweise sogar unumgehbar macht.

2.1 Der „St. Galler Ansatz"

In der Argumentation des St. Galler Ansatzes führt diese Vorstellung vor allem zu dem von Malik (1996), Probst (1993) und Dyllick (1982) vorgetragenen grundlegenden Zweifel an den Möglichkeiten einer rationalen Organisationsgestaltung.[15] Angesichts der Nichtbeherrschbarkeit systembedingter Komplexität werden – mit Blick auf frühere, etablierte Vorschläge – alternative organisatorische Lösungen gefordert. Als eine heuristische Säule wird das Konzept der spontanen Ordnung von von Hayek herangezogen, nach dem Verhaltensregeln, auf denen jede spontane Ordnung beruhe, als allmählich gewachsenes Ergebnis von Evolutionsprozessen zu verstehen seien. Hier kommt zugleich das Konzept der *Selbstorganisation* ins Spiel, insofern als sozialen Systemen die Fähigkeit, sich selbst zu organisieren, zuerkannt wird. „Evolutionäres Management" müsse daher durch Schaffung günstiger Rahmenbedingungen für diesen Prozess der Selbstorganisation systemadäquat reagieren – ein Postulat, mit dem sich der Ausdruck „neue Rationalität" verbindet. Gefordert wird die systematische Berücksichtigung selbststrukturierender Momente, eine systeminterne Entwicklung von Funktionsstrukturen und damit die Einbeziehung nichtgeplanter Ordnungsmuster als „Zugeständnis" an die Eigendynamik sozialer Systeme (s. Probst u. Scheuss 1984, S. 480).

Dieser Transfer biologischer Kategorien in den sozialen Kontext wird noch um epistemologische Momente erweitert. Vor allem im Zusammenhang mit der Beschreibung latenter betrieblicher Sachverhalte stützen sich die Autoren auf den „Radikalen Konstruktivismus".[16] Akzeptiere man die Notwendigkeit, die Unternehmensentwicklung in Richtung auf eine qualitativ höhere Ebene des Handlungs- und Reaktionspotenzials gestalten zu müssen, so kämen dem Management mindestens drei Aufgaben zu: (1) wichtige Änderungen müssten erkannt, selektiert und dann interpretiert, (2) organisationales Lernen gefördert sowie (3) die Fähigkeit des Systems zur Selbstorganisation verbessert beziehungsweise seine Autonomie erhöht werden. Denn, wie Probst formuliert, „die von uns wahrgenommenen Wirklichkeiten sind ‚erfundene'; wir sind für ihre Konsequenzen verantwortlich. Soziale System brauchen ein gemeinsames Fundament an intersubjektiv geteilten Wirklichkeitskonstruktionen. Dies ermöglicht es, Sinn und Identität des Systems zu erkennen und zur Bezugsgröße von Handlungen zu machen. Eine Wirklichkeit oder Wahrheit darf nicht als statisch betrachtet werden, sie wird fortlaufend neu konstruiert. Damit diese Wirklichkeitskonstruktion der Komplexität unserer Umwelt gerecht wird und die Akteure innerhalb des Systems wirklich Verantwortung tragen, müssen sowohl das System als auch jedes seiner Mitglieder tolerieren, dass neben der eigenen Wirklichkeitsvorstellung auch noch andere bestehen, und deren Entwicklung begünstigen" (Probst 1992, S. 464).

Diese Sichtweise führt zu weiteren normativen Schlussfolgerungen, wie vor allem der allgemeinen Empfehlung, komplexe statt einfache Erklärungsmodelle zu verwenden, mit Überraschungen zu rechnen und mehrdeutige Ziele zu akzeptieren; zudem sollten Manager das System mit „Respekt und Zurückhaltung" behandeln – wie überhaupt der evolutionäre Ansatz „eine Perspektive [biete], die zu Bescheidenheit, Zurückhaltung und zu einer Besinnung auf die Grenzen des Möglichen" (Malik u. Probst 1981, S. 123) mahne. Manager müssten sich stets auf Vorläufigkeit einstellen und betriebliche Strukturen als etwas begreifen, das aus dem Bemühen entstanden ist, Komplexität und Mehrdeutigkeit zu reduzieren sowie Sinn stiftende, „konstruktive" Prozesse zu ermöglichen. Demnach wird ihnen auch die Aufgabe zugewiesen, an diesem Punkt anzusetzen und die Genese gemeinsamer Sichtweisen gezielt zu fördern, um so die Basis für effizientes, arbeitsteiliges Handeln auszubauen.[17]

2.2 Der „Münchner Ansatz"
Eine der St. Galler Argumentation recht verwandte Perspektive propagieren die Vertreter des – heute so genannten (vgl. etwa Kieser 1994, S. 199 f.) – „Münchner Ansatzes". In Auseinandersetzung mit organisationstheoretischen Problemstellungen und Fragen des strategischen Managements werden sowohl epistemologische Implikationen der biologischen Kognitionstheorie als auch Ideen der autopoietischen Theorie für den betriebswirtschaftlichen Bereich fruchtbar zu machen gesucht.[18]

Im Kontext der Beschäftigung mit Entstehung und Etablierung von Organisationen sympathisieren Kirsch u. zu Knyphausen[19] mit einer von *Teubner* vorgeschlagenen Rezeption der Autopoiese-Idee. Sie grenzen sich damit zum einen von einer allzu biologistischen, zum anderen von einer rein systemtheoretischen Anwendungsstrategie, wie sie vor allem Luhmann nach seiner „autopoietischen Wende" praktizierte, ab. Demgegenüber wird der heuristische Wert eines gradualistischen Autopoiese-Konzeptes hervorgehoben. Mit diesem Sprachspiel will man nicht nur – in Anknüpfung an die Luhmannsche Tradition – eine allzu enge und damit möglicherweise unfruchtbare Analogienkonstruktion bezogen auf die Biologie vermeiden, sondern darüber hinausgehend auch die bei Luhmann hauptsächlich entscheidungsorientierte Sicht von Organisationen konkretisieren. Im Sinne einer Art „Minimaldefinition" wird zunächst die Institutionalisierung des Mediums „Amtsmacht" zum konstitutiven Merkmal erhoben. Diesem Schritt könne eine stufenweise Betrachtung der Ausdifferenzierung lebensweltlicher Kontexte folgen. Eine vollständige Autonomie sei schließlich dann erreicht, „wenn die derivate Lebenswelt gegenüber originären Lebens- und Sprachformen abgeschottet bleibt und sich durch kontextspezifische Kommunikationen ausschließlich selbst reproduziert" (Kirsch u. zu Knyphausen 1991, S. 93).

Derartigen autopoietischen Überlegungen weist zu Knyphausen-Aufseß zusammen mit der Sichtweise des radikalen Konstruktivismus große Bedeutung sowohl für die Theorie als auch die betriebliche Praxis zu. „Was die Theorie angeht, so macht sie Schluss mit der Vorstellung, die Forschung könne wahre Aussagen über die Welt generieren beziehungsweise theoretische Hypothesen an der Realität testen. Die Theorie kann nur Modelle bereitstellen, die es dem Theoretiker - oder einem anderen Betrachter, der sich das Modell zu eigen macht - erleichtern, sich in der Welt zu orientieren. In Zusammenhängen der ‚Praxis' ist die Situation nicht anders: Auch hier stehen die Akteure (‚Manager') nicht einer Realität gegenüber, die sie begreifen können oder nicht; auch hier handelt es sich um kognitive Konstruktionen, die funktionieren können oder nicht, über die Welt ‚an sich' aber keinerlei Gewissheit vermitteln" (zu Knyphausen-Aufseß 1995, S. 385)

Konsequenterweise warnt zu Knyphausen-Aufseß davor, angesichts der Komplexität des Gegenstandes bei der Theoriebildung das Bild einer Trivialmaschine im Sinne von Foersters vor Augen zu haben und in diesem Zuge simplifizierenden Steuerungsmodellen das Wort zu reden. In diesem Falle drohe der Rückfall in eine kognitiv-instrumentelle Rationalitätsvorstellung. Dieser Gefahr müsse durch die Schaffung einer erweiterten Perspektive begegnet werden, wozu die systematische Einbeziehung vor allem der Sozial- und der Zeitdimension sowie ein positives Sicheinlassen auf die Produktion von Komplexität gehöre. Da sich aus jeder Perspektive das, was „funktioniert", anders darstelle, sei die Umsetzung von Steuerungsabsichten ein kompliziertes Unterfangen. In jedem Augenblick müsse man damit rechnen, mit neuen, gegebenenfalls auch „besseren", jedenfalls aber kreativen Problemlösungen konfrontiert zu werden und sie in die eigenen Planungen einzubeziehen. Eine Berücksichtigung der Zeitdimension andererseits bedeute, zusätzlich in Rechnung zu stellen, dass Modelle oder „Konstruktionen" der Welt nicht hier und jetzt funktionieren müssten, sondern sich möglicherweise als Option für die Zukunft anböten (vgl. zu Knyphausen-Aufseß 1995, S. 385 f.).

Das Postulat der Orientierung an „funktionierenden Konstruktionen" lasse sich direkt auf die Managementlehre übertragen und führe dort zu einer Perspektivenweitung. Neue Konstruktionen könnten kreative Beiträge zur „Ökologie der Ideen" leisten; über die Nutzung einzelner Ideen müsse dann nach systemimmanenten Kriterien entschieden werden – nach Kriterien, die sich vor allem in den handlungsleitenden Interessen und Zwecksetzungen der relevanten Akteure manifestierten (vgl. zu Knyphausen-Aufseß 1995, S. 386 f.).

2.3 Die Weicksche Argumentation
Auch der folgende Ansatz kann – selbst wenn dies eher unüblich erscheinen mag – unter epistemologischen Gesichtspunkten in eine Reihe mit den beiden zuvor skizzierten Gedankengebäuden gestellt werden, zumal die von seinem Protagonisten Karl E. Weick betriebene kognitionstheoretische Untermauerung zu ähnlichen Schlussfolgerungen führt. Wie zuvor trifft man auf die Auffassung, dass der Weg zu einem Verständnis für das organisationsbezogene Handeln von Individuen und für dessen Ergebnisse nur über eine ausführliche Berücksichtigung kognitiver und kommunikativer Prozesse führen kann. Beklagt wird dementsprechend von Anhängern des Ansatzes, dass „much of what has been written about organizations has focused mainly on behaviors and outcomes, without an in-depth understanding of the cognitive processes that influence those behaviors and outcomes" (Gioia a. Sims 1986, p. 3).

Die zentrale Bedeutung von Kognitionsakten für die permanente Fortentwicklung von Organisationen kommt demgegenüber im folgenden Zitat zum Ausdruck: „An organization is a body of thought thought by thinking thinkers ... In reply to the question, 'what is an organization', we consider organizations to be snapshots of ongoing processes, these snapshots being selected and controlled by human consciousness and attentiveness. This consciousness and attentiveness, in turn, can be seen as snapshots of ongoing cognitive processes ... where the mind acquires knowledge about its surroundings ... In these epistemological processes, both knowledge and the environment are constructed by participants interactively" (Weick 1979a, p. 42). Ergebnisse menschlichen Organisierens deutet Weick mithin als das Erreichen eines gemeinsamen Verständnisses im Hinblick auf die Angemessenheit von Maßnahmen und Wirklichkeitsinterpretationen beziehungsweise als ein funktionierendes Geflecht interdependenter Verhaltensweisen, die komplexitätsreduzierend auf eine Ausgangslage einwirken. Demnach stelle eine Organisation eine aufeinander abgestimmte, reflexive Verknüpfung von Interpretationen und Verhaltensweisen zur ergebnisorientierten Bewältigung einer komplexen Umwelt dar (vgl. Weick 1995a, S. 13).

Weicks Organisationsverständnis manifestiert sich in der These des so genannten *enacted environment*, der selbst geschaffenen Unternehmungsumwelt. Demnach sei es nicht die gesamte Umwelt, die „so, wie sie ist", wahrgenommen werde, sondern es seien individuumsabhängige, interne Repräsentationen der Wirklichkeit. Diese seien aufgrund vielfältiger Verzerrungen *enacted*, also subjektiv geschaffen, und müssten daher im Mittelpunkt organisationstheoretischer Überlegungen stehen (s. Weick 1977, p. 267 f.). Die erkenntnisrelativistische Orientierung der Weickschen Überlegungen wird gebündelt in dem Konzept der *cognitive maps*. Demnach fügen sich organisationsbezogene Erfahrungen und Deutungen der beteiligten Individuen in Muster ein, die kausale Verknüpfungen kolportieren und so einen intersubjektiven Zugang zum Verständnis spezifischer Situationen vermitteln.[20] Solche *cognitive maps* sind nach Weick mehr als bloße Metaphern; denn sie ließen sich in dem Maße, in dem sie an organisationsinternem Einfluss gewönnen, wirksam instrumentalisieren – etwa zu zweckgerichteten Organisationsanalysen oder -veränderungen.[21]

2.4 Zu den Kosten und Nutzen von Erklärungsmusterimporten

Auch wenn die Darstellung der soeben skizzierten drei Realtypen einer erkenntnisrelativistischen Organisationstheorie beziehungsweise Managementlehre jeweils nur ein stark verkürztes Bild der zugrunde liegenden Argumentationsgebäude bietet, sollte doch zweierlei ersichtlich geworden sein: Einerseits führt die Rezeption kognitionsbiologischer Konzepte zwar zu inhaltlich ähnlichen Schlussfolgerungen, andererseits bauen die Argumentationsgebäude jedoch auf einem durchaus heterogenen und aus Sicht der Betriebswirtschaftslehre neuen Begriffsapparat auf.

Letzteres kann nunmehr die Frage aufwerfen, inwieweit nicht nur die epistemologische Fundierung, sondern auch der darüber hinausgehende Import von Erklärungsmustern aus anderen Wissenschaftsdisziplinen tatsächlich weiterführend ist. In jedem Fall sollten hierfür weit reichende strukturelle Isomorphien existieren, sodass sich importierte Erklärungsmuster widerspruchsfrei und überdies fruchtbar im betriebswirtschaftlichen Kontext konkretisieren lassen. Auch wenn hinsichtlich des Zutreffens dieser Bedingung kein zuverlässiger Anwendungsmaßstab auszumachen ist, sollte man doch zumindest anstreben, Tendenzaussagen zu den „Kosten" und „Nutzen" möglicher Erklärungsmusterimporte zu treffen. In dieser Intention kann man versuchen, nützlich erscheinende und daher weiterzuverfolgende Inputs von solchen zu trennen, die gegebenenfalls mehr irritieren als helfen. Ein solcher „Ordnungsversuch" erscheint nicht zuletzt angesichts manch *kritischer Stimmen* gegenüber den oben dargestellten Ansätzen angebracht; erinnert die Kritik doch an die Kostenseite des Versuchs, kognitionswissenschaftliche Erkenntnisse in der Betriebswirtschaftslehre fruchtbar zu machen. Auf dieser Kostenseite wäre beispielsweise die Gefahr einer sprachlichen und gedanklichen „Verwirrung" zu verbuchen, die ernst zu nehmende Möglichkeit also, dass gewagte Analogiebildungen auf der semantischen Ebene unzutreffende Folgerungen auf kausaler Ebene nahe legen. In diesem Falle wäre ein Verzicht auf den dann zweifelhaften metaphorischen Wert solcher Sprachspiele angeraten.

An dieser Stelle knüpfen auch Vorwürfe an, wie der, dass „alter Wein in neuen Schläuchen verkauft" werde, oder die Entgegnung, dass viele der entworfenen Handlungsleitlinien für die Managementpraxis den Wert von Allgemeinplätzen nicht überstiegen.[22] Angemahnt wird ein erheblicher Operationalisierungsbedarf angesichts mancher schwer zu fassender normativer Schlussfolgerungen. Dies bezieht sich etwa auf Postulate, die da lauten: „Schaffung von entwicklungsförderlichen Kontexten", „konstruktive Konfliktbewältigung", „vernetztes Denken", „Einbeziehung von Kunden, Mitarbeitern etc. in das Ganze" oder auch „Vorgabe und Gewährung von klaren Leitlinien, Freiräumen, Autonomie und Flexibilität" (vgl. Probst 1992, S. 489.). Indem typische Organisationsprobleme in die Diskussion gebracht werden, versucht man nachzuweisen, dass mit derartigen Ansätzen gegenüber traditionellen oder „nichtevolutionären" Theorien keine wesentlich neuen Erkenntnisse erreichbar seien. Praktische Organisationsprobleme würden nicht grundsätzlich anders gelöst, und es ließen sich gleichermaßen Vorzüge einer prozessorientierten Methode ableiten. Andererseits würden auch das geforderte „Trial-and-Error-Vorgehen" und die „grundsätzliche Offenheit der Organisation für neue Lösungen" keine zweckmäßigen Anhaltspunkte zur Behandlung konkreter Probleme, wie beispielsweise der Festlegung des Dezentralisierungsgrades innerhalb eines Unternehmens, liefern. Praktiker würden sich daher bei einer Vielzahl solcher Entscheidungen nach wie vor an etablierten Heuristiken orientieren. Kritik wird auch mit Blick auf den operationalen Wert einer Integration der Ideen von Hayeks vorgebracht. Denn mit dem Eintritt in eine Organisation müssten ja beispielsweise zahlreiche bereits bestehende Strukturen akzeptiert werden. Hier beeinträchtige insbesondere die Einschränkung von individuellen Gestaltungsrechten als eine Form der Komplexitätsbewältigung die Entstehung spontaner Ordnungen maßgeblich (vgl. für viele andere etwa Kieser 1994).

Nun ist es keineswegs die Intention dieses Beitrages, die hier angedeuteten Stoßrichtungen der in der Literatur verbreiteten Kritik weiterzuverfolgen. Es soll vielmehr zum Ausdruck kommen, dass u. E. auch ohne die Einbindung kognitionswissenschaftlicher Ergebnisse in die betriebswirtschaftliche Organisationsforschung wesentliche Phänomene unzugänglich blieben. Dessen ungeachtet deutet die Kritik darauf hin, dass es immer wieder neu notwendig ist, die Vorzüge einer kognitionsorientierten Perspektive herauszuarbeiten und Gegenstandsbereiche zu benennen, die aus ihr heraus besonders profitieren können. Zugleich erscheint es erforderlich, einer weiteren Aufsplitterung relevanter Ansätze entgegenzuwirken und sich stattdessen an den offenen Fragen und bleibenden Herausforderungen für die moderne erkenntnisrelativistische Organisationsforschung zu (re-)orientieren.

3. Leitideen und Kernfragen einer gemeinsamen Perspektive moderner Organisationsforschung

3.1 Erkenntnisrelativismus als unverzichtbarer Ausgangspunkt

Im Rahmen einer (Re-)Orientierung, wie sie hier gefordert wird, erscheint es unerlässlich, zunächst nochmals die zentralen Fixpunkte einer erkenntnisrelativistischen Position festzuhalten, zumal man hier in einer guten und langen Tradition steht. Seit *Protagoras'* Zeiten, der mit seinem Homo-Mensura-Satz als erster namhafter „Erkenntnisrelativist" in die Geistesgeschichte einging, werden die Folgen des fehlenden Zugangs menschlichen Erkennens zu einer möglicherweise vorhandenen subjektunabhängigen Umwelt diskutiert.

Bis zum heutigen Tage haben sich aus dieser Diskussion plausible Argumente dafür verdichtet, dass das Umweltreiz verarbeitende menschliche Subjekt ebendiese externen Reize nicht passiv-rezeptiv „abbildet". Ergebnisse der Gehirnforschung stützen vielmehr die Annahme, dass sie *aktiv-konstruktiv* mit vorhandenen kognitiven Strukturen, das heißt mit sprachlichem wie nichtsprachlichem Vor- und Weltwissen verbunden werden. Damit aber wird die rezipierte Information – wie dies oben bereits erläutert wurde – selbst „aktiv-kognitiv konstruiert", wobei Perzeption (Reizaufnahme durch Sinneszellen und -organe), Inferenz (implizite Schlussfolgerungen), Erinnerung und Attribution (Ursachenzuschreibung) als mentale Operationen fungieren.

Für diese Zusammenhänge lieferte die kognitive Psychologie bereits in den Siebzigerjahren wohl fundierte theoretische und empirische Ergebnisse (vgl. stellvertretend Neisser 1976). Spätestens seit dieser Zeit entwickelt sich auch eine vielfach als *kognitiver Konstruktivismus* bezeichnete Perspektive, die heute nahezu alle Bereiche der Psychologie durchzieht.[23] Als im Grunde für jede wissenschaftliche Disziplin äußerst belangvolle Schlussfolgerung aus der Entscheidung für eine solche Sichtweise ist anzusehen, dass wir Erkennen immer zugleich als *Entdecken und Erfinden* annehmen müssen. Nicht verbindlich entscheiden lässt sich dabei allerdings, welche Teile der realisierten Wahrnehmung von Akteuren Auskunft über eine subjektunabhängig existierende Außenwelt geben könnten. Ohne eine solche Umwelt negieren zu müssen, liegt somit doch ein prinzipieller „Schleier der Ungewissheit" auf allen Aussagen über sie.[24]

Der *Radikale* Konstruktivismus geht nun noch einen Schritt weiter, indem er annimmt, dass jegliche Kognition ausschließlich und in allen ihren Aspekten lediglich Konstruktion und Erfindung darstelle. Das „Radikale" an dieser epistemologischen Variante ergibt sich somit aus einer spezifischen Kombination von objekt – und metatheoretischen Thesen. Das heißt, die „reine" Theorie der Autopoiese ohne metatheoretische Implikationen (s. etwa Maturana a. Varela 1979) beziehungsweise die „konstruktivistische Theorie des Nervensystems" (s. hierfür besonders Roth 1986) für sich genommen machen noch nicht den Radikalen Konstruktivismus aus.[25]

Für die betriebswirtschaftliche Organisationstheorie zeitigt der Schritt von einer konstruktivistischen zu einer radikal konstruktivistischen Epistemologie indes keine solch weit reichenden Konsequenzen. Mehr noch: Ihn nicht mitzugehen bedeutet möglicherweise die Vermeidung eines „Nebenkriegsschauplatzes". Denn die in den einschlägigen Disziplinen äußerst wichtige Diskussion um die Radikalität der Schlussfolgerungen birgt für die Betriebswirtschaftslehre die Gefahr, unnötige Spekulationen anzuregen und so von offenkundig entscheidenden Implikationen einer kognitionswissenschaftlichen Fundierung abzulenken. Ein Vorwurf, der dem Radikalen Konstruktivismus immer wieder entgegengebracht wird, ist vor allem der einer inhärenten Selbstwidersprüchlichkeit. Er ergibt sich aus der These des gänzlich fehlenden Zugangs zur Außenwelt und der Folgefrage, wie ein Theoriekonstrukteur ohne kognitiven Zugang zur eigenen Umgebung überhaupt imstande sein sollte, ein Fehlen desselben festzustellen. Wenn nämlich tatsächlich alles nur Konstruktion – nur Erfinden ohne Entdecken – wäre, so wird gefolgert, gäbe es keine logische Grundlage, dies zu behaupten. Wenn also der Radikale Konstruktivismus Recht hätte, läge er falsch.[26]

Die Verfasser des vorliegenden Beitrags fühlen sich in ihrer Eigenschaft als Wirtschaftswissenschaftler weder berufen, diesen Vorwurf zu widerlegen, noch genötigt, ihn zu unterstreichen. Am Ende dieses kurzen Exkurses bleibt dessen ungeachtet die Vermutung gültig, dass die Zugrundelegung einer gemäßigteren Form des Wahrheitsrelativismus in unserem Kontext *keine Erklärungsverluste* nach sich zieht.[27] Umso gravierender erscheint freilich das Bemühen darum, die weithin akzeptierten Erkenntnisse über das Funktionieren von Wahrnehmung und Kommunikation, wie sie weiter oben skizziert wurden, ernst zu nehmen und in ihrer ganzen Tragweite für den betriebswirtschaftlichen Gegenstand fruchtbar zu machen.

3.2 Ausgewählte Ansatzpunkte einer erkenntnisrelativistischen Organisationstheorie

Eine erste und zentrale Implikation, die unmittelbar die oben geäußerte Kritik an einem instrumentalistisch-technokratischen Vorgehen innerhalb der Organisationsforschung bestärkt, erwächst aus der Feststellung des Konstruktionscharakters jeder Information. Vor allem erscheinen so die in jedem Organisationskontext entscheidenden Fragen der Wissenssammlung, Wissensübertragung und Kommunikationsregelung in einem veränderten Lichte. Denn mit jeder interindividuellen Übertragung dessen, was traditionell als Information, Wissen oder Erfahrung bezeichnet wird, entstehen neue Informationen, neue Wissensbestandteile und neue Erfahrungen. Neben die Konzentration auf die technisch-organisatorische Seite innerbetrieblichen Informations*transfers* muss so die verstärkte Reflexion über Einflussvariablen und Mechanismen der innerbetrieblichen Informations*transformation* treten.

Wichtig ist auch, dass die Ergebnisse solcher Informationstransformationsprozesse, anders als dies im Zuge einer mechanistischen Vorstellung von Informationsweitergabe der Fall ist, in hohem Maße systematisch unsicher sind. Hier können Lernprozesse beziehungsweise die adaptive Analyse von Einflussvariablen und Mechanismen relevanter Kommunikationsstrukturen einen stabilisierenden Bezugsrahmen schaffen, der den Organisationsalltag entscheidend bestimmt (vgl. etwa Probst 1992, S. 457 f.). Da kein subjektunabhängiges, allgültiges Referenzsystem existiert, stellen *Genese* und *Determinanten* solcher intersubjektiven Bezugsrahmen den zentralen Untersuchungsgegenstand der Organisationsforschung dar. Eine wichtige Rolle spielen dabei institutionenökonomische oder institutionalistische Sichtweisen, denn die Stabilisatoren entsprechender Bezugsrahmen sind nichts anderes als informelle und formalisierte Institutionen. Andererseits handelt es sich stets nur um eine vorläufige Stabilität, da ständig subjektive Wirklichkeiten einzelner Organisationsmitglieder destabilisierend beziehungsweise verändernd auf die „organisatorische Realität" einwirken.

Auch und gerade für die Analyse von Veränderungsprozessen innerhalb der Organisation verspricht mithin ein kognitionsorientierter Zugriff Erklärungszugewinne. Der eigentliche Grund dafür, dass sich das ständige Auftreten von Neuem innerhalb von Organisationen nicht mit einem Maschinenmodell erfassen lässt, liegt wiederum in der Funktionsweise unseres Wahrnehmungsapparates, die ein Operieren mit Transformationsvorschriften nicht zulässt.[28] Denn das menschliche Gehirn arbeitet in einer Art zeitlichem Rhythmus, in dem stets mehrere physiologische Ereignisse zu einer bewussten Wahrnehmung zusammengefasst und dann autonom oder spontan durch eine andere Wahrnehmung ersetzt werden. Entscheidend ist, dass offenbar die Inhalte einer Folgewahrnehmung auch dann geändert werden können, wenn in den Sinnesdaten keine Änderung eingetreten ist.[29] Damit können neue Problemlösungen unabhängig davon auftreten, ob sich die subjektunabhängige Struktur eines organisationsrelevanten Problems verändert hat.[30]

Entscheidend ist die Art und Weise der Wahrnehmung eines Problems, die sich bis zu einem gewissen Punkte beeinflussen lässt.[31] Dies ist ein weiterer

Grund dafür, das wissenschaftliche Interesse verstärkt auf den Wahrnehmungskontext in Organisationen und auf dessen Flexibilität zu richten, eine Zielsetzung, die ja auch von den oben diskutierten Ansätzen in unterschiedlicher Weise bereits verfolgt wird (vgl. vor allem Weick 1977, p. 267 ff.). Es ergeben sich etwa Desiderata in Richtung einer Heuristik, die von einem hierarchischen System wahrnehmungsleitender Restriktionen der Organisationsentwicklung ausgehen (s. allgemein hierzu Koch 1996). Zunächst wäre zu fragen, welche Faktoren das Erkennen und Handeln in einem bestimmten – bereits intersubjektivierten – Kontext leiten. Hieran könnten sich dann Fragen nach den Möglichkeiten einer gezielten Gestaltung dieses Kontextes anschließen. Im Gegensatz zu etablierteren Ansätzen, wie etwa der ähnliche Heuristiken verfolgenden Principal-Agent-Theorie, ist jedoch zuvor der Intersubjektivitätsgrad des identifizierten Wahrnehmungskontextes zu thematisieren. Entscheidend ist, „dass die handlungsleitenden Orientierungen der agierenden Akteure nicht auf Motive, Interessen und Normen zu reduzieren sind, sondern Kognitionen einen konstitutiven Bestandteil der Handlungsorientierung bilden".[32] Denn je weniger die Maßstäbe zur Bewertung einer Situation innerhalb des organisatorischen Alltags aus einem Pool an *common kno*wledge geschöpft werden können, desto geringer sind auch die Möglichkeiten gezielter Beeinflussung organisatorischer Wirklichkeiten und damit zielgenauer Unternehmenssteuerung.

Gerade innerhalb großer und damit besonders komplexer Organisationen existieren stets mehrere Wirklichkeiten nebeneinander (vgl. etwa Tamborini 1997, p. 58 ff.). Es handelt sich gewissermaßen um *Alternativangebote* der Verknüpfung von Ereignissen, Personen und Abläufen zu komplexen Modellen beziehungsweise zu möglichst leistungsfähigen Konstrukten als Handlungs- und Entscheidungsgrundlage im organisatorischen Kontext (vgl. etwa Schank a. Abelson 1977, p. 23). Die Koexistenz von Wirklichkeitsmodellen kann immer wieder neu zu Widersprüchen und Orientierungslosigkeit bei den Organisationsmitgliedern führen, was sich aus betriebswirtschaftlicher Sicht in relativ höheren Kosten manifestiert. In die gleiche Richtung wirken Auseinandersetzungen, die sich aus dem Interesse einzelner Gruppen ergeben, ihrer eigenen Wirklichkeit zu mehr Einfluss zu verhelfen.

Ein verwandter Problemkreis, für den eine explizite Kognitionsorientierung fruchtbar erscheint, zeigt sich in der Frage der *Machtverteilung* innerhalb von Organisationen. Da ein objektives Referenzmodell organisatorischen Handelns und Entscheidens fehlt, könnte man individuelles Agieren als ein ständiges Testen von Hypothesen begreifen, die sich in einer von Unsicherheit geprägten Umwelt bewähren müssen. Die wahrgenommenen und im Kommunikationsprozess intersubjektivierten Restriktionen stellen sich dabei als Selektionsumgebung für deren spezifischen Erfolg dar. Nichtausselektierte Hypothesen setzen sich in der Organisation durch, sodass letztlich die „kognitive Kreativität" (s. zu diesen Begriffen Hesse 1990) jedes einzelnen

Akteurs potenziell den Erfolg der Gesamtorganisation beeinflussen kann. Die interindividuelle Machtverteilung enthält dabei eine Vorentscheidung über Durchsetzungschancen subjektiver Erfahrungen und individuellen Wissens. Hier bieten sich möglicherweise neue Begründungen für bereits etablierte Ideen beispielsweise der Gestaltung von Weisungs- und Kommunikationsstrukturen oder der Reduktion von Hierarchieebenen.

Weiterhin eröffnen sich neue Perspektiven der Beurteilung und normativen Begleitung von Verhandlungssituationen und -konstellationen sowie des Planens innerhalb von Organisationen. *Verhandlungen* einerseits sind gemäß den hier unterstellten Zusammenhängen mehr als nur die Durchsetzung eigener Interessen und Ziele innerhalb von Kommunikationssituationen. Stets geht es auch um den Austausch von und das wechselseitige Verständnis für unterschiedliche Situationsinterpretationen. Das „Sich-Hineinversetzen-Können" in fremde Wirklichkeiten spielt eine entscheidende Rolle für den Verhandlungsausgang (vgl. etwa Ury 1992). *Planen* andererseits als kognitionsgesteuertes Entwerfen von Hypothesen „in den freien Raum des Noch-Nicht-Geschaffenen" (vgl. Vowe 1994, S. 438) ist die „Verknüpfung von Situationswahrnehmung, Zielbestimmung und Handlungskonzeption. Planen ist ein langfristig angelegtes, die Reaktionen anderer Akteure antizipierendes und durchgängig logisch aus Zielen deduziertes ‚Probehandeln'" (ebd., S. 439). In diesem Sinne sind Ergebnisse unternehmerischer Planung nicht nur von einer gegebenen Umwelt und den Kompetenzen der Planer abhängig, sondern unabdingbar von der kognitiven „Brille", durch die hindurch geplant wird, was *Weick* beispielshalber durch sein Konzept des *enacted environment* berücksichtigt. Auch wenn mit den genannten Problemkreisen nur eine – möglicherweise willkürlich erscheinende – Auswahl an Forschungsdesiderata für die hier thematisierte Richtung moderner Organisationsforschung präsentiert wurde, sollte doch das Grundanliegen deutlich geworden sein. So steht einiges dafür, dass die Erweiterung der traditionellen Perspektive um kognitionswissenschaftliche Inputs einen Weg weist, dessen weitere Verfolgung noch erhebliche Erkenntniszugewinne verspricht.

Dem immer wieder geäußerten Vorwurf, dass mit dem Einbezug eines neuen Begriffsapparates in die Organisationsforschung unnötigerweise Verwirrung gestiftet würde, kann aus dieser Sicht höchstens ansatzweise gefolgt werden. In einem interdisziplinären Kontext, wie er hier entwickelt wurde, ist grundsätzlich eine Erweiterung der Begrifflichkeit unerlässlich; möglicherweise ließe sich jedoch die geradezu inflationäre Verwendung bestimmter Metaphern einschränken. Dies könnte beispielsweise für die Begriffe „Selbstherstellung", „Selbsterhaltung", „Selbstorganisation" und „Selbstreferenz" gelten, deren Anwendung im betriebswirtschaftlichen Kontext oftmals überflüssig oder gar irreführend wirkt.[33] Je nach Hinsicht – das heißt, nach Systemabgrenzung – weisen Organisationen stets sowohl selbstbezügliche als auch fremdbezügliche Momente der Strukturierungs-, Etablierungs- und Evolutionsdynamik auf. Entscheidend ist, dass die Bewegkraft für diese Phänomene immer auf individuelle Akte zurückgeführt werden kann - auch wenn möglicherweise der Einfluss Einzelner je nach Situation angesichts einer gewissen Verselbstständigung von Determinanten der aggregierten Ebene, zum Beispiel Institutionen als Stabilisatoren, infinitesimal klein wird. Trotzdem ist es allein *individuelles*, an der wahrgenommenen Umwelt ausgerichtetes Handeln, das die *adaptive Komplexität* entstehen lässt, die Organisationen ausmacht. In diesem Zusammenhang bezeichnet *Dawkins* (1998, S. 76) die evolutorische Zwillingsidee der Variation und Selektion als einzig adäquates Erklärungsmuster. Dies knüpft an die oben skizzierte Vorstellung von der Organisationsdynamik an, die sich aus der immer neuen Generierung von Hypothesen und ihrer Bewertung im inner- und außerorganisatorischen Wettbewerb speist. Im sozialen Kontext gibt es ganz offenbar nicht die Entstehung von Strukturen aus dem „Nichts" oder „Chaos", sondern es handelt sich stets um Umstrukturierungen, um die Evolution von Wirkungszusammenhängen.[34] Wie hierbei die auslösenden „Informationsänderungen" auf der Systemebene wirksam werden beziehungsweise wie es zum Phänomen des *Lernens von Organisationen* kommt, ist allerdings ebenfalls - trotz der oben skizzierten Vorarbeiten - noch lange nicht hinreichend erforscht.[35]

Es bleibt somit bei der Feststellung, dass der vorliegende Beitrag überblicksartig einen Bereich der modernen Organisationsforschung thematisiert, der nach wie vor mit vielen offenen Fragen nicht nur das betriebswirtschaftliche Forschungsinteresse herausfordert. Aus dieser Erkenntnis heraus erscheint es wünschenswert, dass Ansätze, welche die hier skizzierten kognitionswissenschaftlichen Zusammenhänge in ihrer ganzen Tragweite für die Organisationsforschung fruchtbar zu machen suchen, stärker noch als bisher an einem gemeinsamen Forschungsstrang ziehen.

Anmerkungen

1 Das Wort „Sprachspiel" wird hier im Sinne Wittgensteins (1990, S. 275 ff.) verstanden.

2 Siehe etwa Pfeffer (1985, S. 379); Stern a. Barley (1996).

3 Vgl. z. B. Burrell a. Morgan (1979); Pfeffer (1982); Astley a. Van de Ven (1983); Drenick (1986); Türk (1989); Frese (1992); Kieser (1995c); Pfeffer (1997, S. 4).

4 Burrell a. Morgan (1979, S. 21-23) differenzieren unter anderem zwischen objektiven (ontologischer Realismus/epistemologischer Positivismus) und subjektiven Forschungsprogrammen (ontologischer Nominalismus/epistemologischer Antipositivismus) innerhalb der Organisationsforschung.

5 Siehe etwa den Überblick bei Kasper (1991, S. 3–4); Türk (1989); Hickson (1996, S. 218–220) oder die zum Teil sehr einflußreichen Arbeiten von Weick (1977; 1979a; 1979b; 1995a; 1995b); Morgan (1997).

6 Donaldson 1996, S. 1; vgl. auch Donaldson 1995.

7 An dieser Stelle kann zwar nicht weiter auf Überlegungen eingegangen werden, welche auch die Exaktheit der Naturwissenschaften zunehmend infrage stellen. Doch allein der Verweis auf diese Diskussion mag die Bedenklichkeit jener wissenschaftstheoretischen Wertorientierung andeuten.

8 Schreyögg 1995, S. 217; siehe auch Pfeffer 1985, S. 406–410; Türk 1989, S. 1–10.

9 Vgl. Schreyögg 1995, S. 162-163; vgl. aber auch Kieser 1995a, S. 169 ff., der sich – obwohl einer der Protagonisten situativer Überlegungen im deutschsprachigen Raum – mittlerweile ebenfalls vorsichtig gegenüber vermeintlichen Erfolgen kontingenztheoretischer Theorieansätze äußert.

10 Unerheblich ist es dabei, ob man eine triviale und eine nichttriviale Maschine vor Augen hat: Bei nichttrivialen Maschinen wird – im Gegensatz zu trivialen Typen – die Outputsequenz nicht nur von der Inputsequenz und der Transformationsvorschrift fy ($x \to y$) bestimmt, sondern auch von der Vorschrift (fz), nach der die Transformationsfunktion (fy) verändert wird. Selbst wenn sich auf diese Weise äußerst komplizierte Input-Output-Sequenzen höherer Ordnung denken lassen, kann grundsätzlich doch auch in diesem Fall aus der Kenntnis einer Anfangssituation – sofern man sie zutreffend beschreiben kann – und Kenntnis der Transformationsvorschriften ein vorläufiger Endzustand berechnet werden. Vgl. etwa von Foerster 1985b.

11 Für einen Überblick vgl. Schmidt 1996a.

12 Vgl. aber auch Servatius 1991 oder Scholz 1997, S. 31-33.

13 Hier wird die Bedeutung des Gedächtnisses deutlich, vgl. z. B. Vollmer 1985.

14 Vgl. zusammenfassend Schmidt 1996b, S. 13 ff.

15 Dieser heute verstärkt geäußerte Zweifel ist nicht zuletzt eine Antwort auf frühere kybernetisch-funktionalistische Vorstellungen von Systemrationalität, wie man sie im Kontext systemtheoretischer Zugriffe in der betriebswirtschaftlichen Organisationsforschung der Sechziger- und Siebzigerjahre findet. Vgl. etwa Ulrich (1968) oder Kirsch (1972).

16 Vgl. Probst (1992, S. 457). Zu beachten ist, dass der Begriff „konstruktivistisch" in den Originalquellen z. T. gegensätzlich verwendet wird, nämlich einerseits in einem eher technomorphen Sinne und andererseits bezogen auf rationale Planung. Siehe Malik (1996, S. 7, Fußnote 2).

17 Probst (1992, S. 461) leitet aus dieser Überlegung weiterhin das Prinzip der Toleranz ab: „Wenn ein Unternehmen seinen Mitarbeitern keinerlei neue Betrachtungsweisen zugesteht, könnte dies nicht nur die Erreichung dieses oder jenes Ziels gefährden, sondern zugleich Mißtrauen gegenüber den bestehenden Wertesystem aufkommen lassen bzw. bestehendes Mißtrauen noch verstärken. Eine Institution muß daher unbedingt einen den Meinungsaustausch begünstigenden Kontext schaffen, so dass sich bei Eintritt eines Ereignisses oder bereits vorher eine kollektiv geteilte Wirklichkeit konstruieren läßt."

18 Vgl. u. a. Kirsch u. zu Knyphausen (1991, S. 82 ff); Kirsch (1992, S. 503)

19 Vgl. Kirsch u. zu Knyphausen (1991, S. 91 ff.) unter Berufung auf Teubner (1987)

20 Vgl. Bougon 1983, S. 177 f., Weick a. Bougon 1986, p. 106.

21 Ein Beispiel für eine sehr umfassende soziometrische Analyse und Darstellung von *cognitive maps* ist die Studie von Bougon, Weick a. Binkhorst 1977.

22 Siehe etwa Sandner 1982, S. 83 f.; Kieser 1995b, S. 261 f.

23 Für einen Überblick siehe Nüse 1995.

24 Dies deckt sich mit Ergebnissen, wie sie beispielsweise schon von Victor Kraft in den späten Fünfzigerjahren (vgl. etwa Kraft 1960) präsentiert wurden und deren realwissenschaftliche Relevanz in der Folgezeit von experimentellen Forschungen, wie etwa denen Neissers (u. a. 1976), eindrucksvoll bestätigt wurde.

25 Letztgenannte Theorien stehen (wiederum für sich genommen) in vollem Einklang mit dem, was man aus heutiger Sicht als *common knowledge* der modernen Kognitionsforschung bezeichnen könnte. Sie lassen sich zudem mit anderen bekannten Ansätzen, wie dem von W. T. Powers (1973) propagierten kybernetischen Modell der Wahrnehmung oder dem viel rezipierten Modell J. Piagets (1975), vereinbaren.

26 Diese Aporie, mit der jede radikal relativistische Erkenntnistheorie konfrontiert zu sein scheint (vgl. hierzu etwa Wendel 1990 und 1997), klingt bezeichnenderweise bei Watzlawick (1979, S. 243 ff.) bereits im Titel *Münchhausens Zopf und Wittgensteins Leiter* an. Eine ausführliche und zugleich vergleichende Auseinandersetzung mit dem Radikalen Konstruktivismus und gemäßigteren Formen des Konstruktivismus bieten aus mehr theoretischer Perspektive z. B. Engels 1989 und mit vielen empirischen Bezügen etwa Nüse 1995.

27 Für einen ausführlichen Überblick über die Genese und alternative Begründungen relativistischen Denkens vgl. Wendel 1990.

28 Weshalb sich hier etwa mathematische Argumentationsformen aus prinzipiellen Gründen nicht eignen, zeigt besonders Blaseio 1986.

29 Vgl. ausführlich Pöppel 1985; Oeser 1987.

30 Der Begriff des „Problems" wird hier in einem weiten, Popperschen Sinne gebraucht, womit sich in jedem Kontext, auf den sich menschliches Handeln richtet, Probleme definieren lassen. Vgl. etwa Popper 1994, S. 255 ff.

31 Aus einer wirtschaftspolitischen Perspektive, die sich jedoch in vielem auf organisationstheoretische Fragestellungen übertragen läßt, vgl. Slembeck (in Vorb.).

32 Vowe 1994, S. 424. Vowe (ebd., S. 427) betont hier besonders die Bedeutung der Attributionstheorie, die gegenüber Motiven, Interessen und Kalkülen eine Metaposition beziehe und daher von Luhmann (1989, S. 15) auch als „Variante der Kybernetik 2. Ordnung" bezeichnet werde.

33 Vgl. hierzu auch Krohn u. Küppers (1990, S. 201 ff.); Kiss (1990, S. 30 ff.); Kirsch u. zu Knyphausen (1991, S. 78 ff.); Koch (1996, S. 38 ff.); Hejl (1996, S. 322 ff.).

34 Siehe ähnlich Röpke 1977 und aus Sicht der Biologie Mayr 1984, S. 436 ff.

35 Hier setzen, neben den bereits genannten, auch die Überlegungen von Eden (1992) und Senge (1992) an.

Literaturverzeichnis

Albert, H. (1967): Marktsoziologie und Entscheidungslogik. Neuwied (Luchterhand).

Astley, W. G. a. A. H. Van de Ven (1983): Central perspectives and debates in organizational theory. *Administrative Science Quarterly* 28: 245–273.

Blaseio, H. (1986): Das Kognos-Prinzip. Berlin (Duncker & Humblot).

Bougon, M. G. (1983): Uncovering Cognitive Maps: The Self-Q Technique. In: G. Morgan (ed.): Beyond Method: Strategies for Social Research. Beverly Hills, CA (Sage), S. 173–188.

Bougon, M., K. E. Weick a. D. Binkhorst (1977): Cognition in Organizations: An Analysis of the Utrecht Jazz Orchestra. *Administrative Science Quarterly* 22: 606–639.

Burns, T. u. G. M. Stalker (1968): The Management of Innovation. London (Tavistock).

Burrell, G. u. G. Morgan (1979): Sociological Paradigms and Organizational Analysis. Elements of the Sociology of Corporate Life. London (Heinemann Educational).

Dawkins, R. (1988): Auf welche Einheiten richtet sich die natürliche Selektion? In: H. Meier (Hrsg.): Die Herausforderungen der Evolutionsbiologie. München Piper).

Donaldson, L. (1995): American Anti-Management Theories of Organization. A Critique of Paradigm Proliferation. Cambridge (Cambridge University Press).

Donaldson, L. (1996): For Positivist Organization Theory. Proving the Hard Core. London/Thousand Oaks/New Delhi (Sage).

Drenick, R. F. (1986): A Mathematical Organization Theory. New York/Amsterdam/London (North-Holland).

Dyllick, T. (1982): Gesellschaftliche Instabilität und Unternehmungsführung. Ansätze zu einer gesellschaftsbezogenen Managementlehre. Bern/Stuttgart (Haupt).

Eden, C. (1992): On the nature of cognitive maps. *Journal of Management Studies* 29: 261–265.

Engels, E. M. (1989): Erkenntnis als Anpassung? Eine Studie zur Evolutionären Erkenntnistheorie. Frankfurt a. M (Suhrkamp).

Foerster, H. von (1985a): Entdecken oder Erfinden. Wie läßt sich das Verstehen verstehen? In: H. Gumin u. A. Mohler (Hrsg.): Einführung in den Konstruktivismus. München (Oldenbourg), S. 27–68.

Foerster, H. von (1985b): Sicht und Einsicht. Versuch zu einer operativen Erkenntnistheorie. Braunschweig/Wiesbaden (Vieweg). [Neuaufl. (1999). Heidelberg (Carl-Auer-Systeme).]

Frese, E. (1992): Organisationstheorie. In: E. Frese (Hrsg.): Handwörterbuch der Organisation. Stuttgart (Schäffer-Poeschel), Sp. 1706–1733.

Gioia, D. A. a. H. P. Sims Jr. (1986): Introduction: Social Cognition in Organizations. In: H. P. Sims Jr. a. D. A. Gioia (eds.): The Thinking Organization. San Francisco/London (Jossey-Bass), pp. 1–19.

Hejl, P. M. (1996): Konstruktion der sozialen Konstruktion: Grundlinien einer konstruktivistischen Sozialtheorie. In: S. J. Schmidt (Hrsg.): Der Diskurs des radikalen Konstruktivismus. Frankfurt a. M. (Suhrkamp), S. 303–339.

Hesse, G. (1990): Evolutorische Ökonomik oder Kreativität in der Theorie. In: U. Witt (Hrsg.): Studien zur evolutorischen Ökonomik I. Berlin (Duncker & Humblot), S. 49–73.

Hickson, D. J. (1996): The ASQ Years Then and Now through the Eyes of a Euro-Brit. *Administrative Science Quarterly* 41: 217–228.

Hill, W., R. Fehlbaum u. U. Peter (1994): Organisationslehre 1. Ziele, Instrumente und Bedingungen der Organisation sozialer Systeme. Bern/Stuttgart/Wien (UTB).

Kasper, H. (1991): Neuerungen durch selbstorganisierende Prozesse. In: W. H. Staehle u. J. Sydow (Hrsg.): Managementforschung 1. Berlin/New York (De Gruyter), S. 1–74.

Kieser, A. (1994): Fremdorganisation, Selbstorganisation und evolutionäres Management. *Zeitschrift für betriebswirtschaftliche Forschung* 46: 199–228.

Kieser, A. (1995a): Der Situative Ansatz. In: Kieser, A. (Hrsg.): Organisationstheorien. Stuttgart/Berlin/Köln (Kohlhammer), S. 155–183.

Kieser, A. (1995b): Evolutionstheoretische Ansätze. In: A. Kieser, (Hrsg.): Organisationstheorien. Stuttgart/Berlin/Köln (Kohlhammer), S. 237–268.

Kieser, A. (Hrsg.) (1995c): Organisationstheorien. Stuttgart/Berlin/Köln (Kohlhammer).

Kirsch, W. (1972): Entscheidungs- und systemorientierte Betriebswirtschaftslehre. In: G. Dlugos, G. Eberlein u. H. Steinmann (Hrsg.): Wissenschaftstheorie und Betriebswirtschaftslehre. Düsseldorf (Bertelsmann), S. 153–184.

Kirsch, W. (1992): Kommunikatives Handeln, Autopoiese, Rationalität. Sondierungen zu einer evolutionären Führungslehre. (Münchener Schriften zur angewandten Führungslehre, Bd. 66.) Herrsching (Kirsch).

Kirsch, W. u. D. zu Knyphausen (1991): Unternehmungen als „autopoietische" Systeme? In: W. H. Staehle u. J. Sydow (Hrsg.): Managementforschung 1. Berlin/New York (De Gruyter), S. 75–101.

Kiss, G. (1990): Grundzüge und Entwicklung der Luhmannschen Systemtheorie. Stuttgart (Enke).

Klimecki, R., G. Probst u. P. Eberl (1991): Systementwicklung als Managementproblem. In: W. H. Staehle u. J. Sydow (Hrsg.): Managementforschung 1. Berlin/New York (De Gruyter), S. 103–162.

Knyphausen-Aufseß, D. zu (1995): Theorie der strategischen Unternehmensführung. State of the Art und neue Perspektiven. Wiesbaden (Gabler).

Koch, L. T. (1996): Evolutorische Wirtschaftspolitik: Eine elementare Analyse mit entwicklungspolitischen Beispielen. Tübingen (Mohr).

Kraft, V. (1960): Erkenntnislehre. Wien (Springer).

Krohn, W. u. G. Küppers (1990): Selbstreferenz und Planung. In: U. Niedersen u. L. Pohlmann (Hrsg.): Selbstorganisation. (Jahrbuch für Komplexität in den Natur-, Sozial- und Geisteswissenschaften, Bd. 1). Berlin (Duncker & Humblot), S. 109–128.

Lawrence, P. R. a. J. W. Lorsch (1969): Organization and Environment. Managing Differentiation and Integration. Homewood, IL (Harvard University Press).

Luhmann, N. (1989): Politische Steuerung. In: H. H. Hartwich (Hrsg.): Macht und Ohnmacht politischer Institutionen. Opladen (Westdeutscher Verlag), S. 12–16.

Malik, F. (1996): Strategie des Managements komplexer Systeme. Ein Beitrag zur Management-Kybernetik evolutionärer Systeme. Bern/Stuttgart/Wien (Haupt).

Malik, F. u. G. Probst (1981): Evolutionäres Management. *Die Unternehmung* 35: 121–140.

Maturana, H. R. a. F. J. Varela (1979): Autopoiesis and Cognition. (Boston studies in the philosophy of science, Vol. 42.) Dordrecht/Boston (Reidel).

Mayr, E. (1984): Die Entwicklung der biologischen Gedankenwelt. Berlin (Springer).

Meyer, R. (1996): Die Konstruktion der Umwelt von Organisationen. Wien (Service-Fachverlag WU Wien).

Morgan, G. (1990): Paradigm Diversity in Organizational Research. In: J. Hassard a. D. Pym (eds.): The Theory and Philosophy of Organizations: Critical Issues and new Perspectives. London (Routledge), pp. 13–29.

Morgan, G. (1997): Images of Organization. Thousand Oaks/London/New Delhi (Sage).

Neisser, U. (1976): Cognition and reality. San Francisco (Freeman).

Nüse, R. (1995): Über die Erfindung/en des Radikalen Konstruktivismus. Kritische Gegenargumente aus psychologischer Sicht. Weinheim (DSV).

Oeser, E. (1987): Psychozoikum. Berlin (Blackwell Wissenschaft).

Piaget, J. (1975): Die Entwicklung des Erkennens I. (Ges. Werke, Bd. 8.). Stuttgart (Klett).

Pfeffer, J. (1982): Organizations and Organization Theory. Boston et al. (Pitman).

Pfeffer, J. (1985): Organizations and Organization Theory. In: G. Lindzey a. E. Aronson (eds.): Theory and Method. (Handbook of Social Psychology, Vol. I.) New York (Random House), p. 379–440.

Pfeffer, J. (1997): New Directions for Organization Theory. Problems and Prospect. New York/Oxford (Oxford University Press).

Pöppel, E. (1985): Grenzen des Bewußtseins. Stuttgart (DVA).

Popper, K. R. (1994): Alles Leben ist Problemlösen: Über Erkenntnis, Geschichte und Politik. München/Zürich (Piper).

Powers, W. T. (1973): Behavior: The Control of Perception. Chicago (Aldine).

Probst, G. J. B. (1993): Organisation. Strukturen, Lenkungsinstrumente, Entwicklungsperspektiven. Unter Mitarbeit v. J.-Y. Mercier, O. Bruggimann, A. Rakotobarison. Landsberg am Lech (Moderne Industrie).

Probst, G. J. B. u. R.-W. Scheuss (1984): Die Ordnung von sozialen Systemen: Resultat von Organisieren und Selbstorganisation. *Zeitschrift für Führung und Organisation* 53: 480–488.

Pugh, D. S. et al. (1969): The Context of Organization Structures. *Administrative Science Quarterly* 14: 91–114.

Röpke, J. (1977): Die Strategie der Innovation. Tübingen (Mohr).

Roth, G. (1986): Selbstorganisation – Selbsterhaltung – Selbstreferentialität: Prinzipien der Organisation der Lebewesen und ihre Folgen für die Beziehung zwischen Organismus und Umwelt. In: A. Dress et al. (Hrsg.): Selbstorganisation. München (Piper), S. 149–180.

Sandner, K. (1982): Evolutionäres Management. *Die Unternehmung* 36: 77–89.

Schank, R. C. a. R. P. Abelson (1977): Scripts, Plans, Goals, and Understanding. Hillsdale (Erlbaum).

Schiepek, G. (1990): Selbstreferenz in psychischen und sozialen Systemen. In: K. W. Kratky u. F. Wallner (Hrsg.): Grundprinzipien der Selbstorganisation. Darmstadt (Wissenschaftliche Buchgesellschaft), S. 182–200.

Schmidt, S. J. (Hrsg.) (1996a): Der Diskurs des Radikalen Konstruktivismus. Frankfurt a. M. (Suhrkamp).

Schmidt, S. J. (1996b): Der Radikale Konstruktivismus: Ein neues Paradigma im interdisziplinären Diskurs. In: S. J. Schmidt (Hrsg.): Der Diskurs des Radikalen Konstruktivismus. Frankfurt a. M. (Suhrkamp), S. 11–88.

Scholz, C. (1997): Strategische Organisation. Prinzipien zur Vitalisierung und Virtualisierung. Landsberg am Lech (Moderne Industrie).

Schreyögg, G. (1995): Umwelt, Technologie und Organisationsstruktur. Eine Analyse des kontingenztheoretischen Ansatzes. Bern/Stuttgart/Wien (Haupt).

Senge, P. (1992): Mental Models. *Planning Review* 3 (4): 5–10.

Servatius, K. (1991): Vom strategischen Management zur evolutionären Führung. Stuttgart (Poeschel).

Sims, H. P. a. D. Gioia (eds.) (1986): The Thinking Organization. Dynamics of Organizational Social Cognition. San Francisco/London (Jossey-Bass).

Slembeck, T. (1997): The Formation of Economic Policy: A Cognitive-Evolutionary Approach to Policy-Making. *Constitutional Political Economy* 8: 225–254.

Stern, R. N. a. S. R. Barley (1996): Organizations and Social Systems: Organization Theory's Neglected Mandate. *Administrative Science Quarterly* 41: 146–162.

Tamborini, R. (1997): Knowledge and economic behaviour: A constructivist approach. *Journal of Evolutionary Economics* 7: 49–72.

Teubner, G. (1987): Hyperzyklus in Recht und Organisation. In: H. Haferkamp u. M. Schmid (Hrsg.): Sinn, Kommunikation und soziale Differenzierung. Beiträge zu Luhmanns Theorie sozialer Systeme. Frankfurt a. M. (Suhrkamp), S. 89–128.

Türk, K. (1989): Neuere Entwicklungen in der Organisationsforschung. Ein Trend Report. Stuttgart (Enke).

Ulrich, H. (1968): Die Unternehmung als produktives soziales System. Bern/Stuttgart (Haupt).

Ury, W. (1992): Schwierige Verhandlungen. Frankfurt a. M./New York (Campus).

Vollmer, G. (1985): Was können wir wissen? Bd. 1: Die Natur der Erkenntnis. Stuttgart (Hirzel).

Vollmer, G. (1994): Evolutionäre Erkenntnistheorie. Angeborene Erkenntnisstrukturen im Kontext von Biologie, Psychologie, Linguistik, Philosophie und Wissenschaftstheorie. Stuttgart (Hirzel).

Vowe, G. (1994): Politische Kognition: Umrisse eines kognitionsorientierten Ansatzes für die Analyse politischen Handelns. *Politische Vierteljahresschrift* 35: 423–447.

Watzlawick, P. (1979): Münchhausens Zopf und Wittgensteins Leiter: Zum Problem der Rückbezüglichkeit. In: K. D. Bracher (Hrsg.): Der Mensch und seine Sprache. Frankfurt a. M./Wien (Propyläen), S. 243–264.

Weick, K. E. (1977): Enactment Processes in Organizations. In: B. M. Staw (ed.): New Directions in Organizational Behavior. Chicago (St. Clair Press), p. 267–300.

Weick, K. E. (1979a): Cognitive Processes in Organizations. In: B. Staw (ed.): Research in organizational Behavior Vol. 1. Greenwich, CT (JAI), p. 41–74.

Weick, K. E. (1979b): The Social Psychology of Organizing. Reading, MA (Addison-Wesley). [Dt. (1995, hier 1995a): Der Prozeß des Organisierens. Frankfurt a. M. (Suhrkamp).]

Weick, K. E. (1995a): Der Prozeß des Organisierens. Frankfurt a. M. (Suhrkamp).

Weick, K. E. (1995b): Sensemaking in Organizations. Thousand Oaks/London/New Delhi (Sage).

Weick, K. E. a. M. G. Bougon (1986): Organizations as Cognitive Maps: Charting Ways to Success and Failure. In: H. P. Sims Jr. a. G. A. Gioia (eds.): The Thinking Organization. San Francisco (Jossey-Bass), p. 102–135.

Wendel, H. J. (1990): Moderner Relativismus: Zur Kritik antirealistischer Sichtweisen des Erkenntnisproblems. Tübingen (Mohr).

Wendel, H. J. (1997): Die Grenzen des Naturalismus. Das Phänomen der Erkenntnis zwischen philosophischer Deutung und wissenschaftlicher Erklärung. Tübingen (Mohr).

Wittgenstein, L. (1990): Philosophische Untersuchungen, Bd. 1. Frankfurt a. M. (Suhrkamp).

Wollnik, M. (1995): Interpretative Ansätze in der Organisationstheorie. In: A. Kieser (Hrsg.): Organisationstheoen. Stuttgart/Berlin/Köln (Kohlhammer), S. 303–320.

MANAGEMENT UND SELBSTREGELUNG

1. Einleitung

Betrachtet man Unternehmen als soziale Systeme, so kommt ihnen eine gewisse Eigenständigkeit zu. Durch diese Annahme einer relativen Autonomie wird die Rolle des Unternehmers genauso wie die des Managers problematischer, als dies in der Tradition der Fall ist, die sich an Metaphern wie „Genie und Werk", „General und Armee" oder „Techniker und Maschine" anlehnt. Den Charakter von Unternehmen als primär soziale und nicht technische Systeme anzuerkennen ist freilich aus konstruktivistischer Sicht kein Nachvollzug „objektiver Gegebenheiten". Vielmehr ist es eine Entscheidung, die dadurch zu rechtfertigen ist, dass sie eine größere analytische Schärfe erlaubt und den Blick auf Prozesse zulässt, die sonst kaum sichtbar würden. Unternehmen als soziale Systeme betrachten heißt also, eine Entscheidung im Prozess der Konstruktion eines viablen Modells der Theoretisierung von Unternehmen zu treffen.

Die angesprochene Veränderung der Rolle von Unternehmern und Managern ergibt sich aus genau dieser Autonomie von Sozialsystemen. „Entscheidungen" solcher Systeme sind immer auch Ausdruck deren Eigengesetzlichkeit. Dies wiederum bleibt nicht ohne Einfluss auf das Verständnis der Führungstätigkeit in diesen Systemen, zu denen ja auch Unternehmen gehören. Entscheidungen sind im „Maschinenmodell" des Unternehmens grundsätzlich Entscheidungen des Managements. Geht man dagegen von Sozialsystemen aus, so gibt es einerseits Entscheidungen des Managements und andererseits ein schwer durchschaubares Konglomerat von Selektionen und Prioritäten, Routinen und Heurismen, Kooperationen und Egoismen, mit denen ebenfalls entschieden wird.[1] Dazu gehört auch, wie einerseits „das Unternehmen" als Sozialsystem mit Managemententscheidungen umgeht (eine Problematik, die über das bloße „Durchsetzen" hinausgeht) und wie andererseits das Management mit Rückkopplungen verfährt. Jedes Management ist ja in hohem Maße von den Informationen abhängig ist, die „das Unternehmen" seinen offiziellen Entscheidungsebenen liefert. Diese Beziehung zwischen Unternehmen als autonomisierten Systemen und „dem Management" ist das Thema dieses Beitrags.

2. Die instrumentelle Sicht des Unternehmens

2.1 Der Manager als Techniker
Die traditionelle Betrachtung von Unternehmen lebt von einer Metaphorik, in welcher der „Techniker" und das „Genie" prominente Rollen spielen.

Angesichts von Globalisierung und zunehmender Wissensbasierung von Produktion und Produkten scheint jedoch der „Techniker" als Manager gegenüber dem mit einer Mischung aus Bewunderung, Neid und manchmal auch Abscheu betrachteten „Genie" die Oberhand zu gewinnen. Mit wachsender Unternehmensgröße schieben sich beide Bilder ineinander. Unternehmer bzw. Manager sehen sich als Planer und Gestalter, die sich ihrem eigenen Unternehmen gegenüber verhalten wie die Steuerungscrew einer komplexen Anlage, bereit und fähig, diese Anlage auch während ihres Funktionierens umzubauen. Dies ist gemeint, wenn wir vom Modell des „Techniker-Genies" sprechen, denn beides müssten sie angesichts des erhobenen Anspruchs sein.

So befriedigend dieses Modell für das Selbstbewusstsein auch sein mag, so unangemessen ist es angesichts der Komplexität, mit der die Unternehmensführung heute konfrontiert wird (vgl. dazu auch Wimmer in diesem Band). Die Situation des Managers von heute ähnelt der des zeitgenössischen Wissenschaftlers, wenn er sich mit seinen Kollegen aus dem 18. und 19. Jahrundert vergleicht. Betrachtet man deren experimentelle Anordnungen, so stellt man fest, dass diese bis in die ersten Jahrzehnte des 20. Jahrhunderts von erstaunlicher Einfachheit waren und dass damit dennoch fundamentale Erkenntnisse gewonnen wurden. Ebenso überrascht, dass führende Gelehrte auf unterschiedlichen Gebieten bedeutsame Beiträge leisten konnten und obendrein mit den meisten Kollegen in einem aufwendigen Briefkontakt standen. Die Erklärung ist einfach. Die wissenschaftlich relevante Produktion von Erkenntnissen war auf wenige Menschen in wenigen Ländern konzentriert. Die heutige Wissenschaft wird hingegen arbeitsteilig und industriemäßig betrieben, beansprucht bedeutende Anteile staatlicher Ressourcen und findet in einem internationalen, wettbewerbsorientierten Umfeld statt.[2] Da gleichzeitig die Spezialisierung ständig voranschreitet, kann heute kaum ein Wissenschaftler beanspruchen, die neuesten Arbeiten auf seinem Spezialgebiet mit Sicherheit auch nur zu erfassen.[3]

Während der Leiter eines Unternehmens in der Vergangenheit oft selber viele seiner Mitarbeiter, wichtige Kunden, Lieferanten und Konkurrenten persönlich kannte, mit den eigenen Produkten bestens vertraut war usw., kann davon bei heutigen Großunternehmen nicht mehr die Rede sein. Transnational oder gar global operierende Unternehmen lassen sich ohnedies als eine eigene Spezies verstehen. Sie stellen riesige Netzwerke dar, auf die die Bezeichnung „Unternehmen" gar nicht mehr passt, weil dieser Begriff die Existenz eines „Unternehmers" und außerdem zu sehr Grenzen und Überschaubarkeit suggeriert. Betrachtet man die Menge zu verarbeitenden Wissens und die Menge zu treffender Entscheidungen, dann ist jeder Unternehmer oder Manager, der dem Modell des Techniker-Genies folgt, bereits bei einer relativ kleinen Unternehmensgröße und bei relativ geringer Umweltdynamik „überfordert". Was ist damit gemeint?

Klassischerweise finden sich neben den Machtebenen, wie sie etwa die normativen, strategischen und operativen Dimensionen der Unternehmensführung nahe legen, funktionale Untergliederungen, wie Finanzen, Produktion, Vertrieb, Personal, Beschaffung etc.[4] Während nach dieser Konzeption Informationen von „unten" nach „oben" weitergegeben werden, reagieren die Entscheidungsebenen damit, dass sie diese Informationen in Entscheidungen umsetzen, die von „oben" nach „unten" mitteilen, wie zu handeln ist. Machtdifferenzierung und funktionale Differenzierung werden dabei kombiniert. Unternehmen können somit als eine Menge funktional spezialisierter Pyramiden vorgestellt werden, zwischen denen auf vielen Ebenen problemanfällige horizontale Koordinations- und Austauschprozesse stattfinden.

Aus einer allgemeineren Sicht betrachtet, bestehen die Aufgaben des Managements in einem heiklen Balanceakt (vgl. auch Stahl 1999). Einerseits sind erfolgreiche Interaktionen mit der Systemumwelt fortzusetzen. Andererseits ist das Management (im Modell des Techniker-Genies sogar exklusiv) dafür zuständig, den Status quo in allen Handlungsdimensionen mit Blick auf die Zukunft zu problematisieren. Das bedeutet, es muss zukünftige Schwierigkeiten genauso wie Wachstumsmöglichkeiten vorhersehen und für beide die entsprechenden Handlungssequenzen planen und verwirklichen. Oder, anders ausgedrückt, das Management muss gedanklich potenzielle Wirklichkeiten für das Unternehmen konstruieren, die ebenfalls potenziellen Erträge und Handlungsmöglichkeiten beurteilen und die Realisierungschancen einschätzen.

Beide polaren Tätigkeiten, Stabilisierung und Flexibilisierung, verlangen vom Management nicht wenig: vielfältige technische, ökonomische und interpersonale Fähigkeiten; eine Wahrnehmungsfähigkeit, um die Dynamik der Umwelten verstehen und mit den Gegebenheiten des Unternehmens verbinden zu können; Phantasie und heuristische Fähigkeiten, um Neues zu entdecken und auch anzupacken; und nicht zuletzt auch die Fähigkeit, intern und extern Unterstützung zu mobilisieren. Das Ausmaß der Anforderungen, die das Management nach dem Modell des Techniker-Genies zu erfüllen hat, wird noch deutlicher, wenn man es aus regelungstheoretischer Sicht betrachtet. Unternehmen sind dann fremd geregelte Systeme mit dem Management als Regler, das von dem zu regelnden Unternehmen „Informationen" (Daten, Beschreibungen, Anfragen etc.) als Input erhält und andere „Informationen" (Anweisungen, Entscheidungen) als Output produziert, der wiederum das Arbeiten des Unternehmens regeln soll.

„Informationen" bestehen – vereinfacht gesagt – aus Symbolsequenzen, die als solche keine Bedeutung haben. Erst durch Bedeutungszuweisung entsteht „Information". Kommunikative Angebote erhalten Bedeutung, sobald zwei Bedingungen erfüllt sind: Erstens muss der Beobachter ihnen eigene Wirklichkeitsvorstellungen zuordnen. Damit stuft er sie als „potenziell relevant" ein und macht sich zum „Empfänger". Zweitens muss der Empfänger unterstellen, die Produzenten der „Informationen" gingen von *gleichen* Wirklichkeitsvorstellungen und *gleichen* Symbolisierungen aus wie er selber. Nur wenn diese beiden Bedingungen jedoch tatsächlich erfüllt sind, informiert Information, d. h., sie lässt beim Empfänger Vorstellungen entstehen, die den Absichten des Informierenden entsprechen (vgl. Hejl in diesem Band). Damit wird deutlich: Für jede detaillierte Regelung oder für jede Veränderung sozialer Systeme mithilfe von Information ist es notwendig, dass der Regler möglichst genau die Wirklichkeiten und die auf sie abgestellten Handlungsweisen derer kennt, die er beeinflussen will. Nur so kann er abschätzen, welche Maßnahmen den gewünschten Effekt auf das Verhalten des Systems erbringen (Hejl 1998). Aus der Technikerperspektive muss der Manager das Unternehmen im Prinzip bis in alle Details kennen, ist diese Kenntnis für ihn doch eine unvermeidliche Bedingung seines Erfolges.

Dieses Verhältnis zwischen Management und Unternehmen sowie zwischen Management und Umwelt lässt sich auf zwei Weisen theoretisch fassen. Beide greifen auf Ansätze und Überlegungen aus der Regelungstheorie bzw. aus der Evolutionstheorie zurück. Es geht um die Konzeption der *requisite variety* W. R. Ashbys und um Anpassungsvorstellungen, wie sie im Zusammenhang mit Evolutionsprozessen verwendet werden. Angesichts unserer objektivistischen Traditionen überrascht es kaum, dass beide Ansätze in erkenntnistheoretischer Hinsicht übereinstimmen. Wie jedoch zu zeigen sein wird, liegt genau hier ihre Schwäche. Da sie noch dazu in verschiedenen Varianten breit akzeptiert sind, verschärfen sie die Probleme des Techniker-Genie-Modells.

2.2 Problematische Folgen der Techniker-Genie-Metapher

Dem Konzept des Unternehmens als soziotechnischen Instruments entspricht die Definition des Organisationsbegriffs durch das Merkmal der „Zweckdienlichkeit" oder der „Zielorientierung". Als Beispiel sei hier die Überzeugung des „Klassikers" Erich Gutenberg[5] (1975, S. 49) zitiert:

„Nach der hier vertretenen Auffassung ist die Betriebsorganisation lediglich als ein verlängerter Arm der Geschäfts- und Betriebsleitung aufzufassen. Ihr obliegt es, die Ziele, die sich die Unternehmensleitung gesetzt hat, und die Planungen, in denen diese Zielsetzungen ihren Niederschlag gefunden haben, zum praktischen betrieblichen Vollzug zu bringen. Planung ist danach Voraussetzung organisatorischer Maßnahmen und Organisation wiederum Bedingung dafür, daß das Geplante betriebliche Wirklichkeit wird ... Dieses ist es, was wir mit der ‚dienenden' Funktion der Organisation meinen. Sie realisiert lediglich eine ihr vorgegebene, geplante Ordnung. Aber diese Ordnung selbst zu entwerfen ist nicht ihre Aufgabe."

Der Problemzusammenhang, der hier im Vordergrund steht, ist klar. Mit der Betonung der dienenden Funktion der Organisation soll die Bürokratisierung, verstanden als Verselbstständigung der Organisation, bekämpft werden. Im Gegenzug wird jedoch die Bedeutung der Organisation gemindert, ihr genaueres Verständnis behindert und die Funktion der Geschäfts- und Betriebsleitung im Sinne des Techniker-Genie-Modells überbetont. Natürlich wird in keiner Weise bestritten, dass es eine zentrale Aufgabe des Managements ist, Unternehmensaktivitäten zu ordnen, allein schon um den vielfältigen Vorschriften gerecht zu werden. Problematisch ist jedoch, der Betriebsführung ausschließlich die Aufgabe zuzuordnen, die angestrebte Zweckdienlichkeit zu bestimmen. Beim Modell des Techniker-Genies ist die Antwort nämlich nur *im Prinzip* einfach: Zweckdienlichkeit „ergibt sich" daraus, dass das Management die Unternehmensaktivitäten nach sachlichen Gesichtspunkten strukturiert.

Dabei handelt es sich jedoch um sehr umfangreiche und sehr unterschiedliche Aufgaben. Das Management ist verantwortlich für Aufbau und Erhalt der Beziehungen zu sämtlichen Stakeholdern, von den Mitarbeitern und Kunden bis zu den Konkurrenten, Kapitalgebern, Kommunen u. v. a. m., für die Abstimmung der Abläufe unter Kosten-Nutzen-Gesichtspunkten und die Auflösung des Widerspruchs zwischen kurz- und langfristigen Zeithorizonten. Wenn man nur bedenkt, dass das benötigte Wissen oft fehlt, das Handeln anderer Akteure nur schwer vorhergesagbar ist und für die Steuerung organisatorischer Einheiten neben sachlichen Gesichtspunkten z. B. auch Macht, Vertrauen und Emotionen eine erhebliche Rolle spielen, so wird deutlich, dass es sich bei dem besagten Modell um eine Huldigung des Voluntarismus als Grundphilosophie des Managements handelt.

2.2.1 Überforderung der Spitze
Die Unternehmensspitze wird bereits dadurch bis an die Grenze ihrer Leistungsfähigkeit gefordert, dass Berichte und Entscheidungsanforderungen aus dem Unternehmen a) konzentriert und folgenreich sein müssen, wenn sie in die Hierchiespitze gelangen sollen, und b) ihre Bedeutung in der Regel nicht „in sich" tragen, wodurch ihre Relevanz nicht offensichtlich ist. Das wird teilweise durch geteilte Wissensbestände kompensiert. Es macht aber auch eine Entscheidungsvorbereitung notwendig, die festlegt, worin aus der Sicht des Managements die Bedeutung der Entscheidungsanforderung in sachlicher, sozialer und zeitlicher Hinsicht liegt. Hier wirkt sich aus, dass die Unternehmensführung unter teilweise anderen Prämissen operieren muss als die, die für die Produzenten der Anforderungen gelten.

Wie jeder Beobachter, geht auch das Management eines Unternehmens von *seiner* Sicht der Unternehmensumwelt aus, operiert also *selbstreferenziell*. Trotzdem versucht die Unternehmensführung, die Firmenaktivitäten möglichst gut[6] sowohl auf „objektive" Notwendigkeiten interner Prozesse als auch auf die für das Unternehmen wichtigsten Ereignisklassen in seiner als „gegeben" verstandenen Umwelt abzustellen. Die Differenz zwischen den Ansprüchen aus dem Techniker-Genie-Modell und der Selbstreferenzialität von Wahrnehmung und Handeln wird zum zentralen Problem. Das Management fungiert nach dem Modell nämlich sowohl gegenüber der Umwelt als auch gegenüber dem Unternehmen als alleiniger Regler. Die Managementaufgabe besteht danach darin, Aktionen vorzubereiten und durchzusetzen, die auf Ereignisse der Umwelt und Verhaltensweisen des Unternehmens abgestellt sind. Die theoretischen Konzepte, die zum besseren Verständnis dieser Aufgaben herangezogen werden, sind – auch wenn das oft unausgesprochen geschieht – das „Gesetz" der erforderlichen Vielfalt *(requisite variety)* und mit der Evolutionstheorie verknüpfte Vorstellungen von Anpassung an die Umwelt.

Überforderung durch *requisite variety*
Das Gesetz der *requisite variety* stammt von dem englischen Kybernetiker Ross W. Ashby. Seine Grundidee ist spieltheoretisch. Ein Teilnehmer A an einem Spiel kann dann gewinnen, wenn er für jeden Zug seines Gegners B einen Gegenzug hat. Demnach muss A bereits zu Beginn des Spieles mindestens über so viele unterschiedliche Züge verfügen wie B.[7] In seiner für unsere Zwecke ausreichenden alltagssprachlichen Fassung besagt das Gesetz der *requisite variety*: „Only variety can destroy variety" (Ashby 1965, p. 207). Verallgemeinert beschreibt das Konzept die Bedingung erfolgreichen Umgangs eines Systems mit seiner Umwelt. Es behauptet damit gleichzeitig, dass das Ausmaß, in dem es einem System gelingt, seine Umwelt (oder ein anderes System) zu kontrollieren, davon abhängt, ob die im Gesetz geforderte Korrespondenzbeziehung verwirklicht wurde. Ashby hat sie in einer seiner letzten Arbeiten, geschrieben zusammen mit R. C. Conant, noch präzisiert. Dort heißt es bereits im Titel: *Every good regulator of a system must be a model of that system* (Conant a. Ashby 1970).

Auch wenn man dem Gesetz in seiner expliziten Form nur selten begegnet, zeigt sich seine praktische Bedeutung an all den organisatorischen Vorkehrungen, die getroffen werden, damit das Management als „guter Regler" funktionieren kann. So besteht eine Tendenz dazu, für alle vom Management zu regelnden Aufgabengebiete Stäbe oder Arbeitsgruppen zu bilden, deren Funktion darin besteht, die Komplexität des Reglers Management so zu erhöhen, dass dieser der Komplexität seiner Umwelten erfolgreich begegnen kann.

Gegen das Konzept der *requisite variety* lassen sich vor allem zwei Einwände erheben. Es erlaubt a) keine Selbstregelung, und es legt b) fälschlich nahe, dass es „korrespondenztheoretisch" interpretiert werden darf. Im Falle der Selbstregelung würde das Gesetz dazu führen, dass *alle* möglichen Einflüsse der Umwelt auf das zu regelnde System und *alle* Regelungen erfordernden

Zustände des Systems selber in diesem abgebildet werden müssten, wobei ein sozusagen „finaler" *zusätzlicher* Zug des Reglers als Überlebensgarantie hinzukäme. Die „erforderliche Vielfalt" fordert also mehr als vollständiges Umweltwissen und vollständige Kenntnis der Eigendynamik. Im Falle der Selbstregelung läuft das Gesetz auf die Forderung nach geradezu göttlichem Wissen hinaus (vgl. Hejl (1992).

Für den Grenzfall lässt sich also argumentieren, dass die Forderung, die sich für die Unternehmensführung aus den regelungstheoretischen Überlegungen ergibt, bereits aus logischen Gründen nicht erfüllt werden kann. Der Regler verfügt also unvermeidlicherweise über *weniger* regelnde Verhaltensweisen, als sie „von seiner Umwelt" gefordert werden können. Die zweite Implikation bezieht sich auf die Interpretation von Vielfalt. Wird sie nämlich als Menge objektiv vorhandener Wirklichkeitszustände und Verhaltensweisen aufgefasst, denen spezifische Gegenzüge des Reglers entsprechen sollen, dann entsteht eine Problematik, die wir das „adaptionistische Missverständnis" nennen.

Überforderung durch das „adaptionistische Missverständnis"

Evolutionstheoretische Überlegungen werden zwar gerne spieltheoretisch unterlegt,[8] trotzdem stützen bereits schlichtere Analogien zwischen Organismen und Unternehmen die Annahme einer Überforderung des Managements. Kybernetische Regelungstheorie und adaptionistische Überlegungen aus dem Umfeld der biologischen Evolutionstheorie stützen sich in dieser Hinsicht also gegenseitig. Insbesondere die zur „Belehrung und Unterhaltung" eines breiten Publikums produzierten Tierfilme und Tierbücher sind eine Quelle der Desinformation[9] über evolutive Prozesse. Meistens enthalten sie adaptionistische Erklärungen und damit eine falsche Vorstellung von „Anpassung". In dieser Tradition[10] werden Eigenschaften von Tieren (vom Körperbau über Färbungen bis hin zu unterschiedlichen Verhaltensweisen) als „Anpassungen an die Umwelt" „erklärt". Das erscheint zunächst plausibel, weil jeder aus seiner eigenen Erfahrung die Notwendigkeit zur „Anpassung" kennt. Wie aber sind solche „Anpassungen" als Prozess zu verstehen?

Die Schlichtheit der Erklärung verschleiert, dass „Welt" und „Umwelt" kategorial verschieden sind. „Umwelt" setzt einen Organismus (ein System) voraus, auf den bezogen von „Umwelt" gesprochen werden kann. Kann man jedoch Umwelt nur in Beziehung auf einen Organismus bestimmen, für den eine Reihe von Dingen Umwelt sind, so wird das Konzept der Anpassung problematisch. Die Umwelt kann in diesem Fall ja nicht als Umwelt *vor* der Entstehung der betreffenden Spezies vorhanden gewesen sein. Was vorhanden gewesen ist, war allenfalls ein potenzieller Lebensraum, der demjenigen Lebensmöglichkeiten bietet, der Eigenschaften entwickelt, die ihm unter diesen Bedingungen zu leben erlauben. Damit wird der tautologische Charakter des Anpassungsbegriffs deutlich. Jeder Organismus ist notwendigerweise angepasst, und zwar an die Umwelt, *in und mit* der er entstanden ist. Er könnte sich sonst weder erhalten noch fortpflanzen. In diesem Sinne ist es auch sinnlos zu behaupten, eine Giraffe sei besser oder schlechter angepasst als eine Maus.[11]

Für die Verwendung des Anpassungsbegriffs ist nun wichtig, dass er im alltäglichen Gebrauch etwas anderes bezeichnet als bei der *Entstehung von Arten*. Wenn wir im beruflichen oder privaten Kontext z. B. von der „Notwendigkeit zur Anpassung an Gegebenheiten" sprechen, dann setzen wir in der Regel diese Gegebenheiten bereits voraus. „Anpassung" bezieht sich hier also auf eine Situation, in der die Erzeugung von Wirklichkeitswahrnehmungen bereits abgeschlossen ist. „Anpassung" meint hier primär eine Veränderung grundsätzlich „gegebener" Handlungsmöglichkeiten. Will man das biologisch formulieren, so kann man von *phänotypischen* Veränderungen sprechen.

Im zweiten Fall hingegen interessiert man sich für die Ausbildung des *Genotypus*, d. h. für Veränderungen *vererbbarer körperlicher* Merkmale, die über lange Zeiträume stattfinden. Merkmale, die zu einem *späteren* Zeitpunkt in der Artentwicklung die Umwelt eines Organismus ausmachen, können von ihm trivialerweise erst wahrgenommen werden, *nachdem* er die dafür benötigten Wahrnehmungsmöglichkeiten ausgebildet *hat*. Dies wir z. B. bei den unterschiedlichen „Anpassungen" an die gleiche Nahrungsquelle deutlich. Die Blätter von Bäumen sind eine Nahrungsquelle für viele Tiere. Es gibt jedoch ganz offensichtlich völlig unterschiedliche „Strategien", sie zu nutzen. Während die Giraffe einen langen Hals ausgebildet hat, verwendet der Elefant seinen Rüssel für den gleichen Zweck. Blätter fressende Affen dagegen verwenden eine ganz andere „Strategie", indem sie die Bäume emporklettern und teilweise als Lebensraum nutzen. Betrachtet man schließlich den Gebrauch, den viele Insekten von den Blättern machen, so findet man wieder ganz andere Nutzungsarten. Was ist nun die Umwelt, an die sich die Tiere angepasst haben, und was ist eine „gute" Anpassung?

Der Prozess ist viel angemessener zu erklären, wenn man von mehr oder weniger zufälligen Veränderungen der Erbanlagen ausgeht. Aus ihnen resultierende Eigenschaftsänderungen können in Relation zur gegebenen Umwelt,[12] d. h. zu den aktuellen Überlebensbedingungen, negativ sein. In diesem Fall sind sie entweder tödlich oder werden vermindert weitergegeben, breiten sich also nicht aus. Eigenschaftsveränderungen können aber auch neutral sein, z. B. eine Farbveränderung, die ohne Folgen bleibt. Sie wird beibehalten und breitet sich als weitere Variation innerhalb einer Population aus. Schließlich gibt es Veränderungen, die sich positiv auf die Überlebens- und damit Reproduktionsmöglichkeiten auswirken. Da sie zu relativ größerer Nachkommenschaft führen, werden sie sich ausbreiten und schließlich zu einem bestimmenden Merkmal werden, das sogar eine Spezies kennzeichnen kann.

Welche Rolle spielt nun die „Umwelt" in diesem Wirkungszusammenhang? Unterstellt man, dass jedes Lebewesen aufgrund seiner Möglichkeiten und Erfahrungen seine wahrgenommene Wirklichkeit konstruiert, dann ist die Umwelt eines Lebewesens jener Teil seiner Wirklichkeit, den es als nicht zu sich selber gehörig wahrnimmt. Aus der Sicht eines anderen Beobachters ist seine Umwelt dagegen all das, womit es aus der Sicht dieses Beobachters interagiert bzw. interagieren könnte, sei ihm dies nun bewusst oder nicht. Damit wird deutlich: Die Umwelt einer Spezies verändert sich mit den Wahrnehmungsmöglichkeiten. Diese wiederum ändern sich, wenn sich die Art ändert. Umwelt und Art *koevoluieren.*

Das adaptionistische Missverständnis besteht in der Annahme, man müsse die Umwelt des Unternehmens objektiv richtig kennen, um sich an sie anpassen zu können und daraus Vorteile zu ziehen. Beträchtliche Ressourcen werden eingesetzt, um „die Umwelt" möglichst genau zu beobachten. Es wird versucht, eine Abbildung „der Realität" im Management als Regler zu erzeugen. Das Management soll dann aufgrund dieses Wissens eine möglichst große Vielfalt „der Realität entsprechender Handlungsweisen" planen und das Unternehmen danach organisieren. Das Missverständnis besteht darin, dass angenommen wird, die Umwelt existiere unabhängig vom Unternehmen, obwohl beide koevoluieren: Ändern sich die wahrnehmenden, d. h. Wirklichkeitsvorstellungen konstruierenden Systeme, so ändert sich ihre Wahrnehmung und damit auch das, was ihnen als Umwelt gilt.

Wer dem adaptionistischen Missverständnis erlegen ist, unterstellt in biologischer Hinsicht, das oberste Ziel lebender Systeme sei die richtige Wahrnehmung („Erkenntnis") ihrer (Um-)Welt. Dabei wird vernachlässigt, dass lebende Systeme ein viel *wichtigeres* Primärziel verfolgen: Statt herauszufinden, was *wirklich* ist, müssen sie feststellen, was für sie *relevant* ist, und zwar unter Gesichtspunkten wie Überleben, Auffinden von Sexualpartnern, Schutz vor Umwelteinflüssen, Feinden etc. Ähnliches gilt auch für Unternehmen. Nicht „der" Markt oder „die" Kunden an sich sind entscheidend, sondern die Marktvorgänge oder Akteure, die für das Unternehmen relevant sind oder werden können. Das adaptionistische Missverständnis führt dazu, dass Ressourcen für die Beschaffung eines Wissens verbraucht werden, ohne Kriterien dafür zu besitzen, wann die Wirklichkeit genügend erforscht ist, um verlässliche Anpassungsstrategien entwerfen zu können.

2.2.2 Vernachlässigung unternehmensinterner Ressourcen

Das Modell des Techniker-Genies erhebt hohe und, wie bereits argumentiert wurde, streng genommen unerfüllbare Ansprüche an die Unternehmensführung. Gleichzeitig tendiert es jedoch dazu, vorhandene Ressourcen zu vernachlässigen. Da sich das Management als omnipotenter Regler versteht und nicht als (natürlich auch Regelungsfunktionen ausübendes) Teilsystem eines ständig sich selbst und seine Umwelt beobachtenden Sozialsystems, tendiert es durch diese „Black-Box"-Attitüde[13] dazu, die Ressourcen des Unternehmens weit unterhalb seiner Möglichkeiten zu mobilisieren. Betrachtet man das Unternehmen nicht nur als ein Instrument, sondern als ein System mit einer unvermeidlichen Eigengesetzlichkeit, dann lassen sich drei Bereiche anführen, in denen das Modell des Techniker-Genies die Ressource Unternehmen zu wenig ausschöpft:

(1) Die kognitiven und kommunikativen Kompetenzen der Mitarbeiter werden vernachlässigt.
(2) Die Organisation (oder Struktur) des Unternehmens wird unterschätzt oder gar nicht erkannt, und zwar a) als Verkörperung von Erfahrungen und Wissen des Unternehmens, b) als flexibles Muster distribuierter Informationserzeugung und c) als variabler Rahmen für die Findung und Verwirklichung von Entscheidungen.
(3) Die Eigendynamik des Unternehmens wird vernachlässigt, wobei es insbesondere um Prozesse der Selbstorganisation und Selbstregelung geht, die sich zwar in jedem Unternehmen finden, die aber nur selten als Ressource gesehen werden.

Einer *Selbstüberforderung* der Unternehmensführung steht also in toto eine *Unterforderung* des Unternehmens gegenüber.

3. Unternehmen als soziale Systeme

3.1 Unternehmen und ihre Eigenständigkeit

Was spricht dafür, Unternehmen unbedingt als Systeme zu betrachten? Warum kann man Unternehmen nicht einfach als Menge technischer Einrichtungen und Individuen betrachten, die gegen Geld die Tätigkeiten ausführen, die ihnen übertragen werden? Vor allem zwei Gründe sprechen für eine Systemperspektive: (1) Nur durch sie kommen „emergente" Eigenschaften (vgl. Hejl i. Vorb. b) des Unternehmens in den Blick, also solche, die nicht einfach aus der Summe von Einzelmerkmalen zu erklären sind. (2) Nur die Systemterminologie stellt eine Sprache bereit, die so abstrakt und flexibel ist, dass man recht unterschiedliche Problembereiche analysieren und erklären sowie auf Erkenntnisse anderer Disziplinen zurückgreifen kann.

Unternehmen stellen ein institutionelles Arrangement dar, das dem des Marktes so lange überlegen ist, als seine Reibungsverluste („Transaktionskosten") geringer sind als jene von Tauschvorgängen über den Markt (vgl. z. B. Williamson 1975, S. 17). Arbeitsteiligkeit und Delegation sind wichtige Kennzeichen dieses Arrangements. Beide verlangen die Ausbildung von Interaktionsnetzwerken. Sobald solche Netzwerke auf zeitliche Dauer gestellt werden, entwickeln sie jedoch eine Eigendynamik. Delegierte Tätigkeiten können weder bis in die letzte Einzelheit vorgegeben noch kontrolliert werden. Der Ausführende muss stets in einem gewissen Maße selber entscheiden. Diese Selbstregelung setzt voraus, dass den betreffenden Mitarbeitern oder Unternehmensbereichen auch die entsprechende Autonomie zugestanden wird.

Arbeitsteilung ist deshalb produktiv, weil sie entlastet, *indem* sie eine Autonomisierung von Individuen oder von Teilsystemen akzeptiert.[14] Ein wichtiger Teil der Autonomisierung äußert sich als Eigendynamik der sozialen (Teil-)Systeme, denen Aufgaben übertragen wurden. Weil der „Techniker" Unternehmen als (heteronome) Instrumente sieht, übersieht er allzu leicht ihre Autonomisierung und Eigendynamik. Da beide von der Größe und Interaktionsspezifik der jeweiligen Systeme abhängen, werden sie konzeptionell erst dadurch sichtbar, dass die Merkmale der Interaktionsnetzwerke berücksichtigt werden, und zwar sowohl als gesonderter Faktor als auch in Wechselwirkung mit den Unternehmensmitgliedern. In diesem Sinne erlaubt eine systemische Betrachtung, „emergente" Prozesse zu erkennen, die ansonsten nur als Störfaktoren oder Normabweichungen auftauchen (vgl. unten, *Autonomisierung*, sowie die Abschnitte 4.2 und 4.3).

3.2 Systemdefinition

Systeme lassen sich auf verschiedene Weise und mit verschiedenen Folgen konzipieren. Angesichts dessen, was sich aus konstruktivistischer Sicht zur Wahrnehmung und Kommunikation sagen lässt, hat Hejl vorgeschlagen,[15] Sozialsysteme zu bestimmen als eine Menge von Individuen,[16] die zwei Bedingungen erfüllen, durch die sie Systemkomponenten werden und zur Systemorganisation beitragen: Sie müssen a) die gleichen Wirklichkeitskonstrukte ausgebildet haben und mit Bezug auf diese in einer ihr zugeordneten Weise handeln können.[17] Sie müssen b) mit Bezug auf diese Wirklichkeitskonstruktionen tatsächlich handeln und interagieren.[18]

Um die Besonderheit von Sozialsystemen hervorzuheben, bezeichnet Hejl sie als „synreferenziell".[19] Damit soll hervorgehoben werden, dass sich a) die Kommunikationen und Verhaltensweisen, die zwischen den Komponenten eines Sozialsystems stattfinden, auf *Wissensbestände* (Wirklichkeitskonstrukte, Handlungswissen, Werte und Normen) beziehen und dass b) diese Wissensbestände ganz überwiegend im System selber und damit *sozial* erzeugt, elaboriert und präzisiert werden. Der Bezug auf sie erlaubt den Systemmitgliedern, erfolgreich zu kommunizieren und ihr Handeln zu koordinieren (s. u.). Diese Eigenschaft der Synreferenz hat zumindest zwei wichtige Konsequenzen. Erstens, soziale Systeme, wie sie hier bestimmt werden, sind keine autopoietischen, d. h. keine sich selbst herstellenden Systeme. Zwar wird nach einiger Zeit des Funktionierens der überwiegende Teil der für die Systemzugehörigkeit ausschlaggebenden Kenntnisse und Verhaltensweisen auf die Interaktionen des Systems zurückzuführen sein. Dennoch führt die Rede von der „Erzeugung der Komponenten durch das

System" dazu, dass einerseits die Analogie zu Organismen überstrapaziert und andererseits die Bedeutung der als Komponenten an Systemen beteiligten Individuen (z. B. für die Systemdynamik) unangemessen verringert wird. Zweitens, was als Sozialsystem bezeichnet wird, ist letztlich von der jeweils vorliegenden analytischen Aufgabe abhängig. Fasst man Unternehmen als Sozialsysteme auf, so können ihre Untereinheiten Individuen oder Teilsysteme sein, wobei Letztere wiederum aus Teilsystemen niederer Ordnung bestehen. Alle diese Teilsysteme können ebenso wie das Unternehmen selber als Sozialsysteme analysiert werden. Dabei ist freilich auf die unterschiedlichen Positionen in der Organisation des Gesamtsystems zu achten, was für die Bestimmung der Funktion der betreffenden Systeme und für die Emergenzproblematik wichtig ist (vgl. Abschnitt 3.2.2). Dass man das gleiche Grundschema der Analyse auf unterschiedlichen Systemniveaus verwenden kann, bedeutet also nicht, dass gleiche Ergebnisse zu erwarten sind. Der Einfachheit halber wird hier auf die Beziehung System/Teilsystem nur da eingegangen, wo dies für die Argumentation unverzichtbar ist.

3.2.1 Komponenten
1956 veröffentlichten A. D. Hall und R. E. Fagen erstmals ihre zwar tentativ[20] gemeinte, inzwischen jedoch weithin unreflektiert akzeptierte Definition von Systemen: „A system is a set of objects together with relationships between the objects and between their attributes" (Hall a. Fagen 1968, p. 81). Leider ist diese Bestimmung irreführend. Die Autoren unterscheiden zwischen „Eigenschaften" von Komponenten und „Beziehungen" zwischen Komponenten. Diese nahe gelegte Trennung von Eigenschaften und Beziehungen ist aber nur auf den ersten Blick plausibel. Wie soll man sich Beziehungen zwischen Komponenten vorstellen, die *unabhängig* von den Eigenschaften der Komponenten bestehen sollen? Es bleibt offen, was die betrachteten Einheiten zu Komponenten macht und wie sich die für die Komponentenrolle charakteristischen Eigenschaften zu anderen Eigenschaften verhalten. Damit wird vergessen, dass Komponenten die Einheiten sind, aus deren organisiertem Zusammenwirken das Systemverhalten erklärt werden soll.[21]

Im Gegensatz zu Hall und Fagen meinen wir, dass Individuen, soweit sie als *Komponenten* sozialer Systeme betrachtet werden, ausschließlich durch die *Eigenschaften* gekennzeichnet sind, aufgrund deren sie mit anderen Komponenten *interagieren* und damit zum Systemverhalten beitragen. Die Komponenteneigenschaften werden also auf das System bezogen, womit die Unterscheidung von Beziehungen zwischen Komponenten und Beziehungen zwischen Komponenteneigenschaften hinfällig ist. In den Interaktionen innerhalb eines Sozialsystems setzen die Systemmitglieder Komponenteneigenschaften wechselseitig voraus. Sie aktivieren diese Eigenschaften im Handeln und Kommunizieren und bestätigen bzw. verändern sie (und damit sich!) als Ergebnis dieser Interaktionen.

Die Eigenschaften, die als Grundlage für das Handeln als Komponente dienen, lassen sich kognitionstheoretisch als parallelisierte Zustände und Prozesse im Bewusstsein[22] der Akteure denken. Sie resultieren aus der Geschichte der Akteure, die natürlich auch die Geschichte ihrer Interaktionen im Unternehmen ist. Damit Interaktionen erfolgreich sein können, müssen die Akteure vor allem über sachliches und soziales Wissen verfügen, also über Eigenschaften, mit denen sie kommunikative oder andere Handlungen gleichen Wissensbeständen zuordnen und damit gleiche Bedeutungen produzieren können. Diese Bedingung gilt überall da, wo Interaktionen stattfinden, seien sie nun direkt oder indirekt (etwa wenn die Geschäftsführung sich mit einem Rundschreiben an alle Mitarbeiter wendet). Daraus folgt, dass besonders in größeren und damit komplexeren Unternehmen geteilte Wissensbestände an allen Interaktionsschnittstellen vorhanden sein müssen. Da Komponenten jedoch in der Regel mit mehreren anderen zusammenwirken, müssen sie über Kombinationen von Wissensbeständen und Handlungsfähigkeiten verfügen, durch die ihre spezifische Position im System Unternehmen inhaltlich bestimmt ist.

Das Konzept der Synreferenz ist somit zu präzisieren. Es bezeichnet nicht ein für *alle* Komponenten identisches Wissen, sondern ein im System in *teilweiser*[23] Parallele zur Systemorganisation distribuiertes Wissen, das durch Schnittstellen und damit durch Anknüpfbarkeit gekennzeichnet ist.

Als Komponenten können sowohl Teilsysteme als auch Individuen gewählt werden. Alle im System auftretenden Aktivitäten müssen letztlich jedoch Individuen zurechenbar sein, die als Komponenten an einer spezifischen „Stelle" der Organisation des Systems handeln. Individuen sind nur so weit Komponenten von Sozialsystemen, wie sie die genannten Bedingungen für eine Systemmitgliedschaft erfüllen.

Zwar sind Komponenten mit Bezug auf das jeweilige System bestimmt; dennoch unterliegen kognitive Prozesse wie Wahrnehmen, Schließen, Entscheiden sowie mit ihnen verbundene Handlungsrepertoires natürlich auch der Dynamik der denkenden und handelnden Individuen,[24] die mit einem Teil ihrer Möglichkeiten als Komponenten am System beteiligt sind. Diese Individualität ist sowohl durch biologische Einmaligkeit als auch durch gesellschaftliche Veränderungen begründet. Als biologische Systeme, die sich selbst erhalten, lassen sich Menschen als autopoietische Systeme im Sinne von H. R. Maturana und F. Varela (H. R. Maturana 1982) verstehen. Daraus ergibt sich einerseits die Konstruktivität und Selbstreferenzialität ihrer Wahrnehmungen. Andererseits lassen sich auch die gemeinsamen Dispositionen und Präferenzen erklären, die in der aktuellen Diskussion um Universalien menschlichen Handelns zunehmend thematisiert und als Ergänzung sozialer Lernprozesse verstanden werden.[25]

Diese Konzeption von Komponenten unterscheidet sich teilweise von der, die in der Tradition der Systemtheorie Luhmanns formuliert wurde. Dies kann hier nicht ausführlich diskutiert werden. Es sei lediglich darauf verwiesen, dass aus der vertretenen Sicht alle Aktivitäten sozialer Systeme als letztlich abhängig von Bedürfnissen und Handlungstendenzen von Menschen gesehen werden, wie sehr sie auch immer sozial geformt wurden. Systematisch wird mit Luhmann die Auffassung geteilt, dass Individuen als *biologische* Systeme oder als *sozialkulturelle* Persönlichkeiten[26] zur Umwelt sozialer Systeme zu rechnen sind. Im Gegensatz zu ihm wird jedoch abgelehnt, Kommunikationen oder Ereignisse als Komponenten aufzufassen.[27] Individuen werden vielmehr analytisch als *teilweise* in Sozialsystemen eingebunden betrachtet. Nur so wird ersichtlich, (1) warum Komponenten und damit Sozialsysteme überhaupt aktiv sind,[28] (2) warum Komponenten zum Teil erheblichen Veränderungen unterliegen[29] und (3) wie eine nachvollziehbare empirische Umsetzung der theoretischen Konzeption aussehen kann.[30]

Mit diesen Überlegungen kann das Konzept der Synreferenz noch stärker präzisiert werden. Schließt man Menschen, soweit sie als Komponenten handeln, in soziale Systeme ein, so wird einsichtig, dass (1) die Selbstreferenzialität des Systems, d. h. seine Synreferenz, durch die Selbstreferenz seiner Komponenten konditioniert ist; und dass (2) die als Handlungsmuster bestimmbare Systemorganisation die Selbstreferenzialität der Komponenten und die davon unterschiedene Selbstreferenzialität der Individuen qua Selektivität beeinflusst. „Konditioniert" meint dabei, dass die Synreferenzialität des Systems die Selbstreferenzialität von Komponenten und Individuen als „kritische Umweltvariable" bzw. als kritischen Input berücksichtigen muss. Wird dies verletzt, so kommt es zu verschiedenen Formen des Rückzugs[31] aus dem System. Zwar wird die Komponentenfunktion oft formal aufrechterhalten, die Ressource Engagement geht aber verloren. Diese Zusammenhänge werden deutlicher, wenn man fragt, wie die Organisation bestimmt werden kann als der zweite „Bestandteil" von Systemen neben ihren Komponenten.

3.2.2 Organisation

Betrachtet man die systemtheoretische Diskussion, so überrascht, wie wenig Mühe auf die Bestimmung der Organisation gelegt wird, selbst da, wo angemahnt wird, die Beziehung zwischen Komponenten und Organisation zu berücksichtigen (Ruegg-Stürm 1988a, S. 5). Die *Organisation*[32] eines Systems ist das *Interaktionsmuster* zwischen ihren *Komponenten,* das in einem Beobachtungsintervall *stabil* bleibt. Wichtig ist dabei das Muster und nicht die Handlungen, Kommunikationen, Entscheidungen usw., aus denen die Organisation „besteht". Auch wenn das Muster im Vordergrund des Interesses steht, so muss doch gesehen werden, dass es aus sich wiederholenden Interaktionen der Komponenten resultiert und damit direkt mit dem Wissen und den Handlungsmöglichkeiten verbunden ist, durch die Akteure als Komponenten des Systems bestimmt sind.

Die Systemorganisation wird damit als relative Regelmäßigkeit im ansonsten ständig fortlaufenden Interaktionsprozess zwischen synreferenziell interaktionsfähigen, aber nicht identischen Komponenten aufgefasst. Für die Bestimmung der „Systemorganisation" ist es zunächst gleichgültig, wie die Regelmäßigkeit entsteht, durch die Interaktionen als relevant für die Organisation eingestuft werden.[33] Der Organisationsbegriff, wie er hier definiert ist, stimmt nicht mit dem Sprachgebrauch in der Managementtheorie überein, wo „Unternehmen" und „Organisation" oft synonym verwendet werden. Damit fällt der Organisationsbegriff aber als analytisches Konzept aus. Deutlich wird die Bedeutung eines schärferen Organisationsbegriffs, wenn man die beiden Eigenschaften genauer betrachtet, die Organisationen kennzeichnet: Die Organisation ist (1) gegenüber einzelnen Komponenten *autonomisiert*, und sie ist (2) *selektiv*.

Autonomisierung
Da die Systemorganisation aus wiederkehrenden Interaktionen der Komponenten eines Systems besteht, führen Verhaltensänderungen von einzelnen Komponenten oder Teilsystemen nicht zu Organisationsveränderungen. In einem solchen Fall handelt die große Zahl der übrigen Komponenten in der ihnen bekannten Weise weiter, nicht zuletzt, weil die Veränderung von Routinen individuelles und organisationales Lernen erfordert. Das geht jedoch mit einem höheren Aktivitätsniveau und Risiken einher,[34] weil durch derartige Verhaltensänderungen im System schnell Probleme entstehen für das Verständnis von Handlungen und Kommunikationen. Sozialsysteme haben deshalb eine Tendenz zum Konservatismus. Einmal ausgebildetes Verhalten wird so lange wie möglich fortgesetzt.[35] In diesem Sinne kann man von einer Autonomisierung der Organisation gegenüber Einzelkomponenten sprechen. Ein Sozialsystem kann im Zeitverlauf seine Komponenten austauschen, ohne sich notwendigerweise zu verändern. Die Organisation wird damit zu einer eigenen analytischen Einheit. Trotz ihrer Autonomisierung besteht sie aus nichts als den Interaktionen der Komponenten, selbst wenn diese Interaktionen durch evolutionär sekundäre Zusatzvorkehrungen wie Rechtsvorschriften, Organisationsanweisungen usw. gesichert sind. Aus dem gleichen Grund sollte auch nur von „Autonomisierung" und nicht von „Autonomie" gesprochen werden. In jeder Organisation gibt es einen „Punkt", von dem an sich die Organisation als Folge veränderten Komponentenverhaltens ändert.

Selektivität
Sieht man vom Grenzfall der Interaktionen zwischen *allen* Komponenten ab, so interagiert immer nur eine Teilmenge der zu einem System gehörenden Komponenten. Die Interaktionen sind außerdem in der Regel nicht gleichförmig, denkt man z. B. an unidirektionale Handlungen wie Mitteilungen oder Anordnungen. Interaktionen können verstanden werden als Selektionen von Aktivitäten (Output) aufgrund als geteilt unterstellten Wissens. Sie

führen in der Regel beim Adressaten dazu, dass er aufgrund seines Wissens und seiner Präferenzen die Aktivitäten wählt, die seiner Wahrnehmung nach diesem Output zuzuordnen sind (der in der wahrgenommenen Form zu seinem Input wird). Bei entsprechender Wahl der Outputs werden die Empfänger somit zu einem spezifischen Verhalten veranlasst. Organisationen sind also durch eine je spezifische Selektivität der Verknüpfung von Komponenten und der Auswahl der zwischen ihnen bestehenden Beziehungen gekennzeichnet. Man kann demnach sagen: „Organisation" bezeichnet ein selektives Netz von Input-Output-Beziehungen zwischen den Komponenten eines Systems.

Die Selektivität entsteht vor allem aufgrund unterschiedlicher Eigenschaften von Komponenten, wegen zu großer Entfernungen zwischen ihnen, durch zeitliche Differenzen zwischen Input, sowie durch die Überlastung von Komponenten durch ein Übermaß an Interaktionsangeboten. Mit fortschreitender interner Differenzierung von Sozialsystemen nimmt auch die Selektivität zu, weil es immer mehr zu funktionsspezifischer Rekrutierung von Komponenten kommt. Die Selektivität[36] der Organisation bezeichnet die Eigenschaft von Organisationen, Ereignisse nur auf bestimmten, aus Komponenten und Teilsystemen zusammengesetzten Pfaden zu verarbeiten. Diese Pfadabhäbgigkeit unterstreicht die Historizität organisierter Sozialsysteme und ist ein weiteres Argument für ihren inhärenten Konservativismus. Die für Unternehmen und viele andere Sozialsysteme charakteristische Zielorientierung findet ihren Niederschlag besonders in der Gestaltung der Systemorganisation. Die alte Maxime der Organisationsgestaltung, „die richtige Frau/den richtigen Mann am richtigen Platz", bezeichnet die beiden hier angesprochenen Aspekte „Komponenten" und „Organisation". Während man jedoch traditionellerweise große Aufmerksamkeit auf die Personalauswahl legt, wird die Systemorganisation und ihre Selektivität vernachlässigt.

3.2.3 Wahrnehmung des Systems, Organisation und Systemverhalten

Damit ein als Komponente handelndes Individuum von einem Ereignis erfährt und entsprechend seiner Komponentenrolle als Individuum handeln kann, muss es erst von diesem Ereignis erfahren. Je nach Selektivität wird es Ereignisse geben, von denen manche Komponenten nie etwas „erfahren" und deshalb nie darauf reagieren können. Die Wahrnehmung eines Systems ist also von seinen Komponenten und von seiner Organisation abhängig. Betrachtet man den Prozess zwischen einem Ereignis und der Reaktion des Systems darauf, so ist klar, dass das resultierende Verhalten vollständig davon abhängt, welche Komponenten mit welchen Handlungen in welcher Reihenfolge beteiligt sind. Änderte man die Organisation, *ohne* die Komponenten zu verändern, so entstünde ein *anderes* Systemverhalten. Damit wird ein weiterer wichtiger Zusammenhang erkennbar: „Sozialsysteme handeln" durch ihre Teilsysteme und letztlich durch ihre Komponenten. Die Rede vom

„Handeln der Systeme" ist nur dann legitim, wenn darunter ein Handeln der *Systemkomponenten* im Rahmen der *Systemorganisation* verstanden wird. Auf diese Weise wird auch deutlich, warum der Bezug auf Komponenten und Individuen nicht automatisch zu einer reduktionistischen Position führt. [37]

4. Eigendynamik

Die Entscheidung für ein Systemkonzept, wie es oben skizziert wurde, lenkt die Aufmerksamkeit insbesondere auf Wechselwirkungen zwischen den als Komponenten handelnden Unternehmensmitgliedern und der Organisation des Unternehmens. Mit den Komponenten und der Organisation sind die Ansatzpunkte identifiziert, mit deren Hilfe Verhaltensweisen des Gesamtsystems oder von Teilsystemen in der Zeit erklärt werden können. Dabei geht es um Prozesse, die insofern als „emergent" verstanden werden können, als sie weder bei der Betrachtung einzelner Unternehmensmitglieder noch bei einer Analyse der Organisation „auftauchen" (= „emergieren"). In den folgenden Abschnitten werden zunächst in knapper Form „einseitige Veränderungen" von Sozialsystemen angesprochen, um dann die Selbstorganisation und Selbstregelung sozialer Systeme als wesentliche Beispiele für die Eigendynamik von Unternehmen zu diskutieren.

4.1 Einseitige Veränderungen

Sozialsysteme können sich auf zwei Arten „einseitig" verändern: durch einen Wandel der *Komponenten* oder durch Veränderungen der *Organisation*. Beides sind gleichsam Vorstufen selbstorganisierender oder selbstregelnder Prozesse. Komponenten wandeln sich dadurch, dass sie ihre Komponentenrolle neuen, in höchst unterschiedlichen Lebensbereichen gewonnenen Erfahrungen anpassen. Ein Beispiel hierfür ist der Wertewandel[38], der die Vorstellungen von Lebensqualität sehr vieler Menschen beeinflusst hat. Veränderungen dieser Art finden eher langsam statt.[39] Sie können dazu führen, dass zwar die Organisation eines Systems weitgehend dieselbe bleibt, die Art der Interaktionen sich jedoch verändert. Beim zweiten Typ einseitiger Veränderungen werden organisatorische Neuerungen aufgrund gesetzlicher Vorgaben oder durch den Eingriff der Führung, und sei es auch nur, um einer Managementmode zu huldigen, „durchgesetzt". „Feineinstellungen", die Verhaltensänderungen ermöglichen oder anstoßen könnten, werden einfach „übersehen", wie die Überführungen von Bahn und Post in privatrechtliche, gewinn- und vorgeblich auch kundenorientierte Unternehmen als Beispiel zeigen.

Da die Tendenz nicht zu übersehen ist, die Einseitigkeit der Veränderungen aufzuheben, seien nunmehr die beiden wichtigeren Modi der Eigendynamik von Systemen betrachtet, Selbstorganisation und Selbstregelung. Bei ihnen steht die Interaktion zwischen den Komponenten und der Organisation im Vordergrund.

4.2 Selbstorganisation

Wie entwickelt sich die Beziehung zwischen Komponenten und Organisation in der Zeit, wenn man Veränderungen der Komponenten oder der Organisation unterstellt? Aufgrund der *Autonomisierung* der Organisation und der *Selbstreferenzialität* der Individuen sind soziale Systeme konservativ. Ereignisse werden im Lichte von Erfahrungen wahrgenommen und damit diesen angenähert. Ebenso werden bestehende Interaktionsbeziehungen schon wegen der Entlastung durch Routine (Luhmann 1970) neuen Mustern vorgezogen. Durch diesen Konservatismus tendieren Sozialsysteme dazu, ihr Handeln affirmativ im Sinne eines „Weiter-so" zu bewerten. Trotzdem gibt es Wandlungsprozesse, die mit diesem Konservatismus vereinbar sind. Veränderungen dieser Art werden meist einseitig angestoßen. Da die Systemorganisation „autonomisiert" ist, erfahren Veränderungen *weniger* Komponenten zwar eine gewisse Aufmerksamkeit, führen aber kaum je zu größeren Modifikationen.

Ändert jedoch eine *größere* Anzahl von Unternehmensmitgliedern[40] die Sicht des eigenen Handelns und ihrer „innersystemischen" Umwelt[41], so führt dies früher oder später zu veränderten Interaktionen, sowohl nach der Art als auch den Personen. Das Ergebnis ist eine im System erzeugte Organisationsänderung ohne formalen Eingriff der Unternehmensspitze. Solche Änderungen modifizieren die Interaktionsbeziehungen meist stärker, als erwartet. Außerdem betreffen sie aufgrund der veränderten Selektivität auch die Teile des Netzwerkes, die an den auslösenden Veränderungen nicht beteiligt waren oder für die diese Modifikationen nicht ausreichend relevant waren. Im Ergebnis werden immer mehr Komponenten mit derartig veränderten Kommunikations- und Handlungsanforderungen konfrontiert, dass sie nicht länger an der etablierten Routine festhalten können. Dies wiederum löst Veränderungen der Komponenten aus, muss man doch ein Verhalten finden, das den geänderten Inputs angemessen zu sein scheint. Es kommt zu Interaktionen zwischen *Komponenten* und *Organisation*, bei der *beide* sich verändern. Es sind diese Prozesse, die wir als *Selbstorganisation* bezeichnen.

Durch die Unterscheidung zwischen den Komponenten und der Organisation sozialer Systeme gewinnt man die begrifflichen Instrumente, um empirisch gehaltvoll das „Selbst" wie auch die „Organisation" erklären zu können. Wenn man mit Blick auf Systeme von „Selbstorganisation" spricht und (a) unter „organisieren" die *Ausbildung* der *Ordnung* versteht, die das Zusammenwirken von Systemkomponenten (Unternehmensmitgliedern) kennzeichnet, (b) mit „Organisation" das *Ergebnis* dieser Tätigkeit meint und sich (c) Systeme als aus „Komponenten" und „Organisation" zusammengesetzt denkt, so kann man sagen: Das „Selbst" des Systems sind ganz allgemein „Komponenten und Organisation", und „Selbstorganisation" bezeichnet ihre Veränderungen, soweit sie auf Interaktionen zwischen ihnen zurückgehen. Selbstorganisation ist ein eher langsamer Prozess, sodass er vor allem langfristige Veränderungen erklärt. Die im Vergleich zu Selbstregelungen geringe Geschwindigkeit von Selbstorganisationsprozessen hängt vermutlich damit zusammen, dass sie eher unbewusst ablaufen.

4.3 Selbstregelung

Mit der Dynamik der „Selbstorganisation" verbleibt man auf einem relativ allgemeinen Niveau. Weder werden die Arten der Selektivität oder Konnektivität der Organisation berücksichtigt, noch die Wirkungen, die sie auf das Entscheidungsverhalten von Systemen haben können. Um diese Aspekte einzubeziehen, müssen die *Eigendynamik* von Komponenten berücksichtigt, unterschiedliche Typen der *Selektivität* von Organisationen unterschieden und ihr Beitrag zum Systemhandeln untersucht werden. Zwei Grundtypen sind hier wichtig, wobei auf Kombinationen später eingegangen wird: (1) *lineare* Verknüpfungen von Komponenten und (2) *zirkuläre* Strukturen.

4.3.1 Lineare Organisationsformen: Hierarchie

Lineare Verknüpfungen bezeichnen eine Konnektivität, die einem *transitiven* Grundmuster folgt: A > B > C usw. Diese Abfolge ist besonders bei der Bestimmung von Präferenzen oder Entscheidungsprärogativen wichtig: A wird B vorgezogen, B wird C vorgezogen, also wird A auch C vorgezogen. Für eine lineare Struktur muss diese Abfolge vorhanden sein, wobei es gleichgültig ist, ob Verzweigungen auftreten, die z. B. zu einer Baumstruktur oder Pyramide führen. Dieses Organisationsmuster entspricht der Hierarchie, wie sie eingangs für Unternehmen skizziert wurde. Eine lineare Ordnung kann jedoch auch fernab von allen Hierarchien einfach aus einer Abfolge von Arbeitsschritten bestehen, bei denen aus sachlichen Gründen diese Ordnung nicht umgestoßen werden kann. Unter dem Gesichtspunkt der Selektivität sind lineare Organisationsformen durch *maximale* Selektivität gekennzeichnet.

4.3.2 Matrixorganisation

Bei der Matrixorganisation werden einzelnen Systemkomponenten statt in eine nunmehr in zwei[42] übereinander angeordnete, hierarchisch organisierte Handlungsketten eingebunden. Ziel ist es, die Vorteile von hierarchisch organisierten Zuständigkeiten mit den Notwendigkeiten der Abstimmung, etwa zwischen Produktgruppen, Funktionen und Regionen, zu verbinden. Die Matrixorganisation schafft allerdings Widersprüche und Konflikte für alle Beteiligten, wenn nicht die Einschränkungen hierarchischer Ansprüche und gleichzeitig die Autonomisierung der Komponenten anerkannt wird. D. Baecker (1993, S. 129) ist zuzustimmen, wenn er darauf verweist, dass genau diese Kombination nicht gelingen kann. Durch die Matrixorganisation tritt nämlich an die Stelle hierarchischer Eindeutigkeit zumindest eine Zweideutigkeit. Damit erhalten die Komponenten eine faktische Freiheit, ohne dass diese präzisiert ist. Die jeweiligen Akteure müssen nunmehr selber entscheiden, wen sie beteiligen, stehen aber nach wie vor unter konfligierender

Kontrolle. Vor allem leidet die Matrixorganisation daran, dass mit ihr eine feste Organisationsstruktur geschaffen wird, die es nicht erlaubt, *die Organisation selber* als flexibel einsetzbares Mittel unternehmerischen Handelns zu nutzen. Sie setzt letztlich jene Tradition fort, die das Handeln von Personen zwar organisieren möchte, der das Wesen von Organisation aber fremd bleibt.

4.3.3 Heterarchie

Alle von der Hierarchie abweichenden Organisationsformen teilen die Überzeugung, dass Systemkomponenten Ressourcen für das Unternehmen sind, die unzureichend genutzt werden. Der Wunsch, diese Ressourcen zu mobilisieren, geht auf zwei Einsichten zurück, und zwar die Überlastung der Spitze und die Notwendigkeit, mit „Organisation" anders umzugehen. Oben ist bereits diskutiert worden, dass Ashbys Gesetz der *requisite variety* in die Paradoxie der vollständigen Selbstbeschreibung bzw. des vollständigen Wissens führt, weil es davon ausgeht, dass nur das Komplexe das weniger Komplexe regeln könne. Daraus ergibt sich eine wichtige Konsequenz: Selbstregelung muss zulassen, dass die Regelung des ganzen Systems durch Komponenten auf der Grundlage des ihnen zugänglichen Wissens erfolgt. *Das Einfache muss also das Komplexe regeln können.* Damit wird die Unvermeidbarkeit von Risiken akzeptiert. Die Regelung muss deshalb „opportunistisch" sein: Sie muss Fehler ausgleichen, auf unerwartete Ereignisse reagieren und auch Ziele verfolgen können, die in sich widersprüchlich sind.

Das ist im Rahmen einer hierarchischen Systemorganisation nur für die regelnden Komponenten möglich. Die hierarchische Organisation unterstützt bei aller sonstigen Leistungsfähigkeit aufgrund ihrer Selektivität und der für sie typischen Verhaltenstrivialisierung die notwendigen Anpassungen nicht. Ebendies leistet jedoch eine „heterarchische" Organisation. Nach einem Vorschlag des Neurophysiologen W. St. McCulloch besteht sie aus einer Verkettung von Komponenten, die diese so am Systemverhalten beteiligt, dass keine Komponente aufgrund der Organisation von Entscheidungs- und damit Einflussmöglichkeiten bezüglich des Gesamtsystems ausgeschlossen wird.[43] Im Gegensatz zur basalen Linearität hierarchischer Organisationen sind Heterarchien basal kreisstrukturell organisiert, wozu bei steigender Komponentenzahl sekundäre Rückkopplungen kommen. Auf der Ebene des Vergleichs von Idealtypen bezeichnet die Heterarchie jene Organisationsform, deren Selektivität *minimal* ist.

In einem System mit heterarchischer Organisation sind alle wahrnehmbaren Ereignisse, alle Verhaltensweisen und alle Ziele gleich bedeutsam, da keine Komponente aufgrund der Organisation vom Systemgeschehen ausgeschlossen ist. Alle *partikular im* System erzeugten Ziele können prinzipiell zu Zielen *des Gesamtsystems* werden. Ein heterarchisches System ist damit jedoch organisationell entscheidungsunfähig. Hierarchische Systeme sind zwar nicht selbstregelnd, dafür aber entscheidungs- und handlungsfähig. Heterarchische Systeme sind hingegen selbstregelnd, können aber nur über den Konsens ihrer Komponenten zu Entscheidungen gelangen, was in vielen Fällen nicht oder so langsam gelingt,[44] dass die Überlebensfähigkeit des Systems gefährdet ist. Daraus folgt: *Selbstregelung verlangt eine heterarchische Organisation, die temporäre Hierarchiebildungen erlaubt.* Diese können durch formale Verfahren wie Wahlen,[45] durch die Überlastung von Komponenten, durch informelle Übereinkünfte oder eben auch durch Entscheidungen hierarchisch übergeordneter Komponenten oder Systeme zustande kommen.

Unternehmen sind somit durch *Kombinationen* hierarchischer und heterarchischer Teilsysteme gekennzeichnet. Es gibt Untereinheiten, die hierarchisch von einer Komponente oder weitgehend von außen geregelt werden. Daneben kann es Teilsysteme geben, die sich heterarchisch selber regeln, oder Systeme, die je nach den zu lösenden Problemen von einem Regelungsmodus zum anderen wechseln. Wenn man von Unternehmen absieht, die von einem Gründerpatriarchen geleitet werden, dürften die meisten Unternehmen in der Spitze faktisch selbstregelnd sein (Zusammenspiel zwischen Vorstand, Geschäftsführung, Aufsichtsrat, Board of directors etc.), jedoch in sich große hierarchisch, nach dem Modell des Techniker-Genies geleitete Bereiche aufweisen.

Zum Abschluss dieses Abschnitts sei angemerkt, dass durch Selbstregelung Entscheidungen getroffen werden können, die Daten setzen für Selbstorganisationsprozesse. In diesem Sinne ist Selbstregelung keineswegs als ahistorisches Ad-hoc-Entscheiden und -Problemlösen zu sehen. Umgekehrt operiert Selbstregelung stets auf der Grundlage einer Unternehmenssituation, die auch als Ergebnis selbstorganisierender Veränderungen entstanden ist.

5.1 Die Wirklichkeit von Unternehmen
Da bereits einiges zum Wissen von Unternehmen gesagt wurde, soll hier auf Aspekte eingegangen werden, die sich aus der Kombination konstruktivistischer und systemtheoretischer Überlegungen ergeben.

5.2 Was weiß ein Unternehmen?
In ihrem häufig zitierten *An Essay on Corporate Epistemology* knüpfen Krogh, Roos a. Slocum (1994, p. 59) an das Autopoiesekonzept an und bestimmen das Wissen von Unternehmen als „shared knowledge among organizational members". Damit wird eine theoretische Diskussion möglich, die in wesentlichen Aspekten der hier vorausgesetzten konstruktivistischen Position entspricht. Problematisch ist jedoch, dass diese zu sehr dem verhaftet bleibt, was von Foerster (1985, S. 17 ff.) das „Ein-Hirn-Problem" nennt. Krogh et al. bleiben bei der Erklärung individueller Kognition stehen, während wir es im Fall von sozialen Systemen, wie eben Unternehmen, mit einer Variante des

„Viel-Hirn-Problems", also der Beziehung zwischen den Hirnen, zu tun haben.

Bereits bei der Diskussion von Komponenten und der Synreferenzialität war darauf verwiesen worden, dass „gleiches Wissen" der Systemmitglieder für intern differenzierte Systeme nicht als generell identisches Wissen aufgefasst werden kann.[46] So ist schon in mittleren Unternehmen die Kommunikationsorganisation durch hohe Selektivität gekennzeichnet. Hier muss die Bedingung erfolgreicher Kommunikation jeweils von denen erfüllt werden, die in kommunikativen Beziehungen stehen. Da jedoch die meisten Unternehmensmitglieder in mehreren Kommunikations- und Handlungsbeziehungen stehen, müssen sie über verschiedene Wissensbestände verfügen, die je nach Partner aktiviert werden. Das Gesamtwissen von Komponenten besteht demnach aus einem Repertoire unterschiedlicher Bestände, wobei ein Teil ihrer zu erbringenden Leistung in der Verbindung zwischen diesen Beständen und im „Übersetzen" zwischen ihnen besteht.

Was ergibt sich daraus für die Bestimmung des Gesamtwissens eines Unternehmens? Es wäre nahe liegend zu sagen, (1) das Wissen eines Unternehmens sei im System verteilt, und zwar parallel zur Anzahl der im System vorhandenen Komponenten oder, je nach Fragestellung, entsprechend der Anzahl der Teilsysteme; (2) als „Träger" dieses teilweise geteilten und teilweise spezifischen Wissens fungierten Komponenten oder Teilsysteme. Schon mit dieser Präzisierung wird das Wissen von Unternehmen komplexer bestimmt als lediglich durch den Verweis darauf, es sei „geteilt". Bei der Beschränkung auf diese beiden Aspekte würden jedoch die Beziehungen zwischen den Wissensbeständen vergessen. Immerhin bestimmt die Selektivität der Organisation, welche Teilwissensbestände des Unternehmens mobilisiert werden, wenn z. B. eine spezifische Komponente oder ein spezifisches Teilsystem in die Bearbeitung eines Vorgangs einbezogen wird. Damit kann die Bestimmung des Wissens von Unternehmen durch einen dritten Punkt ergänzt werden: *Das Muster der Verbindungen zwischen distribuierten Wissensbeständen ist selber Teil des Unternehmenswissens.*

Spätestens hier wird deutlich, dass das „Wissen eines Unternehmens" allenfalls teilweise aus Schriftstücken oder Computerdaten besteht. Es *ist* vor allem das *Netz* der Verbindungen zwischen kommunikationsfähigen menschlichen oder technische Komponenten.[47] Die Funktionalität dieses Wissens bestimmt sich dadurch, dass für die Selbsterhaltung des Unternehmens die Sicherung von Inputs notwendig ist. Wissen in diesem Sinne ist nicht in einem absoluten Sinne „richtig" oder „falsch". Entscheidend ist, ob das Wissen, also die Konnektivität zwischen Komponenten oder Teilsystemen, es erlaubt, materielle und informationelle Inputs erfolgreich zu verarbeiten und möglichst zu vermehren.

5.3 Wie weiß das Unternehmen, was es weiß?

Berücksichtigt man die Konnektivität des Wissens von Unternehmen, so folgt, dass es wohl in allen Unternehmen Wissensbestände gibt, die ohne organisatorische Veränderungen nicht genutzt werden können. In Unternehmen mit komplexer Organisation dürfte es sogar Wissensbestände geben, die gar nicht bekannt sind. „Bekannt" ist Wissen im System nur, wenn es im Systemhandeln wirksam ist, d. h., wenn seine „Träger" durch die Selektivität der Organisation in das Unternehmensgeschehen eingebunden sind. Hier besteht eine mit dem Netzwerkcharakter zusammenhängende Analogie zum Internet: Niemand kennt mehr als Ausschnitte, und niemand weiß, wie die Relation zwischen dem ist, was er gefunden hat, und dem, was er ignoriert.

Wissen kann außerdem nicht in dem Sinne „abgerufen" werden, dass eine Zentrale inhaltlich weiß, welches Wissen wo vorhanden ist. Vielmehr schließt der Sucher aus seiner Kenntnis der Organisation, welches Wissen wo sein könnte. Ob es tatsächlich vorhanden ist, lässt sich aber nur durch Interaktionen mit den betreffenden Systemmitgliedern feststellen. Wie jedes Wissen, ist auch das Wissen von Unternehmen historisch entstanden, da es aus vergangenen Entscheidungen resultiert. Diese Entscheidungen müssen zumindest in dem Sinne „richtig", d. h. „viabel", gewesen sein, dass sie an der Überlebensfähigkeit des Unternehmens mitgewirkt haben. In diesem Sinne ist das dabei entstandene Wissen ebenfalls „richtig", was auch für die im Unternehmen bestehenden Vorstellungen vom Markt, von der weiteren gesellschaftlich-politischen Umwelt und nicht zuletzt von sich selber gilt.

6. Management von Eigendynamik

In den letzten Abschnitten haben wir einige zentrale Aspekte von Unternehmen als Sozialsystemen dargestellt. Damit skizzierten wir eine Theorie des Unternehmens, die natürlich keinen Anspruch auf erschöpfende Behandlung der Thematik erhebt. Trotzdem beanspruchen wir, einige zentrale Aspekte so deutlich gemacht zu haben, dass die „Mechanik" des Funktionierens von Unternehmen als soziale Systemen deutlich geworden sein sollte. Nunmehr wollen wir aus den wichtigsten Gesichtspunkten eine allgemeine Charakterisierung von Unternehmen ableiten, wobei besonders die Aspekte „Veränderung von Unternehmen" und „Rolle des Managements" interessieren. Danach ist der spezifische Beitrag des Managements zur Unternehmensentwicklung zu diskutieren.

6.1 Folgerungen aus dem theoretischen Modell

Soziale Systeme lassen sich durch folgende zentrale Konzepte charakterisieren:

(1) Die Basiskomponenten sozialer Systeme sind Individuen, und zwar insoweit sie durch Art und Ausmaß ihrer systemrelativen Aktivitäten zum Systemhandeln beitragen. Die Aktivitäten als Komponenten eines spezifischen Sozialsystems machen jedoch nur einen Teil des *gesamten* Handlungsspektrums eines jeden Individuums aus. Denn als biologische Systeme ebenso wie als Mitglieder etwa einer staatlich verfassten Gesellschaft stehen Menschen in einer Vielzahl teilweise sehr unterschiedlicher sozialer und damit auch kognitiver Handlungsbezüge (die man als Menge unterschiedlicher Systemzugehörigkeiten fassen kann). Als Ergebnis der Dynamik dieser Bezüge werden Menschen zu Individuen im umfassenden Sinne des Begriffs. Diese verschiedenen Systemmitgliedschaften muss jedes Individuum für sich so in Übereinstimmung bringen, dass es ohne zu große innere Konflikte leben kann. Das Management hat es deshalb „intern" mit den Komponenten des Unternehmens als Sozialsystems zu tun, andererseits aber auch, und zwar „extern", mit den Individuen, die als Komponenten im System handeln.[48] Sie bilden eine für die Systemdynamik besonders wichtige Umwelt sozialer Systeme.
(2) Soziale Systeme sind Netzwerke von Komponenten, die auf der Grundlage unternehmensspezifischer Wissensbestände interagieren, entscheiden und produzieren.
(3) Die Interaktionsnetzwerke sozialer Systeme zeigen eine als „Organisation" bezeichnete Konnektivität mit den Merkmalen Autonomisierung und Selektivität. Dadurch entstehen emergente Eigenschaften, die sich einer reduktionistischen Erklärung entziehen.
(4) Die Eigendynamik sozialer Systeme wird langfristig durch Selbstorganisation und kurzfristig durch Selbstregelung bestimmt. Dabei handelt es sich um Wechselwirkungen zwischen den Komponenten und der Systemorganisation.
(5) Das Wissen sozialer Systeme ist im System distribuiert. Es wird über die Organisation in Systemaktivitäten einbezogen und unterscheidet sich deshalb inhaltlich und quantitativ von der Menge des Wissens der Komponenten.
(6) Bei der Analyse sozialer Systeme sind verschiedene Arten von Selbstreferenzialität zu berücksichtigen: die des Systems bzw. spezifischer Teilsysteme (zentral ist die Systemorganisation), die der Komponenten (zentral sind die systemrelativen kognitiven Prozesse) und die der Individuen, die als Komponenten auch in anderen sozialen Systemen aktiv sind (zentral sind individuelle Autopoiese und Gesamtpersönlichkeit).
(7) Das Wissen sozialer Systeme über sich selber und über ihre Umwelt(en) besteht aus historisch bedingten, selbstreferenziellen und damit konstruierten Wirklichkeitsvorstellungen, Handlungswissen, Werten und Normen.

Aus dieser Auffassung sozialer Systeme lässt sich folgern, dass sie einiges mit lebenden Systemen gemeinsam haben, sich aber von ihnen in Punkten unterscheiden, die besonders für Unternehmen als zielgerichtete Handlungsnetzwerke wichtig sind.

Die *Parallele* zu lebenden Systemen besteht darin, dass sie durch Selbstveränderungen ihre möglichen Umwelten „definieren", aber nur beschränkt kontrollieren können. Dies macht soziale Systeme wie Unternehmen zu sich *entwickelnden* Systemen: Sie produzieren im Rahmen ihrer Eigendynamik durch Selbstveränderung mögliche *Umwelten* und richten Handlungsprogramme auf sie aus.[49] Dabei ist, streng genommen, mehr im Spiel als bloße „Entwicklung". Einerseits geht es um die Entfaltung intern *vorhandener* Möglichkeiten, andererseits aber auch um *gewollte* Veränderungen. Die so durch Selbstveränderung erzeugten Wahrnehmungs- und Handlungsmöglichkeiten werden im nächsten Schritt zur Grundlage tatsächlicher Handlungen über die Systemgrenze hinaus. Ob diese Handlungen erfolgreich sind, wird durch Ereignisse in der *Welt* selektiert. Im Ergebnis werden einige dem Unternehmen mögliche Umwelten verwirklicht und andere nicht. Im ersten Fall erhalten die ihnen entsprechenden Veränderungen im System gleichsam eine Erfolgsprämie, im zweiten werden sie als chancenlos ausgesondert. (Dieser Zusammenhang wurde bereits im Kontext der Anpassungsdiskussion als „Koevolution" bezeichnet.) Dabei handelt es sich allerdings nicht um evolutive Prozesse. Evolution bezieht sich im biologischen Sinne immer auf *Populationen* und nicht auf die Veränderung einzelner Systeme[50] oder, wie hier, singulärer Unternehmen. Statt „Evolution" kommt „Lernen" zum Tragen. Freilich ist hier mit „Lernen" etwas Anspruchsvolleres gemeint als das Lernen bereits bekannten Wissens (vgl. dazu auch von Foerster 1985, S. 13). Lernen liegt vielmehr schon vor, wenn ein System in einem (völlig oder teilweise) unbekannten Umfeld operiert und überlebensnotwendige Vorstellungen und Handlungsweisen entwickelt.

Neben Parallelen gibt es auch wichtige *Differenzen* zu lebenden Systemen. Sie bestehen darin, dass die Auflösung eines Unternehmens zwar zum Ende der Tätigkeit als Mitarbeiter führt, aber nicht zum Absterben des Wissens und der Fähigkeiten, die im aufgelösten Unternehmen erworben wurden. Verloren gehen dagegen alle Kapazitäten, die an die Organisation und ihre Spezifik gebunden sind.[51] Mit Blick auf eine Theorie des Unternehmens noch wichtiger ist jedoch eine andere Differenz. Der Mensch ist das einzige Lebewesen, das qua Kultur (vgl. Hejl in diesem Band) nachhaltig seine eigenen Lebensbedingungen beeinflusst. Wichtigstes Merkmal von Kultur ist die über Kommunikation und Lernen laufende Weitergabe und Verwendung von Wissen. Unternehmen sind soziale Systeme, die wie nur wenige andere Eigenes und von außen Importiertes für ihren eigenen „Fortschritt" verwenden. Einer bloß biologisch-organismischen Entwicklung und damit einem Lernen, das nicht auf kulturell bereitgestelltes Wissen zurückgreifen kann, bleibt Derartiges verwehrt.

Da Akteure als Komponenten eine zentrale Rolle in sozialen Systemen spielen, da die Systemorganisation an zahlreichen „Stellen" durch Entscheidungen mitgeformt wird und da Unternehmen Kultur verwendende Systeme sind, die auch bewusst mit Beschreibungen ihrer selbst und ihrer möglichen Umwelten operieren, lassen sich Unternehmen als Systeme bestimmen, die fundamental, d. h. als Grundlage der Produktion ihrer Angebote an ihre Umwelt, durch Entwicklung lernen. Sie verändern sich dabei eigendynamisch, aber auch „distribuiert" voluntaristisch.[52] Genau dies spricht z. B. H. Mintzberg an, wenn er die „emergenten" den „geplanten" Strategien entgegensetzt und darauf verweist, wie oft in der Unternehmenspraxis das Handeln vor dem Denken kommt. „Individuelle Strategien werden zu Strategien der Organisation, wenn sie zum gemeinsamen Besitz werden" (Mintzberg 1988, S. 77). Zu diesen Prozessen trägt das Management als spezialisiertes Teilsystem natürlich etwas bei, aber immer nur im Rahmen einer gewissen „Angemessenheit".

6.2 Management als spezialisiertes Teilsystem

Historisch gesehen, entsteht Management als eigenständige Tätigkeit in zwei analytisch trennbaren Schritten. Zunächst beschränkt sich der ursprünglich mitarbeitende Unternehmer auf Leitungsaufgaben, dann wird die Leitungstätigkeit auf Beauftragte verlagert. Mit wachsenden Ansprüchen an die Unternehmensführung verändert sich diese zu einem Teilsystem, das jedoch aufgrund seiner Regelungs- und Führungsfunktion als Teilsystem 2. Ordnung einzustufen ist. Solche Teilsysteme sind dadurch gekennzeichnet, dass sie das Funktionieren der „produzierenden Systeme" nach innen und außen sichern. Ihre Funktion besteht genauer gesagt darin, Differenzierungsergebnisse und mit ihnen verbundene höhere Leistungen durch Ausbalancierung und Regelung zu ermöglichen, längerfristig zu stabilisieren und weitere Differenzierungen zuzulassen.[53]

Obwohl sie als Sozialsysteme wie die „produzierenden Systeme" (also etwa Vertrieb, Produktion, Beschaffung, F&E) funktionieren, sind ihre In- und Outputs von diesen unterschieden, geht es doch um alles, was für das Funktionieren der produzierenden Systeme selber nötig ist (also etwa Personal, Finanzen, Controlling, Recht, Außenbeziehungen etc.). Damit kann die Ausgangsfrage dieses Beitrages reformuliert werden. Es geht nicht länger um die Beziehung zwischen Unternehmen als autonomisierten Systemen und Management. Unternehmen können jetzt vielmehr bestimmt werden als aus Teilsystemen bestehend, wobei die „Unternehmensführung" ein solches Teilsystem ausmacht. Alle Teilsysteme regeln sich in unterschiedlichem Maße selber und folgen dabei ihren Eigendynamiken, die durch ihre jeweilige Organisation wesentlich mitbestimmt wird.

Selbstreferenz von Kommunikation ist verschiedentlich so interpretiert worden, als sei gezielte Kommunikation und Beeinflussung von Kommunikationspartnern oder Systemen nicht möglich. Das ist jedoch keineswegs der Fall. Jeder Empfänger einer Nachricht oder Beobachter eines Ereignisses konstruiert auf der Grundlage seiner Wahrnehmung, was für ihn „sinn-voll" ist, d. h., er betreibt *sensemaking*. Dieser Selbstreferenzialität kann er nicht entgehen. Sie verhindert Wahrnehmungen, die mit ihr nicht zu vereinbaren sind, und spezifiziert im Gegenzug einen Bereich von Wahrnehmungen und Handlungen, die zum jeweiligen Zeitpunkt mit der Eigendynamik des Systems vereinbar sind und in ihm entsprechende Aktivitäten auslösen. Aufgrund dieser zwei Seiten der Eigengesetzlichkeit (vgl. Hejl 1998) kann ein Manager, dem die Dynamik des zu regelnden Systems bekannt ist, Ereignisse, Mitteilungen, Vorschläge oder Hinweise etc. so gezielt auswählen, dass die erwünschte Verhaltensweise ausgelöst wird.

Während also keine beliebige Detailsteuerung möglich ist, können Systeme sehr wohl im Rahmen ihrer Eigenaktivität zu spezifischen Verhaltensweisen veranlasst werden, durch die sich dann auch die Funktionsweise des Systems ändern kann.[54] Dies verlangt übrigens keineswegs die Kenntnisse aller Details, was ohnedies nur zu der bereits angesprochenen Überforderung führen würde. Vielmehr sind die zu beeinflussenden Systeme nach ihren Selbstregelungsmöglichkeiten einzuschätzen und danach die Inputs auszuwählen, die von den Adressaten als so relevant wahrgenommen werden, dass sie selber die gewünschten Ziele ansteuern. Deren Erreichung ist dann mit den betreffenden Teilsystemen oder einzelnen Handelnden zu überprüfen. Die Aufgabe des Managements wird demnach als die eines Teilsystems gesehen, das Veränderungs- und Lernprozesse im Unternehmen initiiert,[55] sie unterstützt und wesentlich an ihrer Evaluation beteiligt ist.

6.3 Ziele eines Managements selbstregelnder Systeme

Natürlich ist eine zentrale Daueraufgabe jeden Managements die Aufrechterhaltung des alltäglichen Funktionierens eines Unternehmens. Das soll hier jedoch nicht behandelt werden. Vielmehr fragen wir nach Handlungsorientierungen für das Management, wobei wir uns, gemäß der theoretischen Diskussion, an der Unterscheidung von Komponenten und Organisation orientieren sowie an der Beziehung zwischen beiden. Inhaltlich geht es dabei um die Frage, wie Unternehmen zukunftsfähig gemacht werden können. *Zukunftsfähigkeit* wird hier vor allem als vermehrte Konstruktion viabler Umweltentwürfe in Unternehmen verstanden. Sie ist mit von der Ausprägung dreier anderer organisationaler Fähigkeiten auf das Engste verbunden: mit der *Resonanzfähigkeit*, damit das System für die Bedürfnisse und Interessen der verschiedenen Interessen- oder Anspruchsgruppen („Stakeholder") empfänglich bleibt; mit der *Lernfähigkeit*, um das im Unternehmen vorhandene Wissen auch tatsächlich zu verwenden, die Kreativität der Mitarbeiter freizusetzen und möglichst zu erhöhen; und mit der *Handlungsfähigkeit*, damit das System „Unternehmung" vollständige Handlungszyklen von der Entscheidung bis zum erwünschten Ergebnis zustande bringt.

6.4 Personalmanagement

Sieht man von dem integrativen Ansatz eines *Human Ressources Management*[56] ab, so handelt es sich beim Personalmanagement oft lediglich um die Auswahl, Rekrutierung und Administration von Personal. Dabei wird diese Funktion meist in entsprechenden Abteilungen konzentriert mit dem Ergebnis, dass durchaus qualifizierte, lernbereite und kommunikationsfähige Mitarbeiter rekrutiert wurden, nur um schnell auf Vorgesetzte zu treffen, die diese Kompetenzen gar nicht nachfragen. Aufgrund des engen Zusammenhangs zwischen Komponentenverhalten und Systemorganisation muss bei der Rekrutierung von Systemmitgliedern darauf geachtet werden, dass sie auch in *wechselnden* Organisationsformen arbeiten können. Sie müssen also z. B. in als krisenhaft wahrgenommenen Situationen oder in der Auseinandersetzung mit neuen Anforderungen von einer eher hierarchischen zu einer eher heterarchischen Form der Interaktionen übergehen können, soll die dafür notwendige Mobilisierung von Ressourcen auch gelingen. Das gilt für alle Ebenen. Vorgesetzte z. B., die in Krisensituationen an hierarchischen Handlungsweisen festhalten, tragen oft zur Verschärfung der Problemsituation bei.

Unternehmen, die mit einem möglichst hohen Mobilisierungsgrad der Mitarbeiter (Stichwort „Mitunternehmer"[57]) arbeiten, werden höhere Ansprüche an diese stellen, als das in Unternehmen der Fall ist, die auf Routine besonderen Wert legen. Dabei ist zu berücksichtigen, dass kreative Mitarbeiter die entsprechenden Eigenschaften nicht nur im Unternehmen zeigen, sondern dass es sich dabei um die Freisetzung menschlicher Möglichkeiten handelt. Dies verlangt eine offene Unternehmenskultur (vgl. Gebert u. Boerner 1995), die u. a. dadurch charakterisiert ist, dass die Zahl von Freiheitsgraden hoch ist, dass das Individuum schutzbedürftiger ist als das „Kollektiv" und dass Erkenntnisse erarbeitet und nicht vorgegeben werden. Dafür sind Preise, etwa in Form einer höheren Kommunikationsdichte, Zeit- und Fehlertoleranz, zu entrichten. Auch die Balance zwischen Vertrauen und Kontrolle muss neu justiert werden, da Ersteres nicht mehr nur als „weich" im Sinne einer an sich unprofessionellen Managementeinstellung gesehen werden darf.

Hierher gehört auch eine Beziehung zwischen beruflicher und privater Sphäre, die mit „Zufriedenheit" nur sehr vage beschrieben ist, die aber aus der Sicht des Unternehmens zu einer kritischen Variablen werden kann. Wichtig ist in diesem Kontext, die veränderte Rolle der Frau im Berufsleben zu berücksichtigen. Das bedeutet einerseits, das Potenzial hoch qualifizierter Frauen endlich zu erschließen. Andererseits wird es darüber hinaus zunehmend wichtig, bei der Rekrutierung von Mitarbeitern auch deren Partner einzubeziehen und davon auszugehen, dass die außerbetrieblichen Aktivitäten der Mitarbeiter sich auf ihre Tätigkeiten im Unternehmen auswirken. Mitarbeiter, die nur vor der Alternative „völliges Engagement im Unternehmen" oder „Ausstieg" stehen, sind auf Dauer nicht produktiv.

6.5 Organisationsmanagement als Fazit

Als neues Aufgabenfeld für die Führungstätigkeit entsteht mit der skizzierten Konzeption sozialer Systeme das *Organisationsmanagement*. Während beim Personalmanagement die individuellen Unternehmensmitglieder im Vordergrund stehen, zielt das Organisationsmanagement auf die Gesamtorganisation und auf die Teilsysteme des Unternehmens. Dies setzt eine Änderung und Erweiterung der Definition von Führungsaufgaben voraus, ohne dass deshalb alte Aufgaben wegfielen. Organisationsmanagement zielt damit nicht auf eine verstärkte und schon gar nicht auf eine erkenntnistheoretisch naive Umweltbeobachtung. Vielmehr gilt es, das System zu verändern, das „beobachtet". Damit soll die Einsicht in die Konstruktivität individuellen und sozialen Wahrnehmens und in das Funktionieren sozialer Systeme für Unternehmen produktiv gemacht werden.

Im Gegensatz zur Organisations*entwicklung*, die auf Anpassung einer Organisation beruht, versucht Organisations*management* ,verschiedene Organisationstypen gleichzeitig zu handhaben. Ziel ist es, deren Selektivität problemabhängig einzusetzen, bisher ungenutzte Ressourcen einzubeziehen und neue zu schaffen. Organisationsmanagement ist demnach immer zuerst Organisationsanalyse. Es gilt festzustellen, wie Teilsysteme mit unterschiedlichen Organisationsformen arbeiten, wie sie mit anderen zusammenarbeiten und welcher Einfluss dabei ihrer Organisation zukommt. Wo wird unnötig Vielfalt vernichtet, wo gibt es Unterforderung, wo hemmt eine zu enge Kopplung die Kreativität, wo führt eine zu lose Kopplung zu Sicherheitsrisiken, wo sollen Promotoren eingreifen, um Barrieren des Nichtwollens oder Nichtkönnens zu überwinden?, usw.

Durch das gezielte,[58] risikobewusste Verändern der Prozesse, mit denen im Unternehmen Wirklichkeit konstruiert wird, soll versucht werden, verschiedene, d. h. alternative, nebeneinander bestehende oder sich ergänzende Wirklichkeitsentwürfe zu erzeugen. Wirklichkeiten wie „der Markt", „Kunden" oder „Nachfrage", „Konkurrenten", aber auch Bedingungen wie „Zeit", „Offenheit" oder „Innovativität" werden demnach als Konstrukte gesehen, als Teil des im Unternehmen distribuierten Wissens, das durch die Organisation wirksam und durch das Management von Eigendynamik verändert werden kann. Dabei wird unterstellt, dass Wirklichkeitsentwürfe als selbstreferenzielle Konstrukte mit den Wissens- und Handlungskompetenzen des Unternehmens zu vereinbaren sind. Sie werden in Interaktionen auf ihre Viabilität getestet und weiter verfeinert.

Im Hinblick auf die Zielsetzung, im Unternehmen vorhandene Ressourcen freizulegen und für das Unternehmen zu nutzen, hat das Organisationsmanagement die Aufgaben, (a) *individuelle* Kompetenzen freizusetzen und zu steigern, also etwa sachliche („Expertenwissen"), heuristische („gewusst, wie"), interpersonale („Beziehungswissen"), interpretative („Deutungskompetenz") und reflexive („gewusst, warum") Kompetenzen, (b) die Ausbildung *organisationaler* Kompetenzen zu begleiten, also etwa die bereits erwähnten Handlungs-, Lern-, Resonanzfähigkeit und Zukunftsfähigkeiten, aber auch (c) sich in die heikle, weil äußerst risikovolle[59] Auswahl von Kernkompetenzen einzumischen. Das konkrete Mittel, um diese Aufgaben zu erfüllen, ist der Übergang zu Organisationsformen, wie sie sich aus den Funktionsbedingungen der Selbstregelung ergeben. Dies gilt keineswegs nur für den vom Management zu regelnden Unternehmensbereich, sondern ebenso für die Organisation des Teilsystems Management selber. Zu Knyphausen (1991, S. 58) gibt zu bedenken, dass ein singuläres Zentrum zu dem führt, was man mit H. von Foerster als „blinden Fleck" bezeichnen kann, d. h. zur Situation eines Wahrnehmungsorgans, das sich selber nicht wahrnimmt. Dieses Sich-selber-nicht-Wahrnehmen wird organisatorisch durch das Interaktionsmuster der Hierarchie erzeugt. Beseitigt werden kann es nur durch die Organisation von Pluralismus, nämlich durch „Heterarchisierung".

In heterarchisch organisierten Beziehungen wird den Beteiligten deutlich, dass ihr Wissen als relevant angesehen wird, selbst wenn sie es nicht immer durchsetzen können. Weil die hierarchische Differenzierung wegfällt, besteht unter solchen Bedingungen Gleichberechtigung zwischen den Beteiligten. Man geht sozusagen in einen anderen Operationsmodus über. Was zählt, sind Ideen, Argumente und die Fähigkeit zur Überzeugung. Wer etwas beizutragen hat, kann es einbringen. Er wirkt damit an der Erzeugung interner Komplexität mit ihren Anteilen an Unsicherheit und Widersprüchlichkeit mit, aber auch an der Entstehung von Ideen, aus denen schließlich Konzepte werden können. Dabei ist erneut zu betonen, dass Komplexität hier in keiner Korrespondenzbeziehung zur Umwelt gesehen wird. Sie ist vielmehr ein internes Konstrukt, das z. B. aus Entwürfen möglicher Produkte, aus Überlegungen zu ihren Käufern, zu Kooperationspartnern usw. bestehen kann. Es geht also um mögliche Umwelten und Zukünfte, die im Zuge ihrer Weiterentwicklung durch Handlungen über die Systemgrenzen hinweg daraufhin getestet werden, ob sie als Wirklichkeiten für einige Zeit viabel sind.

Bei allen Prozessen der Komplexitätsproduktion muss aber die Zeitproblematik (vgl. Stahl u. Hejl 1997b) berücksichtigt werden. Zeit ist jedoch keine objektive Gegebenheit, sondern ein relationales Konstrukt. Man hat oder benötigt Zeit nur im Vergleich zum Konkurrenten oder mit Blick auf eigene Ressourcen (Sachs u. Rühli in diesem Band). Unternehmen können demnach Zeit produzieren. Je nach Kontext der Zeitknappheit muss also entschieden werden, ob man Zeit produzieren oder die Knappheit akzeptieren muss. Entscheidet man sich für die Annahme von Zeitknappheit, so werden weitere Entscheidungen verlangt. Während man im Fall der Produktion von Zeit (etwa durch Innovationen) die eigenen Handlungsmöglichkeiten *vermehrt*, werden sie bei Entscheidungen auf Grundlage von Zeitknappheit *verringert*:

Unter den als aktuell gegeben wahrgenommenen Alternativen muss dann ausgewählt werden. Dies leistet z. B. eine temporäre „Hierarchisierung", in die alle erkannten Alternativen einbezogen werden. Auch hier handelt es sich letztlich um die Produktion von Zeit, allerdings im Gegensatz zum ersten Fall lediglich in dem sekundären Sinne, dass durch schnelle Entscheidungen Handlungspfade gewählt werden sollen, durch die man wieder in eine Situation kommt, in der Handlungsoptionen vermehrt werden können.

Organisationsmanager können und sollen sich an der kognitiven Konstruktion von Problemlösungen oder von möglichen Wirklichkeiten beteiligen. Dies bedeutet eine schwierige Gratwanderung zwischen der Sicht der Unternehmensführung[60] und der Notwendigkeit, die mit dieser Sicht verbundenen Dispositionsbefugnisse in veränderter Weise einzusetzen. Führung wird nicht nur unvermeidlich,[61] sie ist auch notwendig, da es kaum mehr Situationen gibt, in denen die Ressource Zeit nicht knapp ist. Führung bedeutet letztlich, wie Kirsch (1997, S. 215) formuliert, „ andere Handlungsstrukturen in asymmetrischer Weise [zu] prägen". Unter den Bedingungen von Organisationsmanagement sind Dispositionsbefugnisse nicht primär für das Abkürzen von konstruktiven Phasen und der Suche nach Wegen einzusetzen, die auf die Eigendynamik der betreffenden Einheiten abgestellt sind. Dispositionsbefugnis ist vielmehr wichtig, um Innovationen zu initiieren und nach organisatorischen Änderungen zu suchen, die solche Prozesse fördern können, auch wenn sie oft gegen den Konservatismus sozialer Systeme ausprobiert werden müssen.

Hier wird also ein anderer Typ von Führung gebraucht als der des Techniker-Genie-Modells, keineswegs jedoch ein Verzicht auf Führung. Führung dient aber nicht nur der Initiierung kreativer Veränderungen. Heterarchische Organisationsmuster erlauben aufgrund ihrer geringen Selektivität ein Maximum an Beteiligung aller. Diese organisatorische Voraussetzung ist jedoch keine Garantie dafür, Prozesse der Selbstveränderung auszulösen. Es gibt genug Beispiele für den „Konsens der Mittelmäßigen" gegen Veränderungen, was wiederum die Notwendigkeit von Führung unterstreicht.

Anmerkungen

1 Wobei unternehmensexterne Entscheidungen mit Relevanz für das Unternehmen nicht berücksichtigt werden.

2 Die Veränderung der Wissenschaftssituation zeigt sich schon daran, dass für die Wissenschaftsgeschichte der letzten 150 Jahre Disziplingeschichte oder Institutionengeschichte weitgehend Versuche allgemeiner Darstellungen ersetzen. Vgl. so etwa zur Geschichte der Universität in Deutschland Th. Ellwein (1992).

3 Dies wird nicht zuletzt durch die erheblichen Aktivitäten verdeutlicht, mit denen unter Einsatz grafischer Verfahren versucht wird, Beziehungen zwischen Datenmengen visuell zu verdeutlichen, da ein über die Lektüre von Inhalten laufender Gewinn von Übersichtsinformation teilweise bereits aussichtslos erscheint. Ähnliche Probleme tauchen inzwischen

auch bei der Verwendung von Suchmaschinen im Internet auf. So fanden St. Lawrence und L. Giles, dass Anfang 1999 die wirksamste Suchmaschine nur noch 16 % der öffentlich zugänglichen Texte erreichten, was einen erheblichen Leistungsabfall seit 1997 darstellt (http://www.wissenschaft.de/bdw/ticker/index.html).

4 Vgl. etwa die Lehrbuchdarstellung von D. S. Koreimann (1992).

5 Vgl. zur Bedeutung Gutenbergs für die Entwicklung der deutschen Betriebswirtschaftslehre G. Wöhe (1993, S. 75 ff.).

6 Manchmal ist sogar immer noch die Rede von „Optimalität", obwohl es keine Kriterien geben kann, mit deren Hilfe sie sich bestimmen lässt.

7 Oder über ebenso viele Freiheitsgrade verfügen bzw. die gleiche Komplexität im Denken und Handeln besitzen etc.

8 Vgl. etwa R. Axelrod (1988) oder J. Maynard Smith (1982).

9 Auch die Schule scheint nicht gerade präzise Vorstellungen von der Mechanik der Evolution entstehen zu lassen, wie eine längere Erfahrung mit Studierenden aus den Sozial-, Medien- und Wirtschaftswissenschaften nahe legt.

10 Bei der lamarckistische Vorstellungen mitschwingen, d. h. die seit längerem widerlegte Vorstellung, ontogenetisch Erlerntes könne vererbt werden, eine Vorstellung, der übrigens auch Darwin und Freud nahe standen, gab es doch zu deren Zeiten noch keine Genetik im heutigen Sinne. Vgl. zur Geschichte der Evolutionstheorie P. J. Bowler (1984) und O. Rieppel (1989); zur Synthese von Darwin und Freud Ch. Badcock (1999).

11 Man kann aber als Beobachter (!) durchaus fragen, ob die Bedürfnisse von Organismen so speziell sind, dass sie nur in einer relativ stabilen Umwelt mit wenigen lebenswichtigen Merkmalen leben können oder ob sie mit sehr unterschiedlichen Pflanzen, Beutetieren, Klimaten etc. erfolgreich umgehen können.

12 Nicht berücksichtigt werden hier Veränderungen, die das Funktionieren von Lebewesen unmöglich machen, etwa indem Organe ihre Funktion nicht oder unzureichend erfüllen.

13 Indem Unternehmen ihre Wirklichkeitsvorstellungen nicht als von ihnen konstruiert auffassen, behandeln sie sich selber als Black Boxes und verwenden damit eine Auffassung, die z. B. in der Lernpsychologie mit der „kognitiven Wende" in den 70er-Jahren überwunden wurde.

14 So sind viele direkte Handlungsanweisungen an eigentlich selbstverantwortlich handelnde Abteilungen oder Tochterunternehmen nicht nur unter dem Gesichtspunkt der Menschenführung kritisierbar, sondern auch, weil sie die Entlastung der anordnenden Unternehmensspitze wieder verringert. Hier wäre es tatsächlich angebracht, von leanmanagement zu sprechen.

15 Vgl. zur skizzierten systemtheoretischen Position und zu den Veränderungen, die sich im Zuge ihrer Ausarbeitung ergeben haben, P. M. Hejl (1990; 1992; 1995; 1996; 1998; 1999) sowie, mit Schwerpunkt Unternehmensführung, H. K. Stahl (1996); H. K. Stahl u. P. M. Hejl (1997b) sowie A. Decker (1995) und Th. Latka (1995). Vgl. zur kritischen Diskussion auch W. Kirsch (1992).

16 Im Sinne des auf E. Durkheim (1988) zurückgehenden soziologischen Individuenbegriffs. Vgl. dazu auch A. Giddens (1971) und zur Frage soziologischer Erklärungen H. Esser (1993).

17 Wobei die Handlungen als angemessener Umgang mit dieser Wirklichkeit gesehen werden.

18 So sind etwa Wissenschaftler oder Unternehmensberater, die durch ihre Beobachtungen die erste Bedingung erfüllen, keine Systemmitglieder.

19 Die Konzeption der Synreferenz wird unten weiter präzisiert.

20 "The 'definition' ... is certainly terse and vague enough to merit further comments, the first of which should, in all fairness, be a note of caution. The ‚definition' is in no sense intended or pretended to be a definition in the mathematical or philosophical sense" (A. D. Hall a. R. E. Fagen 1968, p. 81).

21 Davon bleibt völlig unberührt, dass man natürlich in einem anderen Analyseschritt Komponenten auch als (Teil-)Systeme auffassen kann. Was letztlich als Komponente und was als System durch einen Beobachter festgelegt wird, ist abhängig von sehr kontingenten Bedingungen. Wie diese Grenzziehung auch vollzogen wird, immer bleibt die Notwendigkeit bestehen, die System- bzw. Komponentenspezifik zu erhalten, da sonst Ursachen und Wirkungen vermischt werden.

22 Der englische Begriff *mind* scheint hier angemessener zu sein, da er das Gehirn als kognitives und emotionales Zentrum der Wahrnehmung, Erzeugung von Vorstellungen und des Denkens bezeichnet, ohne dass damit gesagt wird, alle diese Prozesse müssten stets bewusst ablaufen, wie es der deutsche Begriff nahe legt.

23 Vgl. in Abschnitt 5.1 die Diskussion zur Problematik von im System vorhandenem, aber nicht mobilisiertem Wissen.

24 In diesem Sinne trifft auch auf einzelne Sozialsysteme die von G. Teubner verwendete Metapher der Hydra zu, vgl. Teubner in diesem Band.

25 Vgl. mit weiteren Literaturhinweisen D. F. Brown (1991) und P. M. Hejl (i. Vorb. b).

26 Alle Versuche, „Individuum" oder „Persönlichkeit" begrifflich eindeutig trennen zu wollen, scheitern letztlich an den zusammenwirkenden Einflüssen von Biologie, Sozialität und Kultur. Die Problematik verdeutlicht G. Vowinckel (i. Vorb.) in seiner Zurückweisung binärer Schematismen wie Natur/Kultur mit dem Hinweis, man könne mit gleichem Recht fragen, ob der bereits erwähnte David von Michelangelo zu 30 % aus Marmor und zu 70 % aus Kunst bestehe. „Sozialkulturelle Persönlichkeit" wird deshalb *cum grano salis* bestimmt als jeweiliges Ergebnis der Auseinandersetzung des Einzelnen mit allen kulturellen Einflüssen, denen er ausgesetzt war bzw. denen er sich ausgesetzt hat. Vgl. A. I. Hallowell (1970); M. Carrithers, St. Collins a. St. Lukes (1985); N. Luhmann (1991).

27 Vgl. dazu mit Blick auf Unternehmen z. B. H. Kasper (1991) oder J. Rüegg-Sturm (1998a; 1998b).

28 Zu sagen, eine Kommunikation oder ein Ereignis „handele", „nehme wahr", „kommuniziere" usw. ist entweder eine abkürzende Redeweise (was zur hier vertretenen Auffassung führen würde) oder reduziert soziologische Empirie auf Diskursanalyse.

29 Sie ändern sich nicht zuletzt als Ergebnis der Veränderungen von Akteuren, die als Komponenten im gerade betrachteten sozialen System handeln und z. B. dessen Umwelt wahrnehmen bzw. gleichzeitig als Komponenten in anderen Systemen aktiv sind, etwa in Familien, Parteien, Religionsgemeinschaften usw.

30 So können die als Komponenten in einem System (z. B. Mitarbeiter in einem Unternehmen, Forscher in einem Labor, Mitglieder einer Familie) handelnden Akteure befragt und beobachtet werden.

31 Der Marxismus spricht in diesem Zusammenhang von Entfremdung.

32 Hier ist nicht der Platz, um die Unterschiede und Überlappungen des Struktur- und des Organisationsbegriffs zu diskutieren. Der Organisationsbegriff wurde vorgezogen, weil er

den Aspekt der verschieden gestaltbaren Kooperation zwischen unterschiedlichen Einheiten stärker hervorhebt. Vgl. dazu auch Abschnitt 4.2.

33 Sie kann sich spontan bilden als Ergebnis sozialer Interaktionen, in denen die Partner die Eigenschaften entwickeln, die für Systembildung notwendig sind, ebenso aber auch aus der Einhaltung formaler Vorschriften, wobei die Fähigkeit und Bereitschaft dazu außerhalb des Systems erlernt worden sein kann.

34 Vgl. zu den positiven Aspekten solcher Veränderungen Abschnitt 6.

35 Auch wenn es Parallelen zwischen den Gründen für konservatives Verhalten von Sozialsystemen und Individuen gibt, so zeigt die skizzierte Analyse doch, dass der stereotyp unterstellte Grund „individueller Konservatismus" zu kurz greift, weil er nur auf die Komponenten zielt, nicht aber auf die Organisationsebene.

36 Oder ihre Konnektivität, wenn man den Auswahlaspekt weniger in den Vordergrund stellt.

37 In diesem Sinne auch R. Boudon (1980, S. 53).

38 Vgl. etwa H. Klages (1987); Th. Schnierer (1996), E. H. Witte (1996).

39 Was ausbleibende oder zu langsame Veränderungen der Organisation bewirken können, sieht man an der äußerst zögerlichen Veränderung des öffentlichen Dienstes in Richtung Dienstleistungssektor.

40 Wo hier die „kritische Masse" liegt, kann nur mit Blick auf konkrete Unternehmen und wohl oft nur *ex post* bestimmt werden.

41 Nach Kirsch (1992, S. 403) wäre dies die „derivative Lebenswelt".

42 Für eine dreidimensionale Struktur hat sich die Bezeichnung „Tensororganisation" eingebürgert.

43 McCulloch (1965); sein Beitrag behandelt freilich nicht heterarchische Systeme als solche. Vielmehr diskutiert er die minimal notwendige Organisation, damit ein Netzwerk idealisierter Neuronen *intransitive* Entscheidungen zwischen unterschiedlichen Werten treffen kann.

44 Ein Beispiel hierfür ist die Partei Bündnis 90/Die Grünen. Zwar hat man den Zusammenhang zwischen Organisation und Selbstregelung teilweise erkannt, aufgrund der Organisation scheint es aber „außerordentlicher" Verfahren zu bedürfen, um eine Lösung herbeizuführen.

45 Vgl. auch Coleman (1987, p. 168 ff.) zur Wirkung von Wahlverfahren. In diesem Zusammenhang ist aus konstruktivistischer Sicht auch darauf zu verweisen, dass formale Verfahren wie Wahlen aus der faktischen Anerkennung unterschiedlicher Wirklichkeitsvorstellungen resultieren. Bei Wahlen wird das Prinzip der inhaltlichen Richtigkeit durch das inhaltlich neutrale Prinzip der Mehrheit ersetzt. Die Mehrheit hat nicht Recht, weil sie die Mehrheit ist, vielmehr darf sie entscheiden, bis sie von einer anderen Mehrheit abgelöst wird.

46 Auf gesellschaftlicher Ebene stellt sich das analoge Problem kultureller Differenzierung. Vgl. dazu P. M. Hejl (1993).

47 Vgl. zur entsprechenden Konzeption von Gedächtnis Hejl (1991).

48 Beispielsweise wird die Entscheidung von Arbeitnehmern, zur Unterstützung ihres Unternehmens auf tariflich zugesagte Leistungen zu verzichten, in Abhängigkeit von der Vielfalt der Bezüge gefällt, in denen Individuen außerhalb des Betriebes stehen (familiäre

Situation, Verpflichtungen, berufliche Alternativen, Alter etc.). Sie werden aber für das Unternehmen nur wirksam, wenn die Mitarbeiter sie als Komponente durch entsprechende Mitteilungen und durch entsprechendes Handeln auch umsetzten.

49 Beispielsweise entwickelten die Koalas die Fähigkeit, sich konkurrenzlos und damit erfolgreich von Eukalyptusblättern zu ernähren. Diese Umwelt bestand nicht, solange niemand diese Nahrungsquelle nutzen konnte. Gegenwärtig werden jedoch die Eukalyptuswälder durch menschlichen Einfluss verringert und damit die Nahrungsgrundlage der Koalas. Für sie treten damit Ereignisse in der Welt auf, der Mensch und seine Nutzung der Natur, die sich negativ auf ihre Umwelt auswirken.

50 Natürlich gibt es über einzelne Unternehmen hinausgehende gemeinsame Veränderungen, die als Selektionen durch Ereignisse in der Welt verstanden werden können und die einen gemeinsamen Ursprung haben, etwa durch Verwendung derselben theoretischen Vorstellungen oder durch Übernahme von Organisationsmodellen. Hier handelt es sich um eine Analogie zur Evolution im biologischen Sinne. Vgl. dazu aus kulturtheoretischer Sicht R. Boyd a. P. J. Richerson (1985) und Stahl u. Hejl in diesem Band sowie zum populationsökologischen Ansatz der Organisationstheorie den Grundsatzartikel von M. Hannan a. J. Freeman (1977).

51 Deshalb versucht man ja, bei Unternehmenszusammenbrüchen Teile auszugliedern und durch Verselbstständigung oder Angliederung an andere Unternehmen zu retten. Die Weitervermittlung der einzelnen Mitglieder hilft ihnen zwar individuell, vernichtet aber die an Organisation gebundenen (emergierten) Kompetenzen.

52 Wir stimmen also W. Kirsch (1997, S. 215) bezüglich der Bedeutung von Willenshandlungen zu, nicht aber bezüglich des evolutiven Charakters von Einzelunternehmen. Mit der Ablehnung des evolutiven – nicht des systemischen – Charakters von Unternehmen wird auch eine Differenz zur St. Gallener Schule markiert. Vgl. dazu die Beiträge von H. Ulrich, F. Malik, G. J. B. Probst und P. Dachler in H. Ulrich a. G. J. B. Probst (1984, p. 80 ff.) Bei der Gelegenheit sei auf die Veränderung der Überlegungen zu Selbstorganisation und Selbstregelung von P. M. Hejl seit seinem Beitrag zum gleichen Band verwiesen. Zum aktuellen Diskussionsstand der St. Gallener Schule vgl. M. Flämig (1996, S. 219 ff.).

53 Mit Blick auf Gesellschaften wären hier, wenn man sie als Systeme betrachten will, besonders Systeme des Umgangs mit pluralistischen Interessenkonstellationen zu nennen, vor allem also die Politik sowie die klassischen Bereiche Polizei und Justiz mit der für das Recht charakteristischen Verlagerung vom Straf- zum Zivilrecht.

54 Auf diese Weise können Systeme sehr wohl zu einem Zeitpunkt t + x zu Handlungen veranlasst werden, die ihnen zu t unmöglich waren.

55 Womit natürlich nicht gesagt wird, solche Initiativen könnten oder sollten nicht auch aus dem Unternehmen kommen.

56 HRM stützt sich auf zwei Pfeiler: einen verhaltensorientierten (der Mensch als Reservoir vielfältiger Fähigkeiten und Fertigkeiten) und einen ökonomischen (das Personal als Vermögen, das es aufzubauen, zu erhalten und zu steigern gilt).

57 So N. Walter in seinem Beitrag *Nicht Maschine, sondern Mensch und Vorbild* zu den Herausforderungen an das Management der Zukunft, *General-Anzeiger* vom 25.8.1999.

58 „Gezielt" meint hier keine inhaltliche Festlegung, sondern „auf die Veränderung der Organisation gerichtet", wobei zunächst offen bleibt, was sich daraus inhaltlich ergibt.

59 Eine oberflächliche, eher einem Wunschdenken als einer schonungslosen Offenlegung folgende Analyse kann die Überlebensfähigkeit des Unternehmens ernsthaft gefährden.

60 Sie aufzugeben würde bedeuten, auf den Leistungszuwachs durch funktionale Differenzierung zu verzichten, so wie umgekehrt viele Einschränkungen von Selbstregelung aus dem gleichen Grund Leistungsminderungen bedeuten.

61 So verweist bereits G. P. Murdock (1945) darauf, dass keine Gesellschaft bekannt ist, in der nicht Vorkehrungen bestehen, um bindende Entscheidungen zu treffen.

Literatur

Ashby, W. R. (1965): An Introduction to Cybernetics. London (University Paperbacks). [Dt. (1974): Einführung in die Kybernetik. Frankfurt a. M. (Suhrkamp).]

Axelrod, R. (1988): Die Evolution der Kooperation. München (Oldenbourg).

Baecker, D. (1993): Die Form des Unternehmens. Frankfurt a. M. (Suhrkamp).

Badcock, C. (1999): Psycho-Darwinismus. München/Wien (Carl Hanser).

Boudon, R. (1980): Die Logik des gesellschaftlichen Handelns. Eine Einführung in die soziologische Arbeitsweise. Neuwied/Darmstadt (Luchterhand).

Bowler, P. J. (1984): Evolution. The History of an Idea. Berkeley/Los Angeles/London (University of California Press).

Boyd, R. a. P. J. Richerson (1985): Culture and the Evolutionary Process. Chicago/London (University Press of Chicago).

Brown, D. F. (1991): Human universals. New York (McGraw-Hill).

Carrithers, M., S. Collins a. S. Lukes (1985): The Category of the Person. Anthropology, Philosophy, History. Cambridge et al. (Cambridge University Press).

Coleman, J. S. (1987): Microfoundations and Macrosocial Behavior. In: J. C. Alexander et al. (eds.): The Micro-Macro Link. Berkeley/Los Angeles/London (University of California Press), p. 153–173.

Conant, R. C. a. W. Ross Ashby (1970): Every Good Regulator of a System Must Be a Model of that System. *International Journal of Systems Science* 1 (2): 89–97.

Decker, A. (1995): Dialogische Mitarbeiterbefragung über arbeitsplatzbezogene Netzwerke. Ein konstruktivistischer Analyserahmen für den pragmatischen Forschungsprozeß im Unternehmen. Wirtschafts- und Sozialwissenschaftliche Fakultät, Universität Nürnberg (Diplomarbeit).

Durkheim, E. (1988): Über soziale Arbeitsteilung. Studie über die Organisation höherer Gesellschaften. Mit einer Einleitung von N. Luhmann und einem Nachwort von H.-P. Müller und M. Schmid. Frankfurt a. M. (Suhrkamp).

Ellwein, T. (1992): Die deutsche Universität. Vom Mittelalter bis zur Gegenwart. Frankfurt a. M. (A. Hain).

Esser, H. (1993): Soziologie. Allgemeine Grundlagen. Frankfurt a. M./New York (Campus).

Flämig, M. (1996): Naturwissenschaftliche Weltbilder in Managementtheorien. Chaostheorie, Selbstorganisation, Autopoiesis. Frankfurt a. M./New York (Campus).

Foerster, H. von (1985): Sicht und Einsicht. Versuche zu einer operativen Erkenntnistheorie. Braunschweig/Wiesbaden (Vieweg). [Neuaufl. (1999). Heidelberg (Carl-Auer-Systeme).]

Gebert, D. u. S. Boerner (1995): Manager im Dilemma – Abschied von der offenen Gesellschaft? Frankfurt a. M./New York (Campus).

Giddens, A. (1971): The "Individual" in the Writings of Durkheim. *European journal of sociology / Archives européennes de sociologie* 12: 210–228.

Gutenberg, E. (1975): Einführung in die Betriebswirtschaftslehre. Wiesbaden (Gabler).

Hall, A. D. a. R. E. Fagen (1969): Definition of Systems. In: W. Buckley (ed.): Modern Systems Research for the Behavioral Scientist. A Sourcebook. Chicago (Aldine), p. 81–92.

Hallowell, I. A. (1970): Culture, Personality, and Society. In: S. Tax. (ed.): Anthropology today. London (The University of Chicago Press), p. 351–374.

Hannan, M. a. J. Freeman (1977): The Population Ecology of Organizations. *American Journal of Sociology* 82: 929–964.

Hejl, P. M. (1990): Soziale Systeme: Körper ohne Gehirne oder Gehirne ohne Körper? Rezeptionsprobleme der Theorie autopoietischer Systeme in den Sozialwissenschaften. In: V. Riegas u. C. Vetter (Hrsg.): Zur Biologie der Kognition. Frankfurt a. M. (Suhrkamp), S. 205–236.

Hejl, P. M. (1992): Politik, Pluralismus und gesellschaftliche Selbstregelung. In: H. Busshoff (Hrsg.): Politische Steuerung. Steuerbarkeit und Steuerungsfähigkeit. Beiträge zur Grundlagendiskussion. Baden-Baden (Nomos), S. 107–142.

Hejl, P. M. (1993): Culture as a Network of Socially Constructed Realities. In: A. Rigney a. D. Fokkema (eds.): Cultural Participation. Trends since the Middle Ages. Amsterdam/Philadelphia (J. Benjamins), p. 227–250.

Hejl, P. M. (1995): Autopoiesis or Co-Evolution? Reconceptualizing the Relation between Individuals and Societies. *Paragrana. Internationale Zeitschrift für Historische Anthropologie* 4 (2): 294–314.

Hejl, P. M. (1996a): Konstruktion der sozialen Konstruktion: Grundlinien einer konstruktivistischen Sozialtheorie. In: S. J. Schmidt (Hrsg.): Der Diskurs des Radikalen Konstruktivismus. Frankfurt a. M. (Suhrkamp), S. 303–339.

Hejl, P. M. (1996b): Wie Gesellschaften Erfahrungen machen oder Was Gesellschaftstheorie zum Verständnis des Gedächtnisproblems beitragen kann. In: S. J. Schmidt (Hrsg.): Gedächtnis. Probleme und Perspektiven der interdisziplinären Gedächtnisforschung. Frankfurt a. M. (Suhrkamp), S. 293–336.

Hejl, P. M. (1998): Die zwei Seiten der Eigengesetzlichkeit. Zur Konstruktion natürlicher Sozialsysteme und dem Problem ihrer Regelung. In: S. J. Schmidt (Hrsg.): Kognition und Gesellschaft. Der Diskurs des Radikalen Konstruktivismus 2. Frankfurt a. M. (Suhrkamp), S. 167–213.

Hejl, P. M. (1999): Konstruktivismus, Beliebigkeit, Universalien. In: G. Rusch (Hrsg.): Wissen und Wirklichkeit. Beiträge zum Konstruktivismus. Heidelberg (Carl-Auer-Systeme), S. 163–197.

Hejl, P. M. (i. Vorb. a): Stichwort „Emergenz". In: C. Herrmann-Pillath und M. Lehmann-Waffenschmidt (Hrsg.): Handwörterbuch der Evolutorischen Ökonomik.

Hejl, P. M. (Hrsg.) (i. Vorb. b): Universalien und Konstruktivismus. Zum Problem menschlicher Invarianten in den Humanwissenschaften.

Kasper, H. (1991): Neuerungen durch selbstorganisierende Prozesse. In: W. H. Staehle u. J. Sydow (Hrsg.): Managementforschung. Berlin/New York (De Gruyter), S. 1–74.

Kirsch, W. (1992): Kommunikatives Handeln, Autopoiese, Rationalität. Sondierungen zu einer evolutionären Führungslehre. München (Kirsch).

Kirsch, W. (1997): Wegweiser zur Konstruktion einer evolutionären Theorie der strategischen Führung. München (Kirsch).

Klages, H. (1987): Wertewandel und Modernisierung. In: Olk, T. u. H.-U. Otto (Hrsg.): Helfen im Sozialstaat. Neuwied/Darmstadt (Luchterhand), S. 97-119.

Knyphausen, D. zu (1991): Selbstorganisation und Führung. *Die Unternehmung* 45 (1): 47-63.

Koreimann, D. S. (1992): Management. München/Wien (Oldenbourg).

Krogh, G. von, J. Roos a. Ken Slocum (1994): An Essay on Corporate Epistemology. *Strategic Management Journal* 15: 53-71.

Latka, T. (1995): Die Theorie sozialer Systeme von Peter M. Hejl und deren Anwendung im Managementbereich. Philosophische Fakultät S. J.der Hochschule für Philosophie, München (Magisterarbeit).

Luhmann, N. (1970): Lob der Routine. In: N. Luhmann (Hrsg.): Soziologische Aufklärung. Aufsätze zur Theorie sozialer Systeme. Bd. 1. Opladen (Westdeutscher Verlag), S. 113-142.

Luhmann, N. (1991): Die Form „Person". *Soziale Welt* 42 (2): 166-175.

Maturana, H. R. (Hrsg.) (1982): Erkennen: Die Organisation und Verkörperung von Wirklichkeit. Ausgewählte Arbeiten zur biologischen Epistemologie. Braunschweig/Wiesbaden (Vieweg).

Maynard Smith, J. (1982): Evolution and the Theory of Games. Cambridge (Cambridge University Press).

McCulloch, W. S. (1965): A Heterarchy of Values Determinied by the Topology of Nervous Nets. In: S. W. McCulloch: Embodiments of Mind. Cambridge, MA (M.I.T. Press), p. 40-45.

Mintzberg, H. (1988): Strategie als Handwerk. *Harvard Business Manager* 1: 73-80.

Murdock, G. P. (1945): The Common Denominator of Cultures. In: R. Linton (ed.): The Science of Man in the World Crisis. New York (Columbia University Press.), p. 123-142.

Rieppel, O. C. (1989): Unterwegs zum Anfang. Geschichte und Konsequenzen der Evolutionstheorie. Zürich/München (Artemis).

Ruegg-Stürm, J. (1998a): Neuere Systemtheorie und unternehmerischer Wandel. Skizze einer systemisch-konstruktivistischen "Theory of the Firm". *Die Unternehmung* 52 (1): 3-17.

Ruegg-Stürm, J. (1998b): Implikationen einer systemisch-konstruktivistischen "Theory of the Firm" für das Management von tiefgreifenden Veränderungsprozessen. *Die Unternehmung* 52 (2): 81-89.

Schnierer, T. (1996): Von der kompetitiven Gesellschaft zur Erlebnisgesellschaft? Der „Fahrstuhl-Effekt", die subjektive Relevanz der sozialen Ungleichheit und die Ventilfunktion des Wertewandels. *Zeitschrift für Soziologie* 25 (1): 71-82.

Stahl, H. K. (1996): Zero-Migration. Ein kundenorientiertes Konzept der strategischen Unternehmensführung. Wiesbaden (Gabler).

Stahl, H. K. (1999): Unternehmensführung als Balanceakt. In: P.-W. Gester, C. Schmitz, B. Heitger (Hrsg.): Managerie – 5. Jahrbuch für systemisches Denken und Handeln im Management. Heidelberg (Carl-Auer-Systeme), S. 179-195.

Stahl, H. K. u. P. M. Hejl (1997a): Marketing aus konstruktivistischer Sicht: Das Unternehmen als Deutungsgemeinschaft. *Absatzwirtschaft* 3: 42-45.

Stahl, H. K. und P. M. Hejl (1997b): Zeitbewußte Unternehmensführung – Grenzen und Möglichkeiten der Handhabung von Zeit aus einer systemtheoretischen Perspektive. *DBW – Die Betriebswirtschaft* 57 (4): 517-528.

Stephan, A. (1999): Emergenz. Von der Unvorhersagbarkeit zur Selbstorganisation. Theorie & Analyse. Bd. 2. Dresden (Dresden University Press).

Ulrich, H. a. G. J. B. Probst (eds.) (1984): Self-Organization and Management of Social Systems. Insights, Premises, Doubts, and Questions. Berlin et al. (Springer).

Vowinckel, G. (i. Vorb.): Biotische, psychische und soziokulturelle Konstruktionen der Wirklichkeit und wie sie zusammenhängen. In: P. M. Hejl (Hrsg.): Universalien und Konstruktivismus. Zum Problem menschlicher Invarianten in den Humanwissenschaften.

Weick, K. E. (1995): Sensemaking in Organizations. Thousand Oaks, CA (Sage).

Williamson, O. E. (1975): Markets and Hierarchies: Analysis and Antitrust Implications. A Study in the Economics of Internal Organization. New York (Free Press).

Wöhe, G. (1993): Einführung in die Allgemeine Betriebswirtschaftslehre. Unter Mitarbeit von U. Döand. München (Vahlen).

Witte, E. H. (1996): Wertewandel in der Bundesrepublik Deutschland (West) zwischen 1973 und 1992. Interpretationen zum Inglehart-Index. *Kölner Zeitschrift für Soziologie und Sozialpsychologie* 48 (3): 534–541.

Teil 2: Konstruieren von Unternehmen

UNTERNEHMENSKULTUR – KONSTRUKTIVISTISCHE BETRACHTUNGEN UND DEREN IMPLIKATIONEN FÜR DIE UNTERNEHMENSPRAXIS

1. Warum Unternehmenskultur?

Über Unternehmenskultur spricht man mindestens seit Mitte und Ende der Achtzigerjahre, obwohl die Ursprünge des Konzepts schon viel älter sind. Die Wurzeln des Konzepts Kultur in seiner modernen Bedeutung gehen mindestens bis ins 14. Jahrhundert zurück, als Ibn Khaldun, ein arabischer Historiker, schrieb, dass

"culture is not an independent substance, but a property ... of another substance which is man. Essential differentia of man (from the animal world) is the power or faculty of intellect or mind ... Through his intellect man can understand; he can know both particular objects embedded in matter and universals abstracted from matter" (zitiert nach Mahdi 1971, p. 173).

Die metaphysischen Grundlagen des Kulturkonzepts entstanden nach L. L. Langness (1979) mit John Lockes *Essay on Human Understanding*, den er 1690 verfasst hat. Kultur ist das zentrale Konzept der Anthropologie, wo es in den letzten hundert Jahren intensiv untersucht wurde. Doch auch in der Soziologie, der Sozialpsychologie und im Management hat Kultur in jüngerer Zeit viel Aufmerksamkeit bekommen. Schon in den Dreißiger-Jahren schrieb Chester Barnard (1938), dass grosse Unternehmen nur dank der informellen Organisation überhaupt funktionieren könnten. Organisationsentwickler warnten Ende der Sechzigerjahre davor, dass grundlegende Veränderungen in Organisationen nur dann erfolgen, wenn sich auch die Kultur eines Unternehmens oder einer Organisation verändert (Bennis (1969). Doch erst der *Japanschock* – der Verlust an Wettbewerbsfähigkeit in den USA –, der zu intensiven Untersuchungen japanischer Managementpraktiken (Pascuale a. Athos 1981) und den *Best Practices* in den USA führte, löste eine Welle der Popularität des Begriffs *Unternehmenskultur* aus, die erst richtig mit der Veröffentlichung des Buches *In search of Excellence: Lessons from America's Best-run companies* (Peters a. Waterman 1982) begann. Tom Peters (1984, p. 24–27) betrachtete schliesslich Kultur als "the most important stuff around".

Im zunehmenden nationalen und internationalen Wettbewerb sah man in der Unternehmenskultur zunächst ein neues, zusätzliches Instrument, Unternehmen erfolgreicher zu gestalten[1] und damit auch die *weiche* Seite von Unternehmen besser in den Griff zu bekommen. Man begann, die eigentlichen Wettbewerbsvorteile eines Unternehmens seiner Unternehmenskultur zuzuschreiben, und versuchte, dies sogar rechnerisch zu belegen (Barney 1986). Publikationen wie auch Beratungsmandate schossen wie Pilze aus dem Boden, um den Bedarf an *Kulturschaffung* und Kulturgestaltung zu decken.

Dieser Welle der Begeisterung folgte bald eine Welle der Ernüchterung. Das Instrument *Kultur* ließ sich eben doch nicht so leicht manipulieren und managen, wie ursprünglich gedacht, proklamiert und gehofft (siehe z. B. Sackmann 1989). Die Idee der *Machbarkeit* von Unternehmenskultur, des *Cultural Engineering*, das Publikationen wie Beratungsofferten durch ihre Art der Behandlung des Konzepts Kultur suggerierten, erwies sich als Illusion. Unternehmenskultur ließ sich nicht als Instrument missbrauchen. Neue Programme wie *Lean Production, Lean Management, Total Quality Management, Business Reengineering* kamen auf und zogen die Aufmerksamkeit von Organisationstheoretikern, Managern und Beratern auf sich. Es wurde ruhiger um die Organisationskultur, zumindest was die trendigen Veröffentlichungen und viel versprechenden Beratungsmandate betraf.

Mit den Ergebnissen einer Untersuchung über den Erfolg bzw. Misserfolg von *Reengineering*-Programmen wurde das Interesse an der Unternehmenskultur wieder geweckt. So räumten selbst die wesentlichen Begründer des *Business Reengineering*, Michael Hammer und James Champy, ein, dass bis zu 70 Prozent solcher *Reengineering*-Programme nicht erfolgreich umgesetzt wurden. Eine Untersuchung von Arthur D. Little in den USA zeigte, dass nur 17 Prozent der befragten Vorstandsvorsitzenden wirklich zufrieden waren mit den durchgeführten groß angelegten Veränderungsprogrammen. Doch sie wussten anscheinend nicht, warum die erwarteten und versprochenen Verbesserungen nicht eingetreten sind, obwohl bei neun von zehn Projekten Strategie und Planung auf dem Papier immer noch gut aussahen. Scott-Morgan (1995) sieht den Grund hierfür in der zu geringen Beachtung weicher Faktoren, in den *geheimen Spielregeln*, den ungeschriebenen Gesetzen, den eigentlichen Beweggründen von Menschen in Organisationen.

Unternehmenskultur bleibt also weiterhin etwas, mit dem sich zumindest Manager wie auch Berater auseinander setzen sollten – egal wie man das, was man darunter versteht, benennt. Allerdings braucht es hierfür z. T. einen etwas differenzierteren und wohl auch anderen Zugang zu diesem Konzept der *Unternehmenskultur* als in der ersten Welle der Begeisterung.

In diesem Beitrag wird zunächst diskutiert, worum es sich bei Unternehmenskultur handelt, bevor daraus einige Implikationen für die Unternehmenspraxis abgeleitet werden, da verschiedene Kulturverständnisse auch unweigerlich zu unterschiedlichen Unternehmenspraktiken führen, die mehr oder weniger erfolgreich im Umgang mit Kultur sind.

2. Was versteht man unter „Unternehmenskultur"?

Der Begriff der Kultur wurde aus der Kulturanthropologie entlehnt und auf den Kontext von Organisationen bzw. Unternehmen[2] übertragen. Gemeint ist hiermit nicht das Schöngeistige, nicht das Ausmaß an Zivilisation in einer bestehenden Gesellschaft oder Organisation. Kultur beschreibt vielmehr die der Gesellschaft zugrunde liegenden Organisationsprinzipien. Sie ist eine Art *kognitive Landkarte*, der sich ihre Mitglieder zur Orientierung bedienen. Diese Orientierungshilfe beeinflusst maßgeblich die Wahrnehmung, das Denken, Fühlen und Handeln der Kulturmitglieder.

Ähnlich wie in der Anthropologie gibt es in der Organisationstheorie eine große Anzahl und Vielfalt an Definitionen zur Unternehmenskultur, die sich letztendlich in drei verschiedene Perspektiven einteilen lassen und deren grundlegendes Interesse am Konzept Kultur auch unterschiedlich ist. Die eine Perspektive kann als *Variablenansatz* charakterisiert werden, die zweite als *Metaphernansatz* und die dritte als *dynamischer Konstruktansatz*. Alle drei Ansätze basieren auf z. T. unterschiedlichen Annahmen und Paradigmata, sie schreiben der Kultur z. T. unterschiedliche Funktionen zu, sehen verschiedene Quellen für die Kulturentstehung, -entwicklung und -veränderung. Nicht alle haben einen normativen Anspruch bezüglich einer *guten*, *schlechten* oder *richtigen* Kultur und bedienen sich daher auch unterschiedlicher Kulturgestaltungs- und Veränderungsstrategien, wie Abbildung 1 im Überblick aufzeigt.

2.1 Die Variablenperspektive

Mit zunehmender Praxiorientierung wird Kultur i. d. R. als eine zusätzliche Variable von Organisationen betrachtet. Diese Variable besteht aus Teilprodukten, die sich zu einem homogenen Ganzen integrieren und sich in kollektiven Verhaltensweisen wie auch in Form von Artefakten manifestieren. Unternehmenskultur wird durch den *Geist und Stil des Hauses, das, wofür wir stehen*, oder *so, wie man es bei uns macht* charakterisiert. Man spricht ihr wichtige Funktionen für die Zielerreichung und damit den Erfolg eines Unternehmens zu. Außerdem wird sie vom *Leader* gemanagt, d. h. geschaffen, entwickelt und verändert. Dies war das weit verbreitete Verständnis der ersten Unternehmenskulturwelle, die, wie oben schon ausgeführt, in ihrer Umsetzung in die Unternehmenspraxis eher zu Frustrationen geführt hat, wie der folgende Erfahrungsbericht stellvertretend illustriert:

„Kürzlich sprach ich auf einem Kongreß mit einer der weltweit führenden Autoritäten auf dem Gebiet des Qualitätsmanagements. Im Vertrauen erzählte er mir von seiner Arbeit mit einigen Unternehmen, die sich in den letzten Jahren wahrscheinlich mehr um die Vermittlung neuer Werte bemüht haben als alle anderen Firmen auf der Welt. Und letztlich, so sagte er, glaube er nicht, dass mit all diesen Anstrengungen irgend etwas bewegt wurde" (Scott-Morgan 1995, S. 25 f.).

	Variablenansatz	Metapheransatz	dynamischer Konstruktansatz
Annahmen	Kultur = Variable, bestehend aus: – in sich homogenen Teilprodukten – kausal determinierten Verknüpfungen zwischen Teilprodukten funktional (wichtig für Erfolg)	Kultur = Metapher – soziale Konstruktion heterogen Orientierungsrahmen für Kulturmitglieder	Kultur = multiples dynamischesKonstrukt nonkausale Verknüpfungen zwischen Komponenten Orientierungsrahmen und daher funktional
Paradigma	funktional (rational-mechanistisch)	interpretativ	pluralistisch
Funktionen	innerbetriebliche Koordination und Integration (notwendig für Erfolg)	Komplexitätsreduktion und Sinngebung	Komplexitätsreduktion und Sinngebung kann förderlich oder hinderlich sein
Quelle für Kultur	Führungsspitze/„Leader"	jedes Organisationsmitglied	relevante Umwelt sowie jedes Organisationsmitglied
normativer Anspruch	es gibt die richtige/gute bzw. schlechte Kultur gut = stark, reich, homogen, einheitlich, konsistent	–	Ob eine Kultur „gut" ist, hängt von ihrer spezifischen Art ab im Abgleich mit der Strategie
Quelle für Veränderung/ Anpassung	„Leader" bzw. obere Führungskraft	jedes Organisationsmitglied	Führungskräfte/jedes Organisationsmitglied/ evolutionäre Entwicklung/ Umwelt
Veränderungsstrategien	Veränderung der Teilprodukte durch direkte und indirekte Mittel	Anbieten neuer Interpretationsmuster	Kulturpflege und -entwicklung durch kulturbewusstes Management

Abb. 1: Die drei Kulturansätze im Überblick[3]

Da dieser Variblenansatz aus unserer Sicht einen eher problematischen Zugang zur Unternehmenskultur darstellt, wollen wir im Rahmen dieses Beitrags nicht weiter auf ihn und seine Implikationen für die Unternehmenspraxis eingehen. Der interessierte Leser sei hier auf die bestehende Literatur verwiesen (siehe z. B. Sackmann 1989; 1990a; 1990b).

2.2 Die Metaphernperspektive
Organisationstheoretiker haben i. d. R. ein eher verstehendes Interesse an der Unternehmenskultur. Kultur wird in diesem Ansatz als eine *Metapher für Organisationen* betrachtet, die neue Einblicke in Organisationen erlaubt. Unternehmenskultur wird hierbei als eine soziale, kollektive Konstruktion organisatorischer Wirklichkeit betrachtet, die ihren Mitgliedern als wichtige Orientierungshilfe dient und ihr Wahrnehmung, Denken, Fühlen und Handeln steuert. In diesem Ansatz, bei dem *kulturell gedacht* wird und man nicht über Kultur denkt, werden Organisationen als Kulturen betrachtet, deren Veränderung oder Gestaltung zunächst prinzipiell wenig interessiert[4].

2.3 Kultur als dynamisches Konstrukt
Unternehmen sind konditionale, zielorientierte Systeme, die sich im Wettbewerb bewähren müssen und deren oberstes Ziel die Überlebensfähigkeit ist. Daher kommt man letztendlich nicht an Gestaltungsüberlegungen vorbei. Dies versucht die dritte Perspektive zu berücksichtigen, bei der Kultur als ein dynamisches Konstrukt betrachtet wird, für das es im Kontext von Organisationen durchaus Ansätze zu Gestaltungsmöglichkeiten gibt (Sackmann 1989, 1990a, 1990b). Diese Perspektive kann als Synthese zwischen dem Variablen- und Metaphernansatz gesehen werden. So sind Unternehmen sich entwickelnde Kultursysteme mit den ihnen eigenen ideellen *und* materiellen Wirklichkeiten. Unternehmen sind also Kulturen und haben zugleich kulturelle Aspekte. Im Rahmen dieses Beitrags wollen wir uns auf diesen Kulturansatz konzentrieren.

Unternehmenskultur wird in diesem Ansatz als ein komplexes, dynamisches Konstrukt gesehen, das sich in zwischenmenschlichen Interaktionen und Aktionen entwickelt und das aus verschiedenen ideellen und materiellen Facetten besteht. Einzelne dieser Facetten sind sichtbar, andere nur in Form ihres Einflusses, den sie auf Wahrnehmung, Denken, Fühlen und Handeln haben, spürbar bzw. nachvollziehbar. Diese einzelnen Facetten sind in komplexer, multikausaler Weise miteinander verknüpft. Jedes Unternehmen ist und hat daher gleichzeitig zu einem beliebigen Zeitpunkt eine Kultur, die für sich genommen weder gut noch schlecht ist.

Auf der Basis einer solchen *dynamischen Konstruktperspektive* kann Kultur im Kontext von Organisationen definiert werden als:

> die von einer *Gruppe gemeinsam festgehaltenen grundlegenden Überzeugungen*, die für die Gruppe insgesamt typisch sind. Diese grundlegenden

Überzeugungen beeinflussen Wahrnehmung, Denken, Handeln und Fühlen der Gruppenmitglieder.

Diese Definition beinhaltet einige Begriffe, die für die Unternehmenspraxis im Umgang mit Kultur im Organisationskontext wesentliche Implikationen hat. Daher werden diese Begriffe zunächst ausführlicher diskutiert.

a) Kultur ist ein kollektives bzw. kollektiviertes Phänomen. Im Gegensatz zum Betriebsklima, das individuell verankert ist, handelt es sich bei Kultur im Organisationskontext um ein kollektives Phänomen, das in den Auseinandersetzungen mit internen und externen Problemen entstanden ist bzw. entsteht und sich in dieser ständigen Auseinandersetzung auch verändert. Grundlegende Überzeugungen sind aus den Erfahrungen der Gruppe entstanden und entwickeln sich durch die Erfahrungen der Gruppe weiter. D. h., sie sind gelernt und werden an neue Gruppenmitglieder weitergegeben. Bei der Gründung einer Firma hat der Gründer eine zentrale Geschäftsidee und hat auf der Basis persönlicher Erfahrungen konkrete Vorstellungen, wie das Geschäft geführt werden soll und wie nicht. Zunächst werden ähnlich Denkende für die Idee gewonnen. Jede Entscheidung muss zum ersten Mal gefällt, jedes Problem zum ersten Mal gelöst werden. Zu diesem Zeitpunkt ist das Verhalten in dem Unternehmen unterdeterminiert. Mit zunehmender Zeit wächst auch die Routine – d. h., Entscheidungssituationen, Problemstellungen wiederholen sich. In der Auseinandersetzung mit ihnen bilden sich *best practices* und *worst practices* heraus, die nichts anderes sind als auf Erfahrung beruhende grundlegende Überzeugungen, wie man in einer bestimmten Situation am besten zu verfahren hat oder was man ja nicht tun sollte. Problemlösungen, die erfolgreich waren, werden als *best practice* kollektiviert, d. h. an andere Organisationsmitglieder weitergegeben und nach mehrmaligen erfolgreichen Anwendungen zu Standards für das Kollektiv. Problemlösungen, die nicht den gewünschten Erfolg herbeigeführt haben oder gar zu Misserfolg führten, werden als *don'ts* oder gar Tabus dem Kollektiv weitervermittelt. Durch die regelmäßige Anwendung werden sie zur Routine, d. h., ihr Gebrauch erfolgt automatisch.

Prinzipiell kann jedes Organisationsmitglied neue Ideen in die Organisation hineintragen und so die Unternehmenskultur evolutionär verändern. Je nachdem, wie stark ausgeprägt und homogen die bestehende Wissensbasis ist, können neue Ideen assimiliert und damit in angepasster Form aufgenommen werden, oder sie werden kontrastiert und damit verworfen. Letztendlich sind dies immer Verhandlungsprozesse. D. h., die kulturelle Wirklichkeit in einer Organisation ist von den Organisationsmitgliedern sozial konstruiert und verhandelt.

b) Kultur ist in *Gruppen verankert*. Als kollektives Phänomen lässt sich Unternehmenskultur nicht an einer einizigen Person wie z. B. dem *Leader* festmachen, wenn auch den Führungskräften in Arbeitsorganisationen bei der Kulturentwicklung und –gestaltung eine besondere Rolle zukommt. Die

Kultur eines Unternehmens erkennt man erst in ihrer Verankerung im Kollektiv. Die Frage ist hierbei nur, wie viele Kollektive bzw. Gruppen es in einem Unternehmen gibt, die eine eigene Subkultur darstellen, d. h. sich selbst gegenüber *den anderen* abgrenzen. Je größer eine Organisation ist, desto größer ist auch die Wahrscheinlichkeit der Subkulturbildung, die in ihrer Gesamtheit die (Gesamt-)Unternehmenskultur ausmacht. Per se ist dies weder gut noch schlecht, es kommt darauf an, wie diese Subkulturen zueinander stehen und welche Art von grundlegenden Überzeugungen sie vertreten. Subkulturen können ganz unabhängig voneinander existieren, wie dies z. B. im Fall von Einzelunternehmen einer Holding auch ganz sinnvoll ist. Subkulturen können sich sinnvoll ergänzen, wie z. B. bei einer funktionalen Arbeitsteilung. Hierbei ist die Frage, wie gut die *Naht-* bzw. *Kontaktstellen* zwischen den Abteilungen bzw. Funktionen arbeiten. Subkulturen können aber auch gegeneinander agieren, wobei viele Reibungs- und Energieverluste entstehen. Dies kann bei einer funktional gegliederten Organisation im Falle nichtfunktionierender Kontaktstellen passieren (siehe z. B. Sackmann 1992), es können aber auch Gegenkulturen entstehen (Martin a. Siehl 1983), die gar in gegenseitiger Aufreibung resultieren können.

c) Kultur besteht im Wesentlichen aus *grundlegenden Überzeugungen.* Dies bedeutet, dass der *Kern* einer Unternehmenskultur, ihre Essenz, aus *Kognitivem*, aus Wirklichkeitskonstruktionen, besteht. Bei der Unternehmenskultur geht es primär um jene Aspekte, die sich in den Köpfen der Organisationsmitglieder abspielen – mentale Programme – und weniger um materielle Manifestationen (Sackmann 1991a; 1991b). Die Kultur einer Gruppe kann sich zwar in Artefakten, Symbolen, kollektivem verbalem und nonverbalem Verhalten wie z. B. Riten, Ritualen und Zeremonien manifestieren, die das Kulturnetzwerk darstellen. Um jedoch die spezielle Bedeutung dieser Komponenten des Kulturnetzwerkes für eine Gruppe zu kennen, muss man deren zugrunde liegende Bedeutungsinhalte für diese Gruppe entschlüsseln. Diese Interpretationsmuster sind soziale Konstruktionen, die in Interaktionen entstanden sind (s. u.) und im Kulturkern verankert wurden. Abbildung 2 verdeutlicht diesen Zusammenhang zwischen Kulturkern und Kulturnetzwerk (s. auch Sackmann 1983).

Das, was neuen Mitarbeitern an grundlegenden gemeinsam festgehaltenen Überzeugungen weitervermittelt wird, ist letztendlich eine *kollektive, aus Erfahrung gewonnene und entstandene Wissensbasis*, die das Setzen von Prioritäten, den Ablauf von Arbeitsprozessen, Ursachenzuschreibungen sowie auch normierte Ratschläge in Bezug auf notwendige Veränderungen betrifft. Diese Wissensbasis besteht aus vier verschiedenen Wissenskomponenten:[5]

- lexikalischem Wissen,
- Prozesswissen,
- Rezeptwissen und
- axiomatischem Wissen.

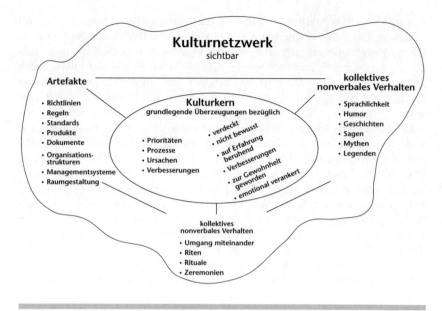

Abb. 2: Kulturkern und Kulturnetzwerk

Lexikalisches Wissen (dictionary knowledge) beinhaltet die für eine Gruppe typischen Definitionen, Beschreibungen oder Bezeichnungen i. S. v. Labels. Sie definieren für die Gruppenmitglieder, was man z. B. unter *Prozess, guter Führung, Karriere, Abwicklung, Graining* etc. zu verstehen hat. So hat jede Gruppe, jede Organisation eine für sie typische Sprache, deren Kenntnis für eine Zusammenarbeit unbedingt notwendig ist und die auch i. d. R. als Erstes von neuen Mitgliedern gelernt wird (Martin, Sitkin a. Boehm 1983).

Prozesswissen (directory knowledge) beinhaltet kollektiv festgehaltene Überzeugungen bezüglich dessen, *wie* die zu erledigenden Arbeiten *richtig* gemacht werden, wie die verschiedenen Arbeitsprozesse ablaufen, welche Prioritäten gesetzt werden sollen, welche Qualitätsstandards gelten, wie gelernt und innoviert wird, wie mit Vorgesetzten, Kollegen und Mitarbeitern *richtig* umgegangen wird, was nicht akzeptables Verhalten darstellt etc.

Rezeptwissen (recipe knowedge) bezieht sich auf normative Vorstellung – was im Vergleich zum Status quo z. B. verändert werden sollte, was verbessert werden sollte.

Axiomatisches Wissen (axiomatic knowledge) beinhaltet die grundlegenden Axiome oder Annahmen über einige zentrale Eckpfeiler des Unternehmens, wie die *richtige* Organisationsstruktur, welche Ziele und Strategien zum erfolgreichen Überleben beitragen, wem gegenüber man sich verantwortlich fühlt und welche Art von Menschen zur Gruppe/Organisation passen. Diese Axiome können nicht weiter reduziert werden. Wenn sie einmal gesetzt sind, gelten sie als das grundlegende und derzeit *richtige* Fundament des Unternehmens, auf das letztendlich andere Dinge kausal zurückgeführt werden können, d. h., Axiome geben Antwort auf Ursachen-Wirkungs-Zusammenhänge.

d) Diese grundlegenden Überzeugungen als kollektive Wissensbasis *beeinflussen die Wahrnehmung, das Denken, Fühlen und Handeln der Organisationsmitglieder maßgeblich.*

Sie bilden eine Art kognitive Landkarte, die ihren Benutzern zur Orientierung dient. Sie hilft, bei der Informationsselektion, -aufnahme und -verarbeitung Wichtiges von Unwichtigem, *Richtiges* gemäß Kultur von *Falschem* zu trennen. In ihrem wiederholten Gebrauch werden diese grundlegenden Überzeugungen mit Gefühlen belegt – Vertrautes und Gewohntes wird angenehmer, *richtiger, besser.* Sind diese Gefühle einmal entstanden, halten sie die entsprechenden grundlegenden Überzeugungen auch aufrecht. Damit dient Kultur der Komplexitätsreduktion und ermöglicht schnelles Agieren.

Die grundlegenden Überzeugungen führen zu spezifischen verbalen und nonverbalen Verhaltensweisen, die durch kontinuierliche Anwendung und Erfolgsrückkoppelungen verstärkt werden. Zum verbalen Verhalten gehören der spezifische Jargon, die spezielle Art von Humor in einem Unternehmen sowie auch die Geschichten, die immer wieder erzählt werden und grundlegende Probleme ansprechen (Martin, Sitkin a. Boehm 1985). Zum nonverbalen Verhalten gehören die Art und Weise des Umgangs miteinander, Entscheidungsprozesse, Arbeitsprozess, die Art der Wissenser- und -vermittlung wie auch der Umgang mit Veränderungen, die spezifische Zeitauffassung, Riten, Rituale und Feiern. Auch hier verstärkt das per Kultur definierte *richtige* Verhalten, wenn es einmal herausgebildet ist, die grundlegenden Überzeugungen. Auch die Artefakte wie Dokumente, Organisationsstrukturen, Managementsysteme, Produkte, Raumgestaltung und -aufteilung, Statussymbole und Kleidung werden zunächst als kulturangemessen definiert und wirken dann – wenn einmal existent – systemerhaltend.

Das heißt, die spezifische Kultur, wenn einmal vorhanden, wirkt im Unternehmen verhaltenssteuernd wie auch systemerhaltend und wird dabei noch emotional positiv belegt und verankert – eine dreifache Herausforderung für die Unternehmenspraxis.

Diese beeinflussenden und in der Rückkoppelung wieder systemerhaltenden Prozesse und Komponenten sind in Abbildung 3 dargestellt.

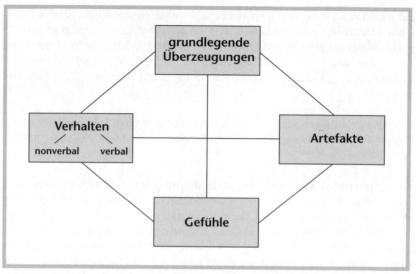

Abb. 3: Die sich gegenseitig stabilisierenden Kulturkomponenten

3. Welche Implikationen ergeben sich aus diesem Kulturverständnis für die Unternehmenspraxis?

Kultur als dynamisches Konstrukt – eine Metapher für Organisationen und Unternehmen, die zugleich Realität ist – hat generell zwei Arten von Implikationen für die Unternehmenspraxis. Zum einen sollte man sich mit der Metaperspektive *Unternehmen als Kulturen* auseinander setzen. Hier wird das gesamte Unternehmen mit all seinen Praktiken als Kultur gesehen, die vom unternehmensrelevanten Umfeld beeinflusst und geprägt ist. Zusätzlich kann man auf der Mikroebene die Perspektive *Unternehmen haben Kultur(en)* und somit die Möglichkeiten der bewussten Gestaltung von Kultur im Unternehmenskontext betrachten.

3.1 „Unternehmen als Kulturen" – eine Metaperspektive

Betrachtet man Kultur als eine Metapher für Unternehmen, dann ist letztendlich alles im Unternehmen durch die spezifische *Umfeldkultur* mit beeinflusst und geprägt, d. h., das Unternehmen als Kultur ist selbst ein *Produkt* des unternehmensrelevanten Umfeldes. Diese durch das unternehmensrelevante Umfeld relevanten Prägungseinflüsse sind in Abbildung 4 aufgezeigt.

Das ökologische, politische/gesetzgebende, technologische, wirtschaftliche und soziokulturelle Umfeld üben maßgeblichen Gestaltungseinfluss auf ein Unternehmen als Kultur und damit dessen Unternehmenspraxis aus. So publizieren aufgrund des wachsenden ökologischen Bewusstseins z. B. einige

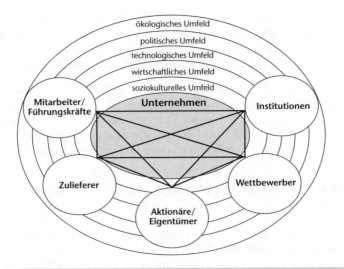

Abb. 4: Unternehmen als Kulturen: Das prägende Umfeld

Firmen in Deutschland Ökobilanzen, die (noch) nicht gesetzlich vorgeschrieben sind. Andere mussten ihre Produktionspraktiken ändern oder haben dies proaktiv aufgrund des wachsenden ökologischen Bewusstseins getan, wie z. B. die Verleihung des Ökologiepreises an den Unternehmer Steilmann am 31.10.1999 zeigt.

Die spezifische Art der Gesetzgebung z. B. in Bereichen des Steuer-, Körperschafts- und Arbeitsrechts hat maßgeblichen Einfluss auf die Gestaltung der Unternehmenspraxis, die sich diesbezüglich von Land zu Land mit anderer Gesetzgebung unterscheidet und vor allem auch die relevanten Institutionen prägt. Hierzu zählt z. B. die Institution „Betriebsrat", die in dieser Form Unternehmen in Deutschland eine ganz spezifisch deutsche Prägung verleiht, die sich erheblich von Unternehmen in England oder Amerika unterscheidet und damit auch von den Unternehmenspraktiken der Firmen, die dort domiziliert sind.

Technische Einflüsse prägen Unternehmen als Kulturen und beeinflussen die spezifischen Unternehmenspraktiken. So ermöglichen und etablieren elektronische Kommunikationstechnologien ganz neue Formen der internen und externen Kommunikation und Interaktion wie auch des Kundenverhaltens. Während zwei Mitarbeiter, die ihr Büro nebeneinander haben, früher bei Bedarf direkt miteinander geredet haben, erfolgt dies heute in großen Firmen schon häufig indirekt via E-Mail. Einkäufe kann ein Kunde heute von seinem Schreibtisch oder Wohnzimmer aus tätigen mit Mausklick im Electronic-Commerce.

Wirtschaftliche Einflüsse wirken auf das Verhalten von Kunden, von Wettbewerbern wie auch von Zulieferern und Mitarbeitern. Wirtschaftssystemeinflüsse prägen ebenso die Unternehmenspraxis, wie die Vergleiche zwischen sozialer Markwirtschaft, freier Marktwirtschaft vs. Planwirtschaft zeigen.

Soziokulturelle Einflüsse, die regional unterschiedlich sein können, zeigen sich speziell bei den Organisationsmitgliedern. So sind sämtliche Mitarbeiter und Führungskräfte durch das spezifische soziokulturelle Umfeld, in dem sie aufgewachsen sind, geprägt und bringen diese Prägungen mit ins Unternehmen hinein. Dies führt wiederum zu einer maßgeblichen Beeinflussung des Unternehmens als Kultur.

Diese Ausführungen zeigen auf, dass Unternehmen als Kulturen durch das spezifische unternehmensrelevante Umfeld stark determiniert sind und damit auch ihre Unternehmenspraktiken. Dennoch entwickeln sich über die Zeit in den Interaktionen der Mitglieder eines Unternehmens neue, unternehmensspezifische Kulturaspekte. Auch diese gestalten die Kultur *Unternehmen*, sodass die Kultur im Unternehmenskontext letztendlich Resultat der Dynamik von extern importierten und intern entwickelten Prägungen ist.

Die so entstandene Unternehmenskultur bietet ihren Mitgliedern anhand der grundlegenden Überzeugungen spezifische Raster, Brillen oder Schablonen zur Informationsaufnahme und -verarbeitung, die verhaltenssteuernd wirken. Die Kultur beeinflusst die Gestaltung des Mikrosystems Unternehmen, das sich folgendermaßen darstellen lässt:

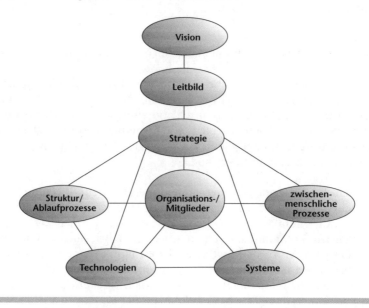

Abb. 5: Das Mikrosystem Unternehmen

All diese aufgeführten Komponenten sind Resultat der Dynamik von importierten Prägungen und interner Interaktionen der Mitglieder des Unternehmens. Die Mission und Vision, das Leitbild, die Strategie, Strukturen und Ablaufprozesse, Technologien und Systeme wie auch die zwischenmenschliche Prozesse sind letztendlich unternehmensspezifische Wirklichkeitskonstruktionen, die entstanden sind durch die aktive Auseinandersetzung der durch die Umfeldkultur geprägten Führungskräfte und Mitarbeiter mit Herausforderungen aus der Umwelt sowie mit internen Problemen. So zeigt z. B. die Untersuchung von Sapienza (1985) eindrücklich auf, wie zwei vergleichbare Unternehmen der gleichen Branche mit genau der gleichen gesetzlichen Veränderung (Deregulierung) konfrontiert wurden. Aus den intensiven Diskussionen des Topmanagements resultierten jedoch ganz unterschiedliche, ja sogar gegensätzliche Unternehmensstrategien, die dann wesentlich die weiteren Unternehmenspraktiken beeinflussten. Während das Topmanagement des einen Unternehmens sich mehr und mehr auf die Chancen dieser gesetzlichen Änderung konzentrierte und dann entsprechend Kapazitäten aufbaute und das Spektrum an Serviceleistungen erweiterte, wurde das Topmanagement des anderen Unternehmens immer stärker von den negativen Konsequenzen der Deregulierung gefangen. Es sah die strategische Notwendigkeit der Reduktion von Serviceleistungen, passte seine Organisation entsprechend an und baute Mitarbeiter und Führungskräfte ab!

Sind die spezifischen Unternehmenspraktiken einmal geschaffen, beeinflussen sie dann die Realität im Unternehmen und werden durch regelmäßige Anwendung automatisiert. Jedes für sich und verstärkt durch ihr Zusammenspiel zeigen sie ihren Mitgliedern den Ausschnitt an akzeptablen Denk- und Verhaltensmustern auf. Sie spezifizieren indirekt, welches die *richtige* und damit auch *gute* Form der Zusammenarbeit ist, wer wem zu berichten hat, wer wie viel Positionsmacht besitzt, welches Verhalten eine *gute* Führungskraft und einen *guten* Mitarbeiter auszeichnet und wer daher weiterkommt, wer Karriere macht, aber auch welcher *Typus* von Führungskraft und Mitarbeiter wenig Akzeptanz findet. Sie spezifizieren den Spiel- bzw. Freiraum, den Führungskräfte und Mitarbeiter haben, wie auch die Grauzonen, die ihnen zur Verfügung stehen. Sie beeinflussen sogar die Gefühlsebene, indem sie letztendlich durch die vergangenen Lernprozesse vorschreiben, was angenehm ist, sich gut anfühlt, was Verwirrung stiftet und was emotional Schwierigkeiten bereitet.

Die Frage stellt sich hier nun für die Unternehmenspraxis, ob man diese einmal bewusst entstandenen, doch durch die Anwendung in der täglichen Arbeit zur Gewohnheit gewordenen Routinen und impliziten Wissensbasen sowie die dadurch aufgespannte Unternehmensrealität sich *einfach so* evolutionär weiterentwickeln lassen soll oder ob man sie bewusst im Rahmen des *Machbaren* gestalten will. Wir wollen zu den Möglichkeiten der bewussten Kulturgestaltung als Unternehmenspraxis noch einige Hinweise geben.

3.2 Unternehmenspraxis als bewusste Kulturgestaltung

Unternehmenspraxis als bewusste Kulturgestaltung betrifft die Mikroebene von Organisationen. Allerdings hat die bewusste Gestaltung in Humansystemen oder nach von Foerster (1987) in *nichttrivialen Maschinen* eine andere Bedeutung als die Gestaltung in *trivialen Maschinen*. Humansysteme sind keine deterministischen, sondern probabilistische Systeme. D. h., es lassen sich keine Gesetzmäßigkeiten bezüglich Gestaltungspraktiken und deren direkten (Aus-)Wirkungen aufstellen. Bewusste Gestaltung in und von Humansystemen und damit Unternehmen bedeutet letztlich, zentrale Rahmenbedingungen so zu gestalten, dass die Auftrittswahrscheinlichkeiten bestimmter Verhaltensweisen oder Resultate möglichst hoch bzw. möglichst niedrig sind. Ein Beispiel hierfür gibt die Untersuchung von Sackmann (1991a). Sie zeigt, dass die spezifische Vision eines Unternehmens, die Strategie, die Strukturen und Ablaufprozesse, Technologien, Systeme wie z. B. Controllingsysteme, die Systeme des Personalmanagements, Managementinformationssysteme, zwischenmenschliche Prozesse und sogar die Organisationsmitglieder alle Ergebnis einer bewusst gestalteten Unternehmenskultur sein können.

So haben die Mitglieder des Topmanagements der untersuchten Firma, durch eine Krise initiiert, im Rahmen einer *philosophischen Diskussion*, die sich über ein Jahr hinstreckte, die wesentlichen Parameter des Unternehmens entwickelt bzw. darüber entschieden und diese dann im Laufe von zwölf Jahren bewusst implementiert. Dabei kristallisierten sich zum einen der *Typus Mensch* als zentraler Gestaltungsparameter heraus, der die Entscheidung über die *richtige*, d. h. für diesen *Typus Mensch* passende Struktur beeinflusste, wie auch strategische Entscheide auf der Basis von wahrgenommenen Kernkompetenzen, die dann die relevanten Messgrößen bestimmten. Zusammen spannten sie die Unternehmensrealität auf und steuerten Unternehmenspraktiken wie die Art der Arbeitserledigung, die Art der Zusammenarbeit, Lernmechanismen sowie die Art des Umgangs mit Veränderungen.

Dies bedeutet, dass am Anfang jeder bewussten Kulturgestaltung zunächst ein *Bewusstwerdungsprozess* erfolgen muss, der den Organisationsmitgliedern erst ermöglicht, ihre spezifische Kultur benennen und bewerten zu können. Erst dann lässt sich entscheiden, welche Aspekte beibelassen und welche – wenn möglich – geändert werden sollten. Damit dieser Bewusstwerdungsprozess nicht zu einer Einmalaktion degradiert, bedarf es zusätzlich einer Fähigkeit, die man mit kultureller Sensibilität bezeichnen kann. *Kulturelle Sensibilität* bedeutet eine Art Lese- und Interpretationsfähigkeit, die es einem ermöglicht, im täglichen Arbeitsprozess kulturelle Spezifika und Veränderungen bewusst wahrzunehmen. Hierzu braucht es eine gewisse kritische Distanz bzw. eine Distanzierungsfähigkeit wie auch Distanzierungsmöglichkeiten. Kulturelles Bewusstsein und kulturelle Sensibilität lassen sich unternehmensintern nur durch eine Art dialektischen Prozess bei kritischer

Distanz erreichen. So gibt es z. B. eine Reihe erfolgreicher Unternehmen, die sich regelmäßig von externen Beratern kritisch analysieren lassen, um frühzeitig Verbesserungsmöglichkeiten zu erkennen, die intern aufgrund der *Kulturgefangenheit* nicht unbedingt wahrgenommen würden.

Ist diese kulturelle Sensibilität etabliert, können eine Reihe konkreter Unternehmenspraktiken herangezogen werden, um die Auftrittswahrscheinlichkeiten von bestimmten Verhaltensweisen mit den dazugehörigen kognitiven Steuerungsmechanismen zu beeinflussen. Solche Maßnahmen können prinzipiell bei den Kontextbedingungen und den Kulturträgern, personifiziert durch Mitarbeiter und Führungskräfte, erfolgen.

Zu den *Kontextbedingungen* gehören, wie oben schon erwähnt, die spezifische Organisationsstruktur mit ihren Ablaufprozessen, sämtliche Managementsysteme sowie Technologien und Artefakte. Bei den Managementsystemen muss man jedoch aufpassen, dass sie die gewünschte Kulturrealität auch tatsächlich abbilden bzw. ermöglichen. Hierzu zählen Systeme im Bereich der Entlohnung, der Kommunikation, der Managementinformation wie auch des Controllings. Während Kommunikationssysteme, Managementinformationssysteme, Technologien und auch Raumgestaltung eher *Enabling-Charakter* haben, steuern Entlohnungs- und Controllingsysteme die Aufmerksamkeit der Mitarbeiter und Führungskräfte direkt.

Bei den *Kulturträgern* spielt das gesamte *Human Resource Management* mit seinen Praktiken und Systemen eine zentrale Rolle für die bewusste Kulturgestaltung. Worauf wird bei der Personalplanung und -auswahl, bei der Einführung und Sozialisation neuer Mitarbeiter geachtet? Welche Kulturinhalte vermitteln Aus- und Weiterbildungspraktiken? Worauf wird im *Management Development* Wert gelegt?

Bei der bewussten Kulturgestaltung kommt den *Führungskräften* qua Positionsmacht eine besonders wichtige Rolle zu. In ihrer Rolle als Vorgesetzte sind sie immer Vor-Bild – ob sie wollen oder nicht. Führungskräfte stellen eine der besten Orientierungshilfen für Mitarbeiter dar. Daher sollte sich jedes Unternehmen im Rahmen einer bewussten Kulturgestaltung immer wieder die Frage stellen, welche kulturelle Realität ihre Führungskräfte tatsächlich vorleben. Papier ist geduldig, verbale Kommunikation bewusst gesteuert, doch ohne die nonverbale Unterstützung durch das gelebte Verhalten werden Reden zu Floskeln und dadurch kontraproduktiv.

4. Abschließende Bemerkung

Wesentlich ist bei der Unternehmenskultur und ihren Implikation für die Unternehmenspraxis, zu beachten, dass Unternehmen und Unternehmenspraktiken selbst Kulturprodukte des relevanten Unternehmensumfeldes und somit selbst durch das relevante Unternehmensumfeld beeinflusst sind. Außerdem handelt es sich bei Unternehmen um soziale Systeme, d. h. Humansysteme. Soziale Systeme zeichnen sich durch andere Charakteristika aus als Maschinensysteme,[6] wie oben diskutiert. Der Umgang mit Probabilistiken fällt jedoch vielen Managern nicht so einfach. Es lebt sich in einer Führungsposition vielleicht leichter mit der Illusion, vermeintlich ursächlich das Geschehen im Unternehmen beeinflussen zu können, als damit leben zu müssen, *nur* optimale Bedingungen hierfür schaffen zu können.

Aus der Systemperspektive heraus ist es wichtig, bei bewussten Gestaltungspraktiken die Gesetzmäßigkeiten sozialer Systeme – vor allem ihre Vernetztheit – zu beachten. So haben Maßnahmen, die in einem Bereich durchgeführt werden, i. d. R. Auswirkungen auf andere Bereiche. Diese Effekte müssen beobachtet werden, damit gegebenenfalls steuernd eingegriffen werden kann. Außerdem lässt sich Unternehmenskultur nicht durch eine gezielte Maßnahme in nur einem Bereich verändern oder maßgeblich beeinflussen. Wenn man sich nochmals Abbildung 3 („Die sich gegenseitig stabilisierenden Kulturkomponenten") wie auch Abbildung 5 („Das Mikrosystem Unternehmen") vor Augen führt, müssen bei der bewussten Kulturgestaltung alle vier Komponenten der Unternehmenskultur beachtet werden: die bestehenden grundlegenden Überzeugungen, das dazugehörige verbale und nonverbale Verhalten, die Artefakte wie auch die dazugehörigen Emotionen. Sehr häufig setzen Gestaltungsmaßnahmen nur an den Artefakten oder dem Verhalten an, ohne dass die grundlegenden Überzeugungen oder die emotionale Verankerung beachtet würden. So lassen sich grundsätzliche strategische Richtungsänderungen nur dann auch implementieren, wenn die Strukturen und Ablaufprozesse entsprechend ausgerichtet werden, wenn die Menschen, die diese strategischen Änderungen implementieren sollen, auch die entsprechende mentale Ausrichtung haben sowie entsprechend miteinander agieren und wenn die für die neue Strategie notwendigen Technologien und Systeme eingeführt bzw. entsprechend angepasst werden. Dabei müssen diese Veränderungen durch sämtliche relevanten Subsysteme und Subkulturen diffundieren. So lässt sich z. B. ein schnelleres Agieren im relevanten Markt nur mit Menschen realisieren, die auch flexibles und bei Bedarf unternehmerisches Denken und Handeln zeigen. Dies ist jedoch nur möglich im Rahmen von Auf- und Ablaufstrukturen, die solch eine Flexibilität erlauben, unterstützt durch die notwendigen Systeme und Technologien, die auf solch eine Flexibilität ausgerichtet sind.

Im Prinzip ist eine Unternehmenspraxis als bewusste Kulturgestaltung eigentlich einfach. Was jedoch in der Praxis meist Schwierigkeiten bereitet, ist die Umsetzung – die regelmäßige kritische Reflexion auf Metaebene, kombiniert mit dem Hinterfragen der eigenen Wirksamkeit, die gleichzeitige Berücksichtigung der miteinander vernetzten Kulturkomponenten und vor allem das glaubwürdige, konsistente und konstante Vorleben der gewollten Kultur.[7]

Anmerkungen

1 z. B. Deal a. Kennedy (1982) und Tunstall (1985).

2 Die beiden Begriffe „Unternehmen" und „Organisation" werden hier abwechselnd gebraucht, wobei Organisation als Überbegriff betrachtet wird, der sowohl für den For- wie auch Not-for-profit-Bereich zutrifft.

3 Eine ausführliche Diskussion dieser drei Kulturauffassungen findet sich in Sackmann (1989).

4 Siehe z.B. Smircich, Linda (1983) und Ebers, Mark (1985).

5 Eine ausführliche Beschreibung findet sich bei Sackmann, Sonja A. (1991a). Dieses Modell von Kultur als kollektiver Wissensbasis wurde z. T. empirisch gewonnen und empirisch überprüft und hat sich in einer Reihe von Untersuchungen und Anwendungen als sehr brauchbar erwiesen.

6 Siehe hierzu z. B. Buckley (1968, p. 3–10) sowie Morgan(1997).

7 Detailliertere Hinweise zur konkreten Kulturgestaltung findet der interessierte Leser in Sackmann, Sonja A. (1990b, S. 153–188; 1997, S. 135–156; 1999, S. 15–37).

Literatur

Barnard, C. I. (1938): The Functions of the Executive. Cambridge, MA (Harvard University Press).

Barney, J. B. (1986): Organizational Culture: Can it be a Source of Sustained Competitive Advantage? *Academy of Management Review* 11 (3): 656–665.

Bennis, W. W. (1969): Organization Development: It's Nature, Origins, and Perspectives. Reading, MA (Addison-Wessley).

Boulding, K. E. (1968): General Systems Theory – The Skeleton of Science. In: W. Buckley (ed.): Modern Systems research for the Behavioral Scientist. Chicago (Aldine Publishing Company).

Buckley, W. (1968): Modern Systems research for the Behavioral Scientist. Chicago (Aldine Publishing Company), pp. 3–10.

Deal, T. a. A. Kennedy (1982): Corporate Cultures. Reading, MA (Addison-Wessley).

Ebers, M. (1985): Organisationskultur: Ein neues Forschungsprogramm? Wiesbaden (Gabler).

Foerster, H. von (1987): Trivial and Non-Trivial Machines. (Vortrag auf dem Kongreß "Organizational Transformation". Herrnstein, Österreich, 26.–28. Januar.)

Langness, L. L. (1979): The Study of Culture. San Francisco (Chandler & Sharp).

Mahdi, M. (1971): Ibn Khaldun's philosophy of history. Chicago (University of Chicago Press), p. 173.

Martin, J. a. C. Siehl (1983): Organizational culture and counter-culture: An uneasy symbiosis. *Organizational Dynamics* 12 (2): 52–64.

Martin, J., S. Sitkin a. M. Boehm (1983): Wild-eyed guys and old salts: The emergence and disappearance of organizational subcultures. (Working Paper, Graduate School of Business, Stanford University.)

Martin, J., S. Sitkin a. M. Boehm (1985): Founders and the elusiveness of a cultural legacy. In: P. J. Frost et al. (eds.): Organizational culture. Beverly Hills, CA (Sage).

Morgan, G. (1997): Images of Organizations. Thousand Oaks, CA (Sage).

Pascale, R. T. a. G. A. Athos (1981): The Art of Japanese Management. New York (Warner Books).

Peters, T. J. (1984): In Search of Excellence: Lessons learnt from American's best-run companies. (Presentation given at the Conference "Managing Corporate Cultures", Pittsburg, October 1971).

Peters, T. J. a. R. H. Waterman (1982): In Search of Excellence: Lessons from America's Best-run Companies. New York (Harper & Row).

Sackmann, S. A. (1983): Organisationskultur – die unsichtbare Einflußgröße. *Gruppendynamik* 4: 393–406.

Sackmann, S. A. (1989): Kulturmanagement: Läßt sich Unternehmenskultur „machen"? In: K. Sandner (Hrsg.): Politische Prozesse in Unternehmen. Berlin (Springer), S. 157–184.

Sackmann, S. A. (1990a): Managing Organizational Culture: Dreams and Possibilities. Communication Yearbook 13. Newbury Park, CA (Sage), pp. 114–148.

Sackmann, S. A. (1990b): Möglichkeiten der Gestaltung von Unternehmenskultur. In: C. H. Lattmann (Hrsg.): Die Unternehmenskultur. Heidelberg (Physica).

Sackmann, S. A. (1991a): Cultural Knowledge in Organizations: Exploring the Collective Mind. Newbury Park, CA (Sage).

Sackmann, S. A. (1991b): Uncovering Culture in Organizational Settings. *Journal of Applied Behavioral Sciences* 27 (3): 295–317.

Sackmann, S. A. (1992): Culture and Subcultures: An Analysis of Organizational Knowledge. *Administrative Science Quarterly* 2: 140–161.

Sackmann, S. A. (1997): Fragen der Organisationsentwicklung: Ist Krankenhauskultur gestaltbar? In: R. Klein u. G. M. Borsi (Hrsg.): Pflegemanagement als Gestaltungsauftrag. Frankfurt a. M. (Peter Lang), S. 135–156.

Sackmann, S. A. (1999): Culture Change – eigentlich wär's ja ganz einfach ... wenn da nicht die Menschen wären. In: K. Götz, M. Löwe, S. Schuh u. M. Szautner (Hrsg.): Culture Change. München/Mering (Rainer Hampp), S. 15–37.

Sapienza, A. M. (1985): Believing is seeing: How organizational culture influences the decisions top managers make. In: R. H. Kilmann, M. J. Saxton a. R. Serpa (eds.): Gaining Control of the Corporate Culture. San Francisco (Jossey Bass), pp. 66–83.

Scott-Morgan, P. (1995): Die geheimen Spielregeln: Die Macht der ungeschriebenen Gesetze. Frankfurt a. M./New York (Campus).

Smircich, L. (1983): Concepts of culture and organizational analysis. *Administrative Science Quarterly* 18: 339–358.

Tunstall, W. B. (1985): Breakup of the Shell System: A Case Study in Cultural Transformation. Gaining Control of the Corporate Culture. San Franscisco (Jossey Bass).

DIE KONSTRUKTION VON ORGANISATIONEN MITHILFE VON METAPHERN

> *„Die Wahrheiten sind Illusionen, von denen man vergessen hat,*
> *daß sie welche sind, Metaphern, die abgenutzt und*
> *sinnlich kraftlos geworden sind, Münzen, die ihr Bild verloren haben*
> *und nun als Metall, nicht mehr als Münzen in Betracht kommen."*
> Friedrich Nietzsche

1. Einleitung

Die Institution Organisation verdankt ihre Entstehung Metaphern (Dohrn-van Rossum 1977). 494 setzte der Konsul Menenius Agrippa folgende Fabel ein, um den Plebejern, die sich vor den Toren Roms zusammengerottet hatten, die Notwendigkeit einer Kooperation mit den Patriziern begreiflich zu machen und sie dazu zu bewegen, sich wieder der Führung des Senats anzuvertrauen:

„Ein ungeheurer Schrecken herrschte in der Stadt, und einer hatte Angst vor dem andern. Die von ihren Leuten in der Stadt zurückgelassenen Plebejer fürchteten eine Gewalttätigkeit der Patrizier; die Patrizier fürchteten die in der Stadt gebliebenen Plebejer und wussten nicht, ob sie lieber wollten, dass sie blieben oder dass sie weggingen. Wie lange aber werde die Menge, die weggezogen sei, ruhig bleiben? Was werde denn geschehen, wenn in der Zwischenzeit ein Krieg von außen hereinbreche? Sie glaubten, dass wirklich nur eine Hoffnung bleibe: die Eintracht der Bürger; die müsse in der Bürgerschaft um jeden Preis wiederhergestellt werden. Daher beschlossen sie, Menenius Agrippa als Unterhändler zu den Plebejern zu schicken, einen beredten Mann, der auch den Plebejern lieb war, weil seine Ahnen Plebejer gewesen waren. Er wurde ins Lager geschickt und soll dort in der damaligen altertümlichen schlichten Art zu reden nichts anderes getan haben, als dass er folgende Geschichte erzählte: Zu der Zeit, als im Menschen nicht wie jetzt alles im Einklang miteinander war, sondern von den einzelnen Gliedern jedes für sich überlegte und für sich redete, hätten sich die übrigen Körperteile darüber geärgert, dass durch ihre Fürsorge, durch ihre Mühe und Dienstleistung alles für den Bauch getan werde, dass der Bauch aber in der Mitte ruhig bleibe und nichts anderes tue, als sich der dargebotenen Genüsse zu erfreuen. Sie hätten sich daher verschworen, die Hände sollten keine Speise mehr zum Munde führen, der Mund solle, was ihm dargeboten werde, nicht mehr aufnehmen, und die Zähne sollten nicht mehr kauen. Indem sie in diesem Zorn den Bauch durch Hunger zähmen wollten, habe zugleich die Glieder selbst und den ganzen Körper schlimmste Entkräftung befallen. Da sei dann klargeworden, dass auch der Bauch eifrig seinen Dienst tue und dass er nicht mehr ernährt werde, als dass er ernähre, indem er das Blut, von dem wir leben und stark sind, gleichmäßig auf die Adern verteilt, in alle Teile des Körpers zurückströmen lasse, nachdem es durch die Verdauung der Nahrung seine Kraft erhalten habe. Indem Agrippa dann einen Vergleich anstellte, wie ähnlich der innere Aufruhr des Körpers dem Zorn der Plebs gegen die Patrizier sei, habe er die Menschen umgestimmt" (Livius 1987, S. 233 ff.).

Einige Jahrhunderte später wurde im Zusammenhang mit der Kirche häufig die Metapher vom Corpus Christi verwendet. Basilius setzte sie beispielsweise ein, um die Eintracht der Kirche zu betonen. Den Klerus verglich er dabei mit dem Kopf auf dem „Körper der Gemeinde" (Dohrn-van Rossum 1978, S. 535).

Im Leviathan bezeichnet Hobbes die Form des Commonwealth als politischen Körper, der sich vor allem als „Ergebnis menschlicher Eingriffe" von Naturkörpern unterscheidet (Dohrn-van Rossum 1978, S. 555). Die Art der Herstellung dieses *politischen Körpers* vergleicht Hobbes mit der Erzeugung eines künstlichen Menschen, der wie ein Automat oder eine Uhr mit Rädern und Federn zu denken und dessen Funktionieren durch die Zerlegung in seine Bestandteile zu begreifen sei.

Der Begriff der Organisation taucht erstmals im Zusammenhang mit der Französischen Revolution auf. Er ist naturwissenschaftlichen Körperbeschreibungen entnommen[1] und bezeichnet etwas bewusst Geschaffenes, auf bestimmte Zwecke hin Entwickeltes, das wiederum verändert, fortentwickelt werden kann (Dohrn-van Rossum 1977, S. 253 ff.). Der früheste Nachweis ist die Schrift *Qu'est-ce que tiers État?* von 1789 des Abbé de Sieyès, in der es heißt:

„Es ist unmöglich, einen Körper zu einem gewissen Zwecke zu schaffen, ohne ihm eine Organisation, Formen und Gesetze zu geben, welche ihn zur Leistung derjenigen Verrichtungen, zu denen man ihn bestimmen wollte, geschickt machen. Dies ist es, welches die Grundverfassung (Konstitution) dieses Körpers genannt wird (zit. n. Böckenförde 1978, S. 568).

Die Menschen der Revolution fühlen sich durch die Tradition nicht mehr gebunden und nehmen die Gestaltung des Staatskörpers selbst in die Hand. *Organiser* steht für die Schaffung eines funktional differenzierten Staatswesens, das gerade durch die Schaffung spezialisierter Organe ständig eine Reihe von Leistungen für die Bürger erbringen sollte und damit den Staat von einem Herrscher und seinen Launen unabhängig machen sollte. Aus der Erläuterung des Begriffs *organiser* in einem anonymen deutschen Wörterbuch der französischen Sprache aus dem Jahre 1799 wird deutlich, dass man außerhalb der französischen Grenzen die Bedeutung des neuen Wortes noch nicht verstand oder verstehen wollte:

„Ein Land auf französische Art einrichten. Das Verfahren ist überall das nämliche. Ein französischer General mit Truppen ... bricht, steigt, filoutirt sich ins Land, erklärt den Bewohnern, dass sie auf Befehl des französischen Directoriums frey seyn sollen; die alte Regierung wird abgeschafft, und eine neue, bestehend aus einem Paar ausgearteten Pfaffen, die alle schon vorher mit den Franzosen unter der Decke steckten, eingeführt ..." (Dohrn-van Rossum 1977, S. 63 f.).

In seiner *Kritik der Urteilskraft* betont Kant (Kant 1963, S. 341) die Gleichberechtigung aller Glieder des *Staatskorpus*:

„So hat man sich bei einer neuerlich unternommenen, gänzlichen Umbildung eines großen Volks zu einem Staat des Worts Organisation häufig für Errichtung der Magistraturen usw. und selbst des ganzen Staatskörpers sehr schicklich bedient. Denn jedes Glied soll freilich in einem solchen Ganzen nicht bloß Mittel, sondern zugleich auch Zweck, und, indem es zu der Möglichkeit des Ganzen mitwirkt, durch die Idee des Ganzen wiederum, seiner Stelle und Funktion nach, bestimmt sein."

In der organischen Staatsauffassung wird der Staat als eine höhere Form der Persönlichkeit dargestellt. Eine Grundthese lautet: Die Gemeinschaft des Menschen müsse, weil sie aus Einzelmenschen bestehe und damit sie aus ihnen bestehen könne, eine Gleichartigkeit mit dem Wesen des Einzelnen aufweisen (Stein 1869). Der *Wille* des Staates findet seine Erscheinung im gesetzgebenden Körper, die Tat im Organismus der vollziehenden Gewalt und das Ich im Staatsoberhaupt (Stein 1869, S. 12). Organisation und Organismus werden als synonyme Begriffe verwandt (Böckenförde 1978, S. 609).

Später wurden die Begriffe „Körperschaft", „Korporation" und „Organisation" nicht mehr nur auf den Staat, sondern auch auf Verbände aller Art angewendet. Für die handelnden Glieder dieser Gebilde wird der Begriff des *Organs* beibehalten. Das Konstrukt der juristischen *Person*, das für moderne Organisationen konstituierend ist, ist eng mit diesem Begriff verbunden (Coleman 1979).

In der Industrialisierung war es die Metapher vom Räderwerk der Maschine oder der Uhr, die dem sich entwickelnden organisatorischen Leitbild Anschaulichkeit und Durchsetzungskraft verlieh (McKenna a. Wright 1992). So legte Bourcart (1874, S. 16) den Unternehmern ans Herz, dass ein „industrielles Geschäft" wie eine Uhr zu sehen sei, „bei der ein Rad ins andere eingreift und die zuletzt dem Eigenthümer aufzeigt, was die Glocke geschlagen". Taylor wies sie darauf hin, dass es für jeden Mitarbeiter "absolutely necessary" sei, "to become one of a train of gear wheels" (zit. n. Rodgers 1978, p. 55).

Bestsellerautoren, die heute neue Formen der Organisation propagieren, greifen ebenfalls mit Vorliebe auf Metaphern zurück (Kieser 1998, 1996). Sie propagieren beispielsweise, dass Organisationsstrukturen „Zelte statt Paläste" sein sollen, dass ein Unternehmen, um „in der Spitzenliga ... auf Dauer mitspielen" zu können, ein „lebender Organismus" werden müsse, der „immer intelligenter, stärker und in seiner Umgebung dominant wird" (McKinsey & Company et al. 1994, p. 4). Sie empfehlen Managern, nicht mehr „Feldherren zu spielen", sondern auf dem „Chaos zu surfen" (Gerken 1992, S. 335), nicht länger „auf den Hintertreppen psychologisch geschickter Verführung" herumzuschleichen, sondern „Energie ungehindert fließen und sich individuelles Unternehmertum Bahn" brechen zu lassen (Sprenger 1992, S. 214). Unternehmen sollen „town meetings" veranstalten (so das Ziel einer der Kampagnen von Jack Welch, s. Barrett 1995) oder zu „ongoing talkshows" mutieren (Peters 1994, p. 159).

In diesem Aufsatz versuchen wir zu erklären, weshalb Metaphern bei der Entstehung der Institution Organisation und bei Ansätzen zu ihrer Neugestaltung eine so große Rolle spielen.

2. Funktionen von Metaphern

Metaphern haben seit jeher das menschliche Interesse an ihrer Natur und ihren Funktionen erregt. Die Metaphernforschung reicht mindestens zurück bis zu Aristoteles und vereinigt Philosophen, Linguisten, Psychologen und Anhänger anderer Disziplinen in ihrem Streben nach der Erkenntnis der Metapher. Sie haben Metaphern eine Vielzahl von Funktionen zugeschrieben: lyrische, dekorative, pädagogische, heuristische, strukturelle, ontologische und bewusstseinsbildende. In unserer Analyse stützen wir uns besonders auf die Theorie von Lakoff a. Johnson, deren Monographie *Metaphors We Live by* (1980) vor allem in die kognitiven Funktionen der Metapher einführt.

2.1 Strukturelle Metaphern

Lakoff und Johnson schreiben Metaphern die Funktion zu, alles zu strukturieren, was wir wahrnehmen. Ausgangspunkt ist ihre Überzeugung, dass "our ordinary conceptual system, in terms of which we both think and act, is fundamentally metaphorical in nature" (ibid., p. 3). Das hängt mit der Besonderheit des menschlichen Verstehens zusammen, einen unbekannten Sachverhalt nur durch den Vergleich mit schon bekannten Dingen erfassen zu können. Man benötigt eine Referenz aus einem bekannten Bewusstseinsbereich, dessen Eigenschaften auf einen neuen, unbekannten Bewusstseinsbereich übertragen werden. Dadurch dass – anders als bei einer Analogie, die den Vergleich durch das „wie" abschwächt – A einfach B völlig gleichgesetzt wird, – wirkt die Metapher nachhaltiger. Es werden Dinge, die vorher nicht miteinander in Verbindung standen, zusammengebracht. Das Paradox, mit dem sich der Verstand konfrontiert sieht, und das auf den ersten

Blick und nach der ersten wörtlichen „Lesung" wenig Sinn macht, führt dazu, dass sich das Bewusstsein länger mit ihm beschäftigt, es versucht, es zu lösen, und es schließlich in seiner Bildhaftigkeit akzeptiert. Für das Erkennen, Wahrnehmen und Verstehen der neuen Sache gilt, dass dies nur innerhalb des konzeptuellen Rahmens stattfinden kann, der durch einen bereits bekannten Bewusstseinsbereich vorgegeben wird. Dadurch wird B im Sinne von A strukturiert. Dabei sollte der Teil der Metapher, der das Bekannte evoziert, spezifisch und genau genug sein, um ein Bild entstehen zu lassen. Außerdem sollte er so gewählt sein, dass die meisten Rezipienten ihn aus eigener Erfahrung kennen können, und er sollte zudem frisch und neu sein, also zwei bis dahin nicht in Zusammenhang stehende Wesensbereiche verbinden (McKenna a. Wright 1992, p. 907).

Das metaphorische Konzept ist systematisch, d. h., nicht nur einzelne Aspekte des einen Daseinsbereichs werden auf den anderen übertragen, sondern auch die Ausdrücke und das Vokabular von A wird auf B übertragen. Wird z. B. die Aussage getroffen, "Richard is a gorilla", dann entsteht ein vollständiges Bild in unserem Kopf, das Richard als "fierce, nasty and prone to violence" darstellt (Searle 1979, p. 97). Damit zeigt sich recht anschaulich, worin die Stärke der Metapher gegenüber der wörtlichen Paraphrase liegt, wobei Paraphrasen Metaphern in der Sprachpraxis nicht gänzlich ersetzen könnten: Mit einem Wort wird ein ganzes Wortfeld aktiviert, und der Rezipient der Metaphern hat aufgrund eines Begriffes eine umfangreiche Vorstellung von dem durch die Metapher erläuterten Begriff – in diesem Fall von Richard.

Lakoff und Johnson bieten als Beispiel das Wortfeld „Diskussion" an, das in der westlichen Kultur in seiner Struktur dem Wortfeld „Kampf" entspricht (Lakoff a. Johnson 1980, p. 4). Eine Diskussion wird gewonnen, verloren, ausgefochten, man kann darin Niederlagen erleben und Kräfte messen. Das Konzept „Kampf" strukturiert also nicht nur die Sprache, die es ermöglicht, über Diskussionen zu reden, sondern legt auch die Strukturen dafür fest, wie man über Diskussionen denkt und in den entsprechenden Gesprächssituationen handelt. So kann man bei einer Diskussion häufig Tatbestände wie Angriff, Verteidigung, Gegenangriff oder Rückzug identifizieren. Dass Diskussionen wie Kämpfe wahrgenommen und behandelt werden, ist eine Eigenart des westlichen Kulturkreises. Lakoff und Johnson laden zu einem Gedankenspiel ein: "Imagine a culture where an argument is viewed as a dance, the participants are seen as performers, and the goal is to perform in a balanced and aesthetically pleasing way" (Lakoff a. Johnson 1980, p. 5). Tatsächlich ist das einfacher gesagt denn getan. Es ist für uns fast unmöglich, einer metaphorisch als „Kampf" strukturierten Sache ein anderes metaphorisches Konzept aufzuzwingen. Es bleibt zu vermuten, dass wir, falls wir eine derart anders strukturierte Diskussion erleben würden, sie nicht unbedingt als solche erkennen könnten. *"The essence of metaphor is understanding and experiencing one kind of thing in terms of another"* (ibid., p. 5).² Die Struktur des einen Wesensbereichs wird aber nur teilweise auf den anderen übertragen, schließlich ist A nicht gleich B, sondern es wird nur mithilfe von B strukturiert; eine Diskussion ist letztendlich kein Kampf. "Thus, part of a metaphorical concept does not and cannot fit" (ibid., p. 13).

Es ist auch nicht verwunderlich, dass ein eher materielles Wortfeld wie Kampf herangezogen wird, um das intellektuellere Feld der Diskussion zu erläutern. Wie unter Abschnitt 3 noch genauer erklärt werden wird, ist das menschliche Vorstellungssystem an das gebunden, was der Mensch physisch erleben kann. Das Referenzsystem ist in der körperlichen Erfahrung verwurzelt. „The RATIONAL ARGUMENT IS WAR metaphor ... allows us to conceptualize what a rational argument is in terms of something that we understand more readily, namely, physical conflict" (ibid., p. 61). Einschränkend ist allerdings anzumerken, dass nicht der physische Kontakt allein dafür verantwortlich ist, was der Mensch wahrnimmt oder erfährt, sondern dass seine Erfahrungen mindestens genau so stark von der ihn umgebenden Kutur geprägt sind. Der physische Kontakt wird innerhalb des kulturell kodierten Systems gelesen, und die Information darüber geht entsprechend gebrochen über Metaphern in das Vorstellungssystem ein (ibid., p. 57).

Metaphern gehören zur „bildhaften Sprache", d. h., sie führen Bilder vor Augen, um etwas zu erklären, um das Denken zu stimulieren und um Freiräume für neue Gedankenkombinationen zu schaffen. "Metaphor allows us to comprehend in ways that a literal rendering cannot ... metaphors make us think by their very nature. When encountering a metaphor, we will, consciously or not, reckon the ‚associated commonplaces' between two apparently unrelated domains that the metaphor connects" (Klamer a. Leonard 1994, p. 27). Durch dieses Zusammenspiel von vordem unverknüpften Bildern wird dem Konzept, das es zu erhellen gilt, neue Bedeutung zugewiesen.

2.2 Aspekthervorhebung und -vertuschung

Eine wichtige Eigenschaft der Metapher ist, dass sie bestimmte Aspekte des betrachteten Sachverhalts hervorhebt, während sie andere regelrecht versteckt. Die Aussage "The man is a lion" lenkt unsere Aufmerksamkeit auf die löwengleichen Eigenschaften eines Mannes, und während er zur selben Zeit auch ein Heiliger, ein Teufel oder ein Einsiedler sein könnte, verbirgt die Löwenmetapher alle diese Eigenschaften (Morgan 1986, p. 13). Hier kommt der Wirklichkeit konstruierende Aspekt von Metaphern zum Tragen. Die Welt kann nur so gesehen werden, wie die Metapher es erlaubt. Was nicht in ihr Bild passt, ist durch die Linse, durch die sie uns die Welt sehen lässt, nicht erkennbar.³

Mit Metaphern werden *neue Wirklichkeiten* konstruiert. Von berühmten Erfindern wird häufig berichtet, dass ein Denken in Metaphern ihnen zu ihren Entdeckungen verholfen habe (Hughes 1989, S. 83 ff.). In ähnlicher Weise erleichtern, wie wir in der Einleitung gesehen haben, Metaphern die Bildung neuer Institutionen und ihre Veränderung. Auf diese Funktion der Metapher gehen wir noch ausführlicher ein.

Wird man mit Metaphern konfrontiert, kann das Wissen um ihre Doppelfunktion des Hervorhebens und Vertuschens sehr hilfreich sein, um die ideologische Falle zu vermeiden, die sie aufstellen können. Besonders geläufige Metaphern, wie z. B. „Zeit ist Geld", übersieht man leicht, und häufig ist man sich der metapherhaften Natur von Aussagen gar nicht bewusst. "This is so much the conventional way of thinking about language that it is sometimes hard to imagine that it might not fit reality" (Lakoff a. Johnson 1980, p. 11). Metaphern schaffen Wirklichkeit: Sie wiederholen auf subtile Weise Dogmen einer Kultur und verleihen ihnen damit Glaubwürdigkeit; die für die Dogmen unpassende Teile der Wirklichkeit werden verschwiegen.

2.3 Orientierungsmetaphern

Wie funktioniert unser Lernen und Wahrnehmen überhaupt? Lakoff und Johnson gehen davon aus, dass es neben den strukturellen Metaphern Orientierungsmetaphern gibt. Diese organisieren und strukturieren nicht nur ein Konzept mithilfe eines anderen, sondern "a whole system of concepts with respect to one another" (Lakoff a. Johnson 1980, p. 14). Sie geben den Begriffen ihre räumliche Orientierung. Man geht davon aus, dass der Mensch nur mit seinem Körper Erfahrungen erster Hand machen kann. Er nimmt also alles andere im Bezug auf und im Vergleich mit seinem Körper wahr, womit sich „natürliche" Oppositionen wie innen/außen, oben/unten, vorne/hinten etc. ergeben. Diese räumlichen Konzepte, die der Mensch erfährt, überträgt er auf andere Wesensbereiche, wobei jeweils die Kultur festlegt, wie die räumliche Orientierung zu bewerten ist. Die jeweiligen Zuweisungen können physikalisch oder kulturell begründet sein. Generell sind die räumlichen Orientierungen in sämtlichen Kulturen wichtig, allerdings unterscheiden sich die Wertzuweisungen unter ihnen. In der westlichen Kultur ist die Dichotomie oben/unten in der Regel gleichbedeutend mit gut/schlecht. Oben steht meistens für gut, erfolgreich und erstrebenswert.[4] In einer Kultur, in der zentrisches Denken vorherrscht, könnte hingegen das Gegensatzpaar innen/außen mit der Wertigkeit gut/schlecht besetzt sein.

2.4 Pädagogische Metaphern

Die pädagogische Metapher dient dazu, einem Lernenden ein Konzept, das ihm bis dahin unbekannt war, anschaulich zu vermitteln. Schon Aristoteles wies auf das Verdienst von Metaphern als Lernhilfe hin, die aufgrund ihrer Natur und des Überraschungseffekts, der ihnen innewohnt, weil sie auf den ersten Blick paradox scheinen können, ein leichtes Lernen ermöglichen (Aristoteles 1995, S. 190). Wie schon erwähnt wurde, eignet sich der Mensch neues Wissen im Normalfall mithilfe von Metaphern an. Das könnte u. U.

erklären, warum Einsteins Relativitätstheorie für Laien so unverständlich ist: "Albert Einstein's theory of relativity deals with phenomena so removed from commonsense experience that most people can scarcely begin to understand it" (Marius 1991, p. 179).

Metaphern rufen mentale Bilder hervor, die das Neue auf eine bekannte Ebene übersetzen und es dem Lernenden erlauben, das Konzept zu visualisieren. Die Anschaulichkeit, die durch die Bildhaftigkeit erreicht wird, sorgt dafür, dass das Lernen spielerisch stattfindet, und auch, dass das Erlernte „länger präsent" bleibt (Gloor 1987, S. 27). Beispiele aus der Organisationstheorie sind z. B. Erklärungen, dass Organisationsformen hierarchisch wie Pyramiden oder demokratisch wie Netzstrukturen sein können, dass man nichts Geringeres als Visionen benötigt, um Mitarbeiter optimal motivieren zu können, oder dass Mikropolitik aus Spielen (wenngleich in der psychologischen Lesart) besteht, die Mitarbeiter miteinander bzw. gegeneinander spielen. Pädagogische Metaphern dienen dazu, schon existierende und erkannte Phänomene zu erläutern, solche, die "well understood if not easily grasped" sind. Damit ist ihre Reichweite begrenzt, und sie funktionieren ähnlich den poetischen Metaphern: Sie arbeiten mit dem Bekannten und wandeln es in etwas leichter Verständliches um (Klamer a. Leonard 1994, S. 32).

"The very possibility of learning something radically new can only be understood by presupposing the operation of something very much like metaphor" (Petrie 1979, p. 439). Petries Ansicht nach kann Lernen und Verstehen nur dadurch erfolgen, dass das zu Lernende in einen bestimmten Kontext gestellt wird, wobei sich natürlich die Frage stellt, wie man etwas völlig Neues lernen kann, für das es noch keinen Kontext gibt. Er schreibt hier den Metaphern das Verdienst zu, dass sie "can provide a bridge from the known to the radically unknown, from a given context of understanding to a changed context of understanding" (ibid., p. 440). Dieser veränderte Kontext des Verstehens erfordert veränderte kognitive Strukturen, die die Metapher herstellt, indem sie den Lernenden zuerst mit einer Verbindung von zwei Konzepten konfrontiert, die, nimmt er sie wörtlich, keinen Sinn ergeben. Dies zwingt ihn dazu, eine neue Perspektive zu ihnen einzunehmen und damit den Wissensrahmen zu wechseln. Nimmt man die Metapher des Wissensrahmens, dann würde eine wörtliche Lesart u. U. ergeben, dass man sich vorstellt, einen Rahmen hochzuhalten und durch ihn hindurchzusehen. Da das aber nicht gemeint sein kann, wird eine Anomalie zu den angewandten Regeln des Verstehens entdeckt, die, nachdem sie sich als ungenügend erweisen, das Neue zu erklären, durch das Zusammenspiel der beiden Gebiete abgeändert werden, bis eine neue Denkstruktur entsteht, in deren Rahmen die Verbindung der beiden Bereiche Sinn macht (ibid., p. 440, 444, 457). Metaphern ermöglichen jedoch mehr, als nur schon Bekanntes auf verständlicherere Ebenen herunterzubrechen; sie schaffen vielmehr neue

Wissensspielräume oder legen Grundsteine für neue Theorien, z. B. in ihrer Funktion als heuristische Metaphern.

2.5 Metaphern als Heuristiken für Theorien
Unter dem Begriff der heuristischen Metaphern fassen Klamer und Leonard "thought-propelling metaphors ... [which] serve to catalyze our thinking, helping to approach a phenomenon in a novel way" zusammen (Klamer a. Leonard 1994, p. 32). Damit sind Metaphern gemeint, die von Wissenschaftlern herangezogen werden, die in ihren Forschungen mit völlig neuen Phänomenen konfrontiert werden und diese mithilfe bekannter Begriffe zu erklären suchen, wobei die Metaphern Ausgangspunkte für neue Theorien werden. Diese werden von den Ausgangsmetaphern dahin gehend beeinflusst, dass sie die hervorgehobenen Aspekte untersuchen und das, was die Metaphern vertuschen, unbeachtet lassen.

Der Unterschied zwischen pädagogischen und heuristischen Metaphern liegt darin, dass die einen reine Lernhilfen sind, die einen Sachverhalt veranschaulichen, während von den anderen gesagt werden kann, sie seien "only the beginning of an inquiry ... metaphor is an essential tool for thinking about the unknown, but it also serves to stimulate novel approaches to the known. Metaphor is cognitive here because its respective subjects interact to create new meaning" (ibid., p. 33). Durch das Bekannte gelangt man zum Unbekannten, kann es benennen und findet so eine Möglichkeit, die es erlaubt, auch darüber nachzudenken; neue Denkpfade werden eröffnet. Laut Boyd gilt für diese Metaphern, die er "theory-constitutive" nennt, dass sie angewandt werden bei "theoretical claims for which no adequate literal paraphrase is known" und zu deren Eigenheiten also gehört, dass "their cognitive content cannot be made explicit" (Boyd 1979, p. 360 f.). In diesen Fällen handelt es sich um etwas derart Neues, dass es das bestehende Sprachsystem übersteigt. Da noch keine eigene Terminologie dafür verwendet werden kann, muss auf bildliche Sprache zurückgegriffen werden, um das entsprechende Konzept zu kommunizieren. Als Beispiel führt er die „Das Gehirn ist ein Computer"-Metapher an, die die zeitgenössische Psychologie vorangetrieben hat und die selbst von Psychologen, die an tatsächlichen Maschinensimulationen der Bewusstseinstätigkeiten zweifeln, für die Formulierung und Artikulation ihrer theoretischen Positionen herangezogen werden (ibid., p. 361). Häufig ist es so, dass eine Metapher geprägt wird, weil sie auf Ähnlichkeiten zwischen zwei Gebieten abzielt, die Legion sind. Erst durch weitere Elaboration der Metapher mögen Gemeinsamkeiten zutage treten, an die zur Zeit der Entstehung der Metapher niemand denken konnte; "it is not known exactly what the relevant respects of similarity or analogy are; many have yet to be discovered or understood" (ibid., p. 363).

Auch Sticht sieht die Metapher in ihrer heuristischen Funktion als "tool of thought" an. Er überträgt das Prinzip der sensuellen Wahrnehmung, die relational ist,⁵ auf die Ebene der Vorstellung. "That is we can only know something in relation to our knowledge of something else ... A metaphor provides both a cue to what kind of thinking should be done (a search for similarities of some sort), and two domains of knowledge, or relative conceptual positions, from which to conduct the mental search" (Sticht 1979, p. 479–481). Wohin führt diese Suche? Die heuristische Metapher "does ... lend itself to systematic and sustained development", das schließlich in einem schlüssigen analogischen System, einem Modell mündet; "metaphor's functional power lies in its 'deployability' (Toulmin et al. 1979) – the fertile open-endedness that confers creative power to its interpreters" (Klamer a. Leonard 1994, p. 34, 37).

Die *Funktion von Metaphern in der Theorie* "is neither to copy 'reality' nor to be an unbounded product of the romantic imagination. Rather, it provides a new way of understanding that which we already know, and in so doing it reconstitutes from these materials new domains of perception and new languages of thought" (Brown 1977, p. 98). Metaphern beziehen ihre Überzeugungskraft aus dem „Interpretationsüberschuss", den sie generieren; sie befreien von herrschenden Denkmustern und ermöglichen neue Ansichten (Kieser 1997).

"When economists look at something, say child care, they think of markets. 'Child care' – which to other people looks like a piece of social control, or a set of buildings, or a problem in social work – looks to economists like a stock certificate traded on the New York exchange. By this choice of metaphor they are driven to identify a demand curve, a supply curve, and a price" (McCloskey 1994, p. 42).

Die Grundmetapher einer Theorie wird häufig mit anderen Metaphern verknüpft. Die Transaktionskostentheorie beispielsweise verbindet die grundlegende Metapher des Marktes mit Metaphern wie „Netzwerke von Verträgen", „interne Kapitalmärkte" oder „natürliche Auslese".

Auf je mehr Probleme eine Metapher angewendet werden kann, desto fruchtbarer ist sie. Die Transaktionskostentheorie beispielsweise ist eine fruchtbare und damit attraktive Theorie, weil sich die mit ihr verbundene Sprache auf viele Probleme anwenden lässt: auf die Verdrängung des Verlags durch die Fabrik ebenso wie auf das Wiederauftauchen verlagsähnlicher Produktionsformen in der heutigen Zeit (Kieser 1994). Sie lässt sich unschwer mit weiteren Metaphern wie „Unternehmensnetzwerke", „virtuelle Unternehmen", *„Supply Chains"* oder *„Global Village"* verknüpfen.

Die gute Metapher regt den Wissenschaftler zum Konstruieren an. Die Newtonsche Theorie beispielsweise setzte sich gegen ältere Theorien durch, nicht weil sie diese als falsch entlarvte, sondern weil

"Newtonian 'theory' came through rhetorical interaction to seem a more adequate description of reality. The scientific audience, in cases such as this, is as much a factor in shaping the character of knowledge as is the theorist who initially propounds an idea. The scientific 'auditor' is not an impartial bookkeeper checking the arithmetic of the scientific record book ... the 'auditor' is rhetorically engaged, an active constructor of the products that enter the record book of the scientific endeavor" (Weimer 1977, p. 23).

2.6 Konstitutive Metaphern

Es gibt noch eine weitere Art von Metaphern, die für die Wissenschaft wichtig ist: die konstitutiven[6] Metaphern, deren Wirken fundamental ist und die Klamer und Leonard folgendermaßen definieren: "[They] are those necessary conceptual schemes through which we interpret a world that is either unknowable ... or at least unknown. To say anything about the world we must characterize it. But because we cannot know literally the nature of the natural and social worlds, we resort to the figurative in characterizing" (Klamer a. Leonard 1994, p. 39). Pepper nennt diese Art von Metaphern „rootmetaphors" – Grundannahmen des Erklärungsmodells, auf denen das Verstehen und Wahrnehmen der Wirklichkeit basiert – und postuliert, dass alle philosophischen Ansätze trotz ihrer vorgetäuschten Vielfalt auf die von ihm identifizierten vier „World Hypotheses" zurückzuführen seien (zit. n. Gloor 1987, S. 32). "... each philosophy, science, or mode of understanding is founded on one or more basic root metaphors which are then expanded into various universes of discourse" (Shibles 1974, p. 25). Auf diesen Wurzelmetaphern basiert alle Wahrnehmung und Erkenntnis, durch sie werden die Paradigmen, binnen deren der Mensch denkt, bestimmt. Sie bilden den Rahmen, innerhalb dessen sich die Denkstrukturen entwickeln. "Constitutive metaphors frame a discursive practice in the way that the U.S. Consitution frames U.S. legal discourse ... Usually implicit, constitutive metaphors determine what makes sense and what does not ... they are essential to our ways of thinking" (Klamer a. Leonard 1994, p. 40). Denn ohne sie kann Denken nicht stattfinden, sie sind das Betriebssystem, das unser Gehirn erst zum Laufen bringt. Aus dem System der konstitutiven Metaphern werden die heuristischen Metaphern abgeleitet – sonst wäre ihre Wirkung nur gering. Sie können nur Sinn ergeben und Theoriespielräume aufschließen, wenn sie mit den konstitutiven Metaphern in Einklang stehen. "... what we see depends on what we already know" (ibid., p. 41). Was außerhalb der eigenen konstitutiven Metapher steht, existiert nur als *blind spot*, der nicht zu erkennen ist. Das Konzept der Wurzelmetaphern kann erklären, warum verschiedene Positionen in der Wissenschaft sich so unversöhnbar gegenüberstehen: Sieht man die Welt z. B. durch die mechanistische Erkenntnisbrille, dann machen die anderen Positionen und mit ihnen ihre heuristischen Metaphern einfach keinen Sinn. "If your constitutive metaphor sees the world as a clockworks and suggests that people don't think but calculate, then thinking about thinking makes little sense ... Talk about metaphor and discursive practice will seem altogether misguided and perhaps subversive ... Constitutive metaphors are us" (ibid., p. 42). So wie also die konstitutiven Metaphern das Denken und die Wahrnehmung bestimmen, determinieren sie den ganzen Menschen. Zur Zeit herrscht noch Unklarheit darüber, wie es konkret dazu kommt, dass Menschen dem einen oder anderen Weltbild anhängen, Gloor sieht es jedoch als essenzielle Erkenntnis an, dass man sich zumindest dessen bewusst ist, „daß zur Erkenntnis der Welt von grundlegenden Hypothesen (Weltanschauungen) ausgegangen werden muß, welche im Prinzip weder logisch ableitbar noch objektiv überprüfbar sind" (Gloor 1987, S. 32).

2.7 Baldaufs Konkretisierung der metaphorischen Konzeptualisierung von Lakoff und Johnson

Baldauf kritisiert am Metaphernkonzept von Lakoff und Johnson, dass es nicht konkret genug darlegt, wie der Vorgang der Übertragung – mitsamt der Festlegung des Zielbereichs – funktioniert. Ihr „Alternativvorschlag zum Gegenstand der metaphorischen Konzeptualisierung" soll hier kurz vorgestellt werden, da er Lakoffs und Johnsons Theorie von einer gewissen Vagheit und Unsicherheit befreit. Baldauf geht davon aus, dass die Konzeptualisierung, also die Festlegung des Zielbereichs der metaphorischen Übertragung, so wie Lakoff und Johnson sie unterstellen und in vielen Beispielen ausführen, zu vage ist und auch „allzuviel Spielraum im Hinblick auf die Interpretation des vorliegenden sprachlichen Materials lässt" (Baldauf 1996, S. 470). Einer ihrer Kritikpunkte ist, dass die gleichen sprachlichen Beispiele bei verschiedenen Forschern zu verschiedenen Metaphernkonzepten führten, was bedeutet, dass die Konzeptualisierung allein von der Interpretation und Willkür des jeweiligen Forschers abhängt. Baldauf bezweifelt „die tatsächliche Existenz des ... postulierten Metaphernkonzepts 'Argument is War'", da die „dieses Metaphernkonzept belegenden Beispiele (*attack, demolish, strategy, win, shoot down* etc.) ... in ihrer metaphorischen Verwendung nicht auf den Zielbereich *argument* beschränkt sind, sondern im Kontext zahlreicher weiterer, von Konflikt geprägter Handlungen genutzt werden können" (ebd., S. 470). An mehreren Beispielen beweist sie, dass nicht ganzheitliche Konzepte wie z. B. *Diskussion* metaphorisch konzeptualisiert werden, sondern „abstrakte Subkonzepte, die verschiedenen Konzepten gemeinsam sein können" (ebd., S. 475). Nimmt man als Beispiel die Kriegsmetaphorik und sieht, dass sie auch z. B. auf Spiel, Wettkämpfe und Sport anwendbar ist, könnte man ein abstrakteres Subkonzept ableiten, das postuliert: „Interessenkonflikt ist Krieg." *Interessenkonflikt* ist als Konzept abstrakter als *Spiel* oder *Diskussion* und gemeinsamer Faktor in beiden Konzepten. „Das Konzept selbst [*Spiel, Diskussion, Wettkampf*] wird nun nicht mehr als Gegenstand der metaphorischen Konzeptualisierung verstanden, sondern als *potentieller Kontext* des jeweiligen Subkonzepts und damit der an dieses Subkonzept gebundenen Metaphorik" (ebd., S. 476).

3. Konstruktionen mit Metaphern in der Wissenschaft

Der traditionelle positivistische Wissenschaftsbegriff sieht die Realität als Netz objektiver und verifizierbarer Fakten an – was er auch muss, wenn er seinem Ziel, „Erklärungen der uns umgebenden Realität zu liefern ... in Form von Gesetzen" mit dem „Endzweck der Wissenschaft ... [nämlich der] Wissens- und Wahrheitssuche" gerecht werden will (Gloor 1987, S. 53). Allgemein gültige Aussagen können nur getroffen werden, wenn man davon ausgeht, dass es nur eine Wirklichkeit gibt, zu der man einen direkten Zugang hat und in der eine beschriebene Situation immer gleich verlaufen wird. Die strenge positivistische Wissenschaft geht davon aus, dass alle Wissenschaft nach den Prinzipien der Naturwissenschaften funktionieren soll.

Für Mirowski ist diese Fokussierung auf die Naturwissenschaft eine logische Konsequenz der konstitutiven Metaphern, die durch die Zeit hindurch in der Wissenschaft gewirkt haben: "... the Natural has framed the neoclassical thinking about the Social and that thinking about the Natural is framed, in turn, by an analogy with nineteenth-century physics" (Mirowski 1994, p. 41). Anhänger dieser traditionellen Wissenschaftslehre würden diese Aussage natürlich von sich weisen und wären sicherlich in der Lage, eine Erklärung anzuführen, die ohne suspekte, nicht zur Gänze erklärbare Bewusstseinsprozesse auskommen würde – eben gemäß ihrem mechanistischen Weltbild, das alle anderen Fakten außer den mess-, beobacht- und eindeutig zuweisbaren nicht anerkennt. Auf den ersten Blick haben sie scheinbar auch Recht: Physikalische Theorien arbeiten hauptsächlich mit mathematischen Formeln und mit eigenen Begriffsapparaten, wie z. B. in der Relativitätstheorie. Phänomene erhalten in Wörtern direkte Entsprechungen, die klar definiert sind, was dem Dogma, so wie es Bunge formuliert, entspricht: "Grown up science is as literal as much as it it objective" (Bunge 1967, p. 281). Metaphern sind also nur etwas für Theorien, die noch in den Kinderschuhen stecken, doch sobald sie ihnen entwachsen sind, verfügen sie über eigenes Vokabular und können die metaphorischen, unwissenschaftlichen Krücken des Anfangsstadiums abwerfen. So entsteht dann eine Fachterminologie, „welche die Aussagen der Wissenschaft (vor allem wenn sie in ihrer reinsten Form, d. h. mathematischen Formeln, präsentiert werden) für Laien unverständlich werden läßt und somit nur noch Aussagegehalt und Sinn für den engen Kreis der Wissenschaftler selbst ergibt" (Gloor 1987, S. 58).

Was nun aber auf die eine Naturwissenschaft zutrifft – dass man in manchen Fällen ohne Metaphern auskommen mag –, kann nicht ohne weiteres auf andere Wissenschaften wie z. B. die Sozialwissenschaften übertragen werden. Vor allem kann diese Tatsache nicht dazu führen, dass man Metaphernabstinenz in allen Wissenschaften fordert. Während sich die Naturwissenschaften vielleicht zum Teil noch dadurch auszeichnen, dass ihre Forschungsobjekte durch "presumably stable and universal relationships between events" charakterisiert sind, ist das in den Sozialwissenschaften dadurch, dass deren Forschungsgegenstand letztendlich der Mensch und sein Verhältnis zur Gesellschaft ist, nicht der Fall (Rein 1976, p. 263). Und selbst in den Naturwissenschaften sind die Verhältnisse nicht immer so konstant und universell, wie man gerne annimmt. So kennt z. B. auch die Biologie Fälle, die sich nicht in Gesetzmäßigkeiten hineinpressen lassen, obwohl die Zuweisung in Kategorien einfach sein sollte, wie z. B. die Identifikation von X- und Y- Chromosomen:

"Scientists say that dozens of birth defects can blur gender and impossibly complicate the search for a simple genetic test to certify someone as female. Moreover, far from being an academic question, it has cropped up numerous times in the testing of female athletes in certification trials in major international sporting events ... all your life you're a woman, and then ... you're disqualified, counted out by some faceless white-coated employee in a genetic test lab, who, by the way, couldn't be bothered with all the complex issues involved" (Mirowski 1994, p. 4).

Mitunter wird gefordert, Metaphern nicht in wissenschaftlichen Arbeiten zu verwenden, da sie nicht den Prinzipien Eindeutigkeit, Genauigkeit und der empirischen Verifizierbarkeit gerecht werden. So plädieren Pinder und Bourgeois (1982, p. 611) vehement gegen "the uncontrolled and deliberate use of tropes in the formal statement of hypotheses and theories"[7], wobei sie im gleichen Satz zugeben, dass es allerdings den "unavoidable use in common discourse such as that which constituted our argument" gibt. Sie gehen damit, wie Morgan diagnostiziert, in die Falle, die sich Anhängern der konservativen Wissenschaftstheorie stellt: Metaphern, wie andere Tropen, werden von ihnen als sprachliche Dekorativa gesehen und nicht als "basic structural form of experience through which human beings engage, organize, and understand their world" (Morgan 1983, p. 601). Auf der einen Seite wissen Pinder und Bourgeois um die Unvermeidbarkeit von Metaphern in der Sprache, auf der anderen apellieren sie an Wissenschaftler, überflüssige und unnötige Metaphern aus dem Prozess der Theoriebildung herauszulassen. Wie das allerdings zu geschehen habe und wie vor allem ein Kriterium aussehen soll, das es erlaubt, bei den Metaphern die Spreu vom Weizen zu trennen, bleibt auch nach der Lektüre ihres Aufsatzes unklar.

In konstruktivistischen Theorieauffassungen (Knorr-Cetina 1989) wird davon ausgegangen, dass der menschliche Zugang zur Realität nicht direkt sein kann, sondern nur über die Wahrnehmung erfolgen kann, zu der Individuen durch ihr Weltbild, ihre Vorstellungswelt, befähigt werden. Die vielen unterschiedlichen intra- und interkulturellen Weltansichten, denen die Menschen anhängen können, lassen sich schwerlich nur damit erklären, dass manche fehlgeleitet sind, sondern damit, dass es tatsächlich so viele verschiedene „Erkenntnisbrillen" gibt, durch die man auf die Wirklichkeit sehen kann. Wobei jeder, der einem Weltbild anhängt, auch nur von dieser einen Perspektive aus sehen kann. Niemand kann sich zudem außerhalb dieser Weltanschauungen stellen, um eine Erkenntnis über sie von einem Archimedischen Punkt aus zu finden, denn der sprachliche Diskurs ist innerhalb des Weltbildes verhaftet und kann Außenstehendes nicht in Ausdrücke kleiden. Etwas, das nicht ausgedrückt werden kann, kann auch nicht gedacht werden, und so bleibt der Mensch in seinem Paradigma, in seinem Weltbild, gefangen. Gerade weil der Mensch keinen direkten Zugang zur Wirklichkeit hat, sind Metaphern umso wichtiger in der Erkenntnisfindung – in der Konstruktion von Zugängen zur „Welt".

Für Konstruktivisten nehmen Metaphern bei der Theoriebildung eine zentrale Stellung ein, da ihrer Auffassung nach "reality, meaning, truth, and knowledge are all constructs of the individual or society", wobei sie keinen Unterschied zwischen metaphorischer und wörtlicher Sprache sehen, da beides doch erst interpretiert werden muss, um im Kontext eigener Erfahrungen Sinn zu machen (Ortony 1998, p. 1 f.). Sie sehen gerade in den Eigenschaften, die ihre Gegner den Metaphern als Schwachpunkte anlasten, ihre Stärken. Denn tatsächlich bietet gerade die Ambiguität der Metaphern die Möglichkeit, Theorien zu entwickeln, weil sie genug Spielraum lässt und, viel wichtiger noch, den Verstand kitzelt und ihn dazu bringt, sich weiter mit dem neuen Konzept zu befassen und es zu elaborieren. Der Vorwurf, dass Metaphern nicht verifiziert werden können, was essenziell für die Wissenschaft sei, greift ihrer Ansicht nach nicht: „Metaphern legitimieren ihren Gebrauch in der Wissenschaft nicht durch ihre Verifizierbarkeit, sondern vielmehr durch ihre Nützlichkeit" (Gloor 1987, S. 62).

3.1 Wissenschaftlicher Fortschritt durch Metaphern

Metaphern ermöglichen das Denken in neuen Strukturen. Man benötigt ein neues Paradigma, um das alte verlassen zu können. Annahmen, die für selbstverständlich genommen und deren Wahrhaftigkeit nicht angezweifelt wurden, werden auf einmal durch die neue Perspektive infrage gestellt, die durch eine neue Metapher eröffnet wird. "A change in image is a change in method" (Landau 1961, p. 343). Ein neues Bild kann ein mächtiges Instrument sein, um Gedanken in neue Wege zu leiten. Es mag im Rahmen des alten Paradigmas ketzerisch wirken, aber schließlich wird man sich seiner Annäherung an die wahrgenommene Realität von einem neuen Winkel aus nicht verschließen können. Es findet Anhänger und wird schließlich selbst zum Paradigma, bis es durch ein neues abgelöst wird. „Wissenschaftliche Streitigkeiten sind zumeist auf unterschiedliche zugrundeliegende Paradigmen zurückzuführen. Dies ist auch der Grund dafür, daß diese Streitigkeiten in den meisten Fällen so endlos und unfruchtbar sind" (Gloor 1987, S. 72). Schließlich basiert jedes Paradigma auf einer unterschiedlichen Sichtweise – man kann hier auch wieder die Erkenntnis der *root-metaphors* heranziehen, die sich unversöhnlich gegenüberstehen – und man mag sich an die Erkenntnis von Klamer und Leonard erinnern: "... constitute metaphors are us" (Klamer a. Leonard 1994, p. 43). Auch bei der Funktion der Metaphern als Antreiber des wissenschaftlichen Fortschritts bleibt zu beachten, dass Metaphern Aspekte sowohl hervorheben als auch vertuschen können. Für die Paradigmen, die für die Wissenschaft maßgeblich sind, bedeutet das, dass je nach gewähltem Paradigma bestimmte Problemstellungen und -lösungen in den Vordergrund treten, während andere verschwiegen und als irrelevant abgetan werden. Wissenschaftliches Argumentieren heißt notwendigerweise immer abstrahieren.

4. Metaphern in der Organisationstheorie

Die Organisationstheorie weiß schon seit langem um den Nutzen von Metaphern. Wie bereits ausführlich dargestellt, kann sich der Mensch keine neuen Konzepte oder Ideen ohne die Hilfe von Metaphern aneignen. Metaphern sind ein grundlegender Mechanismus, um zu neuen Erkenntnissen zu gelangen. Die gilt auch für die Organisationstheorie.

Metaphern stellen neben Ritualen, Geschichten und Anekdoten, Mythen und Leitbildern (wenn diese denn nicht selbst Metaphern bemühen) einen wichtigen Bestandteil des Organisationssymbolismus dar. Dieser macht eine Organisation erst zu einer Sphäre, in der Menschen überhaupt arbeiten und leben können. "Employees receive a wide range of cues from symbolic elements of organization. Symbols help employees interpret and understand the organization and their role in it by providing information about status, power, commitment, motivation, control, values, and norms" (Daft 1983, p. 199). In Organisationen und damit auch in der Organisationsliteratur sind Metaphern wichtig. Sie werden in ihrer heuristischen Funktion benötigt, um in neue Konzepte Sinn zu bringen; Managementlehren müssen verständlich sein, und dies werden sie erst durch pädagogische Metaphern – zudem müssen Manager das neu erworbene Wissen weitergeben können, wobei ihnen pädagogische Metaphern zustatten kommen.

"We live in a world that is becoming increasingly complex. Unfortunately, our styles of thinking rarely match complexity ... The real challenge is to learn to deal with this complexity" (Morgan 1986, p. 16 f.). Dieser Komplexität der Umwelt kann man durch Metaphern und deren Analyse Rechnung tragen. Setzt man sich mit der Idee auseinander, dass es die verschiedenen Metaphern sind, die darüber entscheiden, wie Organisation und Führung wahrgenommen werden und was als adäquat angesehen wird, ist man eher in der Lage, Organisationen, die generell komplex, vieldeutig und paradox sind, zu verstehen und Organisationsprobleme zu lösen. Immer wieder betont die Literatur, die sich mit dem Gebrauch von Metaphern in Organisationen beschäftigt, deren Verdienst um das Anbieten verschiedener Zugänge zur Wirklichkeit. Zudem wird durch die Vielfalt der Bilder klar, dass es den einen „einzigen richtigen Weg", um Organisationen zu konstruieren und zu verstehen, nicht geben kann, obwohl er als Mythos in mechanistischen Weltbildern existiert.

Metaphern lenken unser Denken. Genauer: Unser Denken ist metaphorisch, und ohne Metaphern können wir nicht verstehen. Metaphern liegen an den Wurzeln unserer Weltanschauung, und unterschiedliche Metaphern sind wie unterschiedliche Linsen, durch die wir die Wirklichkeit erkennen können. Hängt man der mechanistischen Metapher an, werden innerhalb der Organisation die Organisationseigenschaften wie z. B. Effektivität, das reibungslose Ineinandergreifen der Handlungen der Akteure, die Auswechselbarkeit der Teile fokussiert, während Aspekte wie Umweltbeziehungen der Organisation, die Existenz verschiedener Typen von Organisationen und ihre Lebenszyklen gar nicht erst im Bild erscheinen. Dafür werden die letztgenannten Eigenschaften durch die Linse der Organismusmetapher in den Brennpunkt gerückt, wodurch wieder andere Eigenschaften aus dem Bild herausfallen (Morgan 1986, p. 14). Was die Metaphern betonen und was nicht, entscheidet letztlich, was als richtige Art der Organisation angesehen wird. Die Bedeutung von Metaphern für das Organisieren wollen wir an zwei Beispielen demonstrieren: an der Maschinen- und der Organismusmetapher.

Die Maschinenmetapher hat die Organisationsgestaltung zweifelsohne am längsten und am nachhaltigsten geprägt und beeinflusst auch heute noch das Denken. "... when we talk about organization we usually have in mind a state of orderly relations between clearly defined parts that have some determinate order" (ibid., p. 22). Maschinen sind Konstrukte, "instruments for task accomplishment" (Smircich 1983, p. 340). Durch die Metapher der Maschine wird u. a. suggeriert, dass man eine Organisation in viele Einzelteile zerlegen kann und sie so auf die Ebene naturwissenschaftlicher Gesetze herunterbrechen kann. Sie ist damit nicht mehr als die Summe ihrer Teile. Das, was das Gefüge zusammenhält, wie die menschlichen Bindungen, Gruppendynamik oder andere psychologische Vorgänge, wird nahezu ausgeblendet, oder es wird ebenfalls maschinengleich behandelt wie in der Soziotechnik (Schuster 1987).

In Konzepten, die in der Maschinenmetapher gründen, wird der Mensch entmenschlicht und als Teil der fehlerfrei funktionierenden Maschinerie angesehen, der auswechselbar ist und dessen Bedürfnissen keine Rechnung getragen werden muss. Er hat seine Arbeit zu erfüllen, sprich: hundertprozentige Effektivität zu erbringen. "The workers and workplace became extensions of ... machines, supervised by managers acting as machine operators" (Pepper 1981, p. 67). Zum Bild der Maschinenorganisation passt, dass alles kontrollierbar ist. Die Maschine herrscht über den Menschen, sie ist das perfekte Vorbild der Effizienz, dem es nachzueifern gilt. Es wird erwartet, dass die Menschen sich den Gegebenheiten anpassen. "Much of our training and education is often geared to making us 'fit in' and feel comfortable in our appointed place, so that organization can proceed in a rational and efficient way" (Morgan 1986, p. 33).

Die Maschinenmetapher hat als Wurzelmetapher des Organisierens noch nicht ausgedient. Sie lebt weiter in Konzepten wie Reengineering. – Reparaturen reichen nicht mehr hin, aber mit häufigeren radikalen Neukonstruktionen kriegt man die Organisation in den Griff.

Der begriffliche Gegenpol der Maschine ist der Organismus. Wo auf der einen Seite von Effizienz, Input und Output, reibungslosem Ablauf und Ähnlichem die Rede ist, stehen auf der anderen Seite das Überleben, die Abhängigkeit von der Umwelt, menschliche Beziehungen, menschliche Bedürfnisse und die Notwendigkeit systematischen Denkens und Handelns (Entscheidungen dürfen nicht aufgrund von Prozessen getroffen werden, die einzelne Bereiche als isoliert betrachten) im Vordergrund. Die Maschine als Bild der Organisation bekommt durch ein Bild Konkurrenz, das verspricht, die bestehenden toten Winkel auszuleuchten und die Organisationstheorie in einen neuen Rahmen zu setzen: den des Organismus. "Now that the organismic image of organization has established its powerful credentials, it is difficult to see how the classical theorists could have given so little attention to the influence of the environment. And it is difficult to see how they could have believed that there are uniform principles of management worthy of universal application" (ibid., p. 74).

Für die Organisationstheorie spielen die Erkenntnisse, die sich aus der Betrachtung der Organsationen mithilfe der Organismusmetapher ergeben, seit den späten 20er-Jahren eine Rolle. Zu der Zeit führte Elton Mayo seine *Hawthorne Studies* durch, die eigentlich den Zusammenhang zwischen "conditions of work and the incidence of fatigue and boredom among employees" untersuchen sollten, aber schließlich mit viel interessanteren Ergebnissen aufwarten konnten (ibid., p. 40). Vereinfacht gesagt, wurde festgestellt, dass die Arbeitsleistung der beobachteten Gruppen generell mit dem Ausmaß der ihnen zugewandten Aufmerksamkeit anstieg. Zum ersten Mal wurde man sich der Bedeutung der Behandlung der Arbeiter bewusst. Zu dem Zeitpunkt hatte man ernste Schwierigkeiten aufgrund der negativen Folgen der Entmenschlichung der Arbeit, die die Arbeitsorganisation mit sich brachte, die von der Maschinenmetapher geprägt war. Hohe Fluktuationsraten, hohe Krankheitsstände, geringe Loyalität und niedrige Qualität der Arbeit machten es zur Notwendigkeit, nach den Elementen zu suchen, die in den vom mechanistischen Weltbild geprägten Organisationen ausgeblendet wurden und die durch ihr Fehlen zu Problemen führten. Was im mechanistischen Konzept der Organisation fehlte, war z. B. das Konzept der Motivation, die die Arbeiter zu loyaler und guter Arbeit bewegen konnte. Dadurch, dass der

Mensch lediglich als eine Art suboptimal funktionierender Roboter gesehen wurde, konnte die Organisationsstruktur seinen Bedürfnissen natürlich nicht Rechnung tragen. Durch Veränderungen auf dem Arbeitsmarkt und die Massierung der oben genannten Probleme erkannte man die Wichtigkeit einer Stammbelegschaft, auf die man sich verlassen konnte. "Employees were to be seen as valuable resources that could contribute in rich and varied ways to an organization's activities if given an appropriate chance" (ibid., p. 42). Durch die *Hawthorne Studies* und das aufkommende zeitgenössische Interesse an *Human Relations* und dem *Social Man Model* fand eine Verschiebung der Paradigmen statt (Huczynski 1993, p. 129 f.). "It was as though a romantic movement in management was beginning to follow the age of reason" (Anthony 1977, p. 223). Jedoch geschah dies nicht über Nacht. Wechsel von Weltbildern in der Wissenschaft sind, wie überall, schmerzhafte Vorgänge. "At that point in history [20er-Jahre] however, the sciences were dominated by mechanistic thinking, which viewed the scientific domain as sets of cause-effect, mechanical chains. System thinking was greeted with great doubt as trivial – applying math to biology was no great advance in understanding – or as misleading in its use of analogies, such as viewing society as an organism" (Pepper 1981, p. 102). Erst nach dem Zweiten Weltkrieg wurden Systemtheorien von akademischen Kreisen akzeptiert. Die Hinwendung zu Systemtheorien, mit ihren Schlüsselbegriffen der Beziehungen zwischen Objekten, offenen Systemen, der Umwelt, Systemzyklen etc., bereiteten das Feld für die Organismusmetapher in der Organisationstheorie.

Das Bild lässt Spielraum für die Möglichkeit einer Beeinflussung des gesamten Systems durch ein Subsystem. Selbst eine urspünglich minimale Beeinflussung der Lebensumstände eines Lebewesens kann u. U. große Wirkung aufgrund der Verkettung der Einzelorganismen untereinander haben. Stellt A z. B. die Nahrungsgrundlage von B dar, werden die meisten Veränderungen der Lebensumstände von A (starke/geringe Fortpflanzungsrate, schleichende Vergiftung, Mutation etc.) B indirekt betreffen. Diese Beeinflussung setzt sich fort, da B auch wieder in verschiedenen Beziehungen zu anderen Organismen steht. Die Umwelt ist ein wichtiger Einflussfaktor, da sich die Organismen anpassen oder zumindest auf sie einstellen müssen. Vor allem lässt dieses Bild Veränderungen zu, und eine gewisse Flux ist implizit, wie es zur Natur aller lebenden Dinge gehört.

Anders als bei der Maschinenmetapher wird klar, dass ein Organismus mehr ist als die Summe seiner Teile. Beziehungen und Vernetzungen machen es zu mehr, und einzelne Teile sind nicht offensichtlich gegeneinander austauschbar. Durch das Lebendige, das Bestandteil der Metapher ist, wird die Fähigkeit zu Veränderungen thematisiert und gleichzeitig herausgestellt, dass jeder Organsimus in gewisser Weise einzigartig ist. Die Entwicklung, die er durchläuft, mag zwar innerhalb eines bestimmten, immer gleichen Zyklus ablaufen, aber seine Geschichte kann sich von der anderer Organismen unterscheiden – vielleicht fand eine Mutation, eine Variation, eine Assimilation, ein Aufsuchen einer neuen Nische etc. statt. Der Organismusorganisation wird damit aufgrund ihrer potenziellen Einzigartigkeit eine ganz andere Bedeutung eingeräumt als einer Maschinenorganisation, deren maßgebliche Merkmale ja ihre Ersetzbarkeit und potenzielle Stagnation sind. Die Organismusmetapher hebt auch die vielfältigen Ausprägungen, die Organismen haben können, dadurch hervor, dass sie beinhaltet, dass es viele verschiedene Arten von Organismen gibt – "in identifying different 'species' of organization, we are alerted to the fact that in organizing we always have a range of options" (Morgan 1986, p. 73). Die Maschinenmetapher beschwört hingegen die Möglichkeit eines besten Weges herauf; sie gibt vor, dass es eine Lösung gibt, die am effizientesten ist.

Was Metaphern für die Problemsetzung und -findung bedeuten, demonstrieren Boland und Greenberg. In ihrem Experiment wurde Studenten suggeriert, sie seien neue Angestellte einer Unternehmensberatungsfirma. Während Gruppe A gesagt wurde, die Philosophie des Firmengründers sei, dass "in order to understand organizations properly, you have to understand that they are just like a forest: lots of plants and animals all living together", während Gruppe B als Gründerphilosophie den Vergleich von Organisationen mit Maschinen zu hören bekam: Organisationen wären "lots of different machines, all working together" (Boland a. Greenberg 1988, p. 22). Daraufhin wurde mit beiden Gruppen eine Art Assoziationstraining durchgeführt, das sie in die jeweils erforderte Denkhaltung bringen sollte. Gruppe A sollte Tiere und Pflanzen, ihre Charakteristika, Probleme, die in deren Zusammenhang auftreten könnten und deren mögliche Lösungen, aufzählen, während Gruppe B das Ganze in Bezug auf Maschinen durchspielte. Dann wurde beiden Gruppen die gleiche Fallstudie vorgelegt, die sie hinsichtlich einer Problemdefinition und -lösung analysieren sollten. "The results were dramatic" – wie von der kognitiven Metaphorntheorie postuliert, beeinflussten die vorgegebenen Metaphern oder Denkmodelle sowohl die Problemdefinition als auch die vorgeschlagenen Lösungen: "… organistic metaphors focus attention on the environment, growth and decentralized structures. Mechanistic metaphors, on the other hand, focus attention on internal, centralized processes that carefully control the rate of change" (ibid., p. 30). Beide Gruppen erkannten in der Organisationsstruktur das Problem der Organisation. Während jedoch Gruppe A glaubte, dass die zu starke Zentralisation schuld an der Misere der Firma war, ging Gruppe B davon aus, dass die zu starke Dezentralisation für die Probleme der Organisation verantwortlich war. Entsprechend sah der Lösungsvorschlag von Gruppe A so aus, dass sie eine stärke Dezentralisierung vorschlug, während Gruppe B eine stärkere Zentralisierung empfahl.

5. Schlussbemerkung

In der Postmoderne wird es zunehmend schwierig, noch an einen objektiven Zugang zur Wirklichkeit oder etwa an die Existenz der einzigen besten Lösung für ein Problem zu glauben. Jedem, der sich mit Organisationen beschäftigt, sowohl dem Theoretiker als auch dem Praktiker, muss klar sein, dass die Metaphern, die er zur Konstruktion und Erfassung seiner Realität verwendet, ob bewusst zur Lenkung des Verständnisses anderer oder auch unbewusst, weil er Mitläufer einer bestimmten Mode ist, eine zweischneidige Angelegenheit sein können. Zum einen ermöglichen Metaphern durch ihre Komplexität, nachhaltige Wissensvermittlungstechnik und ihre Fähigkeit, neue Wissensspielräume aufzureißen, einen sehr kreativen und gleichfalls effektiven Zugang zum Verstehen von Organisationen. Dies ist besonders dann der Fall, wenn man mehrere Metaphern heranzieht, um Organisation von mehreren verschiedenen Blickwinkeln aus zu betrachten und das so entstehende Bild der Organisation sehr vielschichtig wird und viele verschiedene Aspekte beinhalten kann. Zum anderen darf man nicht vergessen, dass Metaphern, so wie sie zu mehr Pluralität hinführen und eine multiple Realität konstruieren können, genauso leicht als Scheuklappen funktionieren können, werden sie interessengeleitet eingesetzt, um eine bestimmte Sichtweise zu propagieren und nahe zu legen. Letztlich bietet der kritische Gebrauch von Metaphern in der Organisationsliteratur und der Organisationstheorie hervorragende Möglichkeiten, sich dem Verständnis der komplexen und häufig auch widersprüchlichen Natur von Organisationen zu nähern.

Anmerkungen

1 In diesem Sinne verwendet auch Schiller den Begriff, wenn er an Goethe schreibt: „Von der einfachen Organisation steigen Sie, Schritt vor Schritt, zu den mehr Verwickelten hinauf, um endlich die Verwickeltste von allen, den Menschen, genetisch aus den Materialien des ganzen Naturgebäudes zu erbauen" (zit. n. Böckenförde 1978, S. 566).

2 Hervorhebung von Lakoff und Johnson. Hervorhebungen im Orginal, falls nicht anders gekennzeichnet.

3 Die hier verwendete Metapher des Sehens ist ein gutes Beispiel, um diese Aussage zu illustrieren: Der westliche Wahrheits- und Erkenntnisbegriff hängt mit dem Akt des Sehens eng zusammen. Man geht davon aus, dass das Wahre und Wirkliche das ist, was gesehen, vermessen, katalogisiert und empirisch bewiesen werden kann. Man glaubt also, dass Realität und Wahrheit allein mithilfe des Verstandes erfaßt, analysiert und erklärt werden können. In asiatischen Kulturen, wie zum Beispiel in der indischen, wird dem Auge als Instrument der Erkenntnisgewinnung bedeutend weniger Wichtigkeit zuerkannt. Dort gibt es die *truth of mood*, und Aussagen, die aus Gefühlen heraus getroffen werden, wird größte Wahrhaftigkeit zugesprochen. Wahrheit wird also nicht durch den Verstand geschaffen und erfaßt, sondern durch Gefühle. Deshalb ist die Metapher, die das Auge als Erkenntisorgan verwendet, dort nicht tauglich; sie macht in diesem Zusammenhang keinen Sinn. Für Mitglieder der westlichen Kultur handelt es sich hier um ein Konzept, das nicht zur Gänze nachvollzogen werden kann. Gemäß dem westlichen Weltbild werden in Metaphern, die auf Erkenntnisgewinnung abstellen, die Analyse und pseudoobjektive Aufnahme der Realität durch den Akt des Sehens hervorgehoben, während z. B. Gefühle und Intuitionen völlig ausgeblendet werden.

4 Eine Karriere führt gewöhnlich nach oben, die oberen Ränge in einer Hierarchie sind am begehrenswertesten, man fühlt sich in Hochform, ist oben auf oder auf der Höhe der Dinge etc.

5 Relational bedeutet hier, dass man auf einen Stimulus reagiert, weil er entweder vorhanden oder nicht vorhanden ist. Licht erkennt man deshalb, weil es für Helligkeit sorgt bzw. in seiner Abwesenheit Dunkelheit herrscht.

6 Begriff wie von Klamer und Leonard verwendet.

7 Tropen [griech.]: In der Rhetorik zusammenfassende Bezeichnung für die sprachlichen Ausdrucksmittel der uneigentlichen Rede.

Literatur

Anthony, P. D. (1977): The Ideology of Work. London (Tavistock).

Aristoteles (1995): Rhetorik. Übers. u. hrsg. von F. G. Sieveke. München (Fink).

Baldauf, C. 1996: Konzept und Metapher – Präzisierung einer vagen Beziehung. *Linguistische Berichte* 27: 461–482.

Barrett, F. J. (1995): Creating appreciative learning cultures. *Organizational Dynamics* 24: 36–49.

Böckenförde, E.-W. (1978): Organ, Organismus, Organisation, politischer Körper. Der Übergang von der Corpus-/Mechanismusvorstellung zu Organisation und Organismus. In: O. Brunner, W. Conze u. R. Koselleck (Hrsg.): Geschichtliche Grundbegriffe. (Historisches Lexikon zur politisch-sozialen Sprache in Deutschland Bd. 4.). Stuttgart (Klett-Cotta), S. 561–622.

Boland Jr., R. J. a. R. H. Greenberg (1988): Metaphorical structuring of organizational ambiguity. In: L. R. Pondy, R. J. Boland Jr. a. H. Thomas (eds.): Managing Ambiguity and Change. Chichester/New York (Wiley), pp. 17–36.

Bourcart, J. J. (1874): Die Grundsätze der Industrie-Verwaltung. Ein praktischer Leitfaden. Zürich (Füssli).

Boyd, R. (1979): Metaphor and theory change. In: A. Ortony (ed.): Metaphor and Thought. Cambridge (Cambridge University Press), p. 356–408.

Brown, R. H. (1977): A Poetic for Sociology: Toward a Logic of Discovery for the Human Sciences. Cambridge (Cambridge University Press).

Bunge, M. (1967): Analogy in quantum theory: From insight to nonsense. *British Journal of the Philosophy of Science* 18: 265–286.

Coleman, J. (1979): Macht und Gesellschaftsstruktur. Tübingen (Mohr).

Daft, R. L. (1983): Symbols in organizations: A dual-content framework of analysis. In: L. R. Pondy, P. Frost, G. Morgan a. T. C. Dandridge. (eds.): Organizational Symbolism. Greenwich (JAI), pp. 199–206

Dohrn-van Rossum, G. (1977): Politische Körper, Organismus, Organisation. Zur Geschichte naturaler Metaphorik und Begrifflichkeit in der politischen Sprache. Fakultät für Geschichtswissenschaft, Universität Bielefeld (Dissertation).

Dohrn-van Rossum, G. (1978): Organ, Organismus, Organisation, politischer Körper. In: O. Brunner, W. Conze u. R. Koselleck (Hrsg.): Geschichtliche Grundbegriffe. (Historisches

Lexikon zur politisch-sozialen Sprache in Deutschland Bd. 4.) Stuttgart (Klett-Cotta), S. 519–561.

Gerken, G. (1992): Manager ... die Helden des Chaos. Düsseldorf (Econ).

Gloor, R. (1987): Die Rolle der Metapher in der Betriebswirtschaftslehre. (Dissertation). Universität Bern.

Huczynski, A. (1993): Management Gurus. London (Routledge).

Hughes, T. P. (1989): Die Erfindung Amerikas. Der technologische Aufstieg der USA seit 1870. München (Beck).

Kant, I. (1963): Kritik der Urteilskraft. Stuttgart (Reclam).

Kieser, A. (1994): Why organization theory needs historical analyses – And how this should be performed. *Organization Science* 5: 608–620.

Kieser, A. (1996): Moden & Mythen des Organisierens. *Die Betriebswirtschaft* 56: 21–39.

Kieser, A. (1997): Moden & Mythen des Theoretisierens über Organisation. In: C. Scholz (Hrsg.): Individualisierung als Paradigma. Stuttgart (Kohlhammer), S. 235–262.

Kieser, A. (1998): Über die allmähliche Verfertigung der Organisation beim Reden. Organisieren als Kommunizieren. *Industrielle Beziehungen* 5: 45–75.

Klamer, A. a. T. C. Leonard (1994): So what is an economic metaphor? In: P. Mirowski (ed.): Natural Images in Economic Thought. Cambridge (Cambridge University Press), pp. 20–51

Knorr-Cetina, K. D. (1989): Spielarten des Konstruktivismus. Einige Notizen und Anmerkungen. Soziale Welt 40: 86–96.

Lakoff, G. a. M. Johnson (1980): Metaphors We Live by. Chicago (University of Chicago Press). [dt. (2000): Leben in Metaphern. Konstruktion und Gebrauch von Sprachbildern. (2. Aufl.) Heidelberg (Carl-Auer-Systeme).]

Landau, M. (1961): On the use of metaphor in political analysis. *Social Research* 28: 331–353.

Livius, T. (1987): Römische Geschichte. I.–III. Buch. Hrsg. v. H. J. Hillen. München (Artemis).

Marius, R. (1991): A Writer's Companion. New York (McGraw-Hill).

McCloskey, D. N. (1994): Knowledge and Persuasion in Economics. Cambridge, MA (Cambridge University Press).

McKenna, D. D. a. P. M. Wright (1992): Alternative metaphors for organizational design. In: M. D. Dunnette a. L. M. Hough (eds.): Handbook of Industrial and Organizational Psychology. Palo Alto, CA (Consulting Psychologists Press), pp. 901–960.

McKinsey & Company, Inc., J. Kluge, L. Stein, E. Krubasik, I. Beyer, D. Düsedau u. W. Huhn (1994): Wachstum durch Verzicht. Schneller Wandel zur Weltklasse: Vorbild Elektroindustrie. Stuttgart (Schäffer-Poeschel).

Mirowski, P. (1994): Doing what comes naturally: Four metanarratives on what metaphors are for. In: P. Mirowski (ed.): Natural Images in Economic Thought. Cambridge (Cambridge University Press), pp. 3–19.

Morgan, G. (1983): More on metaphor: Why we cannot control tropes in administrative science. Administrative Science Quarterly 28: 601–607.

Morgan, G. (1986): Images of Organization. London (Sage).

Nietzsche, F. (1980): Kritische Studienausgabe. 15 Bde. Hrsg. v. G. Colli u. M. Montinari. München (dtv).

Ortony, A. (1998): Metaphor: A multidimensional problem. In: A. Ortony (ed.): Metaphor and Thought. Cambridge (Cambridge University Press), pp. 1–16.

Pepper, G. L. (1981): Communicating in Organizations: A Cultural Approach. New York (McGraw-Hill).

Peters, T. (1994): Tom Peters Seminar. London (Macmillan).

Petrie, H. A. (1979): Metaphor and learning. In: A. Ortony (ed.): Metaphor and Thought. Cambridge (Cambridge University Press), pp. 438–461.

Pinder, C. C. a. W. V. Bourgeois (1982): Controlling tropes in administrative science. *Administrative Science Quarterly* 27: 641–652.

Rein, M. (1976): Social Science and Public Policy. Harmondsworth (Penguin).

Rodgers, D. T. (1978): The Work Ethic in Industrial America 1850–1920. Chicago (University of Chicago Press).

Schuster, H. (1987): Industrie- und Sozialwissenschaften. Eine Praxisgeschichte der Arbeits- und Industrieforschung in Deutschland. Opladen (Westdeutscher Verlag).

Searle, J. R. (1979): Metaphor. In: A. Ortony (ed.): Metaphor and Thought. Cambridge (Cambridge University Press), pp. 92–123.

Shibles, W. A. (1974): The metaphorical method. *Journal of Aesthetic Education* 7: 25–36.

Smircich, L. (1983): Concepts of culture and organizational analysis. *Administrative Science Quarterly* 28: 339–358.

Sprenger, R. K. (1992): Mythos Motivation. Wege aus einer Sackgasse. Frankfurt a. M. (Campus).

Stein, L. von (1869): Die Verwaltungslehre. 1 Tl., 1. Abt. Stuttgart (Cotta).

Sticht, T. G. (1979): Educational uses of metaphor. In: A. Ortony (ed.): Metaphor and Thought. Cambridge (Cambridge University Press), pp. 474–485

Toulmin, S., R. Rieke a. A. Janik (1979): An Introduction to Reasoning. New York (Macmillan).

Weimer, W. B. (1977): Science as a rhetorical transaction: Toward a nonjustificational conception of rhetoric. *Philosophy and Rhetoric* 10: 1–29.

DIE DOMINIERENDE ROLLE DER MEME IM EVOLUTIONÄREN STRATEGISCHEN MANAGEMENT UNTER DER VERHALTENSANNAHME BEGRENZTER RATIONALITÄT DER MANAGER *(BOUNDED MANAGERIAL RATIONALITY)*

1. Zusammenfassung

Heutige Strategietheorien, insbesondere die der intraorganisationalen Populationsökologie, berücksichtigen zunehmend eine evolutionäre Sichtweise, um das Verständnis des Erfolgs oder Misserfolgs einer Unternehmungsstrategie unter der Verhaltensannahme begrenzter Rationalität der Manager *(bounded managerial rationality)* zu vertiefen. Im nachfolgenden Beitrag wird die Auffassung vertreten, dass durch eine evolutionäre Sichtweise sowie durch die Berücksichtigung einer neuen Evolutionsebene der Unternehmensstrategie, der so genannten Memeebene, zusätzliche Einsichten in das Strategische Management gewonnen werden können.

Die Memeebene, die konzeptionell auf Wissen aus der Mikroperspektive der biologischen Evolutionstheorie und der Memetik, einem Spezialgebiet der kulturellen Evolutionstheorie basiert, erweitert das Verständnis für das begrenzte Rationalverhalten der Manager und die Art, wie sich die Rationalitätsgrenzen in der Realität verschieben, erheblich. Basierend auf diesem Wissen, leiten wir allgemeine Evolutionsprinzipien ab. Diese Prinzipien führen zu neuen Einsichten in Bezug auf eine intraorganisationale evolutionäre Perspektive des strategischen Managements.

Unsere theoretischen Ausführungen werden dabei durch praktische Beispiele des Shell-Konzerns illustriert, welche zeigen werden, wie die Rationalität von Shells Managern sowohl durch wirtschaftliche als auch durch gesellschaftliche Entwicklungen herausgefordert und verändert wurde.

2. Die Notwendigkeit einer evolutionären Sicht der Strategietheorie

Heutige Strategietheorien (z. B. Barney 1991; Porter 1991, 1996; Prahalad a. Hamel 1990; Rumelt, Schendel a. Teece 1991) versuchen, Antworten auf die Frage zu geben, warum Unternehmen unterschiedlich sind und unterschiedliche Erträge erwirtschaften, obwohl sie doch unter ähnlichen Bedingungen operieren. Die grundlegende Annahme der Strategietheorie dabei ist, dass überdurchschnittliche Erträge (Renten) die Folge erfolgreicher adaptiver

Entscheidungen sind, welche unter der Verhaltensannahme begrenzter Rationalität der Manager gefällt wurden. Ermessensentscheide von Managern, die bei begrenzter Rationalität getroffen werden, führen so zu den unterschiedlichen Strategieerfolgen der Unternehmen (Amit a. Schoemaker 1993).

Obwohl Rationalität im Allgemeinen als Rationalität des Erkennens, Handelns oder Urteilens (Kant 1995) verstanden werden kann, konzentriert sich die Literatur des strategischen Managements auf die Rationalität des Handelns der Manager (Conner a. Prahalad 1996; Fiegenbaum, Hart a. Schendel 1994; Mintzberg 1990). Sie unterliegt den normativen Annahmen, die Simons Verständnis begrenzter Rationalität ausdrückte (Simon 1981, S. 11). Da Rationalität die Auswahl einer bevorzugten Handlungsalternative auf der Grundlage bestimmter Werte voraussetzt, sind diese Werte für das Verständnis und die situationsabhängige Bestimmung der begrenzten Rationalität der Manager von fundamentaler Bedeutung. Diese Werte weichen, unter verschiedenen Perspektiven betrachtet, voneinander ab. So konzentriert sich ein klassisch-ökonomisches Verständnis der rationalen Auswahl *(rational choice)* auf ökonomische Werte wie Gewinn. Demgegenüber berücksichtigt der Ansatz der sozialen rationalen Wahl Prinzipien wie Gerechtigkeit.

Bis heute wird die Begrenztheit der Rationalität der Manager in der Strategietheorie meistens in einer ökonomischen Perspektive diskutiert (z. B. Williamson 1991). Seit kurzem wird jedoch im Strategiediskurs eine evolutionäre Perspektive stärker berücksichtigt, vor allem in der amerikanischen Populationsökologie und in der evolutionären Ökonomie (z. B. Baum 1996; Burgelman 1996; Freeman 1995; Knudsen 1995; Levinthal 1995; Nelson a. Winter 1982; Rumelt 1995). Wir glauben, dass es viel versprechend ist, die begrenzte Rationalität der Manager in dieser Perspektive zu analysieren.

3. Der Beitrag der amerikanischen Populationsökologie und der evolutionären Ökonomie

In den letzten Jahren hat die Populationsökologie *(population ecology)* stark an Bedeutung gewonnen, weil sie erlaubt, mit unsicheren und instabilen Bedingungen in einem dynamische Sinne umzugehen. Ursprünglich hat die Populationsökologie ihre Wurzeln in den Sozialwissenschaften, genauer gesagt in Campbells Variation-Selektion-Retentions-Paradigma (Campbell 1960, 1969) und in Hawleys Humanökologie (1968). Beide Autoren beziehen sich dabei auf die biologischen Evolutionstheorien der „natürlichen Selektion" sowie auf die „Ökologie". Auch Hannan a. Freeman (1977) gründeten ihre bahnbrechenden Arbeiten auf diese Ideen und betonten die Bedeutung des Selektionismus in der Populationsökologie. Im Laufe der Zeit entstand aber ein neues Verständnis der Populationsökologie, welches besonders durch die Sicht beeinflusst ist, dass evolutionäre Mechanismen existieren, welche die Verschiedenartigkeit von organisatorischen Formen nicht nur auf der Populationsebene, sondern auch auf den intraorganisationalen Ebenen erklären (z. B. Burgelman 1983; Singh a. Lumsden 1990).

Die Unterscheidung zwischen intraorganisationaler und extraorganisationaler Evolution wurde durch eine von Baum a. Singh (1994) herausgegebene Artikelsammlung in den Vordergrund gerückt. Ihre Ansicht basiert auf den Arbeiten von Eldredge (1985), einem biologischen Evolutionstheoretiker, der zwischen verschiedenen Erklärungen für Mikro- bzw. für die Makroevolution in der Biologie unterschied: Die so genannten Naturalisten (Eldredge 1995; Gould 1977; Vrba a. Eldredge 1984) behaupten, dass es verschiedene, sich gleichzeitig entwickelnde Ebenen der Evolution gebe. Sie, meist Paläontologen, begründen dies mit fossilen Aufzeichnungen (Eldredge 1995). Im Fokus der naturalistischen Betrachtungsweise stehen deshalb die hierarchischen Strukturen biologischer Systeme. Nach Ansicht ihrer Autoren gibt es Prozesse, die für das Verständnis der Evolution auf jeder dieser Ebenen von Bedeutung sind, nämlich "the gene level, the organism level, the population level, the species level, and the ecosystem level" (Eldredge 1995, p. 6).

Auf der Grundlage dieser neuen Erkenntnisse der biologischen Evolutionstheorie und unter Berücksichtigung von Baum a. Singhs Buch (1994) folgern wir, dass sich zwei verschiedene Denkschulen im Bereich der Populationsökologie identifizieren lassen. Die erste bezieht sich auf das allgemeine Verständnis der Populationsökologie als eines Prozesses extern determinierter Evolution (für einen guten Überblick vgl. Baum 1996). Die zweite Denkschule betont die intraorganisationale Evolution und erweitert daher die Sichtweise von hauptsächlich externen auf zusätzliche interne Variations- und Selektionsprozesse (vgl. *Strategic Management Journal* 1996), welche zu Mehrebenenprozessen und zu sich gegenseitig bedingenden Evolutionsprozessen führen.

Um den Beitrag der intraorganisationalen Populationsökologie für das vertiefte Verständnis der begrenzten Rationalität der Manager deutlicher herauszustellen, analysieren wir nun die Populationsökologie im Detail und unterscheiden zwischen einer prozessorientierten, einer inhaltsorientierten und einer humanorientierten Sichtweise (vgl. auch Sachs 1995).

Die intraorganisationale Populationsökologie und die evolutionäre Ökonomie tragen vor allem zu einer *prozessorientierten* Argumentation bei. Sie analysieren hauptsächlich den Prozess der Strategieformulierung und -implementierung. In den jüngsten Untersuchungen wird dabei die Bedeutung des mittleren Managements hervorgehoben. Dies wird mittels empirischer Analysen von emergenten Bottom-up-Prozessen bei der Strategieformulierung erreicht, einem Vorgehen, welches im Gegensatz zu den Top-down-Prozessen der konventionellen Planungsschulen *(Design School)* steht

(Burgelman 1991; Doz 1996; Noda a. Bower 1996). Die Frage ist dabei, wie die Rationalität des obersten Managements durch die (eher) zufälligen Elemente beeinflusst wird, die auf den emergenten Bottom-up-Prozessen des mittleren Managements beruhen.

In der intraorganisationalen evolutionären Perspektive werden vor allem auch die bremsenden und treibenden Kräfte unternehmensinterner Prozesse analysiert, die sich teilweise auch aus Pfadabhängigkeiten (*path dependencies*, Teece, Pisano a. Shuen 1997) ergeben. Die evolutionäre Ökonomie hilft dabei, diese Prozesse zu erklären, indem sie in Kategorien sich entwickelnder Routinen denkt, die sich auf individuelles und organisationales Lernen gründen. Darüber hinaus betrachtet die evolutionäre Ökonomie auch koevolutionäre Prozesse zwischen der Technologie, der Branchenentwicklung und den Unternehmen (Hodgson 1991; 1993; Nelson 1995; Nelson a. Winter 1982; Witt 1993). Aus dieser Perspektive betrachtet, ist die Rationalität der Manager durch Routinen beeinflusst, die auch von *path dependencies* mitbestimmt sind.

In der Populationsökologie und in der evolutionären Ökonomie ist die *inhaltsorientierte* Erklärung des Strategieerfolges weniger weit entwickelt als die oben angesprochene prozessorientierte Erklärung. Die Wissenschaftler, die sich mit dem inhaltsorientierten Aspekt beschäftigen, bevorzugen bei der Erklärung von Erfolg oder Misserfolg einer Strategie eine auf Ressourcen basierende Sichtweise und beziehen sich im Wesentlichen auf die Diskussion über *dynamic capabilities* und *knowledge* als treibende und bremsende Kräfte der Evolution (z. B. Foss, Knudsen a. Montgomery 1995; Grant 1996; Henderson 1994; Montgomery 1995; Singh a. Mitchell 1996; Teece 1998). Sie entwickeln dabei bereits existierende Arbeiten über eine dynamischen Sicht der Fähigkeiten weiter (Dierickx a. Cool 1989; Kogut a. Zander 1992; Teece et al. 1997). Dynamische Fähigkeiten *(dynamic capabilities)* setzen einen fortschreitenden Prozess der Entwicklung und Kombination von Ressourcen und somit die Herausbildung neuer Kernkompetenzen durch Prozessvariationen voraus, um so auch Stagnation *(core rigidities)* und – als Folge davon – negative Selektionen zu vermeiden (Miner 1994). Organisationales Lernen ist daher der grundlegende Prozess, der zu dynamischen Kernkompetenzen führt (Doz 1996). Da organisationales Lernen seinerseits auf menschliche Rationalität angewiesen ist, muss von einer neuen und dynamischen Interpretation des Konzeptes begrenzter Rationalität ausgegangen werden.

Offensichtliche Schwächen hat die intraorganisationale Populationsökologie bei der Erklärung von Erfolg oder Misserfolg einer Unternehmensstrategie aufgrund *menschenabhängiger* Aspekte. Obwohl die Bedeutung des mittleren Managements im strategischen Management zuweilen betont wird, betrachtet man dieses weiterhin lediglich als den auslösenden Faktor in einem emergenten Prozess der Strategieformulierung und nicht aus einer humanorientierten Perspektive des Managements. Die Werte (Bedürfnisse,

Interessen) des mittleren Managements werden dabei kaum als determinierender Faktor des strategischen Wandels angesehen. Außerdem – und wohl am wichtigsten – werden die verschiedenen Arten begrenzter Rationalität an der Unternehmungsspitze und im mittleren Management nicht genügend berücksichtigt. Dies zeigt klar die Schwäche des humanorientierten Argumentationsstranges zur Erklärung des Strategieerfolges innerhalb der Populationsökologie.

Wir behaupten daher, dass ein umfassenderes Verständnis des strategischen Erfolgs oder Misserfolgs unter der Bedingung einer erweiterten Sicht begrenzter Rationalität der Manager vor allem dadurch gefördert werden kann, dass man den *humanorientierten* Aspekt stärker berücksichtigt. Wir werden dies besonders von einer neuen, wichtigen Ebene der intraorganisationalen Analyse aus im Einzelnen aufzeigen. Wenn wir dieser Idee folgen, können wir uns auf der einen Seite auf das Wissen der modernen biologischen Evolutionstheorie, besonders auf Erkenntnisse aus der Mikroperspektive der Ultradarwinisten, und auf der anderen Seite auf die Memetik, eine Spezialdisziplin der Sozialwissenschaft, beziehen.

4. Der Beitrag der modernen biologischen Evolutionstheorie

Der Nutzen von Erkenntnissen aus den Naturwissenschaften und hier besonders aus der biologischen Evolutionstheorie zum Verstehen und Erklären sozialer Erscheinungen wird oft kritisiert. Soweit es sich um den Beizug simpler Analogien handelt, mag diese Kritik in gewissem Maße auch zutreffen. Wir glauben aber, dass die moderne biologische Evolutionstheorie immer dann ein großes Potenzial für die Erklärung sozialer Erscheinungen besitzt, wenn nicht Analogien betrachtet, sondern die allgemeinen Prinzipien angewendet werden, die den biologischen evolutionären Mechanismen zugrunde liegen. Wir beziehen uns hierbei auf Dawkins, einem der bekanntesten evolutionären Denker unserer Tage: "Cultural 'evolution' is not really evolution at all if we are being fussy and purist about our use of words, but there may be enough in common between them to justify some comparison of principles" (Dawkins 1986, p. 216).

Allgemeine Prinzipien erlauben ein vertieftes Verständnis evolutionärer Mechanismen, während sie gleichzeitig die Unzulänglichkeiten von Analogien, welche die Unterschiede zwischen biologischen und menschlich-sozialen Systemen vernachlässigen, vermeiden (siehe auch Witt 1997).

Wir stützen uns in der Folge auf die Ideen der Mikroperspektive der biologischen Evolutionstheorie, um das Verständnis der intraorganisationalen Populationsökologie und damit der Mechanismen der Mikroevolution zu vertiefen.

Wie schon erwähnt, wurde die Makroebene der Evolution bereits in der traditionellen Populationsökologie berücksichtigt. Demgegenüber betonen die so genannten Ultradarwinisten die Bedeutung der Mikroebene der Evolution, d. h. der Gen-Ebene. Evolution findet nach Ansicht der Ultradarwinisten als Konsequenz der Existenz sich replizierender Einheiten statt, die um den reproduktiven Erfolg bemüht sind. Erfolgreiche genetische Einheiten können dahin gehend beschrieben werden, dass sie fruchtbar und in der Lage sind, exakte Kopien von sich zu erstellen. Varianten treten manchmal durch unvollständige oder veränderte Kopien wie auch durch chemische Veränderungen auf und werden dann weitervererbt. Die Selektion der genetischen Einheiten findet nach der Reproduktion durch die Umwelt statt. Variations- und Selektionsmechanismen sind somit die Triebkräfte der Evolution und führen zum Überleben des „Stärksten", d. h. der hinsichtlich der Reproduktion erfolgreichsten Einheit. Diese Prinzipien treffen für alle Arten von Replikatoren zu, sodass die Makroevolution von der Mikroevolution abhängt (Plotkin 1994). Dawkins geht sogar so weit, Organismen oder so genannte Entitäten als nichts denn als Überlebensmaschinen im Dienste der *selfish genes* („selbstsüchtigen" Gene) zu bezeichnen (Dawkins 1989). Von diesem Gesichtspunkt aus ist es wesentlich, dass die Gene quasi unsterblich sind; die Entität kann nach erfolgter Weitergabe der Gene sterben, ohne den evolutionären Prozess zu gefährden. Aus diesem Grund ist für die führenden Ultradarwinisten wie etwa Dawkins (1989, 1995), Maynard Smith (1986, 1989) und Williams (1992) die wichtige Analyseebene diejenige der Gene.

Nun entwickeln aber „Überlebensmaschinen", z. B. die menschlichen Wesen, jedoch im Laufe der Zeit eine spezielle Art von Identität (Maturana u. Varela 1987). Je mehr ein Organismus ein bestimmtes Maß an Komplexität erreicht und je mehr sich deshalb seine Identität ausbildet, desto besser ist er in der Lage, eine gewisse Autonomie bezüglich seiner Umwelt zu erreichen. Aus diesem Grund haben Entitäten nicht nur die Fähigkeit sich anzupassen, sondern können auch ihre Identität entwickeln und bewahren, um so zu überleben. Die moderne biologische Evolutionstheorie basiert deshalb auf den Prinzipien der Identitätserhaltung und Anpassung (ebd.). Um Anpassung zu erklären, kann man sich auf die Theorie der natürlichen Selektion beziehen, während die Identitätserhaltung eine andere Erklärung verlangt, nämlich Maturanas und Varelas Konzept der so genannten Autopoiese (ebd.): Ihrem Konzept entsprechend ist die Entität nur teilweise offen für ihre Umwelt, da sie ihre Identität durch eine gewisse operationale Geschlossenheit erzeugen und bewahren muss, um sich von ihrer Umwelt zu unterscheiden. Varela (1984) stellte nun fest, dass, wenn die Geschlossenheit eines Systems einmal erreicht ist, dieses sich automatisch um seine interne Kohärenz kümmert. Strukturveränderungen werden durch das System selber im Rahmen dessen, was die Systemidentität erlaubt, festgelegt. Die Bedeutung der Interaktion zwischen Selbstorganisation und natürlicher Selektion wird zurzeit insbesondere in der Komplexitätstheorie diskutiert (vgl. dazu Kauffman 1993, 1995; Waldrop 1992).

Zieht man nun die Bedeutung der Gen-Ebene in Betracht, so wird offensichtlich, dass die Kombination der Gene die Strategie des Organismus grundsätzlich beeinflusst und dadurch auch die Prozesse der Identitätserhaltung oder Anpassung. Monod verwies in seinem berühmten Buch *Le hasard et la necessité* (1970) darauf, dass, je differenzierter und komplexer ein Organismus wird, desto autonomer er auch in Bezug auf seine Umwelt sein kann. Der Organismus beginnt, eine spezifische, aber immer begrenzte eigene „Rationalität" zu entwickeln, die oft auch als kognitiver Plan bezeichnet wird (Maynard Smith 1986). Aus diesem Grund hängt der Selektionsmechanismus nicht mehr allein von der Umwelt ab, sondern kann auch vom Organismus selber gesteuert oder beeinflusst werden. Dies macht deutlich, dass selbst in biologischen Systemen Evolution nicht alleine durch Zufall oder durch Notwendigkeit gesteuert ist, wie dies allgemein angenommen wird, sondern in einem gewissen Maße auch einer Absicht folgt. Dies ist ein entscheidender Punkt, an den zu denken ist, wenn wir uns der Evolution sozialer Einheiten zuwenden.

Aus den Diskussionen dieses Abschnitts können wir folgern, dass die moderne Mikroperspektive der biologischen Evolution Beweise für die unbestreitbare Bedeutung der Gen-Ebene für die Evolution auf den verschiedenen anderen Ebenen erbringt. Sie unterstreicht aber auch die Tatsache, dass komplexe Organismen ihren kognitiven Plan haben, eine spezifische Form der Rationalität. Diese spezifische Form begrenzter Rationalität führt folgerichtig zu einer zweckgerichteten Evolution.

Bisher haben wir das Phänomen der Evolution vom Gesichtspunkt der Naturwissenschaft aus betrachtet. Wenn wir uns nun dem strategischen Management zuwenden, stellen wir fest, dass die Memetik speziell relevant wird. Aus diesem Grund möchten wir im nächsten Schritt den Beitrag der Memetik, einem Spezialgebiet der Sozialwissenschaft, zu einer evolutionären Sicht der begrenzten Rationalität der Manager umreißen.

5. Die Beiträge der Memetik

Die kulturelle Evolutionstheorie in den Sozialwissenschaften diskutiert im Wesentlichen das Äquivalent zur Gen-Ebene der biologischen Evolutionstheorie und identifiziert die so genannten Meme als die grundsätzlichen Replikationseinheiten der kulturellen Evolution. Dementsprechend wird die sich mit den Memen beschäftigende Wissenschaft Memetik genannt (Aurifeille a. Deissenberg 1998; Cavalli-Sforza a. Feldman 1981; Csànyi 1989; Dawkins 1989; Lumsden a. Wilson 1981; Moritz 1990).

Was die kulturelle Evolutionstheorie betrifft, beschreibt Dawkins (1989, p. 194) die Verbindung zwischen Biologie und Kultur wie folgt: "The old gene-selected evolution, by making brains, provided the 'soup' in which the first meme arose. Once self-copying memes had arisen, their own, much faster, kind of evolution took off." Ein Mem ist eine Idee oder, allgemeiner, ein Kommunikationsmuster, welches schriftlich oder mündlich in das Bewusstsein anderer Menschen oder anderer organisatorischer Einheiten übermittelt werden kann (Dawkins 1989; Moritz 1990). Es ist mit anderen Worten ein Replikator.

Ein Mem ist ein Replikator kultureller Systeme, das sich nicht durch Paarung reproduziert, sondern durch jegliche Form von Kommunikation. Es werden jene Meme überleben und über Generationen repliziert werden, die lernbarer sind, leichter kommuniziert werden können und die eine höhere Tendenz als andere besitzen, übermittelt zu werden. In diesem Sinne sind die tragenden Ideen großer Denker wie Aristoteles oder Kant für unsere aktuellen Probleme noch immer präsent.

Gemäß der kulturellen Evolutionstheorie ist die auf Kommunikation basierende Übermittlung von Memen im Allgemeinen sehr schnell. Trotzdem können aber die Inhalte eines Mems selber sehr träge sein. Kuhn (1970) zeigte z. B., dass dies für Paradigmenwechsel in der Wissenschaftsgemeinschaft zutreffend ist. Alte Paradigmen aufzubrechen ist ein schwieriger und komplexer Prozess. Aus diesem Grund führt die Dynamik eines kulturellen Systems zu einer Spannung zwischen der schnellen Memeübertragung durch Kommunikation und der Trägheit der inhaltlichen Veränderung des Mems.

Die Memebene ist von entscheidender Bedeutung für das Verständnis kultureller Evolution. Meme beeinflussen die begrenzte menschliche Rationalität und daher konsequenterweise auch die von Menschen beeinflusste Evolution auf allen Ebenen innerhalb sozialer Systeme. Daraus ergibt sich in der Perspektive der Strategietheorie, dass vor allem die Meme die verschiedenen Ebenen einer Unternehmensstrategieentwicklung und damit schließlich auch den strategischen Erfolg oder den Misserfolg einer Unternehmung beeinflussen.

6. Zwei Prinzipien modernen evolutionistischen Denkens

Aus den genannten jüngsten Entwicklungen in der biologischen und kulturellen Evolutionstheorie können zwei allgemeine Prinzipien modernen evolutionären Denkens abgeleitet werden.

Ein erstes generelles evolutionäres Prinzip modernen Evolutionsdenkens betont die entscheidende Bedeutung von Memen für das Verständnis einer strategischen Evolution auf allen Ebenen sozialer Systeme. Die Memebene ist die basale Ebene der Evolution in einem solchen System. Das Verständnis der Meme führt auch zu einem vertieften Verständnis und zu einer gehaltvollen Auffassung der begrenzten menschlichen Rationalität als eines prägenden Faktors in der Evolution einer Unternehmensstrategie. Modernes Evolutionsdenken betont außerdem die Tatsache, dass Evolutionsebenen miteinander durch verschiedenartige Kausalitäten, die den Erfolg der betreffenden Einheit mit Blick auf verschiedene Kriterien beeinflussen, verbunden sind.

Ein *zweites generelles evolutionäres Prinzip* legt den Akzent auf die Identitätsbewahrung und -anpassung als Hauptmechanismus einer Evolution auf allen Ebenen der strategischen Veränderung. In einem sozialen System sind Meme die wesentlichen treibenden und bremsenden Kräfte der Identitätswahrung oder -anpassung durch Zufall, durch Notwendigkeit oder, besonders wichtig, durch Absicht. Um Evolution absichtsvoll zu lenken, müssen Meme bewusst beeinflusst werden, was die Grenzen menschlicher Rationalität verschiebt und damit auch die Möglichkeiten und Handlungsspielräume verändert, um strategische Erfolge zu erzielen.

Die Beachtung dieser Prinzipien modernen Evolutionsdenkens können helfen, die Schwächen der bisherigen Populationsökologie, nämlich die Vernachlässigung des humanorientierten Aspektes, zu mildern, indem sie das Verständnis der menschlichen Rationalität und der möglichen Verschiebung der Rationalitätsgrenzen vertiefen.

7. Die Anwendung der allgemeinen Evolutionsprinzipien auf das strategische Management

In diesem Abschnitt wenden wir die eben hergeleiteten und dargestellten allgemeinen Evolutionsprinzipien auf das strategische Management an, um das Verständnis von Erfolg oder Misserfolg einer Unternehmensstrategie unter den Bedingungen begrenzter Rationalität der Manager zu erweitern. Unsere theoretischen Punkte und allgemeinen Evolutionsprinzipien werden dabei anhand des Shell-Beispiels illustriert.

8. Der Fall Shell

Shell als die größte europäische und weltweit eine der größten multinationalen Unternehmungen ist eine voll integrierte Ölgesellschaft, die bei allen Aktivitäten entlang der Wertschöpfungskette von der Ölproduktion bis hin zum Vertriebsnetz auftritt. Gemäß einem Bericht im *Petroleum Economist* wurde Shell als die am effektivsten geführte Ölgesellschaft betrachtet, die nicht nur mit Blick auf den ökonomischen Erfolg, sondern auch bezüglich des Umweltschutzes und in rechtlichen Angelegenheiten ein großes Verantwortungsgefühl besitze. Außerdem verfüge sie über ausgeprägte technische Fähigkeiten. Dieses positive Image wurde indessen getrübt, als Shell die

„Brent Spar"-Plattform, nach erteilter Genehmigung durch die britische Regierung, in den tiefen Gewässern der Nordsee versenken wollte.

Dies löste einen evolutionär-strategischen Prozess aus. Als Shells Ruf durch den „Brent Spar"-Fall getrübt wurde, entschieden nämlich seine Manager, bewusster als bisher das gesellschaftliche Auftreten in Ergänzung zum ökonomischen Auftreten zu berücksichtigen. Aus diesem Grund startete Shell das Projekt "The changing societal expectations" (Shell 1996), das auf die Rolle der multinationalen Gesellschaften *(MNCs)* in den neuen Wettbewerbsrealitäten ausgerichtet war. Wie wir zeigen werden, ist der Fall Shell ein beeindruckendes Beispiel für die Bedeutung eines elaborierten Verständnisses der begrenzten Rationalität der Manager und für die Vorteile eines bewussten Umgangs mit dieser begrenzten Rationalität in den herausfordernden neuen Wettbewerbsrealitäten.

9. Die Bedeutung der Memebene

Gemäß dem ersten Prinzip modernen Evolutionsdenkens ist die Betonung des Mehrebenencharakters sich entwickelnder Systeme ein wesentlicher Aspekt der Evolutionstheorie. Unternehmen stellen einen Spezialfall sich entwickelnder sozialer Systeme dar, deren Entwicklung im Wesentlichen durch strategische Führungsentscheidungen vorangetrieben werden. Dies bewirkt Veränderungen auf fünf voneinander abhängigen Evolutionsebenen, nämlich auf der Mem-, der Geschäfts-, der Unternehmens-, der Allianz- und der Gesellschaftsebene. Nach unseren bisherigen Erkenntnissen erscheint es uns als zentral, dass die Memebene von besonderer Bedeutung für das Verständnis der begrenzten Rationalität der Manager ist, da die Meme die treibenden und bremsenden Kräfte auf allen anderen Evolutionsebenen sind.

Wendet man nun die Erkenntnisse aus der Mikro-Makro-Debatte der biologischen und kulturellen Evolutionstheorien auf den Unternehmenskontext an, so wird klar, dass alle Evolutionsebenen und alle damit zusammenhängenden Selektionskriterien – von der Mem- bis hin zur Gesellschaftsebene – berücksichtigt werden müssen, um strategische Führungsentscheidungen und Unternehmenserfolg in den neuen Wettbewerbsrealitäten zu erklären. Von diesem Gesichtspunkt aus können strategische Erfolge oder Misserfolge nicht länger nur nach wirtschaftlichen Denkkategorien untersucht werden, sondern müssen auch Aspekte der gesellschaftlichen Effizienz enthalten. Dies demonstriert auch der Fall Shell: Der Selektionsdruck auf Shell kam, wie wir im Einzelnen später noch sehen werden, nicht nur von der ökonomischen Seite, sondern resultierte vor allem auch aus gesellschaftlichen Forderungen. Die Rationalität des Managements bei Shell sollte daher neben den ökonomischen auch vermehrt die gesellschaftlichen Aspekte berücksichtigen.

Die grundlegendste Ebene der gesellschaftlichen Evolution ist, wie gezeigt wurde, die Ebene der Meme. Dies soll nun mit Bezug auf das strategische Management in Unternehmungen noch etwas weiter ausdifferenziert werden.

Unter dem *humanorientierten* Aspekt betrachtet, sind die von den Unternehmensmitgliedern geteilten *Kernwerte* eine erste grundlegende Memkategorie. Die Kernwerte sind fundamentale treibende und bremsende Kräfte der Evolution einer Unternehmungsstrategie. Ein berühmtes Beispiel, das die treibende Kraft der Kernwerte illustriert, ist Webers *Die protestantische Ethik und der „Geist" des Kapitalismus* (1905/1993). Es erklärt die Evolution, die Effizienz und den industriellen Erfolg in protestantischen Gegenden auf der Grundlage protestantischer Kernwerte.

Wie die Evolution kultureller Systeme zeigt, können Kernwerte ziemlich leicht zwischen Individuen übertragen werden, sind aber oft sehr träge bezüglich einer Veränderung ihrer Inhalte. Während also die Kernwerte auf der einen Seite Zusammenhang, Stabilität und Identität eines Unternehmens schaffen, können sie auf der anderen Seite die Inflexibilität eines Unternehmens fördern. Sie können insbesondere auch die Rationalität der Manager und damit die Bandbreite strategischer Variationen und Selektionen einschränken. Kernwerte können außerdem den Einfluss anderer interner und externer ökonomischer und gesellschaftlicher Veränderungskräfte bremsen. Wenn wie im Fall Shell wegen der Fixierung auf bestimmte Kernwerte wichtige externe Anforderungen ausgeblendet werden, kann dies fatal sein. Veränderungen in Unternehmen entstehen entweder durch Kombination oder Rekombination existierender Kernwerte im Zuge organisatorischer Lernprozesse. Oder sie entstehen, indem eine neue Quelle mit anderen Kernwerten erschlossen wird, beispielsweise durch das Einstellen eines neuen Topmanagers, der aufgrund seiner Macht in der Lage ist, schnell und umfassend neue Werte in der ganzen Organisation zu verbreiten und so überkommene Kernwerte zu beseitigen.

Divergierende oder unbestimmte Kernwerte führen zu unterschiedlichen Formen begrenzter Rationalität der Manager, zu unterschiedlichen Rationalitäten von Individuen oder Gruppen und daher zu unterschiedlichen Ansätzen bei Problemlösungen.

Im „Brent Spar"-Fall beispielsweise führte eine fehlende interne und externe Übereinstimmung von Shells Kernwerten zu unterschiedlichen Wertstrukturen und daher zu konfligierenden Rationalitäten:

Im Außenverhältnis unterschieden sich die Führungswerte und das Führungshandeln von Shell Großbritannien grundsätzlich von den Werten und Handlungen seiner strategisch relevanten Stakeholder (Anspruchsgruppen) wie Greenpeace, der Medien und der Shell-Kunden. Die verschiedenen Akteure gründeten ihre Aktionen auf divergierenden Werten und zeigten unterschiedliche Rationalitäten. Es entbehrt nicht einer gewissen Ironie, wenn ein Konzern wie Shell im Hinblick auf die Beseitigung einer Ölplattform etwa dreißig Expertengutachten einholt, gleichzeitig aber nicht in der Lage ist, mit den damit verbundenen Ängsten der Bevölkerung umzugehen. Es ist daher auch nicht weiter verwunderlich, dass im „Brent Spar"-Fall Shell Großbritannien nicht nur nichts von den hoch emotionalen Werten seiner Stakeholder wusste, sondern dass die Unternehmung wegen der begrenzten Rationalität ihrer Manager, welche sich an stark technikorientierten und rationalen Kernwerten orientierten, nicht einmal in der Lage war, diese Werte überhaupt zu erkennen.

Es gab allerdings nicht nur im Außenverhältnis zwischen Shell Großbritannien und seinen Stakeholdern eine fehlende Übereinstimmung von Grundwerten, sondern es entstand auch eine interne Divergenz der Werte. Shell Großbritannien stützte sich auf die legale Korrektheit seiner Argumente und verteidigte so seine Pläne, die „Brent Spar"-Plattform im Meer zu versenken, während die stärker auf die Gesellschaftsbedürfnisse ausgerichtete kontinentale Tochtergesellschaft in Deutschland sich öffentlich dafür entschuldigte, dass Shell, in der Absicht, die Plattform zu versenken, den Wissenschaftlern und den gesetzlichen Autoritäten mehr Beachtung geschenkt habe als den Ängsten und Bedürfnissen seiner Kunden und der betroffenen Öffentlichkeit. Im Verlauf der Entsorgungsdebatte über die „Brent Spar" reagierte Shell Deutschland umgehend mit ganzseitigen Anzeigen unter dem Titel *Wir werden uns ändern* in der deutschen Presse, um ihre Sichtweise darzustellen und zu versprechen: „Damit haben wir auch gelernt, dass für bestimmte Entscheidungen Ihr Einverständnis genauso wichtig ist wie die Meinung von Experten oder die Genehmigung durch Behörden." Obwohl die ursprüngliche Entscheidung durch Shell Großbritannien vollständig mit britischen Gesetzen und besonders mit den internationalen Konventionen von Paris und Oslo zum Schutz der Meere übereinstimmte, konnte die geplante Tiefsee-Entsorgung letztlich doch nicht durchgeführt werden.

Erst später räumte auch Shell Großbritannien ein, dass die Akzeptanz des Entscheids durch die Gesellschaft auf internationaler Ebene bedeutsam sei. Aufgrund dieser Einsicht überprüfte Shell erneut, welche Alternative der Entsorgung der Ölplattform sowohl mit technisch orientierten wie auch emotionalen Kernwerten verträglich wäre. Dieses Beispiel zeigt, wie wichtig Kernwerte in einer sich entwickelnden Situation sind und wie divergente Kernwerte, sowohl intern als auch extern, zu verschiedenen Arten der Rationalitätseinschränkung und sogar zu widersprüchlichen Aktionen führen können.

Aus einer *prozessorientierten* Sichtweise sind neben den Kernwerten die *Kernprozesse und -strukturen*, d. h. die institutionellen Kernlösungen in den

Unternehmungen, die zweite Kategorie von Memen. Die Kernprozesse eines Unternehmens sind spezielle Arten von Routinen, wie sie in der evolutionären Ökonomie und der Populationsökologie betrachtet werden. Sie sind damit neben den Kernwerten weitere gestaltende Faktoren der begrenzten Rationalität der Manager. Routinen in Wirtschaftsunternehmen können Prozesse der Strategieentwicklung oder der Ressourcenzuweisung sein, oder es kann sich um standardisierte Verfahrensabläufe jeglicher Art handeln. Um diese Routinen oder Kernprozesse zu optimieren, entwickeln Unternehmen Kernstrukturen (vgl. dazu auch Brown a. Eisenhardt 1998). Unternehmen, die neue institutionelle Lösungen schaffen, können Konkurrenten übertreffen, die ihre Kernstruktur veränderten Anforderungen nicht anpassen. Aus einer evolutionären Perspektive stehen Kernprozesse und Kernstrukturen (institutionelle Kernlösungen) für eine zweite Kategorie von Memen. Institutionelle Kernlösungen sind weitestgehend durch *path dependencies* und Führungsentscheidungen beeinflusst, welche ihrerseits stark durch die Unternehmenskernwerte beeinflusst werden können.

Dies trifft auch in vollem Umfang auf den Fall Shell zu: Aufgrund der Geschichte der Unternehmung, d. h. ihrer Pfadabhängigkeiten, wies Shell stark dezentralisierte Strukturen und Prozesse auf. Shell wurde 1907 von zwei Männern, einem Holländer und einem Engländer, gegründet, welche beide durch den vorherrschenden Kolonialismus ihrer Zeit geprägt waren. Daher operiert Shell noch heute mit zwei verschiedenen Hauptquartieren, eines hat den Sitz in Den Haag, das andere in London. Wie zur damaligen Zeit üblich, gründete Shell nationale Gesellschaften in den verschiedenen Ländern. Dieses „Commonwealth von Unternehmen" hatte zwar ein gemeinsames Symbol, die Shell-Muschel, die gewissermaßen als gemeinsame „Krone" diente; die lokalen Tochtergesellschaften wurden jedoch in einem sehr dezentralisierten Stil geführt. Nur schon aufgrund ihrer geographischen Isolation entwickelten sich die nationalen Gesellschaften zu ziemlich unterschiedlichen Untereinheiten mit divergierenden lokalen Werten. Shells institutionelle Kernlösungen, die bis vor einigen Jahren galten, können daher als extrem dezentralisiert mit einer hohen lokalen Autonomie und einem niedrigen Maß an transnationaler Koordination beschrieben werden. Dies trug auch wesentlich zum Entstehen verschiedenartiger Ausprägungen der Rationalität der Manager in Shells Ländergesellschaften bei.

Shells dezentralisierte internationale Struktur war zu einer gewissen Zeit vielleicht eine geeignete Lösung, um für lokale Bedürfnisse empfänglich zu sein. Für Aktivitäten aber, bei denen der schnelle Fluss von Informationen und Entscheidungen lebensnotwendig ist, sowie für ein Geschäft, das seiner Natur nach immer transnationaler wurde, waren die existierenden institutionellen Lösungen nicht länger adäquat. Nachdem Shell erkannt hatte, dass ein mit einer gemeinsamen Marke auftretendes Unternehmen auch gleichgerichtete Handlungen seiner Untereinheiten verlangen musste, begann das

Unternehmen schon vor einigen Jahren damit, seine Struktur zu reorganisieren, um die existierenden und strukturell bedingten Ineffizienzen zu beseitigen. Mit Blick auf die Beziehungen zu seinen Stakeholdern institutionalisierte und erweiterte Shell die Abteilungen für Öffentlichkeitsarbeit auf mehreren Ebenen. In Abhängigkeit von den jeweils zu erwartenden Konsequenzen war es entweder die lokale oder die internationale Abteilung, die sich mit einem aufkommenden gesellschaftlichen Problem anhand einer Reihe von Richtlinien für Krisensituationen beschäftigte. Im Falle der „Brent Spar" erwies sich jedoch die Entscheidung, sich mit der Thematik lokal zu beschäftigen, als problematisch, da sie in Wirklichkeit auf europaweites, wenn nicht gar weltweites Interesse stieß. Shell musste lernen, dass bei einer „Global Village"-Thematik nur wenig von lokalem Interesse ist. In der öffentlichen Meinung wurde die Entsorgung der Ölplattform nicht nur mit Shell Großbritannien als verantwortlicher nationaler Tochtergesellschaft in Verbindung gebracht, sondern mit Shell weltweit. Die deutschen Shell-Niederlassungen fanden es dabei unfair, dass der Boykott der Kunden sich gegen sie richtete, da sie ja keine Mittel hatten, die Pläne von Shell Großbritannien zu beeinflussen. Dem Konzern wurde bewusst, dass es dringend notwendig wurde, die divergierenden internen Rationalitäten zu koordinieren, um ein angemessenes Maß an Stimmigkeit zu erreichen. Diese Einsicht führte zu einer neuerlichen Anpassung von Shells institutionellen Lösungen im Sinne einer koordinierten Dezentralisation.

Neben der Pflege der internen Stimmigkeit der begrenzten Rationalität der Manager in allen Untereinheiten von Shell musste der Konzern jedoch seine institutionellen Kernlösungen auch unter Berücksichtigung der unterschiedlichen Rationalitätsbegrenzungen den externen, teilweise ökonomischen (z. B. transnationale Kunden), teilweise gesellschaftlichen (z. B. verschiedene Regierungen) Stakeholdern anpassen. Der Fall Shell zeigt also die Bedeutung institutioneller Kernlösungen, die sich auf Kernwerte stützen und welche die strategische Evolution auf allen Ebenen, nämlich von der Ebene der Meme bis zur Ebene der Gesellschaft (Stakeholder-Beziehungen), beeinflussen.

In einer *inhaltsorientierten* Perspektive betrachtet, betont die derzeitige Strategietheorie die Bedeutung der *Kernkompetenzen*. Aus einer evolutionären Sicht sind Kernkompetenzen als dritte Memekategorie von besonderer Bedeutung für das Verständnis der Rationalität der Manager einschließlich deren Begrenzung und Veränderung.

Wie der Fall Shell zeigt, können ehemalige Kernkompetenzen wie technische Überlegenheit bzw. eine große Befähigung zu Ingenieurleistungen sich zu *core rigidities* (Kerninkompetenzen) entwickeln, wenn die Notwendigkeit entsteht, sich mit Umweltveränderungen auseinander zu setzen. Historische Kernkompetenzen können sich dann verzögernd auf notwendige Anpassungsprozesse auswirken und die Rationalität der Manager einschränken.

Die Neuausrichtung des strategischen Denkens und die Erweiterung der Rationalität der Manager durch die Berücksichtigung gesellschaftlicher Effizienzkriterien erweitern indessen das Spektrum an möglichen Kernkompetenzen eines Unternehmens und dadurch auch sein strategisches Potenzial, das – wie es beim „Brent Spar"-Konflikt der Fall war – lebensnotwendig für die Überwindung überholter Kompetenzen ist. Shell wurde sich aufgrund der bitteren Erfahrungen im „Brent Spar"-Fall bewusst, dass das fundamentale Verständnis eines Unternehmens als einer Einheit, die sowohl gesellschaftliche als auch ökonomische Ziele verfolgt, von großer Bedeutung für dessen Zukunft ist und dass neue Kernkompetenzen nichttechnischer Art erforderlich sind. Mehr noch, Shell möchte heute Vorreiter und beispielhaft dafür sein, wie multinationale Unternehmen in der Lage sind, sich ernsthaft mit gesellschaftlichen Aspekten sowohl lokal wie auch global auseinander zu setzen und das gesellschaftliche Wohl durch das Handeln des Managements zu erhöhen. Shells Folgerungen aus einer Reihe von Roundtable-Gesprächen, die das Unternehmen organisierte, um einen Dialog mit seinen Stakeholdern aufzunehmen, bestand aus verschiedenen Einsichten, die nun in konkrete Handlungen umgesetzt werden müssen (z. B. neue Geschäftsprinzipien für Shell, vgl. Herkstroeter 1996). Dazu gehört auch die drängende Frage nach der politischen Verantwortung einer Unternehmung. Es liegt in der Natur einer global operierenden Ölgesellschaft, dass sie ihren Geschäften zunehmend in politisch instabilen Ländern nachgeht, in denen mehr oder weniger stark Menschenrechte verletzt werden. Shell erkannte, dass divergierende Stakeholder-Rationalitäten aufgrund einer solcher Situation seinem Ruf schaden können. Diesem Tatbestand muss das Management Beachtung schenken, indem in der Handhabung von Stakeholder-Beziehungen neue Kernkompetenzen aufgebaut werden. Der Aufbau von Vertrauen bei den verschiedenen Stakeholder-Gruppen ist dabei fundamental und kann zum Beispiel auf externen, zertifizierten Audits beruhen. Solche Audits stellen einen viel versprechenden Weg dar, um die Öffentlichkeit hinsichtlich der Wahrnehmung gesellschaftlicher Verantwortung durch eine Unternehmung zu beruhigen. "'Being right' is no longer a sufficient condition for a positive reputation. Instead 'Doing the right thing and being seen to do it' are two sides of the reputation coin" (Shell 1996).

Aus dieser inhaltsorientierten Sicht ist Shell ein herausragendes Beispiel für die Evolution von Kernkompetenzen, die sich von rein technischen zu gesellschaftlichen Fähigkeiten verschieben, indem die begrenzte Rationalität der Manager erweitert und neue, zusätzliche Meme geschaffen werden.

Wenn wir unsere Einsichten aus der evolutionären Betrachtungsweise zusammenfassen und die dominierende Rolle von Memen bei der Bildung einer neuen Perspektive der begrenzten Rationalität der Manager berücksichtigen, dann erscheinen die Meme als grundlegende und zwingend notwendige Kräfte für strategische Veränderungen. Ein Unternehmen wird dabei umso wahrscheinlicher eine starke und eigenständige Wettbewerbsposition sowie einen hohen Grad an strategischem Erfolg erreichen, je stärker und verlässlicher diese Meme in Bezug auf ökonomische und gesellschaftliche Erfordernisse sind.

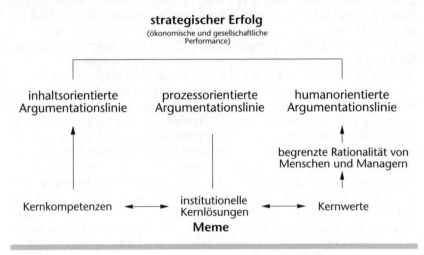

Abb. 1: Der Einfluss des Memelevels auf den strategischen Erfolg

10. Identitätsbewahrung oder -anpassung

Das zweite im letzten Abschnitt entwickelte grundlegende Evolutionsprinzip ist dasjenige der Identitätsbewahrung und -anpassung. Dies ist von besonderer Bedeutung auf der Unternehmungsebene. Sie betrifft hauptsächlich die Vision des Unternehmens (Adams 1989; Campbell, Devine a. Young 1990; Hamel a. Prahalad 1989; Pearce 1982; Staples a. Black 1984). Visionen und daher auch die Identitätsbewahrung oder -anpassung werden maßgeblich durch Meme beeinflusst. Die jeweilige Unternehmensidentität gründet sich dabei auf eine spezielle Kombination von Memen. Meme beeinflussen die Rationalität der Manager auf der Ebene der Unternehmung in der Art und Weise, wie Visionen formuliert werden.

In Bezug auf die Identitätsbewahrung oder -anpassung können zwei Möglichkeiten der Evolution in einer sich verändernden Umwelt unterschieden werden: Erstens, Unternehmen bewahren ihre Identität und bilden spezielle Reserven *(deep pockets)* für unvorhergesehene, radikale Veränderungen (Evolution durch Zufall). Zweitens, Unternehmen passen ihre Identität durch organisationale Lernprozesse laufend an (Variation und Rekombination der Meme). Dies kann entweder durch einen kontinuierlichen, durch Einsicht bestimmten Prozess (Evolution durch Notwendigkeit) oder durch die Ernennung neuer Manager in Spitzenpositionen, welche die Unternehmensvision absichtsgeleitet verändern (zweckgerichtete Evolution), erfolgen. Auch hier sehen wir, dass Identitätsbewahrung oder -anpassung durch die begrenzte Rationalität der Manager gelenkt wird, die ihrerseits wiederum durch die treibenden und bremsenden Kräfte der Meme, besonders durch die Kernwerte, beeinflusst werden.

In diesem Sinne überarbeitete Shell seine Vision aufgrund der Erkenntnisse der Roundtable-Diskussionen und löste insofern einen organisationalen Lernprozess aus, als die Firma die Bedeutung engerer Beziehungen mit ihren strategischen Stakeholdern wie etwa den Non-governmental Organisations erkannte.

Zu diesem Zweck baute Shell Allianzen mit ihnen auf. Die Identitätsanpassung wurde dabei durch die Interaktionen mit den strategisch wichtigen Stakeholdern und besonders durch den Versuch beeinflusst, ihren verschiedenartigen Rationalitäten gerecht zu werden.

Zu lernen, wie man die verschiedenen Kernwerte der unterschiedlichen Stakeholder-Gruppen integrieren kann, wurde als unerlässlich für eine zeitgemäße Vision eines multinationalen, in einem sensiblen Wirtschaftsbereich agierenden Unternehmens beurteilt und damit konsequenterweise auch als unerlässlich für den Erfolg oder den Misserfolg seiner Strategie. Shells Lösung, internationale Roundtable-Gespräche durchzuführen, dokumentiert die Offenheit und die Bereitschaft der Unternehmung, mit den verschiedenen Stakeholdern in einen Dialog zu treten. Dies könnte auch in einem weiteren Schritt zu einer angemessenen Berücksichtigung des gesellschaftlichen Kontextes im *core purpose* der Shell führen, indem Shell den Menschen helfen will, durch ihre Investitionen und Entwicklungen im Energiebereich eine bessere Welt zu schaffen. Bei der Implementierung einer solchen strategischen Grundausrichtung wird das Ausbalancieren einer Unternehmung der verschiedenen und zum Teil divergierenden Rationalitäten der relevanten Stakeholder durch das Management eine der größten zukünftigen strategischen Herausforderungen sein.

11. Abschließende Bemerkungen

Auf der Grundlage von zwei allgemeinen Evolutionsprinzipien, die aus modernen biologischen und kulturellen Evolutionstheorien abgeleitet wurden, ist das Verständnis und die Erklärung der begrenzten Rationalität der Manager erweitert und vertieft worden. Darüber hinaus illustrierten wir unsere theoretischen Ausführungen mit dem Beispiel von Shells Problemen mit der „Brent Spar"-Thematik. Wir folgerten, dass Meme die Form und die Art der Rationalität nachhaltig beeinflussen. Rationalität wiederum beeinflusst die Wahrung oder Anpassung der Identität eines Unternehmens, was sich entweder zufällig, den Notwendigkeiten folgend, oder absichtlich vollziehen kann. Ein elaboriertes Verständnis der Meme ist daher von grundlegender Bedeutung für ein besseres Verständnis der begrenzten Rationalität der Manager und für die Erklärung des Mechanismus, durch den die Grenzen der Rationalität auf allen interaktiven Ebenen einer unternehmensstrategischen Evolution festgelegt (eingeengt oder ausgeweitet) werden.

Kernwerte als die dominierenden treibenden respektive bremsenden Kräfte der strategischen Evolution einer Unternehmung werden durch die *path dependencies* (Pfadabhängigkeiten), durch ihre internen und externen Interaktionen und durch die Menschen beeinflusst, die bei der Aufrechterhaltung und Vertretung dieser Werte mitwirken.

Mit diesem elaborierten Verständnis der begrenzten Rationalität der Manager wird der Einblick in die humanorientierten Aspekte der intraorganisationalen Evolution von Unternehmungen, besonders der Evolution multinationaler Gesellschaften im Kontext der neuen Wettbewerbsrealitäten, vertieft. Bei diesem Vorgehen folgten wir einer Anregung von Amburgey a. Rao (1996) und ermöglichten durch die Integration von Evolutionstheorien aus verschiedenen Bereichen in das strategische Management eine weiter gehende theoretische Fundierung derselben. Wir argumentierten, dass die viel versprechenden Erkenntnisse einer Mikroperspektive der biologischen Evolutionstheorie und der Memetik in der Lage sind, den humanorientierten Aspekt, der von der intraorganisationalen Populationsökologie bis dahin vernachlässigt wurde, besser in diese zu integrieren, um dadurch ein vertieftes Verständnis der Erfolgswirkung einer Unternehmensstrategie zu gewinnen.

Da die intraorganisationale Populationsökologie ihre Aufmerksamkeit vermehrt der Mikroevolution zugewendet hat, werden die Erkenntnisse aus der Mikroperspektive der biologischen Evolutionstheorie und der Memetik von großer Bedeutung für die Weiterentwicklung dieser Denkrichtung sein. Wir gingen diesbezüglich einen Schritt weiter als die bisherige, vorwiegend beschreibende Analyse der intraorganisationalen Populationsökologie, welche die Evolution im Wesentlichen als Evolution durch Zufall begreift. Mit Blick auf die Evolution von Unternehmensstrategien argumentierten wir nämlich für eine absichtsgeleitete Evolution. Aus dieser Position leiteten wir zwei generelle evolutionäre Prinzipien, die wir beim Studium moderner biologischer und sozialer Evolutionstheorien fanden, ab und wendeten sie auf das strategische Management an. Dabei entkräften wir die oft an die Populationsökologie gerichtete Kritik auf zweierlei Weise. Erstens anerkennen wir die Unterschiede zwischen biologischen und menschlich-sozialen Systemen und tragen ihnen Rechnung, indem wir grundlegende evolutionäre Prinzipien anstelle von engen Analogien verwenden. Zweitens ist die generelle Kritik am Determinismus der Populationsökologie deshalb nicht zutreffend, weil sich in unserer Perspektive die intraorganisationale Populationsökologie auf die Mikroevolution konzentriert und Evolution daher auch aufgrund interner Variation und Selektion absichtsgeleitet erfolgen kann.

Danksagung

Die Forschungsarbeit im Zusammenhang mit diesem Beitrag wurde vom Ko-Projektleiter Lee Preston im Rahmen des Projektes *Redefining the corporation* der SLOAN-Stiftung, an dem auch die beiden Autoren beteiligt sind, gefördert und unterstützt. Die Autoren sind dankbar für die Anregungen von Rebecca Henderson und Will Mitchell. Finanziell wurde dieser Bericht durch den Schweizerischen Nationalfonds zur Förderung der wissenschaftlichen Forschung unterstützt.

Literatur

Adams, J. D. (1986): Transforming leadership: from visions to results. Alexandria, VA (Miles River Press).

Amburgey, T. L. a. H. Rao (1996): Organizational ecology – Past, present, and future directions. *Academy of Management Journal* 39 (5): 1265–1286.

Amit, R. a. P. J. H. Schoemaker (1993): Strategic assets and organizational rent. *Strategic Management Journal* 14 (1): 33–46.

Aurifeille, J.-M. a. C. Deissenberg (eds.) (1998): Bio-mimetic approaches in management science. Boston/ Dordrecht/ London (Kluwer).

Barney, J. B. (1991): Firm resources and sustained competitive advantage. *Journal of Management* 17 (1): 99–120.

Baum, J. A. C. (1996): Organizational ecology. In: S. R. Clegg, C. Hardy a. W. R. Nord (eds.): Handbook of organization studies. London (Sage), p. 77–114.

Baum, J. A. C. a. J. V. Singh (eds.) (1994): Evolutionary dynamics of organizations. New York (Oxford University Press).

Brown, S. L. a. K. M. Eisenhardt (1998): Competing on the edge – Strategy as structured chaos. Boston, MA (Harvard Business School Press).

Burgelman, R. A. (1983): A model of the interaction of strategic behavior, corporate context, and the context of strategy. *Academy of Management Review* 8(1): 61–70.

Burgelman, R. A. (1991): Intraorganizational ecology of strategy making and organizational adaptation – Theory and field research. *Organization Science* 2 (3): 239–262.

Burgelman, R. A. (1996): A process model of strategic business exit – Implications for an evolutionary perspective on strategy. *Strategic Management Journal* 17, Special Issue Summer: 193–214.

Campbell, A., M. Devine a. D. Young (1990): A sense of mission. London (Economist Books).

Campbell, D. T. (1960): Blind variation and selective retention in creative thought as in other knowledge processes. *Psychological Review* 67: 380–400.

Campbell, D. T. (1969): Variation and selective retention in socio-cultural evolution. *General Systems* 14: 69–85.

Cavalli-Sforza, L. L. a. M. W. Feldman (1981): Cultural transmission and evolution – A quantitative approach. Princeton, NJ (Princeton University Press).

Conner, K. R. a. C. K. Prahalad (1996): A resource-based theory of the firm – Knowledge versus opportunities. *Organization Science* 7 (5): 477–501.

Csànyi, V. (1989): Evolutionary systems and society – A general theory of life, mind, and culture. Durham, NC (Duke University Press).

Dawkins, R. (1986): The Blind Watchmaker – Why the evidence of evolution reveals a universe without design. New York (Norton).

Dawkins, R. (1989): The selfish gene. Oxford (Oxford University Press).

Dawkins, R. (1995): River out of eden. London (Weidenfeld & Nicoloson).

Dierickx, J. a. K. Cool (1989): Asset stock accumulation and sustainability of competitive advantage. *Management Science* 35 (12): 1504–1511.

Doz, Y. L. (1996): The evolution of cooperation in strategic alliances – Initial conditions or learning processes? *Strategic Management Journal* 17, Special Issue Summer: 55–83.

Eldredge, N. (1985): Unfinished synthesis – Biological hierarchies and modern evolutionary thought. New York (Oxford University Press).

Eldredge, N. (1995): Reinventing Darwin – The great debate at the high table of evolutionary theory. New York (Weidenfeld & Nicolson).

Evolutionary perspectives on strategy. Strategic Management Journal 17, Special Issue Summer 1996.

Fiegenbaum, A., S. Hart a. D. Schendel (1994): Strategic reference point theory. In: H. Thomas (ed.): Building the strategically-responsive organization. Chichester (Wiley), p. 99–127.

Foss, N. J., C. Knudsen a. C. A. Montgomery (1995): An exploration of common ground – Integrating evolutionary and strategic theories of the firm. In: C. A. Montgomery (ed.): Resource-based and evolutionary theories of the firm – Towards a synthesis. Boston, MA (Kluwer), pp. 1–17.

Freeman, R. E. (1995): Stakeholder thinking: The state of the art. In: J. Näsi (ed.): Understanding stakeholder thinking. Helsinki (LSR), p. 35–46.

Gould, S. J. (1977): Ontogeny and phylogeny. Cambridge, MA/London (Belknap Press of Harvard University Press).

Grant, R. M. (1996): Toward a knowledge-based theory of the firm. *Strategic Management Journal* 17, Special Issue Winter: 109–122.

Hamel, G. a. C. K. Prahalad (1989): Strategic intent. *Harvard Business Review* 67 (3): 63–76.

Hannan, M. T. a. J. Freeman (1977): The population ecology of organizations. *American Journal of Sociology* 82 (5): 929–964.

Hawley, A. H. (1968): Human ecology. In: D. L. Sills (ed.): International enzyclopedia of the social sciences. New York (Macmillan), p. 328–337.

Henderson, R. M. (1994): The evolution of integrative capability – Innovation in cardiovascular drug discovery. *Industrial and Corporate Change* 3 (3): 607–630.

Herkstroeter, C. A. J. (1996): President's foreword. In: Royal Dutch Petroleum Company – Annual Report 1995. The Hague.

Hodgson, G. M. (1991): Economic evolution – Intervention contra pangloss. *Journal of Economic Issues* 25 (2): 519–533.

Hodgson, G. M. (1993): Economics and evolution – Bringing life back into economics. Cambridge (Polity Press).

Kant, I. (1995): Kritik der praktischen Vernunft. Stuttgart (Reclam).

Kauffman, S. A. (1993): The origins of order – Self-organization and selection in evolution. New York/Oxford, NY (Oxford University Press).

Kauffman, S. A. (1995): At home in the universe – The search for laws of self-organization and complexity. New York/Oxford, NY (Oxford University Press).

Knudsen, C. (1995): Theories of the firm, strategic management, and leadership. In: C. A. Montgomery (ed.): Resource-based and evolutionary theories of the firm. Boston, MA (Kluwer), p. 179–217.

Kogut, B. a. U. Zander (1992): Knowledge of the firm, combinative capabilities, and the replication of technology. *Organization Science* 3: 383–397.

Kuhn, T. S. (1970): The structure of scientific revolutions. Chicago (Chicago University Press). [Dt. (1995): Die Struktur wissenschaftlicher Revolutionen. Frankfurt a. M. (Suhrkamp).]

Levinthal, D. A. (1995): Strategic management and the exploration of diversity. In: C. A. Montgomery (ed.): Resource-based and evolutionary theories of the firm. Boston, MA (Kluwer), p. 19–42.

Lumsden, D. J. a. Wilson, E. O. (1981): Genes, mind and culture – The coevolutionary process. Cambridge, MA (Harvard University Press).

Maturana, H. R. u. F. J. Varela (1987): Der Baum der Erkenntnis – Die biologischen Wurzeln des menschlichen Erkennens. München/Bern (Goldmann).

Maynard Smith, J. (1986): The problems of biology. Oxford/New York (Oxford University Press).

Maynard Smith, J. (1989): Evolutionary genetics. Oxford/New York/Tokyo (Oxford University Press).

Miner, A. S. (1994): Seeking adaptive advantage – Evolutionary theory and managerial action. In: J. A. C. Baum a. J. V. Singh (eds.): Evolutionary dynamics of organizations. New York (Oxford University Press), p. 76–89.

Mintzberg, H. (1990): The design school – Reconsidering the basic premises of strategic management. *Strategic Management Journal* 11: 171–195.

Monod, J. (1970): Le hasard et la nécessité. Paris (Seuil).

Montgomery, C. A. (ed.) (1995): Resource-based and evolutionary theories of the firm – Towards a synthesis. Boston, MA (Kluwer).

Moritz, E. (1990): Memetic science: I – general introduction. *Journal of Ideas* 1 (1): 3–23.

Nelson, R. R. (1995): Recent evolutionary theorizing about economic change. *Journal of Economic Literature* 33 (1): 48–90.

Nelson, R. R. a. S. G. Winter (1982): An evolutionary theory of economic change. Cambridge, MA (Belknap Press of Harvard University Press).

Noda, T. a. J. L. Bower (1996): Strategy making as iterated processes of resource allocation. *Strategic Management Journal* 17, Special Issue Summer: 159–192.

Pearce, J. A. (1982): The company mission as a strategic tool. *Sloan Management Review* 23 (3): 15–24.

Plotkin, H. C. (1994): Darwin machines and the nature of knowledge. Cambridge, MA (Harvard University Press).

Porter, M. E. (1991): Towards a dynamic theory of strategy. *Strategic Management Journal* 12, Special Issue Winter: 95–117.

Porter, M. E. (1996): What is strategy? *Harvard Business Review* 74 (6): 61–78.

Prahalad, C. K. a. G. Hamel (1990): The core competence of the corporation. *Harvard Business Review* 68 (3): 79–91.

Rumelt, R. P. (1995): Inertia and transformation. In: C. A. Montgomery (ed.): Resource-based and evolutionary theories of the firm. Boston, MA (Kluwer), p. 101–132.

Rumelt, R. P., D. Schendel a. D. J. Teece (1991): Strategic management and economics. *Strategic Management Journal* 12, Special Issue Winter: 5–29.

Sachs, S. (1995): Strategie und Ökonomie. *Die Unternehmung* 49 (4): 245–257.

Shell (ed.) (1996): Society's changing expectations – Report to roundtable participants. London.

Simon, H. A. (1981): Entscheidungsverhalten in Organisationen. Eine Untersuchung von Entscheidungsprozessen in Organisationen. Landsberg am Lech (Moderne Industrie).

Singh, J. V. a. C. J. Lumsden (1990): Theory and research in organizational ecology. *Annual Review of Sociology* 16: 161–195.

Singh, K. a. W. Mitchell (1996): Precarious collaboration – Business survival after partners shut down or form new partnerships. *Strategic Management Journal* 17, Special Issue Summer: 99–115.

Staples, W. A. a. K. U. Black (1984): Defining your business mission – A strategic perspective. *Journal for Business Strategies* 1 (1): 33–39.

Teece, D. J. (1998): Capturing value from knowledge assets – The new economy, markets for know-how, and intangible assets. *California Management Review* 40 (3): 55–79.

Teece, D. J., G. Pisano a. A. Shuen (1997): Dynamic capabilities and strategic management. *Strategic Management Journal* 18 (7): 509–533.

Varela, F. J. (1984): Two principles for self-organization – Insights, promises, doubts, and questions. In: H. Ulrich a. G. J. B. Probst (eds.): Self-Organization and Management of Social Systems. Berlin/New York (Springer), p. 25–41.

Vrba, E. S. a. N. Eldredge (1984): Individuals, hierarchies, and processes – Towards a more complete evolutionary theory. *Paleobiology* 10 (2): 146–171.

Waldrop, M. M. (1992): Complexity – The emerging science at the edge of order and chaos. New York (Simon & Schuster).

Weber, M. (1993): Die protestantische Ethik und der „Geist" des Kapitalismus. Bodenheim (Athenäum Hain Hanstein).

Williams, G. C. (1992): Natural selection – Domains, levels, and challenges. New York (Oxford University Press).

Williamson, O. E. (1991): The logic of economic organization. In: O. E. Williamson a. S. G. Winter (eds.): The nature of the firm – Origins, evolution, and development. New York (Oxford University Press), p. 90–116.

Witt, U. (ed.) (1993): Evolutionary economics. Aldershot (Elgar).

Witt, U. (1997): Economics and darwinism. (Paper presented at the Symposium "Evolutionary Economics as a Scientific Research Program", Stockholm.)

RATIONALITÄT VON VERTRAUEN UND MISSTRAUEN[1]

Die Ethik hatte die Frage, ob Vertrauen vernünftig, richtig und moralisch geboten sei, zwar gestellt, aber nicht entscheiden können. Eine Vorliebe für Vertrauen wird in den oben zitierten Äußerungen erkennbar, aber sie vermag sich nicht uneingeschränkt zum Ausdruck zu bringen. Es gibt offensichtlich Fälle, in denen Vertrauen, und andere Fälle, in denen Misstrauen angebracht ist. Dies kann vernünftigerweise nicht bestritten werden. Daraus folgt, dass Vertrauen keine ausnahmslos gültige Verhaltensmaxime sein kann. Die Ethik musste deshalb voraussetzen, dass sich aus den objektiven Merkmalen der Situation, aus ihrem gemeinsamen menschlichen Verständnis ergibt, ob man in einzelnen Hinsichten Vertrauen schenken solle oder nicht. Selbst wenn also ein allgemeines Vertrauensgebot als Prinzip formuliert wird, muss die Entscheidung, ob es befolgt werden soll oder nicht, delegiert und der Situation überlassen werden. Und es muss dazu noch unterstellt werden, dass die Situation, dass insbesondere das Vertrauensobjekt genügend objektive Merkmale aufweist, die als Urteilsgrundlage für die Vertrauensbildung dienen können und die für alle Menschen gleichen Sinn und gleiche Vertrauensrelevanz besitzen. Nur dank dieser Grundannahmen, die auf eine vielgestaltige, mit Bosheit und Trug durchsetzte, aber doch sozial objektivierte, feststehende Welt hinauslaufen, war der ethische Stil der Problembehandlung sinnvoll.

Man könnte bei der alten Auffassung bleiben, dass diese Art der Problembehandlung von ihrem Thema bestimmt und insofern richtig sei. Mehr Präzision zu verlangen, als der Gegenstand hergibt, wäre unvernünftig und führte zu irrigen, überzogenen Abstraktionen. Dieses langbewährte Argument ist im Direktangriff nicht zu widerlegen. Aber damit ist noch nicht ausgemacht, welchen Erkenntniswert es hat, ob es überhaupt auf die richtige Frage antwortet, von welchen Prämissen es ausgeht und, vor allem, wie es um die Struktur der Sozialordnung steht, die es in seinen Prämissen voraussetzt.

Ein moralisches Prinzip, das sein Gegenteil mit erlaubt, ist auf einhellig und eindeutig auslegbare Anwendungssituationen angewiesen, in denen sich verbindlich klären lässt, ob das Prinzip oder sein Gegenteil zum Zuge kommt. In dem Maße, als es an solchen Auslegungssituationen fehlt, verliert das Prinzip seinen Orientierungswert und seine normative Funktion. Es kann dann jede Entscheidung begründen. Der Normcharakter solcher Maximen kommt mithin nur zur Geltung, wenn und so weit soziale Situationen erwartet werden können, in denen sachliche und soziale Komplexität schon weitgehend reduziert ist. Das kann in einer relativ einfachen sozialen Lebenswelt der Fall sein oder auch in ziemlich stark regulierten Teilbereichen einer komplexeren Wirklichkeit etwa in den Bereichen des Rechts oder der Organisation.² Vertrauen wird jedoch typisch gerade dort in Anspruch genommen, wo andere Mittel der vereinfachten Orientierung und Absicherung des Handelns versagen. Nimmt man hinzu, dass die soziale Welt im Allgemeinen heute viel zu komplex ist, um, von einigen Reservaten abgesehen, eine Prinzipienethik als Handlungstheorie zu vertragen, dann wird fragwürdig, ob wir den ethischen Stil der Gedankenführung weiterhin auf das Vertrauensproblem anwenden sollen. Besonders das Tieferlegen der Sozialdimension durch Sozialpsychologie und Phänomenologie, die Einsicht in das Mitfungieren sozialer Beziehungen bei allem Erleben lässt es zweifelhaft erscheinen, ob eine Ethik, die über richtiges persönliches Entscheiden unterrichten will, für unser Problem der Rationalität des Vertrauens zureicht.³

Wenn nicht, muss die Rationalität von Vertrauen oder Misstrauen erneut und in anderer Weise als Problem gesehen werden. Dazu muss man zunächst herausfinden, wo der Angelpunkt der Problematik, der Kern der Schwierigkeiten liegt. Offensichtlich ist die soziale Wirklichkeit viel zu stark differenziert, als dass sie auf eine einfache und doch instruktive ethische Maxime für Vertrauensentscheidungen abstrahiert werden könnte. Das Problem der Handlungsorientierung und -anweisung muss mit sehr viel differenzierteren Mitteln gelöst werden. Die Wissenschaften vom menschlichen Handeln können sich nicht länger die Illusion machen, dem Handelnden unmittelbar, wenngleich nur in verschwommenen Grundzügen, sein richtiges Handeln vorzustellen, ihm zu sagen, was er tun solle. Wissenschaftlich-analytische und praktisch-orientierende Perspektiven müssen stärker auseinander gezogen und bewusst verschieden ausgearbeitet werden. Eine solche Stilverschiedenheit theoretischer Analysen und praktischer Informationsverarbeitung ist kein Hindernis, vielmehr gerade die Grundlage für eine sinnvollarbeitsteilige Zusammenarbeit von Theorie und Praxis an der gemeinsamen Bewältigung einer überaus komplexen Umwelt.

Sieht man das Verhältnis von Theorie und Praxis in diesem Sinne bezogen auf das Problem der Komplexität, dann liegt es nahe, das Problem im Unterschied der Selektionsweisen zu vermuten und so auf eine Formel zu bringen (Vgl. auch Luhmann 1971, S. 253 ff.). Eine brauchbare Trennung bietet dann die Unterscheidung von Systemperspektive und Handelnsorientierung, die sich in der neueren Wissenschaftsentwicklung anzubahnen scheint. Psychologie und Soziologie sind mit starken theoretischen Tendenzen auf dem Wege, zu Wissenschaften von persönlichen bzw. sozialen Handlungssystemen zu werden – zu Wissenschaften, die in ihre Systemtheorie unbewusste, latente, der Handlungsorientierung inkongruente Perspektiven einbeziehen, die vergleichende Forschungen ermöglichen, strukturelle Widersprüche in Systemen anerkennen und die in alldem ein Potenzial für Komplexität erreichen, das den Handelnden-in-einer-Situation weit überfordert. Andere Wissenschaften, die präskriptive Zielsetzungen verfolgen, müssen sich unter dem Druck dieser Ausweitung des Blickfeldes mit strengerer Spezialisierung und schärferem Problembewusstsein in Theorien der rationalen Reduktion von Komplexität, in Entscheidungstheorien, verwandeln. Sie erstreben in ihrer Endform die Ausarbeitung und Bewährung von Kalkülen, die der Handelnde in vorbestimmten, modellhaft durchkonstruierten Situationen anwenden kann, ohne die funktionalen Zusammenhänge seines Verhaltens fallweise neu durchdenken und mitentscheiden zu müssen. Er muss dann voraussetzen können, dass ihm Systemstrukturen und Entscheidungsprogramme diesen Teil der Arbeit bereits abgenommen haben, dass, mit anderen Worten, die soziale Welt organisiert ist.

Worauf bezieht sich nun in einer solchen Ordnung der Probleme das Urteil „rational", und worauf bezieht sich das Vertrauen?

Wollte man den Rationalitätsbegriff der Entscheidungstheorien, sei es den der Zweckrationalität, sei es den der Optimalität, zum Maßstab wählen, würde man von vornherein in einen zu engen begrifflichen Bezugsrahmen geraten, der dem Tatbestand des Vertrauens nicht gerecht werden kann. Vertrauen ist kein auswählbares Mittel zu bestimmten Zwecken und erst recht keine optimierungsfähige Zweck-Mittel-Struktur. Vertrauen ist auch keine Prognose, deren Richtigkeit am Eintreffen des vorausgesagten Geschehens gemessen und nach einigen Erfahrungen auf Wahrscheinlichkeitswerte gebracht werden könnte. Derartige im Rahmen von Kalkülmodellen des Entscheidens sinnvolle Techniken haben, wie das Vertrauen auch, die Funktion, Komplexität zu reduzieren. Sie sind funktionale Äquivalente des Vertrauens, nicht aber Vertrauensakte im eigentlichen Sinne. So weit sie reichen, ist Vertrauen unnötig. Sie können Vertrauen ersetzen, so wie umgekehrt sich aus der begrenzten Leistungskraft jener Entscheidungstechniken der Bedarf für Vertrauen als komplementäre Form der Absorption von Ungewissheit ergibt. Vertrauen ist aber etwas anderes als die begründbare Annahme, richtig zu entscheiden, und deshalb greifen die Kalkülmodelle für richtiges Entscheiden an der Vertrauensfrage vorbei.

In einer weiter gefassten soziologischen Theorie der Rationalisierung, für die allerdings bei der vorherrschenden empirisch-deskriptiven Ausrichtung der soziologischen Forschung alle Vorarbeiten fehlen, könnte die Bewertung als „rational" der funktionalen Analyse folgen. Als rational hätten dann alle Leistungen zu gelten, die dazu dienen, menschliches Handeln in einer äußerst komplexen Welt sinnvoller zu orientieren, also das menschliche Fassungs- und Reduktionsvermögen für Komplexität zu steigern. Das kann nur mithilfe von Systembildungen geschehen. Deshalb würde sich bei dieser Konzeption der Titel „rational" nicht auf Entscheidungen über bestimmte Handlungen, sondern auf Systeme und Systemerhaltungsfunktionen beziehen.[4] Wir wollen diese Konzeption zugrunde legen, zumal sie in unserer funktionalen Analyse des Vertrauens schon impliziert war, und sehen, was sich aus ihr ergibt.

Im Hinblick auf die Funktion, Systempotenzial für Komplexität zu erhöhen, ist Vertrauen rational. Ohne Vertrauen sind nur sehr einfache, auf der Stelle abzuwickelnde Formen menschlicher Kooperation möglich, und selbst individuelles Handeln ist viel zu störbar, als dass es ohne Vertrauen über den sicheren Augenblick hinaus geplant werden könnte. Vertrauen ist unentbehrlich, um das Handlungspotenzial eines sozialen Systems über diese elementaren Formen hinaus zu steigern. Ganz neue Arten von Handlungen, vor allem solche, die nicht unmittelbar befriedigen und daher künstlich motiviert werden müssen, werden in einem System möglich, das Vertrauen aktivieren kann. Durch Vertrauen gewinnt ein System Zeit, und Zeit ist die kritische Variable für den Aufbau komplexer Systemstrukturen. Die Befriedigung von Bedürfnissen kann vertagt und doch sichergestellt werden. Instrumentelles, an Fernwirkungen orientiertes Handeln kann institutionalisiert werden, wenn der Zeithorizont eines Systems durch Vertrauen entsprechend ausgedehnt wird. Verfügung über liquide Geldmittel, Macht und Wahrheit, alles vertrauensabhängige Mechanismen, ermöglicht eine Indifferenz des Systems gegenüber zahllosen Umweltereignissen und damit Gewinn an Reaktionszeit.

Diese Beurteilung des Vertrauens als systemrational kann indes nicht unqualifiziert stehen bleiben und als Bejahung des Vertrauens schlechthin gedeutet werden. Selbstverständlich ist Vertrauen niemals der einzige Mechanismus der Reduktion von Komplexität; der Bedarf für Vertrauen hängt ab von der Verfügbarkeit bzw. Nichtverfügbarkeit funktionaler Äquivalente. Vertrauen erfordert zahlreiche Hilfsmechanismen des Lernens, Symbolisierens, Kontrollierens, Sanktionierens und strukturiert die Weise der Erlebnisverarbeitung in einer Form, die Kraft und Aufmerksamkeit kostet. Vor allem aber ist das Vertrauen nicht nur im Einzelfall, sondern erst recht auf Systemebene darauf angewiesen, dass die Risikoneigung unter Kontrolle gehalten wird und die Enttäuschungsquote nicht zu groß wird. Trifft dies zu, dann ist zu vermuten, dass ein System mit höherer Komplexität, das mehr Vertrauen braucht, zugleich auch mehr Misstrauen benötigt und daher Misstrauen, zum Beispiel in Form von Kontrollen, institutionalisieren muss.

Systemrationalität kann demnach nicht dem Vertrauen allein zugeschrieben werden. Sie liegt vielmehr auf einer Vertrauen und Misstrauen übergreifenden Ebene, nämlich in der *binären Schematisierung* eines ursprünglicheren Weltverhältnisses zu der strukturierten *Alternative* von Vertrauen oder Misstrauen.[5] Zu vergleichen wären die Vorteile einer solchen Schematisierung mit stärker formalisierten und spezialisierten binären Codes – etwa dem von Recht/Unrecht oder dem von Wahrheit/Unwahrheit. In all diesen Fällen sind die einander entgegengesetzten Situationsdefinitionen zunächst logisch inkonvertible Größen.⁶ Sie werden aber mittels binärer Schematisierung so behandelt, als ob sie durch bloße Negation ineinander überführt werden könnten. Damit wird der Übergang von der einen zur anderen Form erleichtert, beide rücken einander näher gerade dadurch, dass sie als Gegensatz begriffen werden, und darin besteht der Rationalitätsgewinn. Denn die Leichtigkeit und Dirigiertheit des Übergangs zum Gegenteil macht ein höheres Risiko der Systemfestlegung tragbar. Die relative Unterlegenheit, der relativ geringe „Technisierungsgrad" des Vertrauensmechanismus im Vergleich zum Wahrheitscode oder zum Rechtscode zeigt sich unter anderem an den größeren Schwierigkeiten der Rücknegierbarkeit: Vertrauen ist viel leichter in Misstrauen zu verwandeln als umgekehrt Misstrauen in Vertrauen.

Derartige Überlegungen stehen in einer entfernten Analogie zu der Position, welche die Ethik eingenommen hatte: dass nämlich Vertrauen die Regel und Misstrauen die Ausnahme sein solle, dass Vertrauen also im Zweifel den Vorzug verdiene, für Misstrauen aber Platz lassen müsse. Sie erlauben eine solche Ausmünzung zu befolgbaren Handlungsinstruktionen jedoch nicht. Bei der Entscheidung über den Einzelfall schließen Vertrauen und Misstrauen sich aus. Von einer Handlungswissenschaft wie der Ethik musste daher ihr Verhältnis im Sinne eines Entweder-oder nach dem Regel-Ausnahme-Schema konstruiert werden. Auf Systeme bezogen und als allgemeine Mechanismen gesehen, lassen Vertrauen und Misstrauen sich miteinander steigern, sofern Hinsichten und Situationen ausreichend differenziert werden können. Auf dieser abstrakten Ebene der Betrachtung lassen sich zwar keine Anweisungen mehr gewinnen, ob im Einzelfall vertraut oder misstraut werden soll.⁷ Nur sehr viel genauere Analysen einzelner Systeme könnten eine Entscheidung darüber begründen helfen. Systemtheoretisch begründen lässt sich dagegen ein Urteil über die Rationalität des Vertrauensmechanismus und über gewisse Systembedingungen, unter denen er seine Funktion erfüllen kann.

Bei einer systemrationalen Steigerung der Vertrauensleistung wird es auf all die Gesichtspunkte der Vertrauensbildung ankommen, die wir im Laufe unserer Untersuchung behandelt haben und hier nicht nochmals aufzählen können. Offen geblieben ist dagegen die vielleicht entscheidende Frage: ob und wie Vertrauen und Misstrauen durch Systembildung koordiniert und so miteinander gesteigert werden können. Aus Gründen der allgemeinen Systemtheorie, die hier nicht angemessen entfaltet werden können, dürften dafür zwei miteinander eng verbundene Vorgänge entscheidend sein: die Ausdifferenzierung des Systems aus seiner Umwelt, das heißt die Grenzziehung, und die Innendifferenzierung des Systems, das heißt die funktionale Spezifizierung seiner Teilsysteme und Mechanismen.

Zu den Grundlagen der Systemtheorie gehört die These, dass Systeme sich durch die Unterscheidung von Innen und Außen konstituieren und sich durch Stabilisierung dieser Grenze erhalten.[8] Wenn wir Rationalität im soziologischen Sinne als Systemrationalität auffassen, liegt es nahe, in *dieser Innen-Außen-Differenz ein rationales Kriterium für die unterschiedliche Platzierung und die gemeinsame Steigerung von Vertrauen bzw. Misstrauen zu suchen.*

Bei der Ausarbeitung dieses Gedankens muss sorgfältig auf Unterscheidung verschiedener Systemreferenzen geachtet werden. Das Bezugssystem, dessen Innen-Außen-Differenz wir jetzt ins Auge fassen, ist nicht das System, das vertraut oder misstraut. Es geht also nicht um den zuvor erörterten Unterschied von äußeren und inneren Vertrauensbedingungen. Vielmehr meinen wir jetzt den Fall, dass ein System, sei es eine Person oder ein Sozialsystem, an einem anderen Sozialsystem teilnimmt, dass es also mit einigen seiner Handlungen durch Mitgliedschaftsverhältnisse in ein Sozialsystem eingeflochten ist und nun in Vertrauensfragen kritisch unterscheidet, ob das Vertrauen vom Standpunkt dieses Mitgliedschaftssystems aus für systeminterne oder für systemexterne Vorgänge gefordert ist. Obwohl Systemverschachtelungen vieler Art in Betracht kommen, können wir uns vereinfachend an dem Fall der Mitgliedschaft von Personen in Organisationen orientieren.

In erster, grober Annäherung kann man annehmen, dass interne Vorgänge mehr Vertrauen verdienen und erhalten als externe, dass man dem Kollegen in seiner Rolle mehr vertraut als dem Außenstehenden, dem Corpsbruder, Parteigenossen, Verbandsmitglied mehr als dem Fremden. Dass eine solche Differenzierung verbreitet ist und rational sein kann, dass insbesondere die Trennlinie von Vertrautem und Unvertrautem sie unterstützt, ist nicht von der Hand zu weisen. Besonders ausgeprägt findet man Systemgrenzen als Vertrauensgrenzen in allen Sozialsystemen, die intern Leistungen erbringen müssen, die nach außen nicht darstellbar oder gar illegal sind und deshalb geheim gehalten werden müssen.[9] Allerdings ergibt eine funktionale Analyse der Probleme komplexer Sozialsysteme nicht dieses einfache Bild. Es kann für manche Systeme lebensnotwendig sein, dass sie in der Lage sind, ihrer Umwelt Vertrauen zu schenken, um an Beziehungen teilnehmen zu können, die nur durch wechselseitiges Vertrauen zu erreichen sind. Dann müssen die Systemmitglieder auch nach außen Vertrauen erweisen können. Die internen Beziehungen können, zum Beispiel in den unteren Bereichen moderner Großorganisationen, so eingehend programmiert sein, dass Vertrauen unter Systemmitgliedern fast unnötig wird, weil die Verhaltensunsicherheit durch andere Mechanismen beseitigt wird. Auch brauchen manche Systeme gerade in ihren internen Beziehungen starke Einschüsse von Misstrauen, um wach und neuerungsfähig zu bleiben, um nicht dem gewohnten Trott auf dem Sich-aufeinander-Verlassen anheim zu fallen.

Die Innen-Außen-Differenzierung darf also nicht unbesehen mit der Grenze zwischen gebotenem Vertrauen und berechtigtem Misstrauen gleichgesetzt werden. Besonders bei starker gesellschaftlicher Differenzierung und Systemspezialisierung besteht eine Tendenz, dass die internen Differenzen zunehmen und die zur Umwelt abnehmen (s. hierzu Simmel 1890). Die Systemgrenzen ermöglichen jedoch auch dann eine differenzierte Strategie der Verteilung von Vertrauen und Misstrauen in dem Sinne, dass die Mitglieder bei internen Vorgängen in einem anderen Sinne und aus anderen Gründen Anlass haben, zu vertrauen bzw. misstrauisch zu sein, als bei externen. Die Innenwelt des Systems ist eine andere als die Außenwelt, und daher ist niemand verpflichtet, über die Systemgrenzen hinweg mit Vertrauenserweisen „konsequent" zu sein. Man kann zum Beispiel die Stellungnahmen des Kollegen in einem Arbeitsvorgang unbesehen zugrunde legen und muss doch nicht riskieren, ihm „persönlich" Geld zu leihen. Die Systemgrenzen wirken so wie kritische Schwellen im oben S. 80 f. [Verweis auf Originaltext] erörterten Sinne, an denen Vertrautheit und Vertrauen in Misstrauen, Systemvertrauen in persönliches Vertrauen oder Misstrauen oder auch Misstrauen in Indifferenz umschlagen kann.

Intern kann ein höheres Maß von Vertrauen durch selektive Prozesse der Mitgliederauswahl und ihm Rahmen von deren Kriterien begründet sein; andererseits kann auf dieser Grundlage ein genau spezifiziertes scharfes Misstrauen, zum Beispiel für Kontrollinstanzen, sogar zur formalen Pflicht erhoben werden. Bei externen Beziehungen entfallen solche systemstrukturellen Gründe für Vertrauen und Misstrauen, und es kommt mehr auf das konkrete Lernen und Bewähren von Vertrauensbeziehungen im Verkehr zwischen System und Umwelt an, auf die Freiheit, die die Grenzstellen des Systems für einen Verkehr erhalten, oder auch auf die Stärke des Systems und auf die Rückendeckung, die es seinen Mitgliedern gewährt für den Fall, dass misstrauisches Verhalten zu Störungen und Konflikten im Verhältnis zur Umwelt führt.

Gerade diese Differenzierung der Gesichtspunkte für Vertrauen und Misstrauen ist nun, vom System her gesehen, rational. Denn sie verhilft ihm dazu, den höheren Grad an innerer Ordnung im Vergleich zu seiner Umwelt aufrechtzuerhalten; oder, anders formuliert, eine einfachere, weniger komplexe Systemordnung, die auf menschliche Handlungskapazitäten zugeschnitten ist, in einer extrem komplexen Umwelt zu stabilisieren und das Komplexitätsgefälle zwischen System und Umwelt zu überbrücken. In dem Repertoire von Systemstrategien und latenten Funktionen, die einer solchen Systemerhaltung dienen, spielt das Vertrauen in interner und externer Hinsicht naturgemäß nur eine begrenzte Rolle. Je stärker die Umwelt eines Systems durch übergreifende Systeme vor allzu starken, unvorhersehbaren Fluktuationen bewahrt wird, desto stärker kann das System dazu übergehen, sein Handeln an intern rationalisierten Entscheidungstechniken auszurichten und Wahrscheinlichkeitsrechnungen für Vertrauenserweise zu substituieren. Ob und unter welchen Voraussetzungen ein solcher Substitutionsprozess selbst rational ist, lässt sich ebenfalls nur im Rahmen unserer weit gefassten Rationalitätskonzeption beurteilen, die es ermöglicht, scheinbar „irrational" zustande kommendes Vertrauen für rational zu halten, wenn und so weit es Funktionen erfüllt, die der Systemerhaltung dienen.

Ein weiterer Gesichtspunkt, der zur Rationalisierung von Vertrauen und Misstrauen in sozialen Systemen beitragen kann, ist im Vorstehenden bereits mehrfach angeklungen und muss nun in seiner besonderen Problematik herausgearbeitet werden. Es handelt sich um die *Spezifizierbarkeit der Hinsichten, in denen vertraut bzw. misstraut wird*. Sobald und so weit die Grenzen eines Systems definiert werden, kann es intern Teilsysteme und Mechanismen auf spezifische Funktionen zuschneiden und dabei auch Handlungen, Situationen und Rollen genauer definieren, in Bezug auf die Vertrauen bzw. Misstrauen erwartet wird. Was als allgemeine Lebensregel unsinnig wäre oder nicht motiviert werden könnte, lässt sich in den Grenzen spezifischer Systeme erreichen, die selbst das Vertrauen ihrer Mitglieder genießen.

Vertrauen und Misstrauen sind zwar in der Art, wie Komplexität reduziert wird, prinzipiell diffus und an der konkreten Person oder Gruppe bzw. ihre Vertrauenswürdigkeit symbolisierenden Gegenständen und Ereignissen orientiert. Das heißt aber nicht, dass Vertrauensbeziehungen nicht auf bestimmte Hinsichten eingeschränkt werden könnten. Man kann einem anderen in Dingen der Liebe, nicht aber in Sachen des Geldes, in seinem Wissen, aber nicht in seiner Geschicklichkeit, in seinem moralischen Wollen, aber nicht in seiner Fähigkeit zu objektiver Berichterstattung, in seinem Geschmack, aber nicht in seiner Verschwiegenheit vertrauen. Diese Spezifizierung kann ihren Grund ganz einfach darin haben, dass das Vertrauen in dieser Beschränkung gelernt wurde und in anderen Hinsichten gescheitert ist. Sie mag aber auch auf ein selektives Interesse des Systems zurückgehen, dem die Beteiligten angehören und das schon den Lernvorgang selbst strukturiert.

In solch einer Vorstrukturierung und Legitimierung spezifischer Chancen für Vertrauen und Misstrauen scheinen die Möglichkeiten einer Systemrationalisierung zu stecken. Systeme können auf diese Weise Vertrauen und Misstrauen nebeneinander vorsehen, ja auf vielfältige Art ineinander verzahnen und dadurch steigern. Wenn es um die Mobilität des zweijährigen Sohnes geht, haben andere Familienmitglieder ein legitimes Misstrauen und vertrauen zugleich wechselseitig ihrem Misstrauen. In Organisationen können Kontrollen eingerichtet werden, die unter spezifiziertem Misstrauensgebot operieren, und auch hier setzen andere, nicht selten sogar die Kontrollierten selbst,[10] ihr Vertrauen in das Funktionieren dieses Misstrauens. Ja es gibt sogar Rollen, denen im spezifischen Horizont ihrer Aufgabe erlaubt wird, Vertrautes als unvertraut zu behandeln und Berichte darüber mit Misstrauen aufzunehmen, Forscher zum Beispiel oder Richter.[11] Das Vertrauen in Systeme als Ganzes kann, wie wir sahen, entscheidend davon abhängen, dass an kritischen Stellen das Vertrauen unterbrochen und Misstrauen eingeschaltet wird. Umgekehrt kann nur in Systemen, denen vertraut wird, Misstrauen so institutionalisiert und begrenzt werden, dass es nicht persönlich zugerechnet und zurückgegeben wird, also vor Ausuferung in Konflikte bewahrt bleibt.

Soll die Leistung dieser verschiedenen Mechanismen gesteigert werden, muss ihre Kombination unabhängig von persönlichen Motivstrukturen und Risikoneigungen sichergestellt werden. Das kann nur durch Organisation geschehen, die neue, unpersönliche Handelnsmotive substituiert. Auch insofern ist eine Ausdifferenzierung des Systems, in dem vertraut wird, Voraussetzung weitgehender innerer Spezifikation. Organisation macht Vertrauen und Misstrauen keineswegs überflüssig, aber sie entpersönlicht diese Mechanismen. Wer vertraut, tut das nicht mehr auf eigenes Risiko, sondern auf das Risiko des Systems; er muss nur noch darauf achten, dass ihm beim Vertrauenserweis keine nachweisbaren Fehler unterlaufen. Wer misstraut, tut dies nicht mehr unter Rückgriff auf eigene Reduktionsweisen wie persönliche Feindschaft, Kampf oder Sicherheitsvorsorge, sondern ebenfalls aufgrund des Systems, das die Verhaltensweisen für den Enttäuschungsfall schon vorprogrammiert hat und den Misstrauischen gegen alle Weiterungen schützt.

Bezeichnenderweise nimmt auch die Organisation, in der Vertrauen und Misstrauen zu erwartbaren Aspekten einer Arbeitsaufgabe werden, dem Handelnden die Wahl zwischen diesen beiden Möglichkeiten nicht völlig ab. Auch der Vertrauende muss sich einen Rest von Misstrauen bewahren, muss zum Beispiel intervenieren, wenn der Kollege eine offensichtlich unrichtige Stellungnahme abgibt. Und auch der Misstrauische kann, etwa bei Kontrollen, sein berechtigtes Misstrauen nicht auf die Spitze treiben, ohne zum Betriebshindernis zu werden. Geleistet wird durch die Organisation und die Spezifizierung des Systems aber das, was die Ethik von der Natur der Sache erwartete – deutliche Hinweise darauf, ob im Einzelfall Vertrauen oder Misstrauen angebracht und rational ist.

Alles in allem leistet die Systemtheorie mehr als die Ethik dadurch, dass sie solche Spezifikationsleistungen der Systeme begreifbar macht. Auch sie kann dem Handelnden letztlich nicht sagen, wie er handeln soll und ob er vertrauen soll oder nicht. Sie hat aber Möglichkeiten, zu klären, wie Systeme eingerichtet werden können, in denen trotz hoher Komplexität es dem Handelnden selbst überlassen werden kann zu entscheiden, ob er vertraut oder nicht. Rational sind Systeme in dem Maße, als sie Komplexität erfassen und reduzieren können, und sie können dies nur, wenn sie von Vertrauen und Misstrauen Gebrauch zu machen verstehen, ohne den zu überfordern, der letztlich Vertrauen oder Misstrauen erweist: den Menschen.

Diese Erwägung führt an unseren Ausgangspunkt, zum Problem der sozialen Komplexität, zurück. Vertrauen nimmt geschichtlich wie sachlich vielerlei Gestalt an. Es hat in archaischen Sozialordnungen einen anderen Stil als in zivilisierten, kann spontan entstandenes oder taktisch-durchschauend aufgebautes persönliches Vertrauen oder Vertrauen in allgemeine Systemmechanismen sein. Es entzieht sich einer eindeutigen ethischen Anweisung. Nur von seiner Funktion her kann es als Einheit begriffen und mit anderen, funktional äquivalenten Leistungen verglichen werden. Vertrauen reduziert soziale Komplexität dadurch, dass es vorhandene Informationen überzieht und Verhaltenserwartungen generalisiert, indem es fehlende Information durch eine intern garantierte Sicherheit ersetzt. Es bleibt dabei auf andere, parallel ausgebildete Reduktionsleistungen angewiesen, zum Beispiel auf die des Rechts, der Organisation und natürlich auf die der Sprache, kann aber nicht auf sie zurückgeführt werden. Vertrauen ist nicht das einzige Fundament der Welt; aber eine sehr komplexe und doch strukturierte Weltvorstellung ist ohne eine ziemlich komplexe Gesellschaft und diese ohne Vertrauen nicht zu konstituieren.

Anmerkungen

1 Wiederabdruck aus: N. Luhmann (1973): *Vertrauen. Ein Mechanismus der Reduktion sozialer Komplexität*. Stuttgart (Enke), S. 94–106.

2 Gutes Anschauungsmaterial für unser Problem findet man daher in der Diskussion über „Logik" und Rationalität der juristischen Argumentationsweise – siehe allgemein T. Viehweg (1965) oder direkt zum Thema L. S. Miller (1956) – und in der ähnlich gelagerten Kontroverse über den Sinn von „Organisationsprinzipien", die namentlich Simon ausgelöst hat siehe H. A. Simon (1946) und als bewahrende Stellungnahme z. B. L. Urwick (1948). In diesen beiden Fällen haben die Verteidiger von Prinzipien, die ihr Gegenteil mit erlauben, eine verhältnismäßig gute Position, weil sie von sozialen Situationen ausgehen können, die eingehend geregelt und deshalb nicht übermäßig komplex sind, sodass auch Prinzipien, die keine eindeutigen Verhaltensinstruktionen geben, sich von Fall zu Fall doch mit hinreichender Sicherheit handhaben lassen.

3 Dass die Ethik nicht mehr wie früher diejenige Disziplin sein kann, in der die Probleme des menschlichen Zusammenlebens grundlegend erörtert werden, wird heute vielfach gesehen. Vgl. z. B. K. Löwith (1962, S. 2) und R. C. Kwant (1965, z. B. S. 48 ff.).

4 Hierzu näher N. Luhmann (1968). Diese Formulierung der ersten Auflage läßt außer Acht, dass auch für Entscheidungstheorien ein entsprechender Rationalitätsbegriff entwickelt werden kann, wenn man von der Komplexität der Entscheidungssituation ausgeht.

5 Zur lebensweltlichen Unwahrscheinlichkeit und zur sprachlichen Sonderstellung von „Zweierparadigmen" vgl. H. Weinrich (1967). Situationsdefinitionen, die dem Partner ein ausschließendes Entweder-oder aufoktroyieren, werden im sozialen Verkehr durchweg als Zumutungen empfunden. Ebendeshalb ist die Frage interessant, unter welchen Voraussetzungen sie gleichwohl normalisiert werden können.

6 Im Sinne von J. W. Thompson (1963).

7 Überhaupt vermag die funktionale Analyse zwar einen Vergleich von funktionalen Äquivalenten, nicht aber eine Entscheidung für oder gegen bestimmte Leistungen zu begründen. Eine solche Entscheidung setzt stets wertende Stellungnahmen voraus, die

durch Analyse konkreter Systeme mit Aufweis von Folgen und Nebenfolgen aller denkbaren Alternativen zwar unter Umständen nahe gelegt, nie aber letztlich begründet werden können. Solche Untersuchungen an konkreten Systemen können ergeben, dass in Bezug auf bestimmte Funktionen Engpässe bestehen, weil die darauf angesetzten Leistungen schwer erträgliche Folgeprobleme haben und schwer durch andersartige Äquivalente zu ersetzen sind. Es kann dann sein, dass im Hinblick auf die besondere Problemkonstellation des Systems es sinnvoll erscheint, in spezifischen Hinsichten mehr oder weniger Vertrauen oder Mißtrauen zu fordern und für rationaler zu halten: mehr Vertrauen zum Beispiel, um dadurch Grundlagen für neuartige Handlungskombinationen zu gewinnen; mehr Mißtrauen zum Beispiel, um die Enttäuschungs- und Fehlerquote des Systems zu senken. Auch dann setzt jedoch die Entscheidung für oder gegen solche Änderungen immer voraus, dass ihre Folgen bewertet werden.

8 Vgl. namentlich den Begriff des *boundary maintaining system* bei Parsons – siehe z. B. T. Parsons a. E. A. Shils (1951, p. 108 f.), T. Parsons (1953, bes. p. 623). Für ähnliche Vorstellungen siehe etwa S. L. Optner (1960, S. 20 ff.), P. G. Herbst (1961, bes. S. 78 ff.); D. Easton (1965, bes. p. 24 f., 60 ff.).

9 Ein vortreffliches Beispiel hierfür bei Bensman a. Gerver (1963) und eine grundsätzliche Erörterung bei E. Goffman (1959, p. 77 ff.).

10 So etwa, wenn die Locherin schneller und sorgloser arbeiten kann, weil sie eine Prüferin neben sich weiß.

11 Dass solche Mißtrauensrollen trotz Spezifikation und Entpersönlichung noch Keimzellen für innerorganisatorische Konflikte sind, hat die neuere Organisationssoziologie reichlich dokumentiert, wobei sie sich im Falle der Kontrolle und Überwachung kritisch, im Falle der Innovation dagegen positiv zu den Mißtrauensrollen einstellt. Siehe als typisches Beispiel: A. W. Gouldner *(*1954); ferner V. A. Thompson *(*1961, 1965); R. L. Kahn, D. P. Wolfe, R. P. Quinn und a. D. J. Snoek *(*1964, S. 125 ff.*).*

Literatur

Bensman, J. a. I. Gerver (1963): Crime and Punishment in the Factory: The Function of Deviancy in Maintaining the Social System. *American Sociological Review* 28: 588–598.

Easton, D. (1965): A Framework for Political Analysis. Englewood Cliffs, NJ (Prentice-Hall).

Goffman, E. (1959): The Presentation of Self in Everyday Life. New York (Doubleday).

Gouldner, A. W. (1954): Patterns of Industrial Bureaucracy. New York (Free Press).

Herbst, P. A. (1961): A Theory of Simple Behaviour Systems. *Human Relations* 14: 71–94, 193–239.

Kahn, R. L., D. P. Wolfe, R. P. Quinn a. D. J. Snoek (1964): Organizational Stress: Studies in Role Conflict and Ambiguity. New York/ London/ Sydney (Wiley).

Kwant, R. C. (1965): Phenomenology of Social Existence. Pittsburgh, PA (Duquesne University Press).

Löwith, K. (1962): Das Individuum in der Rolle des Mitmenschen. Darmstadt (Wissenschaftliche Buchgesellschaft).

Luhmann, N. (1968): Zweckbegriff und Systemrationalität. Über die Funktion von Zwecken in sozialen Systemen. Tübingen (Mohr).

Luhmann, N. (1971): Soziologische Aufklärung. Aufsätze zur Theorie sozialer Systeme. Opladen (Westdeutscher Verlag).

Miller, L. S. (1956): Rules and Exceptions. *Ethics* 66: 262–270.

Optner, S. L. (1960): Systems Analysis for Business Management. Englewood Cliffs, NJ (Prentice-Hall).

Parsons, T. (1953): Some Comments on the State of the General Theory of Action. *American Sociological Review* 18: 618–631.

Parsons, T. a. E. A. Shils (eds.) (1951): Toward a General Theory of Action. Cambridge, MA (Harvard University Press).

Simmel, G. (1890): Über sociale Differenzierung. Leipzig (Duncker & Humblot).

Simon, H. A. (1946): The Proverbs of Administration. *Public Administration Review* 6: 53–67.

Thompson, J. W. (1963): The Importance of Opposites in Human Relations. *Human Relations* 16: 161–169.

Thompson, V. A. (1961): Modern Organization. New York (Knopf).

Thompson, V. A. (1965): Bureaucracy and Innovation. *Administrative Science Quarterly* 10: 1–20.

Urwick, L. (1948): Principles of Management. *British Management Review* 7: 15–48.

Viehweg, Th. (1965): Topik und Jurisprudenz. München (Beck).

Weinrich, H. (1967): Linguistik der Lüge. Kann Sprache die Gedanken verbergen? Antwort auf die Preisfrage der Deutschen Akademie für Sprache und Dichtung vom Jahre 1964 Heidelberg (Schneider).

DYNAMISCHE UNTERNEHMENSFÜHRUNG
Grenzen und Möglichkeiten der Handhabung von
Zeit aus einer systemtheoretischen Perspektive[1]

1. Die Forderung nach Dynamik

Bereits das Adjektiv „strategisch", mit dem der Begriff Unternehmensführung üblicherweise versehen wird, um ihn dadurch vom operativen Vollzug abzugrenzen, ist durch seine Zukunftsorientierung zeitbezogen. Deutlicher wird dieser Bezug, wenn Unternehmensführung als evolutionär interpretiert wird.[2] Am deutlichsten wird Zeit im Konzept der dynamischen Unternehmensführung problematisiert, wie dies etwa im „Dynamikprinzip" zum Ausdruck kommt. Danach verdienen Unternehmen dann das Merkmal dynamisch, wenn sie den Nutzen für ihre Stakeholder innerhalb einer relativ kurzen Zeit um ein Mehrfaches erhöhen können (vgl. Pümpin 1989, S. 29) und damit das Kunststück einer multiplikativen Zeitverkürzung zustande bringen.

In allen drei Ausformungen der Unternehmensführung wird der Ruf nach der unternehmerischen Persönlichkeit laut, die entweder mit besonderer visionärer Begabung, der Fähigkeit zum Operieren im Chaos von Nichtlinearitäten und Diskontinuitäten oder mit der nötigen Antriebskraft eines Promotors der Dynamik ausgestattet ist. Diese Vorstellung geht davon aus, dass Zeit gewissermaßen eine biegsame, unabhängige und frei verfügbare Ressource darstellt, die eben nur von besonders zeitorientierten Managern, die über einen ausgeprägten Sinn für Tempo und Timing verfügen, entdeckt und gehandhabt werden kann. Ohnehin gehören Unrast und Ungeduld zur normalen Zeiterfahrung des modernen Menschen.[3] Eiligkeit ist die Norm, die keiner Rechtfertigung bedarf. Das zeitliche Ansspruchsniveau wird so hoch geschraubt, dass eine Geschwindigkeitsideologie entsteht, die sich (noch?) einer weitgehenden Toleranz in den verschiedensten Lebenswelten sicher sein kann. Nie zuvor im Prozess der Zivilisation war jedoch das Heißlaufen im synchronisierten Getriebe zwischen der irreversiblen, für Wachstum und Zerfall von Systemen verantwortlichen Geschichtszeit und der reversiblen, für Wiederkehr und Erhaltung sorgenden Verkehrszeit so spürbar wie heute (vgl. hierzu Kaempfer 1994, S. 9 ff.). Auch die Forderung nach Dynamik in der Unternehmensführung ist Ausdruck der prekären Balance zwischen dem von Technologie und Innovation getriebenen raschen Wandel und der Kontinuität der Nutzenstiftung, die von verschiedenen Stakeholder-Gruppen eines Unternehmens gefordert wird. Ob allerdings die sich gerade zu regen beginnende Gegenideologie der bewussten *Langsamkeit* (vgl. Fülgraff 1994, S. 44 f.) einen Ausweg aus diesem Dilemma bieten kann, sei dahingestellt.

2. Zeitknappheit als Bedrohung und Falle

Zeit wird in der Unternehmensführung immer dann als Bedrohung problematisiert, wenn ihre angenommene Knappheit nicht oder nur unzureichend durch vorhandene Freiheitsgrade kompensiert werden kann. Man nimmt dann an, dass es nur eine oder zumindest sehr wenig „richtige" Entscheidungen gibt, die zu finden die Zeit knapp ist. Die Unternehmensmitglieder erleben diese Art der Dynamik etwa in Form einer sich stetig öffnenden Zeitschere zwischen benötigter und verfügbarer Reaktionszeit. Sie wird zumindest auf drei Ebenen deutlich. Auf der Prozessebene, wo das routinemäßige und damit Sicherheit stiftende Abarbeiten sich wiederholender externer Opportunitäten immer mehr zur Ausnahme wird. Auf der Reproduktionsebene, wo die Verknappung der Zeitbudgets, die für steuernde Handlungskorrekturen, Reflexionen und die unternehmensinterne Sozialisation zur Verfügung stehen, immer spürbarer wird. Und auf der Transformationsebene, wo die Unternehmen Veränderungen, vom Technologiewechsel bis hin zu einer neuen Identität, in immer kürzeren Zeitabständen zu verarbeiten haben. Durch den Erwartungsdruck der verschiedenen Stakeholder eines Unternehmens wird das Prinzip der Dynamik als Aufforderung zum Beschleunigungswettbewerb interpretiert. Dieser führt dann entweder in die Beschleunigungsfalle[4], weil potenzielle Käufer durch die kontinuierliche Verkürzung der Technologie- und Produktlebenszyklen eine Warteposition bevorzugen und damit Umsatzeinbußen verursachen; oder in die Resignation, weil die Grenzen der Steuerbarkeit komplexer – und naturgemäß: träger – Sozialsysteme allzu offenkundig werden.

Dabei ist Zeit an sich nicht knapp. Unser Zeitbegriff kennt kein Ende der Weltzeit, sodass er im Prinzip Unendlichkeit andeutet. Dass Zeitknappheit dennoch so manifest ist, ist einmal zurückzuführen auf die Arbeitsteiligkeit der modernen Wirtschaft, die in ihrer scheinbar unaufhaltsam fortschreitenden Globalisierung eine zusätzliche Dimension erhält. Zum anderen resultiert das Phänomen der Zeitknappheit aus den Veränderungen unserer Erwartungen. Die aus einer fein gesponnenen Spezialisierung entstehende gegenseitige Abhängigkeit verlangt zwingend, die individuellen Zeitpläne zu verzahnen, und damit eine „Rationierung" von Zeit. Gleichzeitig steigen die Erwartungen, immer mehr Handlungen und Erlebnisse in den verfügbaren Zeitportionen unterzubringen, was die Zeitknappheit zum scheinbar unentrinnbaren Käfig werden lässt. Die Bewirtschaftung der knappen Ressource Zeit birgt eine Reihe von Gefahren in sich, die dem System „Unternehmen" langsam, aber stetig seine Grundfähigkeiten rauben können. Gemeint ist damit (a) die Fähigkeit, Entscheidungen so zu treffen und Probleme so zu lösen, dass für künftige Entscheidungen größere Handlungsspielräume eröffnet werden; (b) die Fähigkeit, mit diesen Handlungen die Bedürfnisse und damit die Lebenswelten der Betroffenen zu berücksichtigen; und (c) die Fähigkeit zur Erkenntnisgewinnung durch Mobilisierung und Aktualisierung der gemeinsamen Wissensbasis im Unternehmen. Unter Zeitknappheit werden Handlungsprozesse erst beim Eintreten konkreter Ereignisse oder gar nicht ausgelöst. Zeitliche Dringlichkeit wird zum primären Entscheidungskriterium, sachliche Wichtigkeit wird zweitrangig. „Einsame" oder „rasche" Entschlüsse ersetzen langsame, partizipativ gewonnene Entscheidungen. Um Entscheidungsprozesse zu beschleunigen, wird also das Anspruchsniveau in sachlicher (z. B. Problemlösungsqualität) und sozialer (z. B. Konsensfähigkeit) Hinsicht abgesenkt. Reflexivität, gewissermaßen das Denken des Denkens, und Metakommunikation, also Kommunikation über Kommunikation, unterbleiben. Sie benötigen nämlich genügend Zeit, damit Kommunikation zwischen unten und oben einigermaßen gelingt und Konflikte ausgetragen werden können. Ohne Reflexivität und Metakommunikation ist der Erkenntnisfortschritt sowohl im Innen- wie auch im Außenverhältnis des Unternehmens blockiert. Am raschesten fallen Aufbau und Erhalt von Vielfalt der Zeitbudgetierung zum Opfer. Die Versuchung, knappe Zeit durch den Einsatz standardisierter Instrumente und das Festhalten an eingefahrenen Kommunikationswegen einzusparen, ist meist einfach zu groß. Der Verlust an Vielfalt – und damit des Woraus evoluierter Veränderungen – resultiert in einer zunehmenden – und meist gar nicht gewollten – Abschottung des Unternehmens von der Außenwelt. Wenn also das Sich-dem-Zeitzwang-Unterordnen in Sackgassen, Fallen oder Isolierung mündet, stellt sich die Frage, ob nicht eine vom Unternehmen bewusst praktizierte Zeitlogistik zu einer Art gesteuerter Zeitautonomie führen könnte, das Unternehmen also das Heft des Zeitmanagements in der Hand behalten könnte.

3. Die Grenzen der Zeitautonomie

Untersucht man die zeitliche Beziehung zwischen Unternehmen und Außenwelt etwas näher, so tritt ihr Doppelcharakter zutage. Das Unternehmen kann einerseits nicht schneller in die Zukunft vorrücken als seine Außenwelten, da es sonst die für Außenweltkontakte notwendige Gleichzeitigkeit verlöre. Die laufende Verknüpfung zwischen Unternehmen und Außenwelten setzt also eine Chronologie voraus, die mit jeweils vom Unternehmen festgelegten Umweltsegmenten abgestimmt sein muss (allerdings auch nur mit diesen). Müsste ein Unternehmen andererseits auf alle Ereignisse in seinen relevanten Außenwelten immer zu dem Zeitpunkt reagieren, in dem sie vorkommen, hätte es wohl keine Chancen, seine Reaktionsweisen entsprechend auszuwählen. Routinen, gestaffelte Entscheidungsräume und schließlich Planungen haben die Aufgabe, solchen Anforderungen so zu begegnen, dass das Management weder überfordert noch aus seiner Funktion gedrängt wird. Indem das Unternehmen aber auf diese Weise seinen Zeithorizont definiert, d. h. eine Verknüpfung ausgewählter künftiger und vergangener Ereignisse herstellt, definiert es auch „seine Zeit". Es kreiert eigene Zeitchancen und Zeitprobleme, für die es in den Außenwelten keine oder bestenfalls von ihm selektierte Entsprechungen gibt. Das Unternehmen kann Reaktionen vorbereiten oder verzögern, Rückkopplungsschleifen aus Abweichungen akzeptieren oder negieren, es kann Interaktionen zulassen, die keinen unmittelbaren Bezug zu einem Handlungsanlass erkennen lassen, kurz, es kann Möglichkeiten wählen, die im System selbst Zeit „kosten" und dies auch dürfen.

Das System „Unternehmen" wird sich auf der Zeitdimension ebendadurch ausdifferenzieren, dass es für Bestimmtes zeitlich sensibler und damit für alles Übrige zeitlich insensibler wird. Dies markiert den Übergang zu unterschiedlichen Systemzeiten, die dann durch unternehmenstypische Zeittakte „gebündelt" werden. Eine solche Taktung (oder Rhythmisierung) hat durchaus ihre Vorteile: Sie vereinfacht, koordiniert und diszipliniert, sie spart Kosten, erhöht die Erwartungssicherheit und kann leicht gelernt werden; sie motiviert, im Takt zu bleiben. Die Kehrseite ist allerdings der Zeitdruck, das Zeitkorsett, das Gefühl des Nicht-entkommen-Könnens. So weit die Differenzierung von Zeit im System und ihre periodische Synchronisierung gelingt, drückt sich darin ein relativer Freiraum des Unternehmens im Verhältnis zu den Außenwelten bzw. Umsystemen aus, wenngleich dieser Freiraum insofern begrenzt ist, als gleichzeitig die gemeinsame Chronologie mit spezifischen Umweltsegmenten erhalten werden muss (s. o.). Die Wahl der eigenen Zeit bedeutet freilich auch eine Beschränkung der Wahl der Außenkontakte im Hinblick auf das Wie, Was und Wann. Wiederum entsteht hier das Problem, dass eine zeitbestimmte Auswahl sehr bald mit einer sachlich und/oder sozial notwendigen Selektion kollidieren kann. Will man z. B. im Kundenmanagement nach Umsatzhöhe oder Betriebstyp segmentieren, so kann die Wahl eines engen Zeithorizonts, innerhalb dessen dann kurzfristig orientiertes „Jagdverhalten" belohnt und langfristiger Beziehungsaufbau ignoriert wird, diese Segmentierung konterkarieren. Die Zeitautonomie hat noch einen weiteren Haken. Der Freiraum ist immer „geborgt", d. h., es wird immer wieder notwendig sein, die Hypotheken vergangener Zeitgewinne abzulösen. Die z. B. mithilfe der Zeitautonomie auf- und ausgebauten Erfolgspotenziale in Form von Fähigkeiten und Fertigkeiten sind nichts anderes als der durch eine Unzahl kleiner Lernschritte angewachsene Wissensvorrat des Unternehmens, der sowohl laufend aktualisiert als auch von Zeit zu Zeit radikal „umgeschlagen" werden muss. Der Zeitverlust, der durch das hierfür notwendige „Entlernen" entsteht, ist dann gegen die vergangenen Zeitgewinne aus Zeitautonomie zu buchen. Entlernen kann freilich bei änderungsorientierten Unternehmen auch Teil der allgemeinen Routine werden.

Dieses Wechselspiel zwischen gemeinsamer Chronologie und „Verdünnung" der Gemeinsamkeit durch Ausdifferenzierung macht sowohl die Faszination des Phänomens der Zeitautonomie als auch die Problematik seiner praktischen Handhabung aus. Es wechseln das Gefühl der Eile und Zeitvergeudung, die Empfindung von Zeitdruck und Leerzeiten. Den einzelnen Unternehmensmitgliedern wächst auf diese Weise eine individuelle Zeitautonomie zu. Sie können sie, je nach der Bindung an ihre betriebliche Aufgabe,[5] in höchst unterschiedlicher Weise verwenden: beispielsweise im Falle einer moralischen (Stichwort: „innere Verpflichtung") oder affektiven (Stichwort: „Lustbetontheit") Bindung, für spontane Neuverknüpfungen von Erfahrungen, für Probe- und Umweghandeln, für das Heranziehen zeitlich, sachlich und sozial ferner liegender Informationen, für kommunikationsloses Überdenken komplexer Zusammenhänge usw. Werden solche Verhaltensweisen durch Belohnungen oder gar durch die Einrichtung terminfreier oder hierarchiefreier Räume verstärkt, so erlangt das Unbefristete eine Privilegierung auf Kosten befristeter Aufgaben, was einen idealen Nährboden für Innovationen darstellt. Eine solche polychrone, d. h. offene und ohne wesentliche Markierungen und „Quantelungen" auskommende Zeitvorstellung steht jedoch im krassen Widerspruch zum Koordinationsbedürfnis insbesondere großer und komplexer Organisationen. Die Zeitautonomie läuft unter diesen Bedingungen Gefahr, unter die Räder einer Gegenbewegung zu kommen: Unter dem Deckmantel einer Beschleunigungsideologie werden monochrone, d. h. auf Punkten und Abschnitten beruhende Zeitkontrollen eingeführt, in der trügerischen Annahme, das beste beider Welten – frei waltendes Entdecken von Neuem und zeitliche Ordnung – verlustlos miteinander kombinieren zu können.

Bei einer eher schwachen, d. h. lediglich materiellen oder rechtlichen Bindung an ihre Aufgabe können Unternehmensmitglieder individuelles Zeitbewusstsein z. B. für „politische Spiele"[6] zur Verstärkung ihrer Aushandlungsposition gegenüber der Führungsspitze verwenden. In diesem Fall des politischen Missbrauchs zeitlicher Freiräume fällt Zeitautonomie eher früher als später dem Ruf nach Straffung zum Opfer. Indem die Führungsspitze Zeitautonomie als ihre ureigenste Machtquelle definiert, kann sie das Machtgleichgewicht wieder zu ihren Gunsten herstellen. Dehnt sich die Autonomisierung der Unternehmensmitglieder von der Ressource *Zeit* auch auf Sprachspiele, Ansichten, Kriterien usw. aus, so gibt es immer weniger geteilte Selbstverständlichkeiten im Unternehmen. Die entstehenden Übersetzungsprobleme sind dann derartig aufwendig, dass schon aus Effizienzgründen (wieder) gestrafft werden wird. Insgesamt betrachtet, stößt also Zeitautonomie sowohl im Innenverhältnis als auch in der Überbrückung nach außen rasch an ihre Grenzen, weil die durch sie generierte Vielfalt die bestehende Ordnung des Systems stört und damit korrigierende Gegenmaßnahmen auslöst.

4. Unterschiedliches Zeitbewusstsein

Ähnliche Grenzen werden sichtbar, wenn man individuelle „Zeitbewusstseine"[7] betrachtet. Das Zeitbewusstsein der einzelnen Mitglieder des Führungsgremiums eines Unternehmens resultiert aus ihren Aufgabenfeldern, ihren Erfahrungen im Umgang mit Zeit und ihren Persönlichkeitsmerkmalen. In einer funktionalen Organisationsstruktur, wie sie auch heute noch vor allem in kleineren und mittleren Unternehmen mit einem vergleichsweise homogenen Produktprogramm weit verbreitet ist, entwickeln die einzelnen Funktionsbereiche auch eine eigene Funktionszeit aufgrund eines höchst unterschiedlich wahrgenommenen Komplexitätsgefälles zwischen ihrer Funktionswelt und der Außenwelt. Sich aufdrängende Beispiele dafür sind die Zeitunterschiede zwischen kaufmännischer Verwaltung und Vertrieb oder zwischen Entwicklung und Produktion. Je mehr die funktionale Differenzierung einer Differenzierung nach Geschäftseinheiten weicht, je mehr Redundanz[8] in die Führungsstrukturen eingebaut wird und je wirkungsvoller die im „Gedächtnis" des Unternehmens gespeicherten und sozusagen bis auf weiteres stillgelegten Handlungsmöglichkeiten im geeigneten Zeitpunkt abgerufen werden können, desto eher besteht zumindest theoretisch die Möglichkeit, fragmentierend wirkenden und nicht mehr überbrückbaren Zeitunterschieden vorzubeugen. Auch hier sind allerdings Zweifel im Hinblick auf die Praktikabilität angebracht. Wenn Geschäftseinheiten das „große" Unternehmen imitieren, replizieren sie auch dessen Zeitprobleme. Redundanz ist ohnehin der Todfeind und damit die Zielscheibe der klassischen und gerade in rezessiven Zeiten dominierenden Effizienzorientierung. Und ein funktionierendes, den Unternehmensmitgliedern zugängliches „Gedächtnis" setzt eine relativ offene Kultur voraus, die allerdings durch das permanent notwendige Aushandeln von wechselseitig akzeptablen Kompromissen hohe und damit „effizienzschädliche" Interaktionskosten nach sich ziehen kann.[9]

Prototypisch könnte man zwischen Führungskräften unterscheiden, die eher in gerichteten Vorgängen, und solchen, die eher in Gleichgewichten denken. Beide unterscheiden sich durch ihr Verhältnis zur Zeit. Ersterer, der zeitfixierte Manager, denkt sequenziell und versucht, im zeitlichen Nacheinander insofern Ordnung herbeizuführen, als er sich von Objekten umgeben sieht, die er willkürlich beeinflussen kann. Für ihn ist Zeit irreversibel, d. h., jede verpasste Chance ist unwiederbringlich verloren. Für den anderen, den zeitoffenen Manager, ist Zeit reversibel. Er denkt in Wiederholungen, Mustern und Wahlmöglichkeiten und sieht sich als Teil einer vernetzten, „natürlichen" Ordnung. Er ist es gewohnt, im zeitlichen Nebeneinander zu operieren.[10] Der zeitfixierte Manager neigt eher zu einer von der Machbarkeit überzeugten, voluntaristischen, der zeitoffene Manager eher zu einer die vielfältigen Abhängigkeiten betonenden, deterministischen Grundhaltung. Diese Differenzierung soll keinesfalls eine strenge Dichotomisierung[11] nahe legen, sondern lediglich die mögliche Spannweite des Zeitbewusstseins andeuten.

„Irgendwie" arrangiert sich das Unternehmen mit all diesen *asynchronen* Verhältnissen. In dem Moment jedoch, in dem etwa *Simultaneous Enginee-*

ring,[12] Projektmanagement oder eine Geschäftsprozessorientierung eingeführt werden soll, wird die Asynchronie schmerzhaft spürbar. Der leitende Gedanke dieser Konzepte ist es ja, die funktionalen Barrieren durchlässiger zu machen, um statt einer vertikalen, arbeitsteiligen „Perfektion nach innen" eine horizontale Ausrichtung auf die Interessen der verschiedenen Stakeholder zu bewirken, mit den (potenziellen oder aktuellen) Kunden an prominenter Stelle. Durch diesen organisationalen Schwenk werden auch die Zeitvorstellungen neu gemischt. Jeder *Process-Owner* weiß vermutlich ein Lied von gescheiterten Synchronisierungsversuchen zu singen, auch wenn dies oft nicht dem unterschiedlichen Zeitbewusstsein, sondern kurz und bündig dem sachlichen oder sozialen *Unvermögen* zugeschrieben wird. Es ist eben nicht einfach, scheinbar bewährte Erfahrungen im Umgang mit Zeit zu „entlernen", von einer Beeinflussung bestimmter Persönlichkeitsmerkmale ganz zu schweigen.

Ist es überhaupt sinnvoll, eine Harmonisierung individueller „Zeitbewusstseine" anzustreben? Ist es z. B. ratsam, Mitglieder des Führungsgremiums auszutauschen, wenn ihr Zeitbewusstsein mit der vereinbarten oder bereits praktizierten Zeitkonzeption[13] des Unternehmens unvereinbar ist? Ein hoher Harmonisierungsgrad erleichtert sicher die Generalisierung von Verhaltenserwartungen. Dagegen spricht jedoch, dass eine weitgehende Harmonisierung individuellen Zeitbewusstseins eine zu starke Filterwirkung auf das Unübliche ausüben kann (vgl. Bleicher 1992, S. 490). Die Unternehmenspraxis ist nicht gerade arm an Beispielen der fatalen Folgen einer solchen *complacency*[14] von Führungskadern mit harmonisiertem Zeitbewusstsein. Außerdem muss die Harmonisierung teuer, u. U. eben zu teuer erkauft werden, da Zeit auf das Engste mit der sachlichen und sozialen Dimension verknüpft ist. So erzwingt die Harmonisierung individuellen Zeitbewusstseins eine Verringerung der Vielfalt, Unbestimmtheit und Andersartigkeit in sachlicher Hinsicht: Die Welt ist verhältnismäßig einfach, und die Dinge können relativ problemlos schematisiert werden. Ein ähnlicher Effekt entsteht in den sozialen Interaktionen: Dissens und Konflikt, als durchaus konstruktive Mechanismen der Anpassung an Veränderungen, werden nicht mehr geübt, und das Unternehmen wird seltsam „ruhig".

5. Zeit und Komplexität

Zeit ist zunächst nur eine von mehreren Dimensionen der Komplexität formalisierter sozialer Systeme, wie sie eben Unternehmen darstellen: der sachlichen Dimension, repräsentiert durch die Vielfalt und Dichte möglicher Interaktionen, die die Unternehmen zu Ordnung und Redundanz zwingen, welche nicht selten in den Pathologien der Rigidität und des Bürokratismus enden; der sozialen Dimension, weil die Mitglieder von Unternehmen diesen zwar nie „mit Haut und Haaren" angehören, trotzdem aber in ihrer Individualität als „ganze Personen" für das System relevant sind; der operativen

Dimension, die sich in der Fähigkeit ausdrückt, in relativer Autonomie zur Umwelt eigenständige Zwecke zu setzen und zu variieren; und schließlich der kognitiven Dimension, denkt man etwa daran, dass Unternehmen ihre Identität und ihr Handeln thematisieren, bewerten und „steuern" können. Schärfer betrachtet, ist Zeit dennoch eine besondere Dimension der Komplexität. Einmal, weil alle anderen Dimensionen selbst Zeit in Anspruch nehmen, sodass sie praktisch alle Probleme multipliziert. Außerdem, weil eben nicht unendlich viel Zeit zur Verfügung steht und so dem System Unternehmen Beschränkungen aufgezwungen werden, die in den sachlichen, sozialen, operativen und kognitiven Dimensionen ausgelebt werden.

Die zeitliche Dimension der Komplexität ist eine natürliche Folge des Übergangs von der reinen Gegenwartsbezogenheit eines Quasisystems zur zeitlichen Vertiefung eines „echten" sozialen Systems. Beim Quasisystem, etwa einer konstituierenden Versammlung, einer Warteschlange oder einer sich erst entwickelnden Kunden-Lieferanten-Beziehung, steht die Identität der Beteiligten im Vordergrund, da es an einer gemeinsamen Vergangenheit, vorstellbaren Zukunft und damit zusätzlichen Systemidentität fehlt. Ein Unternehmen oder auch eine „etablierte", auf Dauerhaftigkeit angelegte Kunden-Lieferanten-Beziehung verfügt bereits über „sedimentierte" Erfahrungen und damit „routinisierte" Erwartungen. Solche Systeme können dann sowohl Vergangenheiten selektiv aktualisieren als auch Außenweltmodelle entwickeln und Handlungsstrategien an diesen Modellen planen und erproben. Zum Unterschied von physikalischen, chemischen oder biologischen Systemen, deren Gegenwart von der Zukunft nicht beeinflusst werden kann, kann Zukunft in komplexen sozialen Systemen in Form von Erwartungen, Hoffnungen, Befürchtungen usw. wirksam werden. Solche Wirklichkeitsprojektionen werden innerhalb des Unternehmens u. U. als so plausibel erachtet, dass – nach dem bekannten Thomas-Theorem[15] – an ihnen sogar dann festgehalten wird, wenn sie selbstzerstörend wirken. Die zeitliche Komplexität wird noch durch die Fülle von Verknüpfungsmöglichkeiten bezüglich Vergangenheit und Zukunft gesteigert, was in laufenden Anschluss- und Synchronisierungsproblemen deutlich wird. Die Schnittstellen zwischen Absatz und Planung, Planung und Produktion oder Entwicklung und Absatz sind notorische Beispiele dafür.

6. Temporalisierung als Ausweg?

Wie immer die zeitliche Komplexität im System Unternehmen auch aussehen mag, das Komplexitätsgefälle zur Umwelt wird beträchtlich sein. Das Unternehmen kann schon deshalb nicht auf jede momenthafte Chance oder Irritation der Umwelt reagieren, weil dem der Zeitverbrauch und damit die Trägheit des Systems entgegensteht. Ein plausibler Ausweg wäre die Temporalisierung. Ein mutiger Schritt, denn zusätzlich zur sachlichen und sozialen Vielschichtigkeit und Vernetztheit, mit der das Unternehmen ständig konfrontiert wird, würde Temporalisierung gewissermaßen die zeitliche Dimension zur Disposition freigeben. Das Unternehmen müsste die eigene Komplexität dadurch steigern, dass es die organisatorischen Abläufe nicht starr und damit zeitinvariant festschreibt, sondern zulässt, dass sich, zumindest innerhalb eines bestimmten Rahmens, die Beziehungsmuster und Verknüpfungen „augenblicklich" je nach „irritierendem" Ereignis ändern können. Wiederholungen sind dann verpönt, weil sie ausschließen, dass etwas Neues anschließt, Widersprüche hingegen willkommen, weil sie destabilisieren und das Unternehmen dadurch in die Lage versetzen, mit weniger Zeitverbrauch auf sich selbst und seine Umweltvorstellungen zu reagieren. Kundenbeschwerden z. B. sind nichts anderes als kommunizierte Widersprüche. Das Unternehmen kann sie ignorieren, umdeuten, kanalisieren oder aktualisieren. Letzteres bedeutet, dass nicht genau festgelegt ist, was wie wann zu geschehen hat, sondern dass die jeweilige Irritationen (wiederum: innerhalb allgemein bekannter, erprobter und akzeptierter Grenzen) gewissermaßen „mit offenen Armen" empfangen und die daraus resultierende Instabilität bewusst in Kauf genommen wird. Temporalisierung bedeutet auch, Abschied von ritualisierter, also „getakteter" Planung und Kontrolle zu nehmen. Nicht mehr die Abwehr unerwünschter Überraschungen und das Fixieren erwünschter Zustände stehen im Vordergrund, sondern die ständige Beobachtung verschiedener Zustände und die aktive Suche nach *mismatch*-Signalen (vgl. Baecker 1993, S. 160). Auch von der Norm der Zielklarheit bleibt unter diesen Umständen nicht viel übrig: Statt als „eindeutig" vorgegeben zu sein, werden Ziele in Prozessen erarbeitet, in denen so lange wie möglich mit Zielunschärfe operiert wird (vgl. auch Hauschildt 1981, S. 307 ff.).

Temporalisierung erzeugt für den Beobachter ein unruhiges Unternehmen. Diese Unruhe wird oftmals als „Dynamik" interpretiert, obwohl sie lediglich das Begleitphänomen eines Selbsterhaltungsprozesses darstellt, in dem das Unternehmen versucht, den wechselhaften und höchst unterschiedlichen Anforderungen seiner Stakeholder mit zeitgerechten Leistungen zu begegnen. Temporalisierung löst Lernvorgänge[16] aus und wird durch diese in Bewegung gehalten. So wird z. B. ein *scanning* der relevanten Außenwelten, also ein permanentes Abtasten im Hinblick auf Informationen, die entweder zur Fortführung oder Änderung bestehender Strukturen Anlass geben, mehr oder weniger automatisch „erlernt", was wiederum als Antriebsmotor für die Bewegungen des Unternehmens wirkt. Andererseits wird Temporalisierung jedoch eingeschnürt durch ein oft geradezu manisches Streben nach Erwartungssicherheit, das in den Personen, ihren Rollen, den Regelungen und Werten im Unternehmen verankert ist. Zu- und Unfälle werden dadurch ausgeschlossen, dass Vorhersagen als vorweggenommene Realität bewertet werden und jede Abweichung den Planungsverantwortlichen zugeschrieben wird. Wie wenig Chancen die innere Dynamik hat, sich unter solchen Praxisbedingungen nachhaltig durchzusetzen, kann anhand dreier Phänomene, nämlich Macht, Kontrolle und Unternehmenskultur, erläutert werden.

Die beiden wichtigsten Machtformen in der Unternehmensführung sind die (verliehene) Legitimationsmacht und die (erworbene) Expertenmacht. Beide sind Mittel, die Abhängigkeit anderer von den Machtbesitzern zu zementieren. Beide leben davon, dass nur das zum Thema gemacht wird, was mit ihren Machtgrundlagen, also dem Status bzw. dem Wissen, im Einklang steht. Die innere Dynamik aber weckt ständig „schlafende Hunde". Dieses Aktualisieren des Inaktuellen bedroht die sicheren Machtgrundlagen und wird deshalb von den Machtinhabern unter Berufung auf Ordnung, Sicherheit und Vorhersehbarkeit zurückgedrängt. Der Zusammenhang zwischen innerer Dynamik und Kontrolle wird über das Konstrukt des Vertrauens deutlich. Vertrauen ist ein höchst wertvolles und willkommenes Vehikel, Interaktionskosten, -risiken und -barrieren im Unternehmen zu reduzieren. Es ist eine riskante Vorleistung, die dadurch attraktiv erscheint, dass der Vorteil aus dem Vertrauenserweis größer ist als der Schaden aus dem Vertrauensbruch. Vertrauen basiert auf einer Mischung aus Wissen und Unwissen, wobei Ersteres überbewertet wird (vgl. Luhmann 1989, S. 26). Es entwickelt sich dann besonders gut, wenn soziale Beziehungen dauerhaft gestaltet werden können, also gewissermaßen das „Gesetz des Wiedersehens" gilt. Im unruhigen, dynamischen Unternehmen dominiert jedoch die Vorläufigkeit. Dieses Fehlen von Planbarkeit weckt den Ruf nach Kontrolle. Da Kontrolle ohne Planung nicht denkbar ist, wird auf diese Weise eine Spirale zwischen diesen beiden „Zwillingsfunktionen" angestoßen, mit der die Prozesse innerhalb des Unternehmens von Zufälligkeiten und Unzulänglichkeiten freigehalten werden sollen. Die innere Dynamik wird dadurch immer mehr zurückgedrängt. Die Unruhe der inneren Dynamik stellt schließlich auch die Unternehmenskultur auf den Prüfstand. Indem Pluralität zur Selbstverständlichkeit und das Infragestellen zur Norm wird, machen sich auch die Preise bemerkbar, die zu entrichten sind für diese Toleranz und Individualität widerspiegelnden Prinzipien. Die „tribale Geborgenheit" der uniformen Unternehmenskultur geht verloren, Außenseiter geben den Takt an, die Führungskräfte leiden unter der Beeinträchtigung ihres Eigenmachtgefühls. Damit ist der Boden bereitet für eine Schließung der Kultur, egal, ob dies trendgemäß mit Globalisierung (als verdeckter Zentralisierung), scheinbar logisch mit einer Stärkung der Corporate Identity (als einheitlichen Unternehmensverständnisses) oder emotional mit dem Ruf nach charismatisch-visionärer Führung (als überfälliger Richtungsweisung) begründet wird. Unschärfe als Voraussetzung für Temporalisierung.

7. Unschärfe als Voraussetzung für Temporalisierung

Unternehmensführung ist also durch Grenzen, Widersprüche, Dilemmata und Paradoxien gekennzeichnet, die durch ein ausdrückliches Einbeziehen des Faktors Zeit noch akzentuiert werden. Das Hauptproblem scheint die Festlegung auf ein „Entweder-oder" zu sein. Bei jedem Versuch, Zeit in Form von Autonomie, Bewirtschaftung, Beschleunigung usw. ins Spiel zu bringen, wird früher oder später die ernüchternde Kehrseite der Medaille sichtbar. Verzichtet man jedoch auf eine exakte Festlegung und lässt statt dessen Bandbreiten für das Was und Wie der Unternehmensführung zu, bleibt man also bewusst *fuzzy*, so entsteht auch Raum für die Handhabung von Zeit. Auf diese Weise werden zumindest die beiden fruchtlosen Extrempositionen vermieden, die aufoktroyierte Beschleunigung, die ohnehin nur Stress durch Überforderung und damit defensive Gegenreaktionen hervorruft, und das ausschließliche Setzen auf die Eigendynamik, was zu einem Abdriften des Unternehmens in anarchische Zustände führen kann. Das Prinzip der Unschärfe durch Bandbreiten soll anhand einiger wichtiger Faktoren der Unternehmensführung erläutert werden.

(1) Die generelle Leitidee des Unternehmens, die Vision, sollte präzise genug sein, um das Erstrebenswerte des Zukunftsbildes und den Zeithorizont (z. B. „innerhalb eines Jahrzehnts") für dessen Herbeiführung zu definieren. So wird das Unternehmen gewissermaßen schonend auf die Endlichkeit des verfügbaren Zeitumfangs eingestimmt. Die Vision sollte jedoch unscharf genug bleiben, um ihre Richtungs- und Rahmenfunktion nicht durch eine Festlegung auf materielle Erfolgsgrößen (z. B. Marktposition oder gar finanzielle Kriterien) zu konterkarieren.

(2) Auf eine Vereinheitlichung der Unternehmenskultur ist zu verzichten. Stattdessen ist bewusst eine schwächer ausgeprägte Kultur anzustreben, die lediglich einige von allen geteilte Prinzipien umfasst und den Zeittakt des Unternehmens bestimmt. Dieser leitet sich aus dem Zeithorizont des Unternehmens ab, wird durch wiederkehrende Ereignisse, Perioden und Zyklen markiert und unterliegt einem ständigen behutsamen Anpassen und Experimentieren. Eine solche kulturelle Bandbreite erlaubt es, Destabilisierung und individuelle Zeitautonomie zuzulassen, ohne dass jederzeit alles infrage gestellt oder einer zwanghaften Harmonisierung geopfert wird.

(3) Die personale Führung wird sich dadurch zwar nach wie vor auf gewisse Symbole in Form von Ereignissen und Sprachspielen verlassen können, gleichzeitig jedoch die Unmittelbarkeit der Handhabung von Dissens und des Austragens von Konflikten bereitwillig akzeptieren müssen. Dieser beträchtliche Energieaufwand erscheint jedoch insofern gut investiert, als die unzähligen Abstimmungsepisoden im Unternehmen (und bezüglich ihrer Außenwelten) eine Zeitgebung der kleinen Schritte erzeugen und dadurch den Problemstau vermeiden, der üblicherweise durch einen „großen Entwurf" oder *radical change* beseitigt werden soll.

(4) Ist man dem Denken in Bandbreiten bis hierher gefolgt, so fällt es vermutlich leichter, auch die nächste Konsequenz zu akzeptieren. Das Wahrheitsmonopol des Managements muss dem Interpretationsspielraum weichen, das Bewusstsein, dass Wahrnehmungen immer mehr oder weniger

beobachterabhängig sind und somit zu unterschiedlichen Wirklichkeiten führen, muss die Vorstellung von der einen Wirklichkeit ersetzen. Unternehmen produzieren und verarbeiten also wie alle sozialen Systeme vielfältige Wirklichkeiten.[17] Wie sie damit umgehen, das macht ihre Deutungskompetenz aus. Eine durch das Denken in Bandbreiten im Unternehmen aufgebaute Deutungskompetenz erweitert nicht nur den Wissensvorrat des Unternehmens, sondern hilft der Unternehmensführung, durch „Inszenierung" der relevanten Umwelt gewissermaßen Zeit zu produzieren. Dabei werden eben nicht bloß die Handlungsprogramme des Unternehmens an ein inszeniertes Bild angepasst, sondern vielmehr wird versucht, die Entwicklung der Umwelt proaktiv zu beeinflussen (vgl. hierzu auch Macharzina 1993, S. 96 ff.). In dem Maße, in dem Unternehmen, etwa durch Innovationen, ihre Umwelt (die Nachfragestruktur und die Beziehung zu Mitbewerbern) verändern, erzeugen sie für sich selber Zeit und bewirken eine Zeitverknappung für die Mitbewerber.

(5) Hierarchi ist weder die „heilige" Ordnung im Sinne einer unantastbaren Gesetzmäßigkeit des sozialen Lebens noch der Erzfeind aller dynamischen Entwicklungen, die mit „Selbst-" beginnen. So wie es naiv ist, anzunehmen, man könne das Verhalten im Unternehmen, insbesondere in zeitlicher Hinsicht, kodifizieren, ist es auch naiv, zu glauben, eine Rücknahme von Fremdorganisation habe zwangsläufig Selbstorganisation und damit Temporalisierung zur Folge (vgl. Kieser 1994, S. 220.). Die Bandbreite, die sich hier anbietet, besteht vielmehr darin, innerhalb einer hierarchischen Ordnung eine Kombination von Selbstkoordination (z. B. Arbeitsgruppen ohne vorgegebene Arbeitsteilung und mit einer gewissen Zeitautonomie) und Selbststrukturierung (z. B. Arbeitsgruppen, die ihre strukturbildenden Regeln nach ihrer Bewährung im sozialen Alltag der Gruppe selbst festschreiben) zuzulassen (vgl. Hejl 1994, S. 128).

(6) Ähnliche Vorsicht ist bei einer kritischen Beurteilung von Macht geboten. Eine Bandbreite entsteht auf der einen Seite durch das Fallenlassen des Wahrheitsmonopols der Führungsspitze und auf der anderen durch die grundsätzliche Akzeptanz von Machtunterschieden. Werden die Einflussmöglichkeiten nämlich gleichmäßig in der Organisation verteilt und die Sanktionsmöglichkeiten drastisch reduziert, so beraubt sich das Unternehmen wichtiger Bewährungshürden für den innovativen Umgang mit Zeit und anderem. Die zeitaufwendige Überzeugungsarbeit, die „politisch" für die Durchsetzung von Innovationen zu leisten ist, erhöht die Brauchbarkeit der erarbeiteten Lösungen, immer vorausgesetzt allerdings, dass der (schwierige) Balanceakt zwischen „so wenig Machtunterschieden wie möglich und so viel Machtunterschieden wie nötig" gelingt.

(7) Auch die oft ritualisierte und als vorweggenommene Realität empfundene Planung gilt es zu „entschärfen". Für den Hersteller von *fast-moving*

consumer goods etwa, der in seiner Vision „Schnelligkeit" und „Innovation" als Richtung vorgibt, sind Enttäuschungen unvermeidlich, wenn er an verbindlichen Fünfjahresplänen festhält, die mit höchstem Detaillierungsgrad die Zukunft jeder Produktlinie „herbeizwingen" sollen. Planung muss sich im Zeittakt bewegen, der sich aus dem Zeithorizont der Vision, den Veränderungen in den Außenwelten und aus den bewährten Problemlösungsepisoden ergibt. Erfolgen Letztere in „natürlicher" Abfolge, ohne künstliche Verlangsamung oder Zeitverknappung, so ist das Unternehmen besser gegen Nichtlinearitäten, wie das „Umkippen" eines Trends oder das plötzliche Abwandern von Schlüsselkunden, gewappnet oder kann sie sogar antizipieren (vgl. Stahl 1996, S. 299 f.).

(8) Die Notwendigkeit, Unschärfen zu akzeptieren, macht auch die Lockerung des klassischen Verständnisses von Kontrolle als eines an die Planung gekoppeltes Abweichungsmanagements, unumgänglich. Ähnlich der Deutungskompetenz, die in der herkömmlichen mechanistischen Unternehmensführung unbekannt ist, erlangt eine andere Kompetenz, jene zum Aufbau von Vertrauen, eine besondere Rolle. Vertrauen ist eine besondere Form der Handhabung von Zeit. Je höher der Grad der Temporalisierung im Unternehmen ist, desto niedriger sind die Chancen für die instrumentale „Beherrschung" von Ereignissen, und desto mehr muss Vertrauen in Anspruch genommen werden (vgl. Luhmann 1989, S. 16 f.). Die Voraussetzungen für den Aufbau von Vertrauen, beispielsweise die Fähigkeit zu Selbstöffnung[18], Rollenübernahme[19] und Ambiguitätstoleranz[20], verstricken allerdings die Unternehmensführung in tief gehende sozialpsychologische Problemstellungen, denen sie ihrer betriebswirtschaftlichen Herkunft nach bislang ausgewichen ist.

8. Resumée

Bei der Diskussion von „Dynamik" müssen im Zusammenhang mit Unternehmensführung zwei Konfigurationen strikt auseinandergehalten werden. Eine vermeintlich „dynamische" Unternehmensführung, die Zeit als Knappheit einer unternehmensunabhängigen Ressource auffasst und dementsprechend mehr oder weniger hektische Aktivitäten produziert, die schließlich sogar das Minimalziel einer Unternehmensführung, die Selbsterhaltung, gefährden. Dieser steht eine „temporalisierende" Unternehmensführung gegenüber, die versuchen wird, selbst Zeit zu produzieren, die Unternehmensmitglieder gegen den durch Taktung erzeugten Zeitdruck abzuschirmen und einen möglichst großen, möglichst zugänglichen Wissensvorrat im Unternehmen aufzubauen. Für den Beobachter von außen ist letztere von ersterer auf Anhieb nicht zu unterscheiden: beide sind „unruhig", beide energetisch aufwendig. Die „temporalisierende" Form betreibt jedoch eine Methode der „kontrollierten Unschärfe", indem sie einen Rahmen vorgibt, innerhalb dessen Spontaneität, Instabilität, Improvisation und Mehrdeutigkeit nicht nur akzeptiert, sondern sogar gesucht werden. Dies bedeutet zwar den Abschied vom Modell eines in zeitlicher, sachlicher und sozialer Hinsicht wohlgeordneten Unternehmens, gleichzeitig aber die Chance, simultan höchst unterschiedliche Ressourcenkombinationen für die einzelnen Stakeholder-Gruppen bereitzustellen und damit über das Minimalziel der Selbsterhaltung hinauszugehen, egal ob dies in Form von „excitement", „excellence" oder „surprise" gelingt.

Anmerkungen

1 Zuerst veröffentlicht in *DBW* (1997) 4: 517–528.

2 Sowohl im Sinne von nichtdeterministisch und selbstschöpferisch, aber deswegen nicht unbedingt willkürlich oder ungeordnet, vgl. Laszlo (1992, S. 58); Kieser (1995, S. 259 ff.), als auch im engeren biologischen Sinne der Entstehung (und Zulassung) von Alternativen und einer Selektion aus ihnen.

3 Die Kombination aus Hirngröße und extrem hoher Schaltgeschwindigkeit im nervösen Steuerungssystem legt beim Menschen eine artspezifische Disposition zu einer solchen Ungeduld und Unrast nahe.

4 Vgl. von Braun (1991); Backhaus u. Gruner (1994), S. 30 ff.

5 Erstens als lediglich *rechtliche* oder *materielle* Bindung in Form des Arbeitsvertrages oder der Stellenbeschreibung; zweitens, darüber hinausgehend, als *psychologische* oder *moralische* Bindung durch Streben nach Konformität und Vermeiden einer krassen Abnormalität; drittens schließlich als *affektive* Bindung, ein wesentlicher Faktor der Motivation und starker Hebel für erhöhte Produktivität und Wettbewerbsfähigkeit. Vgl. hierzu auch Cuendet (1988).

6 Im Sinne von *politics*, d. h. zumindest unkooperativem, wenn nicht sogar machiavellistischem Verhalten, und nicht von *policy*, also den handlungsbestimmenden Maximen, oder *polity*, der Institution, in der die *policy* gemacht wird. Vgl. hierzu etwa Kirsch (1991, S. 55 ff.).

7 Der Plural wird hier bewußt verwendet, um die Individualität und Systemabhängigkeit von Zeitgefühl, Zeitempfinden, Zeitsensibilität, Zeitverständnis, Zeitvorstellung, Zeitauffassung und Zeitsinn herauszustreichen.

8 Hier nicht im informationstheoretischen Sinn verstanden als Möglichkeit, von einer bestimmten Information auf weitere schließen zu können, sondern den Sicherheitsaspekt durch überschüssige Ressourcen betonend. Ein solcher slack kann durch Verdoppelung („Parallelredundanz"), Überdimensionierung („Strukturredundanz") oder durch Zurückdrängen der Arbeitsteilung („Funktionsredundanz") eingebaut werden. Vgl. Stahl (1996, S. 427 ff.).

9 Bei Effizienzdominanz wird kaum Bereitschaft zu aufwendigen Aushandlungen über Ziele und/oder Mittel vorhanden sein. Außerdem verlangt „Offenheit" vom Führenden, dass er die Reaktionen der Geführten nicht nur als Ausnahme, sondern grundsätzlich antizipiert, wofür ebenfalls entsprechende Kosten zu „zahlen" sind. Vgl. auch Gebert (1991, S. 210 f.). Die Bedingungen einer offenen Unternehmenskultur machen überdies die Grenzen sowohl der situativen als auch der symbolischen Führung deutlich. Situative Führung ist im Grundsatz positivistisch, weil sie von einer objektiven Wirklichkeit (Wahrheitsmonpol des Führenden) ausgeht und diese lediglich, je nach Lage der Dinge (eben situativ) differenziert, in entsprechende Vorgehensweisen ummünzt. Sie ist auf Eindeutigkeit, Zielklarheit und Transparenz ausgerichtet. Symbolische Führung erfolgt durch Sprachregelungen und symbolisierende Handlungen (z. B. Rituale); sie ist mittelbar und damit Einsatz sparend, weil sie

Dissens und Machtgebrauch verschleiert und im Extremfall die so Geführten dem Diktat von Konsens und Sachzwang dort unterwirft, wo der Interessenplural ein (mühseliges und Energie verzehrendes) Aushandeln verlangte. Vgl. hierzu auch Neuberger (1988, S. 247 ff.); Gebert u. Boerner (1995, S. 284 f.).

10 Dieses Bemühen, durch „Zeitoffenheit" den u. U. als bedrohend empfundenen Charakter einer Zeitfixierung zu entkommen, findet seine kulturhistorische Parallele in der Entschärfung der Gefahr „einer jeden Horizont durchbrechende(n), von der Gegenwart immer weiter ins Endlose und zu unendlich vielen anderen Möglichkeiten enteilende(n) Zeit" durch eine zyklische bzw. rhythmische Zeitauffassung. Vgl. Wendorff (1985, S. 60).

11 Dies ist schon deshalb nicht angebracht, weil sich Struktur und Prozess gegenseitig voraussetzen. Eine Struktur (z. B. Gedächtnis) wird über die Zeit zum Prozess, und ein Prozess (z. B. Handlungsketten) setzt Struktur voraus.

12 Die empirischen Befunde zur Wirkung von *Simultaneous Engineering* lassen vermuten, dass von den drei Zielen des SE, nämlich Zeitverkürzung, Kostensenkung und Qualitätsverbesserung, lediglich das Zeitziel branchenübergreifend erreicht wird. Vgl. Gerpott u. Winzer (1996).

13 Darunter ist die Kombination von Zeithorizont, Zeittakten und Reaktionszeiten zu verstehen. Hat man das Thema „Zeitkonzeption" im Führungsgremium des Unternehmens problematisiert und sich darüber hinaus über Art und Ausmaß der drei Elemente geeinigt, so kann man von einer *vereinbarten* Zeitkonzeption sprechen. Besteht dagegen stillschweigende und praktizierte Übereinstimmung hinsichtlich der drei Elemente, so handelt es sich um eine *implizite* Zeitkonzeption.

14 Eine Mischung aus Beschaulichkeit und Selbstzufriedenheit.

15 „"If men define situations as real, they are real in their consequences.""" Vgl. hierzu z. B. Reinhold (1992, S. 615).

16 Ein Unternehmen lernt, indem seine Mitglieder lernen, indem seine Organisation (die Beziehungen zwischen seinen Komponenten) als Ergebnis von Erfahrungen oder eigenen Planungen verändert wird.

17 Daran beteiligt sind die Mitarbeiter als aktive Einheiten und die Organisation des Unternehmens als die Festlegung des „Wer mit wem". Um die Wirklichkeitsproduktion in komplexen Systemen besser zu verstehen, ist es u. a. auch notwendig, sich mit dem Gedächtnisproblem zu befassen, vgl. z. B. Hejl (1991).

18 Selbstöffnung bezieht sich auf die Bereitschaft, dem Gegenüber Einblick in das Selbst zu gewähren, wobei „Dosierung" und „Timing" einen wesentlichen Einfluss auf die Entwicklung der Beziehung haben.

19 Rollenübernahme ist eine notwendige Bedingung für Kooperation und bedeutet wie Empathie die Fähigkeit, die Erwartungen von Interaktionspartnern zu übernehmen.

20 Ambiguitätstoleranz ist die Fähigkeit, um einer sozialen Beziehung willen die Entfaltung der Ich-Identität der Beziehungspartner zu akzeptieren oder, anders formuliert, an der Vielfalt und daher Inkongruenz von Ich-Identitäten interessiert zu sein.

Literatur

Backhaus, K. u. K. Gruner (1994): Epidemie des Zeitwettbewerbs. In: K. Backhaus u. H. Bonus (Hrsg.): Die Beschleunigungsfalle oder Der Triumph der Schildkröte. Stuttgart (Schäffer-Poeschel), S. 19–46.

Baecker, D. (1993): Die Form des Unternehmens. Frankfurt a. M. (Suhrkamp).

Bleicher, K. (1992): Das Konzept Integriertes Management. Frankfurt a. M. et al. (Campus).

Braun, C.-F. von: (1991): Die Beschleunigungsfalle in der Praxis. *Zeitschrift für Planung* 2 (3): 267–289.

Cuendet, G. (1988): Motivierung zur Arbeit – als Ziel transformationaler Führung. In: R. Wunderer (Hrsg.): Betriebswirtschaftslehre als Management- und Führungslehre. Stuttgart (Poeschel), S. 323–343.

Fülgraff, G. (1994): Entschleunigung. In: K. Backhaus u. H. Bonus (Hrsg.): Die Beschleunigungsfalle oder der Triumph der Schildkröte. Stuttgart (Schäffer-Poeschel), S. 47–65.

Gebert, D. (1991): Die Mühsal der offenen und die Attraktivität der geschlossenen Gesellschaft. *Zeitschrift für Personalforschung* 5 (3): 201–217.

Gebert, D. u. S. Boerner (1995): Manager im Dilemma – Abschied von der offenen Gesellschaft? Frankfurt a. M. et al. (Campus).

Gerpott, T. J. u. P. Winzer (1996): Simultaneous Engineering: Kritische Anbalyse eines Planungs- und Orgnaisationsansatzes zur Erfolgsverbesserung industrieller Produktinnovationen. *Zeitschrift für Planung* 7 (2): 131–150.

Hauschildt, J. (1981): „Ziel-Klarheit" oder „kontrollierte Ziel-Unklarheit" in Entscheidungen? In: E. Witte (Hrsg.): Der praktische Nutzen empirischer Forschung. Tübingen (Mohr), S. 305–322.

Hejl, P. M. (1991): Wie Gesellschaften Erfahrungen machen oder: Was Gesellschaftstheorie zum Verständnis des Gedächtnisproblems beitragen kann. In: S. J. Schmidt (Hrsg.): Gedächtnis. Probleme und Perspektiven der interdisziplinären Gedächtnisforschung. Frankfurt a. M. (Suhrkamp), S. 293–336.

Hejl, P. M. (1994): Die Entwicklung der Organisation von Sozialsystemen und ihr Beitrag zum Systemverhalten. In: G. Rusch u. S. J. Schmidt (Hrsg.): Konstruktivismus und Sozialtheorie. Frankfurt a. M. (Suhrkamp), S. 109–132.

Hinterhuber, H. H. u. H. K. Stahl (1995): Was ist anders im strategischen Management? *sowiperspektiven – Zeitschrift der Sozial- und Wirtschaftswissenschaftlichen Fakultät der Universität Innsbruck* 2: 12–14.

Kaempfer, W. (1994): Zeit des Menschen. Frankfurt a.M. et al. (Insel).

Kieser, A. (1994): Fremdorganisation, Selbstorganisation und evolutionäres Management. *Schmalenbachs Zeitschrift für betriebswirtschaftliche Forschung* 46 (Sonderheft 3): 199–228.

Kieser, A. (1995): Evolutionäres Management. In: A. Kieser (Hrsg.): Organisationstheorien. Stuttgart et al. (Kohlhammer), S. 259–268.

Kirsch, H. (1991): Unternehmenspolitik und strategische Unternehmensführung. München (Kirsch).

Kirsch, H. (1992): Kommunikatives Handeln, Autopoiese, Rationalität. Herrsching (Kirsch).

Laszlo, E. (1992): Evolutionäres Management – Globale Handlungskonzepte. Fulda (Paidia).

Luhmann, N. (1989): Vertrauen – Ein Mechanismus der Reduktion sozialer Komplexität. Stuttgart (Enke).

Luhmann, N. (1991): Soziale Systeme – Grundriss einer allgemeinen Theorie. Frankfurt a. M. (Suhrkamp).

Macharzina, K. (1993): Unternehmensführung. Das internationale Managementwissen. Wiesbaden (Gabler).

Neuberger, O. (1994): Führen und geführt werden. Stuttgart (Enke).

Neuberger, O. (1988) (Hrsg.): Führung (ist) symbolisiert – Plädoyer für eine sinnvolle Führungsforschung. (Augsburger Beiträge zu Organisationspsychologie und Personalwesen 2). Augsburg (Lehrstuhl für Psychologie, Universität Augsburg), S. 1–38.

Pümpin, C. (1989): Das Dynamik-Prinzip: Zukunftsorientierung für Unternehmer und Manager. Düsseldorf (Econ).

Reinhold, G. (1992): Soziologie-Lexikon. München et al. (Oldenbourg).

Schein, E. H.(1992): Organizational Culture and Leadership. San Francisco (Jossey-Bass).

Stahl, H. K. (1996): Zero-Migration – Ein kundenorientiertes Konzept der strategischen Unternehmensführung. Wiesbaden (Gabler).

Wendorff, R. (1985): Zeit und Kultur – Geschichte des Zeitbewußtseins in Europa. Opladen (Westdeutscher Verlag).

Willke, H. (1991): Systemtheorie. Stuttgart (UTB).

MIT DER HIERARCHIE GEGEN DIE HIERARCHIE

1. Vorbemerkung

Wenn man sich die aktuelle Managementdiskussion anschaut, hat man den Eindruck, dass sich die Organisationstheorie ebenso wie die Managementphilosophie mit dem traditionellen Umstand der hierarchischen Ordnung einer Organisation umso wohler fühlen, je mehr alternative Ordnungen der Organisation in Reichweite zu rücken scheinen. Alles spielt sich so ab, als sei die Hierarchie nur so lange eine Herausforderung für Theorie und Praxis, wie sie als gegeben und als unerlässliche Voraussetzung jeder Form von Organisation hingenommen werden muss. Sobald es jedoch Alternativen zur Hierarchie gibt, sie also nicht mehr als notwendig, sondern als kontingent gelten kann, wird es umso interessanter, sie als durchaus denkbare Option der Konstruktion einer Organisation mitzuführen. Sobald man nicht mehr hierarchisieren *muss*, gibt es umso mehr, obgleich andere Gründe, es dennoch und gerade deswegen zu *wollen*. Fand sich das Management einer Organisation einst in die Gegebenheiten einer Hierarchie eingespannt und musste zusehen, wie daraus das Beste für das Management zu machen war, so kann das Etablieren und Aufrechterhalten einer funktionstüchtigen Hierarchie heute als unüberbietbares Meisterstück, als eigentliche Kür des Managements gelten. War die Hierarchie früher eine Herausforderung, weil sie nicht zum Gegenstand der Entscheidung gemacht werden konnte, so ist sie heute eine Herausforderung, weil man so etwas wie eine Hierarchie erst einmal auf die Beine stellen können muss und dazu nichts anderes hat als – Entscheidungen. Der folgende Beitrag stellt eine Beschreibung primärer und sekundärer Hierarchisierung in den Kontext sowohl einer gesellschaftstheoretischen wie einer netzwerktheoretischen Diskussion.

2. Die Hierarchie als Kunststück

Von der Hierarchie als Vorraussetzung jeder Organisation zur Hierarchie als Eigenleistung der Organisation galt es jedoch einen weiten Weg zurückzulegen. Zunächst einmal kann die Hierarchie ebenso sehr als *factum brutum* wie als *artificium* einer jeden sozialen Ordnung gelten. Ein Soziologe wie Harrison C. White stellt bereits für Kinderspielplätze fest, wie sich das Verhalten der Kinder über einen ständig mitlaufenden Vergleich untereinander in eine Hackordnung sortiert und wie die Beobachtung dieser Hackordnung, die niemals feststeht, sondern immer umstritten ist, den Kindern eine immer genauere Kenntnis der Personen, mit denen sie es zu tun haben, wie auch der eigenen Person, der es so oder anders gelingt, sich zu behaupten, vermittelt (siehe White 1992a). Diese Hackordnung ist das *factum brutum*, auf das man spätestens dann wieder stößt, wenn man versucht, über die Hierarchie hinauszugelangen.[1] Die Hierarchie selbst ist dann das *artificium*, das Kunststück, dem es gelingt, die Unruhe und Brutalität der Hackordnung aufzufangen und in eine stabile Ordnung umzusetzen, die ihrerseits nur über bestimmte, wiederum an die Hierarchie gebundene Verfahren geändert werden kann. Eine Hierarchie, so könnte man im lockeren Anschluss an Harrison C. White formulieren, ist eine Hackordnung, die so tut, als wäre sie keine.[2]

In dieser Fassung einer bereits sozialen Ordnung eines sozialen Problems, nämlich in der Fassung der Demotivierung eines persönlichen und der Remotivierung eines sozialen Vergleichs,[3] tritt die Hierarchie ihre Karriere als Ordnungsprinzip gesellschaftlicher Formen an. Einfache Gesellschaften müssen auf dieses Ordnungsprinzip noch weitgehend verzichten, weil man sich zu gut kennt, zu sehr aufeinander angewiesen ist und bereits hinreichend damit beschäftigt ist, Geschlechterdifferenzen einzuführen und zu überbrücken. Aber spätestens die Hochkulturen der Agrargesellschaften stratifizieren sich in soziale Schichten, weil es jetzt nötig wird, die arbeitende Landbevölkerung und die von dieser Arbeit lebende Stadtbevölkerung so zu reintegrieren, dass der Unterschied zwischen ihnen akzeptiert wird.[4] Die Hierarchisierung im Sinne einer Über- und Unterordnung ist ein ebenso einfaches wie überzeugendes Instrument zu dieser Reintegration, das mit den Mitteln einer politischen (das heißt Akzeptanzchancen einkalkulierenden) Gewaltandrohung aufrechterhalten werden kann.[5] Dabei gilt wie bei jeder „Integration", dass die Hierarchie Freiheitsgrade auf beiden Seiten der Differenz, also oben und unten, einschränkt und aus dieser Einschränkung ihre Ordnungsleistung bezieht. Das schließt nicht aus, dass die oberen Schichten der Hierarchie oder gar ihre Spitze als „Machthaber" mystifiziert werden. Aber man muss sich nur anschauen, wie Gesellschaften die Macht dieser Machthaber einzuschränken wissen,[6] um sich keiner Illusion darüber hinzugeben, dass die Hierarchie eine Konstruktionsleistung der gesamten Gesellschaft ist und nicht etwa von Personen, gar denen, die „oben" sitzen, instituiert werden kann.

Die frühen Organisationen, also militärische Einheiten, Tempel und Klöster, machen sich diese Leistung der Hierarchie zunutze. In diesen Organisationen müssen Personen aus verschiedenen Ständen so zusammen- arbeiten, dass die Differenz der Stände gewahrt bleiben kann, ohne die Einheit der Organisation zu gefährden. Die Einschränkung der Freiheitsgrade durch die Hierarchie liefert für alle überzeugende Hinweise darauf, worum es in dieser Organisation geht und worauf man sich verlassen können muss, wenn der Bestand der Organisation gesichert sein soll. Die griechische Phalanx ist das Muster jenes *decorum*, also jener Schicklichkeits- und Geschicklichkeitsregeln, auf die sich alle Organisationsformen des alteuropäischen Typs berufen zu können scheinen: eine Kombination von Stressbewertung und Verhaltensregeln, die nur dadurch aufrechterhalten werden kann, dass der interne

Druck auf die Mitglieder der Organisation so externalisiert wird, dass der Verweis auf ein bedrohliches (die Feinde) oder auch nur unkalkulierbares (die Götter) Außen der Organisation intern zur Disziplinierung eingesetzt werden kann (siehe dazu Mühlmann 1996). Vor allem in dieser Form der Unterscheidung der eigenen Ordnung von der gefährlichen und sündhaften Unordnung der Welt vermag die gesellschaftliche Erfindung der Organisation ihre eigenen Mitglieder, aber auch ihre Beobachter zu überzeugen.[7]

Die spezifische Leistung der Hierarchie liegt darin, dass sie nicht aus der Unterscheidung von innen und außen ihr Ordnungsmotiv bezieht, sondern aus der Unterscheidung von oben und unten. Denn nur in dieser Form kann die Organisation selbst zur Ordnung einer von beiden Seiten getragenen Beziehung herangezogen werden. Die Hierarchie *ist* die Beziehung zwischen oben und unten, da nur diese Beziehung durch sich selbst konditioniert werden kann. Denn alle an dieser Beziehung Beteiligten sind Mitglieder der Organisation. Und nur in dieser Form kann die Beziehung zwischen außen und innen in dem Sinne offen gehalten werden, dass sich die Organisation ihre Anlässe, tätig zu werden, selber suchen kann. Würde die Beziehung zwischen außen und innen hierarchisiert, wäre der Misserfolg der Organisation vorprogrammiert, weil die Differenz zwischen Außen und Innen den Zugriff der Gesellschaft auf die Organisation ebenso blockiert wie den Zugriff der Organisation auf die Gesellschaft.[8] Genau in dieser Blockade liegt ja die Möglichkeit der Ausdifferenzierung von Organisationen. Die an der Differenz von Innen und Außen beteiligten Personen, Sachverhalte und Institutionen sind eben dann, wenn sie außen lokalisiert werden, nicht Mitglieder der Organisation und damit auch nicht an die Entscheidungen der Organisation gebunden.[9] Das Verhältnis von innen und außen ist grundsätzlich anders strukturiert, als Organisationen es sich aufgrund ihrer Erfahrung des Organisierens der Differenz von oben und unten vorstellen können.

In dem Moment, in dem Behörden, Schulen, Unternehmen, Krankenhäuser, Theater als Organisationen der modernen Gesellschaft das Ordnungsprinzip der Hierarchie übernehmen, wissen sie in der Regel nicht, worauf sie sich einlassen. Sie sitzen den Mystifikationen des „Machthabens" und den Mythologien eines „natürlichen" gesellschaftlichen Ordnungsmusters auf und sind dann überrascht, wenn sie die Erfahrung machen müssen, dass die Hierarchie interne Konditionierungen nach Oben und nach Unten voraussetzt und erfordert und daher die Organisation mit Einschränkungen von Freiheitsgraden zu belasten scheint, die die Organisation gerade nicht in die Lage versetzen, ihren Organisationszweck zu erfüllen. Man begrüßt die Hierarchie als Ordnung, man beschimpft sie als Beschränkung, nennt das Ergebnis „Bürokratie" und ist weit davon entfernt, ihre Funktion zu durchschauen. Man hält „Organisation" und „Hierarchie" für Konstanten sozialer Ordnung und übersieht vollständig, wie sehr die internen Konditionierungen, wenn sie sich auf unterschiedliche Anforderungen der Koordination von Arbeit beziehen, auch ganz unterschiedliche Organisationen und unterschiedliche Hierarchien hervorbringen. Man kann eine Schule nicht wie eine Kirche und ein Unternehmen nicht wie ein Theater organisieren.

Und man übersieht, wie sehr es einer empirischen Realität, die sich dem gesellschaftlichen Verständnis entzieht, gelungen ist, unbegriffene Funktionen für die eigenen Zwecke auszunutzen. Die „managerial revolution", von der Alfred D. Chandler (1962, 1977) spricht, ist nicht zuletzt dem Umstand geschuldet, dass eine Hierarchie eben nicht als Anweisungskette funktioniert, sondern umso umständlicher aufrechterhalten werden muss, je differenzierter eine Organisation wird. Jede Differenz platziert eine Schnittstelle, die zwar für Konditionierungen offen ist, die jedoch nur konditioniert werden kann, wenn die Option der Konditionierung als Option wahrgenommen und nicht als Automatismus (im Sinne einer Weisungskette) vorausgesetzt wird. Das Management profitiert von der Multiplikation der Optionen: Es besetzt die Stellen, an denen Management gar nicht nötig wäre, wenn nicht qua Hierarchie die Notwendigkeit der Konditionierung immer wieder neu bestätigt werden müsste.

3. Organisation versus Gesellschaft

Eine Hierarchie ist eine Form der Konditionierung, die in einer Gesellschaft andere Ordnungsleistungen erbringt als in einer Organisation. Die Organisation profitiert zwar davon, dass Hierarchie auch in der Gesellschaft als „natürlicher" Ordnungszustand etwa der sozialen Schichtung in Stände oder „Klassen" gilt. Denn dann scheint sich in der Organisation nichts wesentlich anderes abzuspielen als in der Gesellschaft, und man glaubt zu wissen, woran man ist.[10] Ferner profitiert die Organisation auch davon, dass sie die Paradoxien der Hierarchie beerben kann, die sich in der Gesellschaft bewährt haben. Das gilt vor allem für das „englobement du contraire" (siehe Dumont 1983, p. 214), also die Differenzierung von Teil und Ganzem, die in der Organisation unter dem Gesichtspunkt der Durchsetzung der Autonomisierung *und* Konditionierung der Teile im Kontext des Ganzen erst einmal reproduziert werden musste.[11] Und umgekehrt kann die Gesellschaft davon profitieren, dass sich in der Organisation Ordnungsmuster durchhalten lassen, etwa der viel gerühmte „Patriarchalismus", der in der Gesellschaft schon lange keine Resonanz mehr findet, unter Verweis auf die Organisation aber noch ideologisch verfügbar gehalten werden kann – zum Beispiel für die Zwecke der Familie, der gegenüber der Vater seine anwesende Abwesenheit zu rechtfertigen hat.

Dennoch unterscheidet sich die Hierarchie der Organisation von der Hierarchie der Gesellschaft. Und sie muss sich unterscheiden, denn es macht einen Unterschied, ob interne Konditionierungen wie die der Hierarchie einen Beitrag zur Ausdifferenzierung der Gesellschaft in ihrer *natürlichen* Umwelt leisten oder einen Beitrag zur Ausdifferenzierung einer Organisation in deren *gesellschaftlicher* Umwelt. Im ersten Fall sichert die Hierarchie die soziale Beziehung als solche ab, in unserem Fall: die Ausnutzung der Hackordnung durch eine Übersetzung in eine Ordnung, die so tun kann, als sei sie keine. Im zweiten Fall muss die Hierarchie einen sozialen Unterschied kommunizieren, der einen bestimmten Typ eines sozialen Systems von möglichen anderen Typen unterscheidet. Hier ist die Hierarchie ein Sonderfall von Kommunikation, der seinerseits als dieser Sonderfall kommuniziert werden muss, um die Ausdifferenzierung in der Gesellschaft abzusichern.[12] Man kann dann erwarten, dass die Hierarchie intern andere kommunikative Leistungen erfüllt als im Außenverhältnis. Und man kann erwarten, dass dieser Unterschied laufend verwischt wird, damit die internen Leistungen durch den Vergleich mit den externen Leistungen – und umgekehrt – sowohl stilisiert als auch vernebelt werden können. Die Vorstellung der Weisungskette überzeugt dann vor allem außerhalb der Organisation, denn sie suggeriert, dass man die Organisation „kontrollieren" kann, indem man ihre Spitze bindet.[13] Und die Vorstellung einer „naturgegebenen" gesellschaftlichen Ordnung der Hierarchie überzeugt vor allem innerhalb der Organisation, weil dies die von der Organisation geforderte und bezahlte Unterwerfung unter die Zwecke der Organisation leichter erträglich macht.[14]

In jedem Fall haben wir es bei einer organisationalen Hierarchie mit einer Zweiseitenform der Kommunikation zu tun, weil jede hierarchische Kommunikation die Ausdifferenzierung ebenso zu bedienen hat wie die interne Konditionierung.[15] Sie muss auf der einen Seite kommunizieren, dass und wie die Organisation sich vom Rest der Gesellschaft unterscheidet; und sie muss auf der anderen Seite kommunizieren, dass und wie sie den internen Zusammenhang der Organisation bedient und aufrechterhält. Und wie immer, wenn man auf „Kommunikation" abstellt, bedeutet dies, mit zu sehen, dass die Kommunikation scheitern kann und dass ein Scheitern auf der einen Seite das Gelingen auf der anderen Seite mit beeinträchtigt. So kann die Hierarchie intern an Überzeugungskraft verlieren, weil sie keinen Beitrag zur Unterscheidung von innen und außen mehr leistet; und sie kann extern an Überzeugungskraft verlieren, weil sie intern keine Koordinierungsfunktion mehr erfüllt. Die Diskussion der Hierarchie macht deutlich, dass das eine Problem ohne die Lösung des anderen Problems nicht zu lösen ist.

Diese Zweiseitigkeit macht das Ordnungsinstrument der Hierarchie komplizierter, als es das Bild der Weisungskette wahrhaben kann. Es zwingt dazu, sich die Schnittstellen der Hierarchie (zwischen oben und unten) nicht unter dem Gesichtspunkt der Einrichtung unproblematischer, weil durch die Hierarchie durchsetzbarer Kommunikation anzuschauen, sondern unter dem Gesichtspunkt der Trennung und Überbrückung dieser Trennung zwischen verschiedenen Stellen und Abteilungen der Organisation. Und es zwingt dazu, diese internen Schnittstellen unter dem Gesichtspunkt ihrer

Leistung für die Ausdifferenzierung zu prüfen. Es liegt auf der Hand, dass man sich dieses umständlich scheinende Vorgehen gerade dann nicht ersparen kann, wenn man sich für ein Management der Hierarchie oder gar ein "management by hierarchy" interessiert (s. dazu auch D. Baecker 1997).

Um die Hierarchie als Zweiseitenform der Kommunikation beobachten und beschreiben zu können, hat sich der Begriff des "hierarchical interface" eingebürgert.[16] Dieser Begriff hat seine Tücken.[17] Denn er muss beschreiben können, wie wählbare Konditionierungen (im Außenverhältnis) wählbare Konditionierungen (im Innenverhältnis) unter der Bedingung konditionieren können, dass die Konditionierung auch umgekehrt werden kann. Er ist ein Begriff für die Beschränkung der Freiheitsgrade in der Beschränkung von Freiheitsgraden. Aber diese begriffliche Zumutung ist gerechtfertigt, denn nur wenn man ihr folgt, kommt man Verhältnissen auf die Spur, in denen Kontrolle nicht durch sichtbare Entscheidungen, sondern durch ein nur schwer aufzudeckendes Design abgesichert wird.[18] "Hierarchical interfaces" nutzen die Paradoxien der Hierarchie zur Konditionierung der Selbstkonditionierung der Organisation. Wie befinden uns demnach konzeptionell wie empirisch auf einer Ebene zweiter Ordnung, und das macht die Dinge kompliziert.

4. Die Funktion der Hierarchie

Tatsächlich müssen wir noch einmal einen Schritt zurückgehen und uns daran erinnern, dass es neben der Differenz von oben und unten noch eine andere Vorstellung von Hierarchie gibt. Diese andere Vorstellung greift das Bild der russischen Puppen-in-einer-Puppe oder des Aufbaus eines Buches aus Wörtern, Sätzen, Absätzen, Abschnitten und Kapiteln auf, um eine Hierarchie als Beziehung zwischen einem System und seinen Subsystemen zu verstehen.[19] Hier hat man es mit der Ordnungsform der Kästchen-in-Kästchen zu tun. Diese Ordnungsform kann deshalb als Ordnungsform gelten, die besonders von Organisationen gesucht und verwendet wird, weil sie die Erreichbarkeit jeder Stelle der Organisation durch jede andere Stelle der Organisation garantiert. Jedes Subsystem ist auf dem Umweg über sein Supersystem zu erreichen, das selbst wiederum Subsystem eines Supersystems ist. Zwangsläufig wird die Spitze einer Organistion dann besonders prominent, weil man über sie jedes Subsystem erreichen kann – selbst wenn man dann feststellen muss, dass das erstens viel zu lange dauert und zweitens Widerstände weckt, die man nur weckt, wenn man von „ganz oben" kommt.

Zu diesem Kästchen-in-Kästchen-Prinzip liegt die Vorstellung der Hierarchie als Weisungskette seltsam quer. Denn Erreichbarkeit ist ein Begriff, der unter dem Gesichtspunkt der wechselseitigen Konditionierung interpretiert werden kann. Die Vorstellung der Weisungskette hingegen legt eine einseitige Konditionierung nahe – selbst wenn man dann Ideen von Machiavelli über

Hegel bis Parsons aufgreifen kann, die die Abhängigkeit des Herrschers von den Untertanen, des Herrn vom Knecht und der Kontrolle von den Konditionen der Kontrolle unterstreichen (s. zu Letzterem Baum u. Lechner 1987). Jedenfalls ist die Weisung nur *ein* Aspekt der Erreichbarkeit, weswegen die Betriebswirtschaftslehre zwischen Hierarchie, die die Weisungen sicherstellen soll, und Relais, die die Erreichbarkeit absichern, unterscheidet.[20] In der Praxis findet man auch die Vorstellung, dass „Anweisungen" von oben nach unten fließen und „Informationen" von unten nach oben, aber damit wird erstens die Möglichkeit der Führung der Chefs durch die Mitarbeiter systematisch unterschätzt und zweitens der Informationsbegriff so eingesetzt, als könne eine Information (nach oben) grundsätzlich als neutral gegenüber ihrer Verwendung gehalten werden und als müsse eine Anweisung (nach unten) nicht grundsätzlich auch als Information verstanden werden (die aber nach den Vorstellungen der Praxis eben keine Wahlmöglichkeiten bieten, sondern Handlungsanlässe sicherstellen soll).[21]

Man kommt der realen Funktion der Hierarchie nur auf die Spur, wenn man auch die „Weisung" in Begriffen der „Erreichbarkeit" interpretiert. Im Anschluss an eine lange Tradition in den Sozialwissenschaften macht Luhmann dazu den Vorschlag, die Weisungskette als Garantie der formalen Entscheidbarkeit von Konflikten zu interpretieren. Hier wird die Hierarchie als Instrument der Ausweisung von Stellen, nämlich jeweils der nächsthöheren, verstanden, die in der Lage sind, Konflikte, die auf den nächstunteren Stellen entstehen, so zu entscheiden, dass die Entscheidung selbst nicht infrage gestellt werden kann beziehungsweise muss. Abstrakt gesagt, bedeutet dies, dass in der Organisation Stellen erreichbar sein müssen, die Konflikte so entscheiden können, dass daraus weitere Entscheidungen abgeleitet werden können.

Da auch das Erreichen jeder Stelle durch jede andere Stelle ein Problem ist, das sich im Rahmen der Entscheidungsabläufe einer Organisation stellt, haben wir es bei der Hierarchie mit einer Institution zu tun, die zwei Probleme zu lösen hat, die beide etwas mit der Eigentümlichkeit von Entscheidungen zu tun haben:

(1) Wie erreicht eine Entscheidung eine andere Entscheidung?

(2) Wie lösen die Entscheidungen eventuelle Konflikte zwischen Entscheidungen, wenn für diese Lösung nur Entscheidungen (und nicht etwa: externe Maßregelungen, Autoritäten oder Konventionen) infrage kommen?

Das erste Problem hat es mit der Anschlussfindung, das zweite mit der Anschlusssicherung von Entscheidungen zu tun.[22] Mit dieser Formulierung lassen wir uns auf die Vorstellung ein, dass organisierte Sozialsysteme als

Systeme verstanden werden können, die sich über die Autopoiesis von Entscheidungen realisieren und reproduzieren (s. dazu Luhmann 1988). Mit dieser Vorstellung halten wir Abstand vom ersten Augenschein, der die Hierarchie mit Rangverhältnissen zwischen Personen assoziiert und sich dann fragt, wie diese Rangverhältnisse andernfalls mögliche Kommunikationen verzerren (s. etwa Bendix 1963, p. 247 ff.), und sichern uns einen abstrakteren Zugang, der die Funktion der Hierarchie auf Reproduktionsprobleme von Entscheidungen bezieht. Dieses Reproduktionsproblem ist identisch mit dem oben behandelten Zweiseitenproblem der hierarchischen Kommunikation. Denn Entscheidungen müssen kommuniziert werden, und Entscheidungen können nur dann kommuniziert werden, wenn (a) die Grenzen der Organisation klar sind, also deutlich ist, ob eine Entscheidung sich an ein Mitglied der Organisation richtet oder nicht, und (b) jede Entscheidung der Organisation jederzeit auf ihre interne Konditionierung durch die Organisation beobachtet werden kann. Andernfalls wäre nicht klar, ob es sich um eine Entscheidung der Organisation oder um ganz etwas anderes handelt.

Damit können wir das Problem, das die Hierarchie einer Organisation zu lösen hat, ganz eng und pragmatisch fassen: Das Problem lautet, dass Mitglieder mit ihren Entscheidungen andere Mitglieder erreichen können müssen und dass sie wissen können müssen, welche Entscheidungen im Konfliktfall zurate zu ziehen sind, um weitere Entscheidungen sicherzustellen. Trivial ist diese Formulierung nur deswegen nicht, weil die Lösung dieses Problems identisch ist mit der Grenzziehung der Organisation gegenüber ihrer Umwelt.

Wenn die Funktion einer Hierarchie darin besteht, Erreichbarkeit und Konfliktlösung sicherzustellen, können wir uns nach funktionalen Äquivalenten umschauen, die dasselbe Problem mit anderen Mitteln lösen. *Alternatives to Hierarchies*, um Philip G. Herbst zu zitieren,[23] liegen dann überall dort vor, wo es einer Organisation gelingt, Regeln zu finden, die die eigenen Abläufe so konditionieren, dass eine Koordination der Entscheidungen auf Dauer sichergestellt werden kann. Nicht die *Personen* müssen koordiniert werden, sondern die *Entscheidungen*. Damit präparieren wir gleichzeitig das Terrain für eine Managementtheorie der Hierarchie, denn auch das Management hat es nicht mit dem Problem zu tun, wie Personen zur Arbeit angehalten werden können, sondern mit dem Problem, wie das Koordinationsverhalten zwischen Personen beeinflusst werden kann (so etwa Clegg (1996). Es richtet sich auf Relationen, und diese Relationen haben in der Organisation die Form der Entscheidung.

Wenn man untersucht, wodurch die Autopoiesis von Entscheidungen in einer Organisation sichergestellt werden kann, stößt man erstens auf die ganz zentrale Voraussetzung der „Unsicherheitsabsorption" und zweitens, eng damit zusammenhängend, auf die Rolle von „Entscheidungsprämissen", die Entscheidungen dadurch Struktur geben, dass Entscheidungen sich auf sie berufen können. Ohne Unsicherheitsabsorption gibt es keine Organisation, denn ohne die Möglichkeit, vorherige Entscheidungen für Anschlussentscheidungen in Anspruch nehmen zu können, ohne die Grundlage dieser vorherigen Entscheidung noch einmal mit prüfen zu müssen,[24] kommt die Autopoiesis der Entscheidungen gar nicht erst in Gang. Die Organisation würde an der Unsicherheit jeder einzelnen Entscheidung angesichts einer unsicheren Welt, einer unbekannten Zukunft und unzuverlässigen Partnern scheitern. So aber unterstellt die Folgeentscheidung, dass die vorherige Entscheidung *deren* Problem angemessen (nach den Standards der Organisation, die genau deswegen erforderlich sind)[25] gelöst hat, und kümmert sich nur noch um *ihr eigenes* Problem. Die Unsicherheit wird von jeder einzelnen Entscheidung „absorbiert", sie kommt auf der Ebene des Gesamtsystems nicht mehr vor und die Organisation reproduziert sich auf der Grundlage selbst fabrizierter Sicherheiten, die bis zu einem bestimmten Punkt umso verlässlicher sind, je gefährlicher es wäre, die Unsicherheiten auf der Ebene des Ablaufs der Entscheidungen zu thematisieren.[26]

Die Rolle der Hierarchie bei der Unsicherheitsabsorption ist sicherlich kaum zu überschätzen. Die geringste Suggestion einer Differenz von oben und unten genügt, um die Überwachung eines insgesamt unsicheren Ablaufs der Entscheidungen oben unterstellen und unten ohne diese Überwachung auskommen zu können. Man entscheidet, wie man es gesagt bekommen hat, und sorgt dafür, dass eventuelle unangenehme Konsequenzen den Vorgesetzten zugerechnet werden. Und dazu genügt es, sich an Anweisungen zu halten, selbst wenn diese Anweisungen verlangen, sich nicht in jedem Fall an Anweisungen zu halten. Wie voraussetzungsvoll und anforderungsreich es ist, die Hierarchie in dieser Rolle zu ersetzen, sieht man an der langen Geschichte etwa des *Total Quality Management*, das die einzelnen Arbeitsgruppen selbst in die Funktion einsetzt, die kumulierte Unsicherheit ihrer Entscheidungen kommunikativ zu bearbeiten, und diese Funktion nur sicherstellen kann, indem die Hierarchie sich durch hierarchische Aufforderung zum Qualitätsmanagement als Zurechnungsadresse der Unsicherheitsabsorption selbst aus dem Spiel bringt (und nur noch die Verantwortung für die „strategische" Entscheidung für die Einsetzung des *Quality Management* übernimmt; s. nur Lawler 1986, p. 44 ff.).

Hier wie auch beim Verfahren der *lean production* (im Sinne von Womack, Jones a. Roos 1990) zeigt sich, dass die Hierarchie in einigen ihrer Funktionen nur ausgesetzt werden kann, wenn genau der hohe Druck auf die Interaktion der Arbeiter untereinander wieder zugelassen wird, der durch die Hierarchie einmal abgefangen werden sollte. Und das wiederum geht nur, weil man jetzt davon ausgehen zu können scheint, dass sich die Interaktion der Arbeiter, sobald sie möglich ist, nicht *gegen* die Organisation richten wird, sondern *für* die Zwecke der Organisation einspannen lässt. Und das wiederum kann nur durch eine hierarchische Differenzierung sichergestellt werden, die dafür sorgt, dass Organisationsmitglieder, die nicht hinreichend „partizipativ" mitziehen, durch Entlassungsentscheidungen oder auch Entscheidungen des Ressourcenentzugs erreicht werden können.

Diese bisherigen Experimente scheinen darauf hinzudeuten, dass die Hierarchie in ihrer Rolle für die Zwecke der Unsicherheitsabsorption nur insofern durch funktionale Äquivalente, die im Bereich der autonomen Interaktion der Organisationsmitglieder liegen, ersetzt werden kann, als die Hierarchie auf eine Hierarchie zweiter Ordnung zurückgenommen wird, die erstens dafür sorgt, dass diese Interaktion sich in einem „Kästchen" der Organisation, also unter Bedingungen revidierbarer Ausdifferenzierung, abspielt und zweitens für die Typik dieser Interaktion genügend Motive, sich auf sie einzulassen, bereitstellt.[27] Mit anderen Worten, die Hierarchie wird nach wie vor dafür in Anspruch genommen, die Unsicherheit, die mit der Einrichtung dieser „stark gemachten" *(empowered)* Arbeitseinheiten einhergeht, nicht etwa diesen Einheiten, sondern der Gesamtorganisation zuzurechnen und dort auch zu absorbieren.

Vermutlich gelten für Entscheidungsprämissen ähnliche Einschränkungen.[28] Luhmann hat als Beispiele für Entscheidungsprämissen Entscheidungsprogramme, Kommunikationsnetzwerke und Personen genannt (vgl. Luhmann 1988, S. 177 f.). Handelt es sich hierbei um entscheidbare Entscheidungsprämissen, also um Prämissen, die ihrerseits Gegenstand von Entscheidungen werden und durch Entscheidungen geändert werden können, so kann man die Kultur einer Organisation darüber hinaus als Konglomerat unentscheidbarer Entscheidungsprämissen bezeichnen, also als Prämissen, die nicht ohne weiteres Gegenstand von Entscheidungen werden können (s. Mansilla 1991, p. 140 f.). In beiden Fällen handelt es sich bei Entscheidungsprämissen um Ablagerungen vorheriger Entscheidungen, die künftigen Entscheidungen dadurch Struktur geben, dass sie markieren, wie man üblicherweise in einer bestimmten Organisation welche Entscheidungen zu treffen pflegt.

Auf Entscheidungsprogramme (das Curriculum einer Schule, die Überweisungspraxis eines Krankenhauses, das Produktionsprogramm eines Unternehmens, die Wahlkampagne einer Partei, der Regiestil eines Theaters ...) können *mehrere* Entscheidungen Bezug nehmen, ohne dass über das Programm jeweils neu mit entschieden werden müsste. Aber es *kann* über das Programm neu entschieden werden, jedoch muss dazu eine andere Ebene der Entscheidung angesprochen werden als bei den Entscheidungen innerhalb des Programms. Das ermöglicht es, *standard operating procedures* auszuweisen (im Sinne von Cyert a. March 1963, p. 101 ff.), die schon deswegen auf Hierarchie verweisen, weil sie den Ebenenwechsel zwischen Entscheidungen und Entscheidungen über Entscheidungen an ganz bestimmte von der Hierarchie gesetzte Bedingungen knüpfen.

Kommunikationsnetzwerke sind formale oder informale Festlegungen der Dienstwege, Rücksichten und Kooperationsgewohnheiten, an die Entscheidungen in Organisationen sich halten müssen, wollen sie nicht ihre eigenen Anschlussmöglichkeiten verletzen. Auch diese Prämissen beziehen ihren Wert daraus, dass sie mehrfach in Anspruch genommen werden wollen, sodass Verstöße gegen Netzwerkerwartungen nicht nur andersartige Entscheidungen, sondern die Absicht der Veränderung der Organisation selber signalisieren. Das heißt, so etwas muss man sich umso genauer überlegen, je festgelegter das Netzwerk ist. Eine hochgradig fluide Organisation kann dagegen auf Prämissen dieser Art verzichten und es freistellen, wer wann mit wem worüber kommuniziert. Das schaffen wohl am ehesten Universitäten, die jedoch dadurch gekennzeichnet sind, dass Entscheidungen eine höchst lokale Reichweite bei unberechenbaren Effekten auf andere Teile der Organisation haben.[29]

Kommunikationsnetzwerke sind auf Hierarchie angewiesen, wenn bestimmte Stellen innerhalb der Organisation sicherstellen wollen, dass sie bei bestimmten Entscheidungen angesprochen werden, beziehungsweise wenn die Organisation dafür Sorge tragen will, dass nur bestimmte Stellen zur Konfliktregulierung herangezogen werden. Denn nur dann ist ein Rang- oder ein Subsystem-/Supersystemverhältnis erforderlich, das bestimmte Verknüpfungen zwischen Stellen gegenüber möglichen anderen Verknüpfungen hervorhebt und zur Regel macht. Das gilt demnach vor allem für formale Netzwerke, die sich denn auch häufig durch die Spezifizierung der Art von Kommunikation (zum Beispiel Akten, Berichte, Memoranden, Briefe ...) auszeichnen, die einzuhalten ist, damit wiedererkennbar ist, dass die Wege eingehalten werden.

Am ehesten frei von der Notwendigkeit, auf Hierarchie zurückzugreifen, scheinen die Entscheidungsprämissen „Personen" und „Organisationskultur". Denn die Prämisse „Person", also das Wissen darum, wie sich eine Person normalerweise zu entscheiden pflegt, auf welche Informationen sie Wert legt und auf welche nicht und auf welche Kontakte sie Rücksicht zu nehmen pflegt, scheint grundsätzlich nichts mit der hierarchischen Stellung dieser Person zu tun zu haben. Und die Prämisse „Organisationskultur" verweist auf evolutionär entstandene Konventionen und Traditionen, auf Wertschätzungen, Kommunikationsstile und Verhaltensgebräuche, die zwar abhängig davon entstehen, ob eine Organisation über eine ausgeprägte Hierarchie verfügt oder nicht, jedoch in jedem Falle entstehen, sobald Organisationen Entscheidungen treffen, die gleichzeitig Tonfälle setzen und Stile begründen.[30]

Aber dieser Eindruck täuscht. Personen können sich als Prämissen nur halten, wenn sie sich aussuchen können, was sie wann entscheiden. Dazu müssen sie ablehnungsfähig sein, und das setzt Hierarchie voraus.[31] Andernfalls verwischt sich ihr möglicher Prämissencharakter, weil die Unterscheidungen, die sie treffen, nur noch situativ, aber nicht mehr generell begründbar sind. Das Auftreten von „Charakteren", ein anderes Wort für Personen als Prämissen, scheint daher stark mit der Präsenz von Hierarchien zu korrelieren.

Auch eine Organisationskultur scheint schon deswegen nicht auf hierarchische Referenzen und Reverenzen verzichten zu können, weil die Hierarchiedurchsetzung neben der Hierarchievermeidung gleichsam die stärksten Storys liefert. Die Identität einer Organisation bestimmt sich daraus, wie ihre spezifische Lösung der Arbeit *mit* der Hierarchie *gegen* die Hierarchie aussieht. Das sieht man an so zweischneidigen Vokabeln wie „Delegation" oder „Partizipation", die im unternehmenskulturellen Diskurs gepflegt werden. Sie generieren in nicht enden wollender Folge Geschichten, die dem gemeinten Sinn dieser Vokabeln ihren tatsächlichen Sinn, ihrem „Soll" ihr „Ist" konfrontieren, dabei jedoch immer wieder auf die Paradoxie stoßen, dass auch das Gemeinte als Sinn tatsächlich ist und auch die „Sollkultur", so weit sie kommuniziert wird, zur „Istkultur" gehört.

In keiner Hinsicht scheint eine Organisation demnach auf Hierarchie verzichten zu können. Die Hierarchie sichert Erreichbarkeit und Konfliktentscheidungsfähigkeit, sie absorbiert Unsicherheit, und sie hat wesentlichen Anteil am Prämissencharakter der Entscheidungsprämissen. Wer Organisation sagt, muss Hierarchie wollen.

5. Die Hierarchie als Operation

Ist also der vielfach formulierte Wunsch in Managementphilosophie und Organisationstheorie, "to get beyond hierarchy", einer reinen Chimäre geschuldet? Handelt es sich um den Wunsch von Träumern, denen es sowohl an Beobachtungsgabe als auch an Analysefähigkeit mangelt?

So einfach ist es nicht. Der Diskurs des Hierarchieverzichts zielt auf einen komplizierteren Gedanken.[32] Zunächst einmal ist festzuhalten, dass es zur Hierarchie keine unmittelbar auf der Hand liegenden Alternativen gibt. Man hat zwar ein Wort – „Heterarchie" –, aber das wirft mehr Probleme als Antworten auf, denn es wurde zur Verdeutlichung des noch immer weitgehend unerprobten Gedankens eines zirkulären Operierens des Gehirns eingeführt (s. McCulloch 1989). Und auch die Übersetzung dieses Wortes für die Belange einer Managementtheorie, die Heinz von Foerster vorgeschlagen hat, hat mehr den Charakter eines Koans[33] als einer Organisationsempfehlung. Heterarchie heißt hier: „Einmal ist es einer Ihrer Nachbarn, der die

Entscheidungen trifft, dann sind es wieder Sie selbst, als der Nachbar der anderen" (s. von Foerster 1993, S. 243). Das stimmt so sehr mit der Realität überein, dass es fast aussichtslos scheint, dafür eine theoretische Formulierung zu finden.

Auch Philip Herbst (1976) hat sich bei seinem Versuch, *Alternatives to Hierarchies* zu denken, ab einem bestimmten Punkt von der Frage nach praktischen Alternativen abgewandt und stattdessen der Frage zugewandt, ob unsere Schwierigkeit, eine *praktische* Alternative zur Hierarchie zu finden, nicht vielleicht darin begründet ist, dass wir gar nicht anders als hierarchisch *denken* können. Nachdem der Platonische Idealismus ebenso wie der positivistische Empirizismus und die Kantsche Frage nach den Bedingungen der Möglichkeit als herausragende epistemologische Reflexionen des westlichen Denkens ihre philosophischen Probleme allesamt durch die ihrerseits nicht begründete Einführung einer Ebenenhierarchie gelöst haben,[34] so Herbst, bietet erstmals in der Geschichte des westlichen Denkens der Formkalkül von George Spencer Brown (1997) eine Möglichkeit, Hierarchien so einzuführen, dass sie ebenso wie ihre Einführung auf derselben Ebene operieren wie der Kalkül selbst (s. Herbst 1976).

Die entscheidende Voraussetzung dafür ist, eine Hierarchie nicht als Struktur zu denken (nach deren Bild dann Makrokosmos und Mikrokosmos modelliert werden), sondern als Operation, genauer: als Operation einer bestimmten Unterscheidung. Wie bei jeder Unterscheidung hat man es dann mit einer Triade zu tun, mit drei Werten einer zweiseitigen Unterscheidung, nämlich Innenseite, Außenseite und der Grenze zwischen der Innenseite und der Außenseite. Eine der wichtigsten Leistungen des Spencer-Brownschen Kalküls liegt in der Entdeckung dieser Grenze als dritten Wert jeder Unterscheidung, der von der Unterscheidung selbst jedoch unsichtbar gemacht wird, weil der Blick unmittelbar auf die markierte Innenseite der Unterscheidung gelenkt wird und dann noch allenfalls auf die nichtmarkierte Außenseite, aber niemals auf die feine Trennungslinie zwischen diesen Seiten. Dazu hat man ja auch wenig Anlass. Der einzige Anlass dafür ist die nur selten gestellte Frage danach, wie es zur Unterscheidung zwischen den beiden Seiten überhaupt kommen kann. Erst wenn man diese Frage stellt, stößt man auf den Beobachter, der eine Unterscheidung trifft und selbst in dieser Unterscheidung nicht vorkommt, weil er ja nicht auf sich, sondern auf *etwas anderes* hinweist, dessen Unterscheidung von wiederum anderen nicht genannten Dingen sich aus der Sache selbst ergibt.[35] Je mehr wir glauben, dass die Motive einer Unterscheidung in der Sache stecken, die sie sichtbar macht, desto unauffälliger wird uns der Beobachter, der die Unterscheidung trifft.

Die Managementphilosophie, die ihr "getting beyond hierarchy" intoniert, fordert im Kontext einer praktischen Reflexion letztlich nur dazu auf, beim

Schritt "beyond" auf die haarfeine Grenze aufmerksam zu werden, die die Hierarchie von möglichem anderen (Märkten, Netzwerken, Heterarchien ...) trennt. Sie fordert dazu auf nachzufragen, wer oder was diese Grenze zieht und wie diese Grenze gezogen wird. Sie fordert dazu auf, die Hierarchie als Operation zu beobachten, und sie vertraut darauf, dass nichts einfacher ist als das, sobald man in einer Organisation auch nur anfängt, über die Hierarchie hinauszugelangen zu versuchen. Was sich da meldet, was sich da wehrt, was da an mehr oder weniger subtilen Formen des Widerstands gegen diesen Versuch an den Reaktionen der anderen wie am eigenen Gefühl kenntlich wird – das *ist* die Hierarchie als Operation, und das ist diese Hierarchie so, wie sie unser aller implizitem Wissen in der Organisation und über die Organisation zugrunde liegt.

Man kann einen Terminus technicus aus Spencer Browns Kalkül verwenden, um das, was hier geschieht, mit der Operation eines "re-entry", hier: der Wiedereinführung der Hierarchie in die Hierarchie zu bezeichnen. Mit einem Mal wird die Hierarchie, aber im Kontext der Hierarchie, beobachtbar. Man sieht nicht das, was man über sie zu wissen glaubt, weil man es wieder und wieder gesagt bekommen hat, sondern man sieht *sie selbst*, und zwar so, wie sie wieder und wieder in den Kommunikationen der Organisation unterstellt worden ist. Der Kaiser ist nackt, aber er bleibt der Kaiser. Man sieht die Hierarchie als "marker", als selbst nicht wirksame Repräsentation einer Wirklichkeit; und man ahnt ihre Realität als "cross", als Konstruktion einer Wirklichkeit.[36] Der Beobachter, der diese Unterscheidung nach oben und unten trifft, ist niemand „dort oben" und niemand „dort unten", sondern ein sich seit Jahrhunderten reproduzierendes soziales System, genannt „Organisation".

Für das Management einer Organisation gehen mit dieser Wiedereinführung der Hierarchie in die Organisation nicht unbeträchtliche Schwierigkeiten einher. Konnte sich das Management bislang als quasi naturgegebene Konsequenz einer naturgegebenen hierarchischen Ordnung betrachten und inszenieren, so wird es jetzt als Effekt einer von der Organisation selbst produzierten Ordnung sichtbar, und zwar als ein Effekt, den es selbst mitproduziert. Es ist der Parasit einer Ordnung, die ohne die Mitarbeit dieses Parasiten nicht überlebensfähig wäre, also ihrerseits Parasit des Parasiten ist.[37]

6. Sekundäre Hierarchisierung

Wir hatten oben gesagt, dass die Hierarchie ihre Ordnungsleistung nur aus der Oben-Unten-Differenz beziehen kann. Das bleibt richtig, doch müssen wir diese Aussage in einer Hinsicht korrigieren, um zu einer Abschlussthese zu kommen. Einen großen Teil der organisationalen Veränderungen vor allem in der Unternehmenslandschaft in den letzten Jahrzehnten kann man auf den Begriff einer sekundären Hierarchisierung bringen, die von der primären Hierarchisierung nach oben und unten abhängig ist, diese jedoch in ihrer Funktion (nicht in ihrer Gestalt) durch eine zusätzliche Hierarchisierung von innen und außen ergänzt. Darum ist das paradoxe Ergebnis des vielfach besprochenen Abbaus von Weisungsketten und der Verflachung der Hierarchie *nicht weniger Hierarchie, sondern mehr*. Diese These ist nur verständlich, wenn man berücksichtigt, dass die Funktion der Hierarchie eben nicht darin besteht, „Herrschaft" zu sichern,[38] sondern darin, die Kommunikation der Entscheidungen der Organisation laufend auf die beiden Probleme der Ausdifferenzierung (und Wiedereinbettung) und der internen Konditionierung (Erreichbarkeit und Konfliktlösung) zu beziehen. *In dieser Funktion* kann es zu einer Hierarchisierung von innen und außen kommen, ohne dass man deswegen auf die Idee kommen müsste, dass die Umwelt über die Organisation oder die Organisation über die Umwelt „herrscht".[39]

Damit eröffnet sich für das Management ein neues Spiel. Natürlich ist es nach wie vor Opfer und Täter auch dieser neuen Hierarchisierung. Natürlich muss es sich auf die neuen Verhältnisse einstellen und muss es Mittel und Wege finden, auch den neuen Typ von Hierarchie zweifelsfrei, das heißt für alle Mitarbeiter anschlussfähig zu kommunizieren.[40] Es hat unter dem Abbau der hierarchischen Ebenen in einer Organisation zu leiden, denn dieser Abbau kostet Stellen. Gleichzeitig jedoch eröffnet sich ihm ein neuartiges und vielfältiges Terrain, denn noch ist gar nicht ausgemacht, wie sich die Oben-Unten- und die Innen-Außen-Differenz miteinander verschalten und vernetzen lassen.[41] Die sekundäre Hierarchisierung erreicht die Organisation nicht nur als Lösung des Problems der Wiedereinbettung in die Gesellschaft, sondern auch als Problem der Gestaltung dieser Lösung. Ganze Kommunikationsgewohnheiten, Entscheidungsrituale und Persönlichkeitsmuster müssen umgestellt werden,[42] wenn der Blick nicht nur zwischen oben und unten, sondern auch zwischen innen und außen zu unterscheiden hat.

Denn auch diese zweite Unterscheidung ist nicht einfach ein Kategorienschema zur Sortierung der Verhältnisse, sondern eine kommunikative und eine kommunizierte Operation. Das heißt, sie ist "cross" und "marker". Sie funktioniert nur in der Form ihrer Wiedereinführung in die Organisation, denn sie funktioniert nur auf der Ebene der Beobachtung zweiter Ordnung. Alle Mitarbeiter der Organisation müssen in der Lage sein, ihre Manager und sich selbst daraufhin zu beobachten, dass die Innen-Außen-Differenz an Prominenz gewonnen hat und dass diese Prominenz im Kontext der Unterscheidung von oben und unten nicht nur gewollt ist, sondern diese Unterscheidung paradoxerweise zugleich stärkt und zurücknimmt. In dem Maße, in dem die Vielzahl der Vorgesetzten schrumpft, nimmt die Macht der Organisationsspitze sowohl ab als auch zu. Die Verfügungsgewalt über die eigenen Entscheidungen steigt. Zugleich wird es jedoch nahezu unmöglich, eigene Entscheidungsprämissen zu setzen. Man kann, ja man muss tun, was der Situation angemessen ist. Aber man hat kaum einen Einfluss darauf, mit welchen Situationen man sich auseinander zu setzen hat.

Vor dem Hintergrund der These einer Sekundärhierarchisierung machen die Managementdiskussion und ihre Moden der letzten Jahrzehnte mehr Sinn, als man auf den ersten Blick für möglich hält. Die Strategiedebatte der Siebzigerjahre reagierte auf die Entdeckung, dass turbulent werdende Märkte die gewohnten Muster der Handhabung der Innen-Außen-Differenz zu überdenken zwangen.[43] Organisationen verdankten sich nicht mehr länger dem Glücksfall der Entdeckung einer Marktnische, die man ausbeuten konnte, solange sie vorhanden war. Sondern sie mussten in die Lage versetzt werden, auf Überraschungen zu reagieren, die die eigenen Geschäftsgrundlagen in ein neues Licht setzten und nicht etwa Grund genug waren, die Organisation dichtzumachen, sondern zum Material neuer Positionierungen wurden (s. Ansoff 1976).

In den Achtzigerjahren stellte man fest, dass strategische Reorientierungen der Organisation nicht ohne strategische Reorientierungen des Personals dieser Organisation zu haben sind und, schlimmer noch, dass man nur das (zur Not ausgewechselte) eigene Personal hat, um Überraschungen nicht nur identifizieren, sondern auch eine kreative und innovative Antwort auf sie zu finden. Man entdeckte die Bedeutung einer *corporate culture* als Determinante sowohl der Kontinuität organisationaler Gewohnheiten als auch möglicher Spielräume ihrer Diskontinuierung. Zur Beobachtung der Kontinuität im Kontext nicht nur möglicher, sondern dringlicher Diskontinuierung musste man die Mitarbeiter, die man bislang in ihrer "indifference zone" (im Sinne von Barnard 1968, p. 167 f.) gut aufgehoben wusste, jedoch erst einmal ganz neu „motivieren".[44] Der Kulturbegriff wurde eingeführt, weil er in der Lage war, darauf hinzuweisen, dass die Mitarbeiter bereits motiviert sind (unter anderem zu mangelnder Motivation) und man sich deswegen nach Formen der Kommunikation umschauen muss, die geignet sind, sie neu und anders motivieren können.[45]

In den Neunzigerjahren schließlich werden zwei Diskussionen parallel geführt, deren eine nicht ohne eine gewisse Ernüchterung abgeschlossen ist, während die andere noch nicht so recht ausgestanden zu sein scheint. Das große Thema des *business reengineering* markierte nicht nur den Bedarf an Diskontinuierung, sondern suchte nach einer Prozessgestaltung der Arbeitsabläufe, die mit dem Bedarf an einer laufend mitlaufenden Reorientierung der Prozesse kompatibel ist.[46] Diese Prozesse, das hatte man aus den Erfahrungen mit Leanproduction gelernt (s. noch einmal Womack, Jones a. Roos 1990), mussten in der Lage sein, stromaufwärts und stromabwärts im Wertschöpfungsprozess, also beim Sourcing ebenso wie beim Marketing, laufend mit neuen Anregungen und Anforderungen abgestimmt werden zu können. Dazu braucht man kleine, bewegliche, über Wahrnehmungsfähigkeit, Ressourcen und Kompetenzen verfügende Arbeitseinheiten, die mithilfe flexibel zu gestaltender Produkt- und Produktionstechnologie ständig neue Problemlösungen entwerfen. Ihre Ernüchterung bezog diese Diskussion daraus, dass die zahlreichen Umsetzungen der Prozessgestaltung in der Praxis sich immer wieder in den klassisch betriebswirtschaftlichen Versuchen der Prozessoptimierung festliefen, damit jedoch keine Antwort auf das Problem der Wiedereinführung der Differenz von Innen und Außen in die Organisation darstellten. Denn Optimierung erfordert Schließung, die Wiedereinführung jedoch ein kompliziertes Wechselverhältnis von Schließung und Öffnung.[47]

Die zweite Fragestellung der Neunzigerjahre übertrieb das Problem nicht in Richtung der Schließung, sondern der Öffnung. Angeregt durch Jacques Welchs Diktum von der "boundaryless company"[48] ließ sich die Managementdebatte auf eine Netzwerkdiskussion ein, von der sie sich bis heute nicht erholt hat (s. etwa Picot, Reichwald u. Wigand 1996). Man verlangt von der Organisation, sich für das Netzwerk zu öffnen, ohne genau angeben zu können, worin die Organisation besteht, die sich da öffnen soll, und woran sie wiedererkennbar ist, wenn sie sich einmal auf das Netzwerk eingelassen hat. Man entwickelte einige Vorstellungen über Corporate Identity, die nach innen und außen wiedererkennbare Markierungen liefern sollten. Aber das eigentliche Problem der Gestaltung der eigenen Organisationsgrenze als Interface und zum Zweck einer variablen internen Konditionierung blieb dadurch ebenso unberührt wie ungelöst. Selbstverständlich ist es entscheidend, auf die Netzwerkdimension zu achten, wenn die Innen-Außen-Differenz zur Konditionierung operativer Anschlüsse genutzt werden soll. Und selbstverständlich muss dazu die traditionelle Differenz von Markt und Hierarchie überdacht werden. Aber dazu kann man nicht umstandslos auf eine Netzwerktheorie wechseln, als ginge es um die Entdeckung einer neuen Gattung der Ordnung kooperativen Arbeitens. Sondern man kommt nicht darum herum, die Organisationstheorie so zu reformulieren, dass sie mit den Tücken und Reizen der Vernetzung kompatibel wird.[49]

Der entscheidende Punkt bei der sekundären Hierarchisierung ist die Befähigung der Organisation zur nach innen gerichteten Kommunikation der Aufforderung „Lasst euch von außen steuern!". Nach wie vor verlangt die Hierarchie, nach oben zu schauen. Doch will man ihre Anweisungen befolgen, muss man den Blick gleich anschließend nach außen wenden, um sich dann drinnen umzuschauen, wie es um das eigene Repertoire der Antwort auf Umweltanforderungen bestellt ist. Mit anderen Worten, „strategische Planung" wird zum situativen Alltagsgeschäft tendenziell aller Organisationsmitglieder. An der Bewilligung, im Spiel bleiben zu dürfen, sieht man dann, ob man es richtig macht. Die Differenz zwischen oben und unten wird so weit auseinander gezogen und um Zwischenstufen bereinigt, dass die in traditionellen Organisationen übliche Gefahr der Absorption der Aufmerksamkeit der Organisationsmitglieder durch die Inszenierungen der Vorgesetzten weitgehend ausgeräumt werden kann und die (darauf muss man immer wieder mal hinweisen: knappe) Aufmerksamkeit auf Abläufe außerhalb der Organisation, auf Lieferanten und Kunden, aber auch auf Stakeholder und Shareholder, gelenkt werden kann. Das erfordert eine in jeder Hinsicht „ökologische", nämlich die Grenzen der Organisation übergreifende Wachsamkeit, die alles andere als selbstverständlich ist (s. dazu March 1996).

Die sekundäre Hierarchisierung funktioniert nicht nach dem Muster der Weisungskette. Selbst wenn es heißt, der Kunde sei der König, so ist sich kein einziges Organisationsmitglied darüber im Zweifel, wie dieser Satz zu verstehen ist. Auch bei den Kunden kommen nur selten Missverständnisse auf. Und ebenso deutlich ist, dass es auch umgekehrt nicht infrage kommt, die Umwelt der Organisation mithilfe von Anweisungen durch die Organisation in Form zu bringen. Wo dies dennoch gelingt, handelt es sich um selbst gewählte (wie immer ausweglose) Abhängigkeiten, über die von Systemen in der Umwelt (meist anderen Organisationen) entschieden wird.

Eher schon funktioniert die Hierarchie von innen und außen nach dem Modell der Kästchen-in-Kästchen. Denn auf nichts anderes als die Strukturierung von Erreichbarkeiten kommt es an. Allerdings handelt es sich nicht durchgängig nur um aktuelle, sondern auch um potenzielle Erreichbarkeit. Deswegen müssen die Kästchen-in-Kästchen nach dem Muster der losen Kopplung gedacht werden (nach dem Vorbild von Orton a. Weick 1990). In die Beziehungen zwischen Organisationen muss genau die doppelte Kontingenz wieder eingeführt werden, die innerhalb der Organisation so erfolgreich ausgeschlossen worden ist.[50] Die Rücksicht auf Netzwerke bringt in den Organisationen genau jene Unbestimmtheit zum Tragen, die man bislang nur auf Märkten beobachten zu können glaubte.[51]

Aber die erfolgreichsten Versionen der Wiedereinführung der Differenz von innen und außen in die Organisation zwecks sekundärer Hierarchisierung hat nicht die Theorie, sondern die Praxis entwickelt. Zwei miteinander verknüpfte Schritte waren erforderlich. Der erste Schritt beinhaltete die Reformulierung der Oben-Unten-Differenz für die Zwecke einer weitgehend interaktionsfreien, also von Vorgesetzten und vom hässlichen Antlitz der Hierarchie befreiten Steuerung und Kontrolle. Die beiden wichtigsten Innovationen für diesen Zweck waren (a) die Einführung einer Art Portfolioplanung einer Konzernstruktur, die unverzichtbare Entscheidungsprämissen strategischer Art setzt und die Entscheidungsfähigkeit von Konflikten sichert (s. dazu noch einmal Eccles a. White 1986), und (b) die Entwicklung und Durchsetzung computergestützter („benutzerfreundlicher") Controllingsysteme, die eine Art „Kultur der schwarzen Zahlen" begründen (nach der Formulierung von Fischer 1997), in der völlig zweifelsfrei zu kommunizieren ist, dass es in jeder Geschäftsbeziehung mit einem Außen auf Erträge ankommt, die innen zu verbuchen sind.

Aber auch dieser Schritt mit seinen verschiedenen betrieblichen Innovationen hätte nicht gereicht, den strategiefähigen, kulturell mobilen und sich selbst vernetzenden Organisationstyp zu schaffen. Entscheidend war ein zweiter Schritt, der allen semantischen Innervationen der Managementdiskussion der letzten Jahre überhaupt erst ein strukturelles Gewicht gibt. Entscheidend war, dass für die Differenz von innen und außen ein Zweitfassung gefunden wurde, die man und über die man kommunizieren konnte, ohne sich auf organisationstheoretische oder gar systemtheoretische Raffinessen einlassen zu müssen. Man brachte die Differenz von innen und außen in die Form der Differenz von Produktion und Konsum und konnte dann darauf hinweisen, dass eine im weitesten Sinne „ökologisch" sensible, also Organisationsgrenzen überschreitende Produktionsgestaltung dazu zwingt, genau diese Differenz nicht aufzuheben, aber verfügbar zu machen. Von Alvin Tofflers Bild des „Prosumenten" bis hin zum gängigsten Stichwort der „Kundenorientierung" kam es darauf an, den Akt der Herstellung irgendeines Produkts zugleich als nur eine Nuance entfernt vom Akt des Verbrauchs dieses Produkts zu denken. Jede Produktion ist nur die Lösung eines Problems, das ein anderer hat.[52] Kann sie als diese Lösung nicht überzeugen, ist sie als Produktion hinfällig.[53]

Entgegen einer langen Tradition, die das Produktionunternehmen nach dem Vorbild der Maschine konzipierte und dementsprechend dafür sorgen musste, dass der Kernbereich der Produktion nach außen abgeschlossen wurde, um für störungsfreie Abläufe sorgen zu können,[54] kommt es nun darauf an, diesen Kernbereich zu öffnen und Störungen als Abweichungen von einer möglichen Qualität in die Produktionsabläufe zu integrieren.[55] Das bedeutet, dass ein Unternehmen seine Struktur nicht mehr aus einer maschinellen Schließung, sondern aus einer kommunikativen Öffnung gewinnt.[56] Der Produzent muss mit dem Konsumenten kommunizieren. Ihre Pointe bezieht diese Forderung jedoch daraus, dass sie nicht nur das Ende der Wertschöpfungskette betrifft, sondern jedes einzelne ihrer Glieder. Denn überall, sei es innerhalb von Unternehmen oder zwischen Unternehmen, stoßen Produzenten (von Vorleistungen), die ihrerseits konsumieren, auf Konsumenten (von Zwischenprodukten), die ihrerseits produzieren. Das erst gibt dem Netzwerkgedanken seine Brisanz. Denn jetzt erst werden vielfältige Verknüpfungsmuster denkbar, technologisch möglich und ökonomisch sinnvoll, deren Einheit nicht das Unternehmen, sondern die punktuelle Reintegration einer Produzenten- und einer Konsumentenrolle ist.[57] Diese Reintegration kann innerhalb, zwischen und außerhalb von Unternehmen (auf einem Markt) geschehen. Als Problemstellung bleibt sie sich gleich. Und das wiederum gibt ihr einen Strukturwert, der unabhängig von der jeweils gewählten Ebene wiedererkennbar ist und daher als „Fraktal", das heißt als „Selbstähnlichkeit", verstanden werden kann.[58]

Die Struktur der Wirtschaft, die aus dieser Vernetzung von interner und externer Hierarchisierung folgt, ist noch lange nicht beschrieben. In vielen Hinsichten wird man umdenken müssen. Hier kam es einstweilen nur darauf an, darauf hinzuweisen, dass die klassischen Formen der Hierarchie relativ komplex gedacht werden müssen, wenn man verstehen will, welche Form die Hierarchie heute angenommen hat. Das Management von Unternehmen wird durch diese Dopplung der Hierarchie in eine primäre und eine sekundäre Form einerseits einfacher, weil die Problemgenauigkeit aller Entscheidungen steigt, andererseits jedoch schwieriger, weil diese Hierarchie nach wie vor nicht vorausgesetzt werden kann, sondern mit jeder Entscheidung neu kommuniziert werden muss. Man wird sich daher darauf einstellen müssen, dass in Unternehmen immer wieder Ersatzformen des Problems überzeugen, jedoch nur saisonal überzeugen und dann von weiteren Ersatzformen abgelöst werden.[59]

Anmerkungen

1 Siehe die präzise Beschreibung der McKinsey-Hackordnung in dem *Beyond Hierarchy* überschriebenen Kapitel von T. Peters (1993, S. 131 ff.).

2 White (1992a, p. 17 ff.) spricht in diesem Zusammenhang von verschiedenen „disciplines", die über unterschiedliche „valuation principles" eine gefundene Rangordnung externalisieren und damit der sozialen Verfügung entziehen beziehungsweise den nicht stillzustellenden Vergleich auf Kriterien lenken, die nichts mit den gemeinten Personen zu tun haben müssen. Man kann bei dieser Problemfassung der Hierarchie auch an die Auslenkung des „désir mimétique" denken, die R. Girard (1987) beschreibt.

3 Wobei „sozial" hier heißt: den anderen nicht nur als *meinen* anderen, sondern auch als den anderen *der anderen* zu berücksichtigen und damit jene Multiperspektivität zuzulassen, in die auch Verweise auf mir unbekannte Sachen, Zeiten und Rücksichten eingebaut werden können.

4 Wir fassen uns hier unzulässig kurz. Siehe zur Rolle der Hierarchie in segmentären, stratifizierten und funktional differenzierten Gesellschaften verschiedene Bemerkungen bei N. Luhmann (1997, S. 634 ff.).

5 Das ist der Grund, warum Hierarchie nicht machtfrei zu denken ist. Siehe dazu M. Crozier et E. Friedberg (1977).

6 Eindrucksvolle Geschichten aus dem ethnologischen Fallmaterial zitiert S. Freud (1988, S. 368 ff.).

7 Die Überzeugung wirkt umso nachhaltiger, je mehr es gelingt, diese Unordnung der Welt ihrerseits auf kosmologische oder theologische Ordnungsinstanzen in der Welt zurückzubeziehen, deren „Absicht" und „Wille" in ihrer unvollkommen eingelösten Form von Organisationen kopiert und zu ihrer dann ebenfalls niemals zu einem Ende zu bringenden, also die Organisation auf Dauer stellenden Sache gemacht werden kann.

8 Totalitäre Konzeptionen der Gesellschaft, in denen Organisationen benutzt werden, um Organisationen zu steuern, scheitern deshalb gleich doppelt: Die „steuernde" Organisation

kann sich nicht durchsetzen, und die „gesteuerten" Organisationen müssen sich schon aus Gründen eines Interesses an ihrer Eigendynamik dem Zugriff entziehen.

9 Was nicht ausschließt, dass sie an anderes gebunden sind, worauf sich auch die Entscheidungen der Organisation beziehen können, zum Beispiel an Verträge.

10 Es kann zur Stabilisierung einer Organisation ebenso wichtig sein, ihren Unterschied *zur* Gesellschaft wie ihre Übereinstimmung *mit* der Gesellschaft zu unterstreichen. Beides steigert die Akzeptabilität der Organisation. Der Unterschied rechtfertigt sie *in* der Gesellschaft, die Übereinstimmung *gegenüber* der Gesellschaft.

11 Siehe T. Parsons (1960). Dazu D. Baecker (1993, S. 86 ff.).

12 Dabei wird hier wie immer unter „Ausdifferenzierung" Differenzierung *und* Wiedereinbettung verstanden beziehungsweise mit N. Luhmann (1997, S. 595 f.) die kommunikative Spezifizierung *beider* Seiten der Differenz.

13 Siehe P. Miller a. T. O'Leary (1989), die davon sprechen, dass sich der amerikanische Liberalismus nur deswegen mit der Hierarchie amerikanischer Unternehmen anfreunden konnte, weil diese Hierarchie „manageability" und „knowledgeability" nahe legt. Wenn diese Suggestion nicht mehr überzeugt, muß die Organisation entweder eigene Reformbemühungen vorzuweisen haben, um sich gesellschaftlich akzeptabel zu machen, oder aber die eigenen Abläufe so präparieren, dass sie intern mit Blick auf externe Instanzen „evaluiert", also indirekt kontrolliert werden können. Siehe auch Michael Power (1997).

14 Das ist ein Aspekt, den man heute nicht mehr so häufig betont, weil sich das kritische Interesse an der „Ausbeutung" durch die Organisation in dem Maße, in dem nur noch Organisationen Arbeitsplätze anbieten, in ein kritisches Interesse an Zugängen zu der Organisation verwandelt hat. Siehe zum Sozialsystem Organisation, für das Exklusion im Gegensatz zu Funktionssystemen der Normalfall ist, Luhmann (1997, S. 844 f.).

15 J. A. C. Baum a. Jitendra V. Singh (1994) sprechen von der Zweiheit einer „ecological hierarchy" und einer „genealogical hierarchy": Erstere bedient die Interaktionen mit der Umwelt, Letztere die Replikation der Einheit der Organisation.

16 Siehe J. F. Padgett (1981) und im Anschluß daran R. G. Eccles a. H. C. White (1986).

17 Siehe zur Diskussion auch H. C. White (1982) sowie zur für „interfaces" konstitutiven „Unentscheidbarkeit" der Frage, welchem System sie angehören, K. Svozil (1996).

18 Siehe zur Unterscheidung von Kontrolle durch Entscheidung und Kontrolle durch Design J. F. Padgett (1980).

19 Gemeint ist natürlich H. A. Simon (1962).

20 Siehe E. Gutenberg (1983, S. 253). Selbst das genügt jedoch noch nicht, um die Organisation arbeitsfähig zu machen, weshalb als dritte Instanz im Bunde die „Selbstkoordinierung" hinzukommen muß, siehe Gutenberg (1983, S. 263 ff.).

21 Beide Aspekte spielen sich gegenseitig in die Hände. Siehe zur „Macht der Untergebenen" K. E. Weick (1985, S. 30 f.).

22 Dabei unterstellen wir ein Verständnis von „Konflikten", das diese als „Immunsystem" zur Sicherung der Fortführung der Autopoiesis eines Systems beschreibt. Konflikte wirken „bedrohlich", weil sie nur so sicherstellen können, dass etwas geschieht, das als „Anschluß" aufgegriffen werden kann. Freilich entwickeln Konflikte dabei so viel Intensität, dass sie die Aufmerksamkeit des Systems mehr oder minder vollständig absorbieren können. Siehe dazu N. Luhmann (1984, S. 530 ff.).

23 Siehe Ph. G. Herbst (1976). Herbst setzt auf die Idee der „autonomous work organization", denn jede Intervention eines externen Beraters oder auch nur des mittleren

Managements stellt infrage, was erreicht werden muss, um Selbstkonditionierung zu erreichen: Autonomie. Diese Idee bemisst sich noch am Problem der Koordination von *Personen*, deren Selbstverwirklichungsabsichten bekanntermaßen seit den Sechzigerjahren ernster genommen werden müssen als zuvor. Der obige Text hingegen orientiert sich am Problem der Koordination von *Entscheidungen* und kann und muss dann als Randbedingung berücksichtigen, mit welchem Zugriff auf Personen verschiedene Organisationsformen realisiert werden können.

24 Siehe die klassische Formulierung bei J. G. March a. H. A. Simon (1958, p. 164 f.).

25 Und das wiederum sollte nicht heißen, dass man jeden Ausrutscher damit rechtfertigen kann, dass es sich um „inappropriate behavior" (Bill Clinton) handelte.

26 Vielfach wüsste man auch gar nicht, meint Luhmann (1997, S. 836), welche Fragen man stellen sollte. Und außerdem sei dazu ja auch niemand verpflichtet. – Dass man von „Querdenkern" diesen Typ von Rückfragen erwartet, markiert eher das Problem, als dass es bereits die Lösung wäre.

27 Diese Motive betreffen Gehaltszahlungen und Optionen vertikaler und horizontaler Karrieren. Sie betreffen nicht die Wünschbarkeit interaktiver Abstimmung der Organisationsmitglieder untereinander, die in der Regel nur von externen Beobachtern (oft sozialwissenschaftlicher Provenienz) unterstrichen wird, sich jedoch rapide verliert, sobald man mit dieser Interaktionstypik in näheren Kontakt kommt. Vielfach wünscht man sich dann keine Emanzipation *von* der Hierarchie mehr, sondern eine Emanzipation *zur* Hierarchie. Denn die Hierarchie stellt sicher, auf welche Kommunikationen man reagieren muß und welche man ablehnen darf. Siehe dazu auch D. Baecker (1994, S. 27 ff. et passim).

28 Das liegt nicht zuletzt daran, dass die Funktion der Entscheidungsprämisse keine andere als die der Unsicherheitsabsorption ist. Kommunikation in Organisationen definiert Herbert A. Simon (1949, p. 154) wie folgt: „Communication may be formally defined as any process whereby decisional premises are transmitted from one member of an organization to another." Entscheidungsprämissen absorbieren jedoch nicht nur Unsicherheit, sie können gleichzeitig selbst *Gegenstand* von (Unsicherheit absorbierenden) Entscheidungen sein, sodass sich aus dem Design von Entscheidungsprämissen das Design einer Organisation ergibt und *Management* als Distanzieren, Überprüfen und Wiedereinführen von Entscheidungsprämissen verstanden werden kann. Siehe dazu auch N. Luhmann (1995, S. 97 ff.) und W. Kirsch (1970–1971).

29 Natürlich eine Anspielung auf K. E. Weick (1976).

30 Unvermeidbar ist dies schon deswegen, weil auch der Versuch, einen Stil zu vermeiden, einen Stil begründet, vielleicht sogar einen besonders gekonnten Stil der Stillosigkeit. Siehe aus einer breiten Literatur etwa M. R. Louis (1983).

31 Das heißt wiederum nicht, dass sie „oben" sitzen müssen. Auch „unten" gibt es Möglichkeiten, Ablehnungsfähigkeiten zu pflegen, an denen sich im Gegenzug Entscheidungsgewohnheiten profilieren können. Dies zeigt am Extremfall einer Entscheidung der Entscheidungsverweigerung H. Melville (1985).

32 Vor allem in der Managementphilosophie darf man sich meines Erachtens von der schlichten Rezepthaftigkeit mancher Einsichten und vom missionarischen Tonfall mancher Empfehlungen nicht täuschen lassen. Die Managementphilosophie ist eine Philosophie der Injunktionen, der Aufforderungen, die nicht auf eine theoretische, sondern auf eine praktische Reflexion zielt. Den Texten kann man nicht glauben, aber die Praktikern unmittelbar einsichtige Einheit der Differenz zwischen den Texten und der Praxis ist von größter Brisanz.

33 Aus jap. *Koan*, öffentliche Bekanntmachung; im jap. Zen-Buddhismus Bezeichnung für die der Vernunft unzugänglichen Aussprüche, Fragen und Antworten der Zen-Meister.

34 Selbst Gregory Bateson hielt für seine Epistemologie noch an einer Ebenenunterscheidung, nämlich der Typentheorie, fest, arbeitete jedoch an einer operativen Endogenisierung dieser Unterscheidung. Siehe etwa G. Bateson (1982).

35 Siehe dazu einige Lektüren in N. Luhmann et al. (1990) und D. Baecker (1993).

36 Auch diese beiden Termini finden sich bei Spencer Brown. Vgl. zu „re-entry", „cross" und „marker" Spencer Brown (a. a. O., S. 47 ff.).

37 „... die Ratte gehört zum Haus. Ja mehr noch, sie ist das Haus." So formuliert Michel Serres (1981, S. 26) das Paradigma einer Parasitologie, die geeignet ist, Ordnungen zu beschreiben, die von den Nutznießern profitiert, die von ihr profitieren. Letztlich kommt es auch hier, wie in der Kybernetik und Systemtheorie, darauf an, den Kreis zu schließen, um uns darauf aufmerksam zu machen, dass wir es sind, die, in die Verhältnisse verstrickt, die Verhältnisse schaffen, von denen wir dann behaupten, sie würden uns schaffen (im doppelten Sinne des Wortes).

38 So jedoch Klaus Türk (1995).

39 Dass dieser Eindruck dennoch entsteht und auch formuliert wird, hat nichts mit Mißverständnissen der Funktion der Hierarchie, aber sehr viel mit den beiden typischerweise parallel laufenden Beobachtungen zu tun, dass zum einen die Spielräume jeder Organisation durch ihre gesellschaftliche Umwelt (nicht zuletzt: durch Populationen gleichartiger Organisationen) extrem eingeschränkt sind und zum anderen auch der gesellschaftliche Möglichkeitenraum durch wenig mehr eingeschränkt wird als dadurch, dass man in der modernen Gesellschaft für fast alles auf Entscheidungen von Organisationen angewiesen ist. Weder die Organisation noch die Gesellschaft können, wie sie wollen. Wenn dennoch, wie vom Neoliberalismus, behauptet wird, dass man durch größere Freiheitsspielräume für Organisationen auch den Freiheitsspielraum der Gesellschaft erweitern könne, so ist dem sofort der gegenläufige Eindruck entgegenzuhalten, dass diese Erweiterung der Freiheitsspielräume ohne eine mitlaufende Steigerung der wechselseitigen Einschränkung nicht zu haben ist. Aber noch einmal: All das ist kein Beleg für „Herrschaft", sondern ein Beleg für „Gesellschaft".

40 Eines der probaten Mittel für diese Kommunikation ist die vom Management gegenüber dem Management geäußerte *Kritik der Hierarchie*. Damit wird nicht nur der beliebte Effekt erzielt, dass Mitarbeiter gewonnen werden können, indem man sich gegen die Hierarchie auf ihre Seite stellt. Und damit werden nicht nur die Mitarbeiter ermutigt, jene kleinen Regelverstöße zu begehen, mit denen das Management sich einerseits solidarisch erklären kann, die es andererseits aber auch jederzeit gegen die Mitarbeiter verwenden kann. Sondern damit wird auch die Akzentverschiebung vorgenommen, auf die es ankommt: Wenn es Gründe genug gibt, nicht mehr auf welterhellende Anweisungen von oben zu warten, spricht nichts mehr dagegen, den Blick nach draußen zu wenden und dafür im eigenen Team Unterstützung zu erwarten.

41 Man könnte von einer Organisationsarchitektur sprechen, die durch eine proemielle (s. u.) Relation (im Sinne von G. Günther 1979, S. 225 ff.) zwischen der Ordnungsrelation von Oben und Unten und der Austauschrelation von Innen und Außen gekennzeichnet ist. Dies bedeutet, dass die Organisation Variabilität im Verhältnis von Innen und Außen gewinnt, indem bestimmte Beziehungen zwischen oben und unten konstant gesetzt werden. Produktionsprogramme, Netzwerkpartner und Personal können ausgetauscht werden, weil bestimmte Kapitalverfügungen nicht zur Disposition stehen. Und es bedeutet zugleich, dass die Organisation Variabilität im Verhältnis von oben und unten gewinnt, indem bestimmte Beziehungen zwischen Innen und Außen konstant gehalten werden. Produktionsprogramme, Netzwerkpartner und Personal begeben sich auf die Suche nach neuem Kapital. Der springende Punkt ist, dass diese Beweglichkeit eine Struktur hat, die auf den Nenner weder einer Kapitaltheorie noch einer Produktionstheorie gebracht werden kann. Sie präludiert (griech. *prooimion* = „durch ein Vorspiel einleiten") dem ökonomischen Kalkül durch die Schaffung nicht einer Wertstruktur, sondern einer Leerstellenstruktur.

42 Auf welche neuen Gewohnheiten, Rituale und Muster, ist noch unklar. Deutlich ist nur, dass kognitive Haltungen im Umgang mit Stellenhierarchien gegenüber emotionalen Haltungen im Umgang mit Teamkollegen abnehmen. Die Bedeutung des Beziehungsmanagements und der dazugehörenden „sozialen Kompetenz" wird größer. Dem kommt entgegen, dass wir heute fast durchweg in auf Intimität abstellenden Kleinfamilien sozialisiert worden sind und daher mit einem Koordinationsmuster, das auf den Einsatz und die Abwehr von Emotionalität abstellt, besser umgehen können als mit der Kühle der Hierarchie.

43 Vgl. etwa H. I. Ansoff, A. Bosman a. Storm (1982); J. M. Pennings (1985).

44 Stilbildend dazu Th. J. Peters a. R. H. Waterman (1991). Die Themenstellung selbst ist der Organisationstheorie vertraut, seit sie die Unterschiede hierarchischer und interaktiver Arbeitsteilung im Zusammenhang des Variationsspielraums organisationaler Kommunikation diskutiert. Siehe dazu vor allem T. Burns a. G. M. Stalker (1961) sowie K. E. Weick (1987).

45 Siehe dazu etwa R. H. Kilman, M. J. Saxton, R. Serpa et al. (1985). Die Diskussion war außerordentlich umfangreich, weil die Managementdebatte auf das soziale Eigenleben einer Organisation gestoßen war und damit vor die Notwendigkeit gestellt wurde, die eigenen Paradigmen einer rational planbaren Organisation zu überdenken. Das machte die Debatte auch für Sozialwissenschaftler interessant, die endlich darauf verweisen konnten, dass es keinen Weg gab, die Typik ihrer Einsichten und Beschreibungen zu umgehen. Auch die Rationalität wurde nun zu einer Sache der Interpretation. Doch die sozialwissenschaftlichen Angebote wurden abgefangen. Man hatte nur eine schmale Tür geöffnet, darüber stand in großen Lettern: *Motivation*. Wer dazu etwas beizutragen hatte, wurde gehört, alles andere brach sich am Immunsystem der Managementtheorie. Die Sozialwissenschaftler wehrten sich mit einem dem Management verständlicherweise unzugänglichen ethnologischen Kulturbegriff. Siehe etwa L. Smircich (1983). Und damit ließ man sie verhungern. Seither steckt die Diskussion fest, weil es darauf ankäme, im Kontext einer Kommunikationstheorie der Organisation einen soziologischen Kulturbegriff zu entwickeln, der nicht auf Unverfügbarkeit (im Sinne einer *root metaphor* der Kultur), sondern auf durch die Eigenreflexion auf Kultur eröffnete Kontingenzchancen und Vergleichspraktiken abstellt. Siehe in diesem Sinn Ch. Drepper (1992).

46 Siehe vor allem M. Hammer a. J. Champy (1993). Ferner etwa M. Osterloh u. J. Frost (1996).

47 Vor diesem Hintergrund kann es nicht überraschen, dass die betriebswirtschaftliche Diskussion in den vergangenen Jahren immer wieder um Schließung versus Öffnung kreist. Siehe etwa E. Kappler (1989). Zur Öffnung kommt dann alles infrage, was sich irgendwie in eine Frontstellung zur betriebswirtschaftlichen Schließungsrationalität bringen läßt. Damit kann ein betriebswirtschaftliches Studium sehr erfolgreich auf eine andere Grundlage gestellt werden. Aber vermutlich ist das organisationstheoretische Problem damit noch nicht hinreichend formuliert. Denn dieses Problem verlangt, die Öffnung der Organisation auf der Grundlage ihrer Schließung zu denken. Und das wiederum erfordert es, systemtheoretische Modelle ernst zu nehmen.

48 Zitiert nach R. G. Eccles a. N. Nohria (1992, p. 33). Siehe auch J. L. Badaracco Jr. (1991).

49 Siehe dazu Anregungen bei H. C. White (1992b). Wenn man sich dieser Arbeit nicht unterzieht, landet man bei dem in der Betriebswirtschaft beliebten Modell des „fokalen" Netzwerks, mit dem das Netzwerk als eine mit gewissen Kontingenzen der Vertragsgestaltung angereicherte „Organisation" gedacht, also in seinen wesentlichen Dimensionen verfehlt wird. Diesen Fehler macht jedoch nicht nur die Betriebswirtschaftslehre, sondern auch die betriebliche Praxis, worauf R. E. Miles a. Ch. C. Snow (1992) hinweisen.

50 So N. Luhmann (1997, S. 829): „Organisation ist, wie die Gesellschaft selbst und wie Interaktion auch, eine bestimmte Form des Umgangs mit doppelter Kontingenz. Jeder kann immer auch anders handeln und mag den Wünschen und Erwartungen entsprechen oder auch nicht – *aber nicht als Mitglied einer Organisation*. Hier hat er sich durch Eintritt gebunden und läuft Gefahr, die Mitgliedschaft zu verlieren, wenn er sich hartnäckig querlegt."

51 Siehe H. A. Simon (1991). Dementsprechend lautet die von T. Peters (z. B. 1990) favorisierte Devise: „Force the market into every nook and cranny of the firm."

52 Beobachter zögerten nicht, daraus den Hinweis abzuleiten, dass es sich in der Wirtschaft nach wie vor um die Lösung von *Real*problemen handelt. So R. B. Reich (1991).

53 Ihren Charme bezieht diese Formulierung auch daraus, dass sie der einst kritisch gemeinten Beschreibung der Organisation als System, das nach den Problemen sucht, zu denen es die Lösung hat, eine positive Wendung gibt. Siehe M. D. Cohen, J. G. March a. J. P. Olsen (1972). Zwischen der Kritik und ihrer positiven Wendung liegt jedoch nichts Geringeres als eine erfolgreiche Dekonstruktion jeglicher *Identitäts*vorstellung der Organisation. Denn auch das ist eine Voraussetzung des Versuchs, Grenzen verfügbar zu machen und über die Grenzen hinweg nicht etwa Identitäten (zum Beispiel von Produzenten und Konsumenten) kompatibel, sondern Differenzen (Sacheinschätzungen durch Produzenten und Konsumenten) kommunikationsfähig zu machen. Siehe zur Dekonstruktion der Organisationstheorie zum Beispiel R. Cooper (1989, 1990).

54 Diesem Grundgedanken folgten auch die Sozialwissenschaften. Siehe vor allem J. D. Thompson (1967).

55 Das erklärt auch das große Interesse an Konzepten des Qualitätsmanagements, der Qualitätsentwicklung, des Qualitätscontrolling und so weiter. Was hier „Qualität" heißen kann, wird nur deutlich, wenn man mitbedenkt, dass es sich um einen System-Umwelt-Differenzen übergreifenden Begriff handelt. Siehe dazu D. Baecker (1998).

56 Das schließt die maschinelle Schließung nicht ein, sondern aus. Denn selbstverständlich ist diese Wende von der Maschine zur Kommunikation nur möglich, wenn die Technologien mitspielen, das heißt hinreichend vielfältig einsetzbar werden. Das wäre Grund genug, sich auch aus organisationstheoretischer Perspektive mit *man-machine-systems* und ihren *interfaces* zu beschäftigen. Immerhin verdankt der Kommunikationsbegriff seine Karriere in diesem Jahrhundert auch der Möglichkeit, ihn maschinentheoretisch einzusetzen. Siehe N. Wiener (1961). Und für eine ebenso ungewöhnliche wie anregende Anwendung G. Deleuze a. F. Guattari (1997). Denn die Maschine wie die Kommunikation postuliert die Möglichkeit, Differenzen zu setzen und Heterogenes zu übergreifen.

57 Auf Trab gebracht von den Kapitalmärkten dieser Welt rangieren deswegen *sourcing & marketing* für das mittlere Management sowie *acquiring & merging* für das höhere Management ganz oben auf der Agenda von vernetzten Organisationen. Interessant ist dies nicht nur unter dem betriebswirtschaftlichen Gesichtspunkt einer kapitaltheoretischen Reflexion von Produktionsalternativen und nicht nur deswegen, weil es einen problemgenauen Einsatz der Transaktionskostenökonomie eröffnet, sondern auch deswegen, weil es neue Zugänge zu einer Netzwerktheorie des Marktes (im Sinne von H. C. White a. R. G. Eccles 1987) und darüber hinaus zu einer Produkttheorie der Wirtschaft verspricht. Denn das Produkt ist jetzt nicht mehr das mehr oder weniger triviale Ergebnis technologischer Möglichkeiten und wirtschaftlicher Bedürfnislagen, sondern es ist, was es natürlich immer schon war: Schnittpunkt kommunikativer Prozesse. An ihm wird ablesbar, mit welchen Problemlösungen sich die Wirtschaft in der Gesellschaft und das Unternehmen in der Wirtschaft behauptet.

58 So H.-J. Warnecke (1993). Siehe auch Warnecke (1995). Und weitere Überlegungen in H.-J. Bullinger u. H. J. Warnecke (1996).

59 Ich muß es hier offen lassen, inwieweit sich die Organisationen anderer Funktionssysteme mit den Innovationen anfreunden können, die in den Unternehmen der Wirtschaft gefunden worden sind. Man wird nicht annehmen können, dass die Managementpraktiken hier umstandslos auch dort genutzt werden können. Denn die Innen-Außen-Differenz hat jeweils eine andere Form und die Wiedereinführung dieser Differenz andere gesellschaftliche Voraussetzungen und eine andere kommunikative Dynamik.

Literatur

Ansoff, H. I. (1976): Managing Surprise and Discontinuity. Strategic Response to Weak Signals. *Zeitschrift für betriebswirtschaftliche Forschung* 28: 129–152.

Ansoff, H. I., A. Bosman a. P. M. Storm (eds.) (1982): Understanding and Managing Strategic Change. Contributions to the Theory and Practice of General Management. Amsterdam (North-Holland).

Badaracco Jr., J. L. (1991): The Boundaries of the Firm. In: A. Etzioni a. P. R. Lawrence (eds.): Socio-Economics: Towards a New Synthesis. Armonk, NY (Sharpe), p. 293–327.

Baecker, D. (1963): Die Form des Unternehmens. Frankfurt a. M. (Suhrkamp).

Baecker, D. (Hrsg.) (1993): Kalkül der Form. Frankfurt a. M. (Suhrkamp).

Baecker, D. (1994): Postheroisches Management. Ein Vademecum. Berlin (Merve).

Baecker, D. (1997): Einfache Komplexität. In: H. W. Ahlemeyer u. R. Königswieser (Hrsg.): Komplexität managen. Strategien, Konzepte und Fallbeispiele. Wiesbaden (Gabler), S. 17–50.

Baecker, D. (1998): Qualität als systemtheoretischer Begriff. In: H. D. Zollonz (Hrsg.): Lexikon des Qualitätsmanagements. München (Oldenbourg).

Barnard, C. I.. (1968): The Functions of the Executive. Cambridge, MA (Harvard University Press).

Bateson, G. (1982): Geist und Natur. Eine notwendige Einheit. Frankfurt a. M. (Suhrkamp).

Baum, J. A. C. a. J. V. Singh (1994): Organizational Hierarchies and Evolutionary Processes: Some Reflections on a Theory of Organizational Evolution. In: J. A. C. Baum a. J. V. Singh (eds.): Evolutionary Dynamics of Organizations. New York (Oxford University Press), p. 3–20.

Baum, R. C. u. F. J. Lechner (1987): Zum Begriff der Hierarchie: Von Luhmann zu Parsons. In: D. Baecker et al. (Hrsg.): Theorie als Passion. Niklas Luhmann zum 60. Geburtstag. Frankfurt a. M. (Suhrkamp), S. 298–332.

Bendix, R. (1963): Work and Authority in Industry. Ideologies of Management in the Course of Industrialization. New York (Harper & Row).

Bullinger, H.-J. u. H. J. Warnecke (Hrsg.) (1996): Neue Organisationsformen im Unternehmen. Ein Handbuch für das moderne Management. Berlin (Springer).

Burns, T. a. G. M. Stalker (1961): The Management of Innovation. London (Tavistock).

Chandler Jr., A. D. (1962): Strategy and Structure: Chapters in the History of the American Industrial Enterprise. Cambridge, MA (The Belknap Press).

Chandler Jr., A. D. (1977): The Visible Hand: The Managerial Revolution in American Business. Cambridge, MA (Harvard University Press).

Clegg, S. (1996): Postmodern Management. In: G. Palmer a. S. Clegg (eds.): Constituting Management. Markets, Meanings, and Identities. Berlin (De Gruyter), p. 235–265.

Cohen, M. D., J. G. March a. J. P. Olsen (1972): A Garbage Can Model of Organizational Choice. *Administrative Science Quarterly* 17: 1–25.

Cooper, R. (1989): Modernism, Postmodernism, and Organizational Analysis 3: The Contribution of Jacques Derrida. *Organization Studies* 10: 479–502.

Cooper, R. (1990): Organization/Disorganization. In: J. Hassard a. D. Pym (eds.): The Theory and Philosophy of Organisations. Critical Issues and New Perspectives. London (Routledge/ Paul & Kegan), p. 167–197.

Crozier, M. et E. Friedberg (1977): L'acteur et le système. Les contraintes de l'action collective. Paris (Seuil).

Cyert, R. M. a. J. G. March (1963): A Behavioral Theory of the Firm. Englewood Cliffs, NJ (Prentice-Hall).

Deleuze, G. a. F. Guattari (1997): Balance Sheet-Program for Desiring Machines. *Semiotexte* 2 (3): 117–135.

Drepper, C. (1992): Unternehmenskultur. Selbstbeobachtung und Selbstbeschreibung im Kommunikationssystem „Unternehmen". Frankfurt a. M. (Lang).

Dumont, L. (1983): Essais sur l'individualisme. Une perspective anthropologique sur l'idéologie moderne. Paris (Seuil).

Eccles, R. G. a. N. Nohria (1992): Beyond the Hype. Rediscovering the Essence of Management. Boston (Harvard Business School Press).

Eccles, R. G. a. H. C. White (1986): Firm and Market Interfaces of Profit Center Control. In: S. Lindenberg, J. S. Coleman a. S. Nowak (eds.): Approaches to Social Theory. New York (Russell Sage), p. 203–220.

Fischer, H. P. (Hrsg.) (1997): Die Kultur der schwarzen Zahlen. Das Fieldbook der Unternehmenstransformation bei Mercedes-Benz. Stuttgart (Klett-Cotta).

Foerster, H. von (1993): Prinzipien der Selbstorganisation im sozialen und betriebswirtschaftlichen Bereich. In: H. von Foerster: Wissen und Gewissen. Versuch einer Brücke. Frankfurt a. M. (Suhrkamp), S. 233–268.

Freud, S. (1988): Totem und Tabu: Einige Übereinstimmungen im Seelenleben der Wilden und der Neurotiker. In: S. Freud: Essays. Auswahl 1890–1914. Hrsg. v. D. Simon. Berlin (Volk und Welt), S. 318–514.

Girard, R. (1987): Das Heilige und die Gewalt. Zürich (Benziger).

Günther, G. (1979): Cognition and Volition. A Contribution to a Cybernetic Theory of Subjectivity. In: G. Günther: Beiträge zur Grundlegung einer operationsfähigen Dialektik. Bd 2. Hamburg (Meiner), S. 203–240.

Gutenberg, E. (1983): Grundlagen der Betriebswirtschaftslehre. Bd 1: Die Produktion. Berlin (Springer).

Hammer, M. a. J. Champy (1993): Reengineering the Corporation. A Manifesto for Business Revolution. London (Brealey).

Herbst, P. G. (1976): Alternatives to Hierarchies. Leiden (Nijhoff).

Kappler, E. (1989): Komplexität verlangt Öffnung. Strategische Personal- und Organisationsentwicklung als Weg und Ziel der Entfaltung betriebswirtschaftlicher Professionalität im Studium. In: W. Kirsch u. A. Picot (Hrsg.): Die Betriebswirtschaftslehre im Spannungsfeld zwischen Generalisierung und Spezialisierung. (Edmund Heinen zum 70. Geburtstag.) Wiesbaden (Gabler), S. 59–78.

Kilman, R. H., M. J. Saxton, R. Serpa et al. (eds.) (1985): Gaining Control of the Corporate Culture. San Francisco (Jossey-Bass).

Kirsch, W. (1970–1971): Entscheidungsprozesse. 3 Bde. Wiesbaden (Gabler).

Lawler III, E. E. (1986): High-Involvement Management. Participative Strategies for Improving Organizational Performance. San Francisco (Jossey-Bass).

Louis, M. R. (1983): Organizations as Culture Bearing Milieux. In: L. R. Pondy et al. (eds.): Organizational Symbolism. Greenwich, CT (JAI), p. 39–54.

Luhmann, N. (1984): Soziale Systeme. Grundriß einer allgemeinen Theorie. Frankfurt a. M. (Suhrkamp).

Luhmann, N. (1988): Organisation. In: W. Küpper u. G. Ortmann (Hrsg.): Mikropolitik. Rationalität, Macht und Spiele in Organisationen. Opladen (Westdeutscher Verlag), S. 165–185.

Luhmann, N. (1995): Funktionen und Folgen formaler Organisation. Berlin (Duncker & Humblot).

Luhmann, N. (1997): Die Gesellschaft der Gesellschaft. Frankfurt a. M. (Suhrkamp).

Luhmann, N. et al. (1990): Beobachter. Konvergenz der Erkenntnistheorien? München (Fink).

Mansilla, D. R. (1991): Gestion Organizacional. Elementos para su estudio. Santiago (Pontificia Universidad Catolica de Chile).

March, J. G. (1996): Continuity and Change in Theories of Organizational Action. *Administrative Science Quarterly* 41: 278–287.

March, J. G. a. H. A. Simon (1958): Organizations. New York (Wiley).

McCulloch, W. S. (1989): A Heterarchy of Values Determined by the Topology of Nervous Nets In: W. S. McCulloch: Embodiments of Mind. Cambridge, MA (MIT Press), pp. 40–45.

Melville, H. (1985): Bartleby. In: H. Melville: Billy Budd, Sailor, and other Stories. London (Penguin), p. 57–99.

Miles, R. E. a. C. C. Snow (1992): Causes of Failure in Network Organizations. *California Management Review* 34: 53–72.

Miller, P. a. T. O'Leary (1989): Hierarchies and American Ideals, 1900–1940. *Academy of Management Review* 14: 250–265.

Mühlmann, H. (1996): Die Natur der Kulturen. Entwurf einer kulturgenetischen Theorie. Wien (Springer).

Orton, J. D. a. K. E. Weick (1990): Loosely Coupled Systems. A Reconceptualization. *Academy of Management Review* 15: 203–223.

Osterloh, M. u. J. Frost (1996): Prozeßmanagement als Kernkompetenz. Wie Sie Business Reengineering strategisch nutzen können. Wiesbaden (Gabler).

Padgett, J. F. (1980): Managing Garbage Can Hierarchies. *Administrative Science Quarterly* 14: 583–604.

Padgett, J. F. (1981): Hierarchy and Ecological Control in Federal Budgetary Decision-Making. *American Journal of Sociology* 87: 75–129.

Parsons, T. (1960): Some Ingredients of a General Theory of Formal Organization. In: T. Parsons: Structure and Process in Modern Societies. New York (Free Press), pp. 59–96.

Pennings, J. M. (ed.) (1985): Organizational Strategy and Change. New Views on Formulating and Implementing Strategic Decisions. San Francisco (Jossey-Bass).

Peters, T. (1990): Get Innovative or Get Dead. *California Management Review* 33: 9–26.

Peters, T. (1993): Liberation Management: Necessary Disorganization for the Nanosecond Nineties. London (Pan Books), p. 131 ff.

Peters, T. J. u. R. H. Waterman (1991): Auf der Suche nach Spitzenleistungen. Was man von den bestgeführten US-Unternehmen lernen kann. München (mvg).

Picot, A., R. Reichwald u. R. T. Wigand (1996): Die grenzenlose Unternehmung. Information, Organisation und Management. Lehrbuch zur Unternehmensführung im Informationszeitalter. Wiesbaden (Gabler).

Power, M. (1997): The Audit Society. Rituals of Verification. Oxford (Oxford University Press).

Reich, R. B. (1991): The Real Economy. *Atlantic Monthly February 2*: 35–52.

Serres, M. (1981): Der Parasit. Frankfurt a. M. (Suhrkamp).

Simon, H. A. (1949): Administrative Behavior. A Study of Decision-Making Processes in Administrative Organization. New York (Macmillan).

Simon, H. A. (1962): The Architecture of Complexity. *Proceedings of the American Philosophical Society* 106: 467–482.

Simon, H. A. (1991): Organizations and Markets. *Journal of Economic Perspectives* 5 (2): 25–44.

Smircich, L. (1983): Concepts of Culture and Organizational Analysis. *Administrative Science Quarterly* 28: 339–358.

Spencer Brown, G. (1997): Gesetze der Form. Lübeck (Bohmeier).

Svozil, K. (1996): How Real are Virtual Realities, how Virtual is Reality? – Constructive Reinterpretation of Physical Undecidability. *Complexity* 2: 43–54.

Thompson, J. D. (1967): Organizations in Action. Social Science Bases of Administrative Theory. New York (McGraw-Hill).

Türk, K. (1995): Die Organisation der Welt. Herrschaft durch Organisation in der modernen Gesellschaft. Opladen (Westdeutscher Verlag).

Warnecke, H.-J. (1993): Revolution der Unternehmenskultur. Das fraktale Unternehmen. Berlin (Springer).

Warnecke, H.-J. (Hrsg.) (1995): Aufbruch zum fraktalen Unternehmen. Praxisbeispiele für neues Denken und Handeln. Berlin (Springer).

Weick, Karl E. (1976): Educational Organizations as Loosely Coupled Systems. *Administrative Science Quarterly* 21: 1–19.

Weick, K. E. (1985): Der Prozeß des Organisierens. Frankfurt a. M. (Suhrkamp).

Weick, K. E. (1987): Theorizing about Organizational Communication. In: F. M. Jablin et al. (eds.): Handbook of Organizational Communication. An Interdisciplinary Perspective. Newbury Park, CA (Sage), p. 97–122.

White, H. C. (1982): Interfaces. *Connections* 5: 11–20.

White, H. C. (1992a): Identity and Control: A Structural Theory of Action. Princeton, NJ (Princeton University Press).

White, H. C. (1992b): Agency as Control in Formal Networks. In: N. Nohria a. R. G. Eccles (eds.): Networks and Organizations. Structure, Form, and Action. Boston, MA (Harvard Business School Press), p. 92–117.

White, H. C. und R. G. Eccles (1987): Producers' Markets. In: J. Eatwell, M. Milgate a. P. Newman (eds.): The New Palgrave. A Dictionary of Economics Vol. 3. London (Macmillan), p. 984–986.

Wiener, N. (1961): Cybernetics or Control and Communication in the Animal and the Machine. Cambridge, MA (MIT Press).

Womack, J. P., D. T. Jones a. D. Roos (1990): The Machine That Changed the World. New York (Maxwell Macmillan).

WIE LERNFÄHIG SIND ORGANISATIONEN?
Zur Problematik einer vorausschauenden Selbsterneuerung sozialer Systeme

1. Zur Aktualität des „Lernens"

Verfolgt man die aufblühende Diskussion der letzten Jahre rund um die Frage, welche Faktoren wohl die entscheidensten für die Zukunftssicherung von Unternehmen seien, so sind sich in diesem Punkt die prägenden Leitfiguren der Managementtheorie eigentlich weitgehend einig: Es kommt heute in erster Linie auf die Wandlungsfähigkeit von Organisationen an (vgl. stellvertretend für viele T. Peters 1992; P. Drucker 1994; K. Doppler u. Chr. Lauterburg 1995; Peter Senge 1996; A. d. Geus 1998). Nichts scheint zur Zeit gefährlicher, als naiv auf die Erfolge der Vergangenheit zu vertrauen. Nicht die aktuelle Macht und Größe vermag angesichts einer ungewissen Zukunft Sicherheit zu vermitteln. Was längerfristig zählt, ist die eigene Schnelligkeit und Innovationskraft. Wer sich primär auf die Absicherung des bereits Erreichten stützt, riskiert über kurz oder lang, den Anschluss zu verlieren, mag der aktuelle Vorsprung noch so beruhigend sein. Damit kann das zukunftssichernde Erfolgskonzept nur lauten: Schneller lernen als die anderen. Das einzig Stabile, was uns bleibt, ist die Gewissheit des permanenten Wandels.

So beeindruckend die Einhelligkeit dieses Befundes auf den ersten Blick auch sein mag – ihr entspricht ja auch eine schwer zu leugnende empirische Evidenz –, so diffus und vordergründig verbleiben vielfach die Vorstellungen, was dieses „schneller Lernen" in der Praxis letztlich heißen kann. Ist es sinnvoll, die tradierten personenorientierten Lernkonzepte so ohne weiteres auf komplexe soziale Systeme zu übertragen? Gibt es ausreichend präzise Vorstellungen davon, worauf sich eine Organisation letztlich einlässt, wenn sie ihre Lernfähigkeit steigern will? An welchen „Stellhebeln" müsste man da konkret schalten, um eine diesbezügliche Entwicklung zu befördern? Lässt sich mit dem Thema der Lernfähigkeit von Organisationen ähnlich umgehen, wie man in den letzten Jahren andere organisatorische Neuerungen wie Prozessoptimierungen, Kontinuierliche Verbesserungsprozesse, Total Quality Management etc. gehandhabt hat? Genügt die Anlehnung an Peter Senges fünf Disziplinen (vgl. 1996 und das darauf aufbauende Fieldbook 1996), oder benötigen wir eine noch tiefer gehendere theoretische Fundierung sowie mehr praxiserprobtes Wissen? Aus meiner Sicht sind da viele zentrale Fragen noch offen, und es gilt der Gefahr vorzubeugen, vielfach bewährte Rezepte der Vergangenheit blindlings auf eine neue, in ihrer ganzen Komplexität noch kaum erfasste Herausforderung zu übertragen. Die aktuell beobachtbaren Tendenzen am Beratermarkt deuten allerdings vielfach in diese Richtung, zu groß ist auch die Versuchung, einen sich öffnenden Markt mit schnell fabrizierten Rezepten zu bedienen. Dies soll uns aber nicht darüber hinwegtäuschen, dass wir in diesem Themenfeld für das praktische Handlungsrepertoire von Managern noch wenig konkretes Wissen aufgebaut haben.

Die diesbezüglichen Unsicherheiten und Orientierungsschwierigkeiten in der Praxis sind kein Zufall. Denn wir betreten mit dieser Problematik trotz der aktuellen Publikationsflut zu Fragen der lernenden Organisation und des Wissensmanagements weitgehend Neuland. Neuland deshalb, weil der unübersehbare Druck auf die Veränderungsgeschwindigkeit von Organisationen uns dazu zwingt, einige Eigenheiten der Steuerung hoch komplexer sozialer Systeme, wie dies nun mal Organisationen sind, und die Frage nach der Angemessenheit ihres Selbstveränderungspotenzials eingehender zu beleuchten. Tun wir das nicht, dann werden alle diesbezüglichen Bemühungen in der Praxis ein ähnliches Schicksal erfahren wie die vielfältigen Versuche in den Achtzigerjahren, durch traditionelle Managementmethoden den Erfolgsfaktor Unternehmenskultur direkt zu gestalten. Dabei ist bekanntermaßen nicht allzu viel bewirkt worden. Dieser These liegt die Überzeugung zugrunde, dass wir den schwierigen Herausforderungen, die mit dem angesprochenen Druck zur Zeit in vielen gesellschaftlichen Bereichen hinsichtlich der Entwicklung von Organisationen beobachtbar geworden sind, nur gewachsen sein werden, wenn wir ein angemessen komplexes Verständnis von der Wandlungsfähigkeit von Organisationen gewinnen. Angemessen heißt in diesem Zusammenhang, dass es für die in der Praxis damit befassten Professionen (Manager, Führungskräfte, interne und externe Berater) wirksame Orientierungshilfen anbieten und dass es aber auch vor vorschnellen Machbarkeitsillusionen ausreichenden Schutz bieten kann. Diesem Ziel ein Stück näher zu kommen, dafür dienen die nachstehenden Überlegungen.

2. Flexibilität als Gebot der Stunde

Will man sich der weit verbreiteten Unterstellung, Lernen sei in jedem Fall besser als Nichtlernen, nicht einfach naiv anschließen, dann gilt es zunächst der Frage nachzugehen: Wodurch ist eigentlich der immense Druck auf die Wandlungsfähigkeit von Organisationen entstanden? Ein Blick auf die Entwicklungsdynamik unseres Wirtschaftssystems zeigt, dass seit dem Beginn der Neunzigerjahre eine Reihe von Einflussfaktoren zusammengekommen sind, die in ihrer wechselseitigen Verstärkung für die heute beobachtbare Beschleunigungstendenz im Tempo der Veränderung verantwortlich zeichnen. Es scheint in diesem Zusammenhang wenig sinnvoll zu sein, wollte man einen einzelnen Faktor isolieren, dem dann in diesem Prozess eine einzigartige Kausalität zugeschrieben werden kann, wie dies mit Vorliebe seit einiger Zeit mit dem Stichwort der Globalisierung passiert. Denn schon in den Achtzigerjahren wurden einige wichtige strukturbildende Weichen gestellt, deren Wirkungen sich allerdings erst in den letzten Jahren voll entfaltet haben. So zeichnete sich schon früh das Ende der Massenproduktion ab, einer Form des Wirtschaftens und Produzierens, wie sie für die ersten Jahrzehnte der Nachkriegszeit stark prägend gewesen war (vgl. M. J. Piore, u. Ch. F. Sabel 1985). Technologische Innovationen in der Steuerung und Gestaltung des Produktionsgeschehens ermöglichten es mehr und mehr, den individualisierten Kundenwünschen zu entsprechen, ohne dabei die Kostenvorteile der klassischen Industrieproduktion aufzugeben.

Der gesellschaftliche Trend zur Individualisierung der Lebensverhältnisse unterstützte und beschleunigte diese Entwicklung (vgl. dazu die damals breit rezipierte Arbeit von U. Beck 1986). Verstärkte Rationalisierungsbemühungen, in dieser Phase primär bezogen auf den klassischen Bereich der Industrieproduktion, ermöglichten den Aufbau weiterer Produktionskapazitäten, die vor allem in den etablierten, reiferen Branchen Ende der Achtzigerjahre zu erheblichen Überkapazitäten geführt haben. Damit setzte in aller Schärfe ein inzwischen weltweiter Verdrängungswettbewerb ein, der in unseren Breiten zunächst nur durch die Ostöffnung und die Anpassungseffekte der deutschen Wiedervereinigung abgemildert worden ist. Die Konfrontation mit einer sich nachhaltig ändernden Wettbewerbskonstellation sensibilisierte erstmals auf einer breiten Basis für bedeutsame Produktivitätsunterschiede zwischen den drei Zentren der entwickelten Welt: Europa, Nordamerika und Südostasien (vgl. die berühmt gewordene MIT-Studie zur zweiten Revolution in der Automobilindustrie, J. P. Womack et al. 1990). Diese Sensibilisierung mobilisierte einerseits bislang ungeahnte Anstrengungen zur unternehmensinternen Produktiviätssteigerung, die für die ganzen Neunzigerjahre prägend werden sollten. Sie legte andererseits aber auch die Basis für eine weltumspannende Standortrivalität, die in dieser Intensität als historisch durchaus einmalig bezeichnet werden kann.

Einen wachsenden Einfluss gewann in diesem Zeitraum, wenn auch von der breiten Öffentlichkeit zunächst unbemerkt, eine ganz bestimmte Branche, nämlich der Kapitalmarkt. Je mehr frei floatendes, nach attraktiven Anlagemöglichkeiten suchendes Kapital zur Verfügung stand, umso mehr entkoppelten sich diese Märkte von jenen, auf denen es primär um den Austausch von Gütern und Dienstleistungen geht. Diese Entkoppelung beschleunigte den bereits in Gang befindlichen Internationalisierungsprozess des Finanzsektors. Er wurde so zum Taktgeber und Wegbereiter einer Entwicklung, die heute vielfach unter dem Schlagwort Globalisierung diskutiert wird. Die staatliche Wirtschaftspolitik in den hoch entwickelten Ländern sowie eine Reihe technologischer Innovationen leisten in diesem Prozess wichtige Schrittmacherdienste. Der Abbau rechtlicher Beschränkungen und die enorme Entfaltung des Möglichkeitsspektrums der modernen elektronischen Kommunikationsmittel haben zur Vereinheitlichung der Finanzmärkte unter der Herrschaft einiger weniger Leitwährungen geführt, einer Vereinheitlichung, die die Unabhängigkeit nationaler Finanzplätze, aber auch den wirtschaftspolitischen Spielraum der Nationalstaaten insgesamt weitestgehend eingeengt hat.

In der Zwischenzeit gilt das eben für den Kapitalmarkt Gesagte für die Wirtschaft insgesamt. Abgesehen von einigen wenigen wirklich lokalen Versorgungsaktivitäten gibt es kaum mehr einen Wirtschaftszweig, der sich diesem Sog einer kontinentübergreifenden Integration des ökonomischen Geschehens entziehen könnte. Die räumliche Distanz hat für die wirtschaftlichen Austauschbeziehungen ihre früher doch sehr strukturprägende Bedeutung verloren. Nicht zuletzt durch den Zusammenbruch des realen Sozialismus ist die Welt zumindest in wirtschaftlicher Hinsicht zu einer Einheit zusammengewachsen, einer Einheit freilich, die nicht darüber hinwegtäuschen darf, dass die Chancen in dieser globalisierten Wirtschaft extrem ungleich verteilt sind und dass der gesellschaftliche Strukturwandel in den einzelnen Weltregionen auch weiterhin hoch krisenanfällig verlaufen wird.

Auf der Ebene der Unternehmen lässt sich der weltweite Integrationsprozess des wirtschaftlichen Geschehens unter anderem an dem Ausmaß ablesen, in dem global operierende Firmen ihre früher ganz klare nationalstaatliche Identität, die von einem Zentrum aus den Rest der Welt über Exportaktivitäten beglückte, schrittweise verändern. Es entstehen weltumspannende Konzernstrukturen mit unterschiedlichen regionalen Zentren, die es ermöglichen, die eigenen geschäftlichen Schwerpunkte – jeweils den wechselnden Ertragschancen folgend – auf die ganze Welt zu verteilen. So ist das „Made by Germany" dem „Made by Bosch/Siemens/Daimler" etc. gewichen. Die spezifischen Qualitätszuschreibungen einer Marke lösen sich vom Herkunftsland. Wir erleben dadurch eine Globalisierung der Organisationsstrukturen dieser Unternehmen und damit einen Prozess, durch den sie sich die Handhabung schwer wiegender multikultureller Differenzen in die eigene Organisation hereingeholt haben (vgl. dazu F. Trompenaars 1993). Es zeigt sich, dass dieser Schritt in vielfacher Hinsicht Lernprozesse stimuliert, wenn sich die betoffenen Unternehmen von ihrer Kultur her den zugrunde liegenden Widersprüchen und Konflikten öffnen. Tun sie das nicht, dann ist das Risiko extrem hoch, dass die damit verbundenen doch recht erheblichen Wachstumsinvestitionen in den Sand gesetzt werden.

Letztlich unterstreicht aber auch dieser Vorgang einer zunehmenden Ablösung der Unternehmensidentitäten von nationalstaatlichen Zugehörigkeiten den inzwischen hohen Grad der Verflechtung der Weltwirtschaft. Das bereits heute erreichte Integrationsniveau macht es vollkommen illusorisch zu glauben, man könnte sich als Unternehmen oder auch als einzelne Volkswirtschaft gegenüber der damit verbundenen Eigendynamik immunisieren. Die Folgewirkungen der seit dem Herbst 1997 schwelenden Asienkrise, die dauerhaften Krisenerscheinungen Russlands sowie die jüngsten Einbrüche in Brasilien zeigen beispielhaft die Intensität, mit der sich heute die einzelnen Wirtschaftszentren der Welt in wechselseitiger Abhängigkeit befinden. Die weitgehende Relativierung von Zeit- und Raumbeschränkungen mithilfe der neuen Informations-, Kommunikations- und Verkehrstechnologien, die durch das Zusammenwachsen der Datenverarbeitungs- und Telekommunikationsbranche erst möglich gemacht wurde und heute durch die Medien- und Unterhaltungsindustrie weiter vorangetrieben wird, legt es nahe, davon auszugehen, dass dieses Zusammenwachsen der Welt zu einem einheitlichen Wirtschaftsraum einen unumkehrbaren Prozess darstellt.

Es muss nicht weiter betont werden, dass dieser überregionale Integrationsprozess, dieses Zurückdrängen bislang schützender Handelsbarrieren, diese sprunghafte Ausdehnung des eigenen Markthorizontes gänzlich neue Wettbewerbsverhältnisse geschaffen haben. Die grundlegenden Spielregeln für das eigene Überleben als Unternehmen wurden in diesen Jahren neu definiert. Dieses ganz andere Niveau wettbewerblicher Auseinandersetzungen hat insgesamt Tendenzen verstärkt, die durch bereits vorhandene Überkapazitäten strukturell zwar schon angelegt waren, jetzt aber in ihrer dynamisierenden Wirkung eine neue Qualität bekommen haben. Auf diese Weise ist in den Neunzigerjahren ein wirtschaftlicher wie gesamtgesellschaftlicher Kontext entstanden, in dem die Unternehmen durch ihre eigenen Verhaltensstrategien das Tempo der Veränderung selbstverstärkend beschleunigt haben. Die Aufwendungen, um sich gegenüber den Mitbewerbern deutlich zu unterscheiden, mussten sichtbar gesteigert werden. Dies erhöhte unweigerlich das Innovationstempo. Die Lebenszyklen der einzelnen Produkte schrumpften, was naturgemäß einen enormen Druck auf die Verkürzung der Entwicklungszeiten und auf die durch die Entwicklung gebundenen Kosten erzeugt hat. Dies wiederum hat die Bemühungen verstärkt, entweder durch schnelles Wachstum (z. B.: mithilfe von Übernahmen und Fusionen) entsprechend kostengünstige Größenordnungen zu erreichen oder auf dem Weg über Kooperationen und Netzwerkbildung die Lasten auf mehrere Schultern zu verteilen.

Der Einflusszuwachs aufseiten der Kunden, der mit dem Prozess der Individualisierung bei gleichzeitigem Überangebot notwendigerweise einherging, hat Problemlösungen stimuliert, die möglichst umfassend die Kundenbedürfnisse zu treffen in der Lage sind, möglicherweise ihre Erwartungen sogar übertreffen können. In der Zwischenzeit geht es ja vielfach nicht mehr nur darum, ein einzelnes Produkt zu verkaufen (eine EDV-Anlage, ein Auto, eine Fernreise etc.), sondern darum, intelligente Paketlösungen für all jene Problemstellungen anzubieten, die mit der Anwendung des Ursprungsprodukts heute verknüpft sind, ob es sich nun um die Finanzierung, den

Service, die Entsorgung oder was auch immer handelt. Diese spezielle Dynamik hat die traditionellen Branchengrenzen mehr und mehr aufzuweichen begonnen. Der Schwenk von der Produkt- zur Problemlösungsorientierung stimuliert dazu, ganz neue Zusammenschlüsse bislang getrennter Glieder einer Wertschöpfungskette ins Auge zu fassen. Damit ist es wichtiger geworden, neben den etablierten Mitbewerbern und Zulieferern auch jene im Blick zu haben, die urplötzlich aus einer überraschenden Ecke heraus auf dem eigenen Spielfeld erscheinen. Es empfiehlt sich also, die potenziellen Mitbewerber als nicht minder bedrohlich einzuschätzen wie die alteingesessenen. Außerdem können bislang wertgeschätzte Kunden und Zulieferer plötzlich als unangenehme Konkurrenten auf den Plan treten.

All diese Faktoren zusammen – und die relevanten Einflussgrößen sind ja hier nur beispielhaft angeführt worden – haben aus Sicht der Unternehmen das Ausmaß an Unwägbarkeiten in ihrem Umfeld in einer Weise erhöht, dass die herkömmliche Sicherheit, sich in den eigenen Märkten halbwegs auszukennen, nachhaltig erschüttert wurde. Einer Reihe in der Vergangenheit aufgebauter Gewissheiten (man kennt im Großen und Ganzen seine Kunden, seine Kooperationspartner, man weiß um die Stärken und Schwächen seiner wichtigsten Mitbewerber, die Spielregeln der eigenen Branche sind einem vertraut, man hat stabile Vorurteile, worauf es im eigenen Geschäft letztlich ankommt etc. und angestammter Sicherheiten und Orientierungsfixpunkten ist in den letzten Jahren der Boden entzogen worden. Dies nicht nur deshalb, weil diese Veränderungen in der Zwischenzeit auch im Zentrum der medialen Berichterstattung stehen. Für eine Vielzahl von Unternehmen sind sie tatsächlich zur Alltagserfahrung geworden.

In allen wichtigen unternehmerischen Entscheidungsprozessen melden sich die angesprochenen Unwägbarkeiten unwiderstehlich zu Wort und drängen nach Lösungen, die die zugrunde liegenden unübersehbar gewordenen Risiken übernehmbar erscheinen lassen. Wir müssen zur Kenntnis nehmen, dass der Horizont für die Beobachtung des eigenen Marktes sowohl in räumlicher wie in sachlicher Hinsicht endgültig unüberblickbar geworden ist, ganz zu schweigen von den anderen relevanten Umweltausschnitten, die für das eigene Unternehmen auch ständig wichtige Ereignisse und Entwicklungen zur Verfügung stellen. Es ist diese Grunderfahrung, sich permanent auf Treibsand zu bewegen, die das Entscheiden in Organisationen auf eine historisch neue Belastungsprobe stellt. Die überkommenen Muster der Absorption von Unsicherheit, die Organisationen bislang ausgezeichnet haben (vgl. dazu die klassischen Arbeiten von J. G. March u. H. A. Simon), versagen angesichts der beschriebenen Veränderungsdynamik ihrer Umwelten.

Es ist ja nicht nur so, dass wir in der Gegenwart für die aktuell anstehenden Entscheidungslasten stets zu wenig wissen, was sich gerade um uns herum so alles tut, auch künftige Entwicklungen sind in einem Ausmaß unberechenbar geworden, dass die klassischen strategischen Planungsverfahren ihre Sinnhaftigkeit endgültig eingebüßt haben (vgl. dazu insbesondere M. Porter 1997). Zwar werden in vielen Unternehmen immer noch Jahr für Jahr die eingespielten Planungsrituale durchgezogen, aber jeder weiß, dass es dabei längst nicht mehr um die gemeinsame Produktion von Zukunftssicherheit geht. Die Illusion der Planbarkeit, die auf der Annahme sicherer Prognosen künftiger Realitäten fußte, ist in den turbulenten Veränderungen der vergangenen Jahre mit untergegangen. Die Unüberblickbarkeit und Unkalkulierbarkeit des eigenen Umfeldes ebenso wie die prinzipielle Ungewissheit künftiger Entwicklungen haben eine neue Ausgangslage für die organisationsinterne Bewältigung von Unsicherheit geschaffen. Sie muss als Dauerthema in die alltäglichen Entscheidungsprozesse mit aufgenommen werden, ein Umstand, der, wie man inzwischen weiß, weit reichende Konsequenzen für die Prinzipien der Organisationsgestaltung und deren Steuerung gezeitigt hat (vgl. R. Wimmer 1998a und zu diesem Zusammenhang auch D. Baecker 1993).

Man kann vor diesem Hintergrund das eingangs geschilderte unternehmensinterne Bedürfnis nach mehr Flexibilität, nach einer höheren Veränderungsgeschwindigkeit, nach einem schnelleren Lernen als Symptom dafür nehmen, dass die deutlich gestiegene Komplexität im Umfeld von Unternehmen mit den bisherigen Bordmitteln von Organisationen nicht zu bewältigen ist. Wie so häufig bei schwer wiegenden Problemstellungen ist allerdings das Symptom selbst nicht der beste Lehrmeister, wenn es um das Finden angemessener Lösungen geht. Denn ob dafür eine organisationsinterne Erhöhung des Tempos, eine Flexibilisierung der Organisationsstrukturen und -prozesse sowie eine Destabilisierung der bisherigen Beziehungen zu den Organisationsmitgliedern die probate Antwort darstellt, dies gilt es erst noch zu untersuchen.

Wie auch immer vor diesem Hintergrund die aktuelle Diskussion um die Steigerung der Wandlungsfähigkeit von Organisationen einzuschätzen ist, sie berührt ein sehr ernstes Problem, das die künftige Leistungs- und Überlebensfähigkeit von Organisationen in ihren jeweiligen gesellschaftlichen Bezügen im Kern trifft. Es geht dabei zwar weniger um Geschwindigkeit, wie dies auf den ersten Blick so scheinen mag. Im Mittelpunkt steht die Frage, in welchem Ausmaße Organisationen in der Lage sind bzw. in die Lage versetzt werden können, die durch sie selbst miterzeugte, massive Komplexitätssteigerung ihrer Umwelten organisationsintern angemessen verarbeiten zu können. Warum ist dies ein so wichtiger Punkt? Man könnte ja auf den organisationsbezogenen Ausleseprozess der gesellschaftlichen Evolution vertrauen. Wer nicht wachsam genug ist, den bestraft halt die Geschichte. Es kann doch nicht schaden, wenn Organisationen, die ihre Leistungsfähigkeit verloren haben, zur Selbstauflösung gezwungen sind.

Das hier angesprochene Niveau der Bewältigung organisierter Komplexität berührt jedoch nicht nur Fragen der künftigen Wettbewerbsfähigkeit einzelner Organisationen, sondern es trifft in der Zwischenzeit auch eine gesamtgesellschaftliche Problematik ersten Ranges. Denn unsere Gesellschaft hat sich in ihrer eigenen Entwicklung unabdingbar von dieser Veränderungsfähigkeit von Organisationen abhängig gemacht (vgl. auch N. Luhmann 1997, S. 826 ff.). In einer hoch entwickelten Gesellschaft wie der unseren ist die Leistungsfähigkeit von Organisationen sowie der durch sie gebildeten Netzwerke Problem und Lösung zugleich. Nur in Organisationen kann entschieden werden. Sie bilden den entscheidenden Engpass, wenn es darum geht, Lösungen für die drängenden Zukunftsprobleme unserer Gesellschaft zu finden. Diese unentrinnbare Abhängigkeit der Gesamtgesellschaft von der Leistungsfähigkeit der in ihr operierenden Organisationen verschafft dem Thema der Organsiationsentwicklung eine wachsende gesellschaftliche Brisanz und hebt es aus der Beliebigkeit der Einzelverantwortung von Organisationen heraus. Deshalb rühren wir an ein eminent gesellschaftsrelevantes Problem, wenn wir fragen, wie es jenseits aller Beschwörungsformeln um die „lernende Organisation" um das Selbstentwicklungspotenzial von Organisationen heute tatsächlich bestellt ist und wie dieses, wenn überhaupt, beeinflusst werden kann. Dafür möchte der vorliegende Beitrag einige Überlegungen anbieten. Bevor wir jedoch auf dieses organisationstheoretische Kernthema näher eingehen können, gilt es, noch weitere gesellschaftliche Veränderungen anzusprechen, die unser Themenfeld nachhaltig beeinflussen und die aktuelle Diskussion stark bestimmen. Es geht um den Bedeutungszuwachs des Faktors „Wissen".

3. Wissen als Rohstoff der Zukunft

Die Einschätzungen, wie der hier angedeutete gesellschaftliche Strukturwandel mit all seinen Implikationen für die Funktionstüchtigkeit von Organisationen letztendlich zu qualifizieren ist, gehen innerhalb der sozialwissenschaftlichen Diskussion weit auseinander. Die einen sehen nach dem Zusammenbruch des Sozialismus den Kapitalismus im ideologischen Gewande des Neoliberalismus ungebremst auf dem Vormarsch. Ziel dieser Entwicklung scheint es, die ausgleichende und regulierende Funktion des Wohlfahrtsstaates gegenüber den negativen Effekten der kapitalistischen Ökonomie so weit als möglich zurückzudrängen. Der Staat hat sich in der Zwischenzeit ja tatsächlich aus vielen Gebieten der Daseinsvorsorge zurückgezogen. Folgt man dieser Perpektive, so unterstützt dieser Prozess der Entstaatlichung die Gewinner der Globalisierung, die sich darangemacht haben, die im Zuge des 20. Jahrhunderts aufgebauten wohlfahrtsstaatlichen Bremsen gegenüber einer brutalen Entfaltung der Spielregeln der kapitalistischen Ökonomie zu beseitigen. Der Neoliberalismus liefert das Denkgebäude, um diesen Prozess als unausweichlich erscheinen zu lassen. „Globalisierung ist ein Mythos im starken Wortsinne, ein Machtdiskurs, eine ‚Ideenmacht', eine Vorstellung, die gesellschaftliche Macht besitzt, die Glauben auf sich zieht. Sie ist die entscheidende Waffe im Kampf gegen die Errungenschaften des Welfarestate" (P. Bourdieu 1998).

Auf der anderen Seite mehren sich die Stimmen, die betonen, unsere Gesellschaft sei nicht mehr in der altbewährten Dichotomie von Sozialismus und Kaptialismus zu beschreiben. Die lange Zeit so stabilen Strukturen der Industriegesellschaft, wie sie für die wirtschaftlich hoch entwickelten Regionen dieser Welt prägend waren, befinden sich selbst in Auflösung. In diesem Sinne muss man den Zusammenbruch des Sozialismus und seiner spezifischen Form gesellschaftlicher Verfasstheit als einen grenzsprengenden Aspekt der gesellschaftlichen Evolution sehen, in der diese lange Zeit so wichtige Differenz ihren historischen Sinn verloren hat. Sieht man Kapitalismus und Sozialismus als zwei Seiten der modernen Gesellschaft (dazu Baecker 1998a), dann hat der Wegfall dieser Differenz längst auch dem Kapitalismus einen tief gehenden Strukturwandel beschert, dessen Vorboten, wie weiter oben bereits angedeutet, schon lange vor dem Fall der Berliner Mauer wirksam waren. Man kann demnach die einschneidenden Veränderungen im Wirtschaftssystem und darüber hinaus auch in den anderen gesellschaftlichen Funktionssystemen, deren Zeuge wir im zu Ende gehenden Jahrzehnt geworden sind, als Beleg dafür nehmen, dass wir es bei dieser Entwicklung „nicht mit einem Problem der Transformation des Sozialismus in den Kapitalismus zu tun haben, sondern mit Problemen einer Transformationsgesellschaft, die weder nach dem Modell des Sozialismus noch nach dem Modell des Kapitalismus verstanden werden kann. Statt dessen sucht diese Gesellschaft nach einem neuen Verhältnis von Organisation und Gesellschaft, dem sowohl die Suggestion des Sozialismus (das haben alle gemerkt) als auch die Suggestion des Kapitalismus (das werden wir noch merken) geopfert werden mussten" (D. Baecker 1998a, S. 113). Der Suche nach einer Neudefinition dieses Verhältnisses verdanken wir letztlich die anhaltende Diskussion um die Lernfähigkeit von Organisationen.

Nach übereinstimmender Einschätzung vieler Beobachter kommt dem Funktionswandel des Faktors Wissen in diesem Transformationsprozess eine ganz entscheidende Rolle zu. Dieser Wandel betrifft sowohl die künftige Rolle des Staates in seiner Funktion als Infrastrukturproduzent als auch die einzelnen Organisationen, die in ihrer Leistungserbringung mehr und mehr auf neue Formen der Wissensarbeit angewiesen sein werden (vgl. zu beidem H. Willke 1997b, 1998). In einem ähnlichen Sinne bringt auch Peter Drucker seine tiefe Überzeugung zum Ausdruck: "That the new society will be both a nonsocialist and a postcapitalist society is practically certain. And it is certain also it's primary ressource will be knowledge" (1994, p. 4). Dieser Bedeutungszuwachs des Faktors Wissen empfängt seine hauptsächliche Triebkraft daraus, dass sich die Wertschöpfung der Unternehmen in den beiden letzten Jahrzehnten zusehends in Leistungsprozesse verlagert hat, in denen es primär auf die Mobilisierung und Rekombination komplexer Wissensbestände ankommt. Das heißt, der Wertschöpfungsanteil der schlichten Produktion von Gütern ist deutlich zurückgegangen und wird noch weiter schrumpfen, während der Anteil wissensbasierter Dienstleistungen in der Industrie und in der Gesellschaft ganz allgemein stark im Steigen begriffen ist. "Knowledge-based service activities are now the critical elements in most companies value chains – regardless of wether they are in manufacturing or in the service industries. Such activities, developed in strategic depth around customer needs, provide the primary bases (1) for differentiation in todays marketplace and (2) for creating insurmountable entry barriers for competitors" (J. B. Quinn 1992, p. 58).

In der eben zitierten Studie von J. B. Quinn kann der Autor eindrucksvoll zeigen, wie diese schrittweise Verlagerung der Wertschöpfungsprozesse hin zu wissensbasierten Dienstleistungen, die immer mehr auch im Zusammenhang mit hoch intelligenten Produkten stehen, dem Fakor Wissen gegenüber den klassischen Produktionsfaktoren eine Sonderstellung verschafft hat. Der wirtschaftliche Strukturwandel hat in den letzten Jahren diesen Prozess eher noch beschleunigt, ohne dass sich allerdings ein entsprechendes Problembewusstsein auf einer breiteren Basis in den einzelnen gesellschaftlichen Bereichen schon mitentwickelt hätte. „Mit der Höherstufung von Produkten und Dienstleistungen zu wissensbasierten, professionellen Gütern verlieren die herkömmlichen Produktionsfaktoren (Land, Kapital, Arbeit) gegenüber der implizierten oder eingebauten Expertise dramatisch an Bedeutung, und damit wandelt sich die moderne kapitalistische Ökonomie schrittweise in eine Produktionsform, die zwar immer noch von Arbeit und eingesetztem Kapital abhängig ist, tiefgründiger und nachhaltiger aber von Expertise im Sinne von ‚intellectual capital' als demjenigen Produktionsfaktor, der die zukünftige Leistungsfähigkeit von Organisationen bestimmt" (H. Willke 1998, S. 163).

Nimmt man solche Einschätzungen ernst, und aller Augenschein spricht eigentlich dafür, dies zu tun, dann wird der Umgang mit Wissen zu einem der ganz zentralen Qualitätsmerkale von Organisationen. Gemeint ist damit "the capability of a company as a whole to create new knowledge, disseminate it throughout the organization and embody it in products, services and systems" (J. Nonaka u. H. Takenchi 1997). Mit dieser Bedeutungsumschichtung der klassischen Produktionsfaktoren zugunsten der Ressource Wissen verlagert sich die Suche nach Erfolgsfaktoren von Unternehmen auf eine ganz andere Ebene. Es geht plötzlich nicht mehr nur um hohe Marktanteile, um niedrige Kosten, um einen bestimmten technologischen Vorsprung, um eine gute Eigenkapitalausstattung etc. Mit dieser Frage steht die Organisation selbst, insbesondere ihre geschichtlich aufgebauten Lernmechanismen, ihr evolutionäres Potenzial, im Zentrum der Betrachtung.

Verknüpft man die hier zuletzt angestellten Überlegungen mit der vorangegangenen Diagnose einer prinzipiell unüberblickbar gewordenen Umwelt und der Nichtprognostizierbarkeit von Zukunft, dann wird vollends verständlich, warum die Themen Lernen und Wandlungsfähigkeit so ins Zentrum der Managementaufmerksamkeit gerückt sind. Denn nach der landläufigen Auffassung führt Lernen zu mehr Wissen und die Flexibilisierung der Organisation zu einer schnelleren Anpassung an sich ändernde Verhältnisse in der Umwelt. Deswegen führen Fragen des Wissensmanagements, der lernenden Organisation und Konzepte des Veränderungsmanagements schon seit längerem die Topthemen der Managemententwicklung an. Dieser Umstand mag zu der Auffassung ermutigen, dass damit endlich auf einer breiteren Basis der schon seit langem diskutierte Paradigmenwechsel im Management hin zu einem nichttrivialen Führungsverständnis angestoßen wird (vgl. zu diesem Verständnis R. Wimmer 1992). Doch wer die unterschiedlichsten Managementmoden in den vergangenen zwei Jahrzehnten hat kommen sehen und wieder verschwinden, mahnt zur Vorsicht. Gerade die neu entstandene Qualität von Unsicherheit und die zugrunde liegende Beschleunigungstendenz der beobachtbaren Veränderungen stimulieren in der Praxis aus meiner Sicht verstärkt jene Bemühungen, die rasche Lösungen versprechen.

Damit kommt wieder ein eher instrumentelles Intverventionsrepertoire zum Zuge, indem, ebenso wie vor Jahren Kontinuierliche Verbesserungsprozesse oder Total Quality Management „eingeführt" worden sind, jetzt auf neue Change-Management-Konzepte gesetzt oder der Aufbruch in eine lernende Organisation proklamiert wird. Schon ein vordergründiger Blick in die einschlägigen Publikationen zeigt, dass vielfach auf die neuen Herausforderungen mit alten Antworten reagiert wird. Seit langem praktizierte Lösungen und die ihnen zugrunde liegenden Denkmodelle erhalten jetzt neue Überschriften. Die sensiblen Teile des Managements sowie Berater mit ihrem feinen Gespür für modisch wirksame Terminologien, aber auch der eine oder andere aus dem Feld der Wissenschaft haben gelernt, in einer veränderten Sprache das zu beschreiben, worauf es heute ankommt. Die zum Einsatz kommenden Bewältigungsmuster entstammen aber vielfach noch den gewohnten Routinen. Die semantischen Neuerungen dürfen nicht darüber hinwegtäuschen, dass die tatsächlich praktizierten Steuerungsformen zumeist die bislang eingespielten Strukturen eines trivialen Organisationsverständnisses reproduzieren.

Das Thema „Wissensmanagement" dürfte sich für diese Art von Mutation in besonderer Weise anbieten. Wenn man Wissen als Ressource, als Produktionsfaktor ähnlich wie Boden, Kapital, Arbeit, Energie etc. betrachtet, dann ist es nahe liegend, zu glauben, man könnte diesen „Rohstoff der Zukunft" auch in der bisherigen Tradition managen. „Denn ähnlich wie herkömmliche Produktionsfaktoren lässt sich auch das Wissen eines Unternehmens analysieren, bilanzieren und managen" (G. Probst et al. 1997, S. 30). Erhält Wissen einen primär stofflichen Charakter, wie dies in der Schule ja üblich ist, dann ist es nicht verwunderlich, zu glauben, man könne die traditionellen Denkmuster eines optimierenden Ressourceneinsatzes auch hier zur Anwendung bringen. Entsprechend verdinglicht sehen dann auch die Verfahrensweisen aus, mit deren Hilfe neue Formen des Wissensmanagements in Unternehmen implementiert werden sollen. Dominant bleibt in solchen Fällen stets der Ausbau der technologischen Infrastruktur (interne Netze, Wissensdatenbanken etc.). Es bleibt abzuwarten, welcher Einfluss von solchen primär technologieorientierten Maßnahmen auf die Diffundierung bestehenden Wissens bzw. auf die Generierung neuen Wissens in Organisationen tatsächlich ausgeht.

Im Unterschied zu solch „dinghaften" Vorstellungen wird in dieser Arbeit davon ausgegangen, dass sich die Besonderheit der Ressource Wissen nicht dadurch erschließt, dass man sie mit den klassischen Produktionsfaktoren auf eine Ebene stellt (ähnlich sieht dies auch H. Willke 1998). Wissen hat offensichtlich sehr viel mit dem zu tun, was ein soziales System in seinem Prozess des Entstehens und der daran anknüpfenden Geschichte an erfolgreichen Strategien zur Sicherung des eigenen Überlebens entwickelt hat. Es findet in den Produkten und Dienstleistungen, im gesamten Leistungsspektrum einer Organisation den äußerlich beobachtbaren, zumeist sinnlich nachvollziehbaren Ausdruck. Diese sind die nach außen sichtbaren Früchte, während das kollektiv erworbene Wissen die nicht leicht zugänglichen Wurzeln, die tiefer liegende Quelle der Leistungsfähigkeit einer Organisation darstellt.

Diese Quelle speist sich aus dem Erfahrungsschatz, der im Laufe der Zeit durch die erfolgreiche Bewältigung von Herausforderungen im Verhältnis zu ihren spezifischen Umwelten, aber auch im Umgang mit den eigenen, internen Entwicklungsproblemen aufgebaut worden ist. Dieser Erfahrungsschatz bündelt ganz unterschiedliche Wissenskomponenten (das Beherrschen bestimmter Technologien, unterschiedliches Prozesswissen, Kenntnisse der Bedürfnisse der Kunden und anderer externer Bezugsgruppen, das Wissen um die Eigenheiten der eigenen Organisation, der handelnden Personen etc.). Erst das Zusammenwirken dieser Komponenten schafft die spezifische Know-how-Basis einer Organisation, die die Einzigartigkeit ihres Problemlösungspotenzials im Vergleich zu anderen zu begründen vermag. Wissen ist eine Ressource, die sich durch ihren Einsatz nicht verbraucht, im Gegenteil. Gelingt es einem, die eigenen Operationen als erfolgreich zu qualifizieren, so bestätigt und festigt dies die in Anwendung befindlichen Wissensfelder, und dies wiederum schützt vor Verunsicherung und Irritation.

Eines dürfte aus dem Gesagten schon deutlich geworden sein: Wenn heute vom Wissen als einer besonderen Ressource für die Leistungsfähigkeit von

Organisationen die Rede ist, so ist damit in der Regel nicht jenes Wissen gemeint, das in den Köpfen von Personen steckt, obwohl dieses natürlich auch immer mehr an Bedeutung gewinnt. „Sondern hier ist die Rede von einem sozialen Wissen, das in den Verhältnissen steckt und das uns in dem Ausmaß, in dem wir in ihnen stecken, zwangsläufig bekannt und unbekannt zugleich ist" (D. Baecker 1998b, S. 10). Wenn wir Wissen zum Thema machen, dann thematisieren wir unweigerlich diese Verhältnisse und uns in diesen. Diese Thematisierung ist insofern heikel, als es schwer vermeidbar ist, bei solchen Kommunikationsanlässen die Differenz zwischen Wissenden und Nichtwissenden nicht gleichzeitig mit aufzumachen. Wer Wissen in Anspruch nimmt, um es explizit anderen zur Verfügung zu stellen, baut damit automatisch eine Asymmetrie auf zwischen jenen, die wissen, und jenen, die es sichtlich notwendig hätten, zu wissen.

Die irritierenden Implikationen, die in der Regel mit so einer Beziehungskonstellation verbunden sind, machen zunächst einmal aus emotionalen Gründen die Ablehnung einer solchen Zumutung wahrscheinlich. In einer sozialen Umgebung, in der es überwiegend auf die Selbstinszenierung von Wissen ankommt, in der man in Entscheidungsprozessen glaubt, nur über Wissensbehauptungen Einfluss zu bekommen, kurz, im Kontext von Organisationen ist das explizite Rekurrieren auf das Nichtwissen anderer stets riskant. Es bedarf schon ganz spezieller Kommunikationsanlässe, die es ermöglichen, die Position des Nichtwissens und die damit verbundene Irritation des eigenen Kompetenzempfindens als chancenreich zu entdekken; chancenreich deshalb, weil nur darüber tiefer gehendere Lernprozesse angestoßen werden. Üblicherweise treffen wir in Organisationen eine solche Lernkultur nicht an.

Es ist zu vermuten, dass der Bedeutungszuwachs des Faktors Wissen die hier nur angedeuteten Paradoxien im expliziten Management dieser Ressource noch verschärfen wird. Jede Art von Wissensmanagement, das auf die eingespielten, „naturwüchsigen" Muster des Umgangs mit bestehendem und der Generierung neuen Wissens gezielt Einfluss gewinnen will, muss Mittel und Wege finden, wie den „Ablehnungswahrscheinlichkeiten", die mit der expliziten Thematisierung von Wissen in Organisationen unvermeidlich verknüpft sind, begegnet werden kann. Voraussetzung dafür ist ein Managementverständnis, das Organisationen als autopoetische, d. h. als sich selbst organisierende soziale Systeme sieht und nicht als maschinenähnliche Werkzeuge zur Verfolgung von Zwecken, die von außen gesetzt sind. Am Beispiel des Wissensmanagements lässt sich gut zeigen, welche Herausforderungen in der Steuerung von Prozessen liegen, mit deren Hilfe ein System sich entlang der Differenz von Wissen und Nichtwissen selbst zum Thema macht. Diese Art von Reflexion sorgt gleichsam für eine Dauerirritation. Denn „die Ablehnungswahrscheinlichkeit jeden Wissens erklärt sich daraus, dass damit sowohl die Realitätssicht des sozialen Systems, in dem dieses

Wissen kommuniziert wird, als auch das System selbst, das sich diese und nicht eine andere Realtität konstruiert, auf dem Spiel steht" (D. Baecker 1998b, S. 10). Sind unsere heutigen Organisationen für diese Art von Dauerirritation gerüstet? Wie müssten die organisationsinternen Kommunikationsstrukturen aussehen, die dieses Irritationspotenzial bewältigbar machen? Welche Art von Führungsleistung muss dafür erbracht werden? Es tauchen an dieser Stelle eine Fülle von Fragen auf, bei denen wir sowohl in der Theorie wie in der Praxis noch weit davon entfernt sind, bereits erprobte Antworten anbieten zu können.

Wir gehen davon aus, dass mit den eingangs beschriebenen Veränderungen im Umfeld von Organisationen das organisationsinterne Potenzial zur Selbstthematisierung unweigerlich erhöht werden muss, will man den qualitativ neuen Steuerungsanforderungen gerecht werden, die mit einer Ausweitung primär wissensbasierter Leistungsprozesse zwangsläufig einhergehen. Damit nehmen jene Kommunikations- und Entscheidungsanlässe dramatisch zu, in denen emotional heikle, zutiefst verunsichernde Themen verhandelt werden müssen. Auf diese Weise wird die Steigerung der Selbstthematisierungsanlässe vor den eingeschwungenen Zuständen im Management selbst, vor der Art und Weise, wie in einer Organisation die relevanten Führungsleistungen erbracht werden, nicht Halt machen. Die Themen Wissensmanagement und lernende Organisation markieren somit zentrale Entwicklungsfelder, in denen das traditionelle Führungs- und Organisationsverständnis an seine Grenzen kommt. Im Übrigen, es sind dies Grenzen, die auch bei den vielen radikalen Transformationsversuchen der Neunzigerjahre oftmals ganz schmerzhaft erfahren werden mussten (vgl. dazu R. Wimmer 1999). Aus diesem Grunde stehen unsere tradierten Vorstellungen von Führung, von Hierarchie, von Wandel, letztlich unser herkömmliches Organisationsverständnis selbst mit auf dem Spiel, wenn wir zu Fragen der Lernfähigkeit sozialer Systeme einen angemessenen theoretischen Zugang bekommen wollen, der letztlich auch unserem praktischem Umgang mit diesen Fragen eine tragfähige Orientierung verschaffen kann.

4. Was meint überhaupt „Lernfähigkeit" mit Blick auf Organisationen?

Die beeindruckende Karriere, die der Begriff von der lernenden Organisation in den zurückliegenden zehn Jahren genommen hat, hängt nicht zuletzt auch mit seiner charakteristischen Unschärfe zusammen. Er weckt einerseits ausreichend unbestimmte Hoffnungen, dass es in der Zukunft besser wird (denn ein Mehr an Lernen kann auf keinen Fall schaden), und lässt gleichzeitig Raum für sehr unterschiedliche Konzepte und Lösungswege, um diese Hoffnungen einzulösen. Diese eine Vielfalt von Anschlussstellen ermöglichende Unschärfe macht ihn insbesondere für Situationen attraktiv, in denen es um die Suggestion von Verständigung zwischen sehr heterogenen

Partnern geht, ohne dass das zu lösende Problem genauer spezifiziert und ohne dass ein explizites Verständnis der anzustrebenden Ziele herbeigeführt werden muss.

Die hohe Plausibilität, die die Forderung nach einer Verstärkung des Lernens heute besitzt, bestärkt den Eindruck, man könne Veränderungen vorantreiben und sich gleichzeitig aufwendige Kommunikations- und Abstimmungsprozesse ersparen. Diese eigentümliche Suggestionskraft des Begriffs Lernfähigkeit dürfte sich vor allem im Zusammenhang von Organisationen entfalten können, handelt es sich hier doch um einen Typus sozialer Systeme, mit dem man diese Eigenschaft zumindest auf den ersten Blick nicht unbedingt assoziiert. Angesichts des akuten Veränderungsdrucks, unter den in der Zwischenzeit Organisationen in fast allen gesellschaftlichen Bereichen geraten sind, stellt die Fokussierung auf Lernfähigkeit ungewöhnliche Lösungsperspektiven in Aussicht. Lernen verspricht Beweglichkeit und damit die Umsteuerung der gebündelten Aufmerksamkeit einer Organisation von Routine auf Innovation. Genau diese latenten Versprechen sind es, die den Begriff der Lernfähigkeit einerseits emotional so attraktiv machen, die ihm aber andererseits sowohl in seiner Orientierung für die praktische Gestaltung von Organisationsentwicklungsschritten als auch in seiner theoretischen Reichweite charakteristische Grenzen auferlegen.

Diese Grenzen werden zugänglich, wenn man sich die Frage stellt, welche Unterscheidung eigentlich der Diskussion um die Lernfähigkeit von Organisationen zugrunde liegt. Wovon wird denn die lernende Organisation unterschieden? Dieses andere wird selten explizit beschrieben, weil man diese Kehrseite als selbstverständlich geklärt voraussetzen kann. Normalerweise sehen jene, die diesen Begriff in die Debatte um die zukünftige Entwicklungsrichtung von Organisationen einbringen, auf der Außenseite der Unterscheidung die „nichtlernende" Organisation. Diese ist stabil, hält an den eingespielten Routinen fest, wehrt sich gegen Veränderungszumutungen; für sie ist Lernen kein Thema, weil es ihr im Kern darum geht, ihre historisch gewachsene Identität auch künftig aufrechtzuerhalten. Wie gesagt, gerade im Umgang mit Organisationen leuchtet diese Differenz *prima vista* ein. Unsere Alltagserfahrungen, in denen uns immer wieder das Scheitern von Veränderungsbemühungen vor Augen geführt wird, verschaffen genau dieser Art von Unterscheidung eine gewisse Evidenz. Lernfähigkeit, das ist es, was den Organisationen unserer Zeit zutiefst mangelt. Den Teufelskreis der *Logik des Misslingens* (D. Dörner 1989) zu durchbrechen, auf dieses Ziel hin gälte es Organisationen weiterzuentwickeln, wenn sie mit dem heutigen Komplexitäts- und Risikograd ihrer Entscheidungslagen halbwegs angemessen fertig werden wollen. Unterstützt wird diese Plausibilität durch den impliziten Aufforderungscharakter, der der Unterscheidung zwischen Lernfähigkeit und Lernunfähigkeit zugrunde liegt. Lernfähigkeit ist allemal besser als das Gegenteil. Automatisch richtet sich der Blick auf die

Innenseite der Differenz. Denn welche Organisation möchte schon als lernunfähig dastehen!?

Es gibt also eine Reihe von guten Gründen, die dafür sorgen, dass die dem Begriff der lernenden Organisation zugrunde liegende Unterscheidung unsichtbar bleibt. Damit bleibt aber auch der Umstand unthematisierbar, dass sich die Verwender dieses Begriffes automatisch auf die bessere Seite bringen und den Status quo von Organisationen als lernunfähig abwerten. „Je mehr wir glauben, dass die Motive einer Unterscheidung in der Sache stecken, die sie sichtbar macht, desto unauffälliger wird uns der Beobachter, der die Unterscheidung trifft" (D. Baecker 1998b, S. 17). In diesem Unsichtbarmachen wichtiger Implikationen des Begriffs liegen allerdings die zentralen Probleme, mit denen die bisherige Diskussion um Fragen der Lernfähigkeit von Organisationen vor allem in der Praxis zu kämpfen hatte. So plausibel die Forderung nach einem Ausbau des Lernens von Organisationen auch ist, so schwierig ist es, dieser nachzukommen, ohne im Detail zu wissen, was Lernen bezogen auf Organisationen eigentlich heißt und was da neu hinzukommt, wenn Organisationen die „lernende Organisation" in sich selbst einführen. Wann kann ein Unternehmen von sich behaupten, es sei lernfähig im Unterschied zu anderen bzw. im Vergleich zu seiner bisherigen Geschichte? Solche und ähnliche Fragen führen sehr rasch in die Paradoxien hinein, die der herkömmliche Sprachgebrauch, der so tut, als wäre Lernen etwas, das bestehenden Organisationen hinzugefügt, in diese erst eingeführt werden müsste, normalerweise verdeckt.

Dieser blinde Fleck wird dem Beobachter unmittelbar zugänglich, wenn er seine Unterscheidungen anders wählt. Ein genauerer Blick in die Eigendynamik von Organisationen zeigt uns relativ rasch, dass die Differenz lernende/nichtlernende Organisationen eigentlich wenig Sinn macht. Wie andere lebende Systeme auch, lernen Organisationen, solange sie existieren. Um die eigene Existenz fortzusetzen, bedarf es ständiger Aktivitäten, die im Austausch mit den Umwelten, in die sie eingebettet sind, die eigene Reproduktion sichern helfen. Im Falle von Organisationen sind es Entscheidungen, die die immer wieder neu auftauchende Unsicherheit bearbeitbar machen und an die weiteren Entscheidungen anschließen, die wiederum vor dem gleichen Problem der Unsicherheitsbewältigung stehen. Bei diesen Anschlussaktivitäten passieren unweigerlich mehr oder weniger große, mehr oder weniger auffällige Veränderungen, sei es in den Leistungen und Produkten selbst, in den Verfahren und Prozessen, in den Kommunikationsmustern und Strukturen, auf denen das weitere Geschehen in der Organisation dann aufsetzt. Existenzsicherung und Identitätserhaltung sozialer Systeme sind über die Zeit hinweg nur durch permanenten Wandel zu haben. Dies bedeutet, dass jede Art von Organisation ihre eigendynamische Form des Lernens besitzt, im Laufe ihrer Geschichte höchst individuelle Lernmechanismen ausgeprägt hat, die als das Ergebnis der Auseinandersetzungen mit ihren spezifischen Umwelten und der selbst aufgebauten Eigenkomplexität anzusehen sind. Insofern kann jede Organisation auf eine charakteristische Lerngeschichte zurückblicken und beweist durch die Fortführung der eigenen Existenz ein bestimmtes Maß an Lernfähigkeit.

Folgt man diesen Überlegungen, dann ist leicht einsichtig, dass die Differenz Lernen/Nichtlernen im Sinne eines Entweder-oders in die Irre führt. Jedes soziale System braucht eine lebensfähige Balance zwischen sich ändern und einen bestimmten Zustand stabil halten. Lernen und sich weiterentwickeln bzw. nicht lernen und gleich bleiben, d. h. sich gegenüber bestimmten Veränderungsimpulsen indifferent zeigen, sind beides Fähigkeiten, die für die Überlebenssicherung von Organisationen in gleicher Weise bedeutsam sind. Jede Art von prinzipieller Höherwertigkeit einer dieser beiden grundsätzlichen Verhaltensstrategien verweist auf die Präferenz des jeweiligen Beobachters und rechtfertigt sich nicht aus den Überlebensbedingungen von Organisationen. Für diese kommt es letzlich in erster Linie darauf an, sich als Organisation in ausreichendem Maße irritierbar zu halten, um überhaupt entscheiden zu können, ob in der jeweiligen Situation Lernen oder Nichtlernen die angemessene Strategie darstellt. Die implizite Präferenz der bisherigen Diskussion um die Lernfähigkeit von komplexen sozialen Systemen fürs Lernen übersieht, dass es gerade um eine jeweils neu zu findende Balance zwischen Lernen und Nichtlernen geht und dass dafür das Ausmaß der eigenen Irritierbarkeit in der Beobachtung überraschender Abweichungen (gemessen an den eingespielten Erwartungen) das entscheidende Kriterium ist. In diesem Sinne scheint es weiter führend zu sein, den Begriff der Lernfähigkeit auf den Grad der Irritierbarkeit bzw. auf die Verarbeitungschancen von Irritationen in Organisationen zuzuspitzen. Um diesen Gedankengang noch weiter vertiefen zu können, gilt es in einem nächsten Schritt, im Kontext der Entwicklung von Organisationen einige aktuelle evulutionstheoretische Überlegungen aufzugreifen (vgl. dazu H. Wimmer 1996 und N. Luhmann 1997, S. 413 ff.).

5. Evolutionäre Mechanismen von Organisationen

Der Rückgriff auf Denkfiguren aus der Evolutionsforschung ist im Zusammenhang mit organisationstheoretischen Fragen durchaus keine Selbstverständlichkeit, obwohl es da bereits den einen oder anderen Versuch gibt. Einige Grundannahmen der klassichen Evolutionstheorie sind zu sehr umstritten, als dass sie so ohne weiters in sozialwissenschaftliche Überlegungen eingebaut werden könnten (im Detail vgl. dazu H. Wimmer 1996, S. 83 ff.). Trotzdem erscheint es fruchtbar, einige evolutionstheoretische Einsichten, so wie sie im Rahmen der neueren Systemtheorie weiterentwickelt worden sind, aufzugreifen und zu überprüfen, inwieweit sie gerade für das Verständnis der Lernfähigkeit von Organisationen nutzbar gemacht werden können. Die Systemtheorie geht ja davon aus, dass alle lebenden, sich autopoietisch reproduzierenden Systeme (somit auch Organisationen) von ihrer Umwelt durch ganz bestimmte Störungen zwar irritiert, aber nicht direkt (im Sinne eines linearen kausalen Wirkungszusammenhanges) zur Anpassung gezwungen werden können. Lebende Systeme folgen ihrer eigenen Melodie, sie entwickeln sich entlang ihren internen Strukturen und Variationsmöglichkeiten und nutzen dafür die Gegebenheiten der für sie relevanten Umwelten. In diesem Sinne sind sie immer schon „angepasst" oder verschwinden von der Bildfläche. „Die Evolution selbst benötigt keine Richtungsangaben. Sie ist ohnehin kein zielorientierter Prozess" (N. Luhmann 1997, S. 446), sondern einer, der im Zeitverlauf zufällige Entwicklungschancen nutzt. Die alte Vorstellung, nach der die Evolution gleichsam als ein natürlicher Selektionsmechanismus wirkt, der die Tüchtigsten aussortiert und am Leben hält, unterschätzt die Komplexität, die in der wechselseitigen Beeinflussung von System und Umwelt liegt. So gesehen, ist von der Evolution keine immer bessere Anpassung der Übrigbleibenden zu erwarten.

Wir bringen keine endgültige Sicherheit des eigenen Gerüstetseins für unterschiedliche Umweltherausforderungen zustande. Dem Problem einer ungewissen, unbestimmten Zukunft sowie dem der Undurchschaubarkeit der Umwelt und dessen, was dort wirklich läuft, ist nicht zu entrinnen. Die Hoffnung auf eine „Übereinstimmungsgarantie" (N. Luhmann 1997, S. 126) fußt auf realitätsfernen Erwartungen. Ziel der Organisationsentwicklung kann deshalb nicht so etwas wie eine optimale Anpassung an ständig komplexer werdende Umwelten sein, sondern die Ausprägung der Fähigkeit, sich einerseits als aktiver Mitspieler zu verstehen, der die Bedingungen des eigenen Überlebens zum Teil selbst miterschafft. Dies bedeutet, sich selbst in einer Koevolution zu begreifen, in der man die Entwicklung des eigenen Umfeldes selbst aktiv mitbeeiflusst und deshalb auch selbst mitzuverantworten hat. Zum anderen geht es aber auch darum, sich in die Lage zu versetzen, für allfällige Veränderungsnotwendigkeiten organisationsintern rechtzeitig die erforderliche Empfindsamkeit aufzubringen, die die Entscheidungsgrundlagen für etwaige Kurskorrekturen zu schaffen vermag.

Die Evolutionstheorie geht davon aus, dass in dem prinzipiell nicht überwindbaren Komplexitätsgefälle zwischen System und Umwelt und in der Nichtsynchronisiertheit der jeweiligen Veränderungsdynamiken die eigentlich entscheidenden Entwicklungschancen für das System stecken. Soziale Systeme nutzen ihre Grenzen, um sich im Austausch mit ihren Umwelten in einem bestimmten Ausmaß mit Überraschungen zu versorgen, die ihrerseits Anstoß für die Weiterentwicklung der internen Strukturen bieten können, allerdings nicht zwangsläufig bieten müssen. In dieser Theorie sind demnach „Unwiederholbarkeitsannahmen eingebaut, und in diesem Sinne handelt es sich um eine Theorie des geschichtlichen Aufbaus von Systemen. Denn Evolution kommt durch eine Nutzung von vorübergehenden, nicht bleibenden Bedingungen zustande. Genau darin, dass dies möglich ist, besteht die

Chance des Aufbaus einer unwahrscheinlichen Ordnung im Laufe der Zeit" (N. Luhmann 1997, S. 416).

Hier setzt unser Verständnis von organisationaler Lernfähigkeit an. Sie beschreibt das Potenzial einer Organisation, die Unwägbarkeiten und Zufälle in der eigenen Umwelt für die Weiterentwicklung der systemeigenen Antwortfähigkeit zur Bewältigung interner und externer Herausforderungen gezielt zu nutzen. Auf einer ganz allgemeinen Ebene wird dieser evolutionäre Lernmechanismus gerne in dem bekannten Dreischritt der Variation, Selektion und Restabilisierung beschrieben. Dieses „natürliche Driften" ist in Organisationen vielfach beobachtbar. Evolutionäre Anstöße erfolgen üblicherweise im operativen Geschäft, auf der Ebene des alltäglichen Tuns. Hier wird es immer wieder mal passieren, dass man einen bestimmten Vorgang anders macht als bisher oder dass die nach außen gehende Leistung von dem bislang Gewohnten abweicht (etwa weil man aufgrund einer hartnäckigen Kundenanforderung eine andere Lösung findet). Wird diese Abweichung organisationsintern beobachtet und (aus welchen Motiven immer) für interessant empfunden, dann entsteht die Möglichkeit, mit dieser Variante weiter zu experimentieren. Der nachhaltige Erfolg dieses Probierens kann dann zu einer stabilen Routinisierung dieses neuen Lösungsweges beitragen und möglicherweise gleichzeitig das Verschwinden (Verlernen) bisheriger Praktiken anregen. Nur wenn alle drei Schritte (Variation, Selektion, Restabilisierung) beobachtet werden können, spricht man von einer erfolgreichen evolutionären Veränderung. Es braucht hier nicht weiter betont zu werden, dass diese drei Prozessschritte in keinem mechanischen Verhältnis zueinander stehen, sondern sich wechselseitig bedingen und einander voraussetzen, also zirkulär miteinander verbunden sind.

Versteht man unter Lernfähigkeit die im Lauf der eigenen Geschichte aufgebauten Möglichkeiten, zufällig sich bietende Impulse für Veränderungen zu nutzen und andere zu ignorieren, so kann man davon ausgehen, dass jedes soziale System das ihm gemäße Lernpotenzial entwickelt hat. Beobachter (intern wie extern) mögen angesichts aktueller oder künftig erwartbarer Herausforderungen durchaus zu einer anderen Einschätzung kommen. Ist dies so, dann stellt sich die Frage, ob auf diese historisch eingespielten Lernmechanismen gezielt Einfluss genommen werden kann, um für künftige Leistungsanforderungen besser gerüstet zu sein und, wenn ja, welche Art von Einflussnahme dafür geeignet ist. Verlässt man die Naivität einer relativ voraussetzungslosen Förderung des Lernens in und von Organisationen, dann gilt es, nach Interventionsmöglichkeiten zu suchen, wie man auf die eingespielte naturwüchsige Drift, d. h. auf die bestehende eigensinnige Form, in der eine Organisation ihre Balance von Lernen und Nichtlernen jeweils herstellt, gezielt Einfluss gewinnen kann. Kann es gelingen, ihr inneres Lernprogramm, ihre kulturell tief verwurzelten Mechanismen der Überlebenssicherung tatsächlich umzuschreiben? Kann eine Organisation ihre eigenen evolutionären Mechanismen sich selbst verfügbar machen, d. h. lernen, wie man die eigene Art zu lernen verändert? Es ist dieser Anspruch durchaus dem Vorhaben vergleichbar, welches die Gentechnologie mit ihrem *genetic engineering* verfolgt (vgl. zu dieser Analogie auch H. Willke 1997b, S. 48). Helmut Willke nennt dieses Bemühen um eine gezielte Einflussnahme auf die eigensinnige Entwicklungsdynamik organisierter Sozialsysteme soetwas wie eine „Evolution der Evolution" oder den Umstieg von „naturwüchsiger Veränderung zu strategischer Veränderung" (ebd., S. 48 ff.). Wir wissen auf diesem Gebiet noch vergleichsweise wenig. Es gibt jedoch bereits eine Reihe von Anhaltspunkten, die uns helfen können, die Charakteristika des Selbstveränderungspotenzials einer Organisation zu diagnostizieren.

Ausschlaggebend für diese Potential ist zweifelsohne die Vielfältigkeit, mit der ein System mit seinen unterschiedlichen Umwelten verkoppelt ist. Damit in engem Zusammenhang steht die Frage, welche Resonanz diese Koppelungspunkte zwischen System und Umwelt organisationsintern finden können. An diesen Grenz- und Verbindungsstellen entzünden sich vielfältige Irritationen, die letztlich den Stoff für mögliche Lernprozesse liefern können. Deshalb ist die Art der strukturellen Koppelungen eines Systems mit seinen Umwelten und der damit verbundene Grad an Umweltsensiblität ein ganz ausschlaggebender Faktor dafür, wie ein System das eigene Lernen organisiert. Je bestimmender die eigene Rolle gegenüber den eigenen Umwelten systemintern konzeptionalisiert werden kann und je kontaktärmer die Austauschbeziehungen nach außen gestaltet werden können, umso geringer lässt sich das Irritationspotenzial halten.

Ein anderes Merkmal, das den Grad an Umweltsensibilität einer Organisation nachhaltig prägt, ist die Art und Weise, wie sie ihre Verhaltenserwartungen an ihre Umwelt ausrichtet. Sind diese Erwartungen, die ja die alltäglichen Austauschbeziehungen mit den verschiedenen Umwelten steuern, enttäuschungsbereit konzipiert, weil sie letztlich auf Wissen basieren, das revidiert werden kann, dann erzeugen abweichende Erfahrungen stets die Chance, dass es zu einer Überprüfung des bestehenden Wissens kommt. Ergebnis eines solchen systeminternen Prüfprozesses kann es dann sein, dass neue Verhaltensstrategien entwickelt werden, mit deren Hilfe auf veränderte Umweltanforderungen zu antworten versucht wird. Leichter fällt es einem System, sich gegenüber Erwartungsenttäuschungen im Verhältnis zu seinen Umwelten zu immunisieren, wenn man diese Erwartungen normativ konzipieren kann, z. B. wird ein Gericht an den seine Entscheidungen leitenden Rechtsnormen auch dann festhalten, wenn in seinem Umfeld ständig dagegen verstoßen wird. Ähnlich gelingt es primär glaubensbasierten Systemen, an ihren Grundüberzeugungen festzuhalten, selbst wenn die gemachten Erfahrungen im Umgang mit externen Partnern zum wiederholten Male dagegen sprechen (Beispiele dafür sind Glaubensgemeinschaften, Sekten, aber gelegentlich auch politische Parteien und Protestbewegungen).

Organisationen weisen in der Regel eine charakteristische Mischung aus beiden Erwartungstypen auf, wobei entsprechend den Leistungsschwerpunkten, d. h. ihrem Aufgabenprofil, entweder die kognitiven oder die normativen Erwartungen dominieren. Da allerdings zwischen Glauben und Wissen die Grenzen oft fließend sind und Wissen gerade dann, wenn es vielfach bestätigt worden ist, eine erhebliche Enttäuschungsresistenz entwickeln kann, gelingt es oft auch primär wissensbasierten Systemen, sich manchmal gegen jeglichen Augenschein über einen längeren Zeitraum gegenüber Veränderungsimpulsen von außen zu immunisieren, d. h. ausschließlich auf die Option des Nichtlernens zu setzen. Wissen und Lernen stehen in einem seltsamen widersprüchlichen Verhältnis zueinander, das vielfach stark unterschätzt wird (vgl. eingehender dazu F. B. Simon 1997, S. 145 ff.). Je erfolgreicher man nämlich mit bestimmten Wissensbeständen die anfallenden Problemstellungen bewältigen kann, desto weniger ist Lernen erforderlich. So verstanden, beinhaltet Wissen in Organisationen einen gemeinsam aufgebauten Erfahrungsfundus, der Bewahrenswertes (weil im Tun Bewährtes) für künftige Wiederverwendung verfügbar hält. In dem Ausmaß aber, als die Berechenbarkeit des erfolgreichen Umgangs mit Umweltherausforderungen rapide abnimmt, wird es gleichzeitig darum gehen, Bedingungen zu schaffen, die die Enttäuschungsbereitschaft bestehenden Wissens fördern und primär glaubensbasierte Annahmen überprüfbar machen. Dabei spielt die Ausdifferenzierung von Kommunikationsanlässen, die für den Einzelnen relativ risikolos solche Prüfvorgänge ermöglichen, organisationsintern eine große Rolle. Das müssen Anlässe sein, die nicht unter einem hohen aktuellen Zeitdruck stehen und deshalb das Aufkommen von eigener persönlicher Irritiertheit angesichts des sichbar gewordenen Nichtwissens zulassen.

Für die Einschätzung des Selbstentwicklungspotenzials einer Organisation ist neben den eben geschilderten Faktoren, die den Grad der Umweltempfindlichkeit beschreiben, d. h. die Chancen des Irritiertwerdens erfassen, auch die Frage bedeutsam, welche Merkmale die organisationsinterne Verfassheit aufweisen muss, um aus den erzeugten Irriationen tatsächlich nachhaltig wirksame Lernprozesse anzustoßen. Hier steht ein Faktor besonders im Zentrum, nämlich die Frage, wie man mit dem umgeht, was man intern gerne als Fehler ansieht. Organisationskulturen, die beispielsweise auf Perfektionismus ausgerichtet sind, qualifizieren Unerwartetes, etwas, das vom normalen Gang der Dinge abweicht, gerne als Fehler und setzen deshalb viel Energie darauf, diese zu vermeiden. In einem solchen Umfeld kann sich Neues erst durchsetzen, wenn es seine Bewährungsprobe vielfach bereits bestanden hat. Hier benötigen Innovationen ihre spezifische Zeit, um sich – wenn überhaupt – gegenüber dem bislang Bewährten durchsetzen zu können. Der Intensitätsgrad der Lernfähigkeit wird organisationsintern demnach stark von der Vielfalt an Gelegenheiten bestimmt, vom bislang Gewohnten legitimierterweise abzuweichen. Je mehr aus dem Aufgabenbezug heraus Anlässe produziert werden, entgegen dem jeweils eingespielten Modus des Vorgehens innovative Variationen zu produzieren, umso mehr gerät ein System unter Druck, entscheiden zu müssen, was es künftig mit diesen Variationen macht, ob man sie weiterverfolgt oder als unbrauchbar zur Seite schiebt. Die Lernfähigkeit einer Organisation hängt folglich unmittelbar an der Qualität dieser Entscheidungsmechanismen, die beobachtete Abweichungen bearbeitbar machen:

„Theoretisch genauer gefasst und auf seine kommunikative Verwendung hin betrachtet, liegt der Variationsmechanismus in der Erfindung der Negation und in der dadurch ermöglichten Ja/Nein-Codierung sprachlicher Kommunikation. Man achte auf die Unwahrscheinlichkeiten dieser evolutionären Errungenschaft" (N. Luhmann 1997, S. 459).

Mit der seit einiger Zeit in Gang befindlichen Abweichung von der klassischen Hierarchie und ihren tradierten Kommunikationsmustern (vgl. dazu R.Wimmer 1998a) erhöht sich die Wahrscheinlichkeit, dass Negationen ihre situative Auffälligkeit verlieren und künftig schlicht zum normalen Prozessieren komplexer Entscheidungslagen gehören werden. Die Chance, produktive „Fehler" vorkommen zu lassen, steigt natürlich mit einer internen Differenzierung, die auf weitgehende unternehmerische Eigenverantwortung der Subeinheiten setzt und damit die interne Verknüpfung von strikter auf lose Koppelung umbaut. Das Prinzip, Unternehmen im Unternehmen zu fördern, zwingt alle Subeinheiten dazu, sowohl ihre eigenen Anliegen transparent zu machen und offensiv zu kommunizieren als sich auch immer wieder um Anschlussfähigkeit bei den internen Kunden und Lieferanten zu bemühen (vgl. dazu R. Wimmer 1995). „Je mehr Möglichkeiten des Ausdrucks und des Verstehens durch die Entwicklung einer komplexen Semantik bereitgestellt werden, desto mehr Anregungen zur Ablehnung werden mitproduziert" (N. Luhmann 1997, S. 460). Die organisatorische Vervielfachung der Möglichkeiten, Nein zu sagen, führt allerdings nur dann zu einer fruchtbaren Nutzung der damit produzierten Lernchancen, wenn seitens der Führung für geeignete Kommunikations- und Entscheidungsstrukturen gesorgt wird, die eine weiter führende Bearbeitung des dadurch gesteigerten Konfliktpotenzials ermöglichen (vgl. dazu R.Wimmer 1998a). Schon an diesem Beispiel der Produktion von Negationschancen und des Umgangs damit lässt sich gut zeigen, wie sehr das Selbstentwicklungspotenzial einer Organisation davon abhängt, wie die steigende Eigenkomplexität intern durch dazu passende Kommunikationsstrukturen bewältigbar gemacht wird. An der Bewältigung dieser Aufgabe ist in erster Linie das Management zu messen, dessen Führungsleistungen heute ja ihrerseits auf neue Kommunikationsformen angewiesen sind.

Genauer besehen, lassen sich eine Reihe von Einflussfaktoren benennen, deren wechselseitige Verstärkung ein System in die Lage versetzen, die

Funktionalität der eingespielten Lernmechanismen laufend zu überprüfen und gegebenfalls auch weiterzuentwickeln, ohne die Frage der eigenen Lernfähigkeit selbst immer wieder zum Thema machen zu müssen. Das Lernen über das eigene Lernen wird gleichsam zum inneren Programm. Im Folgenden findet sich ein Vorschlag, wie diese Einflussfaktoren konzeptionalisiert und wie sie möglicherweise auch als Diagnoseleitfaden zur Einschätzung des eigenen Entwicklungspotenzials genutzt werden können.

6. Welche Faktoren prägen das Selbstentwicklungspotenzial von Unternehmen?

Die Ausgangsthese lautet: Jedes Unternehmen braucht eine lebensfähige Balance zwischen „sich verändern" und „bestimmte Zustände stabil halten". Lernen und sich weiterentwickeln bzw. nicht lernen und gleich bleiben sind Fähigkeiten, die für die Überlebenssicherung von Organisationen in gleicher Weise bedeutsam sind. Es kommt also darauf an, sich in ausreichendem Maße irritierbar zu halten, um entscheiden zu können, ob Lernen oder Nichtlernen jeweils die angemessenere Strategie darstellt. Vorausschauende Selbsterneuerung bedeutet, jene Strukturen zu schaffen, die es einer Organisation ermöglichen, die notwendigen Veränderungen so rechtzeitig anzustoßen, dass für ihre erfolgreiche Implementierung ausreichend Zeit zur Verfügung steht. Solche Veränderungen haben vom Ergebnis her gesehen vielfach revolutionäre Auswirkungen, sie kommen aber auf einem evolutionären Weg zustande.

Um ein Unternehmen mit diesen lebenswichtigen Irritationen (Lernanstößen) zu versorgen bzw. um die Anstöße produktiv aufzunehmen und zu verarbeiten, dafür sind folgende Faktoren ausschlaggebend:

Grad der Umweltsensibilität. Über welche Berührungspunkte nach außen verfügt ein Unternehmen, über die Lernanstöße ins Innere gelangen können?

- Art der Zusammenarbeit mit Kunden, z. B.: gemeinsamer Know-how-Erwerb mit besonders herausfordernden Kunden, Formen der Feedbackbearbeitung, gezieltes Lernen von Kundenproblemen.
- Kundenunabhängige Formen der Markt- und Umweltbeobachtung (Auswertung von Branchenanalysen, Konjunkturdaten, Kooperation mit Marktforschungsinstituten, mit statistischen Einrichtungen, mit der medialen Öffentlichkeit etc.).
- Art der Zusammenarbeit mit Zulieferern und anderen Kooperationspartnern in der Wertschöpfungskette, die Gestaltung stimulierender Unternehmensnetzwerke.
- Beobachtung der Wettbewerbsdynamik: Orientierung aller Leistungsprozesse an den besten Mitbewerbern bzw. an vorbildhaften Entwick-

lungen in den angrenzenden Branchen (Stichwort „Benchmarking"); nicht mit dem Ziel des schlichten Kopierens, sondern um permanent Anregungen zur Weiterentwicklung des eigenen Potentials zu bekommen.
- Systematischer Wissenstransfer in allen relevanten Know-how-Feldern des Unternehmens (Zusammenarbeit mit Forschungseinrichtungen, Universitäten, Fachverbänden, Beratungsfirmen etc.).

Umgang mit Wissen. Wie wird für die Wissensbasis gesorgt, die ein Unternehmen zur Aufrechterhaltung seiner Leistungsfähigkeit benötigt?

- Art der Vorhaltung von und des Zugangs zu Wissen. Welche Form dominiert: implizites Wissen (aufgebaut und gepflegt von den handelnden Personen) oder organisatorische Wissensbasis (Dokumentation des relevanten Know-how, Ausschöpfen der technischen Möglichkeiten zur Verbreiterung des Zugangs und zur laufenden Aktualisierung des Bestandes)? Wie hoch ist der Grad der Personenabhängigkeit in der Nutzung und Weitergabe von Wissen? Wie steht es um die „Intelligenz" der Organisation?
- Formen der Generierung neuen Wissens.
- Wie entsteht normalerweise neues Wissen im Unternehmen (eher zufällig oder gezielt als Teil eines expliziten Wissensmanagements?)
- Wie durchlässig sind die Grenzen von Abteilungen und Bereichen?
- Wie gelangen erfolgreiche Innovationen des einen Bereiches in andere? Gibt es organisierte Formen des Voneinanderlernens? Welche Merkmale der eigenen Kultur fördern diese, welche behindern sie? Wie offen ist das Unternehmen für Anregungen von außen?
- Steht die Pflege der altbewährten Wissensbestände im Vordergrund, oder wird die Generierung eines neuen Problemlösungswissens belohnt? Welche möglicherweise auch ganz latenten Spielregeln sind diesbezüglich im Unternehmen beobachtbar?

Art der Fehlerverarbeitung, Umgang mit Abweichungen
Je mehr eine Organisation darauf Wert legt, dass keine Fehler passieren, umso weniger ist sie in der Lage, aus ungeplanten Abweichungen Anstöße für die eigene Weiterentwicklung zu gewinnen.

Welche Standards im Umgang mit Abweichungen sind im Unternehmen feststellbar? In welchen Bereichen ist der Hang zum Perfektionismus besonders ausgeprägt? Wo lässt sich beobachten, dass aus Fehlern besonders erfolgreich gelernt wird?

Wie kann sich ein Unternehmen die Existenz überraschender Abweichungen (Fehler) zunutze machen? Das Ausschöpfen „überlebensfördernder" Fehler als Lernquelle erfordert:

- Umstellung von einer Kultur der Fehlervermeidung auf das Prinzip des ständigen
- Verbesserungsprozesses.
- Umstellung von einer Politik des Sichabsicherns auf Risikobearbeitung und
- gemeinsam verantwortete Risikoübernahme.
- Schaffung eines selbstbewussten Umgangs mit der Differenz Wissen/Nichtwissen; die
- Enttabuisierung des Nichtwissens; eine Kultur, die intelligente Fragen belohnt und nicht schnelle Antworten.
- Förderung der Möglichkeit des Experimentierens; Freiräume für mögliches Scheitern
- schaffen; Gelegenheiten für ein gezieltes Auswerten solcher Erfahrungen zur Verfügung stellen.

Entwicklungsstand der Führungsstrukturen und des Kooperationsniveaus in den jeweiligen Führungsteams

Je problembeladener die Führungskonstellation in einem Unternehmen ist, umso weniger können die unterschiedlichen Lernimpulse aufgegriffen und umgesetzt werden.

- Sorge um die erforderliche Ausdifferenzierung der Führungsaufgaben (keine vorwiegend statusorientierte Schaffung von Führungspositionen).
- Sorgsamer Umgang mit der funktional notwendigen Anzahl von Führungsebenen (schlanke Führungsstrukturen, klare Arbeitsteilung zwischen den Ebenen, wechselseitiger Respekt vor den jeweiligen Verantwortlichkeiten).
- Das Kooperationsniveau zwischen den Ebenen bzw. in den Teams. Wie arbeits- und entscheidungsfähig sind diese Führungsteams? Wie produktiv können sie mit den teaminternen Unterschieden umgehen? Wie gut können sie ihre Konflikte als Chance für das Finden neuer, kreativer Lösungen nutzen?
- Ein auf die Produktion von Wissen konzentriertes Führungs- und Steuerungsverständnis. (Gibt es ein Know-how, wie „Wissensarbeiter" zu führen sind?).
- Eine adäquate Balance von Routinisierung und Irritation. Das vorausblickende Versorgen der Organisation mit lernstimulierenden Beunruhigungen.

Der Grad fachübergreifender, projektbezogener Formen der Zusammenarbeit

- Form und Ausmaß der Verknüpfung hoch spezialisierter Know-how-Bereiche, Anlässe für interprofessionelle Kooperation. Wie häufig

kommen solche Anlässe vor, und wie werden sie genutzt? Wie sehr können sich die einzelnen Fachdisziplinen in sich abschließen, ihr Know-how vertiefen, in welchem Ausmaß sind sie aber auch gezwungen, fachübergreifende Lösungen zu finden?
- Auflösung serieller Muster der Problembearbeitung, z. B. zeitgleiches Zusammenwirken von Experten wie etwa in der Produktentwicklung, wenn Kundenvertreter, Vertriebsleute, Entwicklungsingenieure, Produktionsexperten und Qualitätssicherer simultan eine Neuentwicklung vorantreiben. Welcher Stellenwert kommt funktionsübergreifenden Teams in der Leistungserbringung zu (neue, lernstimulierende Formen der Arbeitsorganisation, wie etwa die Gruppenarbeit)? Welche Sorgfalt wird auf die Arbeitsfähigkeit solcher Teams gelegt?

Der Einbau von periodischen Schleifen der Selbstreflexion
(Balance von operativer Beschleunigung und gezielten Auszeiten zum gemeinsamen Nachdenken)

Zu diesen sich wechselseltig ergänzenden, selbstreflexiven Managementprozessen zählen:

- Mitarbeitergespräche und Zielvereinbarungen (Führung durch Ziele als Prinzip)
- Feedback an die Führungskräfte, regelmäßige Auditierungen des Managementpotenzials
- Strategieworkshops (zur periodischen strategischen Standortbestimmung und zur ständigen Überprüfung und Weiterentwicklung der eigenen Kernkompetenzen)
- Gezieltes Prozesskontrolling (z. B. Überprüfen der Qualität des Kommunikationsgeschehens)
- Projektevaluierung
- Auswertung von Veränderungsvorhaben.

Ein innovationsförderndes Personalmanagement
Lernfördernde Strukturen und lernfähige Personen stimulieren einander wechselseitig. Deshalb ist auf das Zusammenspiel zwischen der Entwicklungsfähigkeit der Personen und der Innovationsdynamik der Organisation ein besonderes Augenmerk zu legen. Dieses Ziel kann gefördert werden durch:

- eine gezielte Rekrutierung externer Know-how-Träger und deren erfolgreiche Integration;
- eine strategie- und aufgabenbezogene Personalentwicklungspolitik (Grad der
- horizontalen Mobilität, gezielte Potenzialentwicklung, Vielfalt in den Laufbahnmöglichkeiten);

- Zugänge zum impliziten Erfahrungswissen schaffen, das von wichtigen Know-how-Trägern im Lauf der Zeit aufgebaut worden ist;
- passende Formen der Lohn- und Gehaltsfindung, die auch an der Mobilisierung von Wissen anknüpfen (das Weitergeben von Wissen wie das Nachfragen von Wissen belohnen);
- Förderung selbstreflexiver Lernformen, die die eigene Persönlichkeit in der beruflichen Entwicklung mitwachsen lassen.

Die dominanten Formen der Problemzuschreibung und Problembearbeitung

Das unvermeidliche Auftauchen von Problemen, die die handelnden Personen wie die Organisation als Ganzes an ihre Grenzen führen, ist die wohl wichtigste Quelle für Neuerungen. Wie wird sie genützt?

- Externalisierung von Problemen (z. B. auf den Markt, in die Politik etc.) oder primäre Zuschreibung auf Personen: Beide Formen schützen Organisationen vor der Wahrnehmung eines Veränderungsdrucks (insofern ist die konsequente Personalisierung unbewältigter Probleme eine der wirksamsten Formen zur Immunisierung von Organisationen gegenüber Veränderungen).
- Wie wird organisationsintern mit schwierigen Situationen umgegangen, die für Einzelne oder ganze Personengruppen als persönlich peinlich oder bedrohlich wahrgenommen werden? Gibt es dafür konstruktive Bearbeitungsformen, die den Betroffenen ihre persönliche Integrität wahren helfen, oder dominieren Verteidigungsstrategien und kollektive Tabuisierung?
- Die gezielte Nutzung auftauchender Problemstellungen als Quelle des Lernens und des kollektiven Wissenserwerbs: Gibt es ein gemeinschaftliches Bewusstsein dafür, oder ist Nichtwissen in solchen Situationen ein Zeichen persönlicher Inkompetenz?
- Gibt es die anerkannte Möglichkeit, Coaching für heikle Problemsituationen gezielt zur Verfügung zu stellen und ohne Gesichtsverlust in Anspruch zu nehmen?

Literatur

Altvater, E. u. B. Mahnkopf (1997): Grenzen der Globalisierung. Münster (Westfälisches Dampfboot).

Argyris, C. (1990): Overcoming Organizational Defenses: Facilitation Organizational Learning. Boston (Allyn).

Baecker, D. (1993): Die Form des Unternehmens. Frankfurt a. M. (Suhrkamp).

Baecker, D. (1994): Postheroisches Management. Ein Vademecum. Berlin (Merve).

Baecker, D. (1995): Durch diesen schönen Fehler mit sich selbst bekannt gemacht. Das Experiment der Organisation. In: B. Heitger, C. Schmitz u. P. W. Gester (Hrsg.): Managerie.

3. Jahrbuch für systemisches Denken und Handeln im Management. Heidelberg (Carl-Auer-Systeme), S. 210–230.

Baecker, D. (1998a): Poker im Osten. Probleme der Transformationsgesellschaft. Berlin (Merve).

Baecker, D. (1998b): Zum Problem des Wissens in Organisationen. *Organisationsentwicklung* 3: 4–21.

Baecker D. (1998c): Mit der Hierarchie gegen die Hierarchie. (Heft 11 der Fakultät für Wirtschaftswissenschaft). Witten (Universität Witten/Herdecke).

Baum, J. a. J. V. Singh (eds.) (1994): Evolutionary Dynamics of Organizations. New York (Oxford University Press).

Beck, U. (1986): Risikogesellschaft. Auf dem Weg in eine andere Moderne. Frankfurt a. M. (Suhrkamp).

Beck, U. (Hrsg.) (1998): Perspektiven der Weltgesellschaft. Frankfurt a. M. (Suhrkamp).

Brunsson N. a. J. P. Olson (1993): The Reforming Organization. London (Routledge).

Camp R. C. (1989): Benchmarking: The Search for Industry Best Practices that Lead to Superior Performance. Milwaukee (Quality Press).

Doppler, K. u. C. Lauterburg. (1995): Change Management. Den Unternehmenswandel gestalten. Frankfurt a. M. (Campus).

Dörner, D. (1989): Die Logik des Mißlingens. Strategisches Denken in komplexen Situationen. Reinbek (Rowohlt).

Drucker, P. (1994): Post-Capitalist Society. New York (Harper Business).

Drucker, P. (1996): Umbruch im Management. Was kommt nach dem Reengineering? Düsseldorf (Econ).

Eisenhardt, K. M., J. L. Kahwajy a. L. J. Borgeois III (1997): How Management Teams can have a good Fight. *Harvard Business Review* 3: 77–85.

Foerster, H. von (1984): Principles of Self-Organization – In a Socio-Managerial Context. In: H. Ulrich a. G. J. B. Probst (eds.): Self-Organization and Management of Social Systems. Berlin/New York (Springer), p. 2–24.

Foerster, H. von (1993): Wissen und Gewissen: Versuch einer Brücke. Frankfurt a. M. (Suhrkamp).

Geus, A. D. (1998): Jenseits der Ökonomie. Die Verantwortung der Unternehmen. Stuttgart (Klett-Cotta).

Haman, M. T. a. J. Freeman (1989): Organizational Ecology. Cambridge, MA (Harvard University Press).

Hamel, G. (1996): Strategy as revolution. *Harvard Business Review* 2: 69–82.

Hamel, G. u. C. K. Prahalad (1995): Wettlauf um die Zukunft. Wien (Ueberreuter).

Heintel, P. u. E. Krainz (1994): Projektmanagement. Eine Antwort auf die Hierarchiekrise? Wiesbaden (Gabler).

Karlöf, B. a. S. Östblom (1993): Benchmarking. A Signpost to Exellence in Qualitiy and Productivity. Chichester/New York (Wiley).

Kotter, J. P. (1996): Leading Change. Boston (Harvard Business School Press).

Luhmann, N. (1988): Organisation. In: W. Küpper u. G. Ortmann (Hrsg.): Mikropolitik, Rationalität, Macht und Spiele in Organisationen. Opladen (Westdeutscher Verlag), S. 165–185.

Luhmann, N. (1994): Die Gesellschaft und Ihre Organisationen. In: H.-U. Derlien et al. (Hrsg.): Systemrationalität und Partialinteresse. (Festschrift für Renate Mayntz.) Baden-Baden (Nomos), S. 189–201.

Luhmann, N. (1995): Entscheidungen in Organisationen. (Unveröffentl. Manuskript.)

Luhmann, N. (1997): Die Gesellschaft der Gesellschaft. 2. Bde. Frankfurt a. M. (Suhrkamp).

March, J. G. (Hrsg.) (1990): Entscheidung und Organisation. Wiesbaden (Gabler).

Mintzberg, H. (1994): The Rise and Fall of Strategic Planning. New York (Prentice Hall).

Narr, W.-D. u. A. Schubert(1994): Weltökonomie. Die Misere der Politik. Frankfurt a. M. (Suhrkamp).

Nonaka, J. u. H. Takenchi (1997): Die Organisation des Wissens. Wie japanische Unternehmen eine brachliegende Ressource nutzbar machen. Frankfurt a. M./New York (Campus).

Peters, T. (1992): Jenseits der Hierarchien. Liberation Management. Düsseldorf (Econ).

Peters, T. (1993): Bis ist out. Wie groß darf ein marktnahes Unternehmen sein? *Harvard Business Manager* 3: 93–104.

Piore, M. J. u. C. F. Sabel (1985): Das Ende der Massenproduktion. Studie über die Requalifzierung der Arbeit und Rückkehr der Ökonomie in die Gesellschaft. Berlin (Wagenbach).

Porter, M. (1997): Nur Strategie sichert auf Dauer hohe Erträge. *Harvard Business Manager* 3: 42–58.

Probst, G. et al. (1997): Wissen managen. Wie Unternehmen ihre wertvollste Ressource optimal nutzen. Wiesbaden (Gabler).

Quinn, J. B. (1992): Intelligent Enterprise. A Knowledge and Service Bases Paradigm for Industry. New York/London (Free Press).

Quinn, R. E. a. K. S. Cameron (eds.) (1988): Paradox and Transformation: Toward A Theory of Change in Organization and Management. Cambridge, MA (Ballinger).

Schein, E. H. (1995): Wie können Organsationen schneller lernen? Die Herausforderung, den grünen Raum zu betreten. *Organisationsentwicklung* 3: 4–13.

Schreyögg, G. u. C. Noss (1995): Organisatorischer Wandel: Von der Organisationsentwicklung zur lernenden Organisation. *Die Betriebswirtschaft* 55 (2): 169–185.

Senge, P. M. (1996): Die fünfte Disziplin. Stuttgart (Klett-Cotta).

Sennett, R. (1998): Der flexible Mensch. Die Kultur des neuen Kapitalismus. Berlin (Berlin).

Simon, F. B. (1997): Die Kunst, nicht zu lernen. Heidelberg (Carl-Auer-Systeme).

Singh, J. V. (ed.) (1990): Organizational Evolution: New Directions. Newbury Park, CA (Sage).

Steward, T. (1997): Intellectual Capital. New York (Doubleday).

Sveiby, K. E. (1997): The new organizational wealth: Managing and measuring knowledgebased assets. San Francisco (Berrett Koehler).

Trompenaars, F. (1993): Handbuch globales Managen: Wie man kulturelle Unterschiede im Geschäftsleben versteht. Düsseldorf (Econ).

Weick, K. E. (1995): Sensemaking in Organizations. Thousand Oaks, CA (Sage).

Weick, K. E. u. K. H. Roberts (1993): Collective Mind in Organzations: Heedful Interrelations on Flight Desks. Administrative Science Quarterly 38: 357-381

Wiesenthal, H. (1995): Konventionelles und unkonventionelles Organisationslernen. *Zeitschrift für Soziologie* 2: 137–155.

Willke, H. (1997a): Supervision des Staates. Frankfurt a. M. (Suhrkamp).

Willke, H. (1997b): Wissensarbeit. *Organisationsentwicklung* 3: 4–18.

Willke, H. (1998): Systemisches Wissensmanagement. Stuttgart (Lucius & Lucius).

Wimmern, H. (1996): Evolution der Politik: Von der Stammesgesellschaft zur modernen Demokratie. Wien (Universitätsverlag).

Wimmer, R. (1995): Die permanente Revolution. Aktuelle Trends in der Gestaltung von Organisationen. In: R. Grossman et al. (Hrsg.): Veränderung in Organisationen. Wiesbaden (Gabler), S. 21–41.

Wimmer, R. (1996a): Die Steuerung komplexer Organisationen. Ein Reformulierungsversuch der Führungsproblematik aus systemischer Sicht. In: K. Sandner (Hrsg.) (1992): Politische Prozesse in Unternehmen. Berlin (Springer)/Heidelberg (Physica).

Wimmer, R. (1996b): Die Zukunft von Führung. *Zeitschrift für Organisationsentwicklung* 4: 46–57.

Wimmer, R. (1998a): Das Team als besonderer Leistungsträger in komplexen Organisationen. In: H. W. Ahlemeyer u. R. Königswieser (Hrsg.): Komplexität managen. Wiesbaden (Gabler).

Wimmer, R. (1998b): Organisationsentwicklung revisited: Ein Plädoyer für die Wiederbelebung ungewandelter Sozialwissenschaften. *Österreichische Zeitschrift für Politikwissenschaft* 3: 325–340.

Wimmer, R. (1999): Wider den Veränderungsoptimismus. Möglichkeiten und Grenzen einer radikalen Transformation von Organisationen. *Soziale Systeme* 1: 5–31.

Womack, J. P., D. T. Jones a. D. Roos (1990): The Machine that changed the World. New York (Maxwell Macmillan).

Teil 3: Das Konstruieren von Märkten und Zukünften

ÜBER DIE (UN-)STEUERBARKEIT KOGNITIVER SYSTEME
Kognitive und soziokulturelle Aspekte der Werbewirkungsforschung[1]

1. Werbung – Wirkung – Wirklichkeit: Werbung und Gesellschaft

Die kommerzielle Werbung projiziert heute ihre Appelle bis in die entlegensten Winkel unserer Existenz. Bereits als Kinder geraten wir in das Visier professioneller Zielgruppenplaner, und auch der „junge Markt der Alten" wird in regelmäßigen Abständen immer wieder neu entdeckt. Werbung ist nicht nur ebenso alt wie die Menschheitsgeschichte selbst, so wie dies Hanns Buchli Anfang der Sechzigerjahre apodiktisch festgestellt hat, sondern sie ist zu einem wichtigen gesellschaftlichen Kulturfaktor geworden, der in der Geschichte jedes einzelnen Menschen seine deutlichen Spuren hinterlässt. Werbung wirkt. Und sie tut dies immer mehr in der traditionellen Bedeutung des Begriffes „Wirkung", indem sie ein netzförmiges Gewebe von Appellen knüpft, das sich heute nahezu flächendeckend über die Gesellschaft legt und jeden Einzelnen über die Chancen zur Teilnahme an/in dieser Gesellschaft ins Bild setzt.

In regelmäßigen Abständen wird immer wieder darauf hingewiesen, dass sich in besonderer Weise regressive Strömungen, die ursprünglichsten Erfahrungen von Geborgenheit und Zufriedenheit, die geheimsten Wünsche der Menschen in der Werbung artikulieren. Die Werbung, so heißt es etwa bei H. Heuermann (1994, S. 108), ist ein suggestives Sammelbecken der kollektiven Illusion, Glückseligkeit sei (ver)käuflich.

Was dabei oft übersehen wird, ist die Tatsache, dass das, worum es in der Werbung geht, die Teilnahme am Konsum (Wirtschaft), die Teilnahme an der kollektiven Willensbildung (Politik), die Teilnahme am Glauben (Religion) usf., stets den Kern gesellschaftlicher Ordnung betrifft: *Kauft! Wählt! Glaubt!* Werbung ist in erheblichem Maße an der Konsolidierung unserer gesellschaftlichen Ordnung beteiligt, ist ein *Ordnung stiftendes* (Seeßlen 1992, S. 13) und – um es in der Terminologie der Werbekritik der Sechziger- und Siebzigerjahre zu sagen – *affirmatives* Ritual, durch das sich die Gesellschaft über sich selbst informiert, und zwar nicht nur darüber, wie sie ist, sondern (und dies vor allem) darüber, wie sie sein will oder sogar wie sie sein soll. *Wirk*ung und *Wirk*lichkeit sind nicht nur etymologisch eng miteinander verbunden, sondern greifen ineinander. Fragt man nach den Wirkungen der Werbung, so landet man daher zunächst einmal automatisch bei der Frage nach der gesellschaftlichen Wirklichkeit der Werbung.

In einer seiner früheren Arbeiten setzt sich der französische Soziologe und Kulturkritiker J. Baudrillard mit der *vollkommenen Immanenz* der Werbung auseinander, die er als das selbst zum Gegenstand des Verbrauchs avancierte Gespräch über die alltäglichen Verbrauchsgegenstände charakterisiert.[2] Werbung trägt in gewisser Weise die Züge eines *gezähmten Humanismus*. So stellt Baudrillard in Anlehnung an E. Fromms inzwischen berühmte Unterscheidung zwischen Haben und Sein fest, dass die Werbung die Freiheit des Seins in die Freiheit des Habens übersetzt. „Wie die Träume während der Nacht die Aufgabe haben, unseren Schlaf zu bewachen", so räsoniert Baudrillard in der für seine Essays typischen Rhetorik, die ihm immer wieder manche *rationale* Kritik beschert hat, „hat das Schauspiel der Werbung und des Konsums die Funktion, alle uns umgebenden sozialen Werte spontan zu absorbieren und die persönliche Regression in die soziale Übereinstimmung voranzutreiben" (Baudrillard 1991, S. 214).

Folgt man Baudrillards Überlegungen, liegt die manipulative Kraft der Werbung nicht so sehr in der *geheimen Verführung* der Menschen, wie V. Packard Mitte der Fünfzigerjahre zur Beunruhigung nicht weniger seiner Zeitgenossen glaubte zeigen zu können, sondern in der Rationalisierung des Kaufhandelns. Werbung schafft Teilnahmebereitschaft. Während dabei jedoch die einzelnen Werbebotschaften – etwa für dieses und nicht jenes Auto, für dieses und nicht jenes Parfüm, für diesen und nicht jenen Kaffee – durchaus die Bereitschaft zur Teilnahme, aber auch rationale oder irrationale Widerstände, Zuspruch ebenso wie Ablehnung auslösen, sich aber zumindest gegenseitig neutralisieren können, folgt die eigentliche Wirkung der Werbung, um es noch einmal in der an Metaphern reichen Sprache Baudrillards zu sagen, der *Logik des Weihnachtsmanns*. Dieses Märchen beruht auf der stillschweigenden Übereinkunft aller Beteiligten, die auf seiner Basis bestehenden gut vertrauten Beziehungen fortdauern zu lassen. Was das an den Weihnachtsmann glaubende Kind im Glauben bestärkt, so Baudrillard, ist nicht der (an sich belanglose) Weihnachtsmann selbst, sondern die elterliche Pflege und Fürsorge, die das Kind erfährt, damit der Mythos vom Weihnachtsmann aufrechterhalten werden kann.

„Bei der Werbung handelt es sich um den gleichen Vorgang. Weder die Rhetorik der Reklame noch das informative Werbegespräch über die Ware haben auf den Käufer eine entscheidende Wirkung. Worauf der Kunde anspricht, ist das unterschwellige Thema seiner Betreuung und Beschenkung, ist die Sorgfalt, mit der er umworben und überzeugt wird. Es ist der ihm nicht deutlich zum Bewusstsein kommende Wunsch, dass es irgendwo eine soziale und zugleich mütterliche Instanz gäbe, welche die Aufgabe übernimmt, ihn über seine eigenen Bedürfnisse zu informieren, seine Wünsche auszusprechen und ihn auch gegebenenfalls vor diesen Wünschen zu warnen. Er glaubt folglich ebensowenig an die Werbung wie das Kind an den Weihnachtsmann, was ihn aber ebensowenig daran hindert, an einem verinnerlichten, kindlichen Verhältnis festzuhalten und sich dementsprechend zu benehmen" (Baudrillard 1991, S. 207).

Eigentümlicherweise konvergieren hier die Einschätzung der französischen Kulturkritik, wie sie von J. Baudrillard formuliert worden ist, und die Einschätzung der Werbepraktiker, deren prominenter Vertreter L. Burnett einer Anekdote zufolge die Wirkung der Werbung vor allem in der Konstruktion einer *friendly familiarity for a brand* sah (Malony 1994, p. 37).

Diese Beobachtungen aus dem Bereich der französischen Kulturkritik verweisen in der deutschsprachigen Forschung auf die Arbeiten kritischen (und eben nicht aus Zufall) gesellschaftsbezogenen Denkens in der Tradition Horkheimers und Adornos. Letzterer sprach in einem allgemeineren Bezug auf den gesamten *Verblendungszusammenhang der Kulturindustrie* metaphorisch vom Prozess der „umgekehrten Psychoanalyse", in dessen Verlauf nicht das Unbewusste ins Bewusste, sondern das Bewusste ins Unbewusste überführt wird (vgl. Adorno 1977). Die Werbung, so lautet die kritische These, setzt an die Stelle der „richtigen" die „falschen" Bedürfnisse. „Anstatt dass sich die Mitglieder [der; d. Verf.] unterdrückten Klasse damit identifizieren, was sie produzieren", so hat Ingenkamp (1996, S. 15 f.) diese Perspektive treffend zusammengefasst, „werden sie von der Werbung dazu gebracht, sich damit zu identifizieren, was sie konsumieren." Die Werbung trägt auf diese Weise zur Entfremdung des Menschen bei, formt ihn nach Maßgabe ökonomischer Imperative zu einem willfährigen Konsumwesen und fungiert so als Werkzeug der herrschenden Ideologie, die die Ideologie der Herrschenden ist.

Bekanntermaßen hat es sich als ausgesprochen problematisch erwiesen, die „richtigen" von den „falschen" Bedürfnissen zu unterscheiden, ohne sich damit abermals auf das Terrain einer neuen herrschenden Ideologie zu begeben. Das widerspricht freilich nicht der auch heute noch anhaltenden Praxis einer wertenden Einteilung in gute (*weil richtige*) und schlechte (*weil falsche*) Werbebotschaften, wie sie etwa für einen großen Teil der an Fragen der Werbewirkung interessierten Geschlechterforschung charakteristisch ist. Im weiteren Sinne ist dieses Forschungsfeld jenem Bereich der Werbewirkungsforschung zuzurechnen, der sich den Sozialisationswirkungen der Werbung widmet. In diesem Zusammenhang geht es immer wieder auf der Basis oftmals nur implizit gemachter Wirkungsannahmen um die Wirkung der Werbung bei Kindern und Jugendlichen oder um die Werbewirkungen für potenziell gesundheitsschädliche Produkte wie Tabakwaren und Alkoholika, in deren Rahmen der Werbung, wie die aktuelle Diskussion um Tabakwerbeverbote in der EU mehr als deutlich zeigt, allgemein ein großes Wirkungspotenzial unterstellt wird.

Die Kritik an der gesellschaftlich-affirmativen Funktion der Werbung, wie sie noch von Adorno und Horkheimer und in der Nachfolge etwa von W. F. Haug formuliert wurde und wie sie auch in den scharfsinnigen Beobachtungen Baudrillards zum Tragen kommt, verschwindet hinter der systemtheoretischen Perspektive N. Luhmanns. Dieser verzichtet auf eine ideologische Bewertung des Zusammenhangs von Werbung und gesellschaftlicher Wirklichkeit und stellt nüchtern fest, dass die Primärfunktion des Mediensystems und dessen Programmbereich Werbung in der kontinuierlichen Erzeugung und Bearbeitung von *Irritationen* und nicht etwa in der Sozialisation und Erziehung auf bestimmte systemkonforme Normen und Werte besteht (Luhmann 1996, S. 174).

Irritabilität ist im Rahmen der Luhmannschen Systemtheorie das allgemeinste Strukturmerkmal autopoietischer Systeme, die eben erst nach Maßgabe eigener Kriterien über den Informationswert von Irritationen entscheiden. Auf diese Weise wird der gesellschaftliche Wirkungsbegriff (Funktionsebene) bei Luhmann systematisch an die Ebene subsystemischer Beziehungen (Leistungsebene) gekoppelt. Von einem allumfassenden Verblendungszusammenhang kann also bei Luhmann nicht mehr die Rede sein.

2. Individuelle Wirkungen der Werbung

Die bisherige und (zugegebenermaßen) kursorische *Tour d'Horizon* durch das Feld der gesellschaftlichen Wirkungen der Werbung erzwingt nahezu den Perspektivenwechsel auf die andere Seite der Unterscheidung – richten wir also im Folgenden den Blick auf die individuellen Wirkungen der Werbung. Wie die inzwischen in großer Zahl vorliegenden Überblicksdarstellungen zur Werbewirkungsforschung zeigen, liegt der Schwerpunkt des Erkenntnisinteresses heute eindeutig im Bereich der individuellen Werbewirkungen. Im Vergleich zu den differenzierten Beobachtungen der intellektuellen Gesellschafts- und Kulturkritik, wie sie im Vorangegangenen skizziert wurden, hat dieser Bereich der Forschung allerdings wenig Theorie im Angebot.

Während heute die Werbewirkungsforschung und die Massenkommunikationsforschung weitgehend getrennt voneinander erfolgen, bildete in den Anfängen die Erforschung individueller Wirkungen persuasiver Kommunikationsangebote den Kern kommunikationswissenschaftlicher Reflexion (Schenk 1989, S. 447). Hier ist zunächst einmal an die pragmatisch orientierten Arbeiten des *Yale Communication Research Program* zu erinnern, in dem in streng kontrollierten Experimenten die Wirkung persuasiver Kommunikationsstimuli in Abhängigkeit von bestimmten unabhängigen Input-Variablen untersucht wurde. Die aus der Propagandaforschung hervorgegangenen und bis heute als Grundlagen der Persuasionsforschung geltenden Arbeiten der *Yale-Gruppe* firmieren in der kommunikationswissenschaftlichen Diskussion unter dem Signet der *neuen wissenschaftlichen Rhetorik*, was darauf hindeutet, dass die Wurzeln dieser Perspektive bereits in der Antike zu finden sind. So gingen schon Rhetoriker wie Cicero, Gorgias, Isokrates,

Quintilian, Tacitus u. a. davon aus, dass eine Aussage dann ihre beabsichtigte Wirkung erzielt, wenn sie nur sorgfältig genug formuliert worden ist – ein Gedanke, der übrigens auf der Ebene der Begriffe auch heute noch immer dann durchscheint, wenn wir von „Informationen" reden. Jemanden richtig zu informieren bedeutet im ursprünglichen Sinne des Wortes, eine Aussage zunächst einmal *in*(die richtige)*Form* zu bringen.

Ohne die Vielzahl an Befunden hier im Einzelnen vorstellen zu können, lässt sich mit M. Schenk (1989) das Forschungsprogramm der *Yale-Gruppe* verkürzt so zusammenfassen: Man nahm an, dass bestimmte unabhängige Kommunikationsvariablen insbesondere im Bereich der *Quelle*, der *Aussage* und des *Mediums* bestimmte messbare Wirkungen beim Rezipienten hervorrufen, wobei die *Einstellungen* des Rezipienten als intervenierende psychologische Variablen (vgl. Naschold 1973) zwischen *Input* und *Output* vermitteln. Tabelle 1 gibt einen Einblick in die unabhängigen Kommunikationsvariablen, die dabei von besonderer Bedeutung waren:

Quelle/ Kommunikator	*Botschaft (message)*	*Kanal/Medium*
– Glaubwürdigkeit	– Appelle: Angst; Humor; rational/emotional; Sex	– verschiedene Medienkombinationen
– Attraktivität	– Inhalt: Bild/Text	– Umfeld der Werbung
– Macht	– Struktur der Aussage; einseitig/zweiseitig; Climax/Anticlimax; Wiederholung	

Tab. 1: Unabhängige Variablen im Forschungsprogramm der *Yale-Gruppe* (Quelle: Schenk 1989, S. 449)

G. Halff (1998) hat für den Bereich der verhaltenstheoretisch orientierten Wirkungsforschung überzeugend dargelegt, dass eine zu enge Auslegung der paradigmatischen Grundlagen des Kritischen Rationalismus zu einer kontraproduktiven Parzellierung des Wirkungsprozesses geführt hat. In besonderer Weise trifft diese Kritik auf die empirischen Befunde der frühen Persuasionsforschung des *Yale Communication Research Program* zu. Dennoch haben die Arbeiten der *Yale-Gruppe* die Werbewirkungsforschung bis heute nachhaltig geprägt.

Zum einen haben Hovland und seine Mitarbeiter das Laborexperiment als ein wesentliches Forschungsparadigma in die Werbewirkungsforschung (wieder[3]) eingeführt und weiter ausdifferenziert. Die im Zusammenhang mit dem experimentellen Paradigma inzwischen ausführlich diskutierten methodologischen Probleme waren zwar bereits teilweise schon Hovland bewusst, dies änderte in der Folge jedoch nichts an der noch heute anhaltenden Prominenz des Experiments in der Werbewirkungsforschung.

Zum anderen haben die Arbeiten der *Yale-Gruppe* einen mehr oder weniger direkten Einfluss auf die Entwicklung einer Vielzahl so genannter Stufenmodelle der Werbewirkung genommen, die bis in die Achtzigerjahre zur Erklärung von Wirkungen werblicher Kommunikation herangezogen wurden (vgl. Donnerstag 1996, S. 21). Das wohl bekannteste Modelle dieser Art, das von Lewis bereits 1898 entwickelte AIDA-Modell, das unter dem maßgeblichen Einfluss der *Yale-Schule* vielfach weiterentwickelt wurde, geht von einer Hierarchie der Werbewirkung aus, die stufenweise durchlaufen wird und an deren Ende (im Idealfall) jeweils die Kaufhandlung des Rezipienten steht (vgl. Haase 1989, S. 221). Rezipienten nehmen zunächst einmal eine Werbebotschaft wahr (*Attention*), im Anschluss daran bildet sich ein gewisses Interesse, sich mit der Werbebotschaft auseinander zu setzen (*Interest*), worauf sich eine Einstellung gegenüber dem beworbenen Produkt bildet (*Desire*), die schließlich im Kauf des Produkts resultiert (*Action*).

Problematisch sind diese Stufenmodelle schon alleine deswegen, weil sie zum Teil widersprüchliche Aussagen darüber machen, ob zur Beeinflussung einer gewünschten Kaufhandlung alle Prozessstufen durchlaufen werden müssen oder nicht (vgl. Schenk, Donnerstag u. Höflich 1990, S. 17). Viel gewichtiger scheint u. E. jedoch der Einwand zu sein, dass die Gemeinsamkeit aller Stufenmodelle der Werbewirkung darin besteht, dass sie den werblichen Kommunikationsprozess der Struktur nach als einen asymmetrischen Prozess konzipieren und damit in jenem Denken verhaftet bleiben, das in der Kommunikationswissenschaft zwar regelmäßig verabschiedet, jedoch niemals endgültig ausrangiert wird. Fragt man hingegen nach denjenigen Mechanismen, die die aktive Auseinandersetzung von Lesern, Zuschauern oder Hörern (werblicher) Kommunikationsangebote beeinflussen, können die beschriebenen Stufenmodelle keine befriedigenden Antworten liefern.

Mehr Aufschluss bietet ein neueres Werbewirkungsmodell, das „Low-Involvement-Konzept", dessen konsumentenpsychologische Variante von H. E. Krugman (1965) zwar bereits schon Mitte der Sechzigerjahre formuliert wurde, seitdem jedoch von zahllosen Adepten aufgegriffen und weiterentwickelt worden ist.[4] In der Werbewirkungsforschung führt, wie W. Kroeber-Riel noch 1993 mit Nachdruck betonte, kein Weg an „Involvement" vorbei (vgl. Kroeber-Riel 1993, S. 223, zit. nach Halff 1998, S. 34). Es scheint wohl das Los der meisten erfolgreich platzierten (Wirkungs-)Ansätze zu sein, dass ihre voranschreitende Verankerung in der akademischen und nichtakademischen Diskussion in eigentümlicher Weise mit der zunehmenden

Opakisierung ihrer zentralen Begriffe korreliert. Wenn auch diese allgemeine Regel in einzelnen Fällen für Ausnahmen durchlässig ist, so trifft sie doch im Falle des Involvement-Konzepts voll und ganz zu. Involvement ist angesagt – dennoch fehlt bislang eine einheitliche Definition und Verwendung des Involvement-Begriffs (vgl. Donnerstag 1996, S. 28 f.).

Krugman (1965, p. 355) selbst unterscheidet zwischen zwei Formen der Rezipientenbeteiligung in der Auseinandersetzung mit Medienangeboten:

"One way is characterized by lack of personal involvement, which, while perhaps more common in response to commercial subject matter, is by no means limited to it. The second is characterized by a high degree of personal involvement. By this we do *not* mean attention, interest, or excitement but the number of conscious 'bridging experiences', connections, or personal references per minute that the viewer makes between his own life and the stimulus. This may vary from none to many."

Die Stärke des Involvement wirkt sich nicht direkt auf die persuasive Wirkung von Medienangeboten aus, sondern vielmehr auf den weiteren Verlauf des Medienwirkungsprozesses. Die Nutzung von Medienangeboten, denen der Rezipient mit einem vergleichsweise hohen Involvement begegnet, ist dadurch gekennzeichnet, dass die Medienangebote zwar mit hoher Wahrscheinlichkeit bewusst wahrgenommen werden, jedoch auch immer die Gefahr besteht, dass der Rezipient Selektivitätsstrategien aktiviert, um neue Informationen mit bereits bestehenden Wissensbeständen und Einstellungen in Verbindung zu bringen. Medienangebote, denen der Rezipient wenig involviert gegenübersteht, so wie dies typischerweise für den Fall werblicher Kommunikation angenommen wird, haben zwar damit zu kämpfen, vom Rezipienten zunächst einmal bewusst wahrgenommen zu werden, dafür ist es aber auch unwahrscheinlich, dass der Rezipient Selektivitätsstrategien anwendet, etwa wenn es darum geht, kognitive Dissonanzen zu vermeiden. Niedrig involvierende Medienangebote erzielen langfristig indirekte Wirkungen, indem sie den Wissenshorizont des Rezipienten allmählich erweitern. Unter der Bedingung eines niedrigen Involvement treten also bereits konative Wirkungen auf, bevor eine Einstellungsänderung beim Rezipienten stattgefunden hat. Die in den klassischen Stufenmodellen der Werbewirkung postulierte Hierarchie verschiedener Wirkungsstufen wird im Low-Involvement-Konzept Krugmans also nicht aufgegeben, sondern gewissermaßen lediglich auf den Kopf gestellt.

Ausgehend von diesen Grundannahmen, werden von der kommerziellen Werbewirkungsforschung Handlungsempfehlungen formuliert, mit deren Hilfe insbesondere niedrig involvierte Rezipienten werblicher Kommunikationsangebote besonders effektiv zu beeinflussen sind. So wird immer wieder darauf hingewiesen, dass die Wahl möglichst kurzer Mitteilungen ebenso

Erfolg versprechend sei wie der Einsatz von Bildern, die häufige Wiederholung von Werbebotschaften oder deren Platzierung in den niedrig involvierenden Medien Fernsehen und Hörfunk (vgl. Schenk, Donnerstag u. Höflich 1990, S. 31 f.). G. Halff (1998, S. 37 ff.) verweist in diesem Zusammenhang auf die Diskrepanz zwischen dem analytischen Potenzial des Involvement-Ansatzes, der bereits zu einem frühen Zeitpunkt in der Geschichte der Medienwirkungsforschung die Interdependenz von Medium und Rezipient sowie die Prozesshaftigkeit von Medienwirkungen betonte, und seiner empirischen Umsetzung. Während das analytische Konstrukt des Involvement-Ansatzes explizit davon ausgeht, dass die Beteiligung eines Rezipienten immer nur hinsichtlich eines *spezifischen* und *individuell* wahrgenommenen Medienangebots zu beurteilen ist (situativer Charakter der Medienwirkung), werden in der empirischen Umsetzung immer wieder deterministische Annahmen operationalisiert, so etwa immer dann, wenn pauschal das Fernsehen als niedrig involvierendes und die Zeitschrift als hoch involvierendes Medium charakterisiert wird. Zweifelsohne ist eine der Ursachen für die von Halff konstatierte Theorie-Empirie-Lücke in der raschen Adaption des Involvement-Konzepts durch die kommerzielle Werbewirkungsforschung zu sehen, die verständlicherweise schon aus strategischen Gründen vor allem an den *Erfolgen* werblicher Kommunikation interessiert ist und somit gewissermaßen über eine eingebaute deterministische Neigung verfügt.

Der Werbewirkungsforschung lässt sich heute wohl kaum noch der pauschale Vorwurf machen, sie verstehe Wirkungen werblicher Kommunikation lediglich als das Ergebnis eines linearen Reiz-Reaktions-Prozesses. Dennoch ist zu beoachten, dass insbesondere die kommerzielle Werbewirkungsforschung – angesichts eines stetig zunehmenden Beratungsbedarfs vonseiten der werbetreibenden Wirtschaft aus durchaus nachvollziehbaren Gründen – das Repertoire an einschlägigen Wirkungskonzepten vor allem mit Blick auf mögliche Handlungsempfehlungen zur möglichst effektiven Beeinflussung der Rezipienten durchforstet. Dabei ist das Spektrum an Fragestellungen und Handlungsempfehlungen so weit gestreut, dass jeder Versuch einer umfassenden Aufzählung a priori zum Scheitern verurteilt wäre. Darüber hinaus scheint u. E. die bloße Auflistung einzelner Fragestellungen zur Werbewirkungsforschung aus einem wichtigeren Grund nicht sinnvoll zu sein. In der Werbung bilden vor allem das Neue und das Überraschende elementare Bezugsgrössen in der Inszenierung werblicher Medienangebote (vgl. Schmidt u. Zurstiege 1999). Wie nicht zuletzt der viel diskutierte Fall *Benetton* gezeigt hat, besetzt Werbung infolge einer ständig wachsenden Konkurrenz um die Aufmerksamkeit ihrer Zielgruppen nicht nur immer wieder neue durchsetzungsfähige Themen und Trends, sondern reflektiert auch kontinuierlich ihre eigenen Wirkungsbedingungen. Werbung muss sich, um dauerhaft folgenreiche Aufmerksamkeit produzieren zu können und um sogenannte *wear-out-Effekte* zu kompensieren, gewissermaßen immer wieder selbst erfinden, was zur Folge hat, dass man als wissenschaftlicher Beobachter der Werbung stets zu spät kommt. Wenn für die Wirkungsforschung im Allgemeinen gilt, dass ihre Befunde mit einem Verfallsdatum behaftet sind (vgl. Merten 1994), dann trifft dies also in besonderem Maße auf die Befunde der Werbewirkungsforschung zu.

3. Intervention: Ein Grundproblem konstruktivistischer Werbewirkungsforschung

Im Unterschied zum Mainstream der Werbewirkungsforschung ist in den letzten Jahren im Zuge der Konstruktivismusrezeption in den Kommunikationswissenschaften versucht worden, eine konstruktivistische Variante von Werbewirkungsforschung zu entwickeln. Dieser Versuch steht vor der grundlegenden Schwierigkeit, dass basale kognitionstheoretische Annahmen des systemtheoretisch orientierten Konstruktivismus eine plausible Fassung des Wirkungsbegriffs extrem zu erschweren scheinen. So schließt sowohl die strikte Trennung von System und Umwelt als auch die Annahme der operationalen Geschlossenheit und damit der Autonomie kognitiver Systeme als nichttrivialer Maschinen sensu H. von Foerster eine kausale Beeinflussung kognitiver Systeme ebenso aus wie eine direkte Beobachtung der Wirkung von Einflüssen auf kognitive Systeme.

Für einen traditionellen Werbewirkungsforscher ist damit der Versuch einer konstruktivistischen Variante von Wirkungsforschung im Ansatz gescheitert, blockiert sich der Konstruktivismus in puncto Wirkungsforschung selbst. Hinzu kommt, dass das Praxisargument gegen die konstruktivistischen Bedenken zu sprechen scheint: Es gibt seit Jahrzehnten Werbewirkungsforschung, die in unzähligen Artikeln und Büchern empirisch bestätigt, dass Werbung im Sinne der Auftraggeber wirkt; und es muss erkennbare Formen von Werbewirkungen geben, sonst hätte die Wirtschaft den teuren Aktivitätsbereich Werbung längst eingestellt. „Es steht außer Frage, dass Werbung wirkt", beginnt denn auch Ralf Vollbrecht lapidar seinen systemtheoretischen Aufsatz zur Werbewirkung (1997, S. 23).

Wie lässt sich diese argumentative Pattsituation auflösen? Muss die konstruktivistische Kognitionstheorie zurückstecken oder ihre Argumentation ausdifferenzieren, also komplexer werden?

Die zweite Folgerung ist u. E. unvermeidlich, und sie soll im Folgenden in aller Kürze gezogen werden, um zu demonstrieren, wie man die kognitionstheoretisch postulierte Unmöglichkeit direkter Steuerung und Beobachtung autonomer Systeme gewissermaßen umgehen kann, indem man auf strukturelle Kopplungen zwischen autonomen Systemen abhebt und dabei zwischen Instrumenten, Prozessen und Resultaten solcher Kopplungen unterscheidet. Dabei muss die Argumentation notwendigerweise evolutionäre und sozialisatorische Aspekte ernsthaft mit berücksichtigen. Mit diesem Ansatz versucht ein soziokulturell orientierter Konstruktivismus, über die Fixierung auf kognitive Autonomie hinauszukommen und zu berücksichtigen, was im Laufe der Evolution wie der Sozialisation an Vorkehrungen entstanden ist, um Interaktion, Kommunikation und Verstehen bei operational geschlossenen Systemen möglich zu machen.

3.1. Zum Zusammenhang von Kognition, Gesellschaft und Kultur

Weil Menschen – biologisch gesehen – offensichtlich sehr ähnlich gebaute kognitive Systeme besitzen und ständig miteinander interagieren, ähneln sich die Interaktionsprozesse (genannt Gegenstände) so hinreichend, dass ihre Konstruktivität und ihre Gebundenheit an autonome kognitive Systeme nicht in den Blick gerät. Das Einzelindividuum realisiert normalerweise nicht, dass es nur eine erfahrbare Welt gibt, nämlich *seine* Erlebniswelt, und dass die Erlebniswelten der Individuen nur zum Teil miteinander übereinstimmen.

Der gehirninterne Aufbau von Kenntnissen über die Umwelt wird durch lange Lernprozesse geprüft. Parallel zu diesem Kenntnisaufbau erfolgt seine Überprüfung durch Gleichgewichts- und Gesichtssinn sowie eine Prüfung durch Vergleich mit dem Gedächtnis. Abstraktionen oder die Bildung von Invarianten (wie zum Beispiel konstanten Objekten) folgen dabei zum Teil angeborenen Mechanismen bzw. Mechanismen, die in ontogenetisch frühen Versuchs- und Irrtumsprozessen prägungsartig entwickelt worden sind. Hinzu kommt, dass kognitive Wirklichkeit nur unter spezifisch sozialen Bedingungen ständiger Interaktion mit anderen Menschen entwickelt werden kann. Die von unserem Gehirn konstruierte Wirklichkeit ist also in diesem Sinne (auch) eine *soziale* Wirklichkeit, obgleich das Gehirn keine „Fenster nach draußen" hat. Sie ist subjektabhängig, aber nicht subjektiv im Sinne von willkürlich. Mit der Formel von der „gesellschaftlichen Konstruktion von Wirklichkeit im Individuum" versuchen Konstruktivisten auf der Beobachtungsebene 2. Ordnung der Alltagserfahrung Rechnung zu tragen, dass wir im täglichen Leben – abgesehen von Situationen kommunikativen Dissenses – als Beobachter 1. Ordnung intuitiv den Eindruck haben, wir lebten doch mehr oder weniger alle in ein und derselben Wirklichkeit.

Diese sehr allgemeine Beschreibung müsste ergänzt werden durch eine genauere Trennung zwischen den verschiedenen Beobachtungs- und Autonomieebenen des „Systemkonglomerats Mensch" (so S. Jünger). An dieser Stelle soll nur betont werden, dass zwar das, was wir „Bewusstsein" nennen, in einem nicht abweisbaren Zusammenhang mit Gehirnprozessen steht, dass aber zwischen beiden deutlich unterschieden werden muss, wobei ja bis heute für die Beschreibung der beiden Dimensionen ganz unterschiedliche Theorien und Vokabularien entwickelt und verwendet worden sind. Von sozialer Wirklichkeit kann nur auf der Interaktions- bzw. Bewusstseinsebene die Rede sein – aber auch genau dort.[5]

Zum Eindruck erfolgreicher sozialer Konstruktion von Wirklichkeit im Individuum trägt wesentlich die Tatsache bei, dass wir kommunizierende *sprachbegabte* Lebewesen sind, die das Kunststück fertig bringen, die strikt voneinander getrennten Bereiche von Kognition und Kommunikation durch Medien miteinander zu koppeln, und zwar im gemeinsamen Rückgriff auf symbolische Ordnungen der Kultur beim Produzieren und Rezipieren bzw. Nutzen von Medienangeboten.[6]

Diese Hypothese soll im Folgenden wenigstens kurz erläutert werden.

Im Verlauf der stammesgeschichtlichen Entwicklung des Menschen haben sich biotische und soziokulturelle Handlungsbedingungen im weitesten Sinne aus Gründen natürlichen wie sozialen Überlebens notwendigerweise aufeinander abgestimmt. Jeder Mensch wird bereits in eine gesellschaftlich konstituierte, sinnhaft gedeutete Erfahrungswirklichkeit hineingeboren und darauf hinsozialisiert und geht nicht etwa mit einer Realität „als solcher" um. Denken, Fühlen, Handeln und Interagieren bis hin zur Kommunikation sind exklusiv geprägt von den Schemata, Mustern, Möglichkeiten und Erwartungen, über die der Mensch als Gattungswesen, als Mitglied einer Gesellschaft, als Sprecher einer Muttersprache und als Angehöriger einer bestimmten Kultur verfügt. Mit anderen Worten: Evolution, Sprache, Sozialstruktur und die symbolischen Ordnungen einer Kultur liefern die konventionellen Muster für sozial typisches Verhalten der Individuen, die ihre soziokulturell bestimmten Möglichkeiten im Verhalten anderer erkennen und dementsprechend handeln. Der Gesamtbestand dieser Orientierungsinstanzen kann als *kollektives Wissen* bezeichnet werden. Dieses kollektive Wissen resultiert aus dem über Reflexivität und doppelte Kontingenz hervorgehenden kommunikativen Handeln der Individuen und orientiert wiederum deren kommunikatives Handeln über den Aufbau und das Ausnutzen miteinander vernetzter reflexiver Strukturen in der Sach-, Sozial- und Zeitdimension.

Im Anschluss an H. R. Maturana und F. J. Varela können *sprachliche Zeichen* bestimmt werden als Zeichen für die sprachliche Koordination von Handlungen. Sprecher nutzen sprachlich benannte Unterscheidungen, um Erfahrungen, Vorstellungen usw. zu artikulieren; und umgekehrt werden solche Nutzungserfahrungen zum Bestandteil sprachlichen Wissens, und der Gebrauch von Sprache orientiert sich an solchen Erfahrungen. Das gilt vor allem für die Struktur der Ausdrucksmittel einer Sprache, die sozial typisiert sind und einen spezifischen Bereich kollektiven Wissens bilden. Referenz sollte dementsprechend nicht über Zeichen-Objekt-Relationen modelliert werden, sondern als an prototypischen Verwendungen orientierter sprachlicher Commonsense.

Im kindlichen Spracherwerbsprozess müssen Prozesse der Zeichenerkennung und Artikulation erfolgreich verbunden werden mit Erwartungen an kognitive und kommunikative Orientierungsfunktionen sprachlicher Äußerungen und mit dem Erwerb von verschiedenartigen Schemata, Gattungen, Erzählmustern, Metaphern usw. Verbale und nonverbale Kommunikationsmöglichkeiten müssen in ihrem komplizierten Zusammenspiel erlernt werden. Spracherwerb lässt sich also bestimmen als Erwerb eines Instrumentariums zur Kopplung von Kognition und Kommunikation mithilfe artikulierter Zeichenkomplexe (= Medienangebote), ohne dass deshalb die operative Autonomie kognitiver wie kommunikativer Systeme aufgehoben würde. Dabei ist wichtig, zu beachten, dass ein Kind immer in einem Lebenszusammenhang sprechen lernt und spracherwerbend funktionierende Lebenszusammenhänge „erwirbt". Lehrende und Lernende agieren als beobachtete Beobachter, deren Verhaltenssynthesen sich (partiell) aneinander angleichen. Streng genommen lernt das Kind nicht eine Sprache (das erscheint nur den Eltern so), sondern es lernt im Sozialisationsprozess, wie die Wirklichkeitsmodelle seiner Gesellschaft aufgebaut sind, welche Handlungsmöglichkeiten (im weitesten Sinne von kognitiven bis kommunikativen, sprachlichen und nichtsprachlichen Handlungen) es im Rahmen seiner Sozialstruktur darin nutzen kann und welche nicht. Spracherwerb führt also, abstrakt gesagt, zum individuellen Erwerb kollektiven Sprachverwendungswissens (auf der Ausdrucksebene wie auf der Inhaltsebene), das sich durch Reflexivität in der Zeit-, Sach- und Sozialdimension selbst stabilisiert. Dieses kollektive Wissen bildet die vom normalen Sprecher intuitiv erwartete Grundlage für die Interindividualität von Kognitions- wie Kommunikationsprozessen. Auf sozialer Ebene dient Sprache Gesellschaften als Institution zur sozialen Kontrolle von Individuen mithilfe von kulturell programmierten Bedeutungen. Auf diese Bedeutungen beziehen sich die sozialen Erwartungen an so genanntes Verstehen, das Sprecher sich in einer Kommunikationssituation attestieren, wenn sie kommunikative Anschlusshandlungen produzieren, die den jeweiligen Erwartungen der Sprecher entsprechen. Insofern bezeichnet die Kategorie „Verstehen" auf der sozialen Ebene einen Prozess sozialer Bewertung und Kontrolle der Anschlussfähigkeit von Kommunikationen. Damit kommt in hermeneutischen Prozessen ein oft übersehener Machtfaktor zum Tragen; denn die entscheidende Frage in der Kommunikation lautet: Wer kann/darf wem in welcher Situation attestieren, er/sie habe „richtig verstanden"?

Diese höchst skizzenhafte Argumentation lässt erkennen, dass auch geschlossene kognitive Systeme miteinander kommunizieren können, weil sie sich in der Kommunikation ausschließlich auf die *Materialität* der gesellschaftlichen Kommunikationsinstrumente konzentrieren und auch verlassen können – Bedeutungen spielen in der Kommunikation streng genommen keine Rolle. Wenn aber in der Materialität die relevanten gesellschaftlichen Erfahrungen im Umgang mit Kommunikationsmitteln im wahrsten Sinne des Wortes ver-körpert sind und wenn diese Materialitäten unübersehbar und unüberhörbar sind, dann wird die Hypothese plausibel, dass in der Kommunikation zwischen vergleichbar sozialisierten Aktanten, die eine Kommunikationssituation vergleichbar einschätzen, durch den spezifischen Gebrauch spezifischer Kommunikationsinstrumente hochgradig parallelisierte kognitive Prozesse „getriggert" werden, ohne dass man von einer identischen Replikation von Sprecherintentionen sprechen kann oder muss. Gerade weil Aktanten gelernt haben, die Differenz von Materialität und Bedeutung an/in den Medienangeboten *abzublenden*, entsteht bei ihnen im Laufe der Zeit die intuitive Gewissheit, dass Medienangebote etwas ganz Bestimmtes bedeuten und dass diese Bedeutung im Medienangebot selbst steckt. Erst auf einer Beobachtungsebene zweiter Ordnung wird dieses Containermodell von Bedeutung und Kommunikation also auflösbar – mit allen Irritationen und theoretischen Folgeproblemen, die diese Auflösung (wie auch hier zu sehen) nach sich zieht.

Kommen wir nach diesem Exkurs zum Thema „Intervention in geschlossene Systeme" zurück, so liegt eine erste Antwort gewissermaßen auf der Hand: Geschlossene Systeme können sich gegenseitig gezielt beeinflussen, indem sie sich auf kollektive Fiktionen der Wissensunterstellung verlassen und ebendies auch von den anderen erwarten bzw. ihnen unterstellen. Offenbar wird diese erfolgreiche Beeinflussung geschlossener Systeme ebendeshalb und nur deshalb möglich, weil die interagierenden Systeme gerade nicht das kognitive Prozessieren bei *Alter* beobachten und manipulieren können, sondern weil sich vielmehr alle interagierenden Systeme auf *Fiktionen* verlassen und *Vertrauen* in die Verlässlichkeit von *Alter* aufbringen müssen.[7] Gerade die Abkopplung von „der Wirklichkeit" macht mithin Wirkung möglich. Das dürfte in besonderem Maße für Werbemedienangebote gelten, die ja oft geradezu als Kondensate kollektiven Wissens und als strategische Überzeichnung von Handlungsroutinen angelegt sind.

Insofern ist Luhmanns Rede davon, dass Bewusstseinssysteme von ihrer Umwelt nur irritiert werden können, dahin gehend zu ergänzen, dass diese Irritation in gewissem Umfang als spezifische bzw. als *gerichtete* Irritation angesehen werden darf, solange Zeichen i. w. S. für die Irritation verwendet werden. Solange man als Angehöriger einer bestimmten Kultur ein intuitives Wissen davon besitzt, wie die jeweils eingesetzten Zeichen in einer Medienkulturgesellschaft anschlussfähig eingesetzt werden, kann man mit Erfolg versuchen, günstige Rahmenbedingungen für ein erwünschtes Systemverhalten zu schaffen, das heißt, Wahrnehmungssituationen zu erzeugen, in denen kognitive Systeme bestimmte Kopplungsangebote in einer erwarteten Weise nutzen.

Mit diesen Argumenten ist hoffentlich plausibel geworden, dass in einer konstruktivistischen Wirkungstheorie zwar einerseits (linear) kausale und kontextfreie Wirkungen, damit aber keineswegs Wirkungen überhaupt ausgeschlossen werden. Vielmehr kann man mit guten Gründen mit einem *probabilistischen Wirkungskonzept* operieren, das die Konstellation vorsieht, wonach Systeme durch gegenseitige Beobachtung und Abstimmung ihres Verhaltens aufeinander Ko-Evolutionen ermöglichen und erleben.

3.2 Wirkungen

In einem grundlegenden Beitrag zu einer konstruktivistischen Wirkungsforschung hat K. Merten (1995) eine überzeugende Kritik an der bis heute betriebenen Wirkungsforschung vorgelegt und deren zentrale Annahmen (nämlich Kausalität, Proportionalität und Transitivität) als unzutreffend kritisiert. Merten erweitert das klassische Wirkungsmodell um die Berücksichtigung von internen und externen Kontexten (also um Erfahrung, Vorwissen, Einstellungen, Interessen, situative und soziale Rahmenbedingungen) und verdeutlicht, dass vor allem reflexive Strukturen (voreilende Selektivität, nacheilende Modalität) sowie die Veränderung von Wirkungen durch Wirkungen berücksichtigt werden müssen, da Wirkungen wie Wirklichkeiten prinzipiell subjektiv konstruiert und verändert werden (ebd., S. 83). Dem ist sicher zuzustimmen. Das ändert aber nichts an der oben erläuterten Hypothese, dass durch die Wirksamkeit sozialisatorisch erworbener Kollektivfiktionen Parallelitäten der Wirklichkeits- wie der Wirkungskonstruktionen auch kognitiv geschlossener Systeme als plausibel unterstellt werden können, auch wenn sie nicht qua kognitive Handlungen beobachtet und deren Handlungsfolgen nicht kausal mit den kognitiven Prozessen selbst verknüpft werden können.

Aus ebendiesem Grunde steht die Werbewirkungsforschung wie jede andere empirische psychologische Kognitionsforschung vor demselben Dilemma. Da kognitive Prozesse nicht online beobachtet, sondern nur über Indikatoren erschlossen werden können, beobachten die Forscher Beobachtbares wie zum Beispiel sprachliche und nichtsprachliche Handlungen der Probanden und versuchen dann, im Rahmen bestimmter Kognitionstheorien einen Zusammenhang zwischen kognitiven Prozessen und Begleit- bzw. Folgehandlungen zu konstruieren. Damit verschiebt sich die Frage nach Werbewirkung zwangsläufig auf die Frage, was mit welchen Gründen als *Indikator* für Werbewirkung angesetzt und überprüft wird. Und hier kann man nun mit Merten (1995) beobachten, dass in der Werbewirkungsforschung bei der Mehrheit aller Untersuchungen (so Merten) ein *Kontaktmodell* zugrunde gelegt wird; das heißt, „die supponierte Wirkung wird exakt an der Reichweite des Stimulus – und nur an dieser! – festgemacht" (ebd., S. 76). So heißt es z. B. bei C. Wild (1996, S. 41) lapidar: „Die Wirkung der Fernsehspots auf den Zuschauer nimmt mit der Anzahl der mit ihnen erfolgten Kontakte zu." Damit aber haben die Wirkungsforscher leichtes Spiel; denn sie überprüfen streng genommen eine *Wahrnehmungs- und keine Wirkungsleistung*,[8] zumal auch ein Indikator wie Kaufbereitschaft allein über realisierte Kontakte gemessen wird (vgl. Wild 1996, S. 53).

Zudem tritt hier ein Problem auf, das bereits aus der linguistischen Sprechakttheorie gut bekannt ist, nämlich der problematische Zusammenhang zwischen Lokution, Illokution und Folgehandlungen. Wenn ich einen anderen mit der Bitte „Würden Sie wohl das Fenster schließen?" (Lokution) auffordere, das Fenster zu schließen (Illokution) und er keine entsprechende Reaktion zeigt, dann kann ich sowohl vermuten, dass er die Frage nicht verstanden hat, als auch unterstellen, dass er keine Lust hat, meiner Aufforderung nachzukommen. Analog kann selbst aus einem vollzogenen Kaufakt nach der Rezeption einer Werbebotschaft nicht auf einen kausalen Bezug zwischen diesen beiden Variablen geschlossen werden.

Außerdem kann bei der Komplexität von Werbemedienangeboten bei einem erinnerten Kontakt nicht prognostiziert werden, was genau das Interesse des Rezipienten geweckt und die Erinnerung ausgelöst hat. Hat sich der Rezipient für die beworbene Marke interessiert? Hat er die Machart des Spots goutiert? Oder hat er sich für die attraktiven Presenter begeistert?

Auf die Einsicht in die Unmöglichkeit gültiger Kausalaussagen reagieren die meisten Werbewirkungsforscher mit dem Rückzug auf bewährte Beobachtungsverhältnisse, eben auf Kontakte. So heißt es exemplarisch bei H. P. Wehrli u. M. Krick (1997, S. 41): „Demzufolge kann auch das (primäre) Ziel werblicher Maßnahmen nicht die Umsatzgewinnung sein, sondern die langfrifstige Positionierung im Bewusstsein des Konsumenten (Markenaufbau und -profilierung) sowie die Profitabilität."

Reduziert man das Werbewirkungsproblem aber auf die Kontakthäufigkeit und -ergiebigkeit, dann manövriert sich die Werbung in das seit langem erkannte Paradoxon: Um Kontakte zu erhöhen, müssen die Werbemaßnahmen erhöht werden, was einerseits die Wahrscheinlichkeit vermindert, dass gerade dieses und nicht jenes Werbemedienangebot wahrgenommen wird, und andererseits durch Angebotsproliferation die Verweigerungshaltung bei den Rezipienten vom Switchen und Zappen bis hin zu totaler Medienabstinenz steigert (vgl. Schmidt u. Spieß 1996). Unter dem reinen Wahrnehmungsaspekt müsste daher vor allem Plakatwerbung als wirksam bezeichnet werden, da man zwar die Rezeption von Fernsehen, Hörfunk und Zeitung verweigern, nicht aber die Wahrnehmung von Plakaten im öffentlichen Raum vermeiden kann.

Wie immer man Werbemedienangebote in einer medial imprägnierten Umwelt auch wahrnimmt bzw. ihre Wahrnehmung bewusst verweigert: In beiden Fällen fließen sie ein in die jeweils systemspezifische Mediennutzung, das heißt, sie werden bewusst oder unbewusst genutzte Komponente im Prozess systemspezifischer *Wirklichkeitskonstruktion*.

3.3 Konstruktivistische Werbewirkungsforschung?

K. Merten beendet seinen bereits erwähnten Aufsatz zur konstruktivistischen Wirkungsforschung mit der einleuchtenden Konsequenz, dass der Wechsel von unimodalen zu multimodalen Wirkungsmodellen zwar eine bessere Erklärung von Wirkungen verheißt, methodisch gesehen aber erheblich höhere Anforderungen stellt, da erheblich mehr Variablen erhoben und kontrolliert werden müssen (1995, S. 84 f.).

Diese Einsicht gilt auch für den Versuch einer konstruktivistischen Werbewirkungsforschung. Das beginnt mit der Konzeption eines Wirkungsbegriffs, der sich nicht auf die traditionelle Definition stützen kann, wonach „Wirkung" bestimmt wird als Veränderung von Wissen, Einstellungen und/oder Verhalten durch Kommunikation.[9] Das setzt sich fort mit dem allgemeinen modellbautechnischen Problem, dass Konzepte und Modelle vor der (gleichermaßen unbefriedigenden) Problematik stehen, entweder mit wenigen Komponenten zu arbeiten, wodurch die Problematik sozusagen in die Tiefe der Komponenten versenkt wird, oder durch Steigerung der Komponentenzahl die möglichen Relationen zwischen den Komponenten zu verunklaren und die Anschaulichkeit des Modells aufs Spiel zu setzen.

Hinzu kommt eine weitere Schwierigkeit, die ebenfalls K. Merten (1995, S. 8) schon benannt hat: das *Zeitargument*. Wenn Wirkungen Wirkungen verändern (oder wenn gar, wie Merten vermutet, Veränderungen Veränderungen verändern) und weil Forscher zwar gründlich, aber langsam arbeiten, dann „muss man heute schon fürchten, dass die Veränderung von Medienwirkungen schneller vor sich geht als deren Erforschung".

Jeder Ansatz einer Werbewirkungsforschung steht also vor erheblichen Problemen:

- Da kognitive Prozesse nicht direkt beobachtbar sind, ist man auf die Beobachtung von Beobachtbarem (sprachlichen und nichtsprachlichen Begleit- oder Folgehandlungen) angewiesen, die über aufwendige und unsichere Theoriemanöver als Indikatoren für kognitive Prozesse interpretiert werden müssen, wobei erhebliche Validitäts- und Reliabilitätsprobleme unvermeidlich sind. Damit bleibt die Geltung von Wirkungsansprüchen prekär.
- Wegen der Fülle von psychischen und sozialen intervenierenden Variablen, denen die Medienwirkungsforschung seit Jahrzehnten auf der Spur ist, ergeben sich zwei unlösbare Probleme: (a) Es gibt keine Möglichkeit, einen eindeutigen kausalen Bezug zwischen Werbemedienangebot, seiner Nutzung und Folgehandlungen herzustellen.

(b) Wegen der Variablenfülle schwankt die theoretische Modellierung von Werbewirkung zwischen den (gleichermaßen unerfreulichen) Extremen Einfachheit (mit der Last evidenter Unergiebigkeit) und Komplexität (mit der Last evidenter Unabschließbarkeit).

- Wenn Wirkungen reflexiv modelliert werden (müssen), weil Veränderungen Veränderungen verändern, dann stehen Wirkungsforscher vor einem doppelten Zeitproblem: (a) Die Veränderung von Medienwirkungen geht schneller vor sich als deren Erforschung. (b) Die zeitliche Gerichtetheit kognitiver Prozesse ebenso wie deren Selbstorganisation schließt eine Identifikation kognitiver Zustände aus: Wirkungsforscher haben keinen stabilen Untersuchungsbereich.

Zu den bereits genannten Schwierigkeiten kommt noch eine ganz besondere theoretische und methodologische Problematik hinzu:

Soweit wir sehen, hat sich die Werbewirkungsforschung – wie die Medienwirkungsforschung ganz allgemein – bis heute vorwiegend mit der Wirkung von ganz bestimmten *Medienangeboten* beschäftigt. Weitestgehend unberücksichtigt geblieben sind die *strukturellen Wirkungen*, die von den technisch-medialen Dispositiven der jeweiligen Medientechnologie sowie von ihren sozialsystemischen Institutionalisierungen ausgehen.[10] Diese nämlich bestimmen, lange vor jeder individuellen Nutzung von Medienangeboten, welche Art von Medienangeboten überhaupt nutzbar sind und welchen Disziplinierungen der Wahrnehmungs- und Nutzungsmöglichkeiten sich Nutzer (meist unbewusst) unterworfen haben bzw. unterwerfen müssen, wenn sie Akteur in einem bestimmten Dispositiv im Rahmen eines bestimmten Sozialsystems werden wollen.

4. Werbewirkungsforschung – der Versuch einer Bestandsaufnahme

In einem 1999 erschienenen Artikel hat M. Berghaus versucht, die allmählich ins Uferlose gewachsene Medienwirkungsforschung durch ein geeignetes Modell zu systematisieren. Wir fassen dieses Modell im Folgenden kurz zusammen, um den Rahmen zu skizzieren, in dem *Werbe*wirkungsforschung heute eingebettet ist.

Berghaus lokalisiert Medienwirkungen auf drei unterschiedlichen Ebenen:

- Soziales Umfeld (Familie, Erziehung, Gruppenbindungen und persönliche Kommunikation) als Steuerungsinstanz, die die Selektionskriterien für die Medienbeurteilung und Lesarten für Medienbotschaften vorgibt. Auf dieser allgemeinsten Ebene konkurrieren die Einflussmöglichkeiten des sozialen Umfelds mit denen der Massenmedien.
- Medium als Wirkungskontext, der der Wirkung einzelner Inhalte vorausgeht und Lesarten für Inhalte vorgibt.

- Themen und Informationen einerseits, Meinungen und Einstellungen andererseits, die durch Medienbotschaften vermittelt werden.

Nach Berghaus markieren diese drei Ebenen zugleich die hierarchische Staffelung von Einflussmöglichkeiten vom sozialen Umfeld als wirkmächtigster Ebene herunter zu den Medieninhalten.

Während sich die klassische Medienwirkungsforschung in erster Linie mit der Wirkung von einzelnen Medienbotschaften beschäftigt hat und noch immer weitgehend von einer „engen, eindimensionalen, theoretisch überholten Perspektive aus der Frühzeit des Forschungszweiges" (Berghaus 1999, S. 181) bestimmt wird, ist eine Erforschung der Mediumwirkungen vor allem in der „Cultivation Analysis" um George Gerbner sowie in der Mediumtheorie der *Toronto School of Communication* (Innis, McLuhan, Meyrowitz) erfolgt. Dabei lag der Akzent auf folgenden Hypothesen:

- Über seine charakteristischen Merkmale entfaltet ein Medium eine eigene Attraktivität und eigene Wirkungen, die grundsätzlich mächtiger sind als die Wirkungen einzelnen inhaltlicher Elemente (vgl. McLuhans berühmt-berüchtigstes Diktum: „The medium is the message").
- Jedes Medium bestimmt über seine Charakteristika, welche Inhalte selegiert und in welcher Form sie präsentiert werden. Mit anderen Worten, Inhalte sind keineswegs medienneutral.
- Die bloße Existenz und Verfügbarkeit eines Mediums hat kulturelle Auswirkungen und beeinflusst dadurch alle Mitglieder einer Kultur unabhängig von individuellen Rezeptionsakten.
- Die Selektion des Mediums geht in der Mediennutzung der Selektion einzelner Inhalte voraus, wodurch Mediumwirkungen Inhaltswirkungen übergeordnet sind.

Hinsichtlich der Wirkung einzelner Medienangebote resümiert Berghaus die bislang vorliegenden empirischen Untersuchungen dahin gehend, dass kognitive Wirkungen der Massenmedien eindeutig nachgewiesen werden können: Themen, Wissen, Informationen und deren Gewichtung werden über die Massenmedien verbreitet und vom Publikum angenommen. Insofern trifft die Agenda-Setting-Hypothese zu. Unklarer ist dagegen, ob auch Meinungen und Einstellungen von den Medien verbreitet werden und nicht eher vom sozialen Umfeld bestimmt sind, wobei Berghaus selber eher der zweiten Hypothese zuneigt, aber durchaus berücksichtigt, dass auch Meinungen und Einstellungen durch die Medien vorgegeben werden und dann im sozialen Umfeld gewissermaßen ver- bzw. bearbeitet werden.

Wir wollen abschließend anhand einer Inhaltsanalyse von zehn Fachzeitschriften der vergangenen zehn Jahrgänge (1988–1998)[11] untersuchen, welche Rolle der Werbewirkungsforschung in der aktuellen Diskussion zukommt und wie es um ihre theoretischen und methodologischen Grundlagen bestellt ist. Berücksichtigt wurden alle Aufsätze, in denen die Ergebnisse einer eigenständigen empirischen Untersuchung der Wirkungen werblicher Kommunikation vorgestellt wurden.[12] Aufgrund dieser ersten Einschränkung ist unsere Stichprobe zwar nicht repräsentativ, spiegelt jedoch immer noch recht deutlich die allgemeinen Trends im Bereich der Werbewirkungsforschung wider.

Im Wesentlichen richtet sich unser Interesse auf die folgenden Fragen:

- Welche *akademischen Fächer* wenden sich der empirischen Untersuchung von Werbewirkungen zu?
- Welche Art von *Problemen* bilden dabei den Untersuchungsanlass? Handelt es sich um beobachtete soziale Probleme? Geht es um Probleme aus dem Bereich der Werbepraxis? Oder soll durch die Untersuchung eine theoretische Lücke geschlossen werden?
- Welche *Variablen* werden in Hypothesen und Fragestellungen miteinander verknüpft? Erfolgt die empirische Untersuchung *theoriegeleitet*? Wenn ja, werden die theoretischen Grundlagen lediglich erwähnt, kurz vorgestellt oder genauer expliziert?
- Welche *Methoden* werden verwendet? Werden Reliabilitätstests und Validitätstests durchgeführt? Wird die Repräsentativität der Untersuchungsergebnisse angestrebt?

Vielleicht sollte sich eine konstruktivistische Werbewirkungsforschung vor Arbeitsaufnahme noch einmal genau am Schicksal der bisherigen Wirkungsforschung orientieren, die Merten nach der Kartierung von 300 einschlägigen Studien (Merten 1995b, S. 84) als „wissenschaftliche Konkursmasse" bezeichnet. Wenn unsere Durchsicht der Werbewirkungsstudien zu einem ähnlichen Ergebnis kommt, dürfte auch die Konsequenz in der Einschätzung ähnlich ausfallen.

Es dürfte dann wohl plausibel sein, Konstruktivistinnen und Konstruktivisten von einer Investition in die Werbewirkungsforschung dringend abzuraten.

Folgt man Karsten Renckstorf, der unlängst festgestellt hat, dass die Kommunikationswissenschaft „ihre Existenzberechtigung als Disziplin vor allem daraus [bezieht; d.Verf.], dass – und insofern als – die mit den Massenmedien sofort assoziierte Frage nach den ‚Medienwirkungen' hier – als Frage nach den Bedingungen von Wirkungen massenkommunikativer Prozesse – im Zentrum des Forschungsinteresses steht" (1998, S. 12 f.), dann müsste sich die Kommunikationswissenschaft vor allem doch zunächst einmal mit jener Kommunikationsform befassen, deren erklärtes Ziel es ist, zu wirken. Allerdings, so lässt sich deutlich belegen, hat sich die Kommunikationswissenschaft in Deutschland in den vergangenen zehn Jahren – vorsichtig ausgedrückt – nicht gerade auf die empirische Untersuchung von Werbewirkungen kapriziert. Vielmehr hat sie – wenn auch nicht ganz so rigoros wie die Soziologie – die Frage nach den Wirkungen der Werbung nahezu ausgeblendet. Ganze zwei Zeitschriftenaufsätze (Brosius u. Habermeier 1993; Fahr 1996[13]) ließen sich eindeutig dem Bereich der akademisch institutionalisierten Kommunikationswissenschaft zuordnen. Ulrich Saxer (1987, S. 650) sah bereits vor rund zehn Jahren den Grund für diesen „unbefriedigenden Zustand" darin, dass sich die Kommunikationswissenschaft erst allmählich „von der Analyse redaktioneller Beiträge in Massenmedien und deren Wirkungen zur Untersuchung öffentlicher Kommunikation ausgeweitet" hat.

Betrachtet man die Verteilung auf die einzelnen Fachzeitschriften, zeigt sich erwartungsgemäß eine deutliche Häufung empirischer Studien in den auf Fragen der Marktforschung spezialisierten Titeln *Planung und Analyse* sowie *Jahrbuch der Absatz- und Verbrauchsforschung*. In den traditionellen kommunikationswissenschaftlichen Fachzeitschriften *Publizistik, Rundfunk und Fernsehen* und *Media Perspektiven*[14] erweist sich die Werbewirkungsforschung mit insgesamt sechs Studien als ein deutlich vernachlässigtes Forschungsfeld. Betrachtet man zusätzlich die im weiteren Sinne kommunikationswissenschaftlichen Zeitschriften *Bertelsmann-Briefe, Medienpsychologie* und *medien & erziehung*, in denen zwischen 1988 und 1998 lediglich vier empirische Studien zur Werbewirkungsforschung veröffentlicht wurden (alle in der *Medienpsychologie*), bleibt es insgesamt bei dem Eindruck, dass sich die Kommunikationswissenschaft in Deutschland mit der Werbewirkungsforschung zehn Jahre lang praktisch nicht beschäftigt hat. Wenn man bedenkt, dass es gerade in der Kommunikationswissenschaft nicht an Stimmen mangelt, die die theoretischen Grundlagen der Werbe(wirkungs)forschung mitunter stark kritisieren, muss dieser Befund umso mehr überraschen. Offensichtlich ist sich die Kommunikationswissenschaft zwar darüber im Klaren, dass man es besser machen *müsste*, jedoch bleibt sie den praktischen Beweis bis heute schuldig, dass dies auch geschehen *könnte*.

Disziplin	*Häufigkeiten*	*Prozent*
Kinder- und Jugendforschung	1	2,2
Kommunikationswissenschaft	2	4,4
Praxis	16	35,6
Psychologie	13	28,9
Wirtschaftswissenschaft	13	28,9
Gesamt	45	100

Tab. 2: Forschungshintergrund

Fachzeitschriften	Häufigkeiten	Prozent
Bertelsmann-Briefe	–	–
Jahrbuch der Absatz- und Verbrauchsforschung	12	26,7
Kölner Zeitschrift für Soziologie und Sozialpsychologie	–	–
Media Perspektiven	4	8,9
medien & erziehung	–	–
Medienpsychologie	4	8,9
Planung und Analyse	23	51,1
Publizistik	1	2,2
Rundfunk und Fernsehen	12,2	
Zeitschrift für Soziologie	–	–
Gesamt	45	100

Tab. 3: Fachzeitschriften

Zumindest was die Zahl an Veröffentlichungen angeht, erkunden im Bereich der akademischen Forschung vor allem die Psychologie und die Wirtschaftswissenschaft das Forschungsfeld der Werbewirkungen.[15] Einschränkend muss allerdings darauf hingewiesen werden, dass ein Großteil der in diesem Zusammenhang publizierten Studien auf Diplomarbeiten des wissenschaftlichen Nachwuchses basiert und daher alleine schon aus forschungsökonomischen Gründen nicht alle Gütekriterien der empirischen Forschung eingehalten werden können. Insbesondere die oftmals zeit- und kostenintensive Gewährleistung der Repräsentativität der Untersuchungsergebnisse ist hiervon deutlich betroffen.

Die starke Vorherrschaft der Psychologie und der Wirtschaftswissenschaft ist zum einen sicherlich auf den engen, historisch gewachsenen Konnex zwischen der Wirtschaft und *ihrer* Werbung zurückzuführen, zum anderen spiegelt sich darin aber auch die grundlegende Ausrichtung der Werbung auf das Individuum wider, für das sich im Sinne einer akademischen Aufgabenteilung bekanntlich vor allem die Psychologie verantwortlich erklärt.[16] Werbung will nicht die Gesellschaft verändern, und wenn sie es dennoch tut, dann immer nur mithilfe der durch sie angesprochenen Individuen. Werbung sucht den massenhaften Kontakt zu jedem Einzelnen, und sie bedient sich der Psychologie, weil diese zu erklären verspricht, was uns als Individuen[17] eint, wo genau also – von Fall zu Fall – die *Hebel* anzusetzen sind.

Wie wirkt Werbung bei aufmerksamen, wie bei unaufmerksamen Rezipienten (Bock, Bussmann u. Hörnig 1991)? Wird unterhaltsame Werbung tiefer oder oberflächlicher verarbeitet als rein informative Werbung (Bock, Koppenhagen u. Oberberg 1993)? Welchen Einfluss haben Werbeunterbrechungen auf die Einstellungen von Rezipienten gegenüber der Werbung (Mattenklott, Bretz u. Wolf 1997 oder Brosius u. Habermeier 1993)? – Nicht nur die werbepsychologische und die wirtschaftswissenschaftliche Forschung orientieren sich in erster Linie an den praktischen Problemen der Werbung (was wird erinnert, was motiviert Teilnahmebereitschaft?), vielmehr scheint im Bereich der Werbewirkungsforschung die Suche nach der effizientesten Zweck-Mittel-Relation, die Antwort auf die drängende Frage: Was muss ich tun, damit ...?, *das* forschungsleitende Paradigma zu sein. Dabei wird selbst der letzte Winkel möglicher Wirkungskonstellationen noch ausgeleuchtet, was in der Folge zu einer den Werbewirkungsprozess parzellierenden Sichtweise führt, deren Einzelbefunde sich nur noch schwer in einen übergreifenden theoretischen Rahmen integrieren lassen.

Forschungspraktisch zeigt sich dieser Zusammenhang darin, dass nur in der Ausnahme aller Fälle auf der Basis einer theoretischen Diskussion gewonnene Hypothesen den Ausgangspunkt der empirischen Arbeit markieren. Zwar scheint über bestimmte Paradigmen der Werbewirkungsforschung etwa in der Tradition der soziobiologischen Aktivierungshypothese Werner Kroeber-Riels ein gewisser Konsens zu bestehen, jedoch erfolgt mehrheitlich keine Einordnung und Diskussion dieses Paradigmas im Verhältnis zu konkurrierenden Erklärungsansätzen. Auf den Theoriefundus der kommunikationswissenschaftlichen (Medien-)Wirkungsforschung wurde in keiner der Untersuchungen explizit zurückgegriffen. Dabei ließe sich gewiss – angesichts der fachintern kontrovers geführten Diskussion um dieses sensible Forschunsgfeld der Kommunikationswissenschaft allerdings mit der gebotenen Vorsicht – einigen kommunikationswissenschaftlichen Ansätzen wie etwa der Hypothese vom Zweistufenfluss der Kommunikation, der Agenda-Setting-Hypothese, der Nutzenperspektive, aber auch Arbeiten im Umfeld der konstruktivistischen und systemtheoretischen Kommunikationsforschung ein gewisses Aufklärungspotenzial auch für die Entwicklung von Forschungshypothesen in anderen Disziplinen zuschreiben. Wenn es zu einem Theorietransfer zwischen verschiedenen Disziplinen kommt, so scheint jedoch auch hier vor allem die Psychologie der entscheidende Ideenlieferant zu sein.

Versucht man, die vorwiegend *ad hoc* gewonnenen Befunde zu ordnen, so scheint vor allem eine Frage das allgemeine Erkenntnisinteresse der Werbewirkungsforschung verlässlich zu rastern: *Wie muss eine Werbebotschaft gestaltet sein und in welcher Kontaktdosis muss sie verabreicht werden, damit sie bei spezifischen Zielgruppen, die sich durch ein spezifisches Set an Prädispositionen (Alter, Geschlecht, sozioökonomischer Status, Involvement etc.) auszeichnen, mess-*

bare Einstellungs- und Wissensveränderungen in Bezug auf die beworbene Leistung und/oder das präsentierte Werbemedienangebot ergibt?

Der methodische Königsweg zur Beantwortung dieser Frage besteht in der systematischen Variation werblicher Medienangebote mit einer anschließenden Befragung. Eine Problematisierung der methodischen Herangehensweise, die Diskussion der Möglichkeiten und Grenzen einer spezifischen Methode – ganz zu schweigen von der Wahl methodischer Alternativen – erfolgt nur in seltenen Fällen. Lediglich in rund der Hälfte aller Untersuchungen wird die Reliabilität und die Validität der Analysen überprüft. Aufgrund der in der Regel fehlenden Repräsentativität der Untersuchungsergebnisse erscheint die Entwicklung eines einheitlichen Theorierahmens im Bereich der Werbewirkungsforschung überdies zumindest problematisch zu sein.

5. Fazit und Ausblick

Was zeichnet nun *gute Werbung* gegenüber *schlechter Werbung* aus? Welche Funktion erfüllt Werbung für die Unternehmen, wenn sich die *Effektivität* der Werbung aufgrund der Vielzahl relevanter Einflüsse auf den Markterfolg einer Ware nicht oder nur in den genannten Grenzen bestimmen lässt? Der Konstruktivismus, so scheint es, erweist sich bei der Beantwortung dieser Fragen als kein besonders guter Ratgeber, fordert er doch zunächst einmal die prinzipielle *Unsteuerbarkeit kognitiver Systeme* ein und stellt damit von vornherein *das* zentrale Glaubensbekenntnis der klassischen Werbewirkungsforschung *radikal* in Frage. Es tut uns Leid: Pawlows Hunde waren Hunde.

Wir haben versucht zu zeigen, dass der evidenten Tatsache der kognitiven Autonomie individueller Wirklichkeitskonstruktionen stets die ebenso evidente Tatsache der sozialen Orientierung zur Seite steht. Eben weil Bewusstsein kognitiv autonom ist, muss es seine Kopfgeburten kontinuierlich sozialen Wirklichkeitstests unterziehen, um ein ausreichendes Maß an Stabilität zu gewährleisten. Hier kommen nun Medienangebote ins Spiel, die individuelles Bewusstsein und soziale Kommunikation miteinander koppeln. Dieser Mechanismus ist von so eminenter Bedeutung, dass wir uns ihm unmöglich entziehen können – sofern sie wahrgenommen werden, können Medienangebote daher nicht nicht wirken. Freilich wäre mit dieser Erkenntnis alleine der auf *Messbarkeit* und *Prognostizierbarkeit* geeichten Werbewirkungsforschung noch nicht viel geholfen, wären wir nicht auch in der Lage, die *Qualität* und die *Reproduzierbarkeit* der Werbewirkung *spezifischer* Medienangebote näher zu bestimmen. Kann der Konstruktivismus verbindliche, für die werbetreibende Praxis handlungsleitende Empfehlungen anbieten vom Schlage: „Tue X, und erhalte X'"? Auf die Gefahr hin, dass wir uns damit aus dem Mainstream der Forschung herauskatapultieren: Rezepte dieser Art sind vom Standpunkt des Konstruktivismus aus *nicht* zu liefern. Da jedoch faktisch ein massiver Orientierungsbedarf in Bezug auf Werbewirkungen vorliegt, der sich weder ignorieren noch aus dem Verantwortungsbereich wissenschaftlicher Erkenntnisbildung herausdefinieren lässt, wollen wir abschließend einige Vorschläge zur Fortschreibung der Werbewirkungsforschung skizzieren.

Die Frage danach, was *gute* und was *schlechte* Werbung ist, verweist auf die dahinter liegende, aber nur selten gestellte Frage „*Für wen?*", die es zunächst einmal zu klären gilt, bevor nach Antworten gesucht wird. Ganz offensichtlich ist sie von erheblicher Bedeutung, wenn es darum geht, theoretische und methodologische Entscheidungen im Vorfeld der Untersuchung von Werbewirkungen sinnvoll zu begründen.

Die Werbewirkungsforschung hat sich zu sehr jenem Imperativ der Werbepraxis verschrieben, der die Werbung kontinuierlich nach Verbesserung, Innovation und – soweit ihre eigenen Appelle betroffen sind – nach mehr Effektivität streben lässt. Unseres Erachtens führt diese Verengung der Forschungsperspektive auch hier bereits im Vorfeld der meisten Untersuchungen zu einer erheblichen Einschränkung des Spektrums möglicher Erklärungen. Erst wenn man darauf verzichtet, nach Möglichkeiten der *effektiveren* Ansprache von Zielpublika zu suchen, kann jedoch auch der bislang deutlich vernachlässigte Bereich nichtintendierter Wirkungen der Werbung in das Gesichtsfeld der Forschung rücken. Letztlich erweist sich die Frage danach, was Rezipienten mit den Medienangeboten der Werbung *tatsächlich* anfangen, zumindest als ebenso aufschlussreich wie die Frage danach, ob sie mit ihnen das anfangen, was sie mit ihnen anfangen *sollen*. Neuerdings haben Ansätze, die die Aktivität der Rezipienten betonen, wie Arbeiten im Umfeld der *Cultural Studies* oder des Konstruktivismus, gezeigt, dass Rezipienten nicht nur die passiven Opfer werblicher Manipulationsversuche sind, sondern sehr wohl ihrerseits Medienangebote der Werbung auf individuelle Weise *miss-brauchen*.

Um solche Prozesse „subversiver Sinnstiftung" in den Blick bekommen zu können, ist es freilich notwendig, sich von der allzu strikten Auslegung eines kritisch-rationalistischen Empirieverständnisses, wie es den meisten Untersuchungen zur Werbewirkungsforschung zugrunde liegt, zu trennen und sich jenen Methoden und Methodenkombinationen zuzuwenden, die konsequent die Perspektive auch auf die Ränder kommunikativer Prozesse legen und soziale ebenso wie situative und persönliche Prädispositionen sowie die Möglichkeit der reflexiven Vernetzung berücksichtigen.

Schon aus Gründen der eigenen Existenzsicherung ist die Werbung darauf bedacht, Bedürfnisse niemals *endgültig* zu befriedigen, sondern durch die immer wieder neue Stimulation von Bedürfnissen jenen Prozess am Leben zu erhalten, dem sie ihre Existenz verdankt. Zumindest diese Lektion scheint die

Werbewirkungsforschung von der Werbung gelernt zu haben. Wie die Werbung erfindet sich scheinbar auch die Werbewirkungsforschung von Fall zu Fall immer wieder von neuem. Hier scheinen offenkundig Strategien einer *wissenschaftlichen Aufmerksamkeitsökonomie* durch, belegen die meisten Untersuchungen vor allem doch zunächst einmal dies: die Notwendigkeit weiterer Untersuchungen. Allem Anschein nach hat sich im Bereich der akademischen Werbewirkungsforschung darüber hinaus eine institutionelle Organisationsform etabliert, in deren Rahmen sich bestimmte psychologische und wirtschaftswissenschaftliche Institute auf die Untersuchung von Werbewirkungen spezialisiert haben und gezielt Diplomarbeitsthemen zum Zwecke der späteren Wiederaufbereitung in Fachaufsätzen vergeben. Auf diese Weise lässt sich dann trefflich unter Beweis stellen, dass man kontinuierlich am Ball ist, gewissermaßen an der Front der Forschung, und kurz vor der Entdeckung des entscheidenden *Hebels* zum Bewusstsein der Zielgruppe steht. Ein nennenswerter wissenschaftlicher Erkenntnisgewinn kann unter diesen Bedingungen jedoch nur dann erwartet werden, wenn sich die Forschung nicht nur an Problemen der Praxis orientiert, sondern darüber hinaus nicht vergisst, diese praktischen Probleme als wissenschaftliche Probleme zu formulieren und zu lösen. Konkret lässt sich damit die Forderung nach einer stärkeren theoretischen und methodologischen Expliziertheit der Forschung verbinden.

Die Frage, warum Unternehmen werben, obwohl punktgenaue Wirkungen nicht wahrscheinlich sind, kann mit zwei Argumenten beantwortet werden. (a) Werbung ist heute Werbekommunikation, Unternehmen und Produkte sind also zunächst nur dann gesellschaftlich relevant, wenn über sie kommuniziert wird. Da sich Gesellschaft heute primär als Kommunikation vollzieht, ist Kommunikationsabstinenz für Unternehmen in Zeiten der Aufmerksamkeitsökonomie auf jeden Fall höchst riskant. (b) Neben der schwer kalkulierbaren Wirkung einzelner Medienbotschaften partizipiert Werbung an der strukturellen Wirkung von Medien. Werbung als Kommunikationsform liefert Rituale zur Stabilisierung der Gesellschaft, indem sie einen prägnanten Problemlösungsansatz zur fiktiven Befriedigung selbst induzierter Bedürfniskreisläufe liefert. Insofern stimmt, wie J. Baudrillard (1991) formuliert hat, die Kommunikationsgesellschaft Tag für Tag durch Werbung über sich selbst ab – und Abstimmungsabstinenz ist höchst riskant.

Variablen / Studie	Hypothesenbildung	unabhängige Variable				abhängige Variable			
		Prädispositionen des Rezipienten	Gestaltung	Kontakt	Medium	Kontakt	Wissen	Einstellung	Verhalten
Andresen (1990)	X	X	X			X	X		
Bárta (1996)	(X)		X					X	
Bock (1990)		X			X		X	X	
Bock, Bussmann u. Hörnig (1991)		X			X		X	X	
Bock, Koppenhagen u. Oberberg (1993)		X					X		
Brosius u. Habermeier (1993)	(X)	X					X	X	
Brown a. Farr (1994)			X						X
Dierks (1997)									
Fahr (1996)			X			X	X		
Franz u. Bay (1993)	X		X	X		X			
Gierl (1997)			X					X	
Gierl u. Ertel (1993)	X	X					X		
Grønholdt a. Hansen (1988a)		X					X		
Grønholdt a. Hansen (1988b)		X					X		
Ha (1995)			X			X	X		
Heining u. Haupt (1988)	(X)	X						X	X
Kasprik (1995)	X	X	X				X		
Kiraci u. Gierl (1992)		X	X	X			X	X	
Kirchler u. de Rosa (1996)		X						X	
Kirschhofer (1997)		X					X		
Kottmeier u. Neunzerling (1994)		X				X	X		
Lasogga (1998)		X	X			X	X		
Leest (1996)		X			X	X			

Variablen Studie	Hypothesenbildung	unabhängige Variable					abhängige Variable			
		Prädispositionen des Rezipienten	Gestaltung	Kontakt	Medium	Kontakt	Wissen	Einstellung	Verhalten
Mattenklott, Bretz u. Wolf (1997)		X	X	X			X	X	
Mayer u. Bender (1994)	X	X	X					X	X	
Mayer u. Bundschuh (1995)	X	X	X						X	X
Mayer u. Frey (1988)	X		X						X	
Mayer u. Heckelsberger (1992)		X	X	X						X
Mayer u. Reisgys (1990)	X	X	X						X	X
Melzer (1998)		X	X					X		
Moser (1994)	X	X	X						X	
Munzinger (1998)			X					X	X	
Nötzel (1988a)						X	X	X		
Nötzel (1988b)						X	X	X		
Nötzel (1988c)		X	X			X	X			
Nötzel (1989)		X				X	X			
Pechtl (1998)	X	X		X					X	
Reiter u. Serr (1991)		X	X	X	X			X		
Sauermann (1989)		X	X						X	
Schmalen u. Lang (1997)		X	X		X		X	X		
Vollbrecht (1996)		X							X	
Wehrli u. Krick (1997)			X						X	
Wild (1995)		X		X	X			X	X	
Wild (1996)		X		X	X			X	X	
Wolfradt u. Petersen (1997)		X			X			X		

Tabelle 4: Forschungsfelder der Werbewirkungsforschung

Studie	Forschungsprobleme			methodologische Explizietheit			
	soziales Problem	Werbe-praxis	Theorie-lücke	Metho-dendis-	Relia-bilität	Vali-dität	Repräsentativität
Andresen (1990)	X		X	X	X	X	
Bárta (1996)	X				X	X	
Bock (1990)	X			X	X		
Bock, Bussmann u. Hörnig (1991)	X	X		X	X		
Bock, Koppenhagen u. Oberberg (1993)	X	X		X	X		
Brosius u. Habermeier (1993)	X			X	X		
Brown a. Farr (1994)	X			X	X		
Dierks (1997)	X						
Fahr (1996)	X			X			
Franz u. Bay (1993)	X				X	X	
Gierl (1997)	X			X			
Gierl u. Ertel (1993)		X		X	X	X	
Grønholdt a. Hansen (1988a)	X			X			
Grønholdt a. Hansen (1988b)	X			X			
Ha (1995)	X			X	X	X	
Heining u. Haupt (1988)		X			X		X
Kasprik (1995)	X			X	X		
Kiraci u. Gierl (1992)		X			X		
Kirchler u. de Rosa (1996)		X		X	X	X	
v. Kirschhofer (1997)		X			X		X
Kottmeier u. Neunzerling (1994)	X	X		X			
Lasogga (1998)	X						
Leest (1996)	X		X	X			
Mattenklott, Bretz u. Wolf (1997)	X			X			
Mayer u. Bender (1994)		X		X	X		
Mayer u. Bundschuh (1995)	X			X			
Mayer u. Frey (1988)	X		X	X			
Mayer u. Heckelsberger (1992)	X			X			
Mayer u. Reisgys (1990)		X		X			
Melzer (1998)	X						

Studie	Forschungsprobleme			methodologische Expliziertheit			
	soziales Problem	Werbe-praxis	Theorie-lücke	Metho-dendis-	Relia-bilität	Vali-dität	Reprä-sentati-vität
Moser (1994)	X		X	X			
Munzinger (1998)	X						
Nötzel (1988a)	X		X		X		
Nötzel (1988b)		X				X	
Nötzel (1988c)		X				X	
Nötzel (1989)		X					
Pechtl (1998)	(X)	X		X	X	X	
Reiter u. Serr (1991)		X		X			
Sauermann (1989)				X			
Schmalen u. Lang (1997)		X	X			X	
Vollbrecht (1996)	X					X	
Wehrli u. Krick (1997)		X					X
Wild (1995)		X				X	X
Wild (1996)		X					(X)[18]
Wolfradt u. Petersen (1997)			X				

Tab. 5: Forschungsprobleme und methodologische Expliziertheit

Anmerkungen

1 Wir danken Christoph Jacke und Sebastian Jünger für ihre Unterstützung.

2 Die vollkommene Immanenz der Werbung zeigt sich darin, daß die Werbung und das Gespräch über die Verbrauchsgegenstände, die in der *Gesellschaft des Spektakels* (Debord 1996) als Zeichen fungieren, selbst zum Gegenstand des Verbrauchs, selbst zum Zeichen geworden sind. An dieser Stelle offenbart sich Baudrillards Nähe zu den Arbeiten des theoretischen Vordenkers der von Literaten und Künstlern gegen Ende der Fünfzigerjahre gegründeten *Situationistischen Internationale*, Guy Debord. In der Werbung – „im Zentrum des Spektakels" –, so heißt es bereits bei Debord wie dann nur ein Jahr später auch bei Baudrillard, verbraucht sich das Besondere spezifischer Waren (Kauft *dies* und nicht das!), während die Warenform selbst (*Kauft!*) zu ihrer absoluten Verwirklichung findet (Debord 1996, S. 53).

3 Das Laborexperiment stellt seit den Anfängen der Werbepsychologie, wie sie etwa in Deutschland seit Hugo Münsterberg (1912) systematisch betrieben wurde, die zentrale Methode dar. Hovland hat also gewissermaßen das Experiment für die Persuasionsforschung wieder entdeckt.

4 Zu den sozialpsychologischen Vorläufern dieser Tradition siehe etwa Sherif a. Hovland (1961).

5 Dasselbe gilt – und hier folgen wir wie oben einer Empfehlung S. Jüngers in einem Kommentar zu diesem Manuskript – auch für die Bestimmung von „Gedächtnis", wo

ebenfalls genau zwischen neuronalen und bewußtseinsreferierenden Beschreibungen unterschieden werden muß. So finden auf der neuronalen Ebene Abgleiche durch somatische Strukturen und das vorherrschende biochemische Milieu statt. Auf der Bewußtseinsebene aber sind die temporalisierten Erinnerungen dynamische Wahrnehmungen mit „Vergangenheitsqualität", immer gebunden an den aktualen psychophysi.schen Kontext des kognitiven Systems.

6 Auch hier weist Jünger zu Recht darauf hin, daß neben der Sprache auch noch andere semiotische Systeme berücksichtigt werden müßten. Darüber hinaus betont er, daß soziale Kontrolle nur mittels Bedeutungen erfolgen kann, die kommunikativ konsensfähig und -pflichtig sind. Sprachliche Bedeutungen sind größtenteils Beschreibungsbeschreibungen, also intrasymbolische Bedeutungen im Sprachsystem, die eben wegen dieses Status keine soziale Kontrolle darunter liegender Referenzebenen (wie etwa somatosensorischer und autobiographischer Bedeutungsträger) ermöglichen bzw. erlauben.

7 Zu diesem Themenkomplex vgl. die grundlegende Studie von P. M. Hejl (1992).

8 So heißt es etwa bei C. Wild (1995, S. 258): „Gegenstand der Ergänzungsinterviews waren die Werbewirkungsparameter spontane Markenbekanntheit (1), spontane und gestützte Werbeerinnerung (2) sowie eine Kampagnenbewertung nach den Kriterien Informationswert, Sympathie und Neuigkeitswert."

9 Merten (1995b, S. 85) zeigt zu Recht, daß bei dieser Definition das Kriterium der Unabhängigkeit der in der Definition enthaltenen Elemente verletzt wird, die Definition also schon rein wissenschaftslogisch inkorrekt ist.

10 Mit Vorsicht ließe sich jedoch der in der Praxis sich abzeichnende Trend, die *Mediaplanung* mit den Mitteln der Marktforschung zu untersuchen, als ein erster Schritt in die hier angeregte Richtung interpretieren. „Wir befinden uns gerade in einer Umbruchphase", stellt die Media-Managerin des *Lever Fabergé Konzerns* Katja Praefke fest. „Bis vor kurzem war unsere Werbewirkungsforschung fast ausschließlich auf die Kreation konzentriert. Wir haben Image-Kriterien abgefragt wie ‚wäscht weißer' oder ‚ist eine gute Qualität für das Geld' oder ‚macht meine Haut wirklich sanfter', die nur über die Kreation der Werbung beeinflußt werden. Das machen wir heute noch, aber zunehmend beschäftigen wir uns auch damit, wie unsere Marktforschungsdaten für Media eingesetzt werden können" (Pichler 1999, S. 22).

11 Untersuchungsmaterial: *Bertelsmann-Briefe*: 1/1988–1998 & 2/1992–1997; *Jahrbuch der Absatz- und Verbrauchsforschung*: 1/1988–1998 & 2/1988–1998 & 3/1988–1997 & 4/1988–1997; *Kölner Zeitschrift für Soziologie und Sozialpsychologie*: 1/1988–1998 & 2/1988–1998 & 3/1988–1998 und 4/1988–1997; *Media Perspektiven*: 1/1988–1998 & 2/1988–1998 & 3/1988–1998 & 4/1988–1998 & 5/1988–1998 & 6/1988–1998 & 7/1988–1998 & 8/1988–1998 & 9/1988–1998 & 10/1988–1997 & 11/1988–1997 & 12/1988–1997; *medien & erziehung*: 1/1988–1998 & 2/1988–1998 & 3/1988–1998 & 4/1988–1998 & 5/1988–1998 & 6/1988–1997; *Medienpsychologie*: 1/1989–1998 & 2/1989–1998 & 3/1990–1998 & 4/1990–1997; *Planung und Analyse*: 1/1988–1998 & 2/1988–1998 & 3/1988–1998 & 4/1988–1998 & 5/1988–1998 & 6/1988–1997 & 7/1988–1991 & 8/1988–1991 & 9/1988–1991 & 10/1988–1991 & 11/1988–1989 & 12/1988–1989; *Publizistik*: 1/1988–1998 & 2/1988–1998 & 3/1988–1998 & 4/1988–1997; *Rundfunk und Fernsehen*: 1/1988–1998 & 2/1988–1998 & 3/1988–1998 & 4/1988–1997; *Zeitschrift für Soziologie*: 1/1988–1998 & 2/1988–1998 & 3/1988–1998 & 4/1988–1998 & 4/1988–1998 & 5/1988–1998 & 6/1988–1997.

12 Unberücksichtigt blieben all jene Aufsätze, in denen nur der Forschungsstand zusammengefaßt oder der Schwerpunkt auf der Darstellung einer spezifischen Methode zur Ermittlung von Werbewirkungen lag.

13 In diesem Aufsatz werden die Ergebnisse einer Studie zusammengefaßt, die im Rahmen einer Magisterarbeit am Institut für Kommunikationswissenschaft der Universität München durchgeführt wurde.

14 *Publizistik*: Brosius u. Habermeier (1993); *Rundfunk und Fernsehen*: Wolfradt u. Petersen (1997); *Media Perspektiven*: Franz u. Bay (1993); Vollbrecht (1996); Wild (1995); Wild (1996).

15 Zu vergleichbaren Ergebnissen siehe bereits Werner Kroeber-Riel (1986), der vor rund zehn Jahren das Feld der Werbewirkungsforschung im Auftrag der Deutschen Forschungsgemeinschaft begutachtete.

16 Auch die Psychologie hat sich freilich ihrerseits von einem frühen Stadium an der Werbung als Testfeld ihrer Annahmen und Hypothesen bedient. Interessanterweise läßt sich dabei die Doppelstrategie beobachten, zum einen nach den Regeln individueller Wirkungsbedindungen zu suchen, zum anderen aber auch dem Produkt, der beworbenen Leistung eine Persönlichkeit zu verleihen, die *Produktpersönlichkeit*, und diese dann mit dem vollen psychologischen Instrumentarium zu analysieren (siehe dazu etwa bereits Bergler 1958).

17 Bereits Hugo Münsterberg, der mit seiner Arbeit *Psychologie und Wirtschaftsleben* in Deutschland den Grundstein einer psychologischen Werbeforschung legte, weist auf die Bedeutung individueller Unterschiede hin: „Solange die experimentelle Psychologie im wesentlichen eine Wissenschaft von der allen Menschen gemeinsamen Bewußtseinbeschaffenheit blieb, konnte von einer Anpassung an die Forderungen des täglichen Lebens kaum die Rede sein. Hätte eine angewandte Psychologie mit irgendwie systematischen Absichten sich hervorgewagt, so hätte sie überall in weiter Entfernung von den tatsächlichen Einzelaufgaben des Lebens verharren müssen" (Münsterberg 1912, S. 6). „Die neu erschaffene Möglichkeit, jene Verschiedenheiten von Mensch zu Mensch mit den Hilfsmitteln der Wissenschaft genau zu untersuchen und zu vergleichen, mußte in der Tat den wichtigsten Fortschritt für die Anwendbarkeit der Psychologie bedeuten" (ebd., S. 7).

18 Für alle Telefonhaushalte.

Literatur

Adorno, T. W. (1977): Prolog zum Fernsehen – Fernsehen als Ideologie. In: T. W. Adorno: Kulturkritik und Gesellschaft II. Frankfurt a. M. (Suhrkamp), S. 507–532.

Andresen, T. (1990): „Guck doch mal hin!" Anzeigenkontakte in der Werbewirkungsforschung. *Jahrbuch der Absatz- und Verbrauchsforschung* 36 (2): 164–187.

Bárta, V. (1996): Die Entwicklung des tschechischen Marktes und der Einfluß der Werbung. *Planung und Analyse* 23 (4): 34–39.

Baudrillard, J. (1991): Das System der Dinge. Über unser Verhältnis zu den alltäglichen Gegenständen. Frankfurt a. M. (Campus).

Berghaus, M. (1999): Wie Massenmedien wirken. Ein Modell zur Systematisierung. *Rundfunk und Fernsehen* 47 (2): 181–199.

Bergler, R. (1958): Die Psychologie im Dienste der Werbeforschung. In: Bund Deutscher Werbeberater und Werbeleiter (Hrsg.): Theorie und Praxis der Werbeforschung. Köln (o. V.), S. 18–67.

Bergler, R. (1979): Zigarettenwerbung und Zigarettenkonsum. Eine psychologische Studie. Stuttgart/Wien (Huber).

Bock, M. (1990): Wirkungen von Werbung und Nachrichten im Druckmedium Fernsehen. *Medienpsychologie* 2 (2): 132–147.

Bock, M., V. Bussmann u. R. Hörnig (1991): Wirkungen von Nachrichten und Werbung im Druckmedium und Fernsehen bei aufmerksamen und abgelenkten Rezipienten. *Medienpsychologie* 3 (3): 215–235.

Bock, M., K. Koppenhagen u. C. Oberberg (1993): Wirkungen von „Information" und „Unterhaltung" bei Fernsehnachrichten und Werbespots. *Medienpsychologie* 5 (2): 124–138.

Brosius, H.-B. u. J. Habermeier (1993): Auflockerung oder Ablenkung: die Ablenkung von Zwischenblenden in der Fernsehwerbung. *Publizistik* 38 (1): 76–89.

Brown, G. u. A. Farr (1994): Enhancement. Zu den verzögerten Wirkungen von Werbung. *Planung und Analyse* 21 (3): 5–14.

Debord, G. (1996): Die Gesellschaft des Spektakels. Berlin (Klaus Bittermann).

Dierks, S. (1997): Radio macht Werbung attraktiver. Qualitäten der Radiowerbung II – die neue Wirkungsstudie von ARD, RMS und IP. *Planung und Analyse* 24 (6): 65–68.

Donnerstag, J. (1996): Der engagierte Mediennutzer. Das Involvement-Konzept in der Massenkommunikationsforschung. München (Fischer).

Fahr, A. (1996): Tandemspots – Booster der Werbewirkung? *Planung und Analyse* 23 (5): 56–59.

Fischer, A. u. D. Meister (1995): Die Fragen nach der Werbewirkung: Kinder in einem Umfeld von Medien und Werbung. *medien + erziehung* XX (3): 139–144.

Franz, G. u. G. Bay (1993): Werbewirkung des Fernsehens in den 90er Jahren: ARD/ZDF-Studie „Qualitäten der Fernsehwerbung" II. *Media Perspektiven* 5: 211–222.

Gierl, H. (1997): Prominente Testimonials in der Produktwerbung. *Planung und Analyse* 24 (3): 50–53.

Gierl, H. u. T. N. Ertel (1993): Die Wirkung von Werbeanzeigen für unbekannte Marken von Low-Involvement-Produkten. *Jahrbuch der Absatz- und Verbrauchsforschung* 39 (1): 8–104.

Gronholdt, L. u. F. Hansen (1988a): The Effects of German Television Advertising on Brands in Denmark – a Unique Experimental Situation, Part 1. *Planung und Analyse* 15 (3): 128–135.

Gronholdt, L. u. F. Hansen (1988b): The Effects of German Television Advertising on Brands in Denmark – a Unique Experimental Situation, Part 2. Planung und Analyse 15 (4): 174–178.

Ha, L. (1995): Weniger ist mehr? Zu den Auswirkungen der Ballung von Werbung in Zeitschriften. *Planung und Analyse* 22 (5): 18–26.

Haase, H. (1989): Werbewirkungsforschung. In: J. Groebel u. P. Winterhoff-Spurk (Hrsg.): Empirische Medienpsychologie. München (Psychologie Verlags Union), S. 215–246.

Halff, G. (1998): Die Malaise der Medienwirkungsforschung. Transklassische Wirkungen und klassische Forschung. Opladen (Westdeutscher Verlag).

Haug, W. F. (1972): Kritik der Warenästhetik (2. Aufl.). Frankfurt a. M. (Suhrkamp).

Heining, R. u. K. Haupt (1988): Die Wirkungen des Werbefernsehens auf Kinder. *Planung und Analyse* 15 (9): 345–348.

Hejl, P. M. (1992): Die zwei Seiten der Eigengesetzlichkeit. Zur Konstruktion natürlicher Sozialsysteme und zum Problem ihrer Regelung. In: S. J. Schmidt (Hrsg.): Kognition und Gesellschaft. Der Diskurs des Radikalen Konstruktivismus. Frankfurt a. M. (Suhrkamp), S. 167–213.

Heuermann, H. (1994): Medien und Mythen. Die Bedeutung regressiver Tendenzen in der westlichen Medienkultur. München (Fink).

Ingenkamp, K. (1996): Werbung und Gesellschaft. Hintergründe und Kritik der kulturwissenschaftlichen Reflexion von Werbung. Frankfurt a. M. (Lang).

Kasprik, R. (1995): Verstärkt ein unstimmiges Bild die Verarbeitung eines Werbemittels bei Produktinteressierten und Nicht-Produktinteressierten? *Jahrbuch der Absatz- und Verbrauchsforschung* 41 (1): 37–52.

Kiraci, C. u. H. Gierl (1992): Wirkung emotionaler Werbespots. *Planung und Analyse* 19 (6): 61–68.

Kirchler, E. u. A. S. de Rosa (1996): Wirkungsanalyse von Werbebotschaften mittels Assoziationsgeflecht. Spontane Reaktionen auf und überlegte Beschreibungen von Benetton-Werbebildern. *Jahrbuch der Absatz- und Verbrauchsforschung* 42 (1): 67–89.

Kirschhofer, A. von (1997): Wäscht Hollywood (noch) weißer? *Planung und Analyse* 24 (3): 34–37.

Kottmeier, C. u. S. Neunzerling (1994): Werbewirkung von Öko-Kommunikation. *Planung und Analyse* 21 (2): 18–22.

Kroeber-Riel, W. (1986): Wirkungen von Werbungs- und Aufklärungskampagnen (Konsumentenforschung). In: DFG Deutsche Forschungsgemeinschaft (Hrsg.): Medienwirkungsforschung in der Bundesrepublik Deutschland. Teil I: Berichte und Empfehlungen. Weinheim (VCH), S. 61–70.

Kroeber-Riel, W. (1993): Bildkommunikation. Imagerystrategien für die Werbung. München (Vahlen).

Krugman, H. E. (1965): The Impact of Television Advertising: Learning without Involvement. *Public Opinion Quarterly* 29 (3): 349–356.

Lasogga, F. (1998): Werbewirkungen von emotionalen Erlebniswerten auf das Entscheidungsverhalten im Business-to-Business-Bereich. *Planung und Analyse* 25 (4): 54–58.

Leest, U. (1996): Werbewahrnehmung und Werbeakzeptanz im Internet. *Planung und Analyse* 23 (6): 24–25.

Luhmann, N. (1996): Die Realität der Massenmedien. Opladen (Westdeutscher Verlag).

Malony, J. C. (1994): The First 90 Years of Advertising Research. In: E. M. Clark, T.C. Brock a. D. W. Stewart (eds.) (1994): Attention, Attitude, and Affect in Response to Advertising. Hillsdale, NJ/Hove/London (Lawrence Erlbaum), pp. 13–54.

Mattenklott, A., J. Bretz u. D. Wolf (1997): Fernsehwerbespots im Kontext von Filmen: die kommunikative Wirkung von Filmunterbrechung, Art der Werbespots und Filmgenre. *Medienpsychologie* 9 (1): 41–56.

Maturana, H. R. u. F. J. Varela (1987): Der Baum der Erkenntnis. München/Bern/Wien (Scherz).

Mayer, H. u. S. Bender (1994): MAYA (most advanced yet acceptable): Eine vielversprechende Werbemaxime? *Jahrbuch der Absatz- und Verbrauchsforschung* 40 (4): 355–370.

Mayer, H. u. S. Bundschuh (1995): Auswirkungen der Attraktivität sozialer Modelle auf das Produktimage und kaufnahes Verhalten. *Jahrbuch der Absatz- und Verbrauchsforschung* 41 (2): 199–212.

Mayer, H. u. C. Frey (1988): Untersuchungen zur Wirksamkeit verschiedener Varianten weiblicher Modelle in der Bier-Werbung. *Jahrbuch der Absatz- und Verbrauchsforschung* 34 (1): 95–115.

Mayer, H. u. U. Heckelsberger (1992): Die Werbewirkung von Anzeigen in West- und Ostdeutschland – eine empirische Untersuchung am Beispiel von Anzeigen für Lord Extra. *Jahrbuch der Absatz- und Verbrauchsforschung* 38 (2): 201–218.

Mayer, H. u. E. Reisgys (1990): Mundart in der Werbung – Effekte unter dem Aspekt sozialer Identität. *Jahrbuch der Absatz- und Verbrauchsforschung* 36 (4): 418–432.

Melzer, L. (1998): Zielgruppe Kinder: Wie sich die Beziehung zu Marken im Vorschulalter entwickelt. *Planung und Analyse* 25 (4): 66–70.

Merten, K. (1994): Wirkungen von Kommunikation. In: K. Merten, S.J. Schmidt u. S. Weischenberg (Hrsg.): Die Wirklichkeit der Medien. Eine Einführung in die Kommunikationswissenschaft. Opladen (Westdeutscher Verlag), S. 291–328.

Merten, K. (1995): Konstruktivismus als Theorie für die Kommunikationswissenschaft. *Medien Journal* 19 (4): 3–20.

Merten, K. (1996): Konstruktivismus in der Wirkungsforschung. In: S. J. Schmidt (Hrsg.): Empirische Literatur- und Medienforschung. Beobachtet aus Anlaß des 10jährigen Bestehens des LUMIS-Instituts 1994. (LUMIS-Schriften Sonderreihe, Bd. VII). Siegen (LUMIS, Universität-GH Siegen), S. 72–86.

Moser, K. (1994): Die Wirkung unterschiedlicher Arten humoriger Werbung. *Jahrbuch der Absatz- und Verbrauchsforschung* 40 (2): 199–214.

Münsterberg, H. (1912): Psychologie und Wirtschaftsleben. Ein Beitrag zur angewandten Experimental-Psychologie. Leipzig (Johann Ambrosius Barth).

Munzinger, U. (1998): Vergleichende Werbung. Eine Pilotstudie zur Wirkung vergleichender TV-Werbung in Deutschland. *Planung und Analyse* 25 (2): 64–66.

Naschold, F. (1973): Kommunikationstheorien. In: J. H. Aufermann, H. Bohrmann u. R. Sülzer (Hrsg.): Gesellschaftliche Kommunikation und Information. Forschungsrichtungen und Problemstellungen. Ein Arbeitsbuch zur Massenkommunikation. Frankfurt a. M. (Athenäum), S.11–48.

Nötzel, R. (1988a): Zur Beachtung der Werbewirksamkeit von Schaufenstern. *Planung und Analyse* 15 (5): 201–205.

Nötzel, R. (1988b): Zur Werbewirkung von Sportwerbung als regionales Medium. *Planung und Analyse* 15 (3): 122–127.

Nötzel, R. (1988c): Zur Werbewirksamkeit von Vitrinen (Schaukästen) in Fußgängerzonen. *Planung und Analyse* 15 (2): 72–75.

Nötzel, R. (1989): Zur Werbewirksamkeit einer kostenlosen Sonntagszeitung. *Planung und Analyse* 16 (2): 55–59.

Pechtl, H. (1998): Wahrnehmung, Image und Aufmerksamkeitswirkung von TV-Werbung. Methodische Überlegungen und inhaltliche Ergebnisse zu einem Zwei-Länder-Vergleich. *Jahrbuch der Absatz- und Verbrauchsforschung* 44 (1): 65–86.

Pichler, K. (1999): „Die eine Strategie war besser als die andere". Was bringt die Werbewirkungsforschung der Media-Agenturen einem werbungtreibenden Unternehmen? (Media-Managerin Katja Praefke erläutert, wie Lever Fabergé die Möglichkeiten nutzt.) *media & marketing* 3: 22 f.

Reiter, G. u. T. Serr (1991): Sportwerbung an der Bande. Wirkungsmessung anläßlich der Fußball-Weltmeisterschaft 1990 in Italien. *Planung und Analyse* 18 (4): 143–146.

Renckstorff, K. (1998): Kommunikationswissenschaft heute. Forschungsproblem, theoretische Perspektiven und Forschungsfragen. (Düsseldorfer Medienwissenschaftliche Vorträge.) Bonn (Zeitungs-Verlag Service).

Sauermann, P. (1989): Bedingungen der Aktivierungswirkung in der Werbung. *Planung und Analyse* 16 (3): 91 f.

Saxer, U. (1987): Kommunikationswissenschaftliche Thesen zur Werbung. Media Perspektiven 10: 650–656.

Schenk, M. (1987): Medienwirkungsforschung. Tübingen (Mohr).

Schenk, M. (1989): Perspektiven der Werbewirkungsforschung. *Rundfunk und Fernsehen* 37 (4): 447–457.

Schenk, M., J. Donnerstag u. J. Höflich (1990): Wirkungen der Werbekommunikation. Köln/Wien (Böhlau).

Schmalen, H. u. H. Lang (1997): Nutzung der Beilagenwerbung des Einzelhandels für Kaufentscheidungen. Theoretische und empirische Analyse. Jahrbuch der Absatz- und Verbrauchsforschung 43 (4): 401–418.

Schmidt, S. J. u. B. Spieß (1996): Die Kommerzialisierung der Kommunikation. Fernsehwerbung und sozialer Wandel 1956–1989. Frankfurt a. M. (Suhrkamp).

Schmidt, S. J. u. G. Zurstiege (1999): Starke Männer, schöne Frauen. Geschlechterklischees in der Werbung. In: A. Gutenberg u. R. Schneider (Hrsg.) (1999): Gender – Culture – Poetics. Zur Geschlechterforschung in der Literatur- und Kulturwissenschaft. (Festschrift für Natascha Würzbach.) Trier (WVT), S. 227–246.

Seeßlen, G. (1992): Die Werbung sagt immer die Wahrheit. *Medien Concret* 6 (1): 12–19.

Sherif, M. u. C. I. Hovland (1961): Social Judgment: Assimilation and Contrast Effects in Communication and Attitude Change. New Haven (Yale University Press).

Steffenhagen, H. (1996): Wirkungen der Werbung. Konzepte, Erklärungen, Befunde. Aachen (Augustinus-Buchhandlung).

Vollbrecht, R. (1996): Wie Kinder mit Werbung umgehen: Ergebnisse eines DFG-Forschungsprojekts. *Media Perspektiven* 6: 294–300.

Vollbrecht, R. (1997): Die Wirkung von Werbung. Eine systemtheoretische Betrachtung. *medien praktisch* 21 (4): 23–26.

Wehrli, H. P. u. M. Krick (1997): Marktgerichtete Preisgestaltung: Implikationen einer beziehungsorientierten Werbewirkungsforschung. *Planung und Analyse* 24 (5): 40–43.

Wild, C. (1995): Qualitäten der Radiowerbung. Ergebnisse einer Grundlagenstudie zur Werbewirkung des Hörfunks. *Media Perspektiven* 6: 258–266.

Wild, C. (1996): Wie Fernsehkampagnen wirken: ARD/ZDF-Studie „Qualitäten der Fernsehwerbung" III. *Media Perspektiven* 1: 41–54.

Wolfradt, U. u. L.-E. Petersen (1997): Dimensionen der Einstellung gegenüber Fernsehwerbung. *Rundfunk und Fernsehen* 45 (3): 324–335.

COMPUTERVERMITTELTE KOMMUNIKATION UND UNTERNEHMEN – WIRKLICHKEIT ODER VIRTUALITÄT?

Das Medium Computer kreiert neue Wirklichkeiten. Auch Unternehmen sind davon betroffen. Der Beitrag beleuchtet computervermittelte Unternehmenswirklichkeiten und mögliche Metaphern zu ihrer Beschreibung. Interviewausschnitte mit leitenden Managern werden genutzt, um Probleme und Perspektiven computervermittelter Unternehmenswirklichkeiten zu illustrieren. Abschließend werden Facetten eines Konzepts vorgestellt, das die Autoren Computer-Kommunikations-Management nennen.

1. Unternehmen und neue Medien – Impressionen

Unternehmen agieren zunehmend in turbulenten Umwelten. Flexibilität, Kreativität, Partizipation, Innovation, Leanmanagement, Just-in-time-Produktion etc. wurden in den letzten Jahren zu Stichworten mit Leitfunktion für Manager und Unternehmensberater. Die mit diesen und ähnlichen Stichworten angedeuteten Organisations- und Unternehmenskonzepte erfordern offensichtlich auch neue Medien für die Kommunikation in und zwischen Organisationen. Von diesen Medien wird Schnelligkeit und Asynchronität erwartet (vgl. auch Stegbauer 1995, S. 5). Die neuen, computerbasierten Medien scheinen diesen Anforderungen hervorragend zu entsprechen.

Mittels computervermittelter Kommunikation lassen sich nicht nur die betriebsinternen Kommunikationsstrukturen neu organisieren, der Transport von Information via Internet und Hypermedia wird selbst zur Produktivkraft.

„Information ist zum vierten großen Wirtschaftsfaktor geworden – so wichtig wie Rohstoffe, Arbeit und Kapital. Das Symbolprodukt der Informationsgesellschaft, der Chip, besteht aus Silizium, also eigentlich aus Sand. Arbeit wird mehr und mehr von programmierten Maschinen geleistet. Und das Kapital fließt dorthin, wo gute Ideen generiert werden ... Der Transport von Information ist nicht sichtbar. Das macht es schwer, die Umwälzungen unserer Zeit zu begreifen. Der massive Einsatz von Informations- und Kommunikationstechniken in der gesamten Wirtschaft führt nicht nur zu Produktivitäts- und Effizienzsteigerungen. Neue Produkte entstehen und schaffen neue Märkte. Die Auswirkungen auf den Beschäftigungsmarkt sind schon heute spürbar. Die OECD schätzt, dass in Japan heute 22 Prozent der Arbeitsplätze im verarbeitenden Gewerbe auf das Konto der High-Tech-

Branchen gehen, wie z. B. die Computerindustrie, Maschinenbau, die Fertigung von Pharmazeutika oder wissenschaftliche Instrumente. In den USA und Westeuropa lagen die Größenordnungen mit 21 bzw. 20 Prozent auf gleichem Niveau. Der anstehende Ausbau der Daten-Infobahn sorgt für weitere Dynamik. Experten wagen die Prognose, dass zur Jahrtausendwende in der Informationstechnik mehr Arbeitsplätze bestehen als in der Automobilindustrie" (BMWI-Report 1995, S. 2).

So erreichen die zur Informationswirtschaft zählenden Teilbereiche in Deutschland 1994 ein Marktvolumen von 382 Milliarden DM, was gut 11 Prozent des Bruttoinlandproduktes entspricht. Das *GVUs WWW Surveying Team* des *College of Computing* am *Georgia Institute of Technology* geht von gegenwärtig 50 Millionen Netznutzern aus und rechnet mit 175 Millionen im Jahre 2001.[1] Eine Studie der amerikanischen Unternehmungsberatung *Arthur D. Little* hat die Netzwerkinfrastruktur, die Endgeräte und deren Anwendungen in Deutschland mit denen in den USA und anderen Ländern verglichen und kam zu dem Ergebnis: Weltweit liege Deutschland hinter den USA auf Platz zwei. In der Hälfte aller deutschen Büros stünden PCs – bundesweit insgesamt 15 Millionen Geräte. Nach einer Studie des Magazins *Focus* haben deutsche Unternehmen 1996 über 100 Millionen DM allein in die Nutzung des Internets investiert. Vier von fünf Großkonzernen, fast 60 Prozent der mittleren und 25 Prozent der kleinen Unternehmen nutzen Computernetze für die interne und externe Kommunikation (vgl. Friedrich 1998, S. 24).

Ein Beispiel für die Effizienz unternehmensinterner computergestützter Kommunikationen sind die *group decision support systems*, mit denen *electronic brainstormings* organisiert werden, um über den medialen Weg *production blockings* zu begegnen. Beim *production blocking* handelt es sich um die Tatsache, dass von den Gruppenteilnehmern immer nur ein Mitglied reden kann, während die anderen zuhören müssen und dabei wichtige eigene Ideen im Verlaufe des Zuhörens vergessen können. Siau (1995) hebt z. B. folgende Vorteile computervermittelter *brainstormings* hervor: Die Teilnehmer seien befreit vom Zwang zuzuhören. Sie bekämen die generierten Ideen der anderen in gespeicherter Textform auf dem Bildschirm dargeboten. Zur gleichen Zeit könnten mehrere oder alle Teilnehmer ihre generierten Ideen offerieren. Bewertungsängste angesichts des *face-to-face*-Kontakts mit den anderen Teilnehmern würden durch die meist anonym dargebotenen fremden Ideen reduziert. Auch Raum- und Zeitbeschränkungen herkömmlicher *brainstormings* ließen sich mittels computervermittelter Kommunikationen einfach überwinden. *Brainstormings*, die via Computer Mediated Communication (CMC) organisiert und durchgeführt wurden, erzeugen offenbar mehr wechselseitige Lerneffekte, mehr Synergien, weniger Ideenblockaden, weniger redundante Ideen und mehr Zufriedenheit unter den Ideenproduzenten als *brainstormings*, bei denen die Produzenten *face to face* kommunizierten.

Business-Online berichtet: „Nach einer repräsentativen Umfrage des Bundesinstituts für Berufsbildung (BIBB) nutzen kleine und mittelgroße Betriebe IuK-Technologien mit knapp 50 beziehungsweise 60 Prozent zur betrieblichen Aus- und Weiterbildung. 71 Prozent aller Betriebe verwenden sie bei organisierten Lehrveranstaltungen. Bei Großbetrieben sehen 57 Prozent Sparpotential für den betrieblichen Bildungsbereich, wenn in der Fortbildung am Arbeitsplatz IuK-Technologien eingesetzt werden."[2]

Von besonderer wirtschaftlicher Relevanz scheint auch die neue „Klasse" der Telearbeiter zu sein. In den USA zählt man zwischen sieben bis neun Millionen *telecommuter*[3], mit einer jährlichen Steigerungsrate von ca. zwanzig Prozent. Der Innovationsrat der Bundesregierung schätzte 1995, es werde im Jahre 2000 in Deutschland 800 000 Telearbeiter geben (BMWI-Report 1995, S. 50). Zu den bekanntesten Formen von Telearbeit gehört die *virtual corporation* als loser Verbund von Telearbeitern, die als freie und selbstständige Mitarbeiter ohne zentralen Firmensitz an einem gemeinsamen Projekt arbeiten (Ponath 1994, S. 2). Eng verbunden ist dieses Konzept mit Prozessen des downsizing und outsourcing, wenn die Prozesse in einem Unternehmen auf das Wesentliche reduziert *(downsizing)* und andere Arbeiten (z.B. in die häuslichen Arbeitszimmer) ausgelagert *(outsourcing)* werden. Das eigentliche Unternehmen bleibt als Leit- und Organisationszentrale bestehen.

Glaser u. Glaser (1995) sowie Ponath (1994) heben folgende psychologische Probleme von Telearbeit hervor: Die Arbeitseffizienz sei – im Vergleich mit herkömmlicher Büroarbeitszeit – meist höher, weil der individuelle Arbeitsprozess ungestörter und selbstständiger bewältigt werden kann. Der Telearbeiter sei flexibler in der Koordination von Arbeitszeit und persönlichem Tagesablauf. Er könne seinen Tagesablauf persönlich gestalten, was ihm andererseits eine höhere Selbstdisziplin und Eigeninitiative abverlange. Der Telearbeiter könne sein heimisches Büro nach seinen individuellen Wünschen gestalten. Telearbeit sei andererseits aber nicht frei von psychosozialen Problemen, die sich etwa aus den selbst organisierten höheren Arbeitsbelastungen bzw. aus unmittelbaren Kopplungen von Privat- und Familienleben und Arbeitstätigkeit ergeben können. Telearbeit setze vor allem ein hohes Maß selbst organisierter Arbeitsdisziplin und Selbstkritik im Umgang mit dem eigenen Arbeitsprodukt voraus. Je nach Art der Arbeitsaufgabe könne Telearbeit auch zu mangelnden informellen Kommunikationen führen, was sich wiederum nachteilig auf die Effizienz der Aufgabenerfüllung auswirke.

Fazit: In Organisationen, in denen unternehmensinterne Kommunikationen auf computergestützte Systeme verlagert werden, verändert sich in der Regel auch die Arbeitsorganisation. Herkömmliche Arbeitsteilungen zwischen eher inhaltlicher Sachbearbeitung und so genannten Bürohilfstätigkeiten können aufgehoben und die Handlungsspielräume der einzelnen Arbeitsplätze erweitert werden. Prinzipiell besteht die Möglichkeit, von jedem einzelnen Arbeitsplatz aus innerhalb einer vernetzten Abteilung auf alle abteilungsrelevanten Informationen gleichberechtigt zuzugreifen und die jeweiligen Arbeiten selbstständig auszuführen. Ein solches Szenario besticht durch seine Konsequenzen: Jeder Mitarbeiter muss – in solchen Fällen – auch die Fähigkeiten für den Umgang mit den neuen Kommunikationsmedien besitzen. Die natürlichen Grenzen zwischen den Arbeitsbereichen einzelner Mitarbeitern werden transparenter. Traditionelle Hierarchien verlieren teilweise ihre Notwendigkeit und ihre Grundlagen. Arbeitstätigkeiten, insofern sie informatisierbar sind, lassen sich nahezu beliebig miteinander kombinieren und beliebig örtlich und zeitlich verschieben. Letztlich bietet die Einführung von CMC in betriebliche Unternehmen die einmalige Chance, die Unternehmenskultur auf überwiegend heterarchische Arbeits- und Sozialstrukturen zu gründen und auf diese Weise Voraussetzungen zu schaffen für mehr individuelle Freiheitsgrade der Beschäftigten, für neue Formen des wechselseitigen Lernens und für ein hohes Maß an innerbetrieblicher Demokratie. Andererseits – und auch das sollten wir bei aller CMC-Euphorie nicht übersehen – kann innerbetriebliche CMC auch die Möglichkeiten einer umfassenden Kontrolle der Arbeitstätigkeiten der Mitarbeiter unermesslich steigern. Immer wenn mithilfe von computergestützten Medien kommuniziert wird, werden Informationen produziert, die – falls sie über ein Netz vermittelt werden – beliebig austauschbar und abrufbar sind (vgl. auch Rheingold 1994, S. 340). Diejenigen, die über einen Zugang zum Netz verfügen, besitzen auch die Möglichkeit, beliebige Informationsströme zu kontrollieren, zu normieren und zu sanktionieren.

2. Neue Medien und Metaphern – Aufbrüche

„Es ist wie ein Hurrikan: Der Sturm der Begriffe – sie heißen Informationsgesellschaft, Datenautobahn, Cyberspace, Multimedia – knickt Laternenpfähle wie Zündhölzer. Und nach jeder Welle der Zerstörung pirschen sich die Profiteure und Plünderer heran: Computer-Scharlatane, die eine Mutation der Menschheit prophezeien; Medienmoralisten, die ihren Hass gegen die Masse und deren Kultur ausleben; Agenturfritzen, die vorsichtigen Mittelständlern sauteure Investitionen einreden. Gründerzeit; in den USA kaufen Schnapsmanager für Riesensummen Filmfirmen, und in Europa verkrallen sich untergangssüchtige Kulturkritiker in euphorisierte Technokraten" (Glotz 1996, S. 9).

Keine Frage, es herrscht Aufbruchstimmung im Multimediabereich. Zahlreiche und zum Teil divergierende Metaphern und Szenarien machen die Runde, um dem Aufbruch Namen und Richtung zu geben: Es wird gesprochen und geschrieben vom „Cyberspace" (Gibson 1987), von „virtuellen Gemeinschaften" (Rheingold 1994), „Informationsgesellschaft" (z. B. Bell

1973; Tauss, Kollbeck u. Mönikes 1996), „Wissensgesellschaft" (Reinmann-Rothmeier u. Mandl, 1996), „Kommunikationsgesellschaft" (Münch 1991), „Mediengesellschaft" (Eisenstein 1994), „fraktalen Unternehmen" (Warnecke 1996) und „virtuellen Organisationen" (Stegbauer 1995) oder ganz allgemein vom „being digital" (Negroponte 1995) auf der „Datenautobahn".

Mit derartigen Metaphern und Szenarien verknüpfen ihre Schöpfer zumindest insgeheim die Hoffnung, dass es nach dem „Zerfall der großen Erzählungen" (Lyotard 1986, S. 54) doch noch so etwas wie eine übergreifende Leitidee für die weitere Gestaltung von Gesellschaft und Zusammenleben geben könne, verkörpert und transportiert durch die Informatisierung der Gesellschaft. Gemeint sind jeweils Konzepte, mit denen eine mediierte „Datenvernetzung der Welt" und der Aufbau einer globalen Datenbank als Infrastruktur für die Gesellschaftsformationen der Zukunft beschrieben werden soll. Leben wird virtuell und real zur gleichen Zeit sein (vgl. auch Büssing etal. 1997, S. 28). Optimistisch wäre zu vermuten: Da im RL *(real life)* keine großen Erzählungen mehr anzutreffen sind,[4] sollte man doch wenigstens die Hoffnung haben können, ihnen in den Datennetzen und -strukturen des Internets begegnen zu können. Aber auch da sind sie nicht oder nicht mehr oder noch nicht wieder.

Die genannten Metaphern sind allerdings keinesfalls nur Teil der Semantik medienbesessener Technokraten und Netzgurus. Auch die Nutzer in Unternehmen bedienen sich dieser Metaphern, um sich und ihren Kommunikationspartnern die Gründe für den Umgang mit computervermittelter Kommunikation (CMC) zu erklären.

Zwei Beispiel:[5] Im Gespräch mit der Geschäftsführerin eines mittelständnischen EDV-Unternehmens fragt die Interviewerin u. a. nach den Begriffen, die betriebsintern zur Bezeichnung von CMC benutzt werden.

Die Antwort:
... mh ... Also alle, alle Begriffe, die wir hier verwenden?! Angefangen von, ich sag mal, von Informationstechnologie bis hin zum Datennetz, äh, Datenstrukturen, Datenbanken ...

Mit der Nutzung der Metaphern aus den Bereichen Informationstechnologien, Datenstrukturen, Datennetzen usw. verknüpfen sich aber auch bestimmte Vorstellungen über die Vor- und Nachteile von CMC. Auch hier ein Beispiel aus einem Interview, nun mit dem leitenden Manager der Abteilung Personal Service:

... Ich bin davon überzeugt, dass die Kommunikationsgesellschaft sich rasant entwickelt ... Zweifelsohne wird es dort eine Weiterentwicklung geben, die sich hier auch niederschlägt, schon wenn man an die ganze, na ja, internationale Vernetzung

denkt. Die Frage ist eben auch, wenn man dann noch ... man hier ein Medium hat, wo man auch visuell miteinander kommunizieren kann, dann wird ja das Thema interessanter: Lass ich die Beratung ausfallen, und mache ich das nur noch über die Kiste. Sitze hier, jeder hat das angeschaltet, so! ... Das sind dann auch sicher spürbare Veränderungen in der sozialen Kommunikation ... Die Gefahr ist eben auch da, dass das passiert ... Genauso, wenn Sie auch nur an das Stichwort Telearbeitsplätze denken. Das hat ja auch zweifelsohne Vorteile, dass man damit flexibler wird und die Leute die Anfahrtswege nicht brauchen ... Aber auf der anderen Seite, wie gesagt, müssen die weichen Faktoren zwischen den Leuten noch mehr Akzeptanz finden gegenüber solchen harten produktiven, will ich mal sagen, die man messen kann. Und da bin ich nicht sicher, wie gelingt das mit den weichen Faktoren. Da haben wir sicher an anderen Stellen noch Probleme, die dann natürlich auch zu Konflikten führen ... Ein paar Sachen, wenn sie sich nicht bewähren für die Entwicklung, findet man nicht einfach, meistens erst durch irgendwelche Katastrophen.

Metaphern sind sprachliche Bilder, die in der Regel benutzt werden, um neue Sachverhalte unserer Wirklichkeit in verständlicher Weise, d. h. im Anschluss an bereits konsensuelle Sprachspiele, darzustellen. Prüfen wir deshalb zunächst einige dieser Netzmetaphern und -szenarien im Hinblick darauf, ob sie auch die mehr oder weniger ausgeprägten computervermittelten Unternehmenswirklichkeiten passfähig zu beschreiben vermögen.

Individualisierung, Personalisierung und Pluralisierung unserer Informations- und Kommunikationsmöglichkeiten: Für Negroponte (1995)[6] ist dieser radikale Umbruch ein Zeichen des „Postinformationszeitalters", das neben dunklen Seiten (z. B. *digital vandalism, software piracy, data thievery, loss of jobs*) vor allem lichte Zeiten mit sich bringe. Mit der globalen Vernetzung könnten Organisationshierarchien abgebaut, Gesellschaften globalisiert, Kontrollen dezentralisiert und die Menschen harmonisiert werden. Vor allem aber könne der/die Einzelne selbst bestimmen, was und wie er/sie kommuniziert, worüber er/sie sich informiert und informieren lässt.

"In the post-information age, we often have an audience the size of one. Everything is made to order, and information is extremely personalized ... In being digital I am me, not a statistical subset. Me includes information and events that have no demographic or statistical meaning. Where my mother-in-law lives, whom I had dinner with last night, and what time my flight departs for Richmond this afternoon have absolutely no correlation or statistical basis from which to derive suitable narrowcast services ... The post-information age is about acquaintance over time: machine's understanding individuals with the same degree of subtlety (or more than) we can expect from other human beings, including idiosyncrasies (like always wearing a blue-striped shirt) and totally random events, good and bad, in the unfolding narrative of our lives" (Negroponte 1995).

Wie umstritten Negropontes Vision ist, illustrieren nicht zuletzt die zum Teil kontroversen Diskussionen nach Erscheinen des Buches *Being digital* im *WIRED magazine* und "in the rest of the net".[7] Sicher: Computervermittelte Kommunikation ermöglicht es den Nutzern, ihre sozialen Beziehungen zu vervielfältigen sowie mit tausenden von Menschen in medial vermittelten Kontakt zu treten und Informationen auszutauschen (Stichworte: *teleworking, telebanking, teleshoping, telemedicine, teleteaching, open channels* etc). „Information at your fingertips" nannte das Bill Gates (*Der Spiegel* 9/1994). Und John Naisbitt, der US-amerikanische Trendforscher, meinte schon vor 15 Jahren: "The new source of power is not money in the hand of a few but information in the hands of many" (Naisbitt 1984, p. 16).

Obwohl auch in Deutschland die technischen Voraussetzungen – zumindest im Wirtschaftssektor – durchaus sehr gut entwickelt sind, um auf digitalem Wege die sozialen Beziehungen zu vervielfältigen, bleibt doch die Frage, welchen sozialen und wirtschaftlichen Nutzen einzelne Unternehmen haben könnt, wenn sie Negropontes Vision vom *Being digital* zum Kern ihrer Unternehmensphilosophie machen würden. Michael Schack (1997, S. 154) verweist auf eine Untersuchung des dänischen Wirtschaftsministeriums, in der gezeigt werden konnte, dass die Einführung neuer Technologien allein nicht ausreiche, um das Wachstum und die Produktivität in den Unternehmen zu erhöhen. Kontraproduktiv wirkt sich die Nutzung von Informationstechnologien vor allem dann aus, wenn sie nicht mit einer Änderung auf allen Ebenen der Unternehmensorganisation einhergeht. Auch in unseren Studien konnten wir dies bestätigen. Auf die Frage, ob es innerhalb des Unternehmens nach Einführung der computervermittelten Kommunikation zu gravierenden betriebsinternen Strukturveränderungen gekommen sei, bekamen wir u. a. folgende Antworten.

Der leitende Personalmanager eines größeren Industrieunternehmens stellte eine direkte Beziehung zwischen betriebsinterner CMC-Nutzung und betrieblichen Strukturveränderungen fest:

Die Frage kann man eindeutig erst mal mit ja beantworten, weil, ja wir ... in den letzten Jahren, aber das hängt auch mit der Sanierung des Werkes insgesamt zusammen, aber da hat natürlich die DV auch ihren festen Platz drin gehabt, in dem Sinne, dass Strukturen effizienter gemacht wurden, eingespart werden und damit auch teilweise zusammengelegt wurden ... bis hin zu Dezentralisierungen von bestimmten Aufgabengebieten, die damit erst mal möglich wurden ... Das hat zu veränderten organisatorischen Abläufen und auch Strukturen bis hin zur Einsparung von Arbeitskräften geführt ... Der Beitrag ... den kann man nicht leugnen. Der hat auch mit gewirkt und wirkt auch noch ... Das ist noch nicht ganz abgeschlossen.

Ein leitender Fertigungsmanager eines großen Autoherstellers dagegen sieht eher zufällige Beziehungen zwischen der tatsächlichen CMC-Einführung und strukturellen Konsequenzen:

Na ich behaupte mal, für XX war das eher zufällig, das Umstellen auf ne Matrixorganisation und das Einführen von nem E-Mail-System, das war zufällig ... Das war nur mehr zufällig parallel.

Uniformierung und Kontrolle unserer Informations- und Kommunikationsmöglichkeiten (Stichworte: „Big Brother", „Desinformationsgesellschaft", „Globalisierung des Finanzkapitals", „Intransparenz und Kommerzialisierung der Netze"). Luciana Castellina[8] (1997, S. 19 ff.) meint beispielsweise:

„Die Kommunikation ist 'one way', geht nicht von Papua nach London, sondern von London nach Papua. Es sind ja die westlichen Multis, die das Eigentum und die Kontrolle über die highways haben ... Der reale Effekt der Informationsgesellschaft ist bis jetzt nur die Modernisierung und Globalisierung des Finanzkapitals."

Ein prominentes Beispiel eventueller Gefahren des „Big Brother" ist die Dominanz des Sofwaregiganten *Microsoft*. Das Betriebssystem DOS und die Allround-Software Windows nutzen gegenwärtig 200 Millionen Menschen weltweit. Mit *Windows 95* lieferte *Microsoft* auch eine eigene Software für den Onlinezugang. Mit dem Aufbau von Onlineangeboten und -diensten wird *Microsoft* selbst zum digitalen Medienanbieter (*Der Spiegel* 12/1998, S. 225). 1997 verkaufte *Micosoft* Software in der Höhe von 12,2 Milliarden Dollar, auf dem abgeschlagenen zweiten Platz (mit 6,0 Milliarden Dollar) folgte *Oracle*. Liefert *Micosoft* die neue Lingua universalis für die globale Kommunikation? „One World. One Web. One Program" – so die Werbung für den *Internet Explorer 4* von *Microsoft*, worauf Gegner von *Microsoft* im März 1998 mit dem Werfen von Sahnetorte reagierten. Wer Dienste im Netz in Anspruch nimmt, hinterlässt Datenspuren, aus denen sich ein umfassendes Kommunikations- und Konsumprofil des jeweiligen Nutzers erstellen lässt (vgl. auch Köhntopp 1996, S. 214). *Business-Online* berichtet zum Beispiel: „Mit ihrem neuen Communicator 4.5 verspricht Netscape dem Nutzer von jedem beliebigen Internet-Zugang aus seine gewohnte Arbeitsumgebung. Dies ermöglicht das Zusammenspiel mit Netscapes Web-Site Netcenter. Der Haken bei diesem Angebot: Zur vertrauten Arbeitsumgebung gehören auch Lesezeichen auf häufig genutzte Internet-Seiten sowie private Adressbücher, in denen der Anwender E-Mail-Kontakte verwaltet. Was nicht jedem Communicator-Nutzer klar sein dürfte: Diese sehr privaten Daten werden von Netscape in einer zentralen Datenbank gespeichert. Wählt der Surfer beim Einrichten des Communicator 4.5 die personalisierte Arbeitsumgebung, so werden seine privaten Daten ohne Warnung kopiert".[9] Das Computerjournal *konr@d* berichtet in seinem Heft 3/1998 unter der Überschrift *Dein Chef sieht alles* (S. 51 ff.) von diverser Software, mit der betriebsinterne computerbasierte Kommunikation kontrolliert werden kann. Mit der Firmensoftware *R/3* von *SAP*, mit der rund eine Million Deutsche arbeiten, lässt sich detailliert kontrollieren, welcher Mitarbeiter wann an welchem Vorgang gearbeitet hat. Der *Internet WatchDog* von *Charles River Media*[10] wertet jeden Zugriff auf das Internet aus und ermittelt, wann mit welchem Programm und Dokument gearbeitet wurde, sodass ein detailliertes Bild von der Arbeitsproduktivität des jeweiligen Nutzers erstellt werden kann. Das Programm *WinWhatWhere* derselben Firma zeichnet auch noch die Tastenanschläge und Mausklicks auf.

Aber auch im Falle dieser Metaphern und Szenarien scheinen die Unternehmenswirklichkeiten differenzierter als die bildlichen Beschreibungen zu sein, wie der folgende Auszug aus dem Interview mit der Geschäftsführerin eines mittelständischen EDV-Unternehmens illustriert.

Interviewer: *Und, äh. Gibt es Beschränkungen im Gebrauch von computervermittelter Kommunikation, die Sie festlegen?*

Geschäftsführerin: *Beschränkungen im Gebrauch insofern, das iss immer so n, so n Problem, wenn ich so über das Thema Unterschriftsrichtlinien nachdenke, Befugnisse usw. Es gibt ja in den Unternehmen, so auch bei uns, ne Unterschriftsregelung, wo festgelegt ist, wer darf nach außen zu kommunizieren, kommunizieren, und wer darf das auch unterschreiben. Und das Problem iss, wenn Sie elektronisch kommunizieren, haben Sie natürlich immer das Problem, dass das ja jeder Mitarbeiter tun kann. Ja? Und das ist natürlich schwierig, deshalb, ich sag mal, ist da z. B. in ner Unternehmensrichtlinie, äh, festgelegt, wenn, äh, Informationen nach draußen gehn, die, ich sag mal, ganz speziell in der Unterschriftsregelung fixiert sind, dass sie durch die Geschäftsführung zu unterzeichnen sind, vorher ne Bestätigung einzuholen ist, und dann gezeichnet Geschäftsführung oder so drunterzuschreiben ist. Und dass der Mitarbeiter sich vorher, eh er das wirklich über Mail dann verschickt, auch daß, die Zustimmung der Geschäftsführung einholen muss. Also das ist das einzige, äh, Problem, das ich jetzt als Einschränkung sehe.*

Interviewer: *Was würden Sie denn als einen Missbrauch von computervermittelter Kommunikation seitens Ihrer Mitarbeiter ahnden?*

Geschäftsführerin: *Wenn der Betriebsrat zum Streik aufruft über äh, äh, Mail ... Sag ich jetzt mal. (Lacht ebenfalls, etwas gezwungen.) Ja? Also, ich sag, das sind solche Dinge, wo ich sage, es kann jeder nutzen. Missbrauch iss für mich auch, äh, ja Missbrauch kann man's nich unbedingt bezeichnen, aber wenn jetzt jemand, äh, testet, und dann alle Verteiler, ja?, äh, ancheckt. Und dann kriegen alle Mitarbeiter, die in dem Mailsystem angekoppelt sind, äh, ne Information, das iss ein Test.*

Interviewer: *Über welche Kontrollmöglichkeiten verfügen Sie? In solchen Fällen?*

Geschäftsführerin: *Wir – über so gut wie gar keine. Sie könn'n dann nur im nachhinein Schadensbegrenzung machen. Ja. Und dadurch, dass ich Ihnen ja vorhin auch gesagt habe, wir haben keine festen Richtlinien, können Sie da natürlich auch sehr wenig tun. Also ich kenn das von Unternehmen Z. Da ist das Ganze wesentlich, wesentlich stärker reglementiert .*

Simulation und das Ende des Subjekts: Gérard Raulet[11] diagnostiziert „bislang undenkbare Sprechakte" in den computerbasierten Netzen (Raulet 1988) und die Austauschbarkeit von „Fiktion und Wirklichkeit" (Raulet 1991). Er beruft sich dabei auf die Technologie der Computer, mit der Bilder erzeugt werden können, „die mit der Vorlage nichts mehr zu tun haben" (1991, S. 170). Jedes erzeugte Bild stünde nunmehr für sich. Ein Referenzobjekt, auf das es sich beziehen könne, oder ein Subjekt, das als Produzent des computervermittelten Bildes infrage kommen könnte, seien nicht mehr zu identifizieren. In den Computernetzen zirkulierten nur noch „unverbindliche individuelle Erzählungen" (ebd., S. 179). Die Folge: In den Netzen der neuen Kommunikationsmittel gingen Anonymität und Anomie ineinander über. Auch Baudrillard[12] (1987, S. 26) beklagt die „Faszination der Bilder", ist in seiner Diagnose aber noch radikaler als Raulet (Baudrillard 1987, S. 11):

„Heute gibt es weder Szene noch Spiegel, sondern Bildschirme und Vernetzung. Keine Transzendenz oder Tiefe, sondern die immanente Oberfläche von Funktionsabläufen, die glatte und funktionstüchtige Oberfläche der Kommunikation. Im Verhältnis zum Fernsehbild, dem schönsten, prototypischen Objekt dieser Epoche, werden das gesamte uns umgebende Universum und unser eigener Körper zu Kontrollbildschirmen. Wir projizieren uns nicht mehr mit den gleichen Affekten, den gleichen Phantasmen von Besitz, Verlust, Trauer, Eifersucht in unsere Objekte hinein: Die psychologische Dimension hat sich verflüchtigt, selbst wenn man sie noch immer minutiös nachvollziehen kann."

Realität und Simulakrum seien nicht mehr zu unterscheiden. Wir wüssten nicht mehr, was denn nun in uns und um uns real, was simuliert sei. Mehr noch: Die Realität, so wie wir sie einmal erfuhren und meinten mitgestalten zu können, gebe es nicht mehr. Die orgiastischen Augenblicke der Befreiung in allen Bereichen, der Politik, der Sexualität, der Ökonomie, der Kunst und der Wissenschaft, die Orgien der Moderne seien ausgespielt. „... und wir stehen gemeinsam vor der entscheidenden Frage: WAS TUN NACH DER ORGIE?", fragt Baudrillard (1992, S. 9) und antwortet: „Heute können wir die Orgie und die Befreiung nur mehr simulieren" (ebd.). Es sei die grenzenlose Simulation, in der wir nunmehr leben, um alles Gesagte und Getane nur fortwährend zu wiederholen. Neues komme nicht mehr. Der „Cyberspace" sei leer. Hans J. Kleinsteuber (1996, S. 28 f.) beruft sich dabei auf Theodor Roszak, der von der „Folklore des Computers" spricht. „Botschaften ohne Bedeutung" seien das zentrale Merkmal der Informationsgesellschaft (Kleinsteube ebd.):

„Jeder, der heute durch die Netze navigiert, weiß aus täglicher Erfahrung, dass ein Großteil des Datenmaterials keine Botschaft in sich trägt – außer der Leere des Cyberspace ... Unsere einzige Chance ist, über Technik die Datenflut so zu bändigen und zu reduzieren, dass aus sinnentleerten Bits wieder Informationen im ursprünglichen, vortechnischen Begriff werden."

Offenbar veranschaulicht keine Technologie besser den Aphorismus von Marshall McLuhan[13], „Das Medium ist die Botschaft", als der Computer (vgl. auch Postman 1991, S. 129). Bedenkt man, dass Computernetze zunächst einmal nichts anderes waren als das technische Arbeitsergebnis von Computer- und Informatikexperten,[14] wundert es nicht, wenn die technikzentrierte Sicht auf das „Netz" noch immer die Diskussionen über seine Basiskomponenten zu dominieren scheint. Auch die Nutzer der Netze pflegen nicht selten derartige technikzentrierte Sichtweisen. Allerdings haben diese Perspektiven – wie im folgenden Interviewbeispiel – wohl eher pragmatische Gründe. Die Geschäftsführerin eines mittelständischen EDV-Unternehmens antwortete auf die Frage, wie gut die Mitarbeiter mit der computervermittelten Kommunikation umzugehen verstehen.

Das einzige Problem, das wir heute noch haben, ist, wir haben nicht an allen Arbeitsplätzen, äh, so ne leistungsfähige Plattform, dass teilweise die Releasestände der Softwareprodukte noch nicht zusammenpassen. Das macht uns immer noch n Problem, weil bestimmte Mitarbeiter, die schon ein höheren Stand haben, noch auf einem niederen Stand dann kommunizieren müssen, damit überhaupt der andere auch die Mitteilungen lesen kann, z. B., ich sag mal jetzt im PowerPoint ham wir jetzt das große Problem, die einen haben Windows 95, drei oder vier Mitarbeiter haben das noch nicht, weil sie noch ältere Technik haben, von der Leistungsfähigkeit des Computers her. Und deshalb müssen alle, die jetzt Windows 95 haben, im PowerPoint noch auf dem niedrigeren Releasestand arbeiten, damit sich das Ganze auch versteht. Das ist immer so das Problem, das wir mit den Softwareprodukten haben, dass die oft nicht auf- und abwärtskompatibel sind und sich dann eben nicht verstehen. Aber wir sind im Moment dabei, wir ham ja hier als Geschäftsführung einen Standard für unser Unternehmen definiert und sind jetzt dabei, alle Arbeitsplätze aufzurüsten, damit wir dann möglichst einheitlichen Stand haben und diese Probleme nicht, nicht auch zukünftig, abzubauen.

Zweifelos, wer am Netz teilhaben will, muss über die technischen Voraussetzungen und die Fähigkeiten, diese zu beherrschen, verfügen. Diese Voraussetzungen und Kompetenzen scheinen den Nutzern, also den Subjekten der Netze, wichtiger zu sein als die wohl eher esoterischen Diskussionen um die Indifferenzen von Realität und Simulakrum.

Das Ende der Gutenberg-Galaxis: Das Ende des „Gutenberg-Menschen" (Bolter 1984; vgl. auch Hartmann 1996, S. 23) und die neuen Umrisse einer „Turing-Galaxis" und des „Turing-Menschen" werden mit dieser Metapher zum beherrschenden Sinnbild unserer Epoche erklärt. Der Computer definiere die Beziehungen zwischen Mensch, Information, Arbeit, Macht und

Natur neu (Bolter 1984). Und, etwas differenzierter, aber nicht minder provokant: Die literale Gesellschaft verändere sich zu einer globalen medialen Gesellschaft (Coy 1996, S. 305), die „dreitausend Jahre lang laufende Zeile" der linearen abendländischen Schriftkultur wird verabschiedet (Flusser 1992, S. 120), der Computer trete in Konkurrenz zum Buch, das aufgehört habe, ein Mikrokosmos der Welt zu sein (Deleuze u. Guattari 1974). „Im Ausklang der Moderne", so Frank Hartmann (1996, S. 21), bahnt sich nicht ein Ende des Buches, sondern ein Ende des linearen, massenmedialen Kommunikationsprinzips an. Und die Metapher für ein neues, nichtlineares Kommunikationsprinzip scheint der „Hypertext" zu sein. Das Konzept von Hypertextsystemen ist alt.[15] Bereits 1945 wurde es von Vannevar Bush in der Idee eines modernen wissenschaftlichen Informationssystems und als Mittel zur komplexen Informationssuche vorgestellt. Der Begriff „Hypertext" wurde allerdings erst später, 1974, von Ted Nelson geprägt.[16] Nelsons klassische Definition lautete:

"By Hypertext I simply mean non-sequential writing; a body of written or pictorial material interconnected in such a complex way that it could not be presented or represented on paper. Hypertext is the generic term for any text, which cannot be printed" (Nelson 1987, zit. nach Idensen 1997, S. 73).

Aus dem Phänomen der hypertextuellen Verknüpfung von Texten, Bildern und Tönen im virtuellen Raum wird u. a. die Schlussfolgerung gezogen, es gehe in den Netzen nicht um Beziehungen zwischen Personen, sondern um Beziehungen und Übergänge zwischen verschiedenen Texten. Die Netze seien letztlich nur „virtuelle Schreibräume" (Idensen 1997), gewaltige Hypertexte und komplexe Datenuniversa (Wehner 1997). Es gebe nur Zeichen und Texte, die auf Zeichen und Texte verweisen, die auf Zeichen und Texte verweisen. Computervermittelte Kommunikation via Hypertext oder durch lineare Schriftlichkeit – ist das die Frage, die die Netznutzer in den Unternehmen umtreibt?

Noch einmal ein Auszug aus dem obigen Interview mit der Geschäftsführerin eines EDV-Unternehmens:

Also, wenn ich jetzt mal so von mir ausgehe, äh, ist mir das persönliche Gespräch mit den Mitarbeitern sehr wichtig, weil, äh, für mich das persönliche Gespräch einfach der Kontakt zum Mitarbeiter iss. Und, äh, ich einfach an der Stelle auch, äh, ich sag mal, das persönliche Gespräch brauche, um ihn coachen zu können und um ihn führen zu können. Das ist über ein Kommunikationsmedium einfach zu sachlich, oft. Sie können zuwenig auf denjenigen eingehen. Und deshalb nutze ich das persönliche Gespräch sehr oft, und was ich auch häufiger nutze, iss, wie gesagt, solche Dinge wie Workshops, wo sich jeder auch selbst mit einbringen kann, wo man einfach über die Kommunikation ne bestimmte Kreativität entfaltet. Das iss, also das iss z. B. was, wo ich glaube, dass, dass das über die elektronische Kommuni-

kation sehr schwer möglich ist. Das müssen wir ma sehen, was das Ergebnis bringt, wie das läuft, denn das ist ja auch so ne Art Diskussion, ja, und, äh, an der Stelle bin ich gespannt, wie das Ergebnis aussieht.

Dass unternehmensinterne und -externe Prozesse und Beziehungen in vielen Fällen effektiv von Angesicht zu Angesicht bewältigt werden, darf sicher nicht aus dem Auge verloren werden. Dennoch: Welche Formen computervermittelter Kommunikation werden in und zwischen Unternehmen vorrangig genutzt? Welche Rolle spielen hypertextuelle Kommunikationsstrukturen?

Welche Funktionen das WWW für Unternehmen haben kann, illustriert eine (für deutsche Verhältnisse) recht umfangreiche Untersuchung von Kurbel u. Teuteberg (1998).[17] Die Autoren haben im Sommer 1997 per E-Mail 6 000 deutsche Unternehmen gebeten, einen auf dem Server der Europa-Universität Frankfurt a. d. O. im WWW bereitgestellten Fragebogen zu beantworten. Insgesamt folgten 495 Unternehmen dieser Aufforderung. Im Ergebnis zeigten sich u. a. folgende Trends:

- Bei den meisten Unternehmen ist das Internetengagement noch recht jung.
- 83,4 % der befragten Unternehmen nutzen das WWW als Kommunikationsform und 75 % E-Mail-Kontakte.
- Die überwiegende Mehrzahl der Unternehmen nutzt das WWW als Medium zur Unternehmensdarstellung (84,3 %) oder zur Produktpräsentation (76,3 %).
- 64,2 % der Unternehmen wickeln über das WWW auch die Anbahnung von Geschäftskontakten ab; 34,8 % organisieren über dieses Medium auch die Verkäufe ihrer Produkte.
- Vor allem aber spielt das WWW als umfassendes Informationsmedium eine unternehmensrelevante Rolle (bei 90 % der Unternehmen).

Das WWW besitzt bekanntlich eine Hypertextstruktur, die auf dem Internet als Netzwerk basiert. Es erlaubt durch Hypertext und Hyperlinks den Zugriff auf und den Austausch von Informationen, die auf vielen verschiedenen Computern weltweit gespeichert sein können. Außerdem können Bilder, Töne und beliebige sonstigen Daten über das WWW übertragen werden. Insofern ist das WWW ein Medium, das durchaus der Vision einer nichtlinearen, vielfach vernetzten Kommunikation entspricht. Das Netz dieser Kommunikation wird aber nicht primär durch die Zeichen und Texte, die auf Zeichen und Texte verweisen, geknüpft, sondern eben durch die Nutzer, die die Informationen bereitstellen bzw. auf diese zuzugreifen versuchen. Dieser – sozusagen menschliche Faktor des WWW – wird spätestens dann deutlich, wenn nach den Problemen und Hemmnissen der WWW-Nutzung gefragt wird. Unternehmen berichten – nach der Studie von Kurbel u. Teuteberg (1998) – u. a. über folgende Probleme bei der WWW-Nutzung:[18]

„Organisationsbezogene Probleme

- Unsere Organisationsstruktur ist noch nicht auf die Erfordernisse, die das Internet stellt, eingerichtet (z. B. Erledigung von E-Mail-Anfragen)
- Konzeption und Abstimmung mit internen Geschäftsprozessen müssen definiert werden
- Interne Organisation zur Datenbereitstellung und -bearbeitung ist zu verbessern
- Kaum Unterstützung anderer Abteilungen bei der Bereitstellung von Informationen für das Internet
- Unklare Zuständigkeiten bei Informationsbeschaffung und Aktualisierung
- Koordination mehrerer Abteilungen ist schwierig; Etatprobleme

Zielgruppen-Probleme

- Zu wenige haben einen Internetanschluss; Internetverbindungen sind noch zu langsam und für Anbieter und Nutzer zu teuer
- Geringes Feedback der Kundschaft; viel Aufklärungsarbeit über Nutzen des Internet bei den Kunden erforderlich
- Bisher mangelnde Verbreitung und Einsatzwille in der Branche (Architektur, Bauwesen)
- Problem mit der Definition: Welche Kunden wollen wir mit dem Internet ansprechen? (Händler oder Endverbraucher?)
- Akzeptanz der neuen Technologie in der Region, sowohl in KMU wie auch bei Privatkunden
- Hemmnisse insofern, dass das Angebot noch nicht oft genutzt wird. Aber ich denke, man muss diese Zukunftstechnologie nutzen, um mit der Zeit zu gehen

Kapazitätsprobleme

- Nur eingeschränkte Personalkapazität zur Pflege der Web-Seiten verfügbar
- Hoher persönlicher Zeitaufwand für die fachliche Informationsbeschaffung und das Aneignen der spezifischen Kenntnisse als Autodidakt
- Mehraufwand für Bearbeiter, da kein zusätzliches Personal eingestellt wird
- Zur Zeit ist unser Internet-Shop noch nicht kostendeckend. Die Bearbeitung der Internetanfragen und des Angebots erfolgt zusätzlich zu allen anderen Aufgaben, wodurch die Bearbeitung nicht immer sofort erfolgen kann

Knowhow-Probleme

- Problem der Qualifikation der Mitarbeiter; Mitarbeiterschulung ist wichtig
- Lernprozess ist nicht für alle Mitarbeiter einfach; einzelne Mitarbeiter sind der von Flut an Informationen und Möglichkeiten überfordert
- Rasante Entwicklung im Internet, auch bei der Programmierung der Webseiten, erfordert auf seiten der Mitarbeiter hohe Flexibilität
- Nicht ausreichende Kenntnisse der Mitarbeiter; Unkenntnisse in Sachen Virenschutz; Unkenntnisse in Sachen ActiveX und Cookies"

Fazit: Computervermittelte Kommunikationen in und zwischen Organisationen simulieren keine Wirklichkeiten, sondern konstruieren neue Formen des interpersonalen, wirtschaftlichen und politischen Umgangs. „Medien liefern eben kein objektives Abbild der Wirklichkeit, sie werden vielmehr benutzt, um Wirklichkeit zu konstruieren", heißt es demzufolge auch bei Siegfried J. Schmidt (Schmidt 1994, S. 268 f.). Die neuen, computervermittelten Formen des sozialen Umgangs sind wirklich, weil sie wirken. Und sie sind in diesem Sinne offenbar auch wirksamer als die Metaphern, die zu ihrer Beschreibung entworfen werden.

3. Neue Medien und ihre Nützlichkeit – Konstruktionen

Die Frage, ob die computervermittelte Kommunikation in Unternehmen nützlich und wirksam sein kann, ist eben auch eine praktische Frage.

Anfang 1997 fragten wir in leitender Stellung tätige Manager großer deutscher Unternehmen nach ihren Erwartungen, Vorstellungen oder Konstruktionen über computervermittelte Kommunikationen in ihren Unternehmen. Hin und wieder haben wir bereits aus diesen Interviews zitiert. Das folgende auszugsweise wiedergegebene Interview illustriert einige der wirklichen, weil nachhaltig wirkenden Probleme aus der Sicht eines leitenden Managers der Fertigung eines deutschen Automobilkonzerns (Neumann 1997):

Interviewer: *Welche computerbasierten Medien werden in Ihrem Unternehmen verwendet?*

Manager: *Wir benutzen hier in YYY als elektronische Kommunikationsmedien ein Mailsystem. Das ist EMMAIL [Name des Programmes geändert]. Das ist unser Mailsystem, sonst eben Telefon, Sprechfunk, Personenrufsystem ... weniger auf Computerbasis.*

Interviewer: *Was, glauben Sie, waren die Hauptziele bei der Einführung der computervermittelten Kommunikation?*

Manager: *Dieses E-Mail-System ist nicht eine Entscheidung, die in YYY getroffen wurde, das ist eine Entscheidung, die, ja, die im Konzern getroffen wurde. Das kann ich nicht sagen, was die Grundlagen sind, warum die Entscheidungen im Konzern getroffen werden. Und wir sind mit diesem E-Mail-System und seiner Anwendung in YYY sehr, sehr vorsichtig. Für uns ist das, das Hauptzweck, da können wir noch mal gucken, so ein E-Mail-System hier zu nutzen, ist die Kommunikation nach außen und nicht zu sehr zur Kommunikation nach innen, also innerhalb des Werkes.*

Interviewer: *Welche Vorteile der Einführung computervermittelter Kommunikation sehen Sie bezüglich des Unternehmens XXX YYY?*

Manager: *Die Vorteile sind, dass ich eine sehr schnelle Kommunikation habe, die sehr zuverlässig ist. Sie können mit einer hohen Wahrscheinlichkeit davon ausgehen und kontrollieren auch, dass die Information angekommen ist. Die Information ist auch ... die Information wird ja so lange gespeichert, bis sie abgerufen wird. Sie geht also eigentlich nicht verloren. Beim Telefon können Sie zum Teil keinen erreichen ... Ein anderer Vorteil des E-Mail-Systems ist, dass ich natürlich computergestützte oder rechnergestützte Daten übertragen kann, was Sie mit – tja, weder mit einer Sprache können noch sonst was ... ein großer Vorteil ist, dass im Konzern ein weltweites System besteht. Ich kann Nachrichten weltweit verschicken.*

Interviewer: *Welche Vorteile der Einführung computervermittelter Kommunikation sehen Sie bezüglich einzelner Mitarbeiter?*

Manager: *Man kann erst mal sehr schnell Informationen verschicken, ja. Auch die, die sonst normalerweise auf schriftlichem Wege verschickt werden. Also in der Kommunikation zur Problemlösung, dafür sind die Medien nicht geeignet. Aber, wenn Sie natürlich einen Auftrag oder eine, einen Antrag, was sonst natürlich in schriftlicher Form passiert, verschicken, da ist natürlich so ein E-Mail-System sehr, sehr gut. Das sind ganz klare Vorteile. Dass sie natürlich sehr schnell gehen, wie gesagt, nicht verlorengehen, abrufbar, ja auch papiersparend, das ist schon ein großer Vorteil. Bei diesen Kommunikationszweigen bringt es schon große Vorteile für den einzelnen Mitarbeiter auch ...*

Die Vorteile sind halt auch die, dass du halt die Dinge, die du früher per Post oder per Fax geschickt hast, die kannst du zur Weiterverarbeitung jemandem anderen zur Verfügung stellen ...

Was ich auch noch als Vorteil sehe, denn ich bin ein Anwender, dass man diese Informationen, die man kriegt, kontinuierlich abarbeiten kann. Das ist beim Telefonat nicht so. Da wird man immer wieder gestört, ja. Der Nachteil ist natürlich, die Wichtung, die man macht, die wird von demjenigen, der es bearbeitet, vorgenommen, nicht von dem, der auf der anderen Seite sitzt. Wenn ich zehn Meldungen habe, kann ich mir die wichtigste raussuchen und die bearbeiten und dann die nächste und die nächste. Das geht beim Telefongespräch nicht ...

Und ich denke auch, was sehr stark ankommt, man kann nicht visuell kommunizieren mit anderen, die außerhalb, also die nicht örtlich da sind, also mit anderen Werken, mit anderen Bereichen, die also weiter getrennt sind als hier in YYY. Und wenn Sie dann also eine Visualisierung, ein Blatt haben, wo Zahlen draufstehen, wenn Sie das jemandem nur telefonisch erklären, ist das eine fast unmögliche Sache. Das kann man mit so einem E-Mail-System natürlich sehr schnell hinschicken. Ja ich kann einen Production Schedule, ich kann sonstwas – innerhalb von fünf Minuten ist das in ZZZ. Der Mann hat das dann vorliegen. Die können sich dann drüber unterhalten über die Zahlen.

Interviewer: *Welche Nachteile der Einführung computervermittelter Kommunikation sehen Sie bezüglich des Unternehmens?*

Manager: *Der gravierendste da ist die Inflation, die Inflation von Botschaften. Jeder der so n Ding hat, der schickt jetzt jedem eine Botschaft. Das ist natürlich eine Frage der Disziplin auch. Man schreibt da eher mehr drauf als weniger drauf. Das muss man so sagen: Information wird zwar schneller, aber durch die Häufung des Ganzen wird's dann auch wieder langsamer. Du hast es zwar schneller vermittelt, aber auf der anderen Seite hast du dann wieder so ein Berg, und die Bearbeitung dauert dann auf einmal wesentlich länger. Und manche verweigern sich inzwischen auch. Die schmeißen gleich weg ...*

Eines muss uns klar sein, Organisationen werden von Menschen gestaltet, und Menschen sind nun mal psychologisch sehr empfindsame Wesen. Und wenn du dann das Ganze auf die dürrste mögliche Art, nämlich auf Zahlen, wie hier im Beispiel, begrenzt, ohne zu interpretieren, dann gibt's halt Falschinterpretationen. Und damit hat man dann sehr viel Verschwendung in dem ganzen administrativen Ablauf. Das darf man nicht vergessen, vierzig Prozent der Verwaltungstätigkeit sind fehlerhaft. Die verbessere ich auch nicht durch ein solches Medium, wenn ich es nicht entsprechend nutze ...

Es hat sich ja nicht nur die Art und Weise geändert, wie man Informationen weitergibt, auch die Aufbauorganisation hat sich dramatisch verändert, nämlich in dem Punkt der Matrixorganisation ... Wenn Sie nun aber so eine Organisation haben ... die ist wiederum nur machbar, wenn ich immens kommuniziere an diesen Schnittstellen überall [gemeint sind die Knotenpunkte der Matrixorganisation]. So, und das kann ich wiederum, da habe ich einen Informations- und Kommunikationsaufwand, der ist irre... Und da hat sicher, sage ich mal, EMMAIL, das E-Mail-System uns sicher erst mal geholfen, damit schneller zu werden.

Interviewer: *Welche Nachteile der Einführung computervermittelter Kommunikation sehen Sie bezüglich einzelner Mitarbeiter?*

Manager: *Also, wenn man damit nicht umgeht, wenn man es nicht versteht als eine Ergänzung, als eine technische Einführung, um Kommunikation schneller werden zu lassen und nicht andere Kommunikationsmittel zu ersetzen, sondern nur zu ergänzen, wenn man das nicht versteht, dann hat's da direkte Nachteile ...*

Ja, Sie haben auch da ganz klar den Nachteil, dass Sie mit einer Nachricht, wenn Sie etwas schreiben, was vielleicht, etwas verstehen, was der Empfänger ganz anders deutet. Das haben Sie bei einer Nachricht immer. Das ist die große Gefahr. Sie können etwas schreiben, und der andere liest es, und da sagt der dann: „Alles klar!", und trotzdem haben Sie da verschiedene, unterschiedliche Standpunkte dazu oder Meinungen. Das ist beim direkten Gespräch schon. Die Gefahr, dass Sie das haben, ist geringer als bei der geschriebenen Nachricht ...

Drum bei uns auch die Feststellung ... oder sagen wir mal unsere Zurückhaltung bei diesen Medien am Anfang, die war wirklich damit begründet, nicht von Anfang an eine Atmosphäre zu schaffen, dass ich über Medien mit anderen kommuniziere, über technische Medien, sondern immer wieder zu erziehen, vor Ort gehen, miteinander reden und kurze Wege haben natürlich, die ganze Organisation auf das Produkt und den Kunden ausgerichtet. So, und das andere kommt dann nur zur Unterstützung. Nicht erst die technischen Möglichkeiten schaffen und dann die ganze Organisation um die technischen Möglichkeiten, wie das ja über, bei uns über -zig Jahre auch war, ausrichten ...

Ich sehe noch einmal einen Nachteil, dass es passieren kann, dass er sich da wieder ganz stark von der Verantwortung löst. Er sagt: „Okay, ich habe jetzt eine Mail geschrieben. Die kommt auch an. Damit ist der Fall für mich erledigt. Jetzt warte ich darauf, dass jemand anderes drauf reagiert." Ja, also dieses Wegschieben des Prozesses der Verantwortung, das ist natürlich da, ganz klar. Wenn Sie das natürlich auf dem Tisch haben, Sie müssen erst telefonieren und sonstwas machen, dann kriegen Sie im Gespräch eben mit, dass das vielleicht nicht so ist, dass Sie sich weiter kümmern müssen. Wenn Sie eine Mail wegschicken, sagen viele: „Jetzt muss jemand reagieren. Jetzt warte ich erst mal ab."

Interviewer: *Wie sehen Sie das Verhältnis zwischen professioneller und nichtprofessioneller Anwendung der computervermittelten Kommunikation im Unternehmen?*

Manager: *Das Spielen muss ich dann korrigieren. Mit Spielen meine ich, wenn die so n Bildchen hinkriegen wollen, dann malen sie das nicht mit der Hand, sondern* versuchen, das mit dem Computer hinzukriegen, also spielend zu lernen. Das kann ich ja den meisten ja auch nicht verwehren. Aber, ich glaube, alle Spiele haben wir doch sogar gestoppt. Da kann also überhaupt keiner spielen bei uns ...

Wir haben noch eine Besonderheit. Bei uns können die Boxen von mehreren eingesehen werden. Also wir haben das hier so gemacht, dass die Manager die Boxen der Mitarbeiter sehen. Das ist ein positiver Aspekt, den ich da sehe, dass sie sich einfach genau informieren können, was bei dem anderen so über den Schreibtisch läuft. Das ist wie so eine Postverteilung, und sie können da reingucken, und deswegen passiert das nicht ...

Ab und zu mal Weihnachtsgrüße, aber sonst habe ich da nichts gesehen.

Interviewer: *Denken Sie nicht, dass diejenigen Mitarbeiter, die computerbasierte Medien benutzen, außer dem technischen Verständnis bestimmte Merkmale besitzen im Vergleich zu anderen Mitarbeitern?*

Manager: *Es gibt natürlich Leute, die sich schwertun mit dem Medium. Aber besitzen die bestimmte Charaktere? Das weiß ich nicht. Das ist völlig altersunterschiedlich. Du hast über Fünfzigjährige völlig begeistert am Computer, und du hast so Dreißigjährige, die am besten das Ding nicht sehen wollen. Du hast Mitarbeiter an der Linie hier bei uns, die würden den E-Mail-Anschluss am liebsten mit nach Hause nehmen, um sich da gewisse Daten, damit zu Hause noch weiter arbeiten können. Also es ist faszinierend. Oder andere halt ...*

Ich denke nicht, dass es eine Wahl ist der Mitarbeiter, dieses Medium zu benutzen ... von seiner persönlichen Einstellung dazu, dass das davon abhängt. Ich denke, das hängt mit der Arbeitsaufgabe, die er hat, ab. Wenn er die Aufgaben hat mit einer zentralen Stelle zu kommunizieren, die sehr stark mit EMMAIL kommuniziert, dann muss er es einfach machen. Da kann er nicht sagen: „Mir gefällt das nicht so. Ich habe da eine negative Einstellung." Es gibt eigentlich sehr wenig, also mir ist nicht aufgefallen, dass einer das mehr benutzt, weil er technisch begabter ist ...

Du musst eine gewisse Neugierde haben für neue Dinge, denke ich schon. Die haben wir eigentlich alle ...

Also wir haben weniger die Tendenz, dass es Mitarbeiter gibt, die sich davor scheuen, das anzuwenden oder zu nutzen oder auch überhaupt mit Computer zu arbeiten. Ich meine, das gibt es, aber es sind die Ausnahmen. Sie haben eher das Gegenteil, dass die Leute mehr machen möchten, als sie vielleicht von der Aufgabe her brauchen. So rum ist es eher. Also die Leute sehen das eher als eine Möglichkeit, sich weiterzuentwickeln. Es ist natürlich – der Computer ist eine der Techniken der Zeit. Jeder möchte das irgendwie ein bisschen beherrschen. Also das haben wir hier. Da gibt's eigentlich nur in die Richtung mehr Probleme. Probleme kann man es nicht nennen. Gerade diese Sache, dass man sich mehr hinsetzt, sich Sachen, die man sehr schnell mit der Hand machen kann, einfach jetzt versucht, mit dem Computer zu machen ...

Wir haben natürlich schon den ein oder anderen Technikfreak. Aber das ist nicht so sehr Kommunikationsthema.

Interviewer: *Gab es irgendwelche strukturellen Veränderungen innerhalb der Organisation nach der Einführung der computervermittelten Kommunikation?*

Manager: *Na ich behaupte mal, für AA war das eher zufällig, das Umstellen auf ne Matrixorganisation und das Einführen von nem E-Mail-System, das war zufällig ... Das war nur mehr zufällig parallel. Wahrscheinlich hat man gar nicht gewusst, so eindeutig gewusst, und wahrscheinlich wissen das viele immer noch nicht, wieviel Kommunikation so ein System eigentlich braucht. Gerade, wenn es dann noch über verschiedene Standorte geht oder wenn Sie solche Riesenstandorte haben wie ZZZ oder wenn Sie gar weltweit ne Matrixorganisation einführen wollen, mit wem Sie da alles kommunizieren müssen, bevor Sie da eigentlich was ans Leben, ans Laufen kriegen. Der Vorteil ist halt der, dass man es dann halt wesentlich mehr durchdacht hat und sauberer dann hinkriegt ...*

Fazit: Die Unternehmensphilosophie (umschrieben mit der Metapher „Probleme werden dort gelöst, wo sie entstehen") bestimmt den Einsatz von CMC, die vorrangig als technisches Hilfsmittel gesehen wird und in dieser Funktion im Hinblick auf Nützlichkeit bewertet wird. Nützlich ist CMC (im vorliegenden Falle: vor allem E-Mail-Kommunikation), wenn sie wirtschaftliche Effizienz, Schnelligkeit und weltweite Kommunikation ermöglicht und ihre Folgen berechenbar sind. Unwägbarkeiten von CMC ergeben sich – aus der Sicht der interviewten Manager – dort, wo die miteinander kommunizierenden Menschen ins Spiel kommen (buchstäblich mit dem Computer spielen) und eine „Inflation von Botschaften" erzeugen. Computervermittelte Kommunikation wird so auch als unsicheres Element erlebt, das die unternehmerischen Macht- und Einflussgrenzen empfindlich stören könnte. Auffällig ist der Aufwand, mit dem derartigen Auswirkungen der computervermittelten Kommunikation begegnet wird. Das Spektrum reicht von technischen Kontrollmechanismen bis zur direkten, erzieherischen Einflussnahme auf Mitarbeiter, um deren „Spieltrieb" zu „korrigieren". Die „Leute" versuchen dennoch, „mehr zu machen, als sie von der Aufgabe her brauchen". Mit anderen Worten: CMC überschreitet die Grenzen, die das Unternehmen zu setzen versucht. „Jeder möchte das irgendwie ein bisschen beherrschen." Andererseits ist es gerade der damit verbundene Informations- und Kommunikationsaufwand, durch den die Organisation des Unternehmens erst „machbar" wird. Die Wirkungen von CMC im Unternehmen sind also nicht zu übersehen. Die künftigen Möglichkeiten hingegen sind kaum abschätzbar: „Wahrscheinlich wissen ... viele immer noch nicht, wieviel Kommunikation so ein System eigentlich braucht".

4. Neue Kommunikationsweisen – Allgemeines

Wie viel Kommunikation braucht ein unternehmerisches System? Sicher, wenn wir auf diese Frage eine Antwort wüssten, würde man uns wohl für den Nobelpreis nominieren können. Der oben wiedergegebene Auszug aus dem Interview mit einem leitenden Industriemanager zeigt aber, dass ein auf Effizienz orientiertes Unternehmen nicht ohne neue Kommunikationsweisen agieren kann. Und diese neuen Kommunikationsweisen sind möglicherweise ebenso turbulent wie die Umwelten, mit denen sich die Unternehmen aktuell auseinander setzen müssen. Fragen wir also abschließend, wie diese neuen (computervermittelten) turbulenten Kommunikationsweisen gemanagt werden. Vielleicht können wir zumindest auf diese Frage eine Antwort formulieren.

John Perry Barlow[19] (1996, S. 25) vermutet: „Ich glaube, dass langsam eine Art externes Gehirn entsteht, ein weltweiter Organismus des Verstandes, der die intellektuellen Kräfte der ganzen Menschheit beinhaltet. Was Barlow meint, hat Derrick de Kerckhove[20] (1998, S. 196) folgendermaßen formuliert:

„Das Internet ist ein Beispiel für Kommunikation, die gleichzeitig global und lokal, individuell und kollektiv ist. Es ist eine Form des Bewusstseins, die hinter Ihren Bildschirm drängt und in die Sie mit Wirkungen Ihres eigenen Bewusstseins eindringen. Das Internet, und überhaupt alle Medien auf Netzwerk-Basis, sind heute die wichtigsten Technologien, weil sie Zugang zu konnektiver Informationsverarbeitung in Echtzeit verschaffen, ohne den individuellen Input zu vernachlässigen oder zu eliminieren. Daraus resultiert, dass die Informationsprozesse und die aus ihnen hervorgehende soziale Organisation ‚konnektiv', verbindend, und individuell zugleich sind."

Mit anderen Worten: Jeder CMC-Nutzer beeinflusst die Informationen und Kommunikationen, die im CMC-Netz kursieren, indem er durch seine Beiträge seine Gedanken veröffentlicht und sich die veröffentlichten Gedanken der anderen Internetnutzer aneignet. Das, was im Netz kursiert, ist das kollektive Produkt dieser individuellen Veröffentlichungen und Aneignungen; es ist eben – wie de Kerckhove meint – kollektiv und individuell zugleich.

Dort, wo sich die Netznutzer dieser konnektiven Informationsverarbeitung bewusst werden, wo sie erkennen, dass sie durch den wechselseitigen Bezug ihrer je individuellen Beiträge in der computervermittelten Kommunikation einen medienspezifischen Synergieeffekt erzeugen, stoßen wir auf jene Phänomene, die in der Literatur auch „virtuelle Gemeinschaften", „Internet-Gemeinden", „Cybercultures" (Hartmann 1996, S. 79), „Cyberspace-Kulturen" (Lévy 1996, S. 66) oder „elektronische Gemeinschaften" (Höflich 1996) genannt werden.

In Anlehnung an Peter M. Hejl (1990, 1992) könnte man auch vermuten, dass sich dann, wenn Netznutzer zu dem Urteil kommen, sie würden mit anderen Nutzern fortlaufend und interindividuell übereinstimmend Wirklichkeiten via Internet konstruieren, so etwas wie ein hypermedial vermitteltes (computerbasiertes) soziales Netz oder System entwickelt – ein soziales System, das man eben virtuelle Gemeinschaft, Cyberculture oder elektronische Gemeinschaften nennen könnte. Soziale Systeme definiert Hejl (1990, S. 319) als „eine Gruppe lebender Systeme, die zwei Bedingungen erfüllen: 1.) Jedes der lebenden Systeme muss in seinem kognitiven Subsystem mindestens einen Zustand ausgebildet haben, der mit mindestens einem Zustand der kognitiven Systeme der anderen Gruppenmitglieder verglichen werden kann. 2.) Die lebenden Systeme müssen (aus ihrer Sicht) mit Bezug auf diese parallelisierten Zustände interagieren". Durch die interindividuellen Übereinstimmungen und die darauf bezogenen Interaktionen (oder Kommunikationen) zwischen den Systemmitgliedern grenzen sich soziale Systeme von anderen sozialen Systemen ab. Auch hypermedial vermittelte soziale Gemeinschaften grenzen sich in dieser Weise von anderen medialen Netzen und Gemeinschaften ab. Sie tun dies durch ihre system- oder gemeinschaftsspezifischen Kommunikationsinhalte und Kommunikationsformen:

„Elektronische Konferenzsysteme mit einer ausgesprochen regionalen Färbung finden sich [in den Netzen] ebenso wie die themenbezogenen, weltweit verteilten Newsgroups der Netnews. In den Kanälen des Internet Relay Chat treffen sich täglich mehrere tausend Personen, um sich an den gerade laufenden Unterhaltungen zu beteiligen. In den Mikrowelten der Multi User Dungeons (MUDs) gestalten und explorieren die Nutzer virtuelle Realitäten mit Räumen, Objekten und Stellvertreter-Charakteren ihrer selbst. Die einzelnen Kommunikationsdienste haben ihre jeweils eigene Sozialstruktur entwickelt mit Chanops, Newsadmin, Wizars und Newbies,[21] mit Formen der symbolischen Angrenzung nach außen und nach innen sowie mit spezifischen Verhaltensstandards und Ritualen" (*WZB Mitteilungen* 1996, S. 9).

Derartige hypermedial vermittelte soziale Systeme existieren nicht nur in den weltweit operierenden Mediennetzen. Auch in überschaubaren, „realen" Organisationen und Unternehmen, in denen computervermittelt kommuniziert wird, können sich hypermedial vermittelte soziale Subsysteme ausbilden. Durch Identifikation mit dem, was innerhalb der Kommunikationssystem- oder Netzgrenzen passiert, konstruieren die systeminternen Netznutzer (ebenso wie andere soziale Systemen auch) u. U. eine spezifische soziale, auf das entsprechende System bezogene Netzidentität. Diese hypermedial vermittelten sozialen Subsysteme liegen in der Regel „quer" zu den formalen Organisationsstrukturen der jeweiligen Organisationen und Unternehmen.

Hierarchische Sozialstrukturen innerhalb von Unternehmen können durch den massenhaften unternehmensinternen Einsatz von computervermittelter Kommunikation zunehmend „unterlaufen" und infrage gestellt werden (vgl. auch Valley a. Spranger 1990). Howard Rheingold beruft sich u. a. auf Befunde von Sara Kiesler (z. B. Kiesler a. Sproull 1986), die untersuchte, wie E-Mail-Systeme in das Funktionieren von Organisationen eingreifen. Rheingold (1984, S. 83): „Dr. Kiesler bestätigte und unterstrich, was CMC-Pioniere aus eigener Erfahrung kannten ... dass ‚die computervermittelte Kommunikation hierarchische Barrieren und Grenzen zwischen Abteilungen durchbrechen und gewohnte Vorgehensweisen und organisatorische Normen überwinden kann'. Kieslers Beobachtungen stützen die unter Online-Enthusiasten schon lange populäre Theorie, wonach Menschen, die Diskussionen im realen Leben aufgrund ihres Rangs oder ihres aggressiven Verhaltens oft dominieren, in einer Online-Konferenz nicht stärker in Erscheinung treten als diejenigen, die in realen Diskussionen weniger oder gar nichts sagen, online dagegen viel beitragen". Dabei scheint es den CMC-Nutzern nicht nur um die mithilfe von CMC erreichbare höhere Effizienz und Produktivität von interpersonalen Kommunikationen zu gehen, sondern auch um die Möglichkeit, mittels CMC sozioemotionale Kontaktbedürfnisse zu befriedigen (vgl. auch Hiltz a. Turoff 1978; Kerr a. Hiltz 1982; van Gelder 1991).

Das heißt, die hypermedial vermittelten sozialen Subsysteme können u. U. bisher nicht oder nur unzureichend genutzte *Innovationspotenziale innerhalb von Unternehmen und Organisationen* darstellen. Wesentliche Voraussetzung für die eigendynamische, das heißt durch die „Systemmitglieder" selbst organisierte Entwicklung der hypermedial vermittelten Systeme sind die wechselseitigen (konnektiven) kommunikativen Beiträge der Nutzer. Wir sprechen von computerbasiertem Kommunikationsmanagement und verstehen darunter die bewusste Beeinflussung und Kontrolle eines Kommunikationsprozesses, in unserem Falle des Prozesses einer computervermittelten Kommunikation. Dieses computervermittelte Kommunikationsmanagement impliziert eine Reihe von Managementtechniken, die wir im Folgenden zu beschreiben versuchen.

a) Computer-communication management by techniques: Diejenigen, die computervermittelt kommunizieren wollen, müssen zunächst selbst über technische Voraussetzungen und Erfahrungen verfügen, um computervermittelt kommunizieren zu können.

Die zwei wesentlichen Komponenten von *computer-communication management by techniques* sind (1) die individuelle Verfügbarkeit der technischen Voraussetzungen des Netzzugangs und (2) die individuellen Erfahrungen im Umgang mit diesen technischen Voraussetzungen.[22] Vorrangiges Ziel von *internet-communication management by techniques* dürfte das Erkunden der technischen Möglichkeiten des Netzes sein. Wetzstein et al. (1996, S. 46) nennen jene Netznutzer, die *primär internet-communication management by techniques* betreiben, Pragmatiker. Pragmatiker interessieren sich vor allem für Systementwicklungen, -steuerungen und -installationen, für Programmsprachen und Programmieren, für Hard- und Softwareprobleme und für das Erkunden der technischen Netzgrenzen.

Der Auszug aus dem folgenden Interview mit einer Geschäftsführerin eines mittelständischen EDV-Unternehmens schildert eine typische Konstellation (Schreiber 1997):

Frage: *Wie wurde die computervermittelte Kommunikation von der Belegschaft anfänglich aufgenommen, also zu Beginn?*

Antwort: *Das ist unterschiedlich. Wir haben bei uns ja, äh, ne Reihe von Mitarbeitern, die, ich sag mal, aus dem Metier kommen. So Computerfreaks, sag ich jetzt mal, ganz speziell unsere Systembetreuer usw. Für die ist so n, so n Medium immer ne Selbstverständlichkeit. Wir haben aber auch ne Reihe von Mitarbeitern, ich sag jetzt mal ganz speziell unsere Anwendungsbetreuer oder auch, ich sag mal, unsere Kaufmannsfrau und so, da war das schon schwieriger, die diese Kommunikationsmöglichkeiten auch anzunehmen und zu nutzen. Aber heute isses für jeden ne Selbstverständlichkeit.*

b) Computer-communication management by self-presentation: *Diejenigen, die kommunizieren möchten, müssen für die anderen wahrnehmbar und ansprechbar sein. Anders gesagt: Sie müssen sich im Netz so präsentieren, dass sich andere an diese Präsentation – wie auch immer – interpretativ und kommunikativ anzuschließen vermögen.*

In Anlehnung an Nicola Döring (1997 S. 301) lassen sich folgende Requisiten beschreiben, die Netznutzer generell benutzen können, um sich im (Interoder Intra-)Netz zu präsentieren und von den anderen identifiziert zu werden:

- *E-Mail-Adressen*: In vielen E-Mail-Kommunikationen sind die E-Mail-Adressen zugänglich oder werden sogar – meist am Ende des übermittelten Textes – automatisch angefügt. Auf diese Weise können die jeweils anderen Kommunikationspartner zumindest ansatzweise den Sender einer Botschaft identifizieren.
- *User names* oder *real names*: Gewöhnlich verwenden Nutzer von E-Mail, Mailinglisten oder Newsgroups auch ihren realen Namen, mit dem sie die abgeschickte Botschaften „unterschreiben", um sich kenntlich zu machen.
- *Nicknames*: Insbesondere in Internet Relay Chats (also in den verschiedenen Diskussionsgruppen) oder in den sogenannten MUDs (den textbasierten virtuellen Spielrealitäten) sind *nicknames* (Spitznamen) zur gegenseitigen Identifikation gebräuchlich.

- *Signaturen*: E-Mails oder *postings* enden oft mit einer elektronischen Visitenkarte, die beispielsweise die Zugehörigkeit zu einem Unternehmen, den Beruf oder den akademischen Grad etc. zeigt.
- *Persönliche oder organisationsspezifische Homepages*: Sie enthalten häufig eine Vielzahl von Informationen über den oder die (potenziellen) Kommunikationspartner: Namen, Berufe, Hobbys, Interessen, Links zu anderen Netzadressen etc.
- *Selbstbeschreibungen*: In Homepages oder in den oben genannten MUDs ist es möglich, die eigene Onlinepersönlichkeit bzw. Onlineorganisation mittels kreativer Symbole (oder Logos) zu visualisieren.
- *Selektive Selbstpräsentationen*: Durch den individuellen Stil der computervermittelten Kommunikation (z. B. durch Wort- oder Symbolwahl, durch spezifische Jargons) können sich die jeweiligen Nutzer mit einem „eigenen" Stil darzustellen versuchen.

Computer-communication management by self-presentation umfasst also jene Formen, mit denen sich Netznutzer im Netz zu präsentieren vermögen. Diese Formen, die individuellen Motive, sich so oder anders im Netz darzustellen, und die netztypischen Reaktionen auf die jeweiligen Selbstdarstellungen sind vielfältig und widersprüchlich. Wie sich Netznutzer im Netz präsentieren und mit welchen Absichten sie dies tun, hängt offenbar auch von den jeweiligen *Netzerfahrungen*, von der *wahrgenommenen Netzöffentlichkeit*, in der man sich zu präsentieren versucht, und von der *Identifikation oder Nichtidentifikation mit dieser Netzöffentlichkeit* ab. Ein vorrangiges Ziel von *internet-communication management by self-presentation* besteht wohl vor allem darin, in spielerischer Weise die eigenen Möglichkeiten im Rahmen des potenziellen hypermedialen sozialen Systems zu erkunden (vgl. auch Turkle 1995; Lehnhardt 1996; Dany 1997). Für Sherry Turkle ist das Internet in diesem Sinne ein relevantes soziales Labor, in dem die Nutzer selbstständig und schöpferisch mit den Konstruktionen und Rekonstruktionen ihres Selbst und ihrer Identität experimentieren können.

c) **Computer-communication management by social reference:** *Um den Fortgang der computervermittelten Interpretationen und Kommunikationen zu garantieren, bedarf es zumindest minimaler Hinweise darauf, dass das Netz auch von anderen benutzt wird, auf die sich die eigenen Interpretationen und Kommunikationen beziehen können.*

Der Fortgang des internetvermittelten Interpretations- und Kommunikationsprozesses ist das Kriterium für die wechselseitigen Interpretationen und Kommunikationen. Es handelt sich um eine – wie wir es gern nennen möchten – *dribbelnde Sozioreferenz*: Solange die Kommunikation mit einem anderen läuft, läuft sie, und man versteht sich; und dass sie läuft, merkt man daran, dass der andere antwortet. Das heißt: Wenn der computer- und internetbasierte Kommunikationsprozess zwischen den CMC-Nutzern in und zwischen Unternehmen erst einmal zustande gekommen ist, haben sie die zur Verfügung stehenden technischen Voraussetzungen angewendet, um einen Prozess in Gang zu setzen, über dessen Fortgang sie selbst entscheiden können. Die computervermittelte Kommunikation und das Netz leben „von der Initiative der Teilnehmer, von der Kreativität seiner Nutzer" (Bollmann u. Heibach 1996, S. 473), von der Ausbildung „komplexer Rituale" (Reid, zit. nach Rheingold 1994, S. 225), durch die die Internetgemeinden und hypermedial vermittelten sozialen Systeme zusammengehalten und reguliert werden. Mit anderen Worten: Der Cyberspace und das Internet sind nicht leer. Jede soziale Beziehung lebt durch den Prozess, in dem sie sich bewegt. Auch die computervermittelten Kommunikationen in und zwischen Unternehmen sind zunächst nichts anderes als das Prozessieren von Daten. Die Prüfung, ob und wie wirklich eine solche Beziehung ist, kann nur geschehen, indem die miteinander kommunizierenden Personen feststellen, ob und wie diese Beziehung prozessiert, sich entwickelt. Sofern sie sich an eine Kommunikation im Internet anschließen können, diese Kommunikation durch ihre eigenen Beiträge fortzusetzen vermögen und andere auf ihre kommunikativen Beiträge antworten, dann ist diese kommunikative Beziehung auch wirklich. Ob die Antworten, die jemand auf seine kommunikativen Beiträge erhält, von einer Maschine oder von einem Menschen kommen, ob dieser Mensch auch der ist, als der er sich darstellt – das lässt sich nicht objektiv überprüfen. Eine solche Prüfung obliegt der Eigenwahrnehmung und -beurteilung durch den jeweiligen CMC-Nutzer. Mit anderen Worten: Der Fortgang der kommunikativen Beziehungen im Netz und die Plausibilität meines Urteil, mit dem ich mir diese Beziehung und meine „Kommunikationspartner" zu erklären versuche, sind die „weichen" Kriterien, nach denen ich und sicher auch andere Netznutzer beurteilen, wie wirklich der kommunikative Austausch im Netz ist. Solange die Kommunikation mit einem oder einer anderen läuft, läuft sie, und man kommuniziert; und dass sie läuft, merkt man daran, dass und wie der/die andere antwortet. So einfach ist das – oder auch nicht.

Der Fortgang der kommunikativen Beziehungen im Netz und die individuellen Urteile und Attributionen hinsichtlich dieser Beziehungen sind die primären Kriterien, an denen sich Netznutzer orientieren, um ihre sozialen Beziehungen im Netz zu organisieren. Beim *computer-communication management by social reference* geht es darum, die soziale Verfassung des Netzes zu erkunden und u. U. ein hypermedial vermitteltes soziales System zu konstruieren, mit dem sich die jeweiligen Netznutzer identifizieren können.

d) Computer-communication management by hypertextual production: *Computervermittelte Kommunikation nutzt in der Regel die nichtlineare Struktur des Internets. Demzufolge bedarf es des individuellen Umgangs mit der hypertextuellen Struktur internetbasierter Information und Kommunikation.*

Zwei grundlegende Merkmale charakterisieren die unterschiedlichen Hypertextkonzeptionen übereinstimmend: „Knoten" und „Links". Knoten sind die jeweiligen elementaren Informationsteile. Solche Knoten können Texte, Grafiken, Töne, Videos, Simulationen, Animationen sein. Über elektronische Verweise, Links, sind die Knoten nichtlinear, also netzartig, miteinander verknüpft. Die Art und Weise des Zugriffs auf die über Links verknüpften Informationsknoten wird in der Regel als *browsing* bezeichnet (vgl. McAleese 1989; Chang a. Rice 1993). Damit ist das „freie", nicht unbedingt zielgerichtete „Wandern" durch das Datennetz gemeint (vgl. auch Astleitner 1997, S. 43).[23] Der Umgang mit Hypertexten ist aber nicht auf das Browsen zu reduzieren (vgl. Idensen 1997, S. 72). Neben der Nichtlinearität und der patchworkartigen Informationsstruktur zeichnen sich internet basierte Hypertexte darüber hinaus durch weitere Merkmale aus: Sie ermöglichen vielen Nutzern einen simultanen Zugriff auf die jeweiligen Informationen *(multiuser access)*. Sie gestatten in vielen Fällen einen interaktiven (diskursiven) Austausch zwischen den Nutzern *(interactivity)* und somit einen selbstständige und interaktive Kontrolle über die Konstruktion und Verwaltung über die Informationen *(dynamic control of information)*. Sie liefern häufig auch Metainformationen über die Art und Weise, wie die Hyperinformationen konstruiert wurden. Unter diesem Blickwinkel müssten Hypertexte eigentlich die idealen medial vermittelten Kommunikationsumgebungen bereitstellen können. *Computer-communication management by hypertextual production* umfasst das selbstständige Verfassen, Kommunizieren und Interpretieren nichtlinear verknüpfter textlicher und bildlicher Informationseinheiten, die u. U. interaktiv und selbstständig von unterschiedlichen Nutzern verwaltet und neu bearbeitet werden können.

Im Umgang mit internetbasierten Hypertexten können die Nutzer – entsprechende externe tutorielle Hilfen vorausgesetzt – kognitive und soziale Kompetenzen entwickeln (divergente Denk- und Verhaltensstile), die es ihnen ermöglichen, an metasozialen (virtuellen) Netzwerken teilzunehmen, in denen neue Wirklichkeiten konstruiert und der Umgang mit alltäglichen Widersprüchen gelernt werden können. Derartige Kompetenzen dürften in und außerhalb von Unternehmen sicher nicht zu unterschätzen sein.

5. Schluss – Neue Fragen

Computervermittelte Kommunikationen (CMC) innerhalb von Unternehmen bieten – dann, wenn sie umfassend eingeführt werden und sich eigendynamisch durch die wechselseitigen Beiträge ihrer Nutzer zu autonomen, hypermedial vermittelten sozialen Systemen entwickeln können – die einmalige Chance, funktionale Autorität, laterale Interaktionen, netzartige Kommunikationen, heterarchische Entscheidungszentren und die fortgesetzte Neudefinition von Aufgaben und Problemen zu sichern (vgl. Stegbauer 1995, S. 28).

Allerdings bleiben nach wie vor Fragen offen: Welche Möglichkeiten haben die Nutzer von computervermittelter Kommunikation in Unternehmen, um ihre Computerkommunikation zu managen? Wie viel computer-communication management erlauben die Unternehmensstrukturen, ohne dass ihre Stabilität aufgehoben wird? Wie viel computer-communication management ist nötig, damit Unternehmensstrukturen effizient wirken?

Anmerkungen

1 Quelle: http://www.gvu.gatech.edu//user_survey/; aufgerufen am 28.11.1998.

2 Quelle: http://www4.business-online.de/bo/; aufgerufen am 30.08.1998.

3 Im Deutschen spricht man von „Telearbeit", in den USA von *telecommuting*, das ist ein Kunstwort aus *tele + computing + communication* (Ponnath 1994, S. 1).

4 Jean-François Lyotard (1924–1998) kam in seinem 1979 erstmals veröffentlichten Text *La condition postmoderne* (dt. 1982, 1986: *Das postmoderne Wissen*) u. a. zu dem Schluß: „In der gegenwärtigen Gesellschaft und Kultur, also der postindustriellen Gesellschaft, der postmodernen Kultur, stellt sich die Frage der Legitimierung des Wissens in anderer Weise. Die große Erzählung hat ihre Glaubwürdigkeit verloren ..." (Lyotard 1986, S. 112).

5 Die im Folgenden und in den weiteren Passagen zitierten Interviewauszüge stammen aus den Diplomarbeiten von Astrid Schreiber und Christoph Neumann. Beiden sei an dieser Stelle für ihre Arbeit gedankt. Die Interviews wurden 1997 mit führenden Managern verschiedener Unternehmen als narrative Interviews durchgeführt und für die Auswertung transkribiert.

6 Nicholas Negroponte ist Gründer und Direktor des *Media Laboratory* am *Massachusetts Institute of Technology* (http://www.media.mit.edu/~nicholas/) und arbeitet als Senior Columnist für das einflußreiche Computer- und Internet-Magazin *WIRED*. 1995 publizierte er sein mittlerweile auch divers diskutiertes Buch *Being Digital* (published by Alfred A. Knopf).

7 zum Beispiel: http://www.thenetnet.com/schmeb/schmeb4.html, aufgerufen am 28.11.1998.

8 Luciana Castellina ist Mitglied des Europaparlaments und dort Vorsitzende des Ausschusses für Kultur und Medien.

9 Quelle: http://www4.business-online.de/bo/; aufgerufen am 28.11.1998.

10 URL: http://www.charlesriver.com; aufgerufen am 28.11.1998.

11 Gérard Raulet ist Germanist, Philosoph und Professor an der Universität Rennes.

12 Jean Baudrillard ist einer der provokantesten französischen Philosophen und Soziologen. Seit mehreren Jahren äußert er sich in seinen Arbeiten kritisch zu den „postmodernen" Medienwelten. Baudrillard lehrt Soziologie in Paris.

13 Herbert Marshall McLuhan (1911–1980) hatte an der Universität von Toronto einen Lehrstuhl für englische Literatur inne und gilt als „Stammvater" der modernen Kommunikationswissenschaften. Seine Bücher (vor allem *Die magischen Kanäle* und *Die Gutenberg Galaxis*) erreichten weltweit Millionenauflagen.

14 Das erste Computernetz wurde am 1. September 1969 installiert und hieß ARPANET. Es wurde von einer Projektgruppe des amerikanischen Verteidigungsministeriums (ARPA)

konstruiert, das viele Subnetze ohne zentrale Kontrolle zu einem weltumspannenden Netzwerk verbinden konnte. Anfang 1980 wurde das ARPANET in zwei Netze aufgeteilt: ARPANET und Milnet. Das Gesamtnetzwerk hieß zunächst DARPA Internet. Aus dem Namen wurde durch Verkürzung schließlich *Internet*, das sich in den Siebziger- und Achtzigerjahren vor allem im akademischen Bereich und seit Beginn der Neunzigerjahre auch im kommerziellen Bereich rund um den Erdball ausdehnte. Das Internet ist heute das umfangreichste Computernetzwerk der Welt. Der Name kommt von *Interconnected Networks* (verbundene Netze) und bezeichnet den Zusammenschluß von vielen lokalen, nationalen und internationalen Computernetzen.

15 „Da das Hypertext-Konzept letztlich sehr offen und vielschichtig ist, erscheint die Frage nach dem (angeblich) ersten Hypertext müßig – darüber hinaus ist die Suche nach dem ‚Ursprung' des Hypertext-Konzeptes auch abhängig von der jeweiligen historisch ‚gültigen' Definition des Text-Begriffes überhaupt. So können selbst die klassischen kanonischen Texte (etwa die Thora oder die Bibel), die ‚großen Erzählungen' inklusive ihrer Kommentare und Auslegungen nachträglich durchaus als Hypertexte angesehen werden" (Idensen 1997, S. 73).

16 „Anfang der 90er Jahre waren dann eine Vielzahl von Hypertext-Programmen auf allen Hardware-Plattformen verfügbar. Da aber – trotz Konferenzen und Normierungsanstrengungen – kein Austauschformat in Sicht war, setzte sich – den Prophezeiungen von Experten, Medienwissenschaftlern und -theoretikern zum Trotz – ein Gebrauch hypertextueller Programme nicht durch – bis von Marc Anderson (1991) ein relativ simples Auszeichnungsformat für Hypertexte entwickelt wurde, das sich in kürzester Zeit als ein universeller Hypertext-Standard durchsetzte und wie ein Virus verbreitete: die Hypertext Markup Language (HTML) – das ‚natürliche' Austauschformat elektronischer Texte im World Wide Web (WWW). Die offene Struktur, die einfache Bedienung der grafischen Oberfläche und die Tatsache, daß für alle Rechnerplattformen Freeware-Browser und Editoren verfügbar sind, führten dazu, daß die althergebrachten Internet-Dienste (wie FTP, Newsgroups) inzwischen auch größtenteils in das WWW-Konzept integriert wurden. Das WWW ist quasi zum Standard des *online*-Publishing geworden und trägt mit zum derzeitigen Boom des Internet bei" (Idensen 1997, S. 76).

17 zit. nach URL: http://curie.euv-frankfurt-o.de:8889/beitr/ab-empdisk.html; aufgerufen am 28.11.1998.

18 Quelle siehe Anmerkung 17.

19 John Perry Barlow (geboren 1947) führte zwanzig Jahre lang eine Rinderfarm, wurde dann als Textschreiber für die Rockgruppe *Grateful Dead* berühmt und gründete 1990 mit dem Softwareunternehmer Mitch Kapor die *Electronic Frontier Foundation*, eine Vereinigung, die für die Freiheit im Internet kämpft.

20 Derrick de Kerckhove ist seit 1990 Professor an der Abteilung für Französisch und Leiter des *McLuhan-Programms für Kultur und Technologie* an der Universität Toronto.

21 *Chanop:* Moderator eines Chat-Kanals; *Newsadmin:* Verantwortlicher für das Funktionieren eines Newsservers; *Wizard:* jemand, der sich genau auskennt; *Newbie:* Netzneuling.

22 Beide Komponenten des *internet-communication management by techniques* spielen auch im *Social Influence Model of CMC-Usage* (Schmitz a. Fulk 1991) eine zentrale Rolle.

23 Neben dem Begriff des *browsing* finden sich in der Literatur auch die Termini „Suchen" und „Navigieren", um die jeweiligen Informationszugriffe zu bezeichnen (siehe ausführlich Astleitner 1997).

Literatur

Astleitner, H. (1997): Lernen in Informationsnetzen. Theoretische Aspekte und empirische Analysen des Umgangs mit neuen Informationstechnologien aus erziehungswissenschaftlicher Perspektive. Frankfurt a. M./Berlin/Bern/New York/Paris/Wien (Peter Lang).

Barlow, J. P. (1996): Das Netz ist mein Gehirn. Ein Gespräch mit Uwe Jean Heuser. *Zeit-Magazin* 5.

Baudrillard, J. (1987): Das Andere Selbst. Wien (Böhlau).

Baudrillard, J. (1992): Transparenz des Bösen. Berlin (Merve).

Bell, D. (1973): The Coming of Post-Industrial Society. A Venture in Social Forecasting. New York (Basic Books).

BMWI-Report (1995): Die Informationsgesellschaft.

Bollmann, S. u. C. Heibach (Hrsg.) (1996): Kursbuch Internet. Anschlüsse an Wirtschaft und Politik, Wissenschaft und Kultur. Mannheim (Bollmann).

Bolter, J. D. (1984): Turing's man: Western culture in the computer age. Chapel Hill (The University of North Carolina Press).

Bush, V. (1945): As we may think. *Atlantic Monthly* 176 (July): pp.101–108.

Büssing, A. et al. (1997): Themenschwerpunkt: Telearbeit und Telekooperation. *Zeitschrift für Arbeitswissenschaft* 51 (4).

Castellina, L. (1997): Demokratie – Medien – Informationsgesellschaft. In: E. Bulmahn et al. (Hrsg.): Informationsgesellschaft – Medien – Demokratie. Marburg (BdWi-Verlag), S. 17–22.

Chang, S.-J. a. R. E. Rice (1993): Browsing: A multidimensional framework. *Annual Review of Information Science and Technology* 28:pp. 231–276.

Coy, W. (1996): Bauelemente der Informationsgesellschaft. In: J. Tauss, J. Kollbeck u. J. Mönikes (Hrsg.): Deutschlands Weg in die Informationsgesellschaft. Baden-Baden (Nomos), S. 285–310.

Dany, H.-C. (1997): Multiple Persönlichkeiten. In K. P. Dencker (Hrsg.): Labile Ordnungen. Hamburg (Hans-Bredow-Institut), S. 246–254.

DeKerckhove, D. (1998): Brauchen wir in einer Realität wie der unseren noch Fiktionen? In: G. Vattimo u. W. Welsch (Hrsg.): Medien-Welten, Wirklichkeiten. München (Wilhelm Fink).

Deleuze, G. u. F. Guattari (1974): Anti-Ödipus. Kapitalismus und Schizophrenie. Frankfurt a. M. (Suhrkamp).

Döring, N. (1997): Lernen und Lehren im Internet. In: B. Batinic (Hrsg.): Internet für Psychologen. Göttingen/Bern/Toronto/Seattle (Hogrefe), S. 359–393.

Eisenstein, C. (1994): Meinungsbildung in der Mediengesellschaft. Opladen/Wiesbaden (Westdeutscher Verlag).

Flusser, V. (1992): Die Schrift. Hat Schreiben Zukunft? Frankfurt a. M. (Fischer).

Friedrich, H. R. (1998): Überlegungen zur Strukturentwicklung an Hochschulen unter dem Einfluß von Multimedia. In: Einsatz der neuen Medien in Lehre und Forschung. Dokumentation zur Jahrestagung des Bad Wiesseer Kreises vom 8. bis 11. Mai 1997. Beiträge zur Hochschulpolitik 2, S. 21–48.

Gibson, William (1987): Neuromancer. München (Heyne).

Glaser, W. u. M. Glaser (1995): Telearbeit in der Praxis. Berlin (Luchterhand).

Glotz, P. (1996): Informationsgesellschaft – Medien – Demokratie. In: E. Bulmahn et al. (Hrsg.): Informationsgesellschaft – Medien – Demokratie. Marburg (BdWi-Verlag), S. 9–16.

Hartmann, F. (1996): Cyber Philosophy. Wien (Passagen).

Hejl, P. M. (1990): Soziale Systeme: Körper ohne Gehirne oder Gehirne ohne Körper? In: V. Riegas u. C. Vetter (Hrsg.): Zur Biologie der Kognition. Ein Gespraech mit Humberto R. Maturana und Beiträge zur Diskussion seines Werkes. Frankfurt a. M. (Suhrkamp).

Hejl, P. M. (1992): Die zwei Seiten der Eigengesetzlichkeit. Zur Konstruktion natürlicher Sozialsysteme und zum Problem ihrer Regelung. In: S. J. Schmidt (Hrsg.): Kognition und Gesellschaft. Frankfurt a. M. (Suhrkamp).

Hiltz, S. R. a. M. Turoff (1978): The network nation. Reading, MA (Addison-Wesley).

Höflich, J. R. (1996): Technisch vermittelte interpersonale Kommunikation. Grundlagen, organisatorische Medienverwendung, Konstitution „Elektronischer Gemeinschaften". Opladen/Wiesbaden (Westdeutscher Verlag).

Idensen, H. (1997): Hypertext: Von utopischen Konzepten zu kollaborativen Projekten im Internet. In: K. P. Dencker (Hrsg.): Labile Ordnungen. Hamburg (Hans-Bredow-Institut), S. 72–96.

Kerr, E. B. a. S. R. Hiltz (1982): Computer-mediated Communication Systems: Status and Evaluation. London (Academic Press).

Kiesler, S. a. L. S. Sproull (1986): Response effects in the electronic survey. *Public Opinion Quarterly* 50 (3): 402–413.

Kleinsteuber, H. J. (1996): Das Elend der Informationsgesellschaft. In: E. Bulmahn et al. (Hrsg.): Informationsgesellschaft – Medien – Demokratie. Marburg (BdWi-Verlag), S. 23–33.

Köhntopp, M. (1996): Datenschutz in der Informationsgesellschaft. In: E. Bulmahn et al. (Hrsg.): Informationsgesellschaft – Medien – Demokratie. Marburg (BdWi-Verlag), S. 212–218.

Kurbel, K. u. F. Teuteberg (1998): Arbeitsbericht. Betriebliche Internet-Nutzung in der Bundesrepublik Deutschland – Ergebnisse einer empirischen Untersuchung [Internet]. Europa-Universität Viadrina Frankfurt a. d. O., Lehrstuhl für Wirtschaftsinformatik. Verfügbar unter: http://curie.euv-frankfurt-o.de:8889/beitr/ab-empdisk.html.

Lehnhardt, M. (1996): Das Reden von der „Multiplen Persönlichkeit". In: M. Rost (Hrsg.): Die Netzrevolution. Frankfurt a. M. (Eichborn).

Lévy, P. (1996). Cyberkultur. In: S. Bollmann u. C. Heibach (Hrsg.): Kursbuch Internet. Anschlüsse an Wirtschaft und Politik, Wissenschaft und Kultur. Mannheim (Bollmann), S. 56–82.

Lyotard, J.-F. (1986): Das postmoderne Wissen. Graz/Wien (Böhlau).

McAleese, R. (1989): Hypertext: Theory into Practice. Norwood (Ablex Publishing Company).

Münch, R. (1991): Dialektik der Kommunikationsgesellschaft. Frankfurt a. M. (Suhrkamp).

Naisbitt, J. (1984): Megatrends. Ten new directions transforming our lifes. New York (Warner Books).

Negroponte, N. (1995): Being Digital. New York (Knopf).

Neumann, C. (1997): Konstruktionen von leitenden Managern über computervermittelte Kommunikation und ihre Auswirkungen in Organisationen. (Diplomarbeit). Friedrich-Schiller-Universität Jena.

Ponath, H. (1994): Telearbeit auf dem Information Highway. *Funkschau* 21.

Postman, N. (1991): Das Technopol. Die Macht der Technologien und die Entmündigung der Gesellschaft. Frankfurt a. M. (Fischer).

Raulet, G. (1988): Die neue Utopie. Die soziologische und philosophische Bedeutung der neuen Kommunikationstechnologien. In: M. Frank et al. (Hrsg.): Die Frage nach dem Subjekt. Frankfurt a. M. (Suhrkamp), S. 283–316.

Raulet, G. (1991): Leben wir im Jahrzehnt der Simulation? Neue Informationstechnologien und sozialer Wandel. In: P. Kemper (Hrsg.): „Postmoderne" oder Der Kampf um die Zukunft. Frankfurt a. M. (Fischer).

Reinmann-Rothmeier, G. u. H. Mandl (1996): Lernumgebungen mit Neuen Medien gestalten. In: D. Beste, M. Kälke u. U. Lange (Hrsg.): Bildung im Netz – Auf dem Weg zum virtuellen Lernen. Düsseldorf (VDI).

Rheingold, H. (1994): Virtuelle Gemeinschaft. Bonn/Paris (Addisson Wesley Deutschland).

Schack, M. (1997): Telearbeit und Internet. In: L. Gräf u. M. Krajewski (Hrsg.): Soziologie des Internet. Frankfurt a. M./New York (Campus).

Schmidt, S. J. (1994): Konstruktivismus in der Medienforschung. In: K. Merten, S. J. Schmidt u. S. Weischenberg (Hrsg.): Die Wirklichkeit der Medien. Opladen (Westdeutscher Verlag).

Schmitz, J. u. J. Fulk (1991): Organizational Colleagues, Media Richness, and Electronic Mail. *Communication Research* 18 (4).

Schreiber, A. (1997): Akzeptanz und Nutzung von computervermittelter Kommunikation in Organisationen. (Diplomarbeit). Friedrich-Schiller Universität Jena.

Siau, K. L. (1995): Group creativity and technology. *Journal of Creative Behavior* 29 (3): 201–216.

Stegbauer, C. (1995): Electronic Mail und Organisation. Göttingen (Schwarz).

Tauss, J., J. Kollbeck u. J. Mönikes (Hrsg.) (1996): Deutschlands Weg in die Informationsgesellschaft. Baden-Baden (Nomos).

Turkle, S. (1995): Life on the Screen. New York (Simon & Schuster).

Valley, J., R. Johannson a. K. Sprangler (1990): The computer conference: an altered state of communication. In: S. Ferguson a. S. Ferguson (eds.): Organizational communication. New Brunswick (Transaction Books).

Van Gelder, L. (1991): The strange case of an electronic lover. In: C. Dunlop a. R. Kling (eds.): Computerization and controversy: value conflicts and social choices. Boston (Academic Press).

Warnecke, H. J. (1996): Die fraktale Fabrik. Revolution der Unternehmenskultur. Frankfurt a. M. (Rowohlt).

Wehner, J. (1997). Medien als Kommunkationspartner – Zur Entstehung elektronischer Schriftlichkeit im Internet. In: L. Gräf u. M. Krajewski (Hrsg.): Soziologie des Internet. Frankfurt a. M./New York (Campus).

Wetzstein, T. A. et al. (1996): Datenreisende. Die Kultur der Computernetze. Opladen (Westdeutscher Verlag).

Die Gemeinde des Internet. Netzkultur im globalen Dorf. *WZB Mitteilungen* 71/1996.

DIE VIELKÖPFIGE HYDRA:
NETZWERKE ALS KOLLEKTIVE AKTEURE
HÖHERER ORDNUNG[1]

1. Fernöstliche Geheimnisse

Der Schrecken über die japanische Invasion westlicher Märkte wurde noch größer, als man gewahr wurde, dass die Japaner wahre Organisationsmonstren einsetzten. Anscheinend operieren die japanischen Strategien nicht nur mit Preisen und Qualität, sondern zugleich mit neuartigen *organizational weapons*. Westliche Beobachter registrieren verblüfft den Einsatz hybrider Organisationen – „something between market and organization", wie man etwas ratlos sagt (Thorelli 1986) –, die sich nicht in die gängigen Organisationsmuster westlicher Praxis und Theorie einfügen wollen. *Keiretsu* etwa, eine aggressive Gruppe vertikal kooperierender japanischer Firmen, agiert als ein merkwürdiges Zwischending zwischen Organisation und Markt, in der ein Kernunternehmen eng geknüpfte Zuliefer- und Distributionsnetze beherrscht, ohne dass es an den Zuliefer- und Vertriebsfirmen kapitalmäßig beteiligt wäre (Imai a. Itami 1984). Solche „intermediären Organisationen" operieren in Japan nicht nur im Produktionsbereich, sondern besonders im R&D-Sektor, im Beziehungsgeflecht zwischen Banken und Unternehmen und selbst im Verbund von Staatsorganisationen und Privatunternehmen. Das japanische Erfolgsgeheimnis scheint nicht zuletzt auf dieser „third arena of allocation" zu beruhen, die in Japan ungleich größeres Ausmaß besitzt als im Westen (Twaalhoven a. Hattori 1982; Imai, Nonaka a. Takeuchi 1985; Kaneko a. Imai 1987; Wolf 1990, S. 106 ff.).

Inzwischen hat man sich auch hier in der Organisationspraxis wie in den beteiligten Wissenschaften verstärkt solchen hybriden Organisationsformen zugewandt.[2] Manche dieser Netzwerkorganisationen können schon auf eine lange Tradition im „organisierten Kapitalismus" zurückblicken, manche jedoch, wie etwa die Just-in-time-Zuliefernetze (vgl. Nagel 1989), sind erst als unmittelbare Reaktion auf die japanische Herausforderung entstanden. Heute sind dezentralisierte Konzerne, multidivisionale Unternehmen mit autonomen *profit centers*, Jointventures im R&D-Bereich, aber auch Franchising-Netze und andere Vertriebssysteme, auf Vertragsbasis organisierte Zulieferersysteme, Systeme bargeldlosen Zahlungsverkehrs der Banken, Großbauprojekte auf Subunternehmensbasis, Organisationsnetze im Energie-, Transport- und Telekommunikationssektor prominente westliche Entsprechungen zur japanischen „interpenetration of market and organization".

Obwohl sich inzwischen Netzwerkforschung und Transaktionskostenökonomie große Verdienste um die Eigenarten, Ursachen und Konsequenzen solcher hybrider Organisationen erworben haben, so sind doch noch wesentliche Fragen offen. Was ist denn gewonnen, wenn man Netzwerke bloß metaphorisch als „complex arrays of relationships among firms" (Johanson a. Mattson 1989) oder als „managed economic systems" (MacMillan a. Farmer 1979) umschreibt? Genügt es, sie auf einer gleitenden Skala zwischen Vertrag und Organisation zu platzieren (Williamson 1985)? Wird man ihrem organisatorischen Charakter allein mit dem Begriff der Hierarchie gerecht, den man vertraglichen Arrangements aufpflanzt? Sollte man nur von Netzwerken *zwischen* korporativen Akteuren sprechen (Schneider 1988) oder nicht auch von Netzwerken *als* korporativen Akteuren? Und wie geht man theoretisch und praktisch mit ihren negativen Externalitäten um?

Hier soll versucht werden, die Theorie der Autopoiese, wie sie von Humberto Maturana (1982), Heinz von Foerster (1985) und Niklas Luhmann (1984) entwickelt worden ist, einzusetzen, um Antworten auf diese Fragen zu finden. Die Stärke dieser Theorie dürfte darin bestehen, das Auftreten neuartiger Organisationsformen als Emergenz von selbstreferenziell konstituierten Einheiten zu erklären. Folgende drei Thesen seien zur Diskussion gestellt:

(1) Netzwerke bilden sich als echte Emergenzphänomene nicht „zwischen", sondern „jenseits" von Vertrag und Organisation. Die Selbstorganisation von Netzwerken als autopoietischen Systemen höherer Ordnung vollzieht sich über den *re-entry* der institutionalisierten Unterscheidung von Markt und Organisation in diese selbst.
(2) Netzwerke sind nicht bloße „Hierarchien" zwischen autonomen Akteuren, sondern sind selbst *corporate actors* eigener Art, sind als „polykorporative Kollektive" in der Tat personifizierte Beziehungsgeflechte zwischen den Knoten des Netzes.
(3) Netzwerke, deren Effizienzgewinne auf einer intelligenten Kombination von hierarchischer und marktlicher Organisation beruhen, produzieren zugleich spezifische Transaktionsrisiken, deren Externalisierung ihnen (illegitime) Kostenvorteile verschafft. Eine adäquate Internalisierung erscheint über neuartige Mechanismen der simultanen Vielfachzurechnung möglich.

2. Emergenz durch Selbstorganisation

In welchem Sinne kann man bei kommunikativen Netzwerken von „Emergenz durch Selbstorganisation" sprechen? Gemeinhin benutzt man den Begriff Emergenz, um das Auftreten von etwas Neuem im Evolutionsprozess zu kennzeichnen oder um auszudrücken, dass das Ganze mehr ist als die Summe seiner Teile (Hastedt 1988, S. 175 ff. m. w. N.). Nach Popper a. Eccles (1977, S. 22) verweist Emergenz „to the fact that in the course of evolution new things and events occur, with unexpected and indeed unpredictable properties". Die Theorie der Selbstorganisation bricht mit dieser Tradition der „Emergenz von unten" und ersetzt sie durch die Vorstellung einer selbstreferenziell-systemischen Neugruppierung gegebenen Materials. Die Vorstellung, dass neue Eigenschaften dadurch auftreten, dass bestehende Elemente Relationen eingehen oder miteinander interagieren, ist schon dadurch diskreditiert, dass Eigenschaften und Interaktionen nicht trennbar sind (Roth a. Schwegler 1990, S. 39). Wenn dies aber so ist, dann wird Emergenz trivial: Alles ist emergent. Darüber hinaus dürfte aber auch die Vorstellung „an sich" bestehender Elemente unhaltbar sein. In der Theorie selbstorganisierender Systeme macht der Elementbegriff nur systemrelativ einen Sinn. Jedes Element ist nur in Hinblick auf „sein" System eine Letzteinheit, also nicht weiter dekomponierbar, während es in anderer Systemreferenz durchaus in immer weitere Relationen dekomponiert werden kann (Luhmann 1984, S. 245 f.).

Im Theoriekontext von Selbstorganisation gewinnt Emergenz einen anderen Sinn. Emergenz tritt dann auf, wenn selbstreferenzielle Zirkel entstehen, die sich in einer Weise miteinander verketten, dass sie die Elemente eines neuen Systems bilden. Die Theorie der Selbstorganisation gibt damit eine ganz spezifische Antwort auf eine zentrale Frage, die gerade auch in den neueren anspruchsvollen Emergenztheorien von Popper a. Eccles (1977) und Bunge (1980) unbeantwortet geblieben ist, nämlich: „... wie eine graduell vor sich gegangene Gewordenheit zum qualitativen Sprung einer dann einsetzenden Autonomie führt" (Hastedt 1988, S. 186). Die Antwort heißt: Selbstreferenz. Sie führt dazu, dass gegebenes Material in einer Weise neugruppiert wird, dass sowohl neue Eigenschaften als auch neue Elemente von neuen Systemen entstehen, die gegenüber den vorher bestehenden Konstellationen autonom sind. Das Herausevolvieren von selbstreferenziellen Verhältnissen ist als ein gradueller Pozess zu verstehen, der zur Bildung neuer und zugleich autonomer Systeme führt.[3]

In dieser Sicht kann man von psychischen Systemen als gegenüber dem Nervensystem neuartigen autopoietischen Sinnsystemen dann sprechen, wenn man von der selbstreferenziellen Neukonstituierung ihrer Elementareinheiten – mentaler Akte – ausgeht und deren zyklische Verknüpfung analysiert (vgl. Roth 1987, S. 398 f.). Gesellschaft wiederum setzt eine weitere Emergenzebene voraus. Sie kann nicht etwa als autopoietisches System zweiter Ordnung auf der Grundlage der Autopoiese menschlicher Individuen konstituiert werden.[4] Auch hier muss man die neue Emergenzebene sehen, die sich bei der „Begegnung" von psychischen Systemen als eine Verkettung von neu konstituierten Sinnelementen – Kommunikationen als Einheit aus Information, Mitteilung und Verstehen – bildet (Luhmann 1984, S. 191 ff.).

Die Emergenz von kommunikativen Netzwerken ist erst auf diesem Hintergrund der Trennung verschiedener Emergenzebenen (organische, neuronale, psychische und soziale Autopoiesis) zu verstehen. Dieser Hintergrund kann hier nicht im Einzelnen erörtert, sondern soll hier vorausgesetzt werden (vgl. Luhmann 1984, S. 43 f.). Letztelemente von Netzwerken sind entsprechend nicht menschliche Akteure oder deren Bewusstseinsinhalte, wie es meist in Theorien personeller Netzwerke vorausgesetzt ist (Tichy 1981; Birley 1985, 113; Mueller 1986; Kaneko a. Imai 1987), sondern Kommunikationen. Und es geht bei der Emergenz von Netzwerken um die Verselbstständigung von sozialen Prozessen nicht gegenüber psychischen oder gar organischen Prozessen – dies ist schon mit dem ersten Auftauchen von Kommunikation passiert –, sondern um ihre Autonomisierung im sozialen Phänomenbereich selbst. Kommunikationssysteme verselbstständigen sich gegenüber Kommunikationssystemen. Es wird damit behauptet, dass auch innerhalb des gleichen Phänomenbereichs die Herausbildung höherstufiger selbstreproduktiver Systeme möglich ist.[5] Das nötigt zu der Unterscheidung von autopoietischen Systemen unterschiedlichen Ordnungsgrades innerhalb eines Phänomenbereiches. Die Gesellschaft als das Ensemble menschlicher Kommunikationen ist als soziales System erster Ordnung anzusehen. Soziale Systeme zweiter Ordnung entstehen, wenn innerhalb der Gesellschaft Spezialkommunikationen sich herausdifferenzieren und sich zu Systemen mit eigener Identität verketten. Kommt es innerhalb dieser Systeme zu einer weiteren Verkettung von spezialisierten Kommunikationen, so bilden sich soziale Systeme dritter Ordnung usw. Am Beispiel der Netzwerke wäre dann das Emergenzphänomen so nachzuweisen, dass sich autopoietische Systeme zweiter und dritter Ordnung auf der Basis der Gesellschaft als autopoietischen Systems erster Ordnung in Prozessen der Selbstorganisation bilden.

3. Jenseits von Vertrag und Organisation

Die zur Zeit dominierende Vorstellung von Netzwerken und anderen hybriden Arrangements (relationale Verträge, Jointventures) sieht freilich ganz anders aus. Gemeinhin bezeichnet man damit eine dezentral regulierte Ordnung der Zusammenarbeit autonomer Akteure (Schneider 1988, S. 9). Es soll sich um lose Kooperationsformen handeln, die nicht mehr bloß flüchtige Interaktionen sind, aber noch nicht die Kooperationsdichte formaler Organisation aufweisen. Diese Vorstellung eines „Nicht mehr, aber zugleich noch nicht" dominierte schon soziologische Begriffe des *organization set*, mit denen die Organisationssoziologie Inter-Organisations-Beziehungen untersuchte (Evan 1966; Aldrich a. Whetten 1981). Sie fand Eingang in „personelle Netzwerke" der Gruppensoziologie und kennzeichnete Zusammenarbeitsformen, die nicht die Intensität, aber auch nicht die bürokratischen Nachteile formaler Organisation aufweisen (Tichy 1981; Mueller 1986). Und auch in den *policy networks*, mit denen Politikwissenschaftler besonders neokorporatistische Koordinationsformen analysieren, findet sich ihr Einfluss (Hanf a. Scharpf 1978; Trasher 1983, p. 375; Lehmbruch 1985, p. 60; Sharpe 1985, p. 361).

Nicht viel anders denkt die Transaktionskostenökonomie (Williamson 1985). Sie geht davon aus, dass Akteure institutionelle Arrangements nach Kosten-Nutzen-Gesichtspunkten auswählen. „Handle so, dass die Maxime deines Willens jederzeit zugleich der Minimierung von Transaktionskosten dienen kann", lautet der neue kategorische Imperativ. *Minimize transaction costs!* entscheidet darüber, ob die Akteure einen Vertrag schließen oder zu Mitgliedern einer Organisation werden. Zwischen Vertrag und Organisation bestehen keine fundamentalen Unterschiede. Auch bei Organisationen handelt es sich um Vertragsarrangements, durch die die Zahlungsströme ungehindert hindurchfließen (Grossman a. Hart 1986). In einer besonders extrem neoklassischen Formulierung heißt es, dass Organisationen sich nicht „in the slightest degree from ordinary market contracting between any two people" unterscheiden (Alchian a. Demsetz 1972, p. 777). In der etwas maßvolleren institutionalistischen Formulierung unterschieden sie sich wenigstens graduell nach der Intensität der *governance structures*, mit denen im Wesentlichen opportunistisches Verhalten kontrolliert werden soll (Williamson 1985). Hybride Arrangements schließlich werden auf dieser gleitenden Skala gewählt, wenn einerseits wegen der *asset specificity* der Transaktion Marktkontrollen ausfallen, andererseits die Transaktionskosten einer voll integrierten Organisation zu hoch sind.

Nichts gegen den Vergleich von instituionellen Arrangements unter Kostengesichtspunkten! Aber alles gegen die grundbegriffliche Einebnung des Gegensatzes von Vertrag und Organisation! Hier herrschen die Zwänge des ökonomischen Denkens, die jegliche soziale Phänomenen als hypothetische Verträge zwischen rationalen Akteuren interpretieren. Dies erklärt die „zwanghafte" Subsumtion von formalen Organisationen unter die Vertragskategorie (Organisation als Nexus von Verträgen). Im Gegensatz zu solchen Reduktionen wird hier davon ausgegangen, dass die Sozialbeziehungen „Vertrag" und „Organisation" jeweils eigenständige autopoietische Sozialsysteme zweiter Ordnung darstellen, die sich voneinander prinzipiell und nicht bloß graduell durch die Intensität der *governance structures* unterscheiden. „Netzwerke" sind dann auch nicht eine bloße Zwischenform, sondern eine Steigerungsform besonderer Art. Kann man sie mit Recht als „symbiotische Kontrakte", als eine vom klassischen Vertrag und der klassischen Organisation deutlich geschiedene „dritte Ordnungsstruktur" bezeichnen (Schanze 1990)?

Für die formale Organisation ist schon an anderer Stelle im Detail gezeigt worden, wie deren eigenständige Autopoiese durch Prozesse spontaner Selbstorganisation zustande kommt (Teubner 1987b, 1987c). Deshalb soll hier nur das Ergebnis kurz referiert werden: Organisationen differenzieren sich gegenüber diffuser Interaktion, wenn Kommunikationsprozesse in der Interaktion selbst die Komponenten der Grenze (Mitgliedschaft), des Elements (Entscheidung), der Struktur (Norm) und der Identität (Kollektiv) reflexiv konstituieren. Aus der hyperzyklischen Verkettung dieser Komponenten, nämlich der von Mitgliedschaft und Norm und der von Kollektiv und Entscheidung, erwächst dann die selbstreproduktive Organisation. Gegenüber einfachen Interaktionen stellen Organisationen ein Emergenzphänomen dar, da sie neuartige Systemkomponenten selbstreferenziell konstituieren und diese zirkulär miteinander verknüpfen.

Verträge wiederum sind nicht bloße Vorformen von Organisationen à la *Williamson & Co.*, sondern unterscheiden sich von ihnen dadurch, dass sie auf einem fundamental anderen Handlungstyp aufbauen: Austausch im Unterschied zur Kooperation (vgl. Teubner 1979, S. 719 ff.; 1989, S. 160 ff.). Organisationen sind Formalisierung von sozialen Kooperationsbeziehungen – Verträge sind Formalisierung von sozialen Tauschbeziehungen. Auch hier gibt es einen Prozess der graduellen Verselbstständigung des formalen Arrangements gegenüber der bloßen informellen Interaktion. Im einfachen interaktionellen Tausch gibt es noch keine „an sich" bestehenden Leistungspflichten der Tauschpartner. Erst die Vorleistung des einen löst aufgrund diffuser sozialer Normen die Tauscherwartung an den anderen aus. Die große zivilisatorische Errungenschaft des Vertrages besteht nun darin, dass er selbst generierte Leistungspflichten kennt, die vorleistungsfrei aufgrund eines in der Interaktion selbst konstitutierten Aktes, des Vertragsschlusses, entstehen. [6]

Auch hier also eine selbstreferenzielle Konstitution von eigenständigen Systemkomponenten: Elemente der Sozialbeziehung des Vertrages sind nicht mehr bloße Tauschhandlungen, sondern werden in der Kommunikation des Tausches als formalisierte „Vertragsakte" definiert (Vertragsschluss, Vertragsverletzung, Vertragsänderung, Vertragserfüllung). Sie profilieren sich vor dem Hintergrund von Strukturen, die sich von bloß allgemeinen sozialen Normen zu selbst generierten „Vertragsnormen" beliebigen Inhalts verselbstständigt haben. Die Identität der Sozialbeziehung wird nicht mehr durch bloße Anwesenheit der Interaktionspartner, sondern durch deren in der Kommunikation definierte Eigenschaft als „Vertragspartner" auf Dauer gestellt, und der Prozess wird nicht mehr durch den bloßen Interaktionsverlauf bestimmt, sondern durch die „Lebensstadien" der Vertragsbeziehung.[7]

Hyperzyklische Verknüpfungen der Systemkomponenten sind in der formalisierten Vertragsbeziehung ebenso aufweisbar. Zentral ist die selbstreproduktive Verknüpfung von „Vertragsakt" und „Vertragsnorm", die gegenüber der bloßen Verhaltenskoordinierung, der Gesetzgebung, der Rechtsprechung und der innerorganisatorischen Normbildung einen eigenständigen Typ der neuzeitlichen Normproduktion darstellt. Im Unterschied zur formalen Organisation aber kennen Verträge andere Formen der hyperzyklischen Verknüpfung nicht. Es gibt keine vergleichbare Verselbstständigung der

Sozialbeziehung gegenüber den Personen durch die Verknüpfung von Systemgrenze und Struktur. Gegenüber dem Mitgliederwechsel in der Organisation ist der Wechsel von Vertragspartnern auch in hoch formalisierten Vertragswerken sehr viel schwieriger. Und schon gar nicht gibt es die Kollektivierung des Vertrages, die in der Organisation durch die zyklische Verknüpfung von Identität und Handlung erreicht wird.

Vertrag und Organisation sind also autopoietische Sozialsysteme zweiter Ordnung, die auf unterschiedlichen Handlungstypen – Tausch und Kooperation – aufbauen. Netzwerke sind nun nicht „zwischen" Vertrag und Organisation, sondern „jenseits" davon anzusiedeln. Ihre Eigenlogik erschließt sich erst, wenn man Netzwerke nicht als Übergangsformen in einer Grauzone sieht, die die klare Unterscheidung zwischen Vertrag und Organisation grundsätzlich infrage stellen, sondern im Gegenteil als deren Steigerungsformen, die die klare Unterscheidung voraussetzen. Solche Steigerungsformen können sich überhaupt erst organisieren, wenn die ihnen zugrunde liegende Unterscheidung von Vertrag und Organisation fest institutionalisiert ist und dann zum Ordnungsaufbau der Netzwerke benutzt werden kann.

4. Netzwerke – autopoietische Sozialsysteme höherer Ordnung

Ausgangspunkt ist eine Form des „Marktversagens" und des „Organisationsversagens" (Imai a. Itami 1984, S. 298 ff.) im Hinblick auf das prekäre Verhältnis von Varietät und Redundanz.

Als *Varietät* soll die Vielzahl und Verschiedenartigkeit der Elemente eines Systems bezeichnet sein, als *Redundanz* das Ausmaß, in dem man in Kenntnis eines Elementes andere erraten kann und nicht auf weitere Informationen angewiesen ist. Es handelt sich um zwei unterschiedliche, aber nicht strikt gegenläufige Maße für Komplexität (Luhmann 1987, S. 47 ff.; 1988a; in Anschluß an Atlan 1979).

Rein marktlich vermittelte Vertragsbeziehungen weisen eine relativ hohe Varietät bei relativ niedriger Redundanz auf. Sie sind zwar außerordentlich flexibel, veränderbar, innovativ, weisen aber andererseits wenig Langfristorientierung, Durchschlagskraft, Kohärenz, Durchhaltevermögen und akkumulierte Erfahrung auf. Die Erfindung der formalen Organisation konnte zwar solche Probleme fehlender Redundanz lösen, aber dies gelang nur recht einseitig auf Kosten der Varietät. Rigidität, Bürokratismus, Motivationsprobleme, Innovationsmangel, hohe Informationskosten sind nicht nur ein Problem von Staatsorganisationen, sondern speziell auch von Privatunternehmen.

„Verpasste Gelegenheiten" – dies ist der treibende Motor für ein neues Experimentieren mit institutionellen Arrangements, die sich als *re-entry* einer Unterscheidung in das durch sie Unterschiedene beschreiben lassen (Spencer Brown 1972). Und es ist nicht das kluge Handeln rational sich gebender Akteure, sondern das unkoordinierte Zusammenspiel von Evolutionsmechanismen – Variation: Versuch und Irrtum; Selektion: Konkurrenz und Macht; Retention: Institutionalisierung –, das über diesen *re-entry* und seinen Erfolg entscheidet. Dies ist der Augenblick der Emergenz von Netzwerken. Netzwerke als autopoietische Systeme dritter Ordnung resultieren aus einem *re-entry* der Unterscheidung von Markt und Hierarchie in diese selbst. In der Formulierung der japanischen Lehrmeister Imai a. Itami (1984, p. 285):

„Market principles penetrate into the firm's resource allocation and organization principles creep into the market allocation. Interpenetration occurs to remedy the failure of pure principles either in the market or in the organization."

Vertrag und Organisation profilieren sich als Systeme durch die Unterscheidung von Markt und Hierarchie. Organisationen definieren ihre Grenze durch die Umwelt des Marktes, vertragliche Arrangements definieren sich durch ihren Gegensatz zu formalen Organisationen. Probleme im Mischungsverhältnis von Varietät und Redundanz führen dazu, dass Verträge ihren Redundanzmängeln dadurch abzuhelfen suchen, dass sie organisatorische Elemente in sich aufnehmen. Ähnlich experimentieren Großorganisationen mit der Einführung von marktlichen Elementen. In diesem experimentellen Spiel von Entdifferenzierungen und fließenden Übergängen sind nun Netzwerke im engeren Sinne ein interessanter Sonderfall. Sie zeichnen sich dadurch aus, dass sie am einmal gewählten Arrangement unbeirrt festhalten, zugleich aber das Gegenprinzip fest institutionalisieren. Innerhalb des durch die institutionalisierte Unterscheidung Vertrag/Organisation definierten Arrangements wird die Unterscheidung Vertrag/Organisation noch einmal wiederholt. Verträge nehmen organisatorische Elemente in sich auf, und Organisationen werden mit marktlichen Elementen durchsetzt. Sie sind damit in der Lage, institutionell zwischen der Sprache der Organisation und der des Vertrages zu unterscheiden. Ergebnis ist die „Doppelkonstitution" von Vertrag und Organisation innerhalb eines institutionellen Arrangements.

	DIFFERENZ	*RE-ENTRY*
MARKT	Vertrag	Marktnetzwerk (z. B. Zuliefersysteme, Franchising, Bankenverkehr)
HIERARCHIE	Organisation	Organisationsnetzwerk (z. B. Konzerne, Jointventures)

Und es ist diese Doppelkonstitution des institutionellen Arrangements, die das Emergenzphänomen ausmacht. Der entscheidende Schritt zur Selbstorganisation von Netzwerken ist, dass vertragliche oder organisatorische Arrangements eine neuartige Selbstbeschreibung ihrer Elementarakte erzeugen und diese operativ verknüpfen. Eine „Netzwerkoperation" als neuer Elementarakt entsteht durch soziale Doppelattribution von Handlungen: Jedes kommunikative Ereignis im Netzwerk wird sowohl einem der autonomen Vertragspartner als auch gleichzeitig der Gesamtorganisation zugerechnet. Mein Verzehr eines saftigen Hamburgers ist von einem solchen wundersamen Doppelakt begleitet: der Transaktion des Franchisee an der Autobahn und der von McDonald's himself. Und doppelzüngig spricht der lokale Manager im multinationalen Unternehmen: im Namen der nationalen *subsidiary* und gleichzeitig im Namen der *headquarters* im fernen USA.

„Netzwerkoperationen" sind also gegenüber bloßen „Vertragshandlungen" einerseits wie gegenüber bloßen „Organisationsentscheidungen" andererseits emergente Phänomene, insofern sie uno actu den Vertragsbezug und den Organisationsbezug herstellen. Wenn diese Doppelattribution von Handlungen in die Selbstbeschreibung des sozialen Arrangements eingeht und dort auch operativ verwendet wird, dann hat sich das Netzwerk als autonomes Handlungssystem selbst konstitutiert.

Der Doppelbezug wiederholt sich in der „Netzwerkstruktur", insofern jede Operation den Anforderungen des Vertrages zwischen den Einzelakteuren und denen der Netzwerkorganisation als ganzer gleichzeitig genügen muss. Und der hieraus resultierende Doppelbezug in der Relationierung der Einzeloperationen macht die Eigenständigkeit des „Netzwerksystems" aus. Gegenüber Vertrag und Organisation stellen also Netzwerke autopoietische Systeme höherer Ordnung dar, insofern sie durch Doppelattribution emergente Elementarakte („Netzwerkoperationen") herausbilden und diese zirkulär zu einem Operationssytem verknüpfen.

Damit wird die gleichzeitige Steigerung der vertraglichen und der organisatorischen Dimension möglich. Wir sind es gewöhnt, das Verhältnis von vertraglichen und organisatorischen Komponenten als „Nullsummenspiel", in dem stets der eine Teil auf Kosten des anderen gewinnt, zu sehen. Im Übergang von kurzfristigen *spot-market-transactions* über *relational contracts*, über lose Gruppierungen bis hin zu integrierten Großorganisationen beobachten wir regelmäßig, dass organisatorische Elemente genau in dem Maße an Gewicht gewinnen, als vertragliche Elemente an Gewicht verlieren. Netzwerke lassen sich in dieser Skala nicht unterbringen, weil bei ihnen vertragliche und organisatorische Komponenten gleichzeitig an Bedeutung gewinnen. Wie das Beispiel des Franchising gut zeigt, können in Netzwerken sowohl der Kollektivcharakter (Systemcharakter, Marketingverbund, Imageeinheit, Wettbewerbseinheit) als auch der Individualcharakter (Profitorientierung der Vertriebsstellen) gleichzeitig ins Extrem gesteigert werden (vgl. Martinek 1987, p. 121 ff.).

Resultat dieser Steigerung gegenläufiger Prinzipien ist eine eigentümliche Selbststeuerung des Netzwerks, die auf ebendieser Doppelorientierung des Handelns beruht. Wirtschaftlich betrachte werden alle Transaktionen gleichzeitig auf den Profit des Netzwerks und den Profit des individuellen Akteurs ausgerichtet (*profit sharing*). Diese Doppelorientierung wirkt als *constraint*, insofern alle Transaktionen dem doppelten Test genügen müssen, und zugleich als *incentive*, insofern Netzwerkvorteile mit Einzelvorteilen verknüpft sind. Mit ausgeklügelten Anreizen und Sanktionen sorgen vertragliche Einzelklauseln dafür, dass die Doppelorientierung auch tatsächlich die Motive der Akteure trifft (Dnes 1988, 1990). Der ökonomische Witz des Franchising etwa im Vergleich zu firmeneigenen Vertriebsnetzen (selbst solchen mit firmeninternen Anreizprogrammen) liegt im *residual claim* für den Franchisee.[8] Der *residual claim* ist wegen der Ersparnis von *monitoring costs* regelmäßig höher als vergleichbare „Anreize" in firmeneigenen Vertrieb (vgl. Rubin 1978; Brickley a. Dark 1987, p. 411 ff.; Dnes 1990). Die hier herausgearbeitete Doppelorientierung, die zugleich als *constraint* und *incentive* wirkt, wird in ökonomischer Sprache als *principal-agent incentives* und als *information incentives* analysiert (Norton 1988, p. 202 ff.; vgl. Klein a. Saft 1985; Mathewson a. Winter 1985). Ganz parallel dazu liegt der ökonomische Witz der dezentralen Konzernorganisation in der doppelten Profitorientierung der *profit centers*.

Entsprechend muss man im Netzwerk von der Ko-Existenz von vergemeinschafteten Zwecken und Individualzwecken ausgehen. Das steht im deutlichen Gegensatz zu der unter Juristen verbreiteten Vorstellung, dass die Interessen entweder gegenläufig sind – dann Austauschvertrag – oder aber gleich gerichtet – dann Gesellschaft (vgl. Larenz 1987, § 601). Das Handeln der Systemmitglieder ist gleichzeitig „korporativ" am gemeinsamen Zweck und „vertraglich" an den Individualzwecken der Systemmitglieder orientiert, ohne dass man vom normativen Vorrang der einen oder der anderen Orientierung ausgehen dürfte. Hier liegt der entscheidende Unterschied zum *relational contracting* mit seinem Vorrang der Verfolgung von Individualzwecken gegenüber gemeinsamen Zwecken einerseits und den lockeren Kooperationsformen mit dem Vorrang der vergemeinschafteten Zwecke andererseits. „Il policentrismo, la multipolarità sono quindi caratteri della rete" (Lorenzoni 1989, p. 12).

5. Organisationsnetzwerke und Marktnetzwerke

In der Sache lassen sich zwei Typen von Netzwerken unterscheiden, je nachdem, welche Seite der Ausgangsunterscheidung, Markt oder Organisation, primär ist, der dann die andere Seite als Sekundärorientierung aufoktroyiert wird. „Organisationsnetzwerke" entstehen, wenn formale Organisationen in sich die Binnendifferenzierung der Wirtschaft in einen formal organisierten Bereich und einen spontanen Bereich innerhalb der eigenen Systemgrenzen wiederholen. Dezentrale Konzerne in der berühmten *multidivisional form* sind die bedeutsamste Neuerung in diesem Bereich, deren letzte Entwicklungsform als *network groups* bezeichnet wird (Sapelli 1990).

Sie reagieren auf Mängel hoher Redundanz in Großorganisationen, indem sie das Ausmaß an organisationsinterner Varietät über drei Strategien zu steigern suchen[9]:

(1) Indirekte Kontextsteuerung selbstständiger Subeinheiten durch die Zentrale (allgemeine Konzernpolitik, Management-Personalpolitik, indirekte Profitsteuerung) ersetzt Formen unmittelbarer hierarchischer Steuerung (Hedlund 1981, p. 21 ff.; Scheffler 1987, S. 469 ff.; van den Bulcke 1986, p. 222 ff.).
(2) Lange Hierarchieketten werden durch organisationsinterne Märkte abgelöst: In der Beziehung zwischen Konzernspitze und Konzernunternehmen wird eine Art Kapitalmarkt simuliert, daneben entstehen konzerninterne Arbeitsmärkte, Managermärkte, Ressourcen- und Produktmärkte.
(3) Die funktionale Differenzierung der Gesamtorganisation, die zu einer inadäquaten Maximierung der Einzelfunktionen führt, wird zugunsten einer segmentären Differenzierung aufgegeben, in der die autonomen *profit centers* eine doppelte Ausrichtung haben: Eigenprofit der *profit centers* und Profit der Gesamtorganisation (Dioguardi 1986; Lorenzoni 1989; Wolf 1990, S. 114).

„Marktnetzwerke" hingegen entstehen im vertraglich organisierten Bereich.[10] Sie reagieren auf Mängel zu hoher Varietät in rein marktlich kontrollierten Vertragsbeziehungen und versuchen, durch den Einbau von Organisationselementen die Redundanz zu steigern. Die Entstehung von Franchise-Systemen etwa erklärt sich dann daraus, dass rein vertragliche Arrangements den Erfordernissen der Vertriebsorganisation (zentrale Werbung, überregionale Imageeinheit, dezentraler Vertrieb, starke lokale Variationen) nicht gerecht werden (vgl. Rubin 1978, p. 223; Mathewson a. Winter 1985, p. 503; Dnes 1990). Sie setzen nicht genügend Anreize des Franchisor für Aufbau und Kontrolle eines vereinheitlichten Vertriebssystems und haben unzureichende Kontrollmechanismen gegen opportunistisches Verhalten der Franchisees. Zudem treten Informationsasymmetrien in Bezug auf lokale Gegebenheiten auf, die durch rein vertragliche Mechanismen nicht beseitigt werden können. Beide Konstellationen von „Vertragsversagen" legen es nahe, durch den Einbau von hierarchischen Elementen in den Vertrag interne Anreize und Kontrollen zu verstärken und Informationsasymmetrien abzubauen.

Als „Marktnetzwerke" wiederholen Vertragsbeziehungen in ihren Systemgrenzen die Differenzierung von Markt und Hierarchie, indem sie nicht nur sporadisch organisatorische Elemente in den Vertrag einbauen, sondern den

Vertragsnexus zugleich als formale Organisation aufbauen. Selten lassen sich solche Netzwerke spontan und unkoordiniert organisieren. Regelmäßig spielt eine *hub firm*, eine *focal firm*, eine *impresa guida* die führende Rolle beim Aufbau und der laufenden Koordination. Diese Spezialisierung eines der beteiligten Unternehmen auf Strategie und Koordination kann, muss aber nicht auf einem vorausgesetzten Marktmachtgefälle (etwa zwischen Marktstufen: Industrie-Handel oder Industrie/Vorlieferanten) beruhen; ebenso verbreitet sind Netzwerkzentren auf der Grundlage gleich geordneter Arbeitsteilung (Jarrillo 1988; Lorenzoni 1989).

Das Resultat dieses *re-entry* der Organisation in den Vertrag sind:

"'Strategic Networks'. In them, a 'hub' firm has a special relationship with the other members of the network. Those relationships have most of the characteristics of a 'hierarchical' relationship: relatively unstructured tasks, long-term point of view, relatively unspecified contracts. These relationships have all the characteristics of 'investments', since there is always a certain 'asset specificity' to the know-how of, say, dealing with a given supplier instead of a new one. And yet, the 'contracting parties' remain as independent organizations, with few or no points of contact along many of their dimensions" (Jarrillo 1988, S. 35).

Vertragsnetzwerke machen sich damit das Zusammenspiel von varietätssteigernden und redundanzsteigernden Mechanismen zunutze. Also kein prekärer Kompromiss, kein Ausgleich zwischen beiden Prinzipien, sondern ein Steigerungszusammenhang! Darin dürfte ihr fernöstliches Erfolgsgeheimnis bestehen, das Ökonomen in ihrer reichen Weltsicht allerdings nur als Transaktionskostenvorteil wahrnehmen können.

6. Netzwerke als *corporate actors*?

Im Unterschied zu den üblichen Definitionen des Netzwerks als lose Kooperationsform, als dezentrale Koordination autonomer Akteure oder als Übergangsform zwischen Vertrag und Organisation ist damit ein sehr viel engerer und zugleich präziserer Begriff des Netzwerkes gewonnen. Von Netzwerk sollte man dann und nur dann sprechen, wenn ein Handlungssystem sich zugleich als formale Organisation und als Vertragsbeziehung zwischen autonomen Akteuren formiert. Operationaler Test für das empirische Vorliegen eines Netzwerkes ist der Aufweis von folgenden Sozialphänomenen: (1) Lässt sich eine Doppelattribution der Handlungen bezüglich Organisation und Vertragspartner in concreto nachweisen? (2) Unterliegt das Handeln den doppelten Anforderungen der Gesamtorganisation und der einzelnen Vertragsbeziehung? Hierzu lassen sich am leichtesten Befragungstechniken einsetzen, die subjektive Einstellungen und individuelles Wissen über die Zurechnung von Handlungen und über die reale

Geltung von Organisations- und Vertragsnormen erforschen. „Näher dran" wären freilich härtere Tests, die das Zurechnungsverhalten in Misserfolgs- wie in Erfolgsfällen direkt beobachten und daher Zurechnungs- und Erwartungsstrukturen an den realen Handlungen selbst ablesen. Dass es neben diesen sehr eng definierten Netzwerken andere empirische Phänomene loser Kooperationsformen gibt, die nicht diesen strengen Bedingungen genügen, sei nicht bestritten. Auf die Terminologie (Netzwerk, symbiotischer Kontrakt) kommt es nicht an; entscheidend ist die Auszeichnung eines empirischen Phänomens durch den simultanen Doppelbezug auf Vertrag und Organisation.

Doch sind Netzwerke selbst auch kollektive Akteure? Sind dezentrale Konzerne als solche der sozialen Verantwortung fähig? Können Franchise-Systeme eine Corporate Identity entwickeln? Sollten gar Bündel von bloßen Verträgen selbst als soziale Akteure auftreten? Kann man „dezentralisierte und informalisierte Organisationen" als „emergente Kollektivakteure sui generis" bezeichnen (Geser 1990, S. 405) und, wenn ja, in Hinsicht auf welche Eigenheiten? Dies alles sind Fragen der kollektiven Handlungsfähigkeit von Netzwerken. Sie richten sich in erster Linie an die empirische Sozialforschung! Und natürlich zugleich an die Sozialtheorie. Jedenfalls ist dies nicht nur ein Problem juristischer Konstruktion.

Man sollte die politisch-moralische Brisanz des Kollektivcharakters von Netzwerken nicht unterschätzen. Sie lässt sich wahrlich nicht auf die Imagepflege von Corporate Identity reduzieren. Vor einigen Jahren ging die Nachricht durch die Zeitungen, dass der Daimler-Benz-Konzern mit seiner NS-Vergangenheit neu konfrontiert wurde. In den Kriegsjahren waren KZ-Häftlinge an den Konzern „abgeordnet" worden, die jetzt finanzielle Entschädigung und politisch-moralische Genugtuung verlangten. „Ohne Anerkennung einer Rechtspflicht" zahlte der Konzern schließlich nach einer quälenden öffentlichen Diskussion eine symbolische Summe. Ist dies die faktische gesellschaftliche Anerkennung einer „Kollektivschuld" eines Großkonzerns? Oder trifft es im Gegenteil zu, dass nach dem Ableben der alten, involvierten Führungskräfte eine soziale Verantwortlichkeit des Konzerns unter dem neuen, modernen Management nicht mehr bestehen kann? Und kann man eine politisch-moralische Verantwortung des gesamten Konzerns als Netzwerks für das Verhalten seiner Teileinheiten verneinen? Oder sind dies politische Vorgänge, für die nur staatliche Institutionen, nicht aber private Konzerne verantwortlich gemacht werden können? (Vgl. die Argumentation im Parallelfall Siemens in der *Zeit* Nr. 36, 31.8.1990, und zum Fall Volkswagenwerk: Siegfried 1987). Dies sind natürlich alles normative Fragen der moralisch-politischen Bewertung, aber zugleich sind dies Fragen nach der sozialen Realität von Netzwerken und ihrer kollektiven Handlungsfähigkeit, die sich an die Soziologie richten.

Nun ist die Vorstellung eines überpersonalen sozialen Kollektivs, das über eine eigenständige Handlungsfähigkeit verfügen soll, in den Sozialwissenschaften äußerst kontrovers. Besonders vehement wird sie von Ökonomen bestritten. In ihrer zwanghaften Orientierung am methodologischen Individualismus lassen sie sich etwa zu folgenden paradoxen Äußerungen hinreißen:

„The private corporation or firm is simply one form of legal fiction which serves as a nexus for contracting relationships ... it makes little or no sense to try to distinguish those things which are 'inside' the firm (or any other organization) from those things that are 'outside' of it. There is in a very real sense only a multitude of complex relationships (i. e. contracts) between the legal fiction (the firm) and the owners of labor, material and capital inputs and the consumers of output ... the 'behavior' of the firm is like the behavior of a market, i. e. the outcome of a complex equilibrium process. We seldom fall into the trap of characterizing the wheat or stock market as an individual, but we often make this error by thinking about organizations as if they were persons with motivations and intentions" (Jensen a. Meckling 1976, p. 311).[11]

Paradox sind solche Äußerungen insofern, als sie einerseits die soziale Realität eines handlungsfähigen Kollektivs strikt negieren (*trap, error, fiction*), andererseits sich gezwungen sehen, von der Realität einer solchen Fiktion als Vertragspartner auszugehen (*nexus*). Ganz zu schweigen von der Einebnung des Unterschieds von Markt und Organisation in Hinblick auf soziale Handlungsfähigkeit. Und die Rede von *inside* und outside in Bezug auf Firmen dient häufig nur dazu, Inkonsistenzen (*outside*: Unternehmen als rational actor am Markt; *inside*: Unternehmen als Vertragsnexus zwischen Individuen; ungelöstes Problem: Wie wird ein *nexus* zum *rational actor*?) zu verdecken.

Soziologische Äußerungen zu diesem Thema sind oft nicht besser, besonders seit dem autoritativen Verdikt von Max Weber (1972, S. 6 f.), der den Kollektiven die Handlungsfähigkeit abgesprochen hat. Am fortgeschrittensten immer noch sind Konzepte kollektiver Akteure in Form von Theorien der Ressourcenzusammenlegung (Coleman 1974, 1982, 1989; Vanberg 1982, p. 8 ff., 37 ff.), die aber nur einseitig den statischen Strukturaspekt herauszuarbeiten in der Lage sind.

Die Theorie autopoietischer Sozialsysteme hingegen erlaubt eine begriffliche Fassung des kollektiven Akteurs, die den Fallstricken der Fiktionstheorien wie auch den Mystifikationen der Theorien der realen Verbandspersönlichkeit entgehen kann (vgl. Luhmann 1984, S. 27 0ff.; Teubner 1987c, S. 64 ff.; Knyphausen 1988, S. 120 ff.; Hutter 1989, S. 32 ff.; Ladeur 1989; Vardaro 1990). Um es kurz zu machen: Kollektivakteure sind weder Fiktionen noch die „leiblich-geistige Einheit" der realen Verbandspersönlichkeit, noch sind sie nur verselbstständigte Ressourcenbündel. Aber auch mit dem Begriff des sozialen Handlungssystems, ja selbst mit dem der formalen Organisation ist noch nicht ihre Handlungsfähgikeit getroffen. Vielmehr besteht ihre soziale Realität in der sozial verbindlichen Selbstbeschreibung eines organisierten Handlungssystems als zyklischer Verknüpfung von Identität und Handlung. Der „Witz" des Kollektivs als handlungsfähiger sozialer Einheit besteht demnach darin, dass systeminterne Kommunikation eine Selbstbeschreibung des Handlungssytems als ganzen produziert (Corporate Identity) und dass soziale Prozesse diesem semantischen Konstrukt Ereignisse als Handlungen des Systems zuschreiben. In der Sache bedeutet die soziale Realität von Kollektivperson, wie Scharpf (1989, S. 13 f.) zustimmend notiert, also „eine die Anwendung von Zurechnungsregeln steuernde nützliche Fiktion" nicht der Juristen, auch nicht des Staates, sondern der gesellschaftlichen Praxis selbst, eine Fiktion, die „als gradualisierte Variable" bestimmten sozialen Phänomenen die Fähigkeit zur Selbstbindung, zur Konstitution von Aktoridentität und von kollektiver Handlungsfähigkeit verschafft (vgl. auch Geser 1990, S. 402 ff.).

Jetzt erst kommen wir zur eigentlichen Frage dieses Abschnitts: Sind in diesem Sinne Netzwerke „Kollektivakteure"? Auf den ersten Blick: Nein. Denn in ihrer dezentralisierten Arbeitsweise widersprechen sie diametral dem Bild einer hierarchischen Organisation, die durch ihre Spitze (zentrales Management) handelt. Vertriebsnetze etwa handeln nicht durch die Vertriebszentrale, vielmehr ist die kollektive Handlungsfähigkeit dezentral auf die einzelnen Außenstellen als autonome Akteure verteilt. Und wollte man Konzerne als hierarchische Einheitsunternehmen interpretieren, in denen die Konzernspitze für die Tochtergesellschaften agiert, handelte man angesichts der oben herausgearbeiteten Merkmale der Konzernorganisation – Kontextsteuerung, Marktinternalisierung, dezentrale Eigendynamik – kontraproduktiv.

Also keine kollektive Handlungsfähigkeit von Netzwerken? Etwas sträubt sich. Hat denn Daimler-Benz als Großkonzern keine Corporate Identity? Und ist denn McDonald's keine „Imageeinheit"? Und was für eine! Zugleich ist McDonald's „Marketinggemeinschaft" und „Wettbewerbseinheit" oder wie immer auch die betriebswirtschaftlichen Euphemismen für Franchise-Systeme heißen. Und immerhin hat man als Resultat empirischer Organisationsforschung festgestellt: „Franchising is more like an integrated business than a set of independent firms" (Dnes 1990). Sollte man dann nicht wenigstens wieder die Vorstellung eines „Zwischengebildes" zwischen Vertrag und Organisation einführen und den Netzwerken eine Art unterentwikkelter Kollektivität zusprechen? Man könnte so der dezentralen Autonomie der Subeinheiten gerecht werden und dennoch die hierarchische Spitze, die Konzernspitze oder die *hub firm* der Netzwerkorganisationen, das Ganze repräsentieren lassen.

Doch die Konstruktionen der sozialen Praxis sind weitaus radikaler, als sich unsere Schulweisheit träumen lässt. Die Selbstorganisation der Netzwerke in der *real world* hat längst schon unsere anthropomorphen Vorstellungen vom *corporate actor*, von der mithilfe von „Organen" handelnden „Verbandsperson", gesprengt. Es gehörte immer zu den Zwängen des anthropomorphen Denkens in Kollektiv-"Personen", dass man sich bei der sozialen Realität der *corporate actors* wie bei den rechtlichen Konstruktionen der juristischen Person ein einheitliches Aktions- und Willenszentrum vorstellen musste, das als sozialer Zurechnungsendpunkt für Handlungen, Rechte und Verantwortlichkeiten dient. Seitdem die christologische Analogie des „King's Two Bodies" soziale Systeme, insbesondere den Staat, aber auch Unternehmen und Verbände, selbst handlungsfähig machten[12], sind wir es gewohnt, Handlungsfähigkeit von Kollektiven mit deren „Personifizierung" zu assoziieren. Die soziale Praxis hat bisher bestimmte soziale Gebilde als Quasipersonen angesehen und sie nach dem Vorbild der menschlichen Person mit einem Willenszentrum, mit Eigeninteressen, mit Handlungsfähigkeit, ja selbst mit „Allgemeinen Menschenrechten" ausgestattet.[13]

Mit solchen allzu menschlichen Personifikationen sozialer Systeme bricht die Selbstorganisation der Netzwerke endgültig. Sie treibt eine neue soziale Form der kollektiven Handlungsfähigkeit hervor, die von den Parallelen zum Handeln des menschlichen Individuums abstrahiert. Die „vielköpfige Hydra" scheint die angemessene Metapher und nicht die mit einem einheitlichen Willenszentrum begabte „Verbandsperson". *Nicht mehr Personifizierung, sondern polyzentrische Autonomisierung, nicht mehr Einheitszurechnung, sondern simultane Vielfachzurechnung werden erst der Handlungslogik des Netzwerkes gerecht.* Entscheidend ist die Fragmentierung der kollektiven Handlungsfähigkeit in dezentrale Subeinheiten, zu denen auch die Zentrale als Primus inter Pares zählt. Netzwerke handeln nicht durch ein einheitliches Willens- und Aktionszentrum, wie es für die klassische Korporation typisch ist, sondern über eine Vielzahl von „Knoten", die jeder autonom für sich, aber zugleich für das „Netz" operieren. Das „Netz" selbst ist Kollektivakteur, dessen Handlungen nicht in einem „Knoten", sondern in sämtlichen „Knoten" vollzogen werden, ohne dass deswegen die „Knoten" selbst ihre Eigenschaft als Kollektivakteure verlören.

7. Externalitäten

Was bedeutet dann die Metapher von der „vielköpfigen Hydra" für die soziale Verantwortung von Netzwerken? Oder, kühler: Gibt es netzwerkspezifische negative externe Effekte, die es durch ebenso netzwerkspezifische Verantwortungsmechanismen zu internalisieren gilt? Die soziologische und ökonomische Literatur, die die Effizienzgewinne der Netzwerkorganisation feiert, ist zu dieser Frage merkwürdig still (vgl. MacMillan a. Farmer 1979, p. 277; Kaneko a. Imai 1987; Jarrillo 1988; Lorenzoni 1989). Nun gibt es sowohl in „Marktnetzwerken" als auch in „Organisationsnetzwerken" durchaus die für formale Organisationen notorischen Phänomene, die man als „illegitime Transaktionskostenersparnisse" oder, brutaler, als Ausdruck „organisierter Unverantwortlichkeit"[14] kennzeichnen muss. Ja, gegenüber anderen formalen Organisationen zeichnen sich hybride Arrangements durch besonders unerfreuliche „netzwerkspezifische" Externalitäten aus. Die Praxis der Konzerne, die sich der Dezentralisierung mithilfe von *profit centers* bedienen, um neben (legitimen) Effizienzvorteilen zugleich (illegitime) Risikoverlagerung und Haftungsbegrenzungen zu erzielen, gibt dafür reichlich Anschauungsmaterial (vgl. Hommelhoff 1990, S. 761). Aber auch Zulieferer- und Vertriebsnetze ebenso wie die Vertragsnetze im Transport-, Banken-, Telekommunikationsbereich kennen dies Phänomen: Sozial erwünschte Transaktionskostenvorteile aus der intelligenten Mischung von Vertrag und Organisation gehen Hand in Hand mit sozial fragwürdigen Risikoverlagerungen auf Dritte und künstlichen vertraglichen Beschränkungen der Verantwortlichkeit.[15] Netzwerkspezifisch sind diese negativen externen Effekte aus zwei Gründen: Sie entstehen, erstens, aus der arbeitsteiligen Zersplitterung und verantwortungsmäßigen Isolierung von koordinierten Handlungsketten. Und sie sind, zweitens, auf die Fähigkeit von Netzwerken zurückzuführen, „chamäleonartig" die Organisationsfarbe zu wechseln – Vertrag, Organisation, Netzwerk, Vertrag, Organisation ... –, je nachdem wie es die Umwelt und das Profitinteresse verlangen. Will man hier politisch gegensteuern, so bedarf es im Prinzip zweier Steuerungsmechanismen. Einmal einer hohen Flexibilität von Verantwortungsmechanismen, die sich nicht auf das gewählte Arrangement festnageln lassen, sondern genauso „opportunistisch" reagieren wie das chamäleonartig changierende Netzwerk selbst. Zum anderen bedarf es der simultanen Vielfachzurechnung korporativer Verantwortung. Die Verantwortung darf sich nicht auf die „Knoten" des Netzes beschränken lassen, sie muss gleichzeitig die „Zentrale" des Netzwerkes wie auch das Koordinationssystem des „Netzes" selbst erfassen.

Was oben für die Zweckorientierung und für die Handlungszurechnung gesagt wurde, gilt gleichermaßen für die Verantwortung und Haftung solcher hybriden Arrangements. *Simultane Vielfachzurechnung der Verantwortung zu Kollektiv, Zentrale und Individualeinheit* unterscheidet das Netzwerk vom Verband einerseits, vom Vertrag andererseits. Auch wenn das heutige Recht noch weit davon entfernt ist, Konzerne oder gar Vertragssysteme als Rechtssubjekte zu behandeln, in der sozioökonomischen „Praxis", also in der Selbststeuerung durch die Organisation und in der Fremdsteuerung durch den Markt, werden straff organisierte Vertriebssysteme und Konzerne (auch wenn sie dezentral koordiniert sind) als Handlungseinheit und zugleich als Handlungsvielheit „beobachtet" (vgl. Martinek 1987, S. 121). Die Praxis macht ohne weiteres möglich, was heute noch im Recht als Widerspruch erscheint, die Verantwortung für ein und dieselbe Handlung gleichzeitig der Organisation, der Zentrale und der Individualeinheit zuzurechnen.

Und diese Doppelzurechnung der „Praxis", mit der organisatorische Selbststeuerung und marktliche Fremdsteuerung kombiniert werden, sollte auch das Modell für eine „netzwerkadäquate" soziale Verantwortung abgeben. Indirekte Verhaltenssteuerung durch Verantwortungszurechnung kann das Selbststeuerungszentrum im Netzwerk nur dann „treffen", wenn sie die Doppelorientierung des Netzwerkhandelns „irritieren" kann.[16] Erst die gleichzeitige Beeinflussung der Kosten-Nutzen-Kalküle von „Netz", „Zentrale" und „Knoten" gibt der Außensteuerung gewisse Chancen, das Verhalten des Netzwerks zu irritieren. „Jenseits" von Kollektiv und Individualeinheit müsste eine gleichzeitige dreifache Verantwortung von Kollektiv, Zentrale und Subeinheit etabliert werden, die eine dezentrale Haftung des gesamten Netzwerks ermöglicht

Anmerkungen

1 Wiederabdruck aus: W. Krohn u. G. Küppers (Hrsg.) (1991): Emergenz und Selbstorganisation. Frankfurt a. M. (Suhrkamp).

2 vgl. den Überblick bei Jarrillo 1988; Lorenzoni 1989.

3 Vgl. zu dieser Gradualisierung Roth 1987, S. 400; Stichweh 1987, S. 452 ff.; Teubner 1987a, S. 430 ff.; Teubner 1989, S. 43 ff.; anders Maturana 1982, S. 301; Luhmann 1985.

4 So aber Maturana 1982, S. 212; Hejl 1985.

5 Vgl. Roth 1987 einerseits, Teubner 1987a, S. 430 f. anderseits.

6 Zur Soziologie des Vertrages Köndgen 1981, S. 97 ff.; Schmid 1983.

7 Zu einer systemtheoretischen Vertragskonzeption Parsons a. Smelser (1956, p. 104 ff., p. 143 ff); Teubner (1980, S. 44 ff.); J. Schmidt (1985, 1989); und zu ihrer autopoietischen Radikalisierung Deggau (1987); Teubner (1989, S. 140 ff.).

8 Vgl. als besonders klare, empirisch gestützte Studie Norton 1988.

9 Dazu ausführlicher Teubner 1989, S. 169 ff.

10 Zur Interpretation von Franchising als Netzwerk vgl. Teubner 1990b.

11 Ähnlich Williamson 1985, passim; Easterbrook 1988.

12 Dazu vorzüglich Kantorowicz 1957.

13 Dazu kritisch Dan-Cohen 1986; Röhl 1990, S. 266 ff.

14 Dazu allgemein Coleman 1982, p. 79 ff; Röhl 1987, S. 573 ff; 1990; Beck 1988, S. 96 ff.; Perrow 1988, p. 267 ff.

15 Dazu am Fall des Franchising Teubner 1990b.

16 Zum Modell „indirekter" Steuerung von Systemen vgl. Luhmann 1988b, S. 345 ff.; zur Problematik der Netzwerksteuerung im Konzern vgl. Teubner 1990a.

Literatur

Alchian, A. A. a. H. Demsetz (1972): Production, Information Costs, and Economic Organization. *American Economic Review* 62: 777–795.

Aldrich, H. a. D. A. Whetten (1981): Organization-Sets, Action-Sets, and Networks: Making the Most of Simplicity. In: P. C. Nistrom a. W. H. Starbuck (eds.): Handbook for Organizational Design. Oxford (Oxford University Press), pp. 385–408.

Atlan, Henri (1979): Entre le Cristal et la Fumée. Paris (Seuil).

Beck, U. (1988): Gegengifte: Die organisierte Unverantwortlichkeit. Frankfurt a. M. (Suhrkamp).

Birley, S. (1985): The Role of Networks in the Entrepreneurial Process. *Journal of Business Venturing* 1: 107–117.

Brickley, J. A. a. F. H. Dark (1987): The Choice of the Organisational Form: The Case of Franchising. *Journal of Financial Economics* 18: 401–420.

Bulcke, D. van den (1986): Autonomy of Decision Making by Subsidiaries of Multinational Enterprises. In: J. Vandamme (ed.): Employee Consultation and Information in Multinational Corporations. London (Croom Helm), pp. 219–241.

Bunge, M. (1980): The Mind-Body Problem: A Psychobiological Approach. Oxford (Pergamon).

Coleman, J. S. (1974): Power and the Structure of Society. New York (Norton).

Coleman, J. S. (1982): The Asymmetric Society. Syracuse (Syracuse University Press).

Coleman, J. S. (1989): Foundations of Social Theory. Cambridge, MA (Harvard University Press).

Dan-Cohen, M. (1986): Rights, Persons, and Organizations. A Legal Theory for Bureaucratic Society. Berkeley (University of California Press).

Deggau, H.-G. (1987): Versuch über die Autopoiese des Vertrages. Hannover (unveröffentl. Manuskript).

Dioguardi, G. (1986): L'impresa nell'era del computer. Milano (Edizioni del Sole 24 ore).

Dnes, A. W. (1988): The Business Functions of Franchising. *Business Studies* 1: 33 ff.

Dnes, A. W. (1990): The Economic Analysis of Franchise Contracts. In: C. Joerges (ed.): Regulating the Franchise Relationship: European and Comparative Aspects. Baden-Baden (Nomos).

Easterbrook, F. (1988): Corporations as Contracts. (Conference Paper, Stanford.)

Evan, W. (1966): The Organization Set. In: J. D. Thompson (ed.): Approaches to Organizational Design. Pittsburgh (University of Pittsburgh Press).

Foerster, H. von (1985): Entdecken oder Erfinden? Wie lässt sich Verstehen verstehen? In: A. Mohlar (Hrsg.): Einführung in den Konstruktivismus. München (Oldenbourg), S. 29–68.

Geser, H. (1990): Organisationen als soziale Akteure. *Zeitschrift für Soziologie* 19: 401–417.

Grossman, S. J. a. O. Hart (1986): The Costs and Benefits of Ownership: A Theory of Vertical and Lateral Integration. *Journal of Political Economy* 94: 691–719.

Hanf, K. u. F. W. Scharpf (1978): Interorganizational Policy Making: Limits to Coordination and Central Control. London (Sage).

Hastedt, H. (1988): Das Leib-Seele-Problem: Zwischen Naturwissenschaft des Geistes und kultureller Eindimensionalität. Frankfurt a. M. (Suhrkamp).

Hedlund, G. (1981): Autonomy of Subsidiaries and Formalization of Headquarter-Subsidiary Relationships in Swedish MNCs. In: L. Otterbeck (Hrsg.): The Management of Headquarter-Subsidiary Relationships in Multinational Corporations. New York (St. Martin's Press), pp. 25–78.

Hejl, P. M. (1985): Konstruktion der sozialen Konstruktion: Grundlinien einer konstruktivistischen Sozialtheorie. In: A. Mohler (Hrsg.): Einführung in den Konstruktivismus. München (Oldenbourg), S. 85–115.

Hommelhoff, P. (1990): Produkthaftung im Konzern. *Zeitschrift für Wirtschaftsrecht* 11: 761–771.

Hutter, M. (1989): Die Produktion von Recht: Eine selbstreferentielle Theorie der Wirtschaft, angewandt auf den Fall des Arzneimittelpatentrechts. Tübingen (Mohr & Siebeck).

Imai, K. a. H. Itami (1984): Interpenetration of Organization and Market: Japan's Firm and Market in Comparison with the U.S. *International Journal of Industrial Organization* 2: 285–310.

Imai, K., I. Nonaka a. H. Takeuchi (1985): Managing New Product Development: How Japanese Companies Learn and Unlearn. In: K. B. Clark, R. H. Hayes a. C. Lorenz (eds.): The Uneasy Alliance. New York (Harper & Row).

Jarrillo, J. C. (1988): On Strategic Network. *Strategic Management Review* 9: 31–41.

Jensen, M. a. W. H. Meckling (1976): Theory of the Firm: Managerial Behavior, Agency Costs, and Ownership Structure. *Journal of Financial Economics* 3: 306–360.

Johanson, J. a. L. G. Mattson (1989): Interorganizational Relations in Industrial Systems: A Network Approach Compared with the Transactional Approach. *International Journal of Management and Organization*.

Kaneko, I. a. K. Imai (1987): A Network View of the Firm. (1st Hitotsubashi-Stanford Conference).

Kantorowicz, E. H. (1957): The Kings' Two Bodies. A Study in Mediaeval Political Theology. Princeton (Princeton University Press).

Klein, B. u. H. F. Saft (1985): The Law and Economics of Franchise Tying Contracts. *Journal of Law and Econ* 28: 345–361.

Knyphausen, D. zu (1988): Unternehmungen als evolutionsfähige Systeme: Überlegungen zu einem evolutionären Konzept für die Organisationstheorie. Herrsching (Kirsch).

Köndgen, J. (1981): Selbstbindung ohne Vertrag. Zur Haftung aus geschäftsbezogenem Handeln. Tübingen (Mohr & Siebeck).

Ladeur, K.-H. (1989): Zu einer Grundrechtstheorie der Selbstorganisation des Unternehmens. In: H. Faber u. E. Stein (Hrsg.): Auf einem dritten Weg. (Festschrift für Helmut Ridder.) Neuwied (Luchterhand), S. 179–191.

Larenz, K. (1987): Lehrbuch des Schuldrechts. München (C. H. Beck).

Lehmbruch, G. (1985): Sozialpartnerschaft in der vergleichenden Politikforschung. *Journal für Sozialforschung* 25: 285–303.

Lorenzoni, G. (1989): Le organizzazioni a rete: Tre forme di base. (Manuskript).

Luhmann, N. (1981): Organisation im Wirtschaftssystem. In: N. Luhmann (Hrsg.): Soziologische Aufklärung 3. Opladen (Westdeutscher Verlag), S. 390–414.

Luhmann, N. (1984): Soziale Systeme: Grundriß einer allgemeinen Theorie. Frankfurt a. M. (Suhrkamp).

Luhmann, N. (1985): Das Problem der Epochenbildung und die Evolutionstheorie. In: H. U. Gumbrecht u. U. Link-Heer (Hrsg.): Epochenschwellen und Epochenstrukturen im Diskurs der Literatur- und Sprachhistorie. Frankfurt a. M. (Suhrkamp), S. 11–33.

Luhmann, N. (1987): Die Differenzierung von Politik und Wirtschaft und ihre gesellschaftlichen Grundlagen. In: N. Luhmann (Hrsg.): Soziologische Aufklärung 4: Beiträge zur funktionalen Differenzierung der Gesellschaft. Opladen (Westdeutscher Verlag), S. 32–48.

Luhmann, N. (1988a): Organisation. In: W. Küpper u. G. Ortmann (Hrsg.): Mikropolitik: Rationalität, Macht und Spiele in Organisationen. Opladen (Westdeutscher Verlag), S. 165–185.

Luhmann, N. (1988b): Die Wirtschaft der Gesellschaft. Frankfurt a. M. (Suhrkamp).

MacMillan, K. a. D. Farmer (1979): Redefining the Boundaries of the Firm. *The Journal of Industrial Economics* 27: 277–285.

Martinek, M. (1987): Franchising: Grundlagen der zivil- und wettbewerbsrechtlichen Behandlung der vertikalen Gruppenkooperation beim Absatz von Waren und Dienstleistungen. Heidelberg (Decker & Schenck).

Mathewson, G. F. a. R. A. Winter (1985): The Economics of Franchise Contracts. *Journal of Law and Economics* 28: 503–526.

Maturana, H. (1982): Erkennen: Die Organisation und Verkörperung von Wirklichkeit. Braunschweig (Vieweg).

Mueller, R. K. (1986): Corporate Networking. New York (The Free Press).

Nagel, B. (1989): Der faktische Just-in-Time-Konzern – Unternehmensübergreifende Rationalisierungskonzepte und Konzernrecht am Beispiel der Automobilindustrie. Der Betrieb 42: 1505–1511.

Norton, S. W. (1988): An Empirical Look at Franchising as an Organisational form. *The Journal of Business* 61: 197–218.

Parsons, T. a. N. J. Smelser (1956): Economy and Society. A Study in the Integration of Economic and Social Theory. London (Routledge).

Perrow, C. (1988): A Society of Organizations. In: M. Haller, H.-J. Hoffmann-Nowottny u. W. Zapf (Hrsg.): Kultur und Gesellschaft. Frankfurt (Campus), S. 265–276.

Popper, K. a. J. Eccles (1977): The Self and Its Brain: An Argument for Interactionism. Heidelberg (Springer).

Röhl, K. F. (1987): Die strukturelle Differenz zwischen Individuum und Organisation oder Brauchen wir ein Sonderprivatrecht für Versicherungen und andere Organisationen? In: Festschrift für Ernst C. Stiefel. München (Beck), S. 574–605.

Röhl, K. F. (1990): Zu einer Jurisprudenz der Organisation. In: W. Hoffmann-Riem, K. A. Mollnau u. H. Rottleuthner (Hrsg.): Rechtssoziologie in der Deutschen Demokratischen Republik und in der Bundesrepublik Deutschland. Baden-Baden (Nomos), S. 266–283.

Roth, G. (1987): Die Entwicklung kognitiver Selbstreferentialität im menschlichen Gehirn. In: D. Baecker et al. (Hrsg.): Theorie als Passion. Frankfurt a. M. (Suhrkamp), S. 394–422.

Roth, G. a. H. Schwegler (1990): Self-Organization, Emergent Properties, and the Unity of the World. In: W. Krohn, G. Küppers a. H. Nowotny (eds.): Selforganization: Portrait of a Scientific Revolution. Dordrecht (Kluwer), pp. 36–50.

Rubin, P. A. (1978): The Theory of the Firm and the Structure of Franchise Contracts. *Journal of Law and Economics* 21: 223–233.

Sapelli, G. (1990): A Historical Typology of Group Enterprises: The Debate on the Decline of Popular Sovereignity. In: D. Sugarman a. G. Teubner (eds.): Regulating Corporate Groups in Europe. Baden-Baden (Nomos).

Schanze, E. (1990): Symbiotic Contracts: Exploring Long-Term Agency Structures between Contract and Corporation. In: C. Joerges (ed.): Regulating the Franchise Relationship: European and Comparative Aspects. Baden-Baden (Nomos).

Scharpf, F. W. (1989): Politische Steuerung und Politische Institutionen. *Politische Vierteljahresschrift* 30: 10–21.

Scheffler, E. (1987): Zur Problematik der Konzernleitung. (Festschrift für Reinhard Goerdeler.) Düsseldorf (IDW), S. 469–485.

Schmid, W. (1983): Zur sozialen Wirklichkeit des Vertrages. Berlin (Duncker & Humblot).

Schmidt, J. (1985): Vertragsfreiheit und Schuldrechtsreform. Berlin (Duncker & Humblot).

Schmidt, J. (1989): „Sozialsysteme" und „Autonomie". (Festschrift für Günther Jahr.) Köln (Heymanns), S. 34–94.

Schneider, V. (1988): Politiknetzwerke der Chemikalienkontrolle: Eine Analyse der transnationalen Politikentwicklung. Berlin (De Gruyter).

Sharpe, L. J. (1985): Central Coordination and the Policy Network. *Political Studies* 33: 361–381.

Siegfried, K.-J. (1987): Rüstungsproduktion und Zwangsarbeit im Volkswagenwerk 1939–1945. Frankfurt a. M. (Campus).

Spencer Brown, G. (1972): Laws of Form. New York (Julian Press).

Stichweh, R. (1987): Der frühmoderne Staat und die europäische Universität. Rechtshistorisches Journal 6: 135–157.

Teubner, G. (1979): Die Gesellschaft des bürgerlichen Rechts. Kommentierung zu §§ 705 ff. BGB. In: R Wassermann (Hrsg.): Alternativkommentar zum Bürgerlichen Recht. Neuwied (Luchterhand), S. 718–749.

Teubner, G. (1980): Die Generalklausel von Treu und Glauben. Kommentierung zu § 242 BGB. In: R. Wassermann (Hrsg.): Alternativkommentar zum Bürgerlichen Gesetzbuch. Band 2. Allgemeines Schuldrecht. Neuwied (Luchterhand), S. 32–91.

Teubner, G. (1987a): Episodenverknüpfung. Zur Steigerung von Selbstreferenz im Recht. In: D. Baecker et al. (Hrsg.): Theorie als Passion. Frankfurt a. M. (Suhrkamp), S. 423–446.

Teubner, G. (1987b): Hyperzyklus in Recht und Organisation: Zum Verhältnis von Selbstbeobachtung, Selbstkonstitution und Autopoiese. In: H. Haferkamp u. M. Schmid (Hrsg.): Sinn, Kommunikation und soziale Differenzierung. Beiträge zu Luhmanns Theorie sozialer Systeme. Frankfurt a. M. (Suhrkamp), S. 89–128.

Teubner, G. (1987c): Unternehmenskorporatismus: New Industrial Policy und das „Wesen" der Juristischen Person. *Kritische Vierteljahresschrift für Gesetzgebung und Rechtswissenschaft* 2: 61–85.

Teubner, G. (1989): Recht als autopoietisches System. Frankfurt a. M. (Suhrkamp).

Teubner, G. (1990a): Die „Politik des Gesetzes" im Recht der Konzernhaftung. In: Festschrift für Ernst Steindorff. Berlin (De Gruyter), S. 261–279.

Teubner, G. (1990b): Verbund, Verband oder Verkehr: Zur Außenhaftung von Franchising-Systemen. *Zeitschrift für das gesamte Handelsrecht und Wirtschaftsrecht* 154: 294–324.

Thorelli, H. B. (1986): Networks: Between Markets and Hierarchies. *Strategic Management Journal* 7: 37–51.

Tichy, N. M. (1981): Networks in Organizations. In: P. C. Nystrom a. W. H. Starbuck (eds.): Handbook for Organizational Design. Oxford (Oxford University Press), pp. 225–249.

Trasher, M. (1983): Exchange Networks and Implementation. *Policy and Politics* 11: 375–391.

Twaalhoven, F. a. T. Hattori (1982): The Supporting Role of Small Japanese Enterprises. Schiphol (Indivers Research).

Vanberg, V. (1982): Markt und Organisation. Tübingen (Mohr & Siebeck).

Vardaro, G. (1990). Before and Beyond the Legal Person: Group Enterprises, Trade Unions, and Industrial Relations. In: D. Sugarman a. G. Teubner (eds.): Regulating Corporate Groups in Europe. Baden-Baden (Nomos), pp. 217–251.

Weber, M. (1972): Wirtschaft und Gesellschaft.Tübingen (Mohr).

Williamson, O. (1985): The Economic Institutions of Capitalism: Firms, Markets, Relational Contracting. New York (Free Press).

Wolf, G. (1990): Gestalten von Komplexität durch Netzwerk-Management. In: K. Kratky u. F. Wallner (Hrsg.): Grundprinzipien der Selbstorganisation. Darmstadt (Wissenschaftliche Buchgesellschaft), S. 103–126.

DAUERHAFTE KUNDEN-LIEFERANTEN-BEZIEHUNG UND IHRE EINORDNUNG IN EINE SYSTEMISCH-KONSTRUKTIVISTISCHE PERSPEKTIVE

1. Kundenorientierung und Kundennähe

Kundenorientierung ist in aller Munde. Angesichts fehlender Wachstums- und abnehmender Differenzierungsmöglichkeiten in den meisten Märkten ist dies nicht sonderlich überraschend. Die Idee der Kundenorientierung bildete immer schon den Kern der klassischen Marketingkonzeption, denn „Marketing is about customers."[1] Sie findet sich auch im Konzept der „Wertschöpfungspartnerschaft"[2] wieder, einer Denkhaltung, die sich in einem bestimmten *Verhalten* gegenüber Kunden und in definierten *Leistungen* für Kunden ausdrücken soll (vgl. Schmidt 1992, S. 53). Andererseits wird die Kundenorientierung zwar als eines der Hauptmerkmale eines wirksamen Marketings (vgl. Kotler u. Bliemel 1992, S. 1074), aber nicht als dessen dominierende Komponente, sondern im Sinne eines „organischen Marketing" als ein alle Bereiche erfassendes verbindendes Grundprinzip verstanden (vgl. Pümpin u. Koller 1986, S. 485). Noch pointierter fällt das Urteil jener aus, für die Kundenorientierung „ein alter Zopf" ist, dessen sich die „Marketingfachwelt" endlich entledigen sollte.[3]

Die Verwirrung wird noch gesteigert, wenn man den verwandten Begriff der *Kundennähe* in die Betrachtungen einbezieht. Wichtige Aspekte der Kundennähe sind dann Qualität, Zuverlässigkeit, Kundendienst, technischer Stand der Produkte und, zirkulär argumentierend, *kundenorientierte* Mitarbeiter (vgl. Albers, Bauer u. Eggert 1987, S. 8)! Einem ähnlichen Zirkelschluss scheinen Unternehmensmitglieder zu erliegen, wenn sie in Befragungen immer das als *kundennah* bezeichnen, was sie für sich als *wichtig* einschätzen, da sie annehmen, sich nur in einem kundennahen Unternehmen behaupten zu können (vgl. Albers 1989, S. 106). Kundennähe wird schließlich auch, für einzelne Bereiche industrieller Märkte durchaus zutreffend, als Ergebnis äußerer Zwänge dargestellt: Neue operative Techniken (z. B. Lean Production, just in time), organisatorische Konzepte und Probleme (z. B. TQM oder der Ruf nach „mehr Innovationen"), Wettbewerbsfaktoren (z. B. Zeit, Service) und situative Probleme (z. B. steigende Unsicherheit, Beschleunigung des Wandels) führten mehr oder weniger automatisch zu einer größeren Kundennähe (vgl. Homburg 1995, S. 309 ff.; 1993a; 1993b).

Für die vorliegende Themenstellung soll *Kundenorientierung* definiert werden als Grundhaltung aller Unternehmensmitglieder, einen *sustainable fit* mit jedem Einzelnen oder zumindest jedem als „beziehungsfähig" definierten Kunden anzustreben. Kundenorientierung wird also auf einer *Metaebene* angesiedelt, wodurch sie sich von der Ebene des Marketingmix abgrenzt (vgl. Albers u. Eggert 1988, S. 11). Sie ist die Grundhaltung *aller* Unternehmensmitglieder, d. h. weder ein Reservat bestimmter Personen mit „Überbrückungsfunktionen" noch ein reines *top-down*-Dekret. Der *sustainable fit* (der äquivalente, etwas holprige deutsche Ausdruck wäre „nachhaltige Passung") ist sowohl Prozess als auch Zustand und drückt das Streben nach Mobilisierung jener individuellen und organisatorischen Fähigkeiten aus, die einen dauerhaften *fit* mit den Kundenorganisationen ermöglichen. Das Konzept des *sustainable fit* entstand durch Erweiterung der Grade der Stimmigkeit zwischen Unternehmung und Außenwelt nach Miles a. Snow (1984). Die Autoren unterscheiden zwischen einem *„minimal" fit* als notwendige Bedingung für das Überleben einer Unternehmung, einen *„tight" fit* als Voraussetzung für *„excellence"* und einen *„early" fit* als Grundlage zur Erlangung eines verteidigbaren Wettbewerbsvorteils (vgl. auch Wolfrum 1993, S. 183 f.).

Durch die Betonung des *einzelnen* Kunden wird *Kunden*orientierung von *Markt*orientierung abgegrenzt. Klassisches Konsumgütermarketing kann nach dieser Definition das Element der *Kunden*orientierung zwar enthalten, ihr wird in der Regel aber die *Anonymität* des einzelnen Kunden entgegenstehen.[4] Die in der Definition getroffene Einschränkung auf „zumindest jeden als *beziehungsfähig* definierten Kunden" ist insofern relevant, als sowohl auf Kunden- wie auch auf Lieferantenseite ein *fit* in gewissen Situationen gar nicht erwünscht ist, da er die gegenseitige Beweglichkeit einschränkt.

Das verstärkte Interesse von Wissenschaft und Praxis an der Funktionsweise interorganisationaler Beziehungen, von denen die dauerhafte Kunden-Lieferanten-Beziehung von besonderer Bedeutung ist, ist unübersehbar. Die starre und letztlich unbefriedigende Dichotomisierung in Markt (Vertrag) und Hierarchie (Organisation) (vgl. hierzu z. B. Williamson 1985), die sich ständig ausweitenden Gruppen von Stakeholdern,[5] die zunehmende Bedeutung des Outsourcings, der im ersten Augenblick verblüffende Erfolg „hybrider", also zwischen den Polen Markt und Hierarchie operierender Organisationsformen, die Prominenz von Just-in-time-Zuliefernetzen, steigende Akquisitionskosten bei gleichzeitig höheren Wechselbarrieren, all dies sind nur einige auslösende Faktoren für die (erneute) Hinwendung zu dauerhaften geschäftlichen Beziehungen, wie sie in der „kapitalistischen" Tradition seit langem verankert sind.

Der *sustainable fit*, der die Voraussetzung für die Dauerhaftigkeit darstellt, lässt sich z. B. anhand der Metapher von „Schlüssel und Schloss" veranschaulichen (vgl. Wolfrum 1993, S. 62 ff.). Hier entsprechen die „Schlüssel" der Gesamtheit der von der Unternehmung mobilisierbaren Fähigkeiten, die „Schlösser" den sich bietenden Gelegenheiten, Kundenbeziehungen einzugehen. Um in Anlehnung an Wolfrum (ebd.) in diesem Bild zu bleiben, wird ein Schlüssel nur insofern ein Erfolgspotenzial konstituieren, als es auch die entsprechenden Schlösser gibt, die sich mit diesem Schlüssel öffnen und versperren lassen. Das *Öffnen* eines Schlosses wäre dann die Wahrnehmung einer offensichtlich „passenden" Beziehungsgelegenheit und das *Versperren* die „Kundenbindung", die *retention* oder die Errichtung einer „Barriere" gegen das Eindringen der Konkurrenz. Es gibt die Spezialschlüssel der *Varietät* und die Dietriche der *generalisierten* Fähigkeiten. Darüber hinaus müssen auch die Fähigkeiten, bestimmte Schlüssel zu beschaffen oder selbst zu entwickeln, berücksichtigt werden. Das „Passen" verweist auch auf die Möglichkeit, bei *gegebenen* Fähigkeiten die „passenden" Schlösser zu finden oder die *vorhandenen* Schlösser durch „Bearbeiten" „passend" zu machen. Schlösser verziehen sich im Lauf der Zeit, werden ausgebaut, verändern sich; Schlüssel unterliegen einem Verschleiß, gehen verloren, brechen usw.

2. Loyalität, Commitment, Kundenbindung

Loyalität wird hier als ein *bewusstes* Verhalten[6] interpretiert, das die Abwanderung aus einer Beziehung hinausschiebt bzw. erschwert, da entweder die Abwanderungskosten *über*bewertet (z. B. durch den Einbezug von Schuldgefühlen) oder die negativen Abweichungen von den Erwartungen *unter*bewertet (z. B. durch Dissonanzreduktion) werden. Loyalität besitzt einen hohen Freiwilligkeitsgrad, ist jedoch unsicher, weil die Bewertungsmaßstäbe veränderlich und schwierig einzuschätzen sind. Loyalität kann mit dem *Beziehungs-Commitment* (vgl. hierzu Stahl 1996) in Verbindung gebracht werden. Ausgangspunkt hierzu ist die *individuelle Rationalität*, der grundsätzlich zwei Probleme entgegenstehen können. Sie kann sich einmal als *zu schwach* erweisen; das ist das bekannte Problem der Willensschwäche. Es ergibt sich aus der inhärenten Logik menschlichen Verhaltens, kurzfristigen Nutzen übermäßig zu betonen und damit die Zukunft entsprechend hoch zu diskontieren. Oder die individuelle Rationalität kann sich als *zu stark* erweisen, wodurch eine optimale langfristige Interessenbefriedigung verhindert und der Einzelne zum Opfer seines rationalen Handelns wird. Für *streng rational* handelnde Individuen ist ja die Vergangenheit nur insoweit von Bedeutung, als sie sie etwas über voraussichtliche Zukunftsentwicklungen der Außenwelt lehrt; abgesehen davon spielt für sie die Vergangenheit keine Rolle. Ein Aufbau von *Reputation* wird damit unterbunden. Das bekannte Selbstbindungsproblem von Schelling („Kidnapper und Gefangener")[7] passt in diesen Zusammenhang.

Mithilfe von Emotionen und Affekten, Frank (1987, p. 602) nennt sie „Commitment Devices", kann jedoch die ökonomische Logik von Situationen verändert werden,[8] z. B. wenn das „schlechte Gefühl" aus einem nicht eingehaltenen Versprechen in die erweiterte „Kosten-Nutzen"-Betrachtung eingeht. Diese Emotionen und Affekte können auch als „Commitment-

Signale" funktionieren. Ein Kunde z. B., der selbst bei geringen Qualitätsabweichungen mit Zornausbrüchen reagiert, obwohl es sich eigentlich ökonomisch betrachtet „nicht lohnt", wird den Lieferanten vermutlich über diese „Commitment-Signale" zu einem größeren Qualitäts- und damit (indirekt) Beziehungs-Commitment zu motivieren suchen. Der Mitarbeiter eines Lieferanten, der glaubhaft Schuldgefühle signalisieren kann, hat ein *commitment device*, wodurch der Kunde nach missglückten oder unbefriedigend verlaufenden Transaktionen u. U. auf rein rationales Verhalten verzichten wird. Die Fähigkeit, extrarationale Faktoren in die Beziehung einzubringen, ist also die Voraussetzung für Commitment. Wie beim Aufbau von Reputation, so spielen auch hier *Beobachtungen, Interpretationen* und damit *Zeit* eine große Rolle. Commitment wird somit „ganz wesentlich *Resultat der Vergangenheit*, also der gesamten Geschichte der Geschäftspartner" (Diller u. Kusterer 1988, S. 218; Hervorh. i. Orig.).

Die Strategie der *Kundenbindung* stellt den Versuch des Lieferanten dar, die Entscheidungsmöglichkeiten des Kunden zugunsten seines Angebots einzuschränken. Dies kann zweistufig geschehen, indem zunächst die materiellen Abwanderungskosten für den Kunden erhöht oder zumindest verdeutlicht werden. Dazu steht ein Spektrum von Möglichkeiten zur Verfügung, von der „Fesselung" des Kunden, z. B. durch Verträge oder eine Alleinstellung des Lieferanten, bis hin zu einer „Zweckbindung", bei der der Kunde Einschränkungen in Kauf nimmt, weil die Gegenleistung des Lieferanten attraktiv genug ist, um den eigenen Autonomieverlust zu kompensieren. Das Merkmal *attraktiv* schließt auch Risikoarmut ein, was auf einen außen stehenden Beobachter als „Trägheit" wirkt. Während die „Fesselung" eine *unfreiwillige An*bindung darstellt, die freiwillige Anschlusshandlungen von vornherein ausschließt oder zumindest unwahrscheinlich erscheinen lässt, kann auf der „Zweckbindung" insofern aufgebaut werden, als der Lieferant seine bisher erbrachten Vor- oder Zusatzleistungen in den Vordergrund stellt und damit über einen Appell an die moralischen Gefühle des Kunden eine auf *Freiwilligkeit* beruhende *Ein*bindung des Kunden versucht.[9] Auch Loyalität setzt also immer „Vergangenheit" voraus. Insgesamt könnte man das Spektrum zwischen „Fesselung" und „Zweckbindung" als *Kundenbindung im engeren Sinne* bezeichnen, die durch den Einbezug von Loyalität zur *Kundenbindung im weiteren Sinne* erweitert werden kann.

3. Der systemisch-konstruktivistische Charakter dauerhafter Kunden-Lieferanten-Beziehungen

Den Ausgangspunkt für diese Überlegungen bildet die *allgemeine Systemtheorie*.[10] Sie ist zwar möglicherweise die zur Zeit einzige „Supertheorie", die universalistischen Ansprüchen in hohem Maße gerecht wird und die verblüffend ähnliche Systemphänomene unterschiedlicher Wissenschaften wie Biologie, Chemie, Psychologie, Soziologie, Ökonomie usw. zu integrieren vermag. Streng genommen ist es jedoch ungerechtfertigt, von *einer* Theorie zu sprechen, da der Entwicklungsprozess dieses Denkgebäudes recht unterschiedliche koexistierende Aussagen hervorbringt.[11] Aus managementtheoretischer Sicht besteht ihr Manko vor allem darin, dass sie weitgehend Programm geblieben ist. Sie ist oft zu allgemein formuliert und damit nicht so operationalisierbar, dass sie konkrete Problemlösungen sofort erkennen lässt.

Das tragende Element ist der *Systembegriff*, der in der Tat universalistischen Ansprüchen zu genügen scheint.[12] Dabei ist zu berücksichtigen, dass die beiden traditionellen *Leitschemata* der Systemtheorie längst abgelöst wurden. Gemeint ist zum einen das aus der Antike überlieferte Prinzip, dass „die Gesamtheit der Teile mehr ist als die bloße Summe der Teile", was unweigerlich in das Dilemma führt, das Ganze „doppelt" denken zu müssen, nämlich als Einheit *und* als Gesamtheit der Teile (vgl. Luhmann 1991a, S. 20). Zum anderen ist die *Theorie der offenen Systeme* angesprochen. Nach ihr sind Systeme mit der Umwelt durch ein *exklusives* und *kausales* Input-Output-Verhältnis verbunden, eine Auffassung, die die Funktionsnotwendigkeiten von Systemen und ihre Eigendynamik außer Acht lässt. Das zur Zeit diskutierte Leitschema ist die *Theorie der selbstreferentiellen Systeme*, also von Systemen, die in der Konstitution ihrer Elemente und ihrer elementaren Operationen auf sich selbst Bezug nehmen. Voraussetzung dafür ist, dass die Systeme *Selbstbeschreibungen* anfertigen und benutzen, um sich so an der Differenz zwischen ihnen selbst und ihrer Umwelt orientieren zu können. Mit anderen Worten, auch das „Selbst" wird anhand von Unterscheidungen eingeführt, anderenfalls wäre Selbstreferenz mit Solipsismus[13] gleichzusetzen.[14]

Jedem System liegt zunächst eine Menge von Elementen zugrunde, die erkennbar zueinander in Beziehung stehen. Die Bezeichnung „systemisch" bezieht sich nun auf die Tatsache, dass die Beziehungen unter diesen Elementen enger sind als die Beziehungen zwischen den Elementen und der Umwelt, wodurch sie eine *Differenz*, die Grenze zwischen System und Umwelt, konstituieren. Nur im Hinblick auf diese Differenz sind Systeme mehr als die Summe ihrer Teile. Diese Differenz ist es auch, die von den Mitgliedern eines sozialen Systems oder von externen Instanzen bewusst oder unbewusst als *Vorteil* angesehen wird, d. h., es ist für die Mitglieder des Systems vorteilhaft oder sogar notwendig, diese Differenz zu erhalten. Daraus leitet sich die *Autonomisierung* ab oder, anders ausgedrückt, die Akzeptanz der Eigendynamik sozialer Systeme (vgl. z. B. Hejl 1993, S. 117 ff.).

Wichtig erscheint in diesem Zusammenhang auch der Hinweis auf die Sonderstellung psychischer und sozialer Systeme. Zum Unterschied etwa von physikalischen oder biologischen Systemen sind ihre Grenzen nicht physikalisch-räumlich fassbar, sondern symbolisch-sinnhaft bestimmt (vgl. Willke 1991, S. 194). Sie stehen außerdem in einem ganz besonderen

Verhältnis zueinander: Psychische und soziale Systeme sind im Wege der *Koevolution* entstanden und markieren so die Differenz zwischen Bewusstsein und Kommunikation.

Geschäftsbeziehungen[15] sind das Ergebnis von Interaktionsprozessen zwischen Mitgliedern verschiedener *Organisationen*. Der Organisationsbegriff ist im systemischen Zusammenhang ambivalent. Organisation wird einmal als zielgerichtete soziale Einheit mit Systemcharakter begriffen. Neben dieser institutionalen Auffassung wird Organisation aber auch als *Interaktionsmuster* von Systemkomponenten verstanden. Interaktionen sind hier also die basalen Elemente von Systemorganisation, die ihrerseits einen Prozess darstellt, der wiederum zwischen den Komponenten (Mitgliedern) abläuft. Der Klarheit wegen sollte daher in einem systemtheoretischen Zusammenhang grundsätzlich zwischen der institutionalen „Organisation" und der prozessualen „Systemorganisation" unterschieden werden.

Jedes Sozialsystem interagiert mit seiner Umwelt, d. h., es tritt mit systemexternen Partnern in Wechselwirkung. Einige von ihnen werden vom System bzw. seinen Komponenten als besonders wichtig erachtet. Die Mitglieder von liefernden und abnehmenden Organisationen sind füreinander von solcher gegenseitigen Relevanz. Die Frage stellt sich nun: Welcher Charakter kommt den prozesshaft ablaufenden Interaktionen zwischen solchen Aktoren zu? Bei Luhmann findet man folgenden Hinweis: „Jeder soziale Kontakt wird als System begriffen bis hin zur Gesellschaft als Gesamtheit unter Berücksichtigung aller möglichen Kontakte" (Luhmann 1991a, S. 33). An anderer Stelle heißt es jedoch: „... auch einmalige soziale Situationen – wie Begegnungen von einiger Dauer – [sind] Systeme besonderer Art" (Luhmann 1991b, S. 45). Dieser Universalitätsanspruch wird verständlich, wenn man bedenkt, dass die *allgemeine Theorie sozialer Systeme* den gesamten Gegenstandsbereich der Soziologie erfassen und damit universelle soziologische Theorie sein will.

Die Luhmannsche Systemauslegung wird hier nicht übernommen. Einmalige Interaktionen, Kontakte oder Episoden, haben schwerlich Systemcharakter. Ihnen fehlt offensichtlich die Möglichkeit, die Handlungen der Beteiligten dem *Ganzen* zuzurechnen, da eine Systemidentität fehlt. Beziehungen (d. h. im Zeitablauf aneinander anschließende Interaktionen), die bewusst (z. B. „alternative" Gruppen) oder unbewusst (z. B. unkoordinierte Vertreterbesuche beim selben Kunden) „regellos"[16] gehalten werden, sind Grenzfälle; sie sollen in Anlehnung an Willke als „Quasisysteme" bezeichnet werden.[17] Im Vordergrund solcher Beziehungen steht nach wie vor das *Individuum*, die Wechselwirkungen sind also nicht „übersummativ", und eine „Beziehung" wurde von den Beteiligten nicht internalisiert. Quasisysteme sind außerdem extrem gegenwartsbezogen, d. h., Zukunft wird in den Zeithorizont erst gar nicht einbezogen.

Werden die Beziehungen *intensiver* (zeitlich, qualitativ, quantitativ), *nachhaltiger* (jede Einzelepisode wirkt auf die folgenden nach) und *produktiver* (es gibt Ziele, die aber nicht notwendigerweise gemeinsam sein müssen) gestaltet, so entsteht ein neues *System*. Durch diese Verdichtung des Quasisystems wird erstens eine *Differenz* gezogen zu anderen Beziehungen und Systemen. Zweitens können *Handlungsfolgen* nun (systemgerecht) der Beziehung *zugerechnet* werden; Beispiele aus dem alltäglichen Sprachgebrauch wären: Eine Beziehung „läuft schlecht", „zerbricht", „befindet sich in einer Krise" usw. Und drittens sorgt man sich nun um die Anschlussmöglichkeiten von Handlungen, d. h. die Beziehung hat „Zukunft".

Eine weitere Möglichkeit, die Systemwürdigkeit von Kunden-Lieferanten-Beziehungen (im Folgenden auch KL-Beziehungen genannt) zu überprüfen, bieten die Kriterien, die Merton für die Bildung von Gruppen (und damit indirekt auch Systemen) vorschlägt (vgl. Merton 1967, p. 285 f.). Danach müssen Personen zunächst nach einem bestimmten *Muster* interagieren. Genau das ist z. B. bei KL-Beziehungen der Fall. Eine solche Musterbildung kann im Extremfall zu einer Institutionalisierung oder „Sklerotisierung" der Beziehung führen.[18] Außerdem müssen sich, in Analogie zu einem weiteren Kriterium von Merton, die Mitglieder der Beziehung zu ihr *„zugehörig"* fühlen. Der Sprachgebrauch (z. B. „Wir bauen unsere Beziehung zu Firma X aus") und Rituale (z.B. das Zelebrieren des zehnjährigen Bestandes einer Beziehung) weisen darauf hin, dass KL-Beziehungen auch dieses Kriterium erfüllen. Und schließlich erfordert nach Merton der Gruppen- und damit Systemcharakter, dass *Außenstehende* das soziale System in gleicher Weise definieren wie seine Mitglieder. Dieses Kriterium ist am schwierigsten in KL-Beziehungen wieder zu finden. Aber auch hier hilft wieder der gewöhnliche Sprachgebrauch: Wettbewerber erkennen z. B. eine fremde KL-Beziehung als „fest" oder „labil" an, oder sie wollen in eine Beziehung „einbrechen". Der Systemcharakter von KL-Beziehungen dürfte damit zwar hinreichend belegt sein, wirft aber doch weitere Fragen auf:

Was sind die *Komponenten* des Systems „KL-Beziehung?"

Wie ist das System „KL-Beziehung" im Hinblick auf *Selbsterzeugung*[19], *Selbsterhaltung*[20], *Selbstveränderung* und *Selbstreferenzialität* zu charakterisieren?

Was gehört zur *Umwelt* des Systems KL-Beziehung?

4. Die Komponenten des Systems „Kunden-Lieferanten-Beziehung"

Eine Antwort auf die erste Frage ergibt sich aus der Definition des Begriffs *Komponente*. Die Komponente eines sozialen Systems ist eine Einheit, die durch Eigenschaften beschrieben werden kann, welche ihr Verhalten im

System begründen. So sind z. B. „Verkäufer", „Berater", „Einkäufer", *„gatekeeper"* usw. aufgrund ihrer spezifischen Verhaltensmuster (Rollen) Komponenten des Systems KL-Beziehung. Die spezifischen Interaktionen zwischen diesen Komponenten konstituieren das System und gleichzeitig die Differenz zwischen System und Außenwelt.

Eine solche Konzeption, Individuen, also *psychische* Systeme, als Teile eines sozialen Systems anzunehmen, ist keineswegs unumstritten. Für Luhmann (1991a, S. 346) gehören psychische Systeme zur *Umwelt* sozialer Systeme: „Wir gehen davon aus, dass die sozialen Systeme nicht aus psychischen Systemen, geschweige denn aus leibhaftigen Menschen bestehen." Anderswo (Luhmann 1991b, S. 45) heißt es: „Soziale Systeme bestehen aus erwartungsgesteuerten Handlungen, nicht aus Menschen." Willke (1991, S. 39) sieht dies differenzierter: „Danach ... gehören die Mitglieder eines sozialen Systems als Personen zum Umweltsystem; denn sie gehören nie ‚mit Haut und Haaren', sondern nur in bestimmten Hinsichten, mit bestimmten Rollen, Motiven und Aufmerksamkeiten dem System."

Am weitesten geht Hejl in dem Versuch, eine Theorie sozialer Systeme aus konstruktivistischer Sicht zu entwickeln. In seiner Definition sozialer Systeme sind Individuen Komponenten, allerdings „nur im Ausmaß der Ausbildung entsprechender Zustände ihrer kognitiven Subsysteme" (Hejl 1992a, S. 127; 1984, p. 71). Gemeint ist die Ausbildung „parallelisierter Zustände", d. h. – und hier kommt die konstruktivistische Sichtweise zum Tragen –, die interagierenden Personen müssen eine gemeinsame *Wirklichkeit* entwickelt haben. Der Verkäufer einer Lieferantenorganisation kann so „Komponente" zahlreicher KL-Beziehungen ebenso wie verschiedenster anderer Sozialsysteme, z. B. Familie, Verein, Partei usw., sein.

In diesem Beitrag wird der Konzeption von Hejl gefolgt, denn er beklagt zu Recht, dass eine „Ausblendung der beteiligten Gehirne" notwendigerweise zur Konstruktion sozialer Systeme als Wesenheiten einer ganz spezifischen Art führen muss (vgl. Hejl 1992a, S. 133). Erst die Individuen sind es jedoch, die durch ihre kognitiven Leistungen die Bildung von sozialen Systemen möglich und diese zur Komplexitätsbewältigung notwendig machen. Die hier gewählte Position weist außerdem einen geringeren Abstraktionsgrad auf und gewinnt damit an Wert für die Praxis.

5. Das Konzept der „Synreferenzialität"

Es mag mehr als gewagt erscheinen, die Merkmale hoch komplexer biologischer Systeme (z. B. des Gehirns) wie Selbsterzeugung, Selbsterhaltung und Selbstreferenzialität in einem Atemzug mit einem vergleichsweise simplen System, wie z. B. einer wirtschaftlich orientierten Beziehung, zu nennen.

Dieser Schritt soll trotzdem getan werden, um die getroffene Entscheidung, eine KL-Beziehung als System zu betrachten, nochmals zu überprüfen.

Das wesentliche Charakteristikum der *Selbsterzeugung* ist die *Spontaneität* der Systementstehung, d. h., die Bildung des Systems ist „nicht von außen vorgegeben".[21] Zwar gibt es sicher eine Vielzahl *spontan* entstehender Sozialsysteme, auf KL-Beziehungen trifft dies aber dann nicht zu, wenn man ausschließlich den Standpunkt eines „Systemarchitekten" einnimmt.[22] Wenn nämlich geschäftliche Beziehungen durch den zielgerichteten Interaktionsprozess zwischen hierarchisch strukturierten Organisationen, denen selbst ein externer Zweck vorgegeben ist, entstehen, so hat dies mit Selbsterzeugung nichts zu tun. Einer möglichen Spontaneität stehen also bei einer derartigen Betrachtungsweise die Systemzwänge der Organisation entgegen.

Verlegt man jedoch den Standpunkt *in* das System, so ändert sich das Bild: Viele *so genannte* KL-Beziehungen bleiben im Stadium des „Quasisystems" stecken, d. h., es kommt aufgrund der Gegenwartsbezogenheit gar nicht erst zur Systembildung. Gelingt dann der Übergang zum System, so werden auf der Basis geteilter Erfahrungen, gewisser Kommunikationsroutinen, geleisteter Vertrauensvorschüsse usw. *spontane* Prozesse in Gang gesetzt. Diese Systembildung setzt jedoch Bedingungen voraus, die die *Kontinuität* der Interaktionen und damit auch die *Selbsterhaltung* des Systems gewährleisten. Die wichtigste Bedingung ist die *Vorteilhaftigkeit* der Beziehung, die aus der Art und Anzahl der Tauschmöglichkeiten erwächst. „Eingespielte" Beziehungen werden von denen, die sie unterhalten, als vorteilhaft empfunden und daher „gepflegt" und erhalten. Statt eines Entweder-oder finden wir also ein Sowohl-als-auch in Form eines *gemeinsamen* Auftretens von Spontaneität und Fremdbestimmtheit.

Anders ausgedrückt, haben KL-Beziehungen sowohl einen *allopoietischen*[23] Systemcharakter durch ihren *Ursprung* als auch einen *autopoietischen* Systemcharakter durch ihr *inneres Interesse* am Fortbestand. Die erwähnte Vorteilhaftigkeit ist immer *relativ* in Bezug auf die eigenen Erwartungen und den Vergleich mit Alternativen. Eine als abnehmend wahrgenommene Vorteilhaftigkeit führt entweder zu einer schrittweisen oder manchmal sogar abrupten Auflösung des Systems oder aber zu einer *Selbstveränderung* durch Anpassung der Erwartungen unter Berücksichtigung der Alternativen. Selbstveränderung ist also weder eine inhärente noch eine auszuschließende, sondern eine unter bestimmten Bedingungen auftretende Eigenschaft der Systeme „KL-Beziehungen".

Selbstreferenziell sind Systeme durch ihre „Fähigkeit, Beziehungen zu sich selbst herzustellen und diese Beziehungen abzugrenzen gegen Beziehungen zu ihrer Umwelt" (Luhmann 1991a, S. 31). Es ist zunächst nicht auszumachen, welche Komponenten eines solchen sozialen Systems eine ähnliche Aufgabe erfüllen können wie z. B. die Neuronengruppen im selbstreferenziellen System „Gehirn" oder das Gehirn im selbstreferenziellen System „Organismus". Bleibt man bei der Parallele zum Gehirn, so operieren auch KL-Beziehungen (oder ganz allgemein soziale Systeme) unter Bezug auf die Erfahrung ihrer Komponenten (Mitglieder), so wie dem Gehirn nur seine *eigenen* Zustände zur Verfügung stehen. Insofern sind KL-Beziehungen *selbstreferenziell*. Allerdings ist der Einfluss aus der Zugehörigkeit zu den jeweiligen eigenen Organisationen dominierend, wenngleich er die Selbstreferenzialität nicht ganz ausschaltet.

Soziale Systeme, insbesondere solche, die im Rahmen dieses Beitrags diskutiert werden, passen offensichtlich nicht nahtlos in ein Klassifikationsschema, das auf Selbsterzeugung, Selbsterhaltung und Selbstreferenzialität aufbaut. Hejl warnt nun davor, durch die Anwendung eines solchen Schemas auf soziale Systeme in einen *Biologismus* zu verfallen, und schlägt vor, für soziale Systeme eine eigenständige Modellklasse zu schaffen: die *synreferenziellen Systeme*. Der Begriff „synreferenziell" soll zweierlei ausdrücken: Zum einen den Bezug auf die von Individuen *gemeinsam* ausgebildeten Wirklichkeitskonstruktionen und zum anderen die Tatsache, dass die Wirklichkeitskonstrukte überwiegend im System *selbst* erzeugt und weiterentwickelt werden (Vgl. Hejl 1993, S. 113; 1992a, S. 136; 1992b, S. 112). Die Klasse der synreferenziellen Systeme kann anhand dreier wesentlicher Merkmale beschrieben und mit den Charakteristika von KL-Beziehungen wie folgt verglichen werden:

- Die *Komponenten* eines synreferenziellen Systems sind *Individuen*, allerdings nur insofern, als sie a) eine *gemeinsame Wirklichkeitskonstruktion* ausgebildet haben und b) in Bezug auf diese auch *interagieren*. Die Aktoren einer KL-Beziehung sind damit Teil des Systems und müssen nicht in die Umwelt „verbannt" werden, so weit sie in der Beziehung eine aktive Rolle einnehmen können oder müssen (ein Mitarbeiter des Rechnungswesens wird also in der Regel nicht Teil einer KL-Beziehung sein).
- Die *Organisationen* eines synreferenziellen Systems sind die *Interaktionsmuster* der Komponenten, wobei die Tendenz besteht, einmal ausgebildetes Verhalten so lange wie möglich *fortzusetzen*. Auf der Ebene von KL-Beziehungen ist die „Organisation" wiedererkennbar z. B. in einer über bloßes Wiederkaufsverhalten und Loyalität hinausgehenden Dauerhaftigkeit, in der Ausbildung eines Beziehungs-Involvements, Beziehungsklimas oder gar einer Beziehungskultur sowie in der bereits erwähnten Tendenz zur Institutionalisierung.
- Die *Verbindung* zwischen einem synreferenziellen *System* und seiner *Umwelt* erfolgt über die *Komponenten* des Systems, wobei Umweltereignisse Veränderungsprozesse im System selbst auslösen und so zu

einer „Anpassung" des Systems führen.[24] Dies zeigt, wie sehr die Entwicklung einer KL-Beziehung von den lebensweltlichen Erfahrungen und Zuständen der beteiligten Individuen abhängig ist. Die Kombination von relativ hoher Autonomie solcher Personen mit Überbrückungsfunktion und ihrer multiplen Zugehörigkeit zu sozialen Systemen verschiedenster Art kann eine Eigendynamik auslösen, die der KL-Beziehung u. U. eine von den beteiligten Organisationen höchst unerwünschte *Autonomie* verleiht. Eine „Steuerung" von KL-Beziehungen in einem streng voluntaristischen Sinn wird so zur Illusion.

6. Die „Welten" des Systems „Kunden-Lieferanten-Beziehung"

Diese Problemstellung leitet direkt zur Frage nach der *Umwelt* oder, besser den *Welte* einer KL-Beziehung über. In der Systemtheorie wird üblicherweise zwischen Innen- und Außenwelt unterschieden. Aufgrund der abweichend definierten Konstitution synreferenzieller Systeme muss auch die Umwelt einer KL-Beziehung unterschiedlich bestimmt werden. Ausgehend von einer KL-Beziehung als „fokalem System", soll zwischen folgenden Welten unterschieden werden:

6.1 Die „Innenwelt"

Sie umfasst die Relationen zwischen den Aktoren der KL-Beziehung und ihren (angestammten) Organisationen. Das System KL-Beziehung ist über sie an die Erfahrungen und Erwartungen der beteiligten Organisationen „gekoppelt". In den Beziehungen zwischen Kunden und Lieferanten sind es *alle* Positionsinhaber mit *Außenkontakten*, die im überlappenden Bereich der beiden Organisationssphären operieren. Ihre besondere Funktion ist das *boundary spanning*, also die Überbrückung von aus der Arbeitsteilung herrührenden Distanzen. Diese Distanzen sind im Wesentlichen sozialer (Ziele, Werte, Normen, Macht), technologischer (Verfügbarkeit von Ressourcen), zeitlicher und physischer Natur.

Personen, die eine derartige Überbrückungsfunktion ausüben, können als *boundary-role*-Personen (BRP) bezeichnet werden.[25] In Beziehungen mit entsprechend hoher Komplexität oder größerem Geschäftsumfang agieren sowohl auf Kunden- als auch auf Lieferantenseite mehrere BRP. Sie bilden jeweils eine *boundary spanning unit* (BSU). Das Konzept der BSU ersetzt die im klassischen Investitionsgütermarketing gebräuchlichen Konstrukte des *buying* bzw. *selling center* (vgl. z. B. Webster 1991, p. 44 ff.) und der *decision making unit* (DMU) (vgl. z. B. Brand 1972, p. 99). Diese stellen zu sehr auf die Kaufentscheidung, also auf *Episoden*, ab, und werden damit dem *prozessualen* Charakter dauerhafter Beziehungen nicht gerecht.

Die Besonderheit des *boundary spanning* ist die Schaffung *neuer Systeme* aus dem „Nichts" amorpher Möglichkeiten über die Zwischenstufe ungewisser „Quasisysteme" auf der einen Seite und den Kampf um den Erhalt *bestehender* Systeme auf der anderen. Diese Besonderheit drückt sich in höchst widersprüchlichen Erwartungen an die *boundary role* aus, die man das „BRP-Dilemma" nennen könnte. Es entsteht durch Zusammenwirken der Distanzüberbrückung, der Repräsentationsfunktion und des Einflusspotenzials der BRP.[26]

Die Notwendigkeit der *Distanzüberbrückung* ergibt sich aus der Arbeitsteiligkeit und damit Ausdifferenzierung der Systeme sowie aus der *physischen Distanz* zwischen einer BRP und ihrer Organisation. Dies impliziert eine größere Autonomie der BRP im Vergleich zu anderen Organisationsmitgliedern und damit auch größere *soziale Distanz*. Die Normdurchsetzung wird schwieriger, und das Misstrauen der Organisation gegenüber der BRP wächst ebenso wie der Ruf nach strafferer Kontrolle. Dadurch und aufgrund der Unsicherheit der BRP bezüglich dessen, wie ihre Leistung von der eigenen Organisation interpretiert wird, nimmt die Distanz zur eigenen Organisation weiter zu und verkürzt sich im gleichen Maße die Distanz zur externen. Engt man die Autonomie ein, so stellt man damit die wirkungsvolle Wahrnehmung der Überbrückungsfunktion infrage. Weitet man konsequenterweise die Autonomie aus, so löst man u. U. eine „Zentrifugalbewegung" aus.

Die *Repräsentationsfunktion* einer BRP könnte man auch als „doppelte Spiegelungsfunktion" bezeichnen. Eine BRP repräsentiert zunächst die Ziele, Einstellungen, Werte und Normen der *eigenen* Organisation, wobei sie versuchen wird, dieses Merkmalbündel mit ihren eigenen Fähigkeiten zur Selbstdarstellung zu kombinieren, um einen positiven Eindruck bei der *externen* Organisation zu erzielen; die BRP betreibt in diesem Falle also *impression management*.[27] Die Kehrseite der Doppelfunktion einer BRP ist die Erwartung, dass die Ziele, Einstellungen, Werte und Normen der *externen* Organisation möglichst unverzerrt in die *eigene* Organisation einfließen, um Letzterer eine optimale Koppelung an ihre Außenwelt zu ermöglichen; die BRP betreibt hier *context management*. Die Sonderstellung und „Einsamkeit" einer BRP führt nun zu der Versuchung, die in dieser dualen Rolle zu spiegelnden Wirklichkeiten zu manipulieren. Ein *„Selbstschutzverhalten"* liegt z. B. vor, wenn die *Außenwelt* verzerrt widergespiegelt wird, um Kundenverluste gegenüber der *eigenen* Organisation zu begründen. Bei der Variante des *„Jagdverhaltens"* wird die Wirklichkeit der *eigenen* Organisation verzerrt dargestellt, um den Einfluss auf die *externe* Organisation zu verstärken. Der Informationsvorsprung der BRP verleiht ihr, aus ihrer Funktion und Autonomie heraus, die Möglichkeiten zu *vielfältigen* Wirklichkeitskonstruktionen, wogegen die eigene Organisation Komplexitätsreduktion durch Selektivität anstrebt.

Das offensichtliche *Dilemma* einer BRP, als *boundary spanning agent* zwischen zwei potenziell konfliktären Sphären zu vermitteln und dauerhafte Beziehungen zu initiieren und zu unterstützen, wird auch bei der dritten Größe, dem *Einflusspotenzials*, deutlich. Je mehr die BRP ihr Einflusspotenzial nutzt, um durch flexible *trade-offs langfristig* optimale Ergebnisse zu liefern, desto eher wird sie den Vertrauensvorschuss der eigenen Organisation verspielen, es sei denn, die eigene Organisation verzichtet bewusst auf die Durchsetzung kurzfristiger Ziele. Dies wird allerdings nur dann geschehen, wenn die Unternehmensführung die Bedeutung der Zukunft über die der Gegenwart stellt oder, anders ausgedrückt, den „Schatten der Zukunft" (vgl. hierzu Axelrod 1991, z. B. S. 11) verinnerlicht hat.

6.2 Die „fokale Außenwelt"

Das Konstrukt „Markt", als Summe der (dyadischen) Beziehungen zwischen Käufern und Verkäufern einer bestimmten Ware oder Dienstleistung, ist für dauerhafte KL-Beziehungen bestenfalls von statistischer Bedeutung. Existenzentscheidend sind für solche Beziehungen hingegen *alle* Relationen innerhalb des *informalen Netzwerkes*, in die die KL-Beziehung über eine besonders hohe Interaktionsdichte und/oder Interaktionswertigkeit eingebunden ist (vgl. auch Abb. 1). Dieser Netzausschnitt stellt die *fokale Außenwelt* der Beziehung dar. Es sind nicht so sehr *unmittelbare* Kosten-Nutzen-Gesichtspunkte, sondern Informationsverflechtungen mit den Elementen der *gegenseitigen Beobachtung* und *Signalgebung*,[28] die den Charakter solcher Netzwerke ausma-

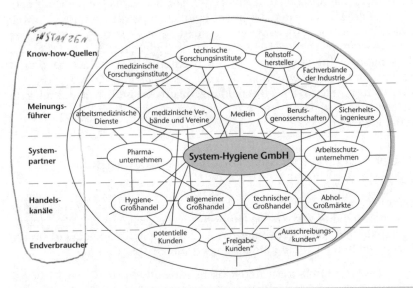

Abbildung 1: Beispielhafte Visualisierung eines Netzausschnitts, innerhalb dessen sich die fokale Außenwelt einer KL-Beziehung entwickeln kann.

chen. Man könnte sie auch als *Beziehungsnetze* bezeichnen und sie dadurch von den durch Verträge oder „Verfassungen" *geregelten* oder *strategischen* Netzwerken abgrenzen.

Aus dieser Verknüpfung mit anderen Beziehungen erwächst ein typisches Merkmal solcher Netze: Sie sind gleichzeitig stabil *und* wechselhaft. Die *Stabilität* hat ihre Ursache in der *Interdependenz* der Beziehungen im Netz, die zu laufenden Anpassungen von Tauschpotenzialen verschiedenster Art und damit zur Ausbildung vielfältiger Bindungen führt. Die *Wechselhaftigkeit* wiederum ist auf das konsequente Einfordern impliziter Austauschvereinbarungen zurückzuführen: „Hat man selbst nicht genug anzubieten oder der Netzwerkpartner erwartet sofort oder später zuviel an Gegenleistung, dann fehlt die Grundlage für den Netzwerkaustausch" (Mueller 1986, p. 54).

6.3 Die „unverständliche Außenwelt"

Sie ist dadurch charakterisiert, dass die Relationen für die KL-Beziehung *schädlich* oder sogar *bestandsgefährdend* sind. Sowohl Teile der fokalen Außenwelt als auch der Innenwelt können zur unverständlichen Außenwelt degenerieren. Beispiele hierfür sind Beziehungen von Organisationsmitgliedern mit resignativer Einstellung („innere Kündigung"), Wettbewerber, die sich scheinbar unfairer Mittel bedienen, Behörden, die ohne Zeitgefühl agieren, als feindlich gedeutete Pressure-groups usw. *Unverständlich* heißt allerdings nicht auch *irrelevant*. Man denke etwa an die Folge einer negativen Mundwerbung für das Ansehen und damit das *Reputationskapital*[29] eines Unternehmens. Je größer der Anteil der unverständlichen an der gesamten Umwelt eines Unternehmens ist, umso weniger darf die *responsiveness* eines solchen Systems vermutet werden. Diese *responsiveness*, oder auch *Empfänglichkeit* für die vielfältigen Interessen- und Anspruchsgruppen (Stakeholder) gehört mit der Handlungs- und Lernfähigkeit zu den *core capabilities* eines betriebswirtschaftlichen Systems. Die Entscheidung, ob unverständlich auch irrelevant zu bedeuten hat, kann somit mit Risiken für des Bestand des Systems verbunden sein.

7. Der Nutzen einer systemisch-konstruktivistischen Perspektive

Abschließend soll noch die Frage beantwortet werden, was denn mit einer Systemdarstellung von KL-Beziehungen für die Erklärung des Phänomens ihrer Dauerhaftigkeit gewonnen wird. Zumindest die folgenden Punkte erscheinen in diesem Zusammenhang erwähnenswert.

- Die systemisch-konstruktivistische *Semantik* ist *grundlegend*. KL-Beziehungen müssen daher nicht als isolierte Konstrukte durch überkommene Denkansätze erklärt werden, sondern können als Spezialfälle sozialer Systeme behandelt werden.

- Die systemisch-konstruktivistische *Darstellung* von KL-Beziehungen ist *unkonventionell*. Aus einer Gegenüberstellung mit konventionellen Ansätzen können sich so zusätzliche Einsichten ergeben. Eine konventionelle Denkweise wie z. B. die Subsumtion von KL-Beziehungen unter die Funktion *Verkauf* wird so schlagartig obsolet.
- Die systemisch-konstruktivistische *Denkweise* ist *interdisziplinär*. So kann auf bewährte Ansätze aus anderen Wissenschaftsdisziplinen zurückgegriffen werden, ohne dass man sich dem Vorwurf des Eklektizismus aussetzt. Die Anwendungsmöglichkeiten von Ansätzen aus Katastrophen- und Chaostheorie, aus der Biologie und Erkenntnistheorie erscheinen plötzlich in einem anderen Licht.
- Die systemisch-konstruktivistische *Handlungsweise* akzeptiert *Kontingenz* im Sinne eines „Auch-anders-möglich-Sein". Dies wirkt einerseits einem naiven Glauben an „Die-Dinge-im-Griff-zu-Haben" entgegen und fördert andererseits proaktives Handeln.
- Die systemisch-konstruktivistische *Anwendung* erfolgt grundsätzlich *reflexiv*. Dadurch wird das für die Dauerhaftigkeit von Geschäftsbeziehungen so notwendige individuale und organisationale Lernen aus als missglückt gedeuteten Interaktionen überhaupt erst ermöglicht.

Anmerkungen

1 Hijlkema (1993/94). Er verweist auch in diesem Zusammenhang auf die Definition von Marketing, wie sie von der European Marketing Confederation (EMC) verabschiedet wurde: „Activities directed at stimulating, facilitating and expediting exchange transactions."

2 Vgl. Leder (1991); vgl. auch Münzberg (1993), S. 50.

3 Die Forderung nach Kundenorientierung besitzt einen wertenden Charakter, sodaß ihr Einbezug in den Marketingbegriff es erschwert, von schlechter oder guter Durchführung von Marketingaktivitäten zu sprechen, „ da wegen mangelnder Kundenorientierung als schlecht beurteilte Aktivitäten ex definitione nicht unter den Marketingbegriff fallen" (Kühn 1991, S. 100).

4 Soweit man den „Kunden" als Verbraucher definiert. „Anonymität" ist natürlich nicht auf „Massenmärkte" beschränkt. Die unzureichende Fähigkeit oder Bereitschaft, den Kunden überhaupt zur Kenntnis zu nehmen, ist eine der „Fallgruben" der Kundenorientierung. Vgl. hierzu Plinke (1992).

5 Zum Stakeholder-Ansatz vgl. z. B. Freeman (1984).

6 Unbewußt loyales Verhalten ist nur vom Standpunkt eines außen stehenden Beobachters loyal, der den Eindruck hat, daß eine Verschlechterung der Beziehung, die eine Abwanderung rechtfertigte, bereits begonnen hat. Der betreffende Beziehungspartner selbst bemerkt das Ausmaß der vor sich gehenden Verschlechterung gar nicht. Vgl. Hirschman (1974, S. 78 ff.).

7 Der Freilassung des Gefangenen durch den Kidnapper steht entgegen, daß der Gefangene ein rational Handelnder ist und daß dies dem Kidnapper bekannt ist. Dieser weiß also, daß ihn jener nach seiner Freilassung verraten würde. Wie kann nun der Gefangene seine Rationalität suspendieren? Schelling meint in diesem Extrembeispiel, der Gefangene möge vor den Augen seines Kidnappers ein Verbrechen begehen, um dem anderen ein Vergeltungsmittel für die Zukunft an die Hand zu geben. Vgl. Schelling (1980), p. 43 f.

8   Zum Problem der Rationalitätsstärke vgl. Kliemt (1993), S. 284 ff.

9   Zu einer Theorie der moralischen Gefühle vgl. Frank (1992), S. 46 ff.

10 Die frühere allgemeine Skepsis gegenüber dem „Revolutionscharakter" der allgemeinen Systemtheorie weicht langsam doch der Überzeugung, daß wir es hier tatsächlich mit einem Paradigmenwechsel im Sinne Kuhns (1989) zu tun haben. Der hohe Abstraktionsgrad der Systemtheorie und die Überlastung der Unternehmenspraxis mit allzu rasch wechselnden Patentrezepten hat dazu geführt, daß der Systemansatz in der Unternehmensführung noch keine breite Anwendung gefunden hat.

11 Besonders kritisch äußert sich Malik (1984, S. 121): "The only unity in this alledgedly unifying science seemed to be the very frequent use of the word 'system'."

12 Der Systembegriff ist insofern universalistisch, als er auf ein breites Spektrum von Phänomenen Anwendung findet. Sowohl physikalische als auch lebende Systeme, aber auch z. B. Systeme aus Kommunikationshandlungen werden auf eine einheitliche Systemauffassung bezogen. Zur Klassifikation von Systemen vgl. Gharajedaghi u. Ackoff (1985), S. 281 ff.

13 Aus lat. *solus ipse* „ich allein"; eine Erkenntnistheorie, nach der *ausschließlich* das Subjekt („Ich") das erkennbare Seiende in seinem Bewußtsein enthält und alles andere, wie z. B. die Außenwelt, nur Vorstellung ist.

14 Vgl. etwa Hejl (1992a), S. 115; Kasper (1991), S. 4 f.; Luhmann (1991a), S. 25, 31; Lay (1990), S. 18; Willke (1991), S. 193.

15 Kunden-Lieferanten-Beziehungen sind Spezialfälle von Geschäftsbeziehungen, für deren erste systematische Untersuchung Diller u. Kusterer (1988) wichtige Vorarbeit geleistet haben. Sie definieren Geschäftsbeziehungen als „(...) jeden von ökonomischen Zielen zweier Organisationen geleiteten Interaktionsprozeß zwischen zwei oder mehr Personen ab dem ersten Geschäftsabschluß" (S. 211).

16 Wird die „Regellosigkeit" zur Regel, markiert dies gleichzeitig den Übergang vom „Quasisystem" zum „System". Aus diesem Grund sind z. B. „Wohngemeinschaften" in der Regel bereits „Systeme". Willke (1991, S. 52) bezieht dazu eine abweichende Stellung.

17 Vgl. Willke (1991), S. 51 ff. Ähnlich ist auch die Position so genannter Quasigruppen bei Dahrendorf. Ihre Mitglieder haben zwar die gleichen latenten Interessen, es fehlt aber die Organisation dieser Interessen. Vgl. Morel et al. (1992, S. 167).

18 „Institutionalisierung" manifestiert sich in routinemäßig erstarrten Interaktionen und damit einer Ablösung von den tatsächlichen Bedürfnissen des Partners, aber auch in einer opportunistischen Ausbeutung des Trägheitsmoments (Stichwort „Hysterese-Effekt") der Beziehung. „Sklerotisierung" stellt den Übergang von der Widerspruchs- zur Resignationsphase einer Beziehung dar und kann aus den abnehmenden Varietätspotenzialen der an der Beziehung beteiligten Aktoren erklärt werden. Nach Ashbys (1956, S. 207) Gesetz der erforderlichen Varietät ("requisite variety") kann nur innere Varietät auch äußere Varietät handhaben.

19 Hier wird bewußt der Begriff „Selbsterzeugung" statt „Selbstorganisation" verwendet, da der Organisationsbegriff der Betriebswirtschaftslehre völlig verschieden ist von jenem der Biologie.

20 Insbesondere im Zusammenhang mit sozialen Systemen ist es zweckmäßig, zwischen Selbsterzeugung und Selbsterhaltung zu unterscheiden, obwohl die beiden Begriffe üblicherweise unter dem Terminus Autopoiesis zusammengefaßt werden. Autopoiesis ist ein Kunstwort (griech. *autos* = „selbst"; *poiein* = „machen"), das von Maturana (1985, S. 141 f.) zur Definition der selbstreproduzierbaren Operationen biologischer Systeme eingeführt wurde. Vgl. Maturana u. Varela (1992); Luhmann (1991a, S. 60 ff.); Fischer (1993, S.11).

21 Als Beispiel hierfür werden in der Physik oft die so genannten dissipativen Strukturen genannt, die sich in offenen Systemen, weit weg vom Gleichgewichtszustand, bilden und so in Kontrast zum zweiten Hauptsatz der Thermodynamik stehen. Beispiele für spontane (auch „gewachsene" oder „polyzentrische" genannte) Ordnungen im sozialen Bereich sind Sprache, Moral, Recht usw. Vgl. hierzu Hayek (1969), S. 35 ff.; Malik (1986), S. 210 ff.

22 Das Dilemma eines Managers ist seine duale Position außerhalb und innerhalb des Systems. Er betrachtet sich als Architekt des Systems, ist also *in command*. Dieser Voluntarismus führt sich ad absurdum, sobald man den Standpunkt in das System verlegt. Damit werden die zuvor als fremd organisiert empfundenen Systeme sich selbst organisierend. Zu Knyphausen (1988, S. 259 ff.) geht ausführlich auf die Paradoxie zwischen Fremd- und Selbstorganisation ein und verweist auf die Problematik, daß die drei Begriffe Selbstorganisation, Selbsterhaltung und Selbstreferenz in einem engen wechselseitigen Zusammenhang stehen.

23 Allopoietisch wird als fremd gemacht verstanden; vgl. Kirsch u. zu Knyphausen (1991), S. 84 f.; Maturana (1985), S. 159.

24 „Anpassung" ist hier nicht in einem von der Umwelt determinierten Sinn zu verstehen. Eine Verarbeitung von Umwelteinflüssen erfolgt immer nur „unter den Bedingungen" des Systems selbst.

25 Damit soll nicht mit Gewalt die Anzahl der Anglizismen erhöht werden. *Boundary role* gibt aber den Begriffsinhalt der dualen Rolle des Operierens zwischen den Einflußbereichen zweier Organisationen prägnanter wieder als etwa die Begriffe „Grenzstelle", „Überbrückungsrolle" oder andere noch weniger brauchbare Übersetzungen. Vgl. hierzu Koch (1987), S. 266; Arndt (1979), p. 73.

26 Vgl. Adams (1976), p. 1176 ff.; Clopton (1984), p. 40.

27 Dies bezeichnet das Streben nach positiver Selbstdarstellung, wobei sich das Selbst hier auf das von der eigenen Organisation Erwartete oder notfalls Tolerierbare bezieht. Im Sinne Goffmans (1959) ist es die über die Kommunikation im engeren Sinne (also rein auf ihren Inhalt bezogen) hinausgehende *expressiveness* einer Person mit den beiden Polen der Erwartungsweckung und der reinen Heuchelei. Für die ausführliche Darstellung des *impression management* vgl. Goffman (ebd., p. 208 ff.). Habermas (1995, S. 136) führt im Anschluß an Goffman den Begriff des dramaturgischen Handelns ein: „Unter dem Gesichtspunkt dramaturgischen Handelns verstehen wir eine soziale Interaktion als Begegnung, in der die Beteiligten ein füreinander sichtbares Publikum bilden und sich gegenseitig etwas vorführen." In diesem Beitrag wird am Begriff des *impression management* festgehalten, um den manipulativen Charakter des Handelns stärker herauszustellen. Eine Limitation des *impression management* in Interaktionen, wie sie für das *boundary spanning* typisch sind, scheint u. a. durch den auftretenden *Recency Effect* (Neuheitseffekt) gegeben zu sein: Besteht Ambivalenz bezüglich Kooperation oder Nichtkooperation, so ist die Eindrucksbildung insofern instabil, als sich das Verhalten einer Person eher nach dem vom anderen zuletzt gezeigten Verhalten richten wird als nach früher demonstrierten Verhaltensmustern. Vgl. hierzu Kelley a. Stahelski (1970), p. 417 f.

28 Zur Gegenüberstellung zwischen Netzwerkansatz und Transaktionskostentheorie vgl. Johanson a. Mattsson (1987).

29 Gewissermaßen die kapitalisierte Vertrauenswürdigkeit eines Unternehmens, die aus den eigenen wie aus fremden Signalen im (wie auch immer definierten) fokalen Netz dieses Unternehmens entsteht.

Literatur

Adams, J. S. (1976): The Structure and Dynamics of Behavior in Organizational Boundary Roles. In: M. D. Dunnette (ed.): Handbook of Industrial and Organizational Psychology. Chicago (Rand McNally), p. 1175–1199.

Ajedaghi, J. u. R. L. Ackoff (1985): Mechanistische, organismische und soziale Systeme. In: G. J. B. Probst u. H. Siegwart (Hrsg.): Integriertes Management: Bausteine des systemorientierten Managements. Bern et al. (Haupt), S. 281–298.

Albach, H. (1990): Das Management der Differenzierung. *Zeitschrift für Betriebswirtschaft (ZfB)* 60 (8): 773–788.

Albers, S. (1989): Kundennähe als Erfolgsfaktor. In: S. Albers et al. (Hrsg.): Elemente erfolgreicher Unternehmenspolitik in mittelständischen Unternehmen. Stuttgart (Poeschel), S. 101–122.

Albers, S., H. Bauer u. K. Eggert (1987): Kundennähe: Ergebnisse einer empirischen Studie bei Großunternehmen des Verarbeitenden Gewerbes. (Arbeitspapier der Wissenschaftlichen Hochschule für Unternehmensführung Koblenz.) Lüneburg (Hochschule Lüneburg).

Albers, S. u. K. Eggert (1988): Kundennähe – Strategie oder Schlagwort? *Marketing-ZFP* 10 (1): 5–16.

Arndt, J. (1979): Toward a Concept of Domesticated Markets. *Journal of Marketing* 43 (Herbst): 69–75.

Ashby, W. R. (1956): An Introduction to Cybernetics. London (Wiley).

Axelrod, R. (1991): Die Evolution der Kooperation. München (Oldenbourg).

Brand, G. T. (1972): The Industrial Buying Decision – Implications for the Sales Approach in Industrial Marketing. London (Cassell).

Bunk, B. (1992): Fluktuation minimieren. Was Kunden bindet. *absatzwirtschaft* 33 (4): 36–47.

Clopton, S. W. (1984): Seller and Buying Firm Factors Affecting Industrial Buyers' Negotiations Behavior and Outcomes. *Journal of Marketing Research* 21 (February): 39–53.

Diller, H. u. M. Kusterer (1988): Beziehungsmanagement. Theoretische Grundlagen und explorative Befunde. *Marketing-ZFP* 10 (3): 211–220.

Fischer, H. R. (1993): Murphys Geist oder die glücklich abhanden gekommene Welt. In: H. R. Fischer (Hrsg.): Autopoiesis. Heidelberg (Carl-Auer-Systeme).

Frank, R. H. (1987): If Homo Economicus Could Choose his Own Utility Function, would he Want one with a Conscience? *American Economic Review* 77: 593–604.

Frank, R. H. (1992): Die Strategie der Emotionen. München (Oldenbourg).

Freeman, R. E. (1984): Strategic Management: A stakeholder approach. Boston et al. (Pitman).

Goffman, E. (1959): The Presentation of Self in Everyday Life. New York (Doubleday).

Habermas, J. (1995): Theorie des kommunikativen Handelns. Bd. 1: Handlungsrationalität und gesellschaftliche Rationalisierung. Frankfurt a. M. (Suhrkamp).

Hayek, F. A. von (1969): Freiburger Studien. Tübingen (Mohr).

Hejl, P. M. (1984): Towards a Theory of Social Systems. Self-Organization and Self-Maintenance, Self-Reference, and Syn-Reference. In: H. Ulrich a. G. J. B. Probst (Hrsg.): Self-Organization and Management of Social Systems. Berlin et al. (Springer), p. 60–78.

Hejl, P. M. (1992a): Konstruktion der sozialen Konstruktion – Grundlinien einer konstruktivistischen Sozialtheorie In: H. Gumin u. H. Meier (Hrsg.): Veröffentlichungen der Carl Friedrich von Siemens Stiftung. Bd. 5: Einführung in den Konstruktivismus. München et al. (Piper), S. 109–146.

Hejl, P. M. (1992b): Politik, Pluralismus und gesellschaftliche Selbstregelung. In: H. Bußhoff (Hrsg.): Politische Steuerung. Steuerbarkeit und Steuerungsfähigkeit. Beiträge zur Grundlagendiskussion. Baden-Baden (Nomos), S. 107–142.

Hejl, P. M. (1993): Die Entwicklung der Organisation von Sozialsystemen und ihr Beitrag zum Systemverhalten. In: G. Rusch u. S. J. Schmidt (Hrsg.): Konstruktivismus und Sozialtheorie. Frankfurt a. M. (Suhrkamp), S. 109–132.

Hijlkema, H. (1993/94): The marketer to save Europe. *Marketing Director International* 4 (3): 7.

Hirschmann, A. O. (1974): Abwanderung und Widerspruch. Tübingen (Mohr).

Homburg, C. (1993a): Closeness to the Customer in Industrial Markets. , Lehrstuhl für Betriebswirtschaftslehre und Marketing an der Johannes Gutenberg-Universität Mainz (Arbeitspapier Nr. 05-93).

Homburg, C. (1993b): Mehr Kundennähe durch Dienstleistungen in der Investitionsgüterindustrie. *Blick durch die Wirtschaft* 35: 7.

Homburg, C. (1995): Closeness to the Customer in Industrial Markets. *Zeitschrift für Betriebswirtschaft (ZfB)* 65 (3): 309–331.

Johanson, J. u. L.-G. Mattson (1987): Interorganizational Relations in Industrial Systems: A Network Approach Compared with the Transaction-Cost Approach. *International Studies of Management & Organisation* 17 (1): 34–48.

Kasper, H. (1991): Neuerungen durch selbstorganisierende Prozesse. In: W. H. Staehle u. J. Sydow (Hrsg.): Managementforschung 1. Berlin et al. (De Gruyter), S. 1–74.

Kelley, H. H. a. A. J. Stahelski (1970): The Inference of Intentions in the Prisoner's Dilemma. *Journal of Experimental Social Psychology* 6 (4): 401–419.

Kirsch, W. u. D. zu Knyphausen (1991): Unternehmungen als „autopoietische" Systeme? In: W. H. Staehle u. J. Sydow (Hrsg.): Managementforschung 1. Berlin et al. (De Gruyter), S. 75–101.

Kliemt, H. (1993): Selbstbindung und Selbstverwirklichung. In: B.-T. Ramb u. M. Tietzel (Hrsg.): Ökonomische Verhaltenstheorie. München (Vahlen), S. 281–310.

Knyphausen, D. zu (1988): Unternehmungen als evolutionsfähige Systeme. Herrsching (Kirsch).

Koch, F.-K. (1987): Verhandlungen bei der Vermarktung von Investitionsgütern. (Dissertation). Fakultät für Wirtschaftswissenschaften der Johannes-Gutenberg-Universität Mainz.

Kotler, P. u. F. Bliemel (1993): Marketing-Management. Stuttgart (Schäffer-Poeschel).

Kühn, R. (1991): Methodische Überlegungen zum Umgang mit der Kundenorientierung im Marketing-Management. *Marketing-ZFP* 13 (2): 97–107.

Kuhn, T. S. (1989): Die Struktur wissenschaftlicher Revolutionen. Frankfurt a. M. (Suhrkamp).

Lay, R. (1990): Einführung in die Wissenschaftsphilosophie. (Unveröffentl. Skriptum.)

Leder, T. (1991): Der Wert der Kundenorientierung. *Blick durch die Wirtschaft* 250: 7.

Luhmann, N. (1991a): Soziale Systeme – Grundriß einer allgemeinen Theorie. Frankfurt a. M. (Suhrkamp).

Luhmann, N. (1991b): Soziologische Aufklärung 1. Opladen (Westdeutscher Verlag).

Malik, F. (1984): Systems Approach to Management: Hopes, Promises, Doubts – A Lot of Questions and Some Afterthoughts. In: H. Ulrich u. G. J. B. Probst (Hrsg.): Self-Organization and Management of Social Systems. Berlin (Springer), p. 121–126.

Malik, F. (1986): Strategie des Managements komplexer Systeme. Bern et al. (Haupt).

Maturana, H. R. (1985): Erkennen: Die Organisation und Verkörperung von Wirklichkeit. Braunschweig et al. (Vieweg).

Maturana, H. R. u. F. J. Varela (1992): Der Baum der Erkenntnis. München (Goldmann).

Merton, R. K. (1967): Social Theory and Social Structure. New York (Free Press).

Miles, R. C. a. C. C. Snow (1984): Fit, Failure, and the Hall of Fame. *California Management Review* 26 (3): 10–28.

Morel, J. (1992): Soziologische Theorie. München et al. (Oldenbourg).

Mueller, R. K. (1986): Corporate Network. New York (Free Press).

Münzberg, H. (1993): Quantensprung in der Kundenorientierung. *absatzwirtschaft* 36 (11): 44–53.

Plinke, W. (1992): Fallgruben der Kundenorientierung überspringen. *absatzwirtschaft* 35 (3): 97–101.

Pümpin, C. u. H. P. Koller (1986): Organisches Marketing. In: C. Belz (Hrsg.): Realisierung des Marketing Bd. 1. Savosa et al. (Auditorium), S. 479–489.

Schelling, T. C. (1980): The Strategy of Conflict. Cambridge, MA (Harvard University Press).

Reichheld, F. F. u. W. E. Sasser (1991): Zero-Migration: Dienstleister im Sog der Qualitätsrevolution. *Harvard Manager* 13 (4): 113.

Schmidt, D. W. (1992): Vom Produktverkauf zum kundenorientierten Management. *Marktforschung + Management* 36 (2): 52–57.

Stahl, H. K. (1996): Zero-Migration – Ein kundenorientiertes Konzept der strategischen Unternehmensführung. Wiesbaden (Gabler).

Wagner, H. (1966): Zero Deffects. *Qualitätskontrolle* 11 (6): 61–70.

Webster Jr., F. E. (1991): Industrial Marketing Strategy. New York (Wiley).

Williamson, O. (1985): The Economic Institutions of Capitalism: Firms, Markets, Relational Contracting. New York (Free Press).

Willke, H. (1991): Systemtheorie. Stuttgart (Fischer).

Wolfrum, U. (1993): Erfolgspotentiale. Kritische Würdigung eines zentralen Konzeptes der strategischen Unternehmensführung. München (Kirsch).

STRATEGISCHE UNTERNEHMENSFÜHRUNG: VON DER „VORWEGGENOMMENEN" ZUR „ERFUNDENEN" ZUKUNFT

1. Die Rolle der Zukunft

Es gibt heute kaum ein Unternehmen, das sich dem unerbittlichen Zeittakt so ohne weiteres entziehen kann. Eine vollkommene Zeitautonomie würde das Unternehmen in sträflicher Weise von seiner Umwelt abkoppeln. Den Druck, den dieser Zeittakt ausübt, erleben wir in den Unternehmen im Unumkehrbaren der Zeit, im „Zeit nutzen", „vergeuden", „haben" etc. Er zwingt damit zur ständigen Auseinandersetzung mit der *Zukunft*. Zu den gerade für die Führung von betriebswirtschaftlichen Systemen so typischen Doppelhorizonten (Luhmann 1984) des „Innen/Außen" (Fragen der Grenzziehung und Grenzüberbrückung) und des „Wir/die anderen" (Fragen der Differenzierung) gesellt sich so das Paar „Vergangenheit/Zukunft". Die Auseinandersetzung mit der Zukunft erfolgt im Allgemeinen durch Vorausdenken, Prognostizieren, Planen oder dergleichen. Es gilt Überraschungen auszuschalten, denn diese stören die Ordnung, sind kostspielig oder können sogar die Existenz gefährden.

Das kann sehr leicht zu der Manie führen, beim geringsten Vorhaben einen *présage* – eine Vorausschau oder Vorhersage – vorangehen zu lassen. So wie unsere fernen Vorfahren keinen Schritt taten, ohne das Orakel zu befragen, leisten wir uns in den (größeren) Unternehmen die Stäbe: Sie sollen den „Zu-Fall" (im Sinne einer Unterbrechung des Berechenbaren) möglichst eingrenzen, um den „Un-Fall" (im Sinne der Negation des Falls) gar nicht erst geschehen zu lassen. Ihr Verhältnis zum Topmanagement ähnelt nicht selten dem der Schamanen zum Herrscher (Metcalfe 1995). Die Ritualisierung des *présage* (im Unternehmen der Planungsprozess) erlaubt es, die mit der Unberechenbarkeit der Zukunft einhergehenden Ängste (deren Eingeständnis ein Zeichen der Schwäche wäre) zu enttaubuisieren.

2. Das Problem des Kontrollverlusts

Überraschungen sind auch und vor allem ein Zeichen für den Verlust von *Kontrolle*. Die Unternehmung wird ja oft mit einem Schiff verglichen, das unter dem Kommando fähiger, mit starkem Willen ausgestatteter Menschen ins offene Meer fährt. Mit dieser Metapher ähnelt die Unternehmung einer anderen, nämlich der der „trivialen Maschine" (von Foerster), die vorhersagbar, geschichtsunabhängig und in ihrer Funktionsweise eindeutig definiert ein bekanntes Ziel zu erreichen versucht. Obwohl die Unwägbarkeiten des

Meeres nicht geleugnet werden, wird die Problemstellung doch auf die Festlegung des Kurses verengt, auf dem am zweckmäßigsten das Ziel erreicht werden kann. Der Chief Executive eines internationalen Markenartikelherstellers pflegte beispielsweise seinen Managern immer wieder einzuschärfen, dass er von ihnen höchste Zielgenauigkeit auch bei längerfristigen Prognosen erwarte. Dazu wurde ein umfangreicher „Instrumentenkasten" mitgeliefert, von Markt- und Konkurrenzanalysen bis hin zu einer Vielfalt betrieblicher und ökonomischer Daten. Verfehlte Voraussagen und Schätzungen waren dann ein Zeichen mangelnder Kompetenz und wurden entsprechend „inszeniert" und „dramatisiert".

Diese Vorgangsweise ist bekannt. Sie beruht zunächst auf der Annahme, dass eine in der Vergangenheit sichtbare Tendenz in die Zukunft extrapoliert werden kann. Es wird zwar akzeptiert, dass zufällig auftretende äußere Ereignisse („Schocks") die Prognosefähigkeit einschränken können. Aber dafür wird zusätzlich angenommen, dass ein Manager, der sein Metier beherrscht, solche äußeren Einflüsse gedanklich vorwegzunehmen vermag. Wichtige Stichworte dazu sind „Frühaufklärung", „Empfänglichkeit für schwache Signale und Rauschen", „Reduktion von Komplexität". Die Frühaufklärung orientiert sich am Vorbild des „Umwelt-Scanning", bei dem aus der Intensität und Richtung von Ereignissen auf ihre mögliche Wirkung geschlossen wird. Empfänglichkeit (oder *Responsiveness*) wird von einem Manager moderner Prägung ohnedies gefordert. Es ist die Antenne, die hier als technisches Analogon dient: Das Hintergrundrauschen soll wie in der Nachrichtentechnik die Sinne schärfen für die Wahrnehmung von Signalen, die für andere weit außerhalb des Registrierbaren liegen. Die Reduktion von Komplexität schließlich nimmt sich ein Beispiel am Filter, welcher das Bedeutsame vom Unwesentlichen scheidet. Die Versuchung, dabei auch das Störende, Unangenehme, Unverständliche mit abzutrennen, ist immer gegenwärtig.

In allen drei Fällen gilt: Nimmt die Turbulenz des Umfeldes und damit der Eindruck des Kontrollverlusts zu, dann müssen eben mehr und „bessere" *Informationen* beschafft werden. Das kann z. B. bedeuten, die Frühaufklärung organisatorisch „höher aufzuhängen"; auch die erste Führungsebene in die Beobachtung einzubeziehen; und die Planung, verstanden als Versuch einer zentralen Form der Komplexitätsverarbeitung, zu straffen. Dabei gibt es zwei willkommene Ankerpunkte, die aufeinander aufbauen: Erfahrungen und Erwartungen. Mithilfe von *Erfahrungen* können Ereignismuster verglichen, ausgewählt und so Orientierung und Sicherheit wiedergewonnen werden. *Erwartungen* wiederum bilden gewissermaßen die Linse, durch die das Aktuelle und Mögliche Konturen gewinnt. Auch sie selegieren, leisten Orientierung und stiften Sicherheit. Beide sind somit Hilfsmittel, um aus Umwelteinwirkungen adäquate Umweltbilder zu konstruieren. Beide bergen allerdings auch eine Tücke in sich: Sie verleiten zur Verallgemeinerung.

3. Die Verwundbarkeit für Überraschungen

Zieht man z. B. die menschliche Resistenz gegen „Entlernen" in Betracht, so kann es unter Umständen sehr lange dauern, bis das Unpassende, „Nichtviable" im „Erfahrungsschatz" kondensiert (typischer Ausspruch eines Personalmanagers: „20 Jahre Erfahrung kann ohne weiteres heißen, 20 Jahre die gleichen Fehler gemacht zu haben."). Ähnliches geschieht bei den Erwartungen. Man überwindet spielend leicht die Grenzen der eigenen Branche, Technologie und Führungskultur, weil man gar nicht erwägt, dass diese auch anders sein können, als sie sind. Das Ganze wird noch verstärkt durch ein Streben nach Gleichgewicht und Dissonanzreduktion durch ein Ignorieren, Verdrängen oder Zurechtrücken von Bildern der Außenwelt. Unternehmen machen sich auf diese Weise selbst verwundbar für „Diskontinuitäten", also Trendbrüche und Unstetigkeiten. Beispiel: Der vom Waschmittelhersteller *Henkel* zwar von langer Hand vorbereitete, aber (Ende der Achtzigerjahre) dann prompt durchgeführte Ersatz von Phosphaten in Waschmitteln durch Zeolithe erwischte den Konkurrenten Unilever „auf dem falschen Fuß". Zu sehr verließ man sich auf die verallgemeinerten Erwartungen, die ein zwar plausibles, aber letzten Endes höchst „unpassendes" Bild der Zukunft ergaben.

Sowohl Erfahrungen wie auch Erwartungen wurzeln in der Vergangenheit und sind damit problematisch. Es lässt sich jedoch zeigen, dass ein Rückgriff auf die Vergangenheit selbst dann riskant ist, wenn nicht von zunehmender Turbulenz, sondern von *konstanten* Umfeldbedingungen *ohne* Zufallseinflüsse ausgegangen wird (Bullnheimer u. Schmitz 1996). Versucht man z. B. die Gewinnentwicklung eines Unternehmens unter stark vereinfachten Annahmen (etwa: Es wird nur *ein* Produkt produziert, noch in *derselben* Periode abgesetzt, es fallen nur *variable* Kosten an etc.) zu prognostizieren, so ruft schon eine geringfügige Änderung der Quote des einbehaltenen Gewinns eine völlig chaotische und damit langfristig nicht mehr voraussagbare Gewinnentwicklung hervor. Bereits eine einzige getroffene Annahme kann somit *ohne* äußere „Schocks" das gleichgewichtige Verhalten des Unternehmens kippen und hohe Komplexität aufbauen. Chaos scheint in unternehmerischen Prozessen unvermeidbar zu sein. Und gefährlich, wie Albach (1987) aufgrund der Ergebnisse seines Simulationsmodells befand: Bei Versuchen der Unternehmensleitung, eine chaotische Entwicklung zu stabilisieren, könnten bereits kleine Schritte in die vermeintlich richtige Richtung den „Stresstod" des Unternehmens bewirken. Auch Pinkwart (1992) meinte, dass eine an sich plausible Strategieänderung, z. B. höhere Forschungsausgaben zur Sicherung eines höheren Wachstums, einen Unternehmenszusammenbruch herbeiführen könnte.

4. Kontrollierte Überraschungen

In den Naturwissenschaften wurden in den letzten Jahren Methoden zur Kontrolle von Chaos entwickelt. Die Anwendung auf die Unternehmensführung ist nahe liegend, wenn man sich deren Komplexität vor Augen führt. Aus der Theorie nichtlinearer dynamischer Systeme lassen sich Empfehlungen ableiten, wie eine chaotische Unternehmensentwicklung stabilisiert und damit prognostizierbar gemacht werden kann (Kopel 1996). Man nutzt dabei eine besondere Eigenschaft chaotischer Systeme, die sensitive Abhängigkeit von den Anfangsbedingungen. Durch relativ *geringe*, aber *immer wieder* vorgenommene Eingriffe in das System, z. B. eben durch die bereits erwähnte Änderung des Anteils der Forschungsausgaben am Gewinn, kann das Unternehmen auf einen voraussagbaren Gleichgewichtspfad gelenkt werden.

Komplexe Systeme sprechen, so scheint es, umso eher auf moderate, aber dauernde Impulse an, je „chaotischer" sie sind (Maul 1993). Im Gegensatz zur Schocktherapie der „Bombenwurfstrategie" (Kirsch 1992) wird hier versucht, durch viele kleine Interventionen Lernprozesse im System auszulösen. Diese Anregungen werden vom System zur Selbststeuerung angenommen – oder auch nicht. Die Rolle des Willens der Intervenierenden tritt in den Hintergrund. Letzlich stehen sich also wieder einmal die evolutionäre und die voluntaristische Managementphilosophie gegenüber. Der Haken an der geschilderten Methode ist, dass sie ein *Modell* des Unternehmens benötigt. Das bedeutet wiederum Daten und Computerunterstützung. Viele, die sich aus bitterer Erfahrung von der Modellgläubigkeit losgesagt haben, könnte dies abschrecken. Ein Kosten-Nutzen-Vergleich mit einem bequemen, aber riskanten *muddling through* fällt dennoch zugunsten der analytischen Methode aus.

5. Das Abbilden der Zukunft

Immerhin, zumindest eines scheint unbestritten zu sein: Der Wandel, der uns so unausweichlich umgibt, ist nicht bloß eine schnellere Version dessen, was sich immer schon geändert hat. Viele verwenden den Begriff der „Emergenz" (Hejl 1992), um auszudrücken, dass die altgewohnten linearen Verbindungen zwischen Ursache und Wirkung komplexen Verkettungen weichen, die unerwartete und nicht vorhersehbare Eigenschaften hervorbringen. Trotzdem oder gerade deswegen erfreut sich die Metapher „Schiff" so großer Beliebtheit im Management. Das Ziel der Reise steht fest, Schiff, Besatzung und Material sind vorhanden, es gilt, den richtigen Kurs zu finden. Die widrigen Umstände entlang dem Kurs sind Herausforderungen, an denen sich „Kompetenz" beweisen lässt.

Die meisten Methoden des planerischen „Instrumentenkastens" bauen auf dieser Vorstellung auf. So z. B. die nach wie vor populäre Branchenstrukturanalyse von Porter (1980). Danach wird die Zukunft eines Unternehmens von fünf Wettbewerbskräften bestimmt, nämlich der Rivalität zwischen den etablierten Branchenanbietern, der Macht der Kunden, Macht der Lieferanten, sowie der Bedrohung durch neue Anbieter und der Bedrohung durch Ersatzprodukte. Der ganze Prozess ähnelt einer langfristigen Wettervorhersage. So ist es dann nur konsequent, wenn beispielsweise die IBM-Krise der frühen Neunzigerjahre der mangelnden Voraussagefähigkeit des IBM-Managements der Achtziger zugeschrieben wird (Raimond 1996). Ein Management hat Wirklichkeiten abzubilden, auch wenn sie sich noch gar nicht ereignet haben. Es sind immer *external forces*, die doch, ähnlich Kometen, beobachtbar sein müssten. Dass Unternehmen ebenso wie ihre Mitglieder, als geschlossene Systeme nie in direkten Kontakt mit der Umwelt kommen und nur ihre eigenen Zustände kennen, wird dabei nicht in Erwägung gezogen.

6. Das Denken in verschiedenen „Zukünften"

Die *Szenariotechnik* knüpft an die Abbildproblematik an. Diese Technik, von Hermann Kahn in den Sechzigerjahren entwickelt, baut auf drei Prinzipien auf: (1) einer Zerlegung komplexer Probleme; (2) einer bewussten Heranziehung subjektiver und damit vielfältiger Einschätzungen; und (3) einer Neuordnung und Verdichtung der Elemente zu *verschiedenen* Zukunftsbildern. Diese Technik löst sich von der starren Vorgabe der Voraussage-*genauigkeit*, denn am Ende des Prozesses entsteht zunächst ein „Prognosekorridor". Innerhalb dessen können Überraschungen identifiziert, Szenarien entwickelt und Konsequenzen ermittelt werden. Große, transnationale Unternehmen wissen die Methode zu schätzen. Dazu ein Blick in den Erfahrungsbericht eines Unternehmens, das Turbulenzen gewöhnt ist: *British Airways* (Moyer 1996).

Traditionell eher dem operativen Tagesgeschäft verhaftet als in einer methodischen Auseinandersetzung mit der unsicheren Zukunft des Airline-Geschäfts geübt, startete das BA-Management Anfang 1994 eine umfassende Szenarioplanung. Sie lief ausdrücklich als „Großversuch". Zunächst wurden Missstände behoben, wie sie für Projekte mit breiter und intensiver Mitarbeiterbeteiligung (z. B. geplanter organisatorischer Wandel) typisch sind: Der Zeitplan war zu eng und beinhaltete anfangs keinerlei Puffer; die Interviewer, Präsentatoren und Moderatoren waren für ihre Rollen nicht ausreichend vorbereitet; die Tagesarbeit lenkte ab; es herrschte ein Kommen und Gehen der Teammitglieder. Deutlich wurde auch, dass Szenarios sehr komplexe Konstruktionen sind, die manche intellektuell überfordern können. Es erwies sich überdies als zweckmäßig, sie so zu konstruieren, dass sie für alle gleichermaßen plausibel und herausfordernd schienen. Da die Szenariotechnik durchaus auch größere Datenmengen einbezieht, würde man bei der nächsten Szenarioplaung danach trachten, die Arbeit an der Datenbasis unbedingt *vor* Projektbeginn abzuschließen.

Bei BA ist man der Meinung, dass sich die sieben Monate konzentrierter Workshoparbeit gelohnt haben. Das Unternehmen fühlt sich für die nähere

Zukunft gewappnet und ist, nach eigener Aussage, bisher von keiner Möglichkeit überrascht worden. „Unser Management denkt und handelt über den Tag hinaus." Und vielleicht am wichtigsten: Die Szenarioplanung war ein von sehr vielen geteiltes *Lernerlebnis* und bot damit einen starken Kontrast zur gewohnten Verkündung einer vom obersten Management beschlossenen Zukunft. Lernprozesse werden in Organisationen viel zu häufig durch Krisen, Konflikte, Misserfolge oder drastischen Ressourcenabbau ausgelöst (Probst u. Büchel 1994). Die Szenariotechnik stellt hingegen Überschussressourcen (*slack resources*) zur Verfügung, die ein Reflektieren über und Spielen mit möglichen „Zukünften" erlauben (McMaster 1996).

Die Szenariotechnik bricht so mit der Vorstellung, es gebe die eine Zukunft, die praktisch nur darauf wartet, zu „geschehen". Sie erlaubt auch die Verbindung von Elementen, die nach dem wohl gemeinten Prinzip des Entweder-oder als unvereinbar gelten: qualitative *und* quantitative Methoden, Expertenwissen *und* Intuition, Planung *und* Vorläufigkeit. Nicht nur große Unternehmen können davon profitieren. Auch dem Mittelstand – besonders jenen Unternehmen, die noch unterhalb der Schwelle zur Unübersichtlichkeit operieren – bietet sich ein Weg an, „sich in die Zukunft zu lernen": Die Sprach-, Denk- und Gefühlsbarrieren sind hier niedriger, was den Aufwand für diesen Weg erträglicher macht. Wer einmal die Szenariotechnik mit ihrem Erkenntniswert praktiziert hat, wird schwerlich zu einer simplen Prognose zurückkehren. Im Gegenteil, das Hantieren mit verschiedenen Zukünften sollte zum Schritt darüber hinaus ermutigen, zum Versuch, die Zukunft zu „gestalten" oder, wie es oft heißt, zu „erfinden".

7. Die „erfundene" Zukunft

Das Gefühl, die Zukunft einfach „nicht in den Griff zu bekommen", kann in Unternehmen verschiedene Reaktionen hervorrufen. Noch mehr Planung, noch mehr Streben nach Exaktheit, noch mehr Daten wäre z. B. eine. In divisionalisierten Konzernen mit einem starken zentralen *controlling overlayer* (Kirsch 1992) haben wir oft eine Art von Schicksalergebenheit bis hin zur Resignation und Passivität beobachtet: Die einzelne Geschäftseinheit fühlt sich in der Rolle des Opfers zentraler Fehlinterpretationen. Man wüsste ja, was zu tun wäre, aber andere haben das Heft in der Hand. Vom Voluntarismus eines selbstbewussten (oder auch nur naiv steuerungsgläubigen) Managements ist nichts zu spüren. Die Gestaltung oder Erfindung der Zukunft käme unter diesen Bedingungen niemandem in den Sinn. Sie erforderte nämlich das, was wir die Wiederentdeckung des Willens nennen. Gemeint ist ein Voluntarismus, der allerdings nicht auf die Durchsetzung von „Eineindeutigkeit" (Abschnitt 10), sondern die Freisetzung gestalterischer Energie gerichtet ist.

Natürlich gibt es Beispiele für Unternehmen, die mit solchen Willensakten ihre Zukunft „erfunden" haben. Immer wieder genannt wird z. B. der Eintritt von *Mannesmann* in den Telekommunikationsmarkt. *INSEAD* (Fontainebleau), so sagt man, habe nur aufgrund von *creative imagination* den ursprünglich für absurd gehaltenen Sprung von einer unbekannten Schule in der französischen Provinz zu einem „Euroharvard" geschafft (Raimond 1996). Dieses Generieren von Zukunft kann auch weniger elegant vonstatten gehen. Die koreanischen Firmen *Hyundai, Daewoo* und *Samsung* sahen beispielsweise große Gewinnchancen in der Schiffbauindustrie, verfügten jedoch über keine entsprechenden Kernkompetenzen, ja nicht einmal über eine Schiffswerft. Nach der Akquisition zweier Großaufträge wurden einfach 60 Ingenieure in britischen Werften ausgebildet, von denen eine, die später in Konkurs ging, auch noch die Konstruktionspläne lieferte. Vorstellung gepaart mit Willen scheint das Rezept zu sein.

8. Zweifel an der herkömmlichen strategischen Vorgehensweise

Kehren wir noch einmal zur herkömmlichen Art des strategischen Denkens zurück. Es lässt sich auf die drei klassischen Fragen des Strategen zurückführen: (1) Was ist, und was kann kommen? (2) Wie stellen wir uns darauf ein? (3) Wie führen wir das, was notwendig ist, durch? Die Unternehmung sucht also Antworten auf die Herausforderung einer Umwelt, die in Form „objektiv" gegebener situativer Faktoren vorliegt. Die Wertschöpfungskette, die bereits erwähnte Branchen- und Wettbewerbsstrukturanalyse Porterscher Prägung, die Gap-Analyse sowie die diversen Suchfeldanalysen und die Portfolio-Methodik sind Beispiele für Instrumente, die diese Art des strategischen Denkens stützen.

Die Fragen (2) und (3) bauen auf der ersten auf. Nur, kann man diese Frage tatsächlich so stellen, wenn man Unternehmen den Charakter von sozialen Systemen zubilligt? Unternehmen sind zwar (mehr oder weniger) offen für das, was man landläufig „Informationen von außen" nennt. Diese werden jedoch weder von außen nach innen „transportiert" noch in irgend einer Form im Inneren „abgebildet". Sie lösen (lediglich) gewisse Reaktionen im System aus. Wie diese Reaktionen beschaffen sind, hängt von der Struktur des Systems „Unternehmen" ab. Und Struktur bedeutet nichts anderes als die unverwechselbare Gesamtheit der Beziehungen zwischen den Mitgliedern. Die Frage (1) müsste folglich lauten: Was müssen wir *tun*, um brauchbare Hypothesen darüber zu erhalten, was sein könnte? Der Ausgangspunkt ist hier das „Tun".

Von Managern erwartet man hingegen eine andere Sequenz: Erst *denken* (um der „Wahrheit" auf den Grund zu kommen) und dann *tun* (um die gewählte

Alternative vom Abstrakten ins Fassbare umzuwandeln). Wer je den Manageralltag in seiner Überfülle erlebt und darüber reflektiert hat, dem kommen zwangsläufig Zweifel an der allzu glatten Logik dieser Abfolge „vom Denken zum Tun". Um Zukunft tatsächlich gestalten zu können, müssen einige Gebrauchstheorien der Managementspraxis infrage gestellt und unvermeidbare Dilemmata bewältigt werden. Diese beiden Forderungen addieren sich zu einem veritablen Perspektivenwechsel.

9. Die Gestaltung der Zukunft: Facetten eines Perspektivenwechsels

Um die Problematik dieses Perspektivenwechsels zu verdeutlichen, möchte wir im Folgenden auf einige kritische Facetten näher eingehen. Es soll dabei gezeigt werden, dass die herkömmlichen Aufassungen, etwa die des authentischen Selbst, der Trennung von Denken und Handeln, des Stellenwerts von Gefühlen, der Rolle von Mikropolitik und Macht sowie der Handhabung von Genauigkeit auf der einen und Komplexität auf der anderen Seite, unter postmodernen Bedingungen nicht mehr haltbar scheinen. „Postmodern" meint in diesem Zusammenhang einen dreifachen Abschied: vom Subjekt als invariantem Wesen, von der Vernunft „als letztes und allgemein anerkannte Schiedsgericht" (Lay 1988, S. 154) und vom Erkennen der Welt als Abbilden.

9.1 Das „Selbst"

Die Fragestellung des „Was ist?" geht von von einem „authentischen Selbst" aus, wie es sowohl der romantischen als auch modernistischen Auffassung von Identität entspricht. Die postmoderne Entwicklung mit ihrem Überangebot an Interaktionsmöglichkeiten hat jedoch dieses Selbstverständnis zerrüttet. Egal ob man an das „parliament of selves" (Mead), das „übersättigte Selbst" (Gergen 1996) oder die „Mehrfachidentität" (Giddens) denkt, immer kommt zum Ausdruck, dass das postmoderne Selbst längst zum „Beziehungsselbst" geworden. Das trifft auf den Manager in besonderem Maße zu, denn seine Welt ist schon von der Rolle her eine kommunikative.

Von dieser Warte aus gesehen, sollte er aber wie kein anderer in Lage sein, sich mehrdeutigen Sachverhalten ohne Vorurteile zu nähern. Nicht die Frage „Was ist?", sondern die Feststellung „Was es alles geben könnte!" müsste ihn leiten. Die Mehrfachidentität des Managers trägt also bereits die nötige „requisite variety" (Ashby 1965) in sich, d. h. jene Komplizierung, die einer Bewältigung von Mehrdeutigkeit zustatten kommt. Auch das „taking the role of the other" (Mead), das Sichhineinversetzen in andere Rollen, die Empathie, müsste leichter gelingen, denn Personen mit geringen Vorurteilen denken „lateraler" und „weitsichtiger" als solche mit starken Voruteilen (Krappmann 1978). Schließlich wird ja immer wieder ein Mangel an interpersonaler Kompetenz im Management reklamiert. Die Frage ist nur, ob all dies mit dem Berufsbild des Managers, mit seiner Aus- und Weiterbildung im Einklang steht. Wer Manager mit Aufgaben betraut, wird dem Gedanken von *shifting personalities* nicht viel abgewinnen können. Reflexhaft denkt man bei Managern an Personen, denen produzierte Eindeutigkeiten ohne Hinterfragen abgenommen werden.

9.2 Das Nachhinken des Denkens
Das Bild des Managers, der ständig Dinge vorantreibt, bekommt Risse, wenn man berücksichtigt, dass wir unser Tun erst dann begreifen können, wenn es vorbei ist. Wir hinken also in unserem Denken immer etwas hinter dem Handeln nach. Weick (1995, p. 12) hat diese retrospektive Eigenschaft mit dem wunderschönen Zitat von Graham Wallas („The Art of Thinking, 1926!) illustriert, der ein kleines Mädchen sagen lässt: „How can I know what I think till I see what I say?" Typisch für das Management ist die Art und Weise, wie Ergebnisse zeitlich rückwärts aufgerollt werden, um auf ihre Ursachen zu schließen. Der Weg zum Ergebnis wird grundsätzlich als kausal und direkt, also logisch aneinander gereiht und ohne Umwege, keineswegs aber als verworren und zufällig rekonstruiert. Bei der Kausalität von *Misserfolgen* kommt hinzu, dass mit einer Selbstverständlichkeit falsche Handlungen, fehlerhafte Analysen und ungenaue Bebachtungen als Ursachen geortet werden, auch wenn diese keine Rolle spielten oder anders gar nicht möglich waren.

Verbindet man die beiden Gedankengänge, die Bedeutungsvielfalt und das Vorauseilen des Tuns, so wird deutlich, wie wichtig, gerade in betriebswirtschaftlichen Systemen, *Unterbrechungen* des Handlungsstroms sind. Manager sind immer tief eingetaucht in diesen Strom. Er präsentiert sich als „Zirkel": Der Manager wirkt auf die Situation ein, die auf ihn zurückwirkt, woraufhin er wieder auf die Situation einwirkt usw. Erst durch die Unterbrechungen, in denen „people chop moments out of a continuous flow and extract cues from those moments" (Weick 1995, p. 43), werden die „Welten" im Unternehmen konstruiert, gestaltet oder, wie Weick (1979) es ausdrückt, „enacted". Dieses *enactment* (Objekte durch Worte oder Taten begreifbar oder sichtbar machen) geht über ein bloßes *enthinkment* (Objekte in das Bewusstsein rufen) hinaus und beinhaltet drei kritische Elemente: das soziale Konstruieren, die Sprache und Gefühle.

9.3 Soziale Konstruktionen und Sprache
Enactment ist ein sozialer Prozess. Der Wachtraum des Unternehmers oder Managers während eines einsamen Waldspaziergangs kann erst durch oftmalige Rekonstruktion im Unternehmen zur tragfähigen „Vision" werden. Deshalb sind Meetings so wichtig! Allerdings nicht jene, die lediglich als Arena der Mikropolitik dienen oder, mindestens ebenso schlimm, in denen jeder Anflug von *enactment* in Ritualen erstickt wird. Manager sind zudem

ständig mit Mehrdeutigkeiten oder, wenn man so will, mit *zu viel* Information konfrontiert. Völlig verfehlt sind Meetings, mit denen die Konfusion aus diesem „Zuviel" durch das Herbeischaffen von noch mehr „Information" behoben werden soll. Sie verkommen so zu Scheinveranstaltungen, auf denen Entscheidungschwäche mit Informationssuche kaschiert wird. Meetings sollten vielmehr als „Konstruktionsplätze" organisiert werden, auf denen die Teilnehmer aus Mehrdeutigkeiten neue Wirklichkeiten synthetisieren.

Das *enactment* lebt außerdem von der Sprache. Ihre Grenzen sind, in Anlehnung an Wittgenstein, gleichzeitig die Grenzen aller Konstruktionen. Unternehmen, die stolz sind auf ihre „starke", sprich „geschlossene" Unternehmenskultur und diese noch durch eine Unternehmenssprache stützen, etwa mit besonderen Codes und bevorzugten Wendungen oder durch effizienzbetonte Knappheit und Glorifizierung der elektronischen Kommunikation, betreiben so eine Art Selbstfesselung. Sowohl die innere als auch die äußere Welt von Unternehmen besteht zu einem großen Teil aus Sprache. Man denke an Versprechen, Lügen, Erwartungen, Erfahrungen, Drohungen, Gerüchte, Vertrauenerweise, Misstrauensäußerungen, Verdächtigungen, Verpflichtungen usw. Je nachdem, was und wie gefiltert, verkürzt, ignoriert, verzerrt, beschönigt usw. wird, fallen Möglichkeiten zur Konstruktion von Wirklichkeiten an.

9.4 Gefühle

Jede Gestaltung im Sinne des *enactments* ist schließlich auch mit Gefühlen verbunden. Genauer gesagt, sind es nicht die *primären*, auf einer bereits angeborenen „Verdrahtung" beruhenden Gefühle, auf die es hier ankommt. Für sie ist ausschließlich das limbische System (Zwischenhirn), und hier insbesondere die beiden Mandelkerne, zuständig. In Gestaltungsprozessen spielen die *sekundären* Gefühle die entscheidende Rolle. „Trauer" ist z. B. ein solches. Für ihre Entstehung ist eine Analyse und damit die Mitwirkung des entwicklungsgeschichtlich jüngeren Neokortex (Großhirn) notwendig. Ratio und Emotio sind also nicht als getrennt, sondern als miteinander verkettet zu denken. Die sekundären Gefühle rufen überdies Empfindungen hervor, die bestimmte Vorstellungsbilder „markieren". Diese Bilder oder „somatischen Marker" (Damasio 1997) können uns z. B. vor negativen Entscheidungsfolgen warnen oder zu bestimmten Handlungen ermutigen. Auf diese Weise navigieren uns die Gefühle in Möglichkeitsräume, in denen wir dann mithilfe der Ratio die Feinabstimmung vornehmen können.

Wichtig für das Management ist nun, dass „Marker" zeitlebens hinzugelernt und vergessen werden können. Dies weist der Unternehmenskultur und der Sozialisation von Managern eine Bedeutung zu, die bislang, getreu der Vorstellung vom kalten, rational handelnden Entscheider, weitgehend übersehen wurde. Es ist daher nicht unangemessen, die Arbeitswelt aufzurufen, wie es z. B. Schanz (1997) getan hat, Umfeldbedingungen zu schaffen, die das Zusammenspiel zwischen Ratio und Emotio aufs höchste fördern, statt Letztere als Störfaktor zu behandeln.

Ein Dilemma darf jedoch in diesem Zusammenhang nicht übersehen werden. Die Intensität von Emotionen hängt von der Fluidität des Beziehungsgeflechts in sozialen Systemen ab. Kurzzeitige, häufig wechselnde Beziehungen sind eher in der Lage, starke Gefühle zu erzeugen, als dauerhafte, stabile. Gerade diese sind aber für den so wichtigen Vertrauensaufbau wichtig (Stahl 1998). Ein möglicher Ausweg aus diesem Zwiespalt könnte in der Mischung bestehen aus einer Kultur, die vom „Gesetz des Wiedersehens" (Luhmann 1989) und einer Förderung informaler Beziehungen geprägt ist sowie einer „Teamkultur", die Funktions- und Abteilungsgrenzen zu durchdringen vermag.

9.5 Mikropolitik

Der Prozess des *enactment (to begin to act)* ist also handlungsbetont. Nun sind Unternehmen immer auch politische Systeme, d. h., ihre Strukturen werden mehr oder weniger bestimmt von „Mikropolitik", den vielen „kleinen" und alltäglichen Techniken und Taktiken, mit denen die Unternehmensmitglieder versuchen, ihren Handlungsspielraum zu erhalten und eigene Interessen durchzusetzen. Aushandlungsprozesse, die zu stabilen oder wechselnden Koalitionen führen, sind typisch dafür. Mikropolitik profitiert von gleich bleibenden Verhältnissen, da sie sich an der bestehenden Ordnung ausrichtet und (nur) ihre Lücken mit aller Raffinesse auszunutzen versucht. Jeder Prozess der diese Lücken zu schließen droht, wird von ihr bekämpft, also auch alles, was auf *enactment* zutrifft, z. B. das *Learning by Doing*, das reflektierende Unterbrechen, die Lust am Neuartigen, das Agieren in vielfältigen Kontexten usw.

Je größer und monolithischer das Unternehmen ist, umso anfälliger wird es für eine solche „politische" Knebelung sein. Dieses Größenproblem wird auch am Hierarchiedilemma (Starbuck a. Milliken 1988) deutlich: Unternehmensmitglieder mit besonderer Erfahrung im Umgang mit Neuartigem und Unbestimmtem finden sich eher am unteren Ende der Hierarchie. Sie betreiben *enactment* aus der Not des Zeitdrucks und der hohen Komplexität wegen, die sie, anders als die oberen Ränge, nicht mehr weiter reduzieren können. Sie sind offen für Veränderungen, weil dadurch ihre Fähigkeiten gefragt werden und Aufstiegschancen entstehen. Die Mitglieder der obersten Stufen befinden sich hingegen in der umgekehrten Lage. Ihre Erfahrung liegt eher in den stabilen, längere Zeiträume umfassenden Aufgaben. Sie werden Fingerzeige aus ihrer Umgebung so interpretieren, dass sie in dieses Aufgabenmuster passen. Bei Stellenbesetzungen werden sie Bewerber mit ähnlichen Fähigkeiten bevorzugen. Das System stabilisiert sich so in einer wenig durchlässigen, geschichteten Form.

9.6 Macht

Die traditionelle, auf das Subjekt und damit den „Besitz" abstellende Definition von Macht als Mittel, den eigenen Willen, nötigenfalls auch gegen Widerstand, durchzusetzen, ist für eine postmoderne Unternehmensführung viel zu eng gefasst. Was hierbei übersehen wird, ist, dass Macht ausgehandelt wird (Sandner 1990). Sie ist das Ergebnis von Deutungen gegenseitiger Abhängigkeiten, die sich aufgrund individuell verfügbarer Ressourcen ergeben. Man denke etwa an die Konzentration sachlicher und heuristischer Kompetenzen gerade auf den untersten Hierarchiestufen oder an die Kontrolle von Unsicherheitszonen im Unternehmen, die dem mittleren Management eine besondere Machtquelle sichert.

Nach dem Aushandlungsprinzip sind alle Beteiligten an der Machtbeziehung interessiert, weil sie nicht nur etwas einbringen, sondern auch etwas erhalten. Dies bedeutet eine radikale Änderung des Deutungsschemas: Status, Autorität und Regeln werden nicht mehr als „zwingend", d. h. logisch, unvermeidlich oder normal empfunden; sie unterliegen vielmehr einer ständigen Beurteilung hinsichtlich bestehender oder neuer Abhängigkeiten. Dieser Wegfall von Zwang wird durch mehr Eigeninitiative, vergrößerten Handlungs- und Verantwortungsspielraum und höhere Situationskontrolle der Unternehmungsmitglieder zu kompensieren sein. Die Kehrseite dieser Kompensation sind die Risiken der Instabilität, des Opportunismus und vermehrter Konflikte, die dem Management noch zusätzlich aufgebürdet werden.

9.7 Genauigkeit

Bei diesen Betrachtungen über einen Perspektivenwechsel darf das Problem der „Genauigkeit" nicht fehlen. Das zu Beginn dieses Beitrages angeführte Beispiel des Managers, der Genauigkeit von Voraussagen einforderte, ist typisch für den Stellenwert, der diesem Faktor im herkömmlichen Managementdenken beigemessen wird. Die Sehnsucht nach naturwissenschaftlicher Exaktheit und eine Trivialisierung der Unternehmensführung als steuerbare Input-Output-Beziehung spielen hier eine Rolle. Der Zukunftsgestaltung läuft ein solcher Perfektionismus allerdings zuwider. Er neurotisiert in unnötiger Weise den Managementprozess weil er verkennt, dass „Managen" ein höchst inakkurater Vorgang ist. Schon das Heranziehen von Vergangenem zum Erkennen der Gegenwart zeigt dies. Hier werden subjektive Rekonstruktionen mit gefilterten Eindrücken verglichen.

Hinzu kommt noch, dass Wahrnehmen immer auch mit Vorhersehen verbunden ist. Dennoch wird um „Objektivität" gerungen. Dabei ist leicht zu beobachten, wie in der Praxis z. B. gerade ungenaue („falsche") Wahrnehmungen das Management zu neuen Techniken und kreativen Ideen galvanisieren können. Oder wie Sutcliffe (1994, p. 1374) es ausdrückt: "Having an accurate environmental map may be less important than having some map that ... prompts action." Ebenso hartnäckig hält sich der Glaube an die Zielklarheit. Dabei wissen wir seit langem aus der empirischen Forschung, dass die Forderung nach Zielklarheit in den komplexen Situationen von heute unrealstisch ist und durch „kontrollierte Zielunklarheit" (Hauschildt 1981) ersetzt werden sollte. Unternehmen, die sich dieser Einsicht verschließen, bezahlen dafür den (hohen) Preis von Manipulationen, Widerständen und Starrheit.

Gerade vom Führungsgremium eines Unternehmens wird üblicherweise besondere Genauigkeit erwartet. So, als wären Geschäftsleitungen, Vorstände usw. Teams von Wissenschaftlern, die in logisch-deduktivem Denken trainiert sind. Manager hingegen personalisieren, d. h., auch scheinbar rein Sachliches wird eher aus einem interpersonalen Blickwinkel betrachtet, und Objekte werden eher wie Personen behandelt. Zweckmäßiger wäre es daher, von diesen Gremien von vornherein *Plausibilität* statt Genauigkeit zu erwarten. Plausibilität muss aber verpackt sein in Geschichten und Metaphern, damit sie im Unternehmen transportiert werden kann. Womit sich der Kreis zur Bedeutung der *Sprache* im Unternehmen wieder schließt.

9.8 Komplexität

Unternehmensführung bedeutet immer auch die Handhabung von Asymmetrien. Eine besonders wichtige stellt sich als Komplexitätsgefälle zwischen System und Umwelt dar: Die Umwelt ist immer komplexer ist als das System, das als Bezugspunkt gewählt wird. Erst durch die Einführung dieser Differenz gewinnt der Begriff „Komplexität" an Sinn, denn „Einfachheit" ist keineswegs das Gegenteil, sondern nur eine andere Ausprägung von Komplexität. Selbst der rastloseste Manager wird immer auch Beobachter sein müssen. Was er beobachtet, ist die Vielzahl an Elementen, die sich undurchschaubar, weil vernetzt und rückgekoppelt, gegenseitig beeinflussen und dadurch für ihn neuartige, nicht vorhersehbare Situationen schaffen.

Geht der Manager in „klassischer Weise" vor, etwa nach dem Motto "doing the right things" und "doing things right" (Drucker), so wird er entscheiden, was "right" ist. Er wird im Vertrauen auf seine Begabung, Erfahrung, vielleicht sogar Intuition selegieren: Was ist in welchen Umwelten relevant, wo muss in welcher Weise „angedockt" werden, welche Verknüpfungen von Elementen sind wie vorzunehmen. Der Manager wird also, um sein „System" nicht zu überfordern, das Komplexitätgefälle nach außen möglichst gering halten. Er wird versuchen, die Komplexität zumindest zu „organisieren" oder, konsequenter, zu reduzieren. Er glaubt sich damit auf dem richtigen Weg, wenn er z. B. hört: Komplexität wirkt als „Kostentreiber", Komplexität ist eine „tödliche Gefahr" (Roever 1991), Komplexität kann durch Leanmanagement eliminiert werden (Womack et al. 1990).

So nahe liegend eine Komplexität*reduktion* erscheinen mag, sie führt eben auch dazu, dass Relevantes ausgeklammert oder gar geleugnet wird. Dadurch entsteht Komplexität genau dort, wo vereinfacht wurde, nur dass man damit nicht gerechnet hat (Baecker 1992). Der Gegenpol ist die Komplexitäts-*produktion*. Auf die Zunahme der *Umwelt*komplexität wird mit einer Steigerung der *System*komplexität geantwortet. Auch wenn eine „Komplexitätsisomorphie" zwischen Unternehmen und Umwelt selbst bei kleinen Unternehmen illusorisch ist, Komplexitätsbejahung also nicht beliebig ausgedehnt werden kann, die Denkrichtung, äußere mit innerer Komplexität zu konfrontieren, bleibt erhalten. Größenwachstum, eine Vielzahl an Beobachterstellen, genügend Möglichkeiten zur Verarbeitung von Beobachtungen, ein Denken und Handeln in mehrfachen Kontexten, multiple Führungsstrukturen im Sinne einer "redundancy of potential command" (McCulloch), kurzum, vieles von dem, was in den Facetten des Perspektivenwechsels bisher angesprochen wurde, fließt in diese Erhöhung der inneren Komplexität ein.

10. Die Rolle des Führungsgremiums bei der „Erfindung" von Zukunft

Fasst man die verschiedenen Facetten des für die Gestaltung von Zukunft notwendigen Perspektivenwechsels zusammen, so ergibt sich Folgendes:

– Rollenbild, Aus-und Weiterbildung sowie die „Moden und Mythen des Organisierens" (Kieser 1996) pressen den Manager in eine Zwangsjacke, die ihn der Mehrdeutigkeit von Situationen ausliefert, anstatt dass er diese für ein *enactment* nutzen könnte.

– Management ist keineswegs eine logisch-deduktive, sondern eine handlungsgetriebene Übung, die die jeweiligen Geschichten zu den jeweiligen Ergebnissen nachliefert.

– Ebenso wenig sind Managementgremien Teams von „Wissenschaftlern" (was nicht ausschließt, dass Wissenschaftler auch Manager sein können), sondern von Individualisten, die Probleme in der Regel personalisieren.

– Erst durch Unterbrechungen des Handlungsstroms, durch Reflexion, sozialen Austausch und durch Sprache werden Bedeutungen kristallisiert und „Welten" im Unternehmen ins Leben gerufen.

– Das erlernte Unterdrücken von Gefühlen verringert die Chancen, sich in komplexen Möglichkeitsräumen zurechtzufinden, was bedeutet, auf einen höchst problematischen Wegweiser, die emotionslose Vernunft, angewiesen zu sein.

– Obwohl auch die Mikropolitik handlungsorientiert ist, lebt sie von einfachen und beständigen Strukturen und wird deshalb jede Erhöhung von Vielfalt zu unterlaufen suchen.

– Macht ist nicht Besitz, sondern das Ergebnis von Aushandlungsprozessen, was sowohl die Vielfältigkeit von Machtquellen im arbeits-

teiligen Unternehmen von heute als auch das *impression management* (Goffman) in den Vordergrund rückt.
- Der hartnäckige Glaube an die Genauigkeit im Managementprozess stellt eine weitere Art der Selbstfesselung dar, und dies, obwohl die alltägliche Managementpraxis das Dogma der Genauigkeit ständig Lügen straft.
- Alle diese Gesichtspunkte gehen mit einer höheren inneren und äußeren Komplexität einher sowie mit der Notwendigkeit, sie zu bejahen, anstatt, wie die gängige Forderung lautet, sie zu reduzieren oder gar zu eliminieren.

Auf die Unternehmensführung projiziert, bedeutet dies, dass die Rolle des Führungsgremiums gründlich zu überdenken ist. Es kann als wichtigste interne Koalition aufgefasst werden, deren Handeln mehrfache Konstruktionen einschließt. Der Begriff *Koalition* bezieht sich dabei auf die unterschiedlichen individuellen Präferenzordnungen ihrer Mitglieder, die im Idealfall zugunsten eines kooperativen Verhaltens zurückgestellt werden und im schlimmsten Fall als Triebfeder „mikropolitischer" Spiele dienen. Der Begriff der *Konstruktion* verweist auf die Unhaltbarkeit der Annahme einer vorgegebenen Umwelt, die als das, was sie ist, erkannt werden kann. Wir sehen drei Konstruktionsbereiche, die innerhalb des Führungsgremiums ineinander greifen und insgesamt die *Deutungskompetenz* der Führungsspitze bestimmen:

Zunächst ist alles, was im Führungsgremium als Wissen über die „Welt" vorhanden ist, das Ergebnis der je *individuellen* Konstruktionen von Wirklichkeit. Dies kann mit der anatomisch-physiologischen Beschaffenheit des Gehirns, das als selbstreferenzielles System keinen Zugang zur Außenwelt hat, begründet werden. Die individuellen Konstruktionen werden nach ihrer „Viabilität" (von Glasersfeld 1995), d. h. der Nützlichkeit und Passfähigkeit im Hinblick auf die je angestrebten Ziele, bewertet.

Der zweite Konstruktionsbereich beruht auf den Interaktionen *zwischen* den Mitgliedern des Führungsgremiums, aber auch, und das erscheint uns wesentlich, auf den regelmäßigen Interaktionen *innerhalb* der jeweiligen Verantwortungsgebiete, seien dies Funktionen, Geschäftseinheiten oder Prozesse. Die Konstruktionen sind in diesem Fall das Ergebnis sozialen Austauschs, wobei wiederum Sprache das entscheidende Medium darstellt. Auch hier ist die Viabilität das Bewertungskriterium, allerdings im Hinblick auf das „Gelingen" eher des Miteinander als der individuellen Zielereichung.

Im dritten Konstruktionsbereich werden die individuellen und interaktionellen Konstruktionen zu Konstruktionen höherer Ordnung „verarbeitet". Diese zeichnen sich durch einen gewissermaßen „verschmierten" Charakter aus, da sie eine Mischung aus *Fiktion* und *Hypothese* darstellen.

Visionen, beispielsweise, sind größtenteils Als-ob-Annahmen und damit fiktiv, Strategien hingegen weitgehend Hypothesen, die *unmittelbar* mit Erfahrungen konfrontiert werden. Leitlinien und Direktiven liegen irgendwo dazwischen.

Die Brauchbarkeit dieser Konstruktionen höherer Ordnung ergibt sich aus dem Grad der erreichten Beeinflussung. Er ist niedrig, wenn die Bewegungen der Unternehmung und ihrer relevanten Umwelten eher zufällig zu geschehen scheinen und kaum den Konstruktionen der Unternehmungsführung zugeschrieben werden können. Er ist hoch, wenn es gelingt, mit der eigenen Unternehmung und ihren relevanten Umwelten laufend so zu „experimentieren", dass eine Rückkopplung zwischen Deutung und Schaffung aufgebaut wird. Oder, anders ausgedrückt, wenn so lange aktiv nach Erwiderungen gesucht wird, bis das Erwartete bestätigt erscheint und damit den Prozess in Gang hält. Dementsprechend ist die Deutungskompetenz des Führungsgremiums *hoch*, wenn

- Mehrdeutigkeit nicht nur notgedrungen akzeptiert, sondern als erwünschte Varietät angestrebt wird;
- das Informationssystem frei von Engpässen, Monopolpositionen und „politisch" kontrollierten Schnittstellen ist;
- „Versuch und Irrtum" zum Standardrepertoire der Unternehmung gehören;
- die individuellen Erfahrungen in eine organisationale Wissensbasis eingehen, die auch für alle zugänglich ist.

Die Deutungskompetenz hat allerdings ihren Preis. Aufbau und Anwendung verschlingen Zeit. Die Interaktionskosten sind hoch, da viele am Deutungsprozess teilhaben und die Deutungen der Übersetzung bedürfen. Alles wird aus dem Blickwinkel der Vorläufigkeit gesehen, was die Geduld strapaziert. Das Führungsgremium hat daher einen permanenten Balanceakt zwischen kostspieliger Mehrdeutigkeit und effizienter „Eineindeutigkeit" zu meistern. Letztere ist die im Zuge des hierarchischen Autoritätsgefälles nahe gelegte oder sogar verordnete Eindeutigkeit von Beobachtungen, die sowohl die Innenwelt der Unternehmung als auch die relevanten Außenwelten betreffen. Beide Formen der Deutung münden, in ihrer Reinkultur praktiziert, rasch in Pathologien: einer Orientierungslosigkeit der Unternehmung durch „Überdeutung" oder einer vorgegaukelten Sicherheit durch „Eindeutung".

11. Die Rolle der Vision bei der „Erfindung" von Zukunft

In einer Betrachtung der Zukunftsgestaltung darf die unternehmerische „Vision" nicht fehlen. Idealtypisch soll sie, als Wachtraum der Person an der Spitze eines Unternehmens (dem „Visionär") oder als konsensuale Fiktion einer Gruppe (dem „Visionsteam"), in logischer Folge über die Unternehmensphilosophie und die Unternehmenspolitik zur Unternehmensstrategie verdichtet werden. Hier wird Denken und Handeln gleich zweimal getrennt: erstens zeitlich, denn zuerst wird gedacht, dann gehandelt; und zweitens hierarchisch, denn „unten" wird das umgesetzt, was „oben" gedacht worden ist. Tatsächlich läuft jedoch die Eigendynamik eines Unternehmens einer solchen Vorgehensweise immer wieder davon. Strategien „emergieren" eben auch (Mintzberg 1988), d. h., sie kondensieren aus den unzähligen „Versuchen und Irrtümern" des betrieblichen Alltags.

Hier liegt sicher ein Grund für die Enttäuschungen mit einem phasenweisen Vorgehen. Ein anderer mag in einem Missverständnis der „Vision" selbst zu suchen sein. So eindrucksvoll die Beispiele erfolgreicher Visionen, egal ob z. B. *Duttweiler*, *Honda* oder *SAS*, auch sein mögen, in vielen Fällen stellt die Vision (nur) eine Rekonstruktion von bereits Geschehenem dar. Die Vision ist dann die Geschichte zum Ergebnis, was allerdings nicht gering geschätzt werden soll, denn das „Be-Geisternde" der auf diese Weise entstehenden Mythen kann Energien im Unternehmen mobilisieren und sie in eine bestimmte Richtung lenken. Das entspricht genau dem, was eine Vision (lehrbuchhaft) leisten soll. Die Vision misszuverstehen heißt auch, beim *enthinkment* stehen zu bleiben, d. h., den Abschluss der „einsamen" oder konsensualen Konstruktionsphase einer Fiktion schon als Vision zu erklären. Erfolgreiche Visionen werden dem Unternehmen nicht übergestülpt, sondern im Unternehmen erarbeitet. Eine Idee wird durch mannigfache formale und informale Begegnungen in allen Verästelungen des Unternehmens geprüft, verdichtet, angepasst, zum Teil verworfen, auf den Kopf gestellt, erweitert, aber immer, und das ist das Entscheidende, gegen den Hintergrund konkreter Ergebnisse.

„Planen und Ausführen vermengen sich in einem unaufhörlichen, zum großen Teil unbewussten Lernprozess", meint Mintzberg (1988, S. 73) zur Strategie. Warum sollte es bei der Vision anders sein, wo sie doch ein synthetischer Prozess ist? Nochmals Mintzberg (1994, p. 314): "None can substitute for the synthesis that molds the various perceptions ... into a integrated strategic vision." So ist die Vision immer auch ihre eigene Umsetzung, das *enactment*. Die Mitglieder des Führungsgremiums fungieren hier als Katalysatoren dieses Prozesses. Allerdings, das haben wir in mittelständischen Unternehmen beobachtet, agieren sie dann nicht gezwungenermaßen, projekthaft oder missionarisch, sondern so, als wäre es das Natürlichste der Welt. Wie die Strategie gleicht eben auch die Vision am ehesten dem Handwerk.

12. Zum Schluss: Heuristiken für die „Erfindung" von Zukunft

Auch wenn die Wege zur „Gestaltung" und „Erfindung" von Zukunft verschlungen und voller Dilemmata zu sein scheinen, so gibt es doch zumindest einige *Heuristiken*, die sich in der Praxis bewährt haben und Mitgliedern des Führungsgremiums eines Unternehmens zur Anwendung empfohlen werden können:

- Immer wieder aus dem System heraustreten und von der Rolle des Handelnden in die Rolle des Beobachtenden wechseln.
- Drei Imperative besonders beachten: „Schau auf das Ganze!", „Bewerte nicht nach Wahr oder Falsch!", „Bedenke, es kommt darauf an!".
- Sich selbst komplizieren, d. h. gewohnte Denkschemata und „Drehbücher" (*scripts*) beiseite legen, wenn es gilt, komplizierte Situationen zu bewältigen.
- Paradox denken und argumentieren, d. h. z. B. das Gute im Schlechten oder das Schlechte im Guten aufdecken, wenn es um die Kommunikation über Widersprüche und Dilemmata geht.
- Bewegungen in den Außenwelten antizipieren, indem man sich von dem Grundsatz leiten lässt: „Es kann auch alles anders kommen!"
- Informations*nähe* bevorzugen, d. h. wann immer möglich, direkten Wegen den Vorzug vor indirekten geben.
- Informations*offenheit* anstreben, d. h. wachsam sein hinsichtlich des Verhaltens der *Gatekeepers*, also Personen, die in der Lage sind, den Informationsfluss innerhalb des Unternehmens sowie von und nach außen zu kontrollieren.
- Die Umkehr einer bequemen (und möglicherweise gewohnten) *Innen*orientierung vornehmen, d. h. versuchen, sich in Kunden, Lieferanten, Konkurrenten usw. hineinzudenken.
- Experimentierfreudigkeit kultivieren, d. h. den Wert von „Versuch und Irrtum" über den des Strebens nach „null Fehlern" stellen.
- Flexibilitätsbudgets vorhalten, um vorschnelle Bindungen jeglicher Art vermeiden zu können.
- *Slackbudgets* vorhalten, um durch bewusste Überschussressourcen dem Diktat der Zeitverknappung zu entgehen.
- Ein progressives Anspruchsniveau der Mitarbeiter anstreben, d. h. gefördert durch Anerkennung und Belohnung werden solche Herausforderungen gesucht, die immer etwas über den alten liegen.
- Vertrauensfähigkeit entwickeln, d. h. die Normen der Offenheit (Bereitschaft zur Selbstöffnung), Ehrlichkeit (kein bewusstes Verfälschen von Informationen), Toleranz (insbesondere gegenüber Mehrdeutigkeit), Reziprozität (Verpflichtung aus Gegenseitigkeit) und Fairness (Prinzip der Angemessenheit) vorleben.
- Den „handlungsethischen Imperativ" (von Foerster 1993) befolgen: „Handle stets so, dass die Anzahl deiner Wahlmöglichkeiten größer wird!"

Literatur

Albach, H. (1987): Geburt und Tod von Unternehmen. (IFM-Materialien Nr. 55.) Bonn (IFM).

Ashby, W. R. (1965): An Introduction to Cybernetics. London (Wiley).

Baecker, D. (1992): Fehldiagnose „Überkomplexität" – Komplexität ist die Lösung, nicht das Problem. *gdi impuls* 92 (4): 55–62.

Bentivogli, C., H. H. Hinterhuber u. S. Trento (1993): Die Uhrenindustrie: Eine strategische Analyse. In: H. H. Hinterhuber u. R. Pieper (Hrsg.): Fallstudien zum Strategischen Management. Wiesbaden (Gabler), S. 6–97.

Bullnheimer, B. u. J. Schmitz (1996): Chaostheorie und Unternehmensentwicklung. *Zeitschrift für Planung* 7 (3): 233–252.

Damasio, A. (1997): Descartes' Irrtum – Fühlen, Denken und das menschliche Gehirn. München (dtv).

Foerster, H. von (1993): Wissen und Gewissen. In: S. J. Schmidt (Hrsg.): Wissen und Gewissen: Versuch einer Brücke. Frankfurt a. M. (Suhrkamp).

Gebert, D. u. S. Boerner (1995): Manager im Dilemma. Frankfurt a. M./New York (Campus).

Gergen, K. (1996): Das übersättigte Selbst. Heidelberg (Carl-Auer-Systeme).

Glasersfeld, E. von (1995): Die Wurzeln des „Radikalen" am Konstruktivismus. In: H. R. Fischer (Hrsg.): Die Wirklichkeit des Konstruktivismus. Heidelberg (Carl-Auer-Systeme).

Hauschildt, J. (1981): „Ziel-Klarheit" oder „kontrollierte Ziel-Unklarheit" in Entscheidungen? In: E. Witte (Hrsg.): Der praktische Nutzen empirischer Forschung. Tübingen (Mohr), S. 305–322.

Hejl, P. M. (1992): Selbstorganisation und Emergenz in sozialen Systemen. In: W. Krohn u. G. Küppers (Hrsg.): Emergenz: Die Entstehung von Ordnung, Organisation und Bedeutung. Frankfurt a. M. (Suhrkamp), S. 269–292.

Hinterhuber, H. H. u. H. K. Stahl (1996): Die Unternehmung als Deutungsgemeinschaft. *Technologie und Management* 45 (1): 8–13.

Kaempfer, W. (1994): Zeit des Menschen. Frankfurt a. M./Leipzig (Insel).

Kieser, A. (1996): Moden & Mythen des Organisierens. *Die Betriebswirtschaft* 56 (1): 21–39.

Kirsch, W. (1992): Kommunikatives Handeln, Autopoiese, Rationalität. München (Kirsch).

Kopel, M. (1996): Kontrolliertes Chaos: Ein Ausweg aus der Unternehmenskrise. *Zeitschrift für Betriebswirtschaft* 4: 487–503.

Krappmann, L. (1978): Soziologische Dimensionen der Identität. Strukturelle Bedingungen für die Teilnahme an Interaktionsprozessen. Stuttgart (Klett-Cotta).

Lay, R. (1988): Philosophie für Manager. Düsseldorf/Wien/New York (Econ).

Luhmann, N. (1984): Soziale Systeme: Grundriß einer allgemeinen Theorie. Frankfurt a. M. (Suhrkamp).

Luhmann, N. (1989): Vertrauen. Stuttgart (Enke).

Maturana, H. (1997): Was ist erkennen? München/Zürich (Piper).

Maul, C. (1993): Der Beitrag der Systemtheorie zum strategischen Führungsverhalten in komplexen Situationen. *Zeitschrift für Betriebswirtschaft (ZfB)* 63 (7): 715–740.

Mcmaster, M. (1996): Foresight: Exploring the Structure of the Future. *Long Range Planning* 22 (2): 149–155.

Metcalfe, M. (1995): Looking Back at Forecasting. *Journal of General Management* 21 (1): 62–70.

Mintzberg, H. (1988): Strategie als Handwerk. *Harvard Manager* 1: 73–80.

Mintzberg, H. (1994): The Rise and Fall of Strategic Planning. New York (Free Press).

Morrison, M. a. M. Metcalfe (1996): Is Forecasting a Waste of Time? *Journal of General Management* 22 (1): 28–34.

Moyer, K. (1996): Scenario Planning at British Airways – A Case Study. *Long Range Planning* 22 (2): 172–181.

Pinkwart, A. (1992): Chaos und Unternehmenskrise. Wiesbaden (Gabler).

Porter, M. (1980): Competitive Strategy. New York (Free Press).

Probst, G. J. B. u. B. S. T. Büchel (1994): Organisationales Lernen – Wettbewerbsvorteil der Zukunft. Wiesbaden (Gabler).

Raimond, R. (1996): Two Styles of Foresight: Are We Predicting the Future or Inventing it? *Long Range Planning* 29 (2): 208–214.

Roever, M. (1991): Tödliche Gefahr. *Manager Magazin* 10: 218–233.

Sandner, K. (1990): Prozesse der Macht. Berlin et al. (Springer).

Schanz, G. (1997): Intuition als Managementkompetenz. *DBW Die Betriebswirtschaft* 5: 640–654.

Stahl, H. K. (1996): Zero-Migration. Wiesbaden (Gabler).

Stahl, H. K. (1998): Modernes Kundenmanagement. Renningen (Expert).

Starbuck, W. H. a. F. J. Milliken (1988): Executives' perceptual filters. In: D. C. Hambrick (eds.): The executive effect: Concepts and methods for studying top managers. Greenwich, CT (JAI), p. 35–65.

Sutcliffe, K. M. (1994): What executives notice: Accurate perceptions in top management teams. *Academy of Management Journal* 37: 1360–1378.

Weick, K. E. (1979): The Social Psychology of Organizing. Reading, MA (Addison-Wesley).

Weick, K. E. (1995): Sensemaking in Organizations. Thousand Oaks, CA (Sage).

Womack, J., D. Jones a. D. Roos (1990): The Machine that Changed the World – The Story of Lean Production. New York (Harper-Collins).

JENSEITS DES SACHZWANGS
Unternehmenspolitische Konstruktionen
für das 21. Jahrhundert[1]

> *„Die Legitimation dessen, was wir versuchen,*
> *liegt in der Einheit von Theorie und Praxis,*
> *die weder an den freischwebenden Gedanken sich verliert*
> *noch in die befangene Betriebsamkeit abgleitet."*
> (Theodor W. Adorno)

1. Einleitung

Insbesondere wirtschafts- und sozialwissenschaftliche Theoriebildungen stehen in politischen Kontexten, und politische Kontexte sind selbst Konstruktionsleistungen. Für kaum etwas gilt dies seit einiger Zeit so stark wie für das Verständnis jener Prozesse, die von höchst unterschiedlich gestimmten Beobachtern unter dem Begriff der Globalisierung gefasst werden.

Globalisierung ist ein auf jeden Fall beschreibungsbedürftiges und vielleicht erklärungsfähiges Phänomen. Beschreibungsbedürftig deshalb, weil der Terminus seit einiger Zeit besonders prominenter Kandidat ist für das Interesse, die ökonomischen, sozialen und politischen Verhältnisse auf den Begriff zu bringen. Nur vielleicht erklärungsfähig, weil es (a) sehr unterschiedliche bzw. direkt widersprüchliche Auffassungen über das gibt, was mit Globalisierung gemeint sein soll, und weil es (b) nach dem Scheitern des (auch wissenschaftlichen bzw. sogar gerade mit dem Anspruch von Wissenschaft vorgetragenen) Versuchs, eine allgemeine Gesellschaftsformation herauszudestillieren, die man Kapitalismus nennen kann, vielleicht gar nicht so sinnvoll ist, einen neuen das Ganze erklären könnenden Begriff zu suchen.

Globalität in der Definition von Ulrich Beck („Wir leben längst in einer Weltgesellschaft, und zwar in dem Sinne, dass die Vorstellung geschlossener Räume fiktiv wird"; 1997, S. 27) ist in der Tat bereits hergestellt, und die von ihm als Globalisierung bezeichneten Prozesse, „in deren Folge die Nationalstaaten und ihre Souveränität durch transnationale Akteure, ihre Machtchancen, Orientierungen, Identitäten und Netzwerke unterlaufen und querverbunden werden" (ebd., S. 29), sind in vollem Gange.

Unter Berücksichtigung der inzwischen zahlreichen und in Schlussfolgerungen und Wertungen vielfältigen Literatur zum Phänomen Globalisierung[2] halte ich es für sinnvoll, dem darin enthaltenen Oszillieren zwischen dem tendenziellen Schreckensszenario der Unterwerfung der Welt unter einige ökonomische Global Players, die sich jeder Kontrolle entziehen, und der eher erfreulichen Vision einer aufgeschlossenen Weltgesellschaft analytisch Rechnung zu tragen. Globalisierung wird bis zum Beweis des Gegenteils als Verschränkung verschiedener Prozesse betrachtet, die sich als prinzipiell offene, wertend gesprochen: ambivalente Entwicklung beschreiben lässt. Das hat im Rahmen der Themenstellung dieses Aufsatzes den argumentationsstrategischen Vorteil, dass der praktische Gestaltungsfreiraum, den die erkenntnistheoretischen Einsichten des Radikalen Konstruktivismus gestatten, nicht etwa durch die empirischen Bezüge von vornherein zunichte gemacht wird.

Die Offenheit des empirischen Feldes für die Frage nach unternehmenspolitischen Konstruktionen (= Konstruktionsleistungsmöglichkeiten) lässt sich weiter plausibilisieren, wenn die vier Ebenen näher betrachtet werden, auf denen das Phänomen Globalisierung in der gesellschaftspolitischen wie wissenschaftlichen Diskussion verortet wird. Ökonomisch lassen sich Machtkonzentrationen international operierender Großkonzerne ebenso beobachten wie neue Chancen für Existenzgründer und kleine und mittelständische Unternehmen, gerade in Verknüpfung mit der Entwicklung der Informations- und Kommunikationstechnologien. Sozial ist im internationalen Maßstab offen, ob und inwiefern es im Anschluss an die UNCED-Konferenz von Rio 1992 zu gerechteren weltwirtschaftlichen Beziehungen kommen wird; und der Strukturwandel der Arbeit hat zwar hohe Erwerbsarbeitslosigkeit in den früh industrialisierten Ländern der Welt zur Folge, bietet zugleich aber auch neue Möglichkeiten für das, was Christian Lutz (1997, 1998) Lebensunternehmertum genannt hat. Ökologische Orientierungen der Wirtschaft haben teils an Attraktivität eingebüßt (betrieblicher Umweltschutz wird wieder verstärkt unter Kostengesichtspunkten thematisiert), könnten im Rahmen der Neudefinition von Märkten und Wettbewerbsfeldern jedoch auch wieder neues Gewicht erlangen. Und nicht zuletzt wird über die Ergebnisse von Globalisierung auf der kulturellen Ebene entschieden: Unternehmertum in der Zukunft wird immer mehr von kulturellen Deutungsmustern geleitet werden; dem Risiko von *tittytainment*[3] steht entgegen, dass ästhetische und sinnliche Komponenten im scheinbaren Reich der Zweckrationalität belangvoll werden. Darauf gilt es im Folgenden vor allem zurückzukommen.

Es gibt bei nüchterner Analyse keinen Anlass für die Vermutung, wegen Globalisierung sei das Verhalten der ökonomischen Akteure determinierter denn je. Unternehmen können insofern prinzipiell mit der Zuversicht auf Realisierung konkrete Vorstellungen über ihre Zukunftsmärkte, mögliche Marktveränderungen und ihre Position auf diesen Märkten entwickeln.

Dem stehen allerdings einige wirtschaftstheoretische Dilemmata entgegen, denen ich mich (in Abschnitt 2) zuwenden werde. Darüber lässt sich nicht nur politisch, sondern auch theoretisch ein Begriff von neuem Unternehmertum gewinnen, das vom alten abgegrenzt werden kann (s. Abschnitt 3). Dieses neue Unternehmertum braucht Visionen, die als Brüche mit bestehenden Wirklichkeitskonstruktionen organisierbar und beobachtbar sind (Abschnitt 4). Daraus erwachsen neue Anforderungen an die Qualität von Führungskräften und Entscheidungsträgern in Unternehmen, die unter die Formel „Symbolanalytiker statt Manager" gebracht werden können (Abschnitt 5). Unternehmen können über die Kommunikation mit externen Interaktionssystemen beobachtet werden (Abschnitt 6). Mittels einer Führung über weiche Faktoren *(soft factor assessment* oder Entwicklungsfähigkeitsanalyse) können Unternehmen freilich lernen, sich selbst zu beobachten und zu beschreiben (Abschnitt 7). Einige weiter führende Andeutungen liefern den Schluss dieses Beitrags (Abschnitt 8).

2. Wirtschaftstheoretische Dilemmata beim Bearbeiten der Themenstellung

In dem Maße, in dem sich moderne Wirtschafts- und Sozialwissenschaft als Suche nach menschlichen Verhaltensgesetzmäßigkeiten betätigt und sich dabei auch noch unter Erfolgszwang stellt, läuft sie Gefahr, die Idee und die Praxis menschlicher Freiheit zu untergraben. Für eine Volkswirtschaftslehre, die dem Vorbild der frühen modernen Naturwissenschaften folgend bemüht war und zu viel zu großen Teilen immer noch ist, Selbstregulierungsmechanismen des ökonomischen Systems zu konstruieren und darüber Gesetze zu behaupten, die quasi unabhängig von menschlichen Eingriffen existieren, trifft dies besonders ausgeprägt zu.

Bei der Analyse des spezifischen Gewichts jeder Seite der Verschränkung von System bzw. Struktur und Handlung hat die neoklassische Standardökonomie eine eindeutige Präferenz (s. Abb. 1). So plädiert etwa Kirchgässner (1991, S. 39) dafür, zur Erklärung von Veränderungen im menschlichen Verhalten vor allem Veränderungen in den Restriktionen heranzuziehen. Das Argument hierfür ist durchaus pikant, besteht nämlich in der Behauptung, die Restriktionen seien unabhängig erfassbar und die Präferenzen seien unabhängig von den Handlungen nicht erfassbar. Die wissenschaftstheoretische Auffassung, die dahinter steht, liegt deutlich zutage: Die Restriktionen werden als etwas Objektives und vom Menschen Unabhängiges unterstellt, wohingehend Präferenzen für den seiner Fiktion von Objektivität nachjagenden Wissenschaftler den Nachteil der Beschmutzung mit menschlichen Motiven, Beweggründen, Interpretationen usw. mit sich tragen. Es ist nur konsequent, wenn Kirchgässner die Ökonomie als „Wissenschaft von der Veränderung der Verhältnisse" charakterisiert, weil ihr die Einsicht in die Veränderbarkeit menschlichen Verhaltens durch die Veränderung von Restriktionen zugrunde liege (ebd., S. 27).

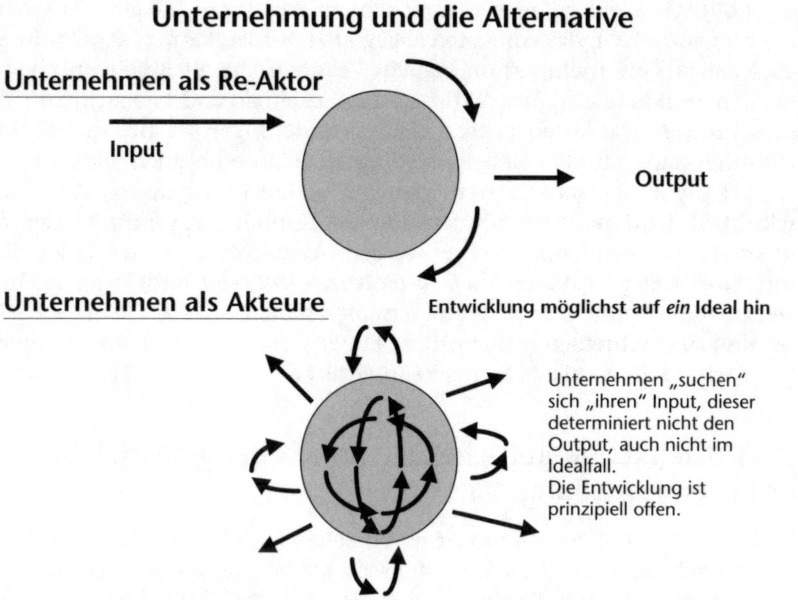

Unternehmung und die Alternative

Unternehmen als Re-Aktor

Input → Output

Unternehmen als Akteure

Entwicklung möglichst auf *ein* Ideal hin

Unternehmen „suchen" sich „ihren" Input, dieser determiniert nicht den Output, auch nicht im Idealfall.
Die Entwicklung ist prinzipiell offen.

Abb. 1: Das ökonomische Verhaltensmodell der Unternehmung und die Alternative

Verfechtern der modernen ökonomischen Theorie ist es bis hinein in die wirtschaftswissenschaftliche Politikberatung gelungen, die eigene Konstruktionsleistung – nämlich die Behauptung von Ökonomie als einem Reich rationaler Zwecke und Mittel – über zwei scheinbar demokratische und insofern zu den Ansprüchen an moderne Gesellschaften passende Argumentationen zu stützen:

1.) *De gustibus non est disputandum!*[4] Mittels einer weiteren Konstruktionsleistung, der schematischen Trennung zwischen Wissenschaft, die keine Werturteile oder gar Gebote bzw. Verbote abzugeben habe, und der gesellschaftlichen Praxis, wo Akteure ihre divergierenden Vorstellungen austragen dürfen, soll wissenschaftlichen Argumentationen untersagt werden, zu Bedürfnissen, Zwecken und Zielen Stellung zu nehmen. Das reduziert nebenbei das wissenschaftliche Treiben auf die Aufgabenstellung, zu Zweck-Mittel-Relationen räsonieren zu dürfen. Es proklamiert eine Wertfreiheit, die irreführenderweise die Beobachter-, Subjekt- und insofern Wertunabhängigkeit von Aussagen über vermeintlich gültige Konditionalsätze und Gesetzesaussagen unterstellt.[5] Klüger wäre es, die sich artikulierenden Bedürfnisse und Interessen in ihrem *Kampf um Anerkennung*[6] als Versuche individueller, sozialer und kollektiver Akteure zu beobachten, eigenen Wirklichkeitskonstruktionen zur Geltung zu verhelfen.

2.) Die zweite scheinbar demokratische Argumentation verklärt die Selbstregulierungskräfte des Marktes dahin gehend, dass staatlich-politische Intervention in das Wirtschaftsleben als prinzipiell von Übel deklariert wird (s. dazu Becker 1982). Mit dieser Deklaration passiert mehr: Absichtsvolle Zielsetzungen, etwa um sozialen oder ökologischen Kriterien stärker zu genügen, geraten als solche in den Verdacht, dem reibungslosen Funktionieren der Marktwirtschaft zu schaden, obwohl doch das Funktionieren der Marktwirtschaft gerade so beobachtet werden kann, dass alle versuchen zu intervenieren, und dies natürlich mit eigenen Zielsetzungen, die nicht bloß auf der Ebene einer ökonomischen Zweck-Mittel-Rationalität angesiedelt sind.

Der beobachtbare Versuch, im ökonomischen Kampf um Anerkennung vonseiten der Unternehmen Vorteile zu erlangen, heißt Steigerung der Wettbewerbsfähigkeit. In dem Kampf um Anerkennung als angemessene Wettbewerbstheorie präsentiert sich bislang der Ansatz von Porter als besonders stark. Porter bindet seine Untersuchung an die Branchenstruktur einer Volkswirtschaft. In einer Branche werden seiner Ansicht nach die Regeln des Wettbewerbs von fünf zentralen Kräften bestimmt:

(1) dem Markteintritt neuer Konkurrenten,
(2) der Gefahr von Ersatzprodukten,
(3) der Verhandlungsstärke der Abnehmer,
(4) der Verhandlungsstärke der Lieferanten und
(5) der Rivalität unter den vorhandenen Wettbewerbern.

„Der aus den fünf Wettbewerbskräften entwickelte analytische Rahmen ermöglicht es einem Unternehmen ... die für den Wettbewerb in der eigenen Branche entscheidenden Faktoren herauszufinden" (Porter 1986, S. 25).

Auffällig an dieser Konstruktion erscheint der einseitige Bezug auf externe Einflussfaktoren. Nach Porter gibt es zwei Grundtypen von Wettbewerbsvorteilen, die ein Unternehmen aus seiner spezifischen Analyse der Wettbewerbskräfte ableiten kann: niedrige Kosten und Differenzierung. Drei Strategietypen seien insgesamt gangbar, um überdurchschnittliche Ergebnisse in einer Branche zu erreichen

(1) Kostenführerschaft,
(2) Differenzierung,
(3) Konzentration auf Schwerpunkte.[7]

Porter leitet zwar aus der Entscheidung für einen bestimmten Strategietyp Konsequenzen ab für die Gestaltung des Unternehmens (z. B. straffe Lenkungssysteme aus der Entscheidung für die Strategie Kostenführerschaft; 1986, S. 47), wesentlich ist allerdings, dass es sich typologisch um Konsequenzen handelt, d. h. Reaktionen. Die endogenen Potenziale des Unternehmens sind für die Wettbewerbsfähigkeit nicht originär.

Porter hat seine Position inzwischen etwas differenziert. So wird in einem neueren Text (1997, S. 48) betont: „Strategie ist das Schaffen einer einzigartigen und werthaltigen Marktposition unter Einschluss einer Reihe differenter Geschäftstätigkeiten. Gäbe es nur eine einzige ideale Position, wäre Strategie nicht weiter notwendig. Die Unternehmen würden sich einem simplen Gebot konfrontiert sehen: Gewinne das Wettrennen, bei dem es einzig darum geht, diese Marktposition zu entdecken und zu besetzen."

Die eher endogene Einzigartigkeit und Werthaltigkeit wird dadurch stärker betont. Die frühere, eher einseitig *market-based* ausgerichtete Position Porters passt sich allerdings ein in das Dilemma, das die akademische Betriebswirtschaftslehre im deutschen Sprachraum in ihrer Entwicklung bis in die jüngste Zeit angerichtet hat. Das Rationalprinzip, das der für die Disziplin sicher wichtigste Theoretiker, Erich Gutenberg, vorschlug, war ein Prinzip der rationalen Wahl im Sinne optimaler Anpassung. Die Beobachter- bzw. Subjektunabhängigkeit von Konstruktionen hatte Gutenberg in seiner Habilitationsschrift von 1929 (S. 28) so weit getrieben, dass er die Existenz einer eindeutig optimalen Entscheidung selbst für den Fall unterstellte, in dem keine einzig real existierende Betriebs- und Geschäftsleitung darauf käme. Gutenbergs Standpunkt in dieser so zentralen Frage ist allerdings äußerst widersprüchlich. Denn einerseits konstruiert er ein dem Schein nach subjektfreies Rationalprinzip, auf der anderen Seite schwant ihm die prinzipielle Subjekt- bzw. Beobachterabhängigkeit strategischer Unternehmensentscheidungen: „Der dispositive Faktor aber ist in kein Verfahren auflösbar. Denn die großen Entscheidungen wurzeln in jener Irrationalität, die das Geheimnis individueller Art zu denken und zu handeln bleibt" (Gutenberg 1983, S. 147).

Die mangelnde Konsequenz der Kritik an Gutenbergs Konzeption innerhalb der akademischen Betriebswirtschaftslehre seit Ende der Sechzigerjahre in der Frage des Rationalitätskerns kommt recht gut dadurch zum Ausdruck, dass zwar manche (wie ich auch; vgl. Pfriem 1996, S. 123 ff.) von einer sozialwissenschaftlichen Öffnung sprechen, andere aber auch von einer verhaltenswissenschaftlichen. Mit der gegen Gutenberg gewendeten plakativen Formel, der Betrieb habe nicht eine Organisation, sondern sei eine, hatte Heinen die Idee kritisiert, die Organisation als solche aus der fundamentalen betriebswirtschaftlichen Beobachtung über die Unterstellung auszuklammern, sie funktioniere.[8] Nicht nur bei Schanz (z. B. 1977), dem das Verhalten gar zum paradigmatischen Fokus seines Ansatzes geriet, sondern auch bei Heinen gab es allerdings weder eine konsequente Öffnung zur Beobachtung des Unternehmens als sozialen Systems noch eine solche zum Handlungsbegriff.

In der Folge wurde unter dem Managementterminus die Betriebswirtschaftslehre, die doch erst Teil einer erklärenden Wirtschaftswissenschaft sein wollte – so Gutenbergs programmatischer Vortrag von 1957 –, geradezu umgedreht. Die soziologische Einsicht in die Komplexität sozialer Systeme führte H. Ulrich zum einseitigen Setzen auf die Gestaltungsfunktion von Betriebswirtschaftslehre. Verstehen sei ein Luxus, den man sich nur in bezug auf Systeme leisten könne, deren Komplexität man beherrsche (vgl. Ulrich 1978, S. 274).

3. Das neue Unternehmertum – politisch und theoretisch

Nicht nur in der Umgangssprache, sondern auch in vielen akademischen Sprachspielen ist der Politikbegriff offenkundig noch auf das Handeln staatlicher Akteure begrenzt. Im Unterschied dazu wird Politik in diesem Text weiter gefasst: Sie „umfasst alle Formen interessengeleiteter und machtbasierter Durchsetzung von Zielen in unterschiedlichen, eben nicht nur staatlichen Arenen" (Schneidewind 1998, S. 41). Dlugos hat schon vor Jahren (1989, Sp. 1985 ff.) zwischen der durch den aristotelischen Politikbegriff gekennzeichneten *policy* und den am machiavellistischen Bedeutungsgehalt orientierten *politics* unterschieden. Um *politics* im letzteren Sinne geht es bei den unternehmensbezogenen Überlegungen zur Mikropolitik.[9] Im Sinne eines aktiven Unternehmenshandelns möchte ich gerade den Zusammenhang beider Typen betonen. Ulrich und Fluri (1992) formulieren das so: „Unternehmungspolitik ist somit die Auseinandersetzung mit den Wertvorstellungen und Interessen aller an der Unternehmung beteiligten oder von ihren Handlungen betroffenen Gruppen und die permanente Pflege tragfähiger Beziehungen zu diesen Gruppen."

Wie funktioniert ein Unternehmen als Teilsystem des Systems Wirtschaft, das wiederum Teilsystem dessen ist, was wir als Gesellschaft bezeichnen? Zwei sehr unterschiedliche Theorieangebote zur Beantwortung dieser Frage beziehen sich beide auf den Systembegriff. Gemäß der schon sprachlich unbefriedigenden früheren Unterscheidung durch H. Ulrich (1978, S. 274), die transklassischen kybernetischen Wissenschaften interessierten sich nicht für das Seiende, sondern für das Funktionieren von Systemen, haben H. Ulrich u. Probst (1988) eine Anleitung zum ganzheitlichen Denken und Handeln für Führungskräfte vorgelegt, dem ein Begriff von Unternehmen als prinzipiell offenen sozialen Systemen zugrunde liegt. Mit Blick auf unsere Frage nach dem Rationalitätskern haben Unternehmen hier irgendwie alle Freiheiten der Welt, sind aber gerade wegen ihrer möglichen Fähigkeiten zum ganzheitlichen und vernetzten Denken darauf gerichtet, die Anforderungen der Systemumwelten zu erfüllen. H. Ulrich (Ulrich, Krieg u. Malik 1976, S. 151) hatte die Bindung der Betriebswirtschaftslehre an die Ökonomie im selben Aufwasch preisgegeben wie die Rolle der theoretischen Erklärungsfunktion: „Die Auffassung, dass mit der wirtschaftswissenschaftlichen Terminologie und dem Festlegen eines ´betriebswirtschaftlichen, Gesichtspunktes in der klassischen ´BWL als Wirtschaftswissenschaft, eine solche nicht problemadäquate Einschränkung stattfindet und damit der geforderte Praxisbezug nicht erreichbar ist, war der Hauptgrund für die Wahl des Systemansatzes an der HSG im Jahr 1964."

Von Ökonomie und tendenziell determinierenden Rahmenbedingungen gingen H. Ulrich und Mitarbeiter hin zum Steuern, Lenken und Entwickeln von Unternehmen als sozialen Systemen, kamen freilich auf ihre Weise nur scheinbar bei den endogenen Potenzialen und Entwicklungsmöglichkeiten der Unternehmen an. Denn diese werden so unbestimmt als offene soziale Systeme gefasst, dass keinerlei Aussagen über Selektionsmechanismen, das Zustandekommen von Entscheidungen u. Ä. getroffen werden. Damit wird natürlich auch keinerlei Hilfe für die Reduktion von Komplexität geleistet, weder analytisch noch unternehmenspolitisch.

Demgegenüber geht Luhmann (1988) für das System Wirtschaft insgesamt von einer binären Kodierung nach dem Kode Zahlen und Nichtzahlen aus. Dabei gelingt ihm ein intellektuelles Faszinosum, nämlich ein theoretisch elaboriertes Buch über die Wirtschaft der Gesellschaft von fast 350 Seiten zu verfassen, in dem Unternehmen durch einen deutlich davon abgegrenzten Begriff der Organisation gar nicht vorkommen. Unternehmenstheorie in einer Theorie über Wirtschaft als blinden Fleck zu organisieren ist schon ein recht gewagtes Kunststück, dem wir uns allerdings weder anschließen können noch wollen. Natürlich ist es anregend, analytische Elemente der Luhmannschen Theorie über soziale Systeme allgemein zur Untersuchung von Unternehmen heranzuziehen. Bei informationeller Offenheit funktioniert – Luhmann in dieser Weise umgesetzt – das Unternehmen operativ geschlossen und ist insofern von einer hohen Eigenständigkeit gekennzeichnet. Die darf im Luhmannschen Gedankengebäude allerdings nicht verwechselt werden mit größeren Handlungsfreiheiten in der eigenen Veränderung ihrer Systemumwelten. Für die hier behandelte Thematik ist die Luhmannsche Theorie insofern betrüblich irrelevant. Der soziologische Kunstgriff, selbstbewusst über Wirtschaft schreiben und die Unternehmenstheorie einschließlich sämtlicher betriebswirtschaftstheoretischer Beiträge dazu quasi begründet auslassen zu können, erscheint uns ebenso filigran wie zweifelhaft.

Das ist allerdings mein springender Punkt. Hamel und Prahalad haben die Konzeption einer einseitig marktbezogenen Unternehmensführung über strategische Geschäftseinheiten (SGEs) kritisiert und dem ihre eigene Beobachtung von Kernkompetenzen der Unternehmen entgegengesetzt, die deren endogene Fähigkeiten und Möglichkeiten betreffen (s. Hamel u. Prahalad 1994, S. 307 ff.). Moore (1998) geht so weit, die Schaffung neuer Märkte als eine Form angewandter Wirtschaftsentwicklung durch Unternehmen zu betrachten, und schlägt terminologisch vor, statt von Industriezweigen künftig von unternehmerischen Ökosystemen zu sprechen.

An einer praktisch politisch wichtigen Stelle wird damit die landläufige volkswirtschaftstheoretische Redeweise korrigiert. Die Struktur einer Volkswirtschaft ist nicht länger Bestandteil von Rahmenbedingungen, an deren Veränderung sich Unternehmen optimal anpassen sollten. Und genauso kann dann der technische Fortschritt nicht länger als exogene Variable verstanden werden, die irgendetwas anderem als unternehmerischem Handeln entspringt. Vielmehr gelangt so die aktive Rolle ins Blickfeld, die die Unternehmen selbst für die ökonomische Dynamik spielen. Es gibt keine Sachzwänge, sondern nur veränderbare *constraints* (s. Abb. 2). Die Unternehmen verfügen über immense Konstruktionsräume zur Definition dessen, was für sie systemrelevante Umwelt ist, und mit der Praxis der Veränderung ihrer Umwelten verändern sie sich selbst. Für diese Interaktion zwischen sich und ihren Umwelten haben die Unternehmen Handlungsfreiraumpotenziale. Die Rede von Potenzialen ergibt sich daraus, dass diejenigen, die für das Unternehmen die Beobachtungen durchführen, dabei zu völlig unterschiedlichen Ergebnissen kommen können: Erkennen, Nutzen und Erweitern solcher Handlungsfreiräume sind jedes für sich unternehmenspolitische Aktionsfelder mit ungewissem Ausgang und abhängig vom Einsatz des Beobachters.

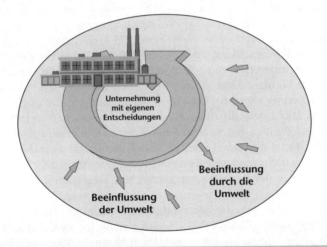

Abb. 2: Umweltinteraktionen der selbstreferenziellen Organisation Unternehmung

Wie unsere Beobachtung unternehmenspolitischer Handlungsfreiräume ausfällt, ist nicht selbstwillkürlich, sondern selbstverständlich auch abhängig davon, wie sich die ökonomische Welt und die mit ihr verflochtene Gesellschaft verändern. Auf einen Umstand wollen wir besonders hinweisen, weil er unsere Frage nach dem Rationalitätskern „im Kern" betrifft. In Übereinstimmung mit der seinerzeitigen ökonomischen Welt und ihrer gesellschaftlichen Beobachtung besteht der Ausgangspunkt modernen ökonomischen Denkens in der Auseinandersetzung mit dem Knappheitsproblem. Die Behauptung dieses Ausgangspunktes und der Glaube an den Vorrang der Rahmenbedingungen gegenüber den Akteuren sind eng miteinander verbunden: „Mit Hilfe des ökonomischen Prinzips kann das einzelne Wirtschaftssubjekt versuchen, eine bestmögliche Anpassung an die Beschränkungen zu erreichen, die durch die Knappheit bedingt sind" (Streit 1991, S. 5). Knappheit wird durch das System Wirtschaft auf beiden Seiten von Angebot und Nachfrage reproduziert. Das hat auch Luhmann (1988, S. 73 f.) sehr scharfsinnig erkannt, wenn er den Markt als Grenze bezeichnet und darauf hinweist, dass sich die Produktion selbst als Markt erscheint: „Die Grenze wirkt wie ein Spiegel, der insofern zur Integration der Produktion beiträgt, als jedes Unternehmen im Spiegel des Marktes sich selbst und die Konkurrenten (und sich selbst als Konkurrent der Konkurrenten) zu Gesicht bekommt. Dieser Spiegel lässt die Konsumenten als knapp erscheinen. Es gibt, ihm zufolge, zuwenig Bedürfnisse; und gerade deshalb empfiehlt sich Überproduktion (als Ungleichgewicht!), damit man auf alle Fälle gerüstet ist, jede sich bietende Absatzchance zu nutzen."

In der Reproduktion von Knappheit schaukeln sich Angebot und Nachfrage gegenseitig auf und produzieren so sehr systematisch jene Wachstumsspirale, an der sich (sozial)ökologische Kritik seit geraumer Zeit entzündet. Das Angebot giert nach neuer Nachfrage und kreiert deshalb selbst neue Nachfragen – in Deutschland sind über 20 000 Trendscouts in Jugenddiskos und anderswo unterwegs, um brandneue Lifestyle-Trends in Umsatz transformieren zu können. Und die Nachfrage, einmal auf den Schwung der Ausdifferenzierung gebracht, kommt andersherum selber ständig auf neue Ideen. Gegenüber den auf diese Weise explodierenden Zwecken hat das ökonomische Prinzip, hat eine so verstandene Ökonomie insgesamt eine bloße Mittelfunktion. Daraus leitet sich bekanntlich eine Produktionstheorie ab, die nicht die Ergebnisse der Produktion, sondern die optimalen Einsatzrelationen der Produktionsfaktoren zum Gegenstand hat.

Effizienz ist – u. a. in industriellen Produktionsprozessen – zwar immer noch ein wichtiger Rationalitätsbezug, doch mehren sich Beobachtungen der Transformation einer Knappheitsgesellschaft zu einer Erlebnisgesellschaft.[10] Neue Formen individueller und kollektiver Selbstinszenierung und Selbstverwirklichung treten zunehmend an die Stelle klassischer Bedürfnisbefriedigung vor allem über den direkten Gebrauchswert materieller Güter. Vor diesem Hintergrund ist die Vermutung nicht abwegig, dass sich für die unternehmenspolitischen Konstruktionsleistungen neue Handlungsfreiräume öffnen.

4. Unternehmenspolitische Visionen als Brüche mit bestehenden Wirklichkeitskonstruktionen

Für die theoretische Untersuchung langfristiger Entwicklungen bzw. Entwicklungsmöglichkeiten von Unternehmen im Wechselspiel mit Umgebungsbedingungen bieten sich seit einiger Zeit Vorschläge aus der evolutorischen Ökonomie an.[11] Unternehmen werden als Einheiten betrachtet, die sich zu bewähren haben, und die Frage steht, wie sie mit diesen Bewährungsproben umgehen. Allerdings sind diese Vorschläge zu einem nicht geringen Teil von dem gekennzeichnet, was ich als doppeltes Analogieproblem bezeichnen möchte. Zum einen steht grundsätzlich die Frage nach der Vernünftigkeit, mit der ich soziale Phänomene unter dem Blickwinkel beobachte, Analogien zu den Selbstregulierungsmechanismen im Bereich nichtmenschlicher Lebewesen identifizieren zu wollen bzw. zu sollen. Zum anderen dürfen Zweifel angemeldet werden, wie vernünftig die Behauptung ist, eine angemessene Beobachtung des Bereichs nichtmenschlicher Lebewesen sei quasi unbefangen möglich. Angesichts der seit langem vollzogenen Überformung nichtmenschlicher Natur durch menschliches Handeln (s. dazu Böhme u. Schiemann 1997) kommt dieses Verfahren nicht sehr überzeugend daher, und manche vergangenen Auffassungen von den grundlegenden Mechanismen der natürlichen Evolution scheinen eher Rückprojektionen sehr menschenbezogener Denkmodelle statt Ergebnis unbefangener Untersuchungen zu sein.

Inwiefern ist eine Theorie, die die Bedingungen und Möglichkeiten, natürlich auch Schwierigkeiten unternehmenspolitischer Konstruktionen zu ergründen sucht, noch eine ökonomische Theorie? Ich kann auch andersherum fragen: Welchen Sinn macht es, eine Theorie, deren Rationalitätskern gegenüber dem, was man von gängigen ökonomischen Theorien kennt, umgedreht wurde, weil sie den Schwerpunkt auf die Handlungsmöglichkeiten legt und nicht auf die Restriktionen, ökonomische Theorie zu nennen? Und: Wie notwendig ist es, diese Frage zu beantworten?

Ich plädiere für eine Betrachtung, wirtschaftlichen Strukturwandel, Innovationsschübe und strategische Neuentwicklungen unter dem Gesichtspunkt unternehmenspolitischer Visionen zu rekonstruieren. Visionen in diesem Sinne sind der Frage „Was sollen wir wollen?" folgende radikale Konstruktionen möglicher, d. h. wirklich werden könnender Zukünfte, die allemal der Verschränkung unternehmerischen Denkens mit gesellschaftspolitischem entspringen. Zwischen erfolgsstrategischen und normativen Elementen, Motiven und Argumenten kann hierbei übrigens prinzipiell keine vernünftige Aufspaltung vorgenommen werden, was manche akademischen Diskurse zur Unternehmens- und Wirtschaftsethik recht hilflos erscheinen lässt. Solche unternehmerischen Visionen sind kontrafaktisch im Schumpeterschen Sinne. Denn was Schumpeter (1952) mit seinem Begriff der schöpferischen Zerstörung meinte, betrifft nichts anderes, als dass das Alte verlernt werden muss, zuvörderst die alte Sichtweise bzw. gedankliche Konstruktion.

Solche Brüche fallen schwer. Zum Beispiel war das Automobil eine Konstruktionsleistung, in deren Zentrum das Ziel einer maximalen individuellen Mobilität stand. Die Viabilität dieser Konstruktionsleistung[12] war so lange gegeben, wie das Ziel durch den käuflichen Erwerb eines Automobils problemlos erreicht werden konnte und sich die ökologischen und sozialen Folgeschäden dieser Art gesellschaftlicher Organisation von Mobilität in geringen Grenzen hielten. Diese Bedingungen haben sich allerdings geändert, in den industriellen Ballungsgebieten nimmt die mit dem Automobil verknüpfte Mobilitätsgarantie deutlich ab, und es trägt die Verantwortung für einen nicht geringen Teil gegenwärtiger und künftiger ökologischer Probleme. Allerdings hat diese Basisinnovation zugehörige Produktions- und Infrastrukturkapazitäten solchen Ausmaßes hervorgebracht, dass viele nach wie vor meinen, den Bruch gar nicht organisieren zu können. Es werden Ausweichstrategien entwickelt: gegen die Mobilitätsdefizite elektronische Streckenführungshilfen und mehr und breitere Straßen (die wiederum die ökologischen Probleme verschärfen und außerdem als Ermunterung dazu dienen, die Automobilität einer Gesellschaft noch zu erweitern), gegen einen Teil der ökologischen Schäden die Entwicklung treibstoff- und schadstoffärmerer Autos (die in einer statusorientierten Gesellschaft freilich vorrangig als Zweit- oder Drittwagen zur Geltung kommen). Die überfällige schöpferische Zerstörung ist nicht objektiv verriegelt, sondern ebendeshalb tabuisiert: Für die unternehmenspolitische Vision, das Automobil in ein übergreifendes intelligentes Verkehrssystem der Zukunft einzubetten und dadurch zu relativieren, fehlt der Mut – der Mut zum Bruch mit den bestehenden Wirklichkeitskonstruktionen. So gerät dann dem Daimler-Vorstandsvorsitzenden Schrempp die Produktion eines Maybach für den Stückpreis von 500 000 DM zur ersten (in unserem Sinne bruchlosen) Vision nach dem vereinbarten Zusammengehen mit Chrysler.

Unternehmenspolitische Visionen als Brüche mit bestehenden Wirklichkeitskonstruktionen lassen sich als Neudefinitionen der Rolle des Unternehmens gegenüber der Gesellschaft betrachten (s. Abb. 3). Es geht um zukunftsorientierte Selbstbeschreibungen entlang der Frage: Womit wollen wir in einer sich wandelnden Gesellschaft in zehn, 20 oder 50 Jahren unser Geld verdienen? Das erfordert Einsicht in die mögliche Tiefe ökonomischen und gesellschaftlichen Wandels und ein, wie Peter M. Hejl u. Heinz K. Stahl das im Vorwort dieses Buches genannt haben, nichtadaptionistisches Verhältnis dazu. Die aus der Stahl- und Stahl verarbeitenden Industrie stammende Mannesmann AG verdient ihr Geld nach einem strategisch klug eingeleiteten Wandel inzwischen zu 94 Prozent mit Telekommunikation.

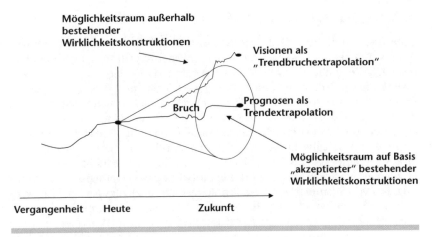

Abb. 3: Der „Visionstrichter"

Sozialtheoretisch weiter gefasst, können wir die prinzipielle Bereitschaft zur ständigen Neudefinition des Unternehmens gegenüber der Gesellschaft als funktionenorientierten Ansatz charakterisieren. Der Terminus geht zurück auf wegweisende, lange Zeit aber nicht weiterverfolgte Überlegungen des verstorbenen österreichischen Systemtheoretikers Erich Jantsch. Ohne mich hier mit einzelnen Elementen und auch Problemen von Jantschs Theorie (vor allem seinen von Churchman herkommenden Ideen über das Ethos ganzer Systeme) auseinander setzen zu können, möchte ich positiv in Erinnerung rufen, dass er bereits vor einem Vierteljahrhundert dafür plädiert hat, die externen Wirkungen des Unternehmenshandelns gründlicher zu beobachten, und insofern die aktive Rolle hoch geschätzt hat, die Unternehmen in ökonomischen und gesellschaftlichen Veränderungsprozessen spielen (Jantsch 1973, 1979). Unter Abwandlung des Begriffs von Jantsch spreche ich vom funktionenorientierten Ansatz, weil dadurch dem Umstand Rechnung getragen wird, dass sich spezifische Produkte als Funktionsbündel beobachten lassen (vgl. auch Brüggemann 1998). So kann ein Automobil neben Mobilität auch Gesprächsthema, Hobby, Rauschmittel, Imponiergerät u. v. a. m. bedeuten. Das trifft natürlich auch den eben erwähnten Maybach: Die Mobilität tritt hier deutlich gegenüber dem Imponiergehabe der Nutzer zurück.

Schneidewind bezieht sich bei seinen grundsätzlich ähnlichen Betrachtungen über die Unternehmung als strukturpolitischen Akteur vor allem auf die Strukturationstheorie von Anthony Giddens. Markt, Politikfindung, Politikvollzug und Öffentlichkeit sind für ihn prominente Arenen, in denen sich das strukturpolitische Handeln der Unternehmen vollzieht.[13]

5. Symbolanalytiker statt Manager

Gute Konstruktionen erfordern gute Konstrukteure. Robert B. Reich, früherer Arbeitsminister des US-amerikanischen Präsidenten Clinton, unterscheidet in seinem Buch über die neue Weltwirtschaft drei Jobs der Zukunft: regelmäßige Produktionsdienste, kundenbezogene Dienste und symbolanalytische Dienste (Reich 1996, S. 189 ff.). Für Reich dürfte das explizite Gedankengut des Radikalen Konstruktivismus vielleicht sehr fremd sein. Gleichwohl geht es bei der von ihm so bezeichneten Symbolanalyse um nichts anderes als die kreative Tätigkeit der unternehmerischen Wirklichkeitskonstruktionen als Profession eines spezifischen Teils der Beschäftigten. Die Identifikation von Problemen als Voraussetzung für die Erarbeitung und strategische Kommunikation von Lösungen für diese Probleme dient dazu, das Feld der Antworten zu arrondieren, die auf die elementarsten Fragen unternehmenspolitischen Handelns gegeben werden müssen: Wo stehen wir? Wo sollen wir hin? Wo können wir hin? Das, was in zahlreichen Beiträgen zur Debatte über Unternehmenskultur unter Symbolen verstanden wird (sprachliche Produkte, Grapheme etc.), setzt, wenn es nicht nur völlig oberflächlich zum Erfolg des Unternehmens beitragen soll, die gelungene Symbolanalyse bereits als vorgängig voraus.

Maneggiabile heißt nicht nur „handlich", sondern auch „gefügig". Ob man aufs Italienische, direkt aufs Lateinische oder welche sprachlichen Wurzeln auch immer geht: Die Machermentalität, der zuversichtliche Glaube daran, die Dinge in den Griff zu bekommen, ist der Idee vom Management eingeprägt. Dem widersprechen Einsichten in die Komplexität sozialer Systeme. Soziale Systeme „sind in dem Sinne komplex, dass trotz enormen Experimentieraufwands mit verschiedenen In- und Outputgrößen nicht eindeutig auf die internen Transformationsprozesse geschlossen werden kann" (Bardmann 1994, S. 371). Den Grenzen des Erklärungen suchenden theoretischen Analytikers entsprechen jene des um Handlungsmächtigkeit bemühten intervenierenden Praktikers. Das von Dirk Baecker (1994) so schön bezeichnete postheroische Management ist, gemessen an dem eben beschriebenen Sinngehalt des Managementbegriffs, eigentlich kein Management mehr (s. Abb. 4).

Die Grenzen unternehmerischen Handelns beim Eingreifen in die eigene Organisation (wofür bei Nichteigentümerunternehmen ebendie so genannten Manager zuständig sind) sind in den letzten Jahren u. a. in der Debatte über die Gestaltbarkeit oder Nichtgestaltbarkeit von Organisationskulturen thematisiert worden. Mit ihrem Buchtitel *Von der Organisation der Kultur zur Kultur der Organisation* wollen Kolbeck u. Nicolai (1996) deutlich machen, dass unternehmenspolitische Entscheidungsträger als Teil des Systems Unternehmung nur über recht bescheidene Möglichkeiten verfügen, die Kultur einer Organisation nach ihren Absichten zu gestalten. Es gelingt ihnen wohl umso besser, je deutlicher sie ihrer begrenzten Handlungsmächtigkeit ge-

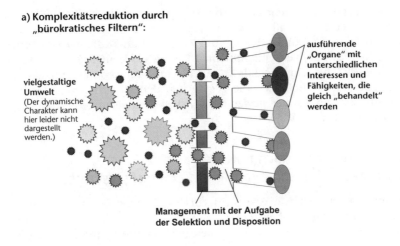

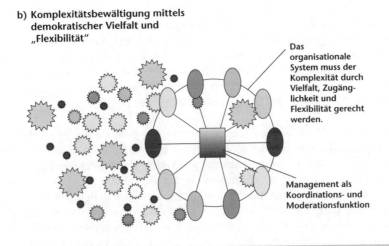

Abb. 4: Umgangsweisen in und mit komplexen Systemen

wahr werden und je mehr sie die in einer Organisation bestehenden Subkulturen und deren Zusammenspiel miteinander respektieren.

Diese Feststellungen, die die schon häufig vorgetragenen Beobachtungen über den Konservatismus sozialer Systeme zu stützen vermögen (dazu etwa Hejl 1992), dürfen nun keineswegs einer theoretischen Rechtfertigung von unternehmenspolitischem Attentismus Vorschub leisten. Sie präzisieren hingegen das Feld, in dem der Akteur zu intervenieren versucht, und legen ihm nahe, die kontextuellen Abhängigkeiten zu beachten, die seine Handlungsmöglichkeiten beeinflussen (hierzu s. insbesondere Willke 1994). Von daher soll er freilich alle Möglichkeiten dieser Welt nutzen. Wenn fast pathetisch im Titel dieses Textes vom 21. Jahrhundert die Rede ist, dann geschieht das durchaus mit Absicht: Die UNCED-Konferenz von Rio de Janeiro 1992 hat eine Agenda 21, d. h. eine Tagesordnung für das 21. Jahrhundert, verabschiedet, die gerade von den Unternehmen der früh industrialisierten Länder geeignete Konstruktionsleistungen verlangt (s. dazu sehr instruktiv Majer 1998).

6. Unternehmen nach außen: Kommunikation mit externen Interaktionssystemen

Weiter oben haben wir die Zuversicht, ein Unternehmen könne alle Umwelteinflüsse aufnehmen, ebenso in Zweifel gezogen wie die Idee, wonach im Sinne informationeller Geschlossenheit die Unternehmung als ökonomische Organisation im Wesentlichen über einen binären Kode operiert. Das darüber gewinnbare Konzept von Unternehmenspolitik führt gerade wegen des Verlassens bloßer Sach- und Zweckrationalität innerhalb vorgegebener Rahmenbedingungen zu Kommunikation als wesentlichem Medium unternehmenspolitischen Erfolgs: intern und – vor dem Hintergrund der vielfältigen Verflechtungen zwischen Unternehmen und Gesellschaft – freilich insbesondere extern. Dafür, dass wir so großes Gewicht legen auf die externe unternehmenspolitische Kommunikation, gibt es zwei Gründe:

(1) Das dem Verfasser seit langen Jahren vertraute empirische Feld der ökologischen Unternehmenspolitik liefert zahlreiche Beweise für den Zusammenhang von Kommunikations- und Wettbewerbsfähigkeit. Eine unter anleitender Betreuung des Verfassers durchgeführte Untersuchung, die neben einer recht repräsentativen Befragung sehr tief gehende Fallstudien enthielt, gelangte zu dem deutlichen Ergebnis, „dass eine aktive Umweltberichterstattung die Wettbewerbsfähigkeit von Unternehmen in vielfältiger Hinsicht stärkt" (Fichter 1998, S. 479). Umweltberichterstattung kann insofern als wettbewerbsfördernde Umweltregulierung angesehen werden.

(2) Unternehmen können vernünftigerweise nicht länger als gut abgrenzbare, integrierte und raumzeitlich klar definierte Gebilde betrachtet werden. „Die klassischen Grenzen der Unternehmung beginnen zu verschwimmen, sich nach innen wie außen zu verändern, teilweise aufzulösen. An die Stelle von tief gestaffelten Unternehmenshierarchien, die primär nach Befehl und Gehorsam funktionieren, treten zunehmend dezentrale, modular zerlegte Gebilde, die von Autonomie, Kooperation und indirekter Führung geprägt sind" (Picot, Reichwald u. Wigand 1996, S. 2). Eine Ausprägung versucht der Begriff der virtuellen Unternehmung zu erfassen: Das meint ja nicht nur die elektronische Form, sondern ebenso die Variabilität des Zusammenhalts.

Die unternehmenspolitische Kommunikation mit den externen Interaktionssystemen, mit den externen Umwelten, vermag einen immensen Raum unterschiedlicher Beziehungstypen für das handelnde Unternehmen zu öffnen. Der in den USA vor allem von Freeman[14], im deutschen Sprachraum zunächst von P. Ulrich[15] und anderen Vertretern der Hochschule, inzwischen Universität St. Gallen vorgestellte *stakeholder approach* (deutsch vor allem als „Anspruchsgruppenkonzept" firmierend) (s. Abb. 5) unterstreicht dabei insbesondere das Gewicht der Kommunikation mit jenen Akteuren, die keine direkten Marktpartner sind.

Die Beobachtung der anderen schließt die eigene Selbstbeobachtung und Selbstbeschreibung ein, im anderen spiegelt sich das eigene Unternehmen, im Umgang mit dem anderen entwickelt es sich. Kommunikationsprozesse erweisen sich als Interaktionsprozesse und umgekehrt. Das ist nur scheinbar trivial: In solchen Prozessen mag sich die relative Handlungsmächtigkeit des eigenen Unternehmens, insofern auch seine effektive Fähigkeit für unternehmenspolitische Konstruktionsleistungen und deren Umsetzung ständig ändern. Im Rahmen von strategischen Netzwerken[16] gibt es selbst bei stark kooperativen Bemühungen der Beteiligten einen ständigen Kampf um Anerkennung, von dem oben ja schon die Rede war. Wie Duschek vor dem Hintergrund eines Projektes bei der Flughafen Frankfurt/Main AG (FAG) erläutert, kann der jeweils erfolgsstrategische Kampf um Anerkennung im Rahmen von Netzwerkbildungen durchaus kooperativ transzendiert wer-

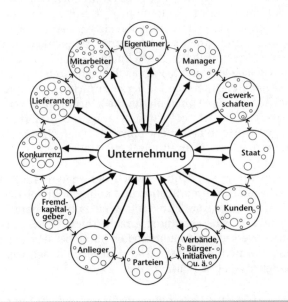

Abb. 5: Die Unternehmung und ihre Anspruchsgruppen (in Anlehnung an Freeman 1984, p. 55)

den. Es können sich, so der von Duschek gewählte Begriff, „kooperative Kernkompetenzen" entwickeln, die „immer zugleich Ergebnis von Kooperationen und in Kooperationen eingelagerte Kernkompetenzen" (Duschek 1998, S. 234) sind.

7. Unternehmen nach innen: Führung über weiche Faktoren

Die Betonung der weichen Faktoren von Unternehmensführung scheint auf den ersten Blick schon seit dem Beginn der Debatte über Unternehmenskultur nicht mehr besonders originell zu sein. Hier geht es allerdings um anderes als die allgemeine Feststellung, ganz in dem Sinne, in dem Kieser u. Hegele in einem neueren Buch (1998) unter der Einleitung „Organisieren heißt vor allem Kommunizieren" zu dem Schluss kamen, ihr Buch könne trotz inflationär viel Literatur zum Wandel von Unternehmen noch sinnvoll sein.

Das bereits erwähnte empirische Feld der ökologischen Unternehmenspolitik liefert auch hier interessante Belege. Die Oldenburger Unternehmensberatung ecco GmbH, der der Verfasser verbunden ist, beschäftigt sich seit einiger Zeit im Auftrag der Deutschen Bundesstiftung Umwelt mit der Frage, wie die ökologische Entwicklungsfähigkeit von Unternehmen gesteigert werden kann. In einem ersten Projekt arbeitete ecco mit elf der bundesweiten Vorreiterunternehmen in diesem Bereich zusammen. Dabei zeigte sich rasch, dass diese Unternehmen in ökonomischer, technischer und organisatorischer Hinsicht einiges erreicht hatten, das sie vor den meisten Wettbewerbern auszeichnete und ihnen seit Jahren die Möglichkeit bietet, sich auf Konferenzen und in schriftlichen Darstellungen zu Recht als Ökopioniere zu präsentieren. Gleichzeitig sind jedoch auch Stagnationstendenzen unübersehbar, die bei näherer Untersuchung darauf zurückgeführt werden können, dass trotz viel Aufgeschlossenheit hierfür die Führung über weiche Faktoren noch unentwickelt ist. Für ecco war es aufgrund dieser Untersuchung möglich, die gewonnenen Ergebnisse normativ in eine Unterscheidung von zwei Phasen betrieblicher Umweltpolitik zu verallgemeinern.

Diese Unterscheidung war dann lediglich der analytische Auftakt dafür, anschließend in enger Kommunikation und Kooperation mit den am Projekt beteiligten Unternehmen die Entwicklung eines Instrumentes zur Selbstbeobachtung und Selbstbeschreibung vorzunehmen.[17] Dieses Instrument ist nun kein hartes Werkzeug im traditionellen Sinne betriebswirtschaftlichen Organisierens. Wir nennen es *soft factor assessment*, inzwischen lieber Entwicklungsfähigkeitsanalyse (Efa).

Die Stärkepotenziale eines Unternehmens für seine (nicht nur ökologische) Entwicklungsfähigkeit werden dabei nach zehn Faktoren aufgefächert, die als Merkmale nach gemeinsam definierten Kriterien skaliert werden können

(s. Abb. 6). Im Dialog zwischen eigener Selbstbeobachtung und Fremdbeobachtung durch die externen Berater gelangt das Unternehmen auf diese Weise zu einem spezifischen Merkmalsprofil. Prinzipiell kann natürlich ein solches Profil auch einseitig nur vom Unternehmen selbst oder nur von der externen Beratung angefertigt werden. Die Nichtwillkürlichkeit des Einordnens auf der jeweiligen Skala ist allerdings eine wichtige methodische Voraussetzung für das Funktionieren dieses Instruments, und der unternehmenspolitische Clou liegt eben in der Möglichkeit, sich als Unternehmen selbst zu beobachten und zu beschreiben, d. h. im Weiteren auch ohne externe Beratung. Beispielhaft sei in grafischer Aufbereitung das Merkmalsprofil eines der am Projekt beteiligten Unternehmen aufgeführt.

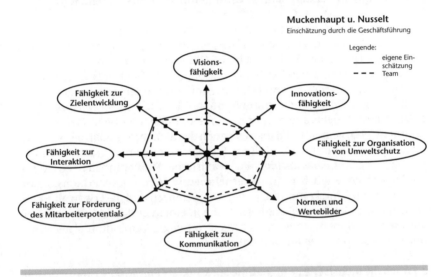

Abb. 6: Merkmalsprofil am Beispiel der Märkisches Landbrot GmbH Berlin

Die Interpretation des eigenen Merkmalsprofils ist ein wichtiges Element der Selbstbeobachtung und Selbstbeschreibung. Auch hier können wir wieder deutlich sehen, welche Schlüsselrolle den eigenen Konstruktionsleistungen zukommt, wie wenig es auch hinsichtlich der internen Fähigkeitspotenziale möglich ist, diese über angeblich harte und objektive Fakten zu ermitteln.

8. Zum Schluss

Aus den vorgetragenen Bemühungen um eine angemessene Annäherung an das Thema ergeben sich zum Abschluss weiterführende Konsequenzen mindestens auf drei Ebenen, einer praktisch-politischen, einer ausbildungsbezogenen und einer theoretischen.

1.) Die praktisch-politische Ebene betrifft insbesondere den Beobachterstandpunkt gegenüber dem Handeln von Unternehmen. In Deutschland sind in besonders starkem Maße Wahrnehmungen von Sozialstrukturen gewachsen, die auf einem dualistischen Bild der Gesellschaft beruhen. Wo Karl Marx den antagonistischen Widerspruch von Lohnarbeit und Kapital konstatierte, da unterschied in diesem Jahrhundert Erich Gutenberg als prominenter Theoretiker der akademischen Betriebswirtschaftslehre zwischen objektbezogenen menschlichen Arbeitsleistungen und dispositivem Faktor. Für die praktisch-politische Möglichkeit zu unternehmenspolitischen Konstruktionen für das 21. Jahrhundert erscheint es wichtig, jenseits des Sachzwangs und insofern *jenseits von Links und Rechts*[18] ein gesellschaftspolitisches Klima der Ermunterung für zukunftsfähige Unternehmenspolitik zu schaffen.

2.) Die ausbildungsbezogene Ebene war nicht Gegenstand dieses Textes. Als betriebswirtschaftlicher Hochschullehrer für Unternehmensführung und derzeitiger Dekan des Fachbereichs in Oldenburg halte ich allerdings die Defizite der betriebswirtschaftlichen Ausbildung in Deutschland gegenüber der Aufgabe, Unternehmer und Unternehmertum zu generieren, für unübersehbar. Dieses Unternehmertum könnte (und sollte!) als *entrepreneurship* in Existenzgründungen allein oder mit anderen bestehen (vgl. dazu Lück u. Böhmer 1994), gemeint ist dabei aber auch das nicht beamtenartige, sondern tatsächlich selbst unternehmerische Engagement in einer bestehenden Unternehmung *(intrapreneurship)*. Zu praxisferne Studieninhalte, zu wenig direkte Kontakte mit bzw. in Unternehmen während des Studiums, kaum Erwerb sozialer und kommunikativer Kompetenzen und die Erwartung, eine ebenso hoch platzierte wie dotierte Stelle in einem größeren Unternehmen antreten zu können, stehen vielerorts in unseliger Verbindung. Hier kann, muss aber auch viel getan werden.

3.) Auch die mehrfache Bezugnahme auf konkrete empirische Fälle in diesem Text war nicht willkürlich. Es bedarf einer Neubesinnung der Betriebswirtschaftslehre nicht nur als Unternehmensführungslehre, sondern auch als Theorie der Unternehmung, es bedarf dieser Neubesinnung allerdings in Richtung einer empirisch gehaltvollen Theorieentwicklung und Theorie. Im Wissen darum, dass manches der Praxis überlassen bleiben muss und nicht theoretisch eingefangen werden kann, muss die Theorie gegenüber einer instrumentalistischen Managementlehre theoretischer, gegenüber dem Risiko eines erneuten ökonomischen Modellplatonismus gleichwohl praktischer werden.

Anmerkungen

1 Für anregende Diskussionen und Hinweise danke ich meinen Doktoranden Alexander Nicolai und Christoph Kolbeck.

2 Hier soll nur auf einige verwiesen werden: Cohen (1998); Die Gruppe von Lissabon (1997); Martin u. Schumann (1996).

3 So auf einer internationalen Konferenz 1995 in Kalifornien das Szenario des ehemaligen Nixon-Beraters Brzeszinski, wonach im 21. Jahrhundert sich 80 Prozent der Menschen am Busen der 20 Prozent Produktiven nähren werden und die überwältigende Mehrheit dann entsprechend bei Laune gehalten werden muss.

4 So der Titel von Becker a. Stigler (1977).

5 Zur (Selbst-)Aufklärung über diesen Irrtum s. u. a. Schmidt (1987) und Fischer (1995).

6 So der Titel der diesbezüglichen philosophischen Untersuchung von Honneth (1992).

7 Vgl. ausführlicher zu der Auseinandersetzung mit Porter Fichter (1998, S. 115 ff.).

8 Vgl. Heinen (1976) und Gutenberg (1983).

9 Als frühen Überblick dazu s. Küpper u. Ortmann (1988).

10 Auf den Begriff der Erlebnisgesellschaft bringt Schulze (1993) diese Transformation.

11 S. dazu Hannan a. Freeman 1997; Witt 1990; vgl. auch Männel 1996.

12 Zur Viabilität von Wirklichkeitskonstruktionen s. von Glasersfeld 1991.

13 Schneidewind 1998, insbesondere S. 129 ff. und S. 210 ff.; s. a. Giddens 1997.

14 S. vor allem Freeman 1984, aber auch Freeman u. Gilbert 1991.

15 Früh programmatisch in dieser Richtung: 1977.

16 Dazu außerordentlich gründlich Sydow 1992.

17 Als ausführliche Beschreibung zum ersten Projekt s. Gellrich, Luig u. Pfriem 1997.

18 So der Titel von Giddens 1997.

Literatur

Baecker, D. (1994): Postheroisches Management – Ein Vademecum. Berlin (Merve).

Bardmann, T. M. (1994): Wenn aus Arbeit Abfall wird: Aufbau und Abbau organisatorischer Realitäten. Frankfurt a. M. (Suhrkamp).

Beck, U. (1997): Was ist Globalisierung? Frankfurt a. M. (Suhrkamp).

Becker, G. S. (1982): Der ökonomische Ansatz zur Erklärung menschlichen Verhaltens. Tübingen (Mohr).

Becker, G. S. a. G. J. Stigler: De Gustibus Non Est Disputandum. *American Economic Review*: 76–90.

Böhme, G. u. G. Schiemann (Hrsg.) (1997): Phänomenologie der Natur. Frankfurt a. M. (Suhrkamp).

Brüggemann, G. (1998): Funktionenorientierung in kulturellen Perspektiven – Dynamische Wirkungsgefüge von Produktkulturen als neue Basis funktionenorientierter Unternehmenspolitik. (Schriftenreihe des Lehrstuhls für Allgemeine Betriebswirtschaftslehre, Unternehmensführung und Betriebliche Umweltpolitik.) Oldenburg (Universität Oldenburg).

Cohen, D. (1998): Fehldiagnose Globalisierung. Die Neuverteilung des Wohlstands nach der dritten industriellen Revolution. Frankfurt a. M./New York (Campus).

Die Gruppe von Lissabon (1997): Grenzen des Wettbewerbs – Die Globalisierung der Wirtschaft und die Zukunft der Menschheit. München (Luchterhand).

Dlugos, G.(1989): Unternehmenspolitik als Führungsaufgabe – eine vergleichende Analyse der Konzeptionen. *DWB* 44: 287–305.

Duschek, S. (1998): Kooperative Kernkompetenzen – Zum Management einzigartiger Netzwerkressourcen. *Zeitschrift Führung + Organisation* 67: 230–236.

Fichter, K. (1998): Umweltkommunikation und Wettbewerbsfähigkeit. Marburg (Metropolis).

Fischer, H. R. (Hrsg.) (1995): Die Wirklichkeit des Konstruktivismus. Zur Auseinandersetzung um ein neues Paradigma. Heidelberg (Carl-Auer-Systeme).

Freeman, R. E. u. D. L. Gilbert (1991): Unternehmensstrategie, Ethik und persönliche Verantwortung. Frankfurt a.M./New York (Campus).

Freeman, R. E. (1984): Strategic management: A stakeholder approach. Boston (Pitman).

Giddens, A. (1997): Jenseits von Links und Rechts. Die Zukunft radikaler Demokratie. Frankfurt a. M. (Suhrkamp).

Glasersfeld, E. von (1991): Fiktion und Realität aus der Perspektive des radikalen Konstruktivismus. In: F. Rötzer u. P. Weibel (Hrsg.): Strategien des Scheins. Kunst, Computer, Medien. München (Boer), S. 161–175.

Günther, K. u. R. Pfriem (1999): Die Zukunft gewinnen. Vom Versorgungsstaat zur sozialökologischen Unternehmergesellschaft. München (Hanser).

Gutenberg, E. (1929): Die Unternehmung als Gegenstand betriebswirtschaftlicher Theorie. Berlin/Wien (Spaeth & Linde).

Gutenberg, E. (1957): Betriebswirtschaftslehre als Wissenschaft. Krefeld (Scherpe).

Gutenberg, E. (1983): Grundlagen der Betriebswirtschaftslehre Bd. I: Die Produktion. Berlin (Springer).

Hannan, M. T. a. J. Freeman (1997): The population ecology of organizations. *American Journal of Sociology* 82: 929 ff.

Heinen, E. (1976): Grundfragen der entscheidungsorientierten Betriebswirtschaftslehre. München (Goldmann).

Hejl, P. M. (1992): Konstruktion der sozialen Konstruktion. Grundlinien einer konstruktivistischen Sozialtheorie. In: Carl-Friedrich-von-Siemens-Stiftung (Hrsg.): Einführung in den Konstruktivismus. München (Piper), S. 109–146.

Honneth, A. (1992): Kampf um Anerkennung. Zur moralischen Grammatik sozialer Konflikte. Frankfurt a. M. (Suhrkamp).

Jantsch, E. (1973): Unternehmung und Umweltsysteme. In: B. Hentsch u. F. Malik (Hrsg.): Systemorientiertes Management. Bern/Stuttgart (Haupt), S. 27–46.

Jantsch, E. (1979): Die Selbstorganisation des Universums. Vom Urknall zum menschlichen Geist. München (Hanser).

Kieser, A. u. C. Hegele (1998): Kommunikation im organisatorischen Wandel. Stuttgart (Schäffer-Poeschel).

Kirchgässner, G. (1991): Homo Oeconomicus. Tübingen (Mohr).

Kolbeck, C. u. A. Nicolai (1996): Von der Organisation der Kultur zur Kultur der Organisation. Marburg (Metropolis).

Küpper, W. u. G. Ortmann (Hrsg.) (1988): Mikropolitik: Rationalität, Macht und Spiele in Organisationen. Opladen (Westdeutscher Verlag).

Lück, W. u. A. Böhmer (1994): Entrepreneurship als wissenschaftliche Disziplin in den USA. *Zeitschrift für betriebswirtschaftliche Forschung* 46: 403–421.

Luhmann, N. (1988): Die Wirtschaft der Gesellschaft. Frankfurt a. M. (Suhrkamp).

Lutz C. (1998): Was ist ein „Lebensunternehmer" – Persönlichkeitsbilder und Schlüsselqualifikationen in der nachindustriellen Gesellschaft. *Politische Ökologie* 16 (54): 82 ff.

Lutz, C. (1997): Laßt tausend Blumen blühen – Der klassische Arbeitnehmer stirbt aus – den Lebensunternehmern gehört die Zukunft. *Die Woche* 31.07.1997: 17.

Majer, H. (1998): Das nachhaltige Unternehmen. (Vortrag bei der Jahrestagung des Ausschusses für Evolutorische Ökonomik des Vereins für Socialpolitik, 2.–7.7. in Meißen.)

Männel, B. (1996): Erklärungsmusterimporte in der evolutorischen Ökonomik. In: B. P. Priddat u. G. Wagner (Hrsg.): Zwischen Evolution und Institution. Marburg (Metropolis), S. 331–366.

Martin, H.-P. u. H. Schumann (1996): Die Globalisierungsfalle. Reinbek (Rowohlt).

Pfriem, R. (1994): Externe ökologische Kommunikation von Unternehmen. (Schriftenreihe des Lehrstuhls für Allgemeine Betriebswirtschaftslehre, Unternehmensführung und Betriebliche Umweltpolitik.) Oldenburg (Universität Oldenburg).

Pfriem, R. (1996): Unternehmenspolitik in sozialökologischen Perspektiven.. Marburg (Metropolis).

Picot, A., R. Reichwald u. R. Wigand (1996): Die grenzenlose Unternehmung. Information, Organisation und Management. Wiesbaden (Gabler).

Porter, M. E. (1986): Wettbewerbsvorteile. Spitzenleistungen erreichen und behaupten. Frankfurt a. M./New York (Campus).

Porter, M. E. (1997): Nur Strategie sichert auf Dauer hohe Erträge. Die strategische Positionierung ist jetzt die Topaufgabe des Managements. *Harvard Business Manager* 3: 42–58.

Reich, R. B. (1996): Die neue Weltwirtschaft. Das Ende der nationalen Ökonomie. Frankfurt a. M. (Fischer).

Schanz, G. (1977): Grundlagen der verhaltenstheoretischen Betriebswirtschaftslehre. Tübingen (Mohr).

Schmidt, S. J. (1987): Der Radikale Konstruktivismus: Ein neues Paradigma im interdisziplinären Diskurs. In: S. J. Schmidt (Hrsg.): Der Diskurs des Radikalen Konstruktivismus. Frankfurt a. M. (Suhrkamp).

Schneidewind, U. (1998): Die Unternehmung als strukturpolitischer Akteur. Marburg (Metropolis).

Schulze, G. (1993): Die Erlebnisgesellschaft: Kultursoziologie der Gegenwart. Frankfurt a. M./New York (Campus).

Schumpeter, J. A. (1952): Theorie der wirtschaftlichen Entwicklung. Berlin (Duncker & Humblot).

Streit, M. E. (1991): Theorie der Wirtschaftspolitik. Düsseldorf (Werner).

Sydow, J. (1992): Strategische Netzwerke. Evolution und Organisation. Wiesbaden (Gabler).

Ulrich, H. (1978): Der systemorientierte Ansatz in der Betriebswirtschaftslehre. In: M. Schweitzer (Hrsg.): Auffassungen und Wissenschaftsziele der Betriebswirtschaftslehre. Darmstadt (Wissenschaftliche Buchgesellschaft), S. 270–291

Ulrich, H. u. G. J. B. Probst (1988): Anleitung zum ganzheitlichen Denken und Handeln: ein Brevier für Führungskräfte. Bern/Stuttgart (Haupt).

Ulrich, H., W. Krieg u. F. Malik (1976): Zum Praxisbezug einer systemorientierten Betriebswirtschaftslehre. In: H. Ulrich (Hrsg.): Zum Praxisbezug der Betriebswirtschaftslehre. Bern/Stuttgart (Haupt).

Ulrich, P. (1977): Die Großunternehmung als quasiöffentliche Institution. Stuttgart (Poeschel).

Ulrich, P. u. E. Fluri (1992): Management. Bern et al. (Haupt).

Willke, H. (1994): Systemtheorie II: Interventionstheorie. Stuttgart/Jena (G. Fischer).

Witt, U. (Hrsg.) (1990): Studien zur Evolutorischen Ökonomik I. Berlin (Duncker & Humblot).

Dirk Baecker
Dr. rer. soc., Studium der Soziologie und Ökonomie an den Universitäten Köln und Paris (Dauphine); 1986 Promotion und 1992 Habilitation an der Fakultät für Soziologie der Universität Bielefeld; seit 1996 Professor für Unternehmensführung, Wirtschaftsethik und gesellschaftlichen Wandel an der privaten Universität Witten/Herdecke.

Michael Fallgatter
Dr., Wissenschaftlicher Assistent am Lehrstuhl für Betriebswirtschaftslehre, insb. Organisation, Personal und Unternehmensführung an der Universität Bielefeld. Forschungsschwerpunkt: Analyse junger Unternehmungen und Unternehmensgründungen auf Basis einer konfigurationstheoretischen Perspektive.

Wolfgang Frindte
Prof. Dr. phil. habil., studierte 1970–1974 Psychologie an der Universität Jena; 1981 Promotion, 1986 Habilitation und 1987 Berufung auf den Lehrstuhl Sozialpsychologie an der Universität Jena. Seit 1994 Hochschuldozent; Leiter der Abteilung Kommunikationspsychologie am Institut für Psychologie der Universität Jena.

Peter M. Hejl
Dr. Soz.-Wiss. (Soziologie), Dipl.-Pol.; forscht und lehrt am Institut für empirische Literatur- und Medienforschung der Universität-GH Siegen; Arbeitsschwerpunkte: systematische Grundlagen soziologischer Theoriebildung, insbesondere Wahrnehmungs- und Kommunikationstheorie und ihre Zusammenführung zu einer konstruktivistischen Theorie sozialer Systeme.

Hans H. Hinterhuber
Prof. Dipl.-Ing. Dr., studierte Erdölwesen an der Montan-Universität Leoben sowie Betriebs- und Volkswirtschaftslehre an der Universität Ca Foscari in Venedig. Habilitation in Rom 1967 und in Leoben 1969; verschiedene Tätigkeiten in leitenden Positionen in der italienischen Industrie; 1970 Ernennung zum ordentlichen Professor für Industriebetriebslehre an der Technischen Universität Graz; seit 1974 ordentlicher Professor und Vorstand des Instituts für Unternehmensführung der Universität Innsbruck; seit 1994 Gastprofessor an der Universität Bocconi in Mailand.

Alfred Kieser
Prof. Dr. Dr. h. c.; Studium der Betriebswirtschaft und der Soziologie an den Universitäten von Würzburg, Köln und Carnegie Mellon, USA; Promotion und Habilitation in Köln; ab 1974 Professor für Organisation und Personalwirtschaft an der FU Berlin, seit 1974 an der Universität Mannheim; seit 1998 ordentliches Mitglied der Heidelberger Akademie der Wissenschaften; 1998 Ehrenpromotion der Fakultät für Betriebswirtschaft der Universität München.

Lambert T. Koch
Priv.-Doz. Dr., Studium der Volkswirtschaftslehre in Mainz und Würzburg; 1995 Promotion an der Universität Jena, 1999 Habilitation; seit 1999 Lehrstuhl für Wirtschaftswissenschaft, insbes. Unternehmensgründung und Entwicklungsökonomie an der Universität-GH Wuppertal.

Thomas Köhler
Dr. phil., studierte 1990–1994 Psychologie und Soziologie an der Universität Jena und am Swarthmore College; seit 1996 als wissenschaftlicher Mitarbeiter an den Abteilungen Sozialpsychologie bzw. Kommunikationspsychologie des Institutes für Psychologie der Universität Jena tätig; 1999 Promotion.

Autorenverzeichnis

Niklas Luhmann

Niklas Luhmann (1927–1998), lehrte nach einem Studium der Rechtswissenschaft und mehrjähriger Tätigkeit in der öffentlichen Verwaltung Soziologie an der Universität Bielefeld. Zunächst in der Auseinandersetzung mit T. Parsons, dann in Aufnahme der Autopoiesetheorie H. R. Maturanas beeinflusste N. Luhmann mit über sechzig Büchern und mehr als vierhundert Artikeln die deutsche und europäische Soziologie ebenso wie eine ganze Reihe andere Disziplinen mit scharfen Beobachtungen und unkonventionellen Theorieangeboten. Beispielhaft seien hier genannt: *Funktion und Folgen formaler Organisation* (1964), *Legitimation durch Verfahren* (1969), *Theorie der Gesellschaft oder Sozialtechnologie – Was leistet die Systemforschung* (zusammen mit J. Habermas, 1971), *Liebe als Passion* (1982), *Soziale Systeme: Grundrisse einer allgemeinen Theorie* (1984) und *Die Gesellschaft der Gesellschaft* (1997).

Reinhard Pfriem

Prof. Dr., Studium von Politik und Philosophie an der FU Berlin und der Wirtschaftswissenschaften an der Universität Bochum; 1985 Initiator und Mitbegründer des Instituts für Ökologische Wirtschaftsforschung (IÖW) gGmbH, bis 1990 dessen Geschäftsführer; ab 1991 Verwaltung der Professur Industriebetriebslehre an der Universität Oldenburg, seit 1994 dort ordentlicher Professor für Allgemeine Betriebswirtschaftslehre, Unternehmensführung und betriebliche Umweltpolitik.

Gerhard Roth

Prof. Dr. phil. Dr. rer. nat., Studium der Philosophie, Germanistik und Musikwissenschaften an den Universitäten Münster und Rom; Studium der Biologie an den Universitäten Münster und Berkeley; seit 1976 Professor für Verhaltensphysiologie im Studiengang Biologie an der Universität Bremen; seit 1997 Gründungsrektor des Hanse-Wissenschaftskollegs der Länder Niedersachsen und Bremen, Sitz Delmenhorst; ordentliches Mitglied der Berlin-Brandenburgischen Akademie der Wissenschaften.

Edwin Rühli
Professor Dr. oec. publ., seit 1968 Ordinarius für Betriebswirtschaftslehre an der Universität Zürich, Vorstandsmitglied des Verbandes der Hochschullehrer der Betriebswirtschaft e.V.; 1984–1990 Prorektor der Universität Zürich. 1994 First Visiting Professor am Chazen Institute for International Management an der Columbia University in New York; wissenschaftliche Schwerpunkte: Unternehmungsführung und Unternehmungspolitik, Industriebetriebswirtschaftslehre; Strategien, Strukturen und Kulturen von Unternehmungen.

Sybille Sachs
Professor Dr. oec. publ., Studium an der Universität Zürich, Promotion 1991 mit einer Dissertation über Public Relations; seit 1994 Assistenzprofessorin an der Universität Zürich; Gründung einer Forschungsgruppe mit dem Thema „Business and Society"; Zusammenarbeit mit namhaften Vertretern der amerikanischen „Business and Society"-Forschung (Sloan Foundation Projekt „Redefining the Corporation").

Sonja A. Sackmann
Prof. Ph. D.; Studium der Psychologie in Marburg, Heidelberg und Los Angeles; Ph. D. an der Graduate School of Management, University of California, Los Angeles; Lehrbeauftragte an den Universitäten in St. Gallen, Wien, Shanghai und Konstanz; 1987–1993 Dozentin am Management-Zentrum St. Gallen; seit 1993 Professorin an der Fakultät für Wirtschafts- und Organisationswissenschaften der Universität der Bundeswehr, München.

Annette Schlee
Dipl.-Anglistin, Studium der Anglistik an der Universität Mannheim; 1994 im Zuge des Nordamerika-Programms des DAAD für ein Jahr „American Studies" an der Emory University in Altanta, USA; lebt in Atlanta und ist dort für das internationale Immobilieninvestitionsunternehmen Baita International, LLC, tätig.

Siegfried J. Schmidt
Prof. Dr., Studium der Philosophie, Germanistik, Linguistik, Geschichte und Kunstgeschichte in Freiburg, Göttingen und Münster; 1966 Promotion, 1968 Habilitation für Philosophie; 1971 Professor für Texttheorie an der Universität Bielefeld, 1973 dort Professor für Theorie der Literatur; 1979 Professor für Germanistik/Allgemeine Literaturwissenschaft an der Universität-GH Siegen, ab 1984 Direktor des Instituts für Empirische Literatur- und Medienforschung (LUMIS) der Universität Siegen; 1997 Professor für Kommunikationstheorie und Medienkultur an der Universität Münster, 1997–1999 Direktor des Instituts für Kommunikationswissenschaft.

Heinz K. Stahl
Dr. rer. soc. oec., Diplom-Kaufmann, Ingenieur (Chemie); 24 Jahre Managementerfahrung bei Unilever Deutschland, Österreich, Großbritannien und Australien; Berater für Unternehmensentwicklung; Universitätslektor in Innsbruck; Dozent am NDU St. Gallen.

Gunther Teubner
geb. 1944, Professor der Rechtswissenschaft, Universität Frankfurt und Centennial Visiting Professor, London School of Economics; Forschungsschwerpunkte: Theoretische Rechtssoziologie, Theorie des Privatrechts, Privatrechtsvergleichung; Autor und Herausgeber mehrerer Publikationen.

Rudolf Wimmer
Univ.-Doz. Dr., Studien der Rechts- und Staatswissenschaften, der Politikwissenschaft und Philosophie in Wien; mehrjährige Forschungsaufenthalte in Deutschland und den USA; Gruppendynamiker und Organisationsentwickler der Österreichischen Gesellschaft für Gruppendynamik und Organisationsberatung (ÖGGO); geschäftsführender Gesellschafter der Gesellschaft für systemische Organisationsberatung GmbH

(OSB) in Wien; Lehrstuhl für Führung und Organisation des Familienunternehmens an der Privaten Universität Witten/Herdecke.

Guido Zurstiege

Dr., Studium der Publizistik und Kommunikationswissenschaft, Anglistik und Wirtschaftspolitik an der Universität Münster; praktische Erfahrungen in der empirischen Medienforschung als freier Mitarbeiter der COMDAT-Medienforschung; seit 1997 Wissenschaftlicher Assistent am Lehrstuhl für Kommunikationstheorie und Medienkultur der Universität Münster; derzeitiger Forschungsschwerpunkt im Bereich der kommunikationswissenschaftlichen Werbeforschung.